Une histoire des femmes en Europe (des grottes aux Lumières)

Objets, images, textes

Sous la direction de
Sophie Lalanne
avec la collaboration de
Didier Lett et Dominique Picco

Une histoire des femmes en Europe (des grottes aux Lumières)

Objets, images, textes

ARMAND COLIN

Collection U
Histoire

Mise en page : Belle Page

NOUS NOUS ENGAGEONS EN FAVEUR DE L'ENVIRONNEMENT :

PAPIER CERTIFIÉ

Nos livres sont imprimés sur des papiers certifiés pour réduire notre impact sur l'environnement.

Le format de nos ouvrages est pensé afin d'optimiser l'utilisation du papier.

Depuis plus de 30 ans, nous imprimons 70 % de nos livres en France et 25 % en Europe et nous mettons tout en œuvre pour augmenter cet engagement auprès des imprimeurs français.

Nous limitons l'utilisation du plastique sur nos ouvrages (film sur les couvertures et les livres).

Armand Colin est une marque de
Dunod Éditeur, 11 rue Paul Bert 92240 Malakoff
ISBN : 978-2-200-63653-1

Comité de rédaction

Avant-propos

À l'instant où nous rendons le manuscrit de cette vaste entreprise collective qui nous a occupés plus de quatre ans, s'ouvre une nouvelle mandature du Parlement Européen. La précédente assemblée, la plus féminisée de toutes, comprenait 40 % de femmes. En 2024, le taux de députées européennes a légèrement baissé et l'on compte moins de deux femmes têtes de liste en moyenne par pays de l'Union. Pourtant, le principe de l'égalité de traitement et de non-discrimination fondée sur le sexe ou l'orientation sexuelle est inscrit dans la Constitution européenne. De plus, la montée, dans nombre d'États de l'Union, de forces d'extrême-droite, par définition hostiles à l'égalité entre les hommes et les femmes, n'est pas faite pour nous rassurer. Il existe donc un véritable enjeu à œuvrer pour l'égalité entre les sexes de manière qu'à l'avenir l'Europe soit aussi une Europe des femmes. À cette fin, il est essentiel aux historiennes et historiens que nous sommes de connaître encore mieux le rôle et la place que les femmes ont occupés dans l'histoire du continent depuis les temps les plus anciens.

Cet ouvrage cherche à répondre à ces nécessités en proposant une histoire des femmes en Europe des temps préhistoriques aux Lumières à partir d'une sélection de sources variées. Il s'inscrit dans la continuité d'un livre paru en 2017 chez Perrin, *L'Europe des femmes (XVIII*e*-XXI*e *siècles)*, dirigé par Julie Le Gac et Fabrice Virgili, également à l'initiative de l'association Mnémosyne pour le développement de l'Histoire des femmes et du genre, mais aussi du Labex « Écrire une nouvelle histoire de l'Europe ». L'initiative de ce deuxième livre revient à de nombreux membres actifs de l'association Mnémosyne, antiquistes, médiévistes et modernistes, qui ont composé un comité de rédaction de dix membres (assistés de trois jeunes collaboratrices, doctorantes et jeunes docteures), trois pour chacune des grandes périodes (Antiquité, Moyen Âge, époque moderne), et une spécialiste de protohistoire assurant la liaison avec des préhistoriens. Pour mener à bien un projet d'une telle ampleur, cinq institutions ont été sollicitées : l'association Mnémosyne, le Labex HASTEC « Histoire et Anthropologie des Savoirs, des Techniques et des Croyances » et trois laboratoires de recherche, AnHiMA (UMR 8210), le LaMOP (UMR 8589), l'IHMC (UMR 8066). La Fondation des Treilles a accueilli dans des conditions exceptionnelles un séminaire en résidence du comité de rédaction. Nous tenons à remercier très vivement ces différentes institutions sans lesquelles ce livre n'aurait pu voir le jour, ainsi que les éditions Armand Colin-Dunod, en particulier Marie Lécrivain et Jean Henriet, qui l'ont accueilli dans la célèbre collection U.

Ce nouvel ouvrage collectif, conçu comme une préquelle de la publication précédente, est construit autour de quatorze chapitres portant sur des thématiques très diverses et tentant de couvrir l'ensemble des domaines de l'histoire, des femmes en politique aux stéréotypes misogynes, en passant par la guerre, les migrations et les voyages, la richesse et le patrimoine, le travail, l'éducation, la création, la religion, le corps, la famille, les violences domestiques et les figures légendaires. Chaque chapitre, précédé d'une introduction, comporte onze notices environ placées dans l'ordre chronologique. Chacune d'entre elles est composée d'un ou plusieurs documents textuels (référencés et traduits en français moderne), iconographiques ou archéologiques, parfois inédits, et suivis d'un commentaire et d'une courte bibliographie. Au total, l'ouvrage comporte environ 150 notices rédigées par 120 auteurs et autrices, dont plus d'une vingtaine de collègues des continents européen et américain. Les documents proposés parlent des femmes – de nombreux locuteurs sont masculins –, mais donnent aussi la parole aux femmes tout en rapportant leurs difficultés, leurs souffrances, leurs capacités d'agir, leurs moyens d'expression, etc. Nous avons essayé, dans la mesure du possible, de couvrir l'ensemble du continent européen de la Scandinavie à la Grèce, de l'Espagne à la Crimée. Nous avons convoqué tous les types de sources sur lesquelles s'appuient les historiens et les historiennes : objets, vases peints, tableaux, statues, dessins, affiches, correspondances, chroniques, inscriptions, manuscrits, matériel archéologique, etc. Le dossier iconographique comprend donc plus d'une quarantaine d'images commentées, dont certaines sont reproduites dans le cahier en couleurs.

L'optique retenue s'inscrit clairement dans une histoire des femmes et du genre. Celle-ci permet non seulement de reconstituer les expériences de vie des femmes dans le passé, de tenter de comprendre ce qui est considéré comme féminin à telle ou telle période, d'étudier les relations entre les hommes et les femmes, la répartition, la hiérarchie et la complémentarité des rôles féminins et masculins, mais également d'interroger le sexe social ou la « construction culturelle du sexe ». Le genre est une catégorie de la pensée qui permet d'analyser la création, la diffusion et la transformation des systèmes symboliques fondés sur les distinctions hommes/femmes. Il permet de comprendre l'identité sexuée étudiée comme un fait social et invite à s'interroger sur ce qui peut encore apparaître comme des « évidences naturelles », des catégories stables et anhistoriques, celles d'homme, de femme, de féminin ou de masculin.

La période choisie, qui commence avec les premières traces archéologiques concernant les femmes et qui s'interrompt avec les révolutions européennes, possède sa cohérence en ce qu'elle offre des régimes de genre spécifiques où la polarité entre les deux sexes, pensés comme radicalement opposés, est en réalité beaucoup moins forte qu'à l'époque contemporaine. En effet, en Occident, entre les périodes préhistoriques et le XVIIIe siècle, en passant par les sociétés grecque et romaine et les sociétés médiévales, l'opposition entre les sexes n'est qu'une manière, souvent minoritaire, de classer les individus. On lui préfère, selon les époques, les oppositions chasseurs/cueilleurs, libres/esclaves, citoyens/non citoyens, clercs/laïcs, nobles/roturiers, riches/pauvres, etc. Le sexe n'y est pas la distinction première.

La multitude de femmes rendues visibles par cet ouvrage, des plus illustres aux anonymes, sont, très majoritairement sous la domination des hommes. Mais, d'une part, la hiérarchie se situe aussi à l'intérieur même du groupe des femmes (hiérarchies sociales, ethniques, culturelles, etc.) et, d'autre part, les femmes ont pu, de manières très différentes selon les domaines étudiés (famille, politique, économie, religion, culture, etc.) manifester une réelle « agentivité » (une capacité d'agir) et adopter des stratégies de consentement, d'acceptation, d'affirmation, d'opposition, de séduction, etc., pour tenter d'alléger le poids du patriarcat.

Il s'agit donc d'un recueil de documents commentés qui, nous l'espérons, sera utile pour toutes celles et ceux qui s'intéressent à l'histoire des femmes et à l'histoire en général, pour les enseignant-es intervenant à tous les niveaux (primaire, secondaire, supérieur) en leur fournissant des outils de travail, et pour les étudiant-es qui y trouveront un accès direct aux sources et aux exemples. Nous espérons que ce livre, inévitablement incomplet, apportera une contribution appréciable à la lutte pour l'égalité entre les hommes et les femmes.

Juin 2024
Sophie Lalanne, Didier Lett et Dominique Picco

Présentation de Mnémosyne

Mère des muses et déesse de la mémoire, Mnémosyne est le nom de *l'Association pour le développement de l'histoire des femmes et du genre*, créée en 2000 à l'initiative de la revue *CLIO, histoire, femmes, sociétés*. Elle est née du constat de la faible visibilité de l'histoire des femmes et des résistances en France vis-à-vis de l'institutionnalisation de l'histoire des femmes et du genre ; d'un déficit de transmission dans l'enseignement supérieur et secondaire ; d'un besoin de regroupement des chercheurs et chercheuses, des enseignants et enseignantes, de tous ceux qui partagent les mêmes objectifs et sont convaincus que toute société est le produit d'une construction sociale et culturelle des relations entre hommes et femmes, entre masculin et féminin.

Section française de la Fédération internationale pour la recherche en histoire des femmes, Mnémosyne promeut la dimension européenne, francophone et internationale de l'histoire des femmes et du genre, entend favoriser l'inscription institutionnelle de ce domaine de recherche en France, où de nombreuses recherches ont été menées et sont reconnues à l'étranger, s'efforce enfin de soutenir l'intégration professionnelle des chercheurs et chercheuses concernées, ainsi que la transmission à tous les degrés de l'enseignement d'une histoire qui contribue à une éducation à la citoyenneté et fournit des modèles d'identification aux filles.

Société savante et association professionnelle, Mnémosyne a un site qui rend compte de ses activités et propose différentes ressources liées à la recherche en histoire des femmes et du genre. Mnémosyne organise des rencontres scientifiques, a publié un manuel d'enseignement mixte de l'histoire (*La Place des femmes dans l'histoire. Une histoire mixte*, Paris, Belin, 2010) et un recueil commenté de textes historiques (*L'Europe des femmes, XVIIIe-XXIe siècles*, Paris, Perrin, 2017). Elle a favorisé la création en 2007 d'une revue électronique intitulée *Genre & Histoire*, disponible sur le portail revue.org et produit depuis 2021 le podcast intitulé *Du genre dans l'histoire*. Enfin Mnémosyne récompense chaque année depuis 2003 un mémoire de Master sélectionné par un jury indépendant. La récompense associe une somme d'argent et la publication du mémoire.

[https://www.mnemosyne.asso.fr]

CHAPITRE 1

Quand les femmes font de la politique

Quand les femmes font de la politique

La différence entre les sexes a des implications juridiques et politiques. Jugées trop légères et versatiles, à cause de la « fragilité de leur sexe (*imbecillitas sexus*) », considérées comme incapables de délivrer des conseils avisés et ne sachant pas garder un secret, les femmes ont été évincées des prises de décisions et de la sphère politique. Dans l'Antiquité, seuls les hommes possédaient une citoyenneté complète. Au Moyen Âge, leur seule présence dans les lieux de pouvoir a longtemps été jugée indésirable : ainsi, en Italie, elles ne pouvaient pas pénétrer à l'intérieur du palais communal. Il était établi qu'elles devaient être sous la coupe des hommes et qu'elles n'avaient pas à gouverner, une conception aristotélicienne de la cité reprise et réaffirmée par les sociétés chrétiennes postérieures. L'apôtre Paul affirme ainsi : « l'homme est chef de la femme » (*Épitre aux Corinthiens*, XI, 3).

Cependant, malgré ces réticences théoriques, dans la pratique, les femmes ont parfois joué un rôle politique central. D'abord, comme filles et épouses des élites, en tant qu'évergètes ou mécènes. L'Antiquité en compte de nombreux exemples (les reines hellénistiques, les femmes de la famille impériale à Rome, les évergètes comme Archippè de Kymè ou Plancia Magna de Pergè). Ensuite, elles ont pu elle-même exercer le pouvoir, comme Cléopâtre VII, reine d'Égypte, ou Zénobie reine de Palmyre. Au début du XIIIe siècle, le pape Innocent III admet que même si elles sont exclues des offices publics à cause de la faiblesse de leur sexe, les femmes peuvent exercer une juridiction sur leurs sujets si la coutume le permet. C'est particulièrement visible dans les mondes carolingien et ottonien où, par leur statut, fonction, rang et honneur (*queenship*), les impératrices, les reines ou les abbesses de rang royal ont joué un rôle politique de tout premier plan. Mais c'est aussi une réalité dans l'Angleterre, la France ou l'Empire germanique au Moyen Âge et à l'époque moderne où l'on voit souvent les reines négocier et signer des actes aux côtés de leur mari, se doter d'un sceau, exercer des fonctions prestigieuses et autonomes et s'engager fortement dans la promotion de la majesté royale et les rituels de cour. Dans le jeu d'échec, la reine apparaît au XIIIe siècle. À l'origine pion sans grande valeur, elle devient progressivement la pièce la plus importante. Ultime défense du roi, sur l'échiquier, elle est autorisée à se déplacer dans toutes les directions.

Les femmes ont également exercé un réel pouvoir en tant que régente. La régence féminine apporte certes la preuve qu'une femme peut accéder à un pouvoir souverain mais atteste aussi que la royauté est masculine puisque cette institution n'est qu'un intérim, un rempart à l'usurpation, une assurance que le pouvoir sera bien transmis au fils du roi défunt. On connaît l'exemple emblématique de Blanche de Castille qui émet les actes de gouvernement en son nom, scelle de son propre sceau et exerce son autorité sur le royaume après le départ à la croisade de son fils Louis IX. À son propos, le chroniqueur anglais Mathieu Paris écrit : « Femme par le sexe, elle fut virile dans le conseil ». À partir de la fin du Moyen Âge, le pouvoir effectif des reines décline-t-il ? La loi salique, réactivée en France à partir du début de la Guerre de Cent ans pour aider à évincer les prétentions des Anglais au royaume, énoncent deux principes : les filles ne succèdent pas et elles ne peuvent transmettre les droits à la couronne. Mais cela n'empêche pas, à l'époque moderne, la forte participation des femmes aux affaires du royaume lors des minorités royales et favorisent même les possibilités de régence. La loi salique les exclue du trône mais pas de la sphère politique.

Il reste cependant difficile pour les hommes, et même pour les femmes, de se défaire de l'idée que le pouvoir est masculin. Pour justifier le large pouvoir d'Isabelle dite la Catholique, le poète humaniste de cour Juan de Lucena écrit : « O haute renommée virile / de dame merveilleuse / qui transforme l'état féminin / en force masculine / avec ses soins vertueux ». Dans un ouvrage qu'il lui dédie, Martin de Cordoba écrit que « la princesse est plus qu'une femme et dans un corps de femme possède un esprit d'homme ». Lorsque l'intervention des femmes dans le champ du politique se réalise, à l'époque moderne, à coups de pétitions et de doléances dans lesquelles elles peuvent se décrire comme victimes d'une infériorisation due aux préjugés sur leur sexe, on constate que leurs revendications ne remettent pas vraiment en cause l'autorité masculine. Preuve que même à la fin du XVIIIe siècle, les femmes ne se sentent pas encore complétement légitimes à exercer un pouvoir politique.

Didier LETT

1. Femme et reine à Vix

(France, ve siècle av. J.-C.)

Mise en scène du mobilier de la tombe de Vix, musée du Pays Châtillonnais.

Représentation de la « Dame de Vix », *Paris Match*, n° 228, 1953.

Au début du ve siècle av. J.-C., à Vix (Bourgogne, Côte-d'Or), une femme a été inhumée dans une tombe aujourd'hui connue comme la sépulture la plus riche par l'archéologie en France. Cette tombe est aussi la plus célèbre de la Protohistoire celtique. Miroir des sociétés celtiques anciennes à l'aune de son apogée, mais aussi de l'histoire de l'archéologie celtique des soixante-dix dernières années, la tombe de Vix continue de fasciner et d'interroger.

Historique et environnement de la fouille archéologique

En 1953, un professeur de collège, René Joffroy, trouve la tombe de Vix dans un méandre de la Seine. Il publie cette découverte exceptionnelle l'année suivante, ce qui lui vaut de faire rapidement carrière et de devenir conservateur en chef du musée des Antiquités nationales. Une monographie dirigée par Claude Rolley en 2003 permet de connaître précisément aujourd'hui le contenu de la sépulture. Depuis une vingtaine d'années, prospections et fouilles documentent l'environnement de cette tombe. Cette dernière était placée sous un grand tumulus de pierre sèche inscrit dans une nécropole élitaire fondée à la fin de l'âge du bronze. Elle était dominée par un vaste site d'habitat dont les fortifications puissantes englobaient un plateau (le Mont Lassois) et une portion du cours de la Seine. Parfois qualifiés de « palais », plusieurs très grands bâtiments de plan absidial identifiés en haut comme en contrebas du Mont Lassois peuvent correspondre à l'habitat de la femme inhumée à Vix.

La défunte et son mobilier

Couramment appelée la « Dame de Vix », la défunte est une adulte d'une trentaine d'années. Des pathologies observées sur ses os ont dû l'affecter à des degrés divers (léger boitement, impossibilité d'engendrer, possibles troubles nerveux). Comme le montre la reconstitution du mobilier de la tombe, elle gisait au centre d'une grande chambre funéraire, sur la caisse d'un char cérémoniel. Elle portait un riche costume dont subsistent un torque en bronze, un collier de grandes perles en roches semi-précieuses, des fibules ornées de matériaux précieux, des bracelets d'ambre, des anneaux de cheville. Styles et techniques des bijoux sont locaux et suggèrent que la porteuse n'était pas une étrangère de la région.

Le lourd torque en or qui paraît le cou est l'un des objets hors norme de la tombe. Sa manufacture et son style sont celtiques, mais les Pégases qui décorent les tampons renvoient à la mythologie grecque.

Les autres objets consistent en pièces de vaisselle utilisées lors de rites sociaux et religieux. L'une est une grande phiale en argent à omphalos doré de production hallstattienne, une pièce unique en son genre. Mais la pièce qui fait la célébrité de la tombe reste un cratère géant en bronze, aux anses ornées d'une Gorgone. Originaire de Grande Grèce, ce chef-d'œuvre n'a pu être conçu qu'en tant que cadeau diplomatique commandé par une cité grecque ou un potentat méditerranéen. Sa présence témoigne de l'importance des réseaux tissés dès le VIe siècle av. J.-C. entre la Méditerranée et le monde celtique hallstattien.

Le char cérémoniel, le torque en or, la phiale d'argent et le cratère grec de la tombe de Vix sont exceptionnels : ils matérialisent non seulement des formes de richesse économique, mais aussi le dépôt définitif auprès de la femme de Vix d'objets-signes en termes de pouvoirs politique, diplomatique, militaire et religieux.

Magicienne, simple épouse, riche héritière ou reine ? Historiographie des interprétations

La femme de Vix a fait l'objet d'interprétations diverses et parfois contradictoires. Comment expliquer la richesse exceptionnelle d'une tombe dans un monde celtique réputé dominé par les hommes ? Cette femme n'était-elle pas d'un statut extraordinaire et potentiellement inquiétant (prêtresse ou magicienne), voire un homme travesti en femme ? S'il s'agissait d'une femme au statut comparable à celui des élites celtiques masculines, ne le devait-elle pas au fait qu'elle y serait parvenue, non pas par elle-même, mais par héritage ou bien par mariage avec un homme puissant ? De ces images de la « Dame de Vix », nous avons un bon exemple avec celle de la couverture du numéro de *Paris Match* paru en 1953.

Paradoxalement, la défunte de Vix n'a été que rarement et récemment perçue comme une femme ayant pu exercer l'autorité au sein d'un royaume celtique étendu et hiérarchisé. C'est pourtant l'hypothèse la plus économique si l'on juge que les tombes de femme de rang princier ou royal sont répandues aux VIe et Ve siècle av. J.-C. dans le domaine hallstattien.

Pierre-Yves MILCENT
Université de Toulouse Jean Jaurès
TRACES (UMR 5608)

Pour en savoir plus

René Joffroy, « La tombe de Vix (Côte-d'Or) », *Monuments et mémoires de la Fondation Eugène Piot*, t. 48, fasc. 1, 1954, p. 1-68.

Pierre-Yves Milcent, « Statut et fonctions d'un personnage féminin hors norme ; Le contexte historique », dans *La tombe princière de Vix*, Claude Rolley (dir.), vol. 1, Paris, Picard, 2003, p. 312-366.

Sandra Père-Noguès, « Le genre au prisme de l'archéologie : quelques réflexions autour de la "dame de Vix" », *Les cahiers de Framespa*, n° 7, 2011, [en ligne].

2. L'exclusion des femmes de la vie politique selon Aristote

(Grèce, IVe siècle av. J.-C.)

L'économie domestique est composée de trois parties : l'une intéresse le pouvoir du maître sur l'esclave (*despotikê*) [...], la seconde la puissance paternelle (*patrikê*), et la troisième la puissance maritale (*gamikê*) : [ces deux dernières parties ne se confondent pas] car gouverner une femme et des enfants, c'est assurément, dans les deux cas, gouverner des êtres libres, mais l'autorité ne s'exerce pas cependant de la même manière : pour la femme, c'est un pouvoir de type politique (*politikôs*), et pour les enfants un pouvoir de type royal (*basilikôs*). En effet, le mâle est par nature plus apte à être un guide que la femelle [...], et d'autre part, l'être plus âgé et pleinement développé est destiné à commander à l'être plus jeune et imparfait. Il est vrai que, dans la plupart des gouvernements libres, le citoyen est tour à tour gouvernant et gouverné [...], or le mâle et la femelle sont entre eux dans un rapport analogue ; seulement, leur inégalité est permanente. La puissance du père sur ses enfants est d'essence royale, car l'autorité du générateur repose à la fois sur l'affection et sur la prééminence de l'âge, ce qui est bien la nature spécifique du pouvoir royal. [...] C'est par nature que la plupart des êtres commandent ou obéissent, et c'est d'une façon différente que l'homme libre commande à l'esclave, le mâle à la femelle et le père à l'enfant. Bien que les parties de l'âme soient présentes en tous ces êtres, elles y sont cependant présentes d'une manière différente : l'esclave est totalement privé de la partie délibérative ; la femelle la possède, mais démunie d'autorité ; quant à l'enfant, il la possède bien, mais elle n'est pas développée. Nous devons donc nécessairement supposer qu'il en est de même en ce qui concerne les vertus morales : tous doivent y avoir part, mais non de la même manière, chacun les possède seulement dans la mesure exigée pour remplir la tâche qui lui est personnellement assignée. C'est pourquoi, tandis que celui qui commande doit posséder la vertu éthique dans sa plénitude [...], il suffit que les autres aient seulement la somme de vertu appropriée au rôle de chacun d'eux. Il est donc manifeste qu'une vertu morale appartient à tous les êtres dont nous avons parlé, mais aussi que la modération (*sôphrosunê*) n'est pas la même vertu chez l'homme et chez la femme, ni non plus le courage et la justice, comme le croyait Socrate : en réalité, chez l'homme le courage (*andreia*) est une vertu de commandement, et chez la femme une vertu de subordination, et on peut en dire autant des autres vertus.

Aristote, *Politique*, I, 12-13, Paris, Vrin, 1995
(traduit du grec ancien par Jules Tricot).

La *Politique* (*Politika*) est un traité de philosophie politique datant sans doute des années 330-320 av. J.-C. et regroupant un ensemble d'observations et de réflexions sur les constitutions (*politeiai*) des cités grecques. Transmis par la tradition manuscrite au sein des œuvres d'Aristote (384-322 av. J.-C.), l'ouvrage est un produit des travaux et enseignements réalisés dans le cadre du Lycée, l'école que ce philosophe, originaire de Stagire, en Chalcidique, avait fondée à Athènes dans les années 330 av. J.-C.

Le cadre initial de la maison

Le livre I définit l'être humain comme un *politikon zôon,* « un être vivant destiné à vivre en une cité », qui ne peut réaliser sa nature d'homme que dans et par la Cité, parce que seule celle-ci permet d'accéder au « bien vivre » ; mais comprendre ce « tout » qu'est une cité impose d'en analyser tout d'abord les origines et les principes constitutifs. Les réflexions aristotéliciennes portent ainsi en tout premier lieu sur la maison (*oikos*), en tant que groupe familial et résidentiel, puisque c'est à partir de ces premières unités sociales et de leur rassemblement que se forment les cités.

Après avoir débattu de la nécessité de l'esclavage et de l'art d'acquérir des richesses, l'auteur revient sur ce qui avait été préalablement défini comme les trois relations premières, au fondement de tout *oikos,* à savoir maître et esclave, époux et épouse, père et enfant, dont sont démontrées les hiérarchies et complémentarités, pensées comme naturelles. Le vocabulaire est prioritairement politique, et ce sont donc des relations de pouvoir qui sont décrites et expliquées, plaçant le citoyen adulte, tout à la fois maître, époux et père, comme référence à l'aune de laquelle est défini l'ensemble des caractéristiques de ceux qui lui sont subordonnés, marqués par leurs déficiences. C'est ainsi que dans l'extrait ci-dessus la relation entre maître et esclave repose sur l'absence de capacité délibérative chez l'esclave, tandis que le pouvoir exercé par un père sur ses enfants est de nature royale, du fait de la différence d'âge et d'une affection que d'autres passages font reposer sur le souci du bien de l'enfant, le père étant assimilé à un bienfaiteur (par exemple dans l'*Éthique à Nicomaque*, VIII, 13).

Des épouses aux vertus subordonnées

Ici définie comme « politique », la relation entre époux et épouse est souvent décrite dans les traités aristotéliciens comme « aristocratique », comme dans l'*Éthique à Nicomaque* (VIII, 12), l'autorité du conjoint reposant sur ses mérites supérieurs. Il n'en reste pas moins que la complémentarité des deux époux n'est pas sans similitude avec celle des concitoyens d'une même communauté, et que « la cohabitation de l'homme et de la femme n'a pas seulement pour objet la reproduction, mais s'étend à tous les besoins de la vie [...] ; ainsi, ils se portent une aide mutuelle, mettant leurs capacités propres au service de l'œuvre commune » (*Éthique à Nicomaque*, VIII, 14). Le pouvoir de l'époux doit cependant naturellement s'imposer et repose sur l'absence d'autorité, de maîtrise (*akuros*) de l'épouse : les dernières lignes de l'extrait sont ici essentielles et exposent clairement l'idée d'une distinction et d'une hiérarchie des vertus entre hommes et femmes, la virilité (*andreia*) étant par définition la vertu associée à l'homme adulte, déclinable en termes de courage, de force, de vigueur ; en somme, la capacité pleine et entière à être maître de soi-même comme des autres, à gouverner la cité comme à être maître en sa demeure. Au fil des arguments, c'est donc par un ensemble de qualités physiques, intellectuelles et morales, mais aussi de fonctions au sein de la société et de la communauté politique, que les épouses se voient assigner une position subordonnée, appropriée à leurs vertus propres, avant tout définies en termes de pudeur et de retenue (*sophrosunê*). De tels raisonnements s'inscrivent dans la continuité des écrits de Platon et de Xénophon, justifiant les hiérarchies domestiques et civiques par des différences perçues comme naturelles ; certains passages des écrits aristotéliciens, à propos des riches épouses spartiates par exemple, montrent que les réalités sociales, économiques, ou religieuses exigent parfois des femmes ce pouvoir et cette maîtrise que les philosophes rechignent à leur conférer.

Jérôme Wilgaux
Nantes Université
CRHIA

Pour en savoir plus

D. Brendan Nagle, *The Household as the Foundation of Aristotle's Polis*, Cambridge, Cambridge University Press, 2006.

Giulia Sissa, « Philosophies du genre. Platon, Aristote et la différence des sexes », dans Pauline Schmitt Pantel (dir.), *Histoire des femmes en Occident*, t. 1, , *L'Antiquité*, Paris, Plon, 1991, p. 65-100.

Claudio W. Veloso, « La relation entre les liens familiaux et les constitutions politiques », dans Emmanuel Bermon *et alii* (dir.), *La Politique d'Aristote : famille, régimes, éducation*, Pessac, Presses universitaires de Bordeaux, 2011, p. 23-39.

3. Philistis de Syracuse : une reine sans histoire ?

(Sicile, IIIe siècle av. J.-C.)

Philistis, tétradrachme (droit et revers), collection musée Saint-Raymond, Toulouse.

Philistis de Syracuse, une reine sans histoire ? C'est la question qu'on peut se poser au regard de la tradition manuscrite qui n'a conservé aucune trace de son nom. Chez Polybe, elle est seulement désignée comme la fille de Leptine – chef militaire de Syracuse –, sans autre précision. Un *nomisma Philistideion* (une monnaie de Philistis) est évoqué par le lexicographe tardif Hésychius, lorsque ce dernier dresse la liste des rares monnaies nommées à partir de noms de femmes, mais cette référence reste isolée.

Philistis au cœur d'une lignée dynastique

Appartenant à l'élite sociale syracusaine, Philistis est devenue l'épouse d'un homme politique très en vue, Hiéron II, qui, par son mérite, a accédé à de hautes fonctions dans la cité de Syracuse dès 276 av. J.-C., avant de prendre le titre de roi (*basileus*) en 269. De leur union sont nés plusieurs enfants, dont seuls trois d'entre eux nous sont connus : deux filles, Damaratè et Hérakléia, ainsi qu'un fils, Gélon, probablement né au début des années 260. Celui-ci a épousé l'une des dernières représentantes de la lignée des Éacides, Néréis, avec laquelle il a eu trois enfants, dont Hiéronyme qui hérita du pouvoir après la mort consécutive de son père en 216 et de son grand-père en 215. Le règne du jeune Hiéronyme – il a alors quinze ans – tourne court en raison du choix qu'il fait de rejoindre le camp de Carthage. Il est assassiné après treize mois à la tête de Syracuse, et la ville tombe définitivement entre les mains des Romains.

Une souveraine en représentation

Si le nom de la reine Philistis n'a laissé aucune empreinte dans l'historiographie antique, d'autres sources témoignent pourtant de la place importante qu'elle a occupée à la cour syracusaine. Au cœur du quartier de *Neapolis*, plus précisément dans le théâtre construit dans la décennie 240-230, son nom, placé entre celui de son époux et celui de son fils, apparaît en lettres capitales sur l'un des blocs de calcaire qui, au centre de l'édifice, balise le passage d'accès aux gradins. Il est accompagné du titre de « reine » (*basilissa*), titre que revêt aussi sa belle-fille Néréis, en référence à leur fonction dans la famille et à leur association à cet acte édilitaire. À l'égal de leurs époux royaux, les femmes figurent donc en bonne place dans un lieu aussi central de la vie politique et culturelle qu'est le théâtre. Malgré l'assassinat de la famille royale en 214, il est à noter qu'aucune de ces inscriptions n'a connu d'acte d'effacement de la mémoire (*damnatio memoriae*), c'est-à-dire d'effacement volontaire de toute mémoire autour de cette dynastie.

Les monnaies de Philistis

Le titre de *basilissa* se retrouve également sur des tétradrachmes et des drachmes, largement inspirés par les monnayages de l'Égypte des Ptolémées, mais aussi par les types issus du répertoire syracusain. Les tétradrachmes portent au droit une tête féminine coiffée d'un diadème et d'un voile, tête qu'on peut identifier à Philistis, et, au revers, un quadrige au pas conduit par Nikè, déesse de la Victoire, orienté vers la droite et surmonté d'une étoile, ainsi que la légende *Basilissas Philistidos*. La légende, toujours au génitif, doit se lire ainsi : « [La monnaie] de la reine Philistis », ce qui souligne sa fonction dans le dispositif politique.

Le fait d'avoir une monnaie frappée à son nom peu différente dans son iconographie et sa titulature de celle du roi indique un acte symbolique fort qui, malgré les débats concernant la question de la datation de la frappe, qui serait à situer après 218, peut témoigner de l'implication de la reine dans la vie politique de la cité, notamment après la mort de son époux. De plus, il s'agit d'un monnayage d'argent de très grande valeur, probablement destiné à l'immense effort accompli par la cité pour les dépenses liées à la guerre contre Rome. Nul ne peut affirmer que Philistis est l'instigatrice principale de cette frappe, mais elle a sans aucun doute joué un rôle auprès de son jeune petit-fils, probablement celui de régente. Sur le plan esthétique, et du fait de leur courte période de circulation, toutes les monnaies à l'effigie de Philistis présentent un caractère particulièrement soigné et un excellent état de conservation, ce qui a fait leur réputation auprès des collectionneurs !

L'exemple de Philistis montre à quel point la monnaie reste un formidable objet médiatique dont le discours complexe se construit sur des images qu'ont partagées hommes et femmes au pouvoir. Mais si l'image des premiers a depuis longtemps bénéficié des analyses les plus abouties en raison de leur fréquence, il reste encore beaucoup à faire concernant les figures de femmes, plus rarement représentées.

Sandra Péré-Noguès
Université Toulouse 2 Jean Jaurès
TRACES (UMR 5608)

Pour en savoir plus

Maria Caccamo-Caltabiano, Benedetto Carroccio et Emilia Oteri, *La monetazione « regale » di Ierone II, della sua famiglia e dei Siracusani*, Messine, 1997.

François de Callataÿ, « La femme et la monnaie », dans Patrick Marchetti (dir.), *La Grèce antique et les femmes. Hélène, Aphrodite, Aspasie et les autres*, catalogue d'exposition, Saint-Gérard de Brogne, 8 mai-7 novembre 2004, Saint-Gérard, 2004, p. 44-50.

Sandra Péré-Noguès, « Sur les traces de Philistis, "reine" de Syracuse : quelques réflexions sur la visibilité des femmes dans les sources monétaires », *Archimède : archéologie et histoire ancienne*, n° 5, 2018, p. 154-164.

4. Eumachia de Pompéi : une notable dans l'espace public

(Italie, Ier siècle apr. J.-C.)

Statue d'Eumachia, édifice d'Eumachia, Forum, Pompéi.

Une belle dame pudique

Une dame bien sous tous rapports : c'est ce que représente la statue d'Eumachia, dont on voit une copie *in situ* dans l'édifice qui porte son nom, le plus grand du forum de Pompéi, érigé au début de notre ère (l'original en marbre polychrome, d'1,94 mètres, est conservé au musée archéologique de Naples). La première qualité montrée par son image, c'est sa pudeur (*pudicitia*), vertu première des matrones romaines. Elle est intégralement vêtue de l'habit traditionnel des femmes mariées (*stola*) qui lui tombe jusqu'aux pieds, et recouverte d'un manteau (*palla*) dont elle se couvre la tête, ne laissant dévoilés que son visage, son cou et ses mains. Son geste de la main droite, qui saisit un pan de sa *palla*, prête à se couvrir le visage, renforce cette idée. Évidemment, la statue fige le geste avant qu'elle ne soit voilée : il s'agit de montrer à la fois sa pudeur et sa beauté, exprimée par son corps, aux proportions parfaites, et son portrait, idéalisé. S'y ajoutent quelques détails qui la personnalisent, en particulier sa coiffure, la même que celle de Livie, l'épouse d'Auguste et la mère de Tibère, sans doute la femme la plus puissante de Rome, un modèle pour les femmes des cités de l'Empire.

Richesse, gloire et piété

C'est en effet bien en femme puissante qu'Eumachia se fait représenter, malgré le caractère très stéréotypé de sa statue qui exprime les valeurs traditionnelles d'une matrone romaine. Mais qui est-elle ?

L'inscription donne trois informations : « Pour Eumachia, fille de Lucius, prêtresse publique, les foulons. »

D'abord, elle est la fille de Lucius Eumachius, l'un des plus riches entrepreneurs de Pompéi, produisant et commercialisant de l'huile, de la laine, du vin, des vases et des tuiles. On apprend ensuite qu'elle est prêtresse publique, sans doute de Vénus Pompéienne, la divinité poliade dont les femmes issues des plus grandes familles assuraient le culte, les charges religieuses étant les seules fonctions publiques que des femmes pouvaient occuper. Enfin, la statue lui a été offerte par une corporation de foulons – artisans chargés de fouler, d'apprêter des draps et autres étoffes de laine – pour la remercier de sa protection. Son mari, Marcus Numistrius Fronto, était l'un des plus grands éleveurs de moutons de la ville : cela explique sans doute cette spécialisation dans la laine.

La puissance économique de deux grandes familles, le prestige public d'une magistrature religieuse, la reconnaissance d'un important corps de métier : c'est ce que confirme cette inscription, sous la statue de notre belle dame respectable, exposée dans l'un des plus grands édifices collectifs de la ville.

« La Livie de Pompéi »

Car Eumachia est bien connue, ne serait-ce que par l'inscription monumentale qui s'étale à l'entrée du bâtiment qui lui est dédié : « Eumachia, fille de Lucius, prêtresse publique, en son nom et celui de son fils Marcus Numistrius Fronto, a fait construire le chalcidique, la crypte, les portiques pour la Concorde Auguste, pour la Piété, à ses frais et c'est elle qui les a dédicacés. » Cet édifice, peut-être un marché ou une bourse à la laine, a été agrandi à ses frais de trois annexes dont le décor est un écho direct de celui de l'Autel de la Paix, à Rome, manifeste augustéen par excellence.

L'évergétisme de la riche Eumachia est un acte politique fort. Au niveau local, elle met en valeur sa famille, ici son fils, candidat au duumvirat, une des plus hautes magistratures de la colonie. Elle fait également adopter le programme et les valeurs du nouveau Principat d'Auguste dans sa colonie. À l'image de Livie, qui a offert à Rome un portique à la Concorde Auguste, Euchamia participe à la monumentalisation de sa ville et l'assimilation religieuse du nouveau langage impérial, tout en promouvant la carrière de son fils.

Dernier témoin de la puissance d'Eumachia, son tombeau monumental, l'un des plus grands de Pompéi, dans lequel elle a été enterrée avec de nombreux membres de sa *familia*. On ne retrouve pas les noms de son père, de son mari, de son fils : peut-être ont-ils été inhumés ailleurs, aux frais de la cité, comme le sont d'ordinaire les plus importants magistrats. Est-ce un effet de sources ? Toujours est-il qu'Eumachia a laissé des traces bien plus visibles que les hommes de sa famille de sa puissance dans la cité pompéienne.

Stéphanie Wyler
Université Paris Cité
ANIHMA (UMR 8210)

Pour en savoir plus

Emily A. Hemelrijk, *Hidden Lives, Public Personnae: Women and Civic Life in the Roman West*, Oxford, New York, Oxford University Press, 2015.

Marie-Odile Laforge, « Prêtrises, évergétisme et liens familiaux : l'exemple des prêtresses de Vénus à Pompéi », dans Stéphane Benoist, Christine Hoët-Van Cauwenberghe (dir.), *La vie des autres*, Villeneuve d'Ascq, Presses universitaires du Septentrion, 2013, p. 167-191.

Brenda Longfellow, « Femal patrons and honorific statues in Pompeii », *Memoirs of the American Academy in Rome*, 2014/2015, 59/60, p. 81-101.

Wendelijn van der Leest, *Eumachia: Livia van Pompeii*, Deventer, Scriptio, 2006.

5. L'impératrice Théophanô : l'art byzantin au service du pouvoir impérial ottonien

(Allemagne, xe siècle)

Plaque de reliure en ivoire d'éléphant, Germanie ou Italie du Sud, v. 980, Paris, musée national du Moyen Âge, Cl. 392.

L'ivoire : un art somptuaire au service du pouvoir

Cette plaque en ivoire représente le Christ bénissant le couple impérial formé par le souverain germanique Otton II († 983) et la princesse byzantine Théophanô († 991), dans un décor palatial. Le Christ pose les mains en signe de bénédiction sur les têtes de l'empereur et de l'impératrice. L'identité des trois personnages est donnée par les inscriptions placées au-dessus de leur tête, qui mêlent alphabet latin et grec : au centre, *Jésus Christ* ; à gauche, *Otton, empereur des Romains, Auguste* ; à droite, *Théophano, impératrice, Auguste*. Une dernière inscription, placée entre la Christ et Otton fournit l'identité du commanditaire : *Seigneur, viens en aide à ton serviteur Jean, moine, Amen*, lequel s'est fait représenter en proskynèse aux pieds de l'empereur. L'œuvre a sans doute été composée pour célébrer le couronnement impérial d'Otton II, en 980.

La valeur de l'œuvre tient d'abord à son support, l'ivoire d'éléphant, qui est considéré au haut Moyen Âge comme le matériau le plus noble. L'influence grecque est manifeste, ce que montrent l'usage du grec dans les inscriptions, le port de tenues d'apparat byzantines ou les couronnes à pendeloques, qui ne figurent pas parmi les insignes royaux (*regalia*) ottoniens. L'œuvre démontre un processus d'hybridation artistique qui attribue au couple impérial une position inédite.

Marque de prestige ou indice de fragilité ?

Une des raisons de cette mise en scène tient aux conditions du mariage qui unit Théophanô à Otton II en 972. Lorsque, en 962, le roi de Germanie Otton Ier reçoit à Rome la couronne impériale, son initiative rencontre l'hostilité de l'empereur (*basileus*), pour qui il n'existe qu'un seul empereur romain, à Constantinople. Pour faire la paix, Otton propose d'allier les deux couronnes impériales par un mariage. Lorsqu'une ambassade parvient en Orient en 969, le souverain Jean Tzimiskès accepte de marier sa nièce Théophanô, âgée de douze ans, au jeune Otton. Toutefois, Théophanô n'est pas une princesse porphyrogénète ; elle n'est que la nièce de l'empereur. Pour cette raison, lorsqu'elle arrive à Rome à Pâques 972, elle apparaît comme une princesse de second choix, que certains membres de la cour ottonienne souhaitent renvoyer en Orient. L'ivoire de la plaque participe ainsi de la double intention de faire taire les critiques sur le rang et les origines de Théophanô et de rivaliser de prestige avec les empereurs grecs.

La place de l'impératrice reconsidérée

L'ivoire de Cluny associe, de manière inédite, la souveraine à la représentation du pouvoir impérial. Théophanô est placée symétriquement à l'empereur, elle a la même taille, un costume royal analogue et est, comme le roi, en contact direct avec le Christ. Là encore, l'influence artistique grecque semble avoir joué un rôle capital, puisque la scène emprunte au thème de l'intercession (*déisis*), qui représente le Christ flanqué de part et d'autre de Marie et de Jean-Baptiste.

L'analogie est surtout frappante avec l'ivoire Romanôs (Paris, BnF, Cabinet des médailles), qui fut réalisé en 945-949, sans doute à l'occasion du mariage entre l'empereur Romanôs II et Berthe, fille du roi Hugues de Provence, qui reçut le nom grec d'Eudoxie. La composition, les proportions sont similaires, ce qui pourrait laisser penser que l'ivoire Romanôs a pu servir de modèle.

Théophanô, *consors regni*

Le rôle de Théophanô ne s'est pas réduit à celui de caution grecque utile aux ambitions ottoniennes. Elle acquiert en Germanie un statut particulier, que peu de reines ont eu avant elle, et dont témoigne la titulature qu'elle adopte. L'ivoire lui attribue le titre d'*augusta*, mais il illustre parfaitement un second titre accordé par Théophanô à partir de 974, celui de co-impératrice (*coimperatrix*) qui atteste son association au pouvoir, dans le cadre du partage de l'autorité impériale (*consortium imperii*). Une étape supplémentaire sera franchie après 982 quand, exerçant le pouvoir au nom de son jeune fils Otton III, Théophanô prendra le titre d'*imperatrix augusta* puis se fera désigner par « Theophanius, empereur auguste par la grâce divine » (*gratia divina imperator augustus*). L'usage du masculin ne manque pas de surprendre ; il n'est pas le signe d'ambitions politiques démesurées, mais la revendication d'une capacité d'intervention, au nom de son fils.

L'union matrimoniale d'Otton II et de Théophanô s'est traduite par la pénétration des influences grecques dans le monde ottonien, dans le domaine de l'art comme dans la représentation et la pratique du pouvoir impérial. L'ivoire de Cluny n'est pas un simple témoignage de l'influence artistique byzantine : il offre aussi un remarquable exemple de l'influence politique qu'ont exercée les reines ottoniennes – le *queenship* – à partir du règne de Théophanô.

Laurent Jégou
Université Paris Nanterre
Arscan (UMR 7041)/Themam

Pour en savoir plus

Adelbert Davids (éd.), *The Empress Theophano. Byzantium and the West at the Turn of the First Millennium*, Cambridge, Cambridge University Press, 1995.

Phyllis G. Jestice, *Imperial Ladies of the Ottonian Dynasty: Women and Rule in Tenth-Century Germany*, Cham, Palgrave Macmillan, 2018.

Simon MacLean, *Ottonian Queenship*, Oxford, Oxford University Press, 2017.

6. Le pouvoir des abbesses

(Allemagne, XIe siècle)

La très remarquable gemme de la lignée impériale, Mathilde, fille de l'auguste Otton [Ier] le Grand était, comme nous l'avons souvent relaté, née de parents portant le sceptre. Dotée de talents innés, comme il convient à une honorable fille de cette couronne, elle dépassa sous l'égide de ses nourrices les apprentissages de l'enfance. [...] Aimable, accueillante, pieuse, plus généreuse envers les autres qu'envers elle-même, à l'âge de onze ans, par la décision de ses pères les empereurs et par l'élection de tous, elle fut mise à la tête de la métropole [Quedlinburg] par droit héréditaire, avec la bénédiction des clercs, pour la diriger sans interruption.

À son départ pour Rome, son neveu, Otton [III] le libéral, lui confia les royaumes en tant que vice-impératrice. Elle ne gouverna pas avec la légèreté propre aux femmes : aussi, elle adoucit et soumit les farouches chefs des barbares, à la manière adroite du génie de son grand-père et de son père. De la sorte, elle fut la première à établir, construire et installer les fondements de la paix dont jouit maintenant la sainte Église de Dieu. [...]

Après avoir bien remis en ordre ces affaires, elle revint voir avec un amour maternel ses petites brebis [les moniales de Quedlinburg], auxquelles elle portait un soin extraordinaire et qui étaient suspendues à son retour ; elle fut reçue avec les honneurs par celles-ci. Il lui restait peu de jours : elle fut frappée d'une petite fièvre [...]. Le 7 février, elle rendit avec reconnaissance son corps à Dieu [...]. Elle fut enterrée au milieu de la basilique Saint-Pierre et Saint-Stéphane, à côté du tombeau des rois, son grand-père Henri et sa grand-mère Mathilde, parmi les lamentations et les plaintes des siens ; elle y attend dans la joie le jour de la résurrection à venir. [...] Après avoir réglé ces affaires en pleurant, les moniales se réunirent avec les évêques Arnulf [d'Halberstadt] et Bernward [d'Hildesheim], qui grâce à la clémence divine étaient présents à l'improviste pour les funérailles, ainsi qu'avec le duc Bernard ; comprenant qu'elle était leur seul remède contre les blessures qui leur avaient été infligées, elles choisirent à l'unanimité comme maîtresse et mère la nièce de leur maîtresse Mathilde, Adélaïde, que Mathilde avait adoptée, qu'elle avait aimée tout particulièrement, qu'elle avait élevée avec douceur comme sa propre fille.

Annales Quedlinburgenses, Martina GIESE (éd.),
Hanovre, 2004 (MGH SSRG 72), p. 499-505
(traduit du latin par Justine AUDEBRAND).

Les *Annales de Quedlinbourg*, une histoire de la dynastie ottonienne au féminin

À partir de 1008 et jusque dans les années 1020, une moniale du monastère ottonien de Quedlinbourg, en Saxe, compile des *Annales*. La période coïncide avec une perte de prestige du monastère au profit de son rival, le monastère de Gandersheim. L'initiatrice de ces *Annales* est probablement Adélaïde, abbesse de 999 à 1043 et sœur de l'empereur Otton III (983-1002). Adélaïde entend protester auprès du nouvel empereur Henri II, issu d'une branche cadette de la dynastie, contre le déclassement dont est victime son monastère. Ces *Annales* sont donc une œuvre politique destinée à influencer le pouvoir et à renforcer l'identité du monastère. Elles ne sont conservées que dans une copie incomplète d'un humaniste anonyme du XVIe siècle. L'éditrice la plus récente du texte, Martina Giese, reconstitue une partie des passages perdus à partir de sources ultérieures probablement inspirées des *Annales de Quedlinbourg*.

L'intérêt du texte est double : comme d'autres œuvres de l'époque, à l'instar des poèmes de Hrotsvita de Gandersheim, cet écrit témoigne du haut degré d'éducation des moniales de Germanie. Il permet également, et c'est plus original, d'avoir accès à une histoire de la dynastie ottonienne au féminin : pour rappeler Henri II à l'ordre, l'autrice souligne le rôle essentiel des femmes de la dynastie, au premier rang desquelles les abbesses de Quedlinbourg, dans le pouvoir des souverains.

Mathilde, une abbesse impériale exceptionnelle

L'extrait présenté est un éloge de l'abbesse Mathilde, fille de l'empereur Otton Ier. Née en 955, elle est destinée à devenir abbesse de Quedlinbourg dès son plus jeune âge, en 966, à la demande de son père et de son frère. Tout le passage insiste sur les « talents innés » de Mathilde : c'est bien par son appartenance à la famille impériale qu'elle est apte à devenir abbesse. Elle dirige le monastère où sont enterrés ses grands-parents, Henri (919-936), fondateur de la dynastie, et Mathilde (morte en 968), considérée comme sainte. Sous l'égide de la nouvelle abbesse, Quedlinbourg apparaît alors comme un centre mémoriel incontournable pour la dynastie : la commémoration des défunts et l'entretien de leur mémoire liturgique, qui sont des activités typiquement féminines au cours du premier Moyen Âge, constituent ici les fondements du pouvoir de l'abbesse.

La fin du passage insiste sur la transmission du pouvoir abbatial à Adélaïde, nièce de Mathilde et commanditaire du texte. Si Adélaïde devient abbesse, c'est aussi et surtout avec l'accord de son frère, l'empereur Otton III, mais il s'agit pour les *Annales* de souligner le lien exclusif entre la tante et sa nièce. Cet éloge de Mathilde est donc une manière de montrer que la nouvelle abbesse s'inscrit dans sa continuité : à lignée impériale s'ajoute une lignée abbatiale, féminine.

Un pouvoir au féminin ?

La particularité de l'Empire ottonien dans l'Europe de l'an mil tient à la place des femmes dans le gouvernement impérial. En plus des impératrices, figures essentielles de la vie politique, les abbesses, d'abord Mathilde puis Adélaïde et sa sœur, participent pleinement au pouvoir. Mathilde est ainsi qualifiée de « vice-impératrice » par les *Annales* : en 997, Otton III se rend en Italie et confie le pouvoir à sa tante. Mathilde exerce alors le pouvoir impérial qui lui est délégué, non « avec la légèreté propre aux femmes », mais avec la même vertu royale que ses ancêtres. Pourtant, au monastère, Mathilde redevient une femme, une mère pour ses moniales et pour sa nièce, et ses vertus d'amabilité et de générosité sont féminines. Il y a là une ambiguïté propre au pouvoir au féminin, qui s'exprime selon des codes masculins tout en ne reniant pas les qualités féminines.

Les *Annales de Quedlinbourg* sont toutefois un chant du cygne : si Quedlinbourg reçoit de nouveau les grâces de l'empereur à partir des années 1010, ses abbesses n'occupent plus la place qui était la leur à la fin du Xᵉ siècle. Ce texte est donc le témoin d'un moment exceptionnel de l'histoire européenne, au cours de laquelle les abbesses, filles et sœurs d'empereurs, participent au pouvoir souverain.

Justine AUDEBRAND
Agrégée et docteure
de l'Université Paris 1 Panthéon-Sorbonne
LaMOP (UMR 8589)

Pour en savoir plus

Justine AUDEBRAND, « Impératrices et abbesses : les *dominae imperiales* ottoniennes (Xᵉ-XIᵉ siècle) », *Clio. Femmes, Genre, Histoire*, n° 53, 2021, p. 237-260.

Phyllis JESTICE, *Imperial Ladies of the Ottonian Dynasty. Women and Rule in Tenth-Century Germany*, New York, Palgrave MacMillan, 2018.

Simon MACLEAN, *Ottonian Queenship*, Oxford, Oxford University Press, 2017.

7. Le sceau d'Isabelle d'Angoulême, témoin du pouvoir au féminin ?

(France, XIIe-XIIIe siècle)

Empreinte de cire naturelle d'Isabelle d'Angoulême, acte scellé en 1227, Archives Nationales, J628[10].

La matrice du sceau d'Isabelle d'Angoulême (v. 1186-1246) est certainement gravée en 1200 lors du mariage de la future souveraine avec Jean Sans Terre, roi d'Angleterre (1199-1216). Ce sceau biface de forme ogivale présente à l'avers la reine sous les traits d'une femme couronnée, vêtue d'un long manteau, tenant de la main droite une fleur et de la main gauche une colombe. Elle est désignée comme « Isabelle par la grâce de Dieu reine d'Angleterre et dame d'Irlande ». Au revers, elle tient de la main gauche une croix surmontée d'une colombe, ce qui renvoie ici au sceptre à la colombe, un des *regalia* britanniques. Elle est décrite comme « Isabelle duchesse de Normandie, d'Aquitaine et d'Anjou ». Ce sceau appendu aux actes de la reine-comtesse met en image son pouvoir réel et imaginé. Il est le témoin de la représentation du pouvoir au féminin.

Un sceau de femme : objet et identité juridique

À l'époque médiévale, chaque individu de la société est doté d'un sceau, sans distinction de sexe. Cet objet juridique permet à une personne de valider un acte. La valeur juridique de celui-ci n'est pas différente entre l'empreinte d'un homme ou celle d'une femme ; en revanche, la forme ogivale distingue nettement les sceaux féminins. Les reines, tout comme les femmes issues de la haute aristocratie, sont majoritairement dotées de sceaux de cette forme, dits « en navette », aux XIIe et XIIIe siècles.

Au-delà de son caractère juridique qui implique des normes précises dans sa confection, le sceau est aussi le support d'un discours idéologique. À cet égard, les empreintes de cire sont des documents de choix pour réévaluer le pouvoir des élites. Isabelle d'Angoulême appartient à ce groupe par son statut et sa parenté. Fille unique d'Aymar de Taillefer, comte d'Angoulême, et d'Alice de Courtenay, elle épouse en 1200 Jean Sans Terre. Ce mariage très prestigieux lui confère les titres ici arborés de reine d'Angleterre et de duchesse de Normandie, d'Aquitaine et d'Anjou. Dès 1202, elle hérite du comté d'Angoulême et en devient comtesse de droit. Peu de temps après la mort de son premier époux en 1216, Isabelle épouse en secondes noces Hugues X de Lusignan, comte de La Marche. La titulature du sceau nous renseigne ainsi sur son identité juridique.

Le pouvoir en cire : témoin de l'hypergamie féminine

Si le remariage est fréquemment l'occasion pour les femmes de changer de matrice, ce n'est ici pas le cas. Isabelle d'Angoulême continue de sceller ses actes en tant que « *Regina Anglia* », reine d'Angleterre, et ce même lorsque son empreinte est apposée aux côtés de celle de son second époux. Cette pratique s'explique par le statut qu'elle revendique ici. Consciente du prestige de son rang, elle préfère continuer à se présenter comme reine d'Angleterre. Ses difficultés à percevoir son douaire – l'ensemble des biens qu'un mari assignait à sa femme pour en jouir si elle lui survivait – l'encouragent à conserver ses titres et expliquent qu'elle continue à se prévaloir de son statut réginal aussi bien dans la titulature de ses actes que sur son sceau. Cette fonction est renforcée par le sceptre à la colombe – bâton d'équité et de miséricorde apparu sous Henri Ier (1100-1135) – qu'elle tient dans ses mains. Cette matrice illustre un cas d'hypergamie féminine : Isabelle d'Angoulême prouve ici que son rang est nettement supérieur à celui de son second époux. Cette conscience provient tout à la fois de son titre de reine, mais aussi de son ascendance prestigieuse en tant que petite fille de Louis VI, roi de France.

L'héritage d'Aliénor d'Aquitaine

Au-delà de ce qui est dit et affirmé par la titulature du sceau, l'image en elle-même est signifiante. Si le sceau d'Isabelle d'Angoulême présente une iconographique typique des sceaux de son époque, son attitude, le long manteau et les attributs qu'elle tient renvoient explicitement à celui de la reine précédente : Aliénor d'Aquitaine. Dans un contexte où les actes sont davantage montrés que lus, l'emploi de ce style fait pleinement référence à cette dernière et fait d'Isabelle son héritière.

Lucie JARDOT
Université Paris 1 Panthéon-Sorbonne
LaMOP (UMR 8589)
Lauréate du Prix Mnémosyne 2018

Pour en savoir plus

Brigitte BEDOS-REZAK, « Women, Seals and Power in Medieval France, 1150-1350 », dans Mary ERLER et Maryanne KOVALESKI (dir.), *Women and Power in the Middle Ages*, Athènes-Londres, University of Georgia Press, 1988, p. 61-82.

Robert FAVREAU (dir.), *Isabelle d'Angoulême, comtesse-reine et son temps (1186-1246)*, Actes du colloque tenu à Lusignan du 8 au 10 novembre 1996, Poitiers, Université de Poitiers, 1999.

Lucie JARDOT, *Sceller et gouverner. Pratiques et représentations du pouvoir des comptesses de Flandre et de Hainaut (XIIIe-XVe siècles)*, Rennes, Presses Universitaires de Rennes (Prix Mnémosyne), 2020.

Kathleen NOLAN, *Queens in Stone and Silver: The Creation of a Visual Imagery of Queenship in Capetian France*, New York, Palgrave Macmillan, 2009.

8. L'inaptitude « naturelle » des femmes à gouverner

(Hongrie, Pays-Bas, XVIe siècle)

[...] Car, combien que tous États, étant sous l'obéissance d'un prince, doivent surtout désirer de celui-ci qu'il soit le plus savant, entendu et vertueux de tous, pour être le plus grand bien qu'il leur adviendrait, toutefois je tiens que celui qui a un gouvernement sous un prince a pour soi à faire de plus de savoir que le prince même, lequel, gouvernant du sien, n'a qu'à en rendre compte à Dieu, à quoi, en faisant ce qu'il peut, y satisfait ; mais celui qui a un gouvernement sous un autre, il faut qu'il en rende aussi compte à Dieu, et outre cela à son prince et aux sujets de celui-ci. [...] Par où le gouverner bien est chose bien difficile et avec plus de hasard de pouvoir bien venir au-dessus à la satisfaction de sa conscience et des hommes, et au contentement de son prince et de ses sujets ; et on a l'obligation si grande de se mettre plus avant en de tels gouvernements que sa capacité ne peut porter, laquelle en mon endroit je n'ai en façon nulle et moins cause de faire comparaison de celle de votre majesté à la mienne : voyant que, quant au savoir, à l'expérience, différence de gouverner prince envers gouverneurs, de l'inaptitude de la femme envers l'homme, il y a autant à dire que du blanc au noir. Et même si j'avais tout le savoir requis pour un tel gouvernement, dont en suis bien loin, si ai-je trop d'expériences qu'il est impossible à une femme d'y satisfaire, soit en paix et encore moins en guerre, qui veut ou désire faire son devoir envers Dieu, son prince, et satisfaire à son honneur : car étant en paix, s'il est requis, outre les consultations et soins des affaires coutumières en tous gouvernements, que celui qui a la charge de ce pays-ci a grande hantise avec chacun, pour gagner les volontés tant de la noblesse que des communes, pour n'être ce pays en l'obéissance de la monarchie à laquelle il appartient, ni en l'ordre de l'oligarchie, ni aussi du tout en république, ce que la femme, principalement étant veuve, ne peut pas faire comme il serait requis. Et en mon endroit, il m'en a fallu faire par pure nécessité, pour le bien des affaires, que je désirais, outre que la femme n'est jamais respectée et crainte comme l'homme, de quelle qualité qu'elle soit [...].

« Mémoires de Marie, Reine douairière de Hongrie à l'Empereur. Fin août 1555 », dans *Papiers d'État du cardinal de Granvelle : d'après les manuscrits de la Bibliothèque de Besançon*, IV, C. Weiss (éd.), Paris, Imprimerie nationale, 1843, p. 473-474 (modernisé par Jules Dejonckheere).

Le 25 octobre 1555, Marie de Hongrie, reine douairière de Hongrie, alors gouvernante-générale des Pays-Bas habsbourgeois, annonce sa démission dans la grande salle du palais de Coudenberg à Bruxelles immédiatement après l'abdication de son frère, l'empereur Charles Quint, au nom duquel elle a exercé sa charge pendant vingt-quatre ans. Par une lettre rédigée sous forme d'un mémorandum, Marie avait exposé, deux mois plus tôt, les raisons de cette décision à son frère.

Le sexe féminin, un obstacle au bon gouvernement

Pour justifier son retrait de la scène politique, Marie de Hongrie propose un bilan de son gouvernement. Elle le présente comme une épreuve difficile, voire un échec amer dont la responsabilité incomberait, selon elle, à son sexe. Faisant référence à la faiblesse du sexe féminin (*imbecillitas sexus*) niant toute disposition naturelle des femmes pour la politique, elle affirme que sa nature féminine la rendrait inapte et incapable à bien gouverner. De là découlerait toute une série de problèmes propres au pouvoir féminin, comme un manque d'autorité dans les affaires politiques, notamment militaires. Une incapacité d'autant plus forte que Marie de Hongrie, veuve – donc sans protecteur masculin –, dirige les Pays-Bas, véritable casse-tête politique. En effet, dans cette monarchie composite, la reine douairière doit composer entre les directives d'un empereur distant, les exigences de la haute noblesse locale et les privilèges des villes. Elle est, par exemple, contrainte de financer les guerres d'Italie menées par son frère et subit donc les mécontentements et les résistances des villes. Elle doit aussi veiller à la défense des frontières. Dès lors, épuisée et frustrée par des années de contraintes politiques exacerbées par les difficultés liées à son genre, Marie de Hongrie renonce au pouvoir et conclut à l'impossibilité pour les femmes de gouverner.

Une dévalorisation feinte

Toutefois, les aveux d'impuissance de Marie ne reflètent pas exactement la réalité de sa période de régence, car elle est consciente d'en avoir fait plus que sa condition de femme l'y autorisait. En effet, elle représente le contre-exemple de ce qu'elle décrit : reine, régente et sœur de l'empereur, son rang l'emporte sur son sexe. Veuve depuis 1526, elle choisit de le rester en s'opposant fermement aux projets de son remariage avec Jacques V d'Écosse ou Frédéric II du Palatinat. Alors qu'elle se dit ignorante des savoirs de l'État, l'inventaire de sa bibliothèque indique le contraire. En réalité, sa lettre de démission est le témoignage de son engagement exceptionnel : Marie de Hongrie a dirigé avec compétence, zèle, autorité et parfois même avec autonomie les Pays-Bas. Une habilité politique qui lui est d'ailleurs explicitement reconnue par ses contemporains. De fait, derrière l'humilité et la fragilité affichées d'une humble veuve dévouée, la reine régente utilise des stéréotypes de genre. En recourant à des qualités prétendument féminines, telles que la modestie, la soumission et la faiblesse, Marie de Hongrie raconte sa régence et exprime sa volonté politique sans bousculer l'ordre social en place. Plus précisément, la gouvernante des Pays-Bas montre que, malgré les épreuves endurées, elle s'est acquittée de sa charge avec honorabilité. Par conséquent, elle mérite la reconnaissance de ses bons et loyaux services et réclame de pouvoir se retirer de la vie politique.

Une leçon politique

En tirant les enseignements de sa longue expérience du pouvoir, Marie de Hongrie fournit les éléments d'une réflexion politique sur le gouvernement des Pays-Bas. Tel un miroir des princes adressé à son successeur, le futur Philippe II, elle fixe subtilement les modalités d'une succession réussie pour laquelle sa préférence va à un homme vertueux, sage, expérimenté et dévoué. Le gouvernement de Marie de Hongrie apparaît comme une exception qui confirme la règle, mais on ne saurait oublier les réussites de deux autres gouvernantes des Pays-Bas, Marguerite d'Autriche et Marguerite de Parme.

Jules DEJONCKHEERE
UCLouvain
LaRHis

Pour en savoir plus

Gilles DOCQUIER et Bertrand FEDERINOV (éd.), *Marie de Hongrie. Politique et culture sous la Renaissance aux Pays-Bas*, Morlanwelz, Musée royal de Mariemont, 2009.

Noelia GARCIA PÉREZ (dir.), *Mary of Hungary, Renaissance Patron and Collector: Gender, Art and Culture*, Turnhout, Brepols, 2020.

Laetitia GORTER-VAN ROYEN, *Maria van Hongarije regentes der Nederlanden. Een politieke analyse op basis van haar regentschapsordonnanties en haar correspondentie met Karel V*, Hilversum, Verloren, 1995.

Jacoba KERKHOFF, *Maria van Hongarije en haar hof : 1505-1558*, Hilversum, Verloren, 2008.

9. La loi salique, succession masculine et pouvoir féminin

(France, XVIIe siècle)

De l'autorité du roi, dans la famille royale, aux mariages des princes du sang, pouvoir de la coutume de l'État, et intérêts du public sur ce sujet.

Par François de Fermineau, Sieur de Beaulieu, conseiller et avocat du roi en la cour présidiale de Nîmes.
Chaque peuple désire un roi de sa nation : mais ce qui est un vœu et un souhait pour les autres est un parfait accomplissement des nôtres en vertu de notre loi salique, laquelle attache la Couronne de France avec des clous de diamants. Les peuples qui ne peuvent qu'à contrecœur obéir aux étrangers, trouvent encore plus dure la domination de ceux que la nature a soumis à celle d'autre souverain, et ne peuvent sinon avec peine s'accommoder à l'obéissance envers celui dont ils ne voudraient reconnaître le maître.
[...]
Notre loi salique a si bien établi cet État que la France peut dire qu'elle est en possession de donner des rois au reste de la terre : mais que parmi le changement des races, elle ne sait ce que c'est que des rois étrangers, moins encore de leurs sujets pour leur obéir. Cette éternité des rois chez nous est un fruit de notre loi, sur le sujet de laquelle le lecteur aura agréable une espèce de nécromance à laquelle la piété ne contredira pas en l'évocation des mânes du grand Salgostad et de ses collègues nos législateurs, dont les destinées, ou pour mieux dire la providence de Dieu, ont amplement homologué la loi. Consultons ces grands hommes et ils nous diront que leur intention était de sevrer pour toujours tous les rois de la terre de la convoitise sur cette couronne, laquelle ne pouvant tomber sur la tête des femmes, les fleurons ne pouvaient passer à autre nation.

[Quant à la l'épouse royale, Fermineau précise que le royaume] l'honore comme reine et la chérit comme mère de famille.

François DE FERMINEAU, *Traité des droits de la monarchie, maison, Etat, et couronne de France*, Nîmes, F. Martel, 1636 (légèrement modernisé par Fanny COSANDEY).

Tiré d'un de ces nombreux ouvrages de jurisconsultes qui fleurissent dans la première moitié du XVIIe siècle, ce texte évoque explicitement le principe de transmission du trône. Son auteur, François de Fermineau (1592-1643), est avocat du roi au présidial (tribunal de justice) de Nîmes. Comme d'autres juristes de son époque, il rédige plusieurs textes en soutien à la politique de Louis XIII, dont le volumineux *Traité des droits* relatif au fonctionnement de la monarchie. À bien des égards ce livre, publié en 1638, est emblématique des écrits qui accompagnent les thèses absolutistes en accordant notamment à la loi salique un rôle essentiel dans l'affirmation de la puissance royale. L'exclusion des femmes du trône prend ainsi place dans une démonstration où la grandeur des rois de France s'impose sur la scène européenne.

Mythe et histoire de la loi salique

Sans grande originalité, l'auteur retient une version mythifiée de la monarchie qui attribue à Pharamond, mythique fondateur de la royauté française, la paternité de cette loi. Apparu vers la fin du XVe siècle, ce récit confère une légitimité à un dispositif successoral somme toute assez récent – c'est avec les crises du début du XIVe siècle que la règle devient explicite. Celle-ci se construit en deux temps, et selon deux principes. En 1316, Louis X meurt en ne laissant, pour la première fois depuis l'avènement des Capétiens (987), qu'une fille, Jeanne, qui est alors déshéritée au profit de son oncle : le premier principe, selon lequel les filles ne succèdent pas, est formulé. Puis, en 1328, la sœur des deux rois précédents, mariée au roi d'Angleterre, est à son tour écartée pour éviter l'avènement d'un roi étranger sur le trône. Le second principe prend forme : les filles ne peuvent transmettre les droits à la couronne. Il est important de souligner que c'est bien l'articulation de cette double exclusion qui fait l'originalité de la monarchie française en matière de dévolution : les filles de France n'héritent pas ni ne transmettent les droits au trône.

Une monarchie consolidée

La succession étant strictement masculine, elle est destinée à rester dans la famille capétienne ; c'est pourquoi Fermineau affirme, trois siècles plus tard, que la loi salique « attache la couronne de France avec des clous de diamant » en insistant sur l'impuissance des rois étrangers à accaparer ce bel héritage. Il y a là une logique juridique qui ne s'est pas imposée dans l'objectif d'invalider tout pouvoir féminin, mais dans celui, plus prosaïque, de clarifier les modes de dévolution et de parer à la venue d'un prince d'origine étrangère. Il est vrai qu'à la fin du XVIe siècle les juristes introduisent l'idée que les femmes sont naturellement incapables de régner. Cette rhétorique vise à restaurer la puissance royale en développant le thème d'une origine divine de la loi salique. Celle-ci inscrit les rois de France dans la droite ligne des volontés célestes et le pouvoir souverain s'avère, à ce titre, incontestable. Les théories absolutistes trouvent ainsi dans la loi salique un solide point d'appui, de sorte que le « changement des races », tel que l'avènement des Bourbons en 1589, n'y change rien. Il montre, bien au contraire, la vigueur de cette loi fondamentale du royaume.

Une autorité déléguée aux femmes

Or, la loi salique, censée dévaluer les membres féminins de la dynastie, permet malgré tout leur participation aux affaires du royaume, car les reines mères se trouvent les mieux placées pour gouverner lors des minorités royales. Si les princes du sang, héritiers putatifs de la couronne, peuvent représenter un danger pour le roi, surtout lorsqu'il n'est qu'un enfant, les épouses royales sont à l'inverse sans risque en ce domaine : la règle ne leur permet pas de régner par elles-mêmes. Elles ne menacent donc pas d'usurper le pouvoir, et l'argument de l'amour maternel qu'elles témoignent à leurs fils mineurs tourne la question des lois naturelles à leur avantage. Naturellement portées à défendre les intérêts de leurs enfants, elles sont tout indiquées pour prendre en charge le gouvernement, jusqu'à la majorité des rois, à quatorze ans.

Contrairement à ce qu'ont cherché à faire croire les juristes en invoquant la faiblesse naturelle du sexe féminin, et qui a ensuite été reprise par la *doxa*, la loi salique n'a pas écarté les femmes de la politique. Elle a même renforcé le pouvoir des reines en leur accordant systématiquement la régence, ce qui est loin d'être le cas dans d'autres monarchies européennes.

Fanny Cosandey
École des Hautes Études en Sciences Sociales

Pour en savoir plus

Colette Beaune, *Naissance de la nation France*, Paris, Gallimard, 1985.

Fanny Cosandey, *La reine de France*, Paris, Gallimard, 2000.

Ralph E. Giesey, *Le rôle méconnu de la loi salique*, Paris, Les Belles Lettres, 2007.

10. Une pétition de femmes : les Niveleuses sous Cromwell

(Angleterre, XVIIe siècle)

Nous sommes à ce point accablées et affligées qu'il ne nous est plus possible de rester à notre place, ni de nous soumettre à la coutume qui contraint notre sexe ; nous reconnaissons en effet que nous n'avons pas l'habitude de nous adresser publiquement à cette Chambre ; cependant, considérant que nous partageons le même intérêt que les hommes pour la république, que celle-ci ne peut être mise à sac (comme elle l'est à présent) sans que nous en soyons les plus grandes victimes ; et, considérant que la pauvreté, la misère et la famine déferlent sur nous tel un puissant torrent, des gens mourant chaque semaine dans cette cité et au-delà, nous ne pouvons plus supporter de voir nos enfants s'accrocher à nous pour réclamer du pain, sans avoir de quoi les nourrir ; nous préférerions trépasser plutôt que de voir ce jour. C'est pourquoi, considérant que, d'âge en âge, Dieu a délivré de nombreuses nations par la main faible des femmes : par les conseils et la présence de Déborah et la main de Jaël, Israël a été délivrée du joug de Canaan, de Sisera et de sa puissante armée (*Juges* 4) ; par les femmes, cette terre de Bretagne a été délivrée de la tyrannie des Danois (qui dominaient alors par l'épée, comme beaucoup dans cette nation tentent de le faire aujourd'hui). C'est pourquoi nous prenons la liberté de vous rappeler que nos maris, nos amis et nous-mêmes, qui avons contribué à votre cause, avons jugé qu'il n'y avait rien de trop précieux pour la défendre : nous avons déposé à vos pieds argent, vaisselle, bijoux, bagues, épingles à cheveux, etc. et Dieu tout-puissant a béni les efforts sincères de ceux et celles qui, non sans succès, vous ont aidés, de sorte qu'il ne reste plus aucun obstacle pour que vous brisiez tous les jougs qui nous oppriment et que vous honoriez vos promesses de liberté et de prospérité pour la nation – ces promesses par lesquelles vous avez invité des hommes justes à servir votre cause. Pourtant, nous ne voyons pas quels jougs nous ont été ôtés, mais nous en voyons beaucoup qui nous sont imposés. Ces mêmes abus tyranniques dont nous nous plaignions naguère chez ceux qui nous gouvernaient, et qui furent la juste cause du déplaisir de Dieu et donc de la destruction qui s'ensuivit, vous les commettez dorénavant contre le Lieutenant-Colonel J. Lilburne, Mr. William Walwyn, Mr. Prince et Mr. Overton : on dirait que Dieu tout-puissant vous a abandonnés et vous laisse faire ces choses par lesquelles non seulement vous vous contredisez, mais qui vous conduisent à prononcer votre propre condamnation.

England's Moderate Messenger 1, 23-30 avril 1649,
British Library, collection Thomason Tracts
(traduit de l'anglais par Claire GHEERAERT-GRAFFEUILLE).

Dans cette pétition du 24 février 1649, des femmes proches du mouvement des Niveleurs exigent du *Rump Parliament* (« Parlement croupion ») la libération de leurs époux et amis, John Lilburne, William Walwyn, Thomas Prince et Richard Overton. Ces radicaux ont été accusés de haute trahison et emprisonnés pour avoir condamné les pratiques discrétionnaires du nouveau régime, trois mois à peine après l'exécution du roi Charles Ier. La pétition que les épouses et amies des chefs niveleurs adressent au *Rump* s'inscrit dans une campagne plus large en faveur de leur libération. Elle est diffusée auprès d'un vaste public sous la forme d'un pamphlet publié dès avril 1649, également à travers la presse qui connaît alors un développement sans précédent. L'extrait ci-dessus est tiré de l'*England's Moderate Messenger* du 23 avril 1649, dans lequel il est précisé que ce sont trois cents femmes qui ont apporté la pétition à Westminster.

Le droit de revendiquer

En s'adressant au Parlement, les pétitionnaires entrent de plain-pied dans les affaires politiques de la jeune république cromwellienne (le *Commonwealth*). Elles ont conscience de sortir du rôle de mère et d'épouse auquel les renvoie ironiquement le Président de la Chambre après avoir reçu leur pétition : celui-ci les prie de rentrer chez elle et de s'occuper des affaires de leur ménage. Toutefois, ces femmes estiment qu'il est de leur devoir d'enfreindre la coutume patriarcale pour demander la libération des Niveleurs injustement incarcérés à la Tour de Londres. Elles sont, avancent-elles, des citoyennes à part entière qui ont activement participé à l'effort de guerre en faveur du Parlement et qui continuent de souffrir – comme les hommes – sous le joug de la tyrannie.

L'art de convaincre

Pour faire plier les autorités, les Niveleuses évoquent les précédents de Déborah et de Jaël dans le *Livre des Juges* de l'Ancien Testament, mais aussi celui des femmes saxonnes qui ont délivré leur nation de la tyrannie des Danois – des figures exemplaires que l'on retrouve dans d'autres pétitions féminines pour la défense de la paix ou le commerce (1642-1643). Pour susciter la compassion des membres du *Rump*, elles ne reculent pas non plus devant des hyperboles pathétiques. Elles déplorent par exemple « la pauvreté, la misère et la famine » qui déferlent « tel un puissant torrent », et déclarent qu'elles sont prêtes à mourir pour leurs enfants. Une fois encore, comme la plupart des pétitionnaires de la Révolution anglaise, les Niveleuses d'avril 1649 puisent dans la rhétorique familiale les armes pour tenter d'obtenir gain de cause auprès de l'oppresseur.

La défense des idées niveleuses

Les autrices de cette pétition font la preuve de leur connaissance précise de l'argumentaire politique des Niveleurs. À leurs yeux, la république a trahi la cause du Parlement qu'elle était pourtant censée défendre : malgré l'abolition de la monarchie, les libertés promises restent lettre morte ; le *Rump* n'entreprend aucune des réformes de fond que l'Accord passé entre l'armée et les Niveleurs en 1648 laissait espérer. Se faisant momentanément les porte-parole de la providence, elles estiment que la république a perdu le soutien de Dieu et qu'elle ne vaut pas mieux que la monarchie Stuart.

La pétition des Niveleuses d'avril 1649 se solde donc par un échec puisque ni Lilburne, ni Walwyn, ni Prince, ni Overton ne sont libérés. Il n'en reste pas moins que l'affirmation par ces femmes du droit à s'exprimer publiquement sur l'avenir de la nation frappe par sa radicalité et son audace, à une époque où l'expression féminine reste le plus souvent religieuse.

Claire Gheeraert-Graffeuille
Université de Rouen Normandie
ERIAC (UR 4705)

Pour en savoir plus

Laurent Curelly, « L'Engagement des Niveleuses et la presse anglaise contemporaine (1649) », *Revue Française de Civilisation Britannique*, vol. XXII, n° 3, 2017.

Claire Gheeraert-Graffeuille, *La Cuisine et le forum. L'émergence des femmes sur la scène publique pendant la Révolution anglaise*, Paris, L'Harmattan, 2005.

Claire Gheeraert-Graffeuille, « Leveller Women Petitioners and the Rhetoric of Power in the English Revolution (1640-1660) », *Caliban*, n° 27, 2010.

Ann Hughes, *Gender and the English Revolution*, Abingdon-New York, Routledge, 2012.

11. Des femmes du Tiers État s'adressent au roi en 1789

(France, XVIIIe siècle)

SIRE,

Dans un temps où les différents Ordres de l'État sont occupés de leurs intérêts, où chacun cherche à faire valoir ses titres et ses droits ; où les uns se tourmentent pour rappeler les siècles de la servitude et de l'anarchie ; où les autres s'efforcent de secouer les derniers chaînons qui les attachent encore à un impérieux reste de féodalité, les femmes, objets continuels de l'admiration et du mépris des hommes, les femmes dans cette commune agitation, ne pourraient-elles pas aussi faire entendre leur voix ? Exclues des Assemblées Nationales par des lois trop bien cimentées pour espérer de les enfreindre, elles ne vous demandent pas, SIRE, la permission d'envoyer leurs députés aux États-Généraux ; elles savent trop combien la faveur aurait de part à l'élection, et combien il serait facile aux élus de gêner la liberté des suffrages.

Nous préférons, SIRE, porter notre cause à vos pieds ; ne voulant rien obtenir que de votre cœur, c'est à lui que nous adressons nos plaintes et confions nos misères. [...]

Nous demandons, SIRE, que votre bonté nous fournisse les moyens de faire valoir les talents dont la nature nous aura pourvues, malgré les entraves que l'on ne cesse de mettre à notre éducation. [...]

Nous demandons à être éclairées, à posséder des emplois, non pour usurper l'autorité des hommes, mais pour en être plus estimées ; pour que nous ayons des moyens de vivre à l'abri de l'infortune, que l'indigence ne force pas les plus faibles d'entre nous, que le luxe éblouit et que l'exemple entraîne, de se réunir à la foule de malheureuses qui surchargent les rues et dont la crapuleuse audace fait l'opprobre de notre sexe et des hommes qui les fréquentent. [...]

Nous demandons à sortir de l'ignorance, pour donner à nos enfants une éducation saine et raisonnable, pour en former des sujets dignes de vous servir. Nous leur apprendrons à chérir le bon nom de Français ; nous leur transmettrons l'amour que nous avons pour Votre Majesté ; car nous voulons bien laisser aux hommes la valeur, le génie ; mais nous leur disputerons toujours le dangereux et précieux don de la sensibilité ; nous les défions de mieux vous aimer que nous : ils courent à Versailles la plupart pour leurs intérêts ; et nous, SIRE, pour vous y voir, quand, à force de peine et le cœur palpitant, nous pouvons fixer un instant votre auguste Personne, des larmes s'échappent de nos yeux, l'idée de Majesté, de Souverain, s'évanouit, et nous ne voyons en vous qu'un Père tendre, pour lequel nous donnerions mille fois la vie.

Maïté ALBISTUR et Daniel ARMOGATHE, *Le Grief des femmes*, Vol. 1, *Anthologie des textes féministes du moyen âge à 1848*, Paris, Éditions Hier et demain, 1978, p. 150-151.

Face à la crise financière et la montée de la colère, Louis XVI convoque les États généraux ; d'ici mai 1789, les sujets – sans précision de sexe – « nés français ou naturalisés, âgés de vingt-cinq ans, domiciliés et compris au rôle des impositions [pourront] concourir à la rédaction des cahiers et à la nomination des députés », dans le respect de l'identité d'ordre (noblesse, clergé, tiers état). Ces milliers de cahiers, écrits surtout par des hommes, car plus instruits que les femmes, n'évoquent que rarement les revendications de ces dernières ; exclues de la députation, elles ne pourront se faire entendre.

Vers une conscience de genre

Pourtant, dans son *Cahier de doléances et réclamations des femmes,* une Cauchoise Madame B* de B*, s'étonne du silence de ses congénères, quand il y aurait « tant d'abus à combattre, tant de doléances à présenter ». Cette ébauche d'une conscience de genre prérévolutionnaire la conduit à « défendre la cause commune », mais cette rédactrice éclairée n'expose que son opinion, prétendant néanmoins parler au nom de chacune. Le présent document n'en a que plus d'intérêt : il exprime les revendications des femmes du tiers état (98 % de la population), toutes confondues, puisque pareillement soumises à la condition féminine. On ne sait rien de la – ou des – rédactrice(s) (voire du ou des rédacteur(s)) de ce texte, reflet d'une maîtrise de l'écriture et des codes de la civilité, mais on retient que le premier paragraphe introduit la différence des sexes, regrettant son oubli au profit des intérêts particuliers de chaque ordre, entre conservatisme des privilégiés et rejet des résidus de la féodalité par le peuple, sans souci de défendre les femmes, sans cesse admirées (comme l'indique l'expression « le beau sexe ») ou méprisées (« le sexe faible »). Aussi, celles-ci s'adressent directement au roi (leur « SIRE », dont la majesté est soulignée par l'emploi de majuscules), s'autonomisant des hommes et de la convention établie par Louis XVI, sur un ton humble et reconnaissant qui sied à des sujets respectueux et obéissants, qui plus est à des sujettes si audacieuses.

Une pétition essentialiste

Les femmes se décrivent victimes d'une infériorisation due aux préjugés sur leur sexe dont le souverain n'est pas responsable, lui qui possède tant de qualités de cœur. De sa bonté, qu'elles vantent, elles attendent des réformes, évitant de brandir le mot « droit », contraire à l'absolutisme. Leur lucidité sur l'hégémonie masculine du pouvoir politique les invite à ne pas revendiquer leur éligibilité à l'Assemblée. Elles obéissent à la définition essentialiste des sexes, rejetant l'universalisme, par conviction, méconnaissance ou pragmatisme, on ne sait : elles ne réclament pas des changements en tant qu'être humain, mais en tant que femme, disposant de talents naturels, toujours entravés, estiment-elles, par le manque d'éducation. La pétition fait siennes les normes de genre, prétendument imposées par la Nature ; le génie n'étant que masculin, les femmes, qui ne le contestent pas, mettent en avant leurs propres qualités (douceur, patience, capacité à reproduire, faute d'être aptes à créer). De cette répartition, postulée comme biologique, devraient découler la reconnaissance d'un sexe du travail et l'interdiction aux hommes d'accaparer des métiers dits féminins, notamment ceux de la couture.

Un plaidoyer en faveur de réformes modérées

Aucune radicalité ici : non seulement « l'autorité des hommes » n'est pas questionnée, mais les progrès éducatifs sont présentés comme dépassant le seul intérêt des femmes du tiers état par leurs conséquences morales et politiques : d'une part, en rendant inutile la prostitution des « plus faibles », l'instruction mettra fin au déshonneur qui entache tout le sexe féminin, affirment ces lignes, dépourvues de solidarité à l'égard des filles de noce ; d'autre part, éduquer les femmes garantira au roi, qu'elles aiment comme « un Père tendre », l'amour et la fidélité de ses futurs sujets, car ce sont elles, les mères, qui les transmettront à leurs enfants. Non suivie d'effet, cette pétition est révélatrice d'un « nous les femmes » balbutiant, qui émerge grâce à un contexte qui, en Europe, singularise la France.

Yannick Ripa
Université Paris 8 Vincennes-Saint-Denis

Pour en savoir plus

Dominique Godineau, *Citoyennes tricoteuses. Les femmes du peuple à Paris pendant la Révolution française*, Paris, Perrin, 2004 [1988].

Jean-Clément Martin, *La Révolte brisée. Femmes dans la Révolution française et l'Empire*, Paris, Armand Colin, 2008.

Yannick Ripa, *Histoire féminine de la France. De la Révolution à la loi Veil*, Paris, Belin, 2020.

CHAPITRE 2

Expériences combattantes et violences de guerre

Expériences combattantes et violences de guerre

On ne peut nier que les conflits armés affectent différemment les personnes selon le genre. Mais aborder la question des femmes et de la guerre, c'est avant tout s'interroger sur leur exclusion du port des armes. Pourtant les dernières recherches dévoilent une implication féminine dans les guerres qui ne relève ni de l'anecdotique ou de l'exceptionnel. Des guerres médiques aux guerres révolutionnaires, des confins nordiques aux rives de la Méditerranée, les femmes ont été des actrices à part entière du fait guerrier, comme victimes mais aussi parfois comme combattantes. Au-delà de l'épineuse question de l'existence de la guerre dans les sociétés sans écritures, il est peu probable que les femmes aient manié la lance ou l'arc, lors d'une activité martiale, tant les rares traces matérielles sont difficiles à interpréter. En revanche, il apparaît que dès l'Antiquité l'expérience féminine de la guerre a été minimisée et invisibilisée. En associant la pratique militaire à l'exercice de la citoyenneté, les cités grecques et la République romaine ont construit des rapports sociaux qui ont exclu les femmes des institutions relatives à la guerre. Cette figure du citoyen-soldat, forgée en opposition au féminin, a participé à l'élaboration d'un modèle de masculinité ravivé lors de la Révolution française.

Les logiques d'effacement de la place des femmes dans la réalité des combats sont multiples : il peut s'agir d'un effet de sources, parce que les auteurs sont majoritairement masculins. Ainsi, la brutalité des vainqueurs subie par les femmes reste mal documentée, car les violences sexuelles apparaissent fréquemment par métonymie dans les textes, accompagnant les descriptions de scènes de pillage, ou de partage du butin. Quelle que soit la période envisagée, le viol fait partie des violences ordinaires perpétrées par les armées en campagne et lors des prises de villes, mais sa signification a pu varier au fil des siècles. Dans le monde romain, après la victoire, il est le symbole de la possession d'un territoire par le truchement du corps des femmes. Dans l'Occident chrétien, les femmes prises à l'ennemi n'ont pas de valeur marchande dans le cadre de l'économie des rançons. En revanche, très progressivement, des ordonnances militaires encadrent la sexualité des soldats en campagne et condamnent sévèrement le viol.

L'invisibilisation peut d'ailleurs être véhiculée par un discours normé sur la guerre, comme en archéologie. En effet, depuis le XIXe siècle, l'identité personnelle d'un·e défunt·e a été caractérisée par les archéologues à partir des objets exhumés de sa sépulture, selon une catégorisation binaire : aux hommes les tombes à armes, aux femmes les tombes à éléments de parure. Or, cette attribution d'un genre au mobilier est le reflet d'une construction sociale, stéréotypée et décontextualisée. C'est le cas de la sépulture « viking » de Birka, en Suède, où la présence d'armes a longtemps laissé penser qu'il s'agissait d'un guerrier, alors que le sexe chromosomique a permis récemment d'identifier une femme. C'est à l'aulne de ces nouvelles interrogations qu'il faut repenser l'histoire des Amazones racontée par les historiens de la Grèce antique, en croisant leurs textes avec les découvertes archéologiques provenant des fouilles des monticules funéraires scythes.

L'invisibilisation tient également à la minimisation des actions combattantes des femmes et à l'affirmation d'un discours qui les cantonne au registre de l'exceptionnalité. Les exploits militaires des femmes sont acceptables seulement lorsqu'ils s'apparentent à une geste héroïque, comme celle d'Artémise, de Boudica ou de Jeanne d'Arc. Les femmes apparaissent néanmoins dans les documents de toutes les époques lors la mise en défense d'une cité ou d'un château, des événements au cours desquels elles sont *a minima* assignées à des stéréotypes de genre, comme ces femmes qui combattent avec des instruments culinaires. Pour le reste, au pied des remparts, elles passent des munitions aux combattants et apportent des pierres pour colmater des brèches ; en haut des murailles d'enceinte, elles jettent tuiles et cailloux ou manient la hache comme des hommes.

Autre rôle occulté, l'espionnage : les femmes participent aussi à la transmission d'informations, qu'elles soient ou non dotées d'un pouvoir local. Simple espionne ou cheffe d'un réseau de renseignements, elles utilisent leur position pour recueillir les informations et/ou les transmettre. Ainsi la participation féminine en temps de conflit est aussi variable que variée et son étude permet de déconstruire peu à peu l'idée d'un univers martial uniquement masculin. L'expérience de la guerre ne se limite pas à la présence des hommes sur les champs de bataille. La conduite stratégique de la guerre, de sa déclaration à sa négociation, a été parfois confiée à des reines ou des princesses. Gouvernante des Pays-Bas, Marie de Hongrie connaissait l'art de la polieurcétique, tandis que Catherine de Médicis, quand elle était régente, arpentait les fortifications des villes du royaume. On trouve leur signature au bas des parchemins des « traités de paix et abstinence de guerre » lors de la guerre de Cent Ans, et ce rôle dans les processus de pacification se poursuit lors des siècles suivants.

Ainsi, quand les historien·nes arrivent à reconstituer les trajectoires de femmes en armes, il apparaît qu'elles ont intégré un univers marqué par le masculin, qu'elles ont subi les mêmes violences, et surtout que leurs actions ont été mesurées selon les standards de la virilité. La guerre n'a pas été seulement un bastion de la masculinité, mais également un espace où la transgression de genre est restée possible.

Véronique Garrigues

1. Une femme capitaine de vaisseaux

(Monde grec, Ve siècle av. J.-C.)

Des autres officiers je ne fais pas mention, ne m'y sentant pas obligé, mais je fais une exception pour Artémise, que j'admire fort d'avoir pris part à l'expédition contre la Grèce, bien qu'étant une femme. Elle qui, alors qu'après la mort de son mari, elle exerçait elle-même la tyrannie et qu'elle avait un enfant encore jeune, obéissant à son courage et à sa virile audace, faisait campagne sans en être aucunement obligée. Elle avait nom Artémise, était fille de Lygdamis, de naissance halicarnassienne par son père, crétoise par sa mère. Elle régnait sur Halicarnasse, Cos, Nisyros, Calymnos, et fournissait cinq vaisseaux. De toute la flotte, ses navires étaient, après ceux des Sidoniens, les plus réputés et, de tous ceux qui prirent part à l'expédition, c'est elle qui donna au Roi les meilleurs avis. La population des cités sur lesquelles elle régnait, que j'ai nommées, était, je le déclare, totalement dorienne : celle d'Halicarnasse, originaire de Trézène, celle des autres cités, d'Epidaure.

Hérodote, *Histoires*, VII, 99 (traduit du grec ancien
par Philippe-Emmanuel LEGRAND,
modifié par Violaine SEBILLOTTE CUCHET).

L'élément le plus étonnant de l'agora [de Sparte] est le portique qu'ils appellent perse parce qu'il a été réalisé à partir du butin fait sur les Mèdes. Au cours du temps, ils l'ont modifié et rendu splendide, comme on le voit maintenant. Sur les colonnes, on trouve des portraits des Perses en marbre blanc, parmi eux Mardonios, fils de Gobryas. Il y a aussi Artémise, fille de Lygdamis et reine d'Halicarnasse. On dit que cette femme a rejoint de son plein gré l'expédition de Xerxès contre la Grèce et s'est illustrée lors de la bataille navale de Salamine.

Pausanias, *Périégèse*, III, 11, 3 (traduit du grec ancien
par Violaine SEBILLOTTE CUCHET).

Mémoires masculines sur une femme de guerre

L'extrait d'Hérodote constitue le premier témoignage connu sur la participation d'Artémise, une Grecque dynaste de Carie, à la bataille navale de Salamine, en 480 av. J.-C. Il a été rédigé environ quarante ans après la fin du conflit. Son objectif était de relater « les exploits des Grecs et des Barbares », notamment lors des guerres médiques qui opposèrent les Grecs d'Europe à l'armée impériale du roi perse Xerxès. Tous les auteurs postérieurs réutilisent ce texte considéré comme fondateur.

Le second extrait, celui de Pausanias, s'inscrit dans un ouvrage érudit qui vise à offrir aux riches voyageurs de l'Empire romain du IIe siècle apr. J.-C. un aperçu des traditions locales des antiques cités grecques. À Sparte, le guide s'arrête sur les monuments de la place publique, l'Agora, et sur le portique, dit « perse », qui porte une décoration particulière, des colonnes en forme de statues d'illustres vaincus. L'une d'elles aurait représenté Artémise. Pausanias fait ainsi comprendre que, près de sept siècles après les guerres médiques, la gloire publique d'Artémise ne s'est pas éteinte : elle est comparable à celle de Mardonios, le général de Xerxès, qui termina seul la guerre, une fois que le grand Roi eut regagné l'Asie après la défaite subie à Salamine. Autrement dit, la mémoire de la reine est toujours soigneusement entretenue, à Sparte du moins et, surtout, sa réputation n'a pas faibli : c'est celle d'une reine courageuse et héroïque qui accomplit un coup d'éclat sur son navire. Artémise est considérée comme une guerrière digne de l'épopée, vaincue certes, mais dont la valeur rehausse celle des illustres vainqueurs des Perses.

Déconstruire le mythe de l'Amazone

Artémise s'est illustrée sur un terrain que la plupart des organisations sociales du passé réservent aux hommes : celui de la guerre. En ce sens, elle a été parfois assimilée, et cela dès la fin du Ve siècle, à une Amazone. Cependant, les Grecs de l'Antiquité savaient qu'elle n'en était pas une. Elle était une femme du présent qui, selon Hérodote, originaire de la même cité qu'elle et probablement né sous son règne, méritait d'être connue en raison du courage exemplaire dont elle avait fait preuve. Elle, une femme qui aurait pu envoyer un homme diriger les troupes à sa place, avait choisi de mobiliser sa flotte pour soutenir l'armée impériale de Xerxès. En tant que reine d'Halicarnasse, grande cité située sur le littoral asiatique de la mer Égée, Artémise versait un tribut au Grand Roi et lui envoyait des contingents militaires dès que nécessaire. La fidélité des Lygdamides aux Achéménides explique sans doute l'extension de leur domination territoriale aux cités insulaires voisines. L'ensemble de la région, multilingue et multiculturelle, a produit des navires redoutés et des marins aguerris. Artémise, fille de Lygdamis, veuve d'un homme dont le nom n'a pas été conservé et mère au moins d'un garçon, est issue de ce monde-là. Hérodote ne cache pas son admiration envers la reine, tout en expliquant que les Athéniens avaient mis sa capture à prix tant ils ne supportaient pas, eux, de voir une femme sur le champ de bataille. Hérodote évoque ainsi les stéréotypes de genre de son époque, y compris en les plaçant dans la bouche d'Artémise. Cette femme avisée ne rappelait-elle pas à Xerxès, pour le dissuader d'entrer en guerre contre les Grecs d'Europe, que les Athéniens et les Spartiates étaient « autant supérieurs » aux Perses sur mer « que les hommes le sont aux femmes » ? En raison du regard positif porté par Hérodote sur Artémise, ces propos sexistes paraissent de pure rhétorique : ils sont démentis, sans doute avec malice de la part d'Hérodote, par la description de l'exploit de la reine qui coule un vaisseau de son propre camp et échappe ainsi à ses poursuivants athéniens.

Au XVIIIe siècle, Hérodote est beaucoup moins lu que Plutarque qui devient la porte d'accès principal à l'Antiquité classique. Or, Plutarque dénigre Hérodote – à ses yeux il s'agit d'un affabulateur – qui, en valorisant Artémise à Salamine, cherche à affaiblir la renommée des Athéniens pourtant vainqueurs des Perses ce jour-là. Ce qui se joue avec Artémise, c'est, d'une part, l'athénocentrisme de tout un pan de l'historiographie antique, puis moderne ; d'autre part, la difficulté pour cette même historiographie de reconnaître la valeur des femmes placées dans des positions de pouvoir, surtout lorsque leur gloire risquait de ternir celle de ses héros.

À l'aune de ce constat, les deux extraits présentés, celui d'Hérodote comme celui de Pausanias, sont particulièrement intéressants. Ils attestent la perception tout à fait positive dont pouvait bénéficier une femme puissante de la part de Grecs de l'Antiquité, y compris une Grecque combattant contre les Athéniens et leurs alliés. Ils enrichissent les recherches récentes sur les femmes qui se sont trouvées en situation d'autorité publique dans les cités grecques.

Violaine Sébillotte Cuchet
Université Paris 1 Panthéon-Sorbonne
AnHiMA (UMR 8210)

Pour en savoir plus

Anne Bielman Sanchez, Isabelle Cogitore et Anne Kolb, *Femmes influentes dans le monde hellénistique et à Rome, IIIe siècle av. J-C.-Ier siècle apr. J.-C.*, Grenoble, Ellug, 2016.

Sandra Boehringer, Adeline Grand-Clément, Sandra Père-Nogues et Violaine Sebillotte Cuchet (éd.), « Des femmes qui comptent. Genre et participation sociale en Grèce et à Rome », dossier *Mètis*, N.S. 18, Paris, 2020.

Walter D. Penrose Jr., *Postcolonial Amazons. Female Masculinity and Courage in Ancient Greek and Sanskrit Literature*, Oxford, Oxford University Press, 2016.

Violaine Sebillotte Cuchet, *Artémise. Une femme capitaine de vaisseaux dans l'Antiquité grecque*, Paris, Fayard, 2022.

2. Les femmes et la guerre : une utopie platonicienne

(Athènes, IVe siècle av. J.-C.)

Si le genre n'apparaît différer que sur ce seul point, à savoir que le genre féminin enfante, alors que le genre masculin féconde, alors nous affirmerons qu'il n'a aucunement été démontré pour autant que la femme diffère de l'homme quant à l'objet de notre discussion, mais nous serons encore d'avis que nos gardiens et leurs femmes doivent exercer les mêmes occupations.

Platon, *La République*, V 454 d-e.

Tous les emplois doivent être communs entre nos gardiens (*phulakas*) et nos gardiennes (*phulakidas*).

Platon, *La République*, V 457 c.

Il faudra que les femmes de gardiens se dépouillent de leurs vêtements, puisqu'elles se couvriront d'excellence au lieu de manteaux, et il faut aussi qu'elles participent à la guerre comme à tout ce qui concerne la garde de la cité, et elles ne doivent s'occuper de rien d'autre. De toutes ces tâches cependant, il faut confier aux femmes une part plus légère qu'aux hommes, compte tenu de la faiblesse de leur genre.

Platon, *La République*, V 457 a-b.

Ce n'est pas en temps de guerre que chacun doit s'entraîner, mais en temps de paix. Il faut donc qu'une cité qui a de l'intelligence fasse des exercices militaires au moins un jour par mois ou davantage si tel est l'avis des magistrats, sans se préoccuper en rien du froid ou de la chaleur, les hommes avec les femmes et les enfants, lorsque les magistrats sont d'avis d'emmener le peuple entier, et, à l'occasion par section.

Platon, *Les Lois*, VIII, 829 b.

De treize ans jusqu'à leur mariage, elles continueront à prendre part aux concours, pas au-delà de vingt ans, mais au moins jusqu'à dix ans. [...] Pour ce qui est des femmes, en ce qui concerne les services qu'on jugera devoir leur demander quant à la guerre après la naissance de leurs enfants, on fixera ce qui est possible et convenable pour chacune, jusqu'à l'âge de cinquante ans.

Platon, *Les Lois*, VI, 785 b.

Ne faut-il pas que nous instituions comme loi que les femmes aient des obligations militaires allant jusqu'à ce point que tous, citoyens et citoyennes, doivent si intéresser.

Platon, *Les Lois*, VII, 814 c.
(textes traduits du grec ancien par Luc Brisson)

Bien que les femmes soient exclues de l'organisation militaire grecque, nous savons qu'elles ont souvent été présentes aux côtés des hommes soldats et que certaines d'entre elles se sont illustrées lors de célèbres batailles. Mais s'il a pu arriver que leur rôle ait été décisif pour remporter une victoire, celui-ci est toujours officieux, voire minimisé et, dans tous les cas, non reconnu par les instances militaires. En Grèce ancienne, la guerre est exclusivement l'affaire des hommes. Cependant, ces citations de Platon nous montrent qu'il y a eu dans l'Athènes, au IVe siècle av. J.-C., un philosophe pour imaginer deux cités idéales, celle de *La République* et celle des *Lois*, dans lesquelles de nouveaux rapports entre les sexes remettent en cause l'identité conventionnelle des genres et, pour ce qui nous concerne, l'exclusion des femmes au sein de l'armée.

Une activité commune aux hommes et aux femmes

Dans *La République*, Platon conçoit une cité où la différence de nature entre les hommes et les femmes exerçant les fonctions de gardiens de la cité n'implique ni une hiérarchie ni une division radicale des rôles sexuels : elle intervient exclusivement dans le rôle que chacun d'eux joue dans le processus de la génération. Cette différence de nature entre l'homme et la femme, d'ordre strictement biologique, est de même ordre que celle qui existe entre un homme chauve et un homme chevelu. En revanche, les hommes et les femmes exerçant le métier de cordonnier sont de nature différente que ceux qui sont chargés de la garde de la cité. La différence de nature entre les êtres humains subsiste, mais elle s'exprime en termes de classe sociale et non en termes de genre. Il est donc, ajoute notre philosophe, ridicule d'interdire aux hommes chauves le métier de cordonnier sous prétexte que des hommes chevelus l'exercent. De la même façon, il est absurde et grotesque d'interdire aux femmes l'exercice des fonctions politiques et militaires sous prétexte que les hommes l'exercent.

Les femmes appartenant à la communauté des gardiens peuvent donc naturellement intégrer l'espace militaire de la cité, et leur entrée se concrétise par la création d'un féminin, *phulakis*, à la fonction de gardien, *phulax*. Ce féminin est au demeurant un néologisme platonicien ; le vocabulaire de la langue grecque ne connaît de fonction politique et militaire que masculine. En même temps qu'elles accèdent à la fonction de « gardiennes », les femmes acquièrent une vertu guerrière les mettant à l'abri des regards érotiques.

Ainsi, la guerre devient l'affaire des hommes et des femmes. Cependant, en raison de leur différence biologique, les femmes sont physiquement plus faibles que les hommes, elles seront moins sollicitées que les hommes.

Doubler le potentiel militaire

Si, dans *La République*, la participation des femmes à la guerre résulte d'une conception non genrée de l'organisation sociale de la classe des gardiens, elle est, dans *Les Lois*, justifiée par la nécessité de renforcer le potentiel militaire. Platon reproche en effet aux législations réelles cette « stupide » (*anoia*) tradition qui interdit aux femmes de pratiquer les exercices militaires, ce qui, au lieu de doubler les forces de combat, les amputent de moitié.

Les femmes des *Lois* participent donc au moins une fois par mois, avec les hommes et les enfants ou par section de femmes, à ce qu'on appellerait aujourd'hui des périodes militaires. Leur entraînement commence dès l'enfance par l'apprentissage des armes, de la gymnastique et de l'équitation. Toutefois, elles ne peuvent participer aux concours militaires qu'à partir de l'âge de treize ans et jusqu'à ce qu'elles se marient. À l'âge adulte, elles devront régulièrement participer à des exercices militaires qui s'effectuent en troupe, soit avec les hommes et les enfants, soit par sections de femmes. Si la préparation militaire des femmes s'interrompt au moment de leur mariage, elles ne sont toutefois dispensées des activités militaires que durant le laps de temps de la procréation. En effet, la cité se réserve le droit, après la naissance de leurs enfants, de leur imposer des fonctions militaires Toutes ces prescriptions feront l'objet d'une loi qui permettra d'intégrer les femmes dans la cité et de doubler ainsi son potentiel militaire.

Platon montre ainsi que la division sexe/genre qui se traduit habituellement par la domination masculine et l'exclusion des femmes n'est pas inéluctable, et nous devons lui reconnaître le mérite d'avoir imaginé que les femmes puissent faire la guerre, une activité considérée par les Grecs comme la plus noble de la cité.

Nathalie Ernoult
Centre Pompidou
AnHiMA (UMR 8210)

Pour en savoir plus

Nathalie Ernoult, « La guerre et le genre : le contre-exemple platonicien », Violaine Sebillotte Cuchet et Nathalie Ernoult, *Problème de genre en Grèce ancienne*, Paris, Éditions de la Sorbonne, 2007, p. 171-184.

Gerasimos Santas, « Légalité, justice et femmes dans la République et les Lois de Platon », *Revue française d'histoire des idées politiques*, n° 16, 2002, p. 306-330.

Pascal Payen, « Femmes, armées civiques et fonctions combattantes en Grèce ancienne (VIIe-IVe siècle avant) », *Clio. Histoire, femmes et sociétés*, n° 20, 2004, p. 15-41.

Violaine Sebillotte Cuchet, *Artémise, une femme capitaine de vaisseau dans l'Antiquité grecque*, Paris, Fayard, 2022.

3. Boudica : une reine barbare vue par un sénateur romain

(Angleterre, Ier siècle av. J.-C.)

Bunduica alors, levant une main vers le ciel : « Je te rends grâces, dit-elle, Adrastée ; femme, j'invoque une femme, moi qui commande non aux portefaix d'Égypte, comme Nitocris, ou aux marchands d'Assyrie, comme Sémiramis (c'est des Romains que nous avons appris ces exemples), ou aux Romains eux-mêmes, comme jadis Messaline et ensuite Agrippine (aujourd'hui, Néron a bien un nom d'homme, mais, en réalité, c'est une femme ; et la preuve, c'est qu'il chante, qu'il joue de la lyre et s'occupe à se parer) ; mais à des hommes, à des Bretons, qui ne savent pas, il est vrai, cultiver la terre ou exercer un métier, mais qui ont parfaitement appris à faire la guerre, et qui tiennent pour communs tous leurs biens, pour communs leurs enfants et leurs femmes, lesquelles ainsi ont autant de cœur que les hommes. Reine de tels hommes et de telles femmes, je t'adresse mes vœux et je te demande la victoire, le salut et la liberté contre des hommes violents, injustes, insatiables, sacrilèges, si on doit appeler hommes des gens qui se baignent dans l'eau chaude, mangent des mets apprêtés avec recherche, qui boivent du vin pur, qui se frottent de parfums, qui ont une couche moelleuse, qui dorment avec des jeunes gens, et des jeunes gens hors d'âge, et qui sont les esclaves d'un joueur, et encore d'un méchant joueur de lyre. Que désormais cette Néronis, cette Domitia ne règne plus sur moi, ni sur vous, qu'elle soit, avec ses chants, la maîtresse des Romains (ils méritent bien d'être les esclaves d'une pareille femme, puisqu'ils souffrent depuis si longtemps sa tyrannie) ; mais toi, ô notre maîtresse, puisses-tu toujours marcher seule à notre tête ! »

Après avoir harangué de la sorte son armée, Bunduica la mena contre les Romains, qui se trouvaient alors sans chef, attendu que Paulinus, leur général, était occupé à une expédition contre Mona, île située près de la Bretagne. Aussi fut-il aisé à Bunduica d'emporter deux villes romaines, de les piller et d'y faire, comme je l'ai dit, un immense carnage ; il n'y eut pas de cruauté que ne souffrirent les hommes qui furent pris. Mais leur action la plus affreuse, la plus inhumaine, fut de pendre nues les femmes de la plus haute naissance et de la plus grande distinction, de leur couper les mamelles et de les leur coudre sur la bouche, afin de les leur voir manger ; après quoi, ils les empalèrent.

Cassius Dion, *Histoire romaine*, LXII, 6-7
(traduit du latin par Étienne Gros et Victor Boissée).

Une révolte menée par une reine barbare

Sous le principat de Néron, en 60/61 apr. J.-C. (la chronologie exacte reste débattue), la province romaine de Bretagne (Britannia), dans l'actuelle Grande-Bretagne, est le théâtre d'une brève mais violente révolte de plusieurs peuples du sud-est de l'île. Survenue moins de vingt ans après la conquête entreprise par l'empereur Claude en 43 apr. J.-C., cette révolte n'est pas la première, ni la seule, mais elle passe pour avoir été l'une de celles qui ont le plus menacé le contrôle romain sur ses provinces au début du Haut-Empire. L'autre particularité de cette révolte est d'avoir été provoquée et menée par une femme : Boudica, reine des Icéniens, un peuple vivant dans les régions actuelles du Norfolk et du Suffolk.

La fabrique d'une icône

Parce qu'elle a fait trembler Rome, cette reine guerrière suscite depuis longtemps une certaine fascination, inversement proportionnelle à ce que nous savons d'elle en réalité. Nous la connaissons uniquement par l'intermédiaire des récits de deux historiens romains postérieurs, Tacite (environ 55-117 apr. J.-C.) et Dion Cassius (environ 163-235 apr. J.-C.). C'est la redécouverte de ces textes par les érudits, à partir du XVIe siècle, qui permet à la figure jusque-là oubliée de Boudica de prendre sa place dans l'histoire de la Bretagne antique et d'être petit à petit convertie en héroïne de l'histoire nationale britannique, un peu à la manière de Vercingétorix en France ou d'Arminius en Allemagne. Promue symbole d'unité nationale et d'esprit de résistance, elle devient également très tôt une icône féministe, puisque, dès 1906, les suffragettes choisissent de se rassembler au pied du fameux groupe statuaire en bronze représentant la reine et ses filles sur leur char, œuvre de Thomas Thornycroft érigée en 1902 près de Westminster Bridge, à Londres, devant le Parlement.

L'image complexe d'une guerrière

Ces différents regards portés par les Modernes sur Boudica sont toutefois assez éloignés de l'image qu'en ont transmise à l'origine les auteurs anciens, comme le montre cet extrait de Dion Cassius – un sénateur romain de l'époque des Sévères –, écrit en grec au début du IIIe siècle apr. J.-C. mais conservé seulement grâce à un abrégé réalisé par un moine byzantin de la fin du XIe siècle. Il correspond à la fin du discours que, selon Dion, la reine aurait tenu à ses troupes au début de la révolte. Bien que rapportés au style direct, il ne saurait évidemment s'agir des véritables propos de Boudica auxquels l'auteur n'avait aucun moyen d'avoir eu accès, et encore moins en grec. Par conséquent, loin de faire connaître le point de vue féminin de Boudica comme reine barbare du milieu Ier siècle, ce texte ne permet de saisir que celui, masculin, de Dion Cassius lui-même. Cela revient à dire que, comme souvent en histoire ancienne, l'historien d'aujourd'hui est entièrement dépendant d'une perspective romano-centrée, surtout si, comme on l'admet parfois, Dion Cassius utilise bien ici comme source (peut-être de seconde main toutefois) les mémoires de C. Suetonius Paulinus, le gouverneur romain qui avait mis fin à la révolte en anéantissant l'armée des Bretons en bataille rangée. Ainsi les motivations de la reine ne nous sont-elles rapportées que par ses adversaires qui ne se privent pas pour donner d'elle l'image qui convient le mieux à leur propos. Contrairement à Tacite, Dion Cassius passe ainsi sous silence les violences infligées au départ par les Romains à la reine et à ses filles. Il choisit plutôt d'insister, dans ce passage, sur les atrocités commises par les Bretons envers les femmes romaines, afin de construire une figure monstrueuse de l'altérité. Pour les Romains, une reine étrangère, exerçant une autorité en principe masculine, était une figure par définition négative, mais Dion Cassius va plus loin. Chez lui, la reine n'est plus une femme et une mère victime de la violence des hommes, mais un chef barbare implacable capable de porter atteinte au corps même de Rome symbolisé par ces femmes outragées. Au-delà, celle qu'il dénomme pour sa part Bunduica (Boudica est une variante parmi d'autres, actuellement privilégiée par les spécialistes modernes) est dépeinte ainsi en Amazone guerrière parce qu'elle sert à l'historien, dans le discours qu'il lui prête, à dénoncer le manque de masculinité de Néron, archétype du mauvais empereur et du tyran. Conforme en cela aux préjugés de son temps et de son milieu, Dion considère comme un danger d'asservissement tout pouvoir laissé au genre féminin. Cependant, ici, la femme qui menace véritablement Rome n'est pas Boudica, mais Néron.

François Cadiou
Université Bordeaux Montaigne
Ausonius (UMR 5607)

Pour en savoir plus

Eric Adler, « Boudica's Speeches in Tacitus and Dio », *Classical World*, n° 101, 2008, p. 173-95.

Patrick Galliou, *Britannia. Histoire et civilisation de la Grande-Bretagne romaine, Ier-Ve siècles apr. J.-C.*, Paris, Errance, 2004.

Caitlin Gillespie, *Boudica. Warrior Woman of Roman Britain*, Oxford, Oxford University Press, 2018.

Marguerite Johnson, *Boudicca*, Londres, Bristol Classical Press, 2012.

4. Subir la guerre

(Europe centrale, IIe siècle apr. J.-C.)

Scène 20, Colonne aurélienne, Rome, 176 apr. J.-C.

Détail de la scène 20, Colonne aurélienne, Rome, 176 apr. J.-C.

Pour célébrer les guerres contre les barbares, au-delà du Danube, la colonne de Marc Aurèle est érigée, sur le Champ-de-Mars à Rome, en 176 apr. J.-C., sur le modèle de la colonne élevée soixante ans plus tôt pour glorifier les guerres de Trajan. Sur les cent quinze scènes distinguées dans une spire continue de hauts-reliefs, seize présentent des femmes barbares en position de victimes, bien plus exposées aux violences de la guerre que sur la colonne trajane. La scène 20 en est un exemple remarquable. Une femme y est bien visible, mise en valeur exactement sur l'axe principal de la colonne, à l'est, juste au-dessus de la scène du « Miracle de la pluie » et juste à côté d'une représentation de Marc Aurèle lui-même.

L'image d'un rapt dans une scène de massacre

Le relief montre une agglomération barbare assaillie par l'armée romaine. Des soldats en cotte de mailles incendient des huttes. Un homme implore, menacé dans son dos. Au registre inférieur, un duel oppose un barbare en mauvaise posture et un Romain portant une cuirasse à écailles. À leur droite, une femme est attrapée par les cheveux par un autre Romain en cotte de mailles alors qu'elle tente de fuir vers la droite, agrippant fermement par le bras son enfant, qui lève les yeux vers elle. Mais son regard à elle, affligé, se fixe sur son ravisseur. Contrainte de se tourner à gauche, elle porte un long vêtement drapé en partie défait, dénudant un sein ; à ses pieds, le cadavre d'un barbare, devant elle un cheval. Les hommes sont vaincus. Le sac et le pillage vont commencer. Le cheval et le corps font transition avec la fin de la scène où Marc Aurèle, tourné à droite, assiste avec son conseil à une exécution tandis qu'une autre hutte est incendiée. La femme saisie et l'empereur peuvent sembler coexister dans le même espace, mais ils forment pourtant des groupes séparés. La direction des regards et des actions les isole, l'axe formé par la hutte, le corps du cheval et celui du barbare les dissocient. De part et d'autre, la scène du rapt et celle de l'exécution semblent pourtant se répondre. Au destin mâle du rebelle exécuté sous l'autorité de l'empereur répond celui de la femme prise par un soldat.

Dire la victoire par le corps des femmes

Même si on ne peut exclure qu'il y ait eu la volonté de représenter un fait de guerre réel, les motifs mobilisés sont conventionnels. Comme les rhéteurs, l'image reprend des lieux communs et mobilise une gestuelle pathétique très codifiée, qui remonte à l'époque hellénistique. Paul Zanker a souligné l'ancienneté du motif des cheveux tirés. On le trouve dans des représentations des combats des Grecs contre les Amazones ou à l'époque d'Auguste (27 av. J.-C.-14 apr. J.-C.), dans l'art de cour. Souvent, comme c'est le cas sur cette scène, le motif est associé au sein dénudé, indice de viol. Cheveux et vêtements défaits disent le désordre d'un corps dépossédé, objet captif et illustration des cruautés de la guerre. Alors la gestuelle cherche à dire la peur et le désespoir, comme à travers le regard détourné vers le ravisseur. Les gestes des femmes sur la colonne appartiennent au répertoire de la tragédie et la forme même de leurs visages reprend celle des masques tragiques. La présence des enfants est aussi une convention iconographique augmentant le pathétique.

Femmes barbares montrées et invisibles

La femme de la scène 20 est une convention, quasi fictive, construite par les normes artistiques romaines, célébrant une victoire militaire masculine dans un monde méditerranéen. Cette représentation de victime féminine générique montre cependant comment les soldats étaient encouragés à trouver leur récompense dans la violence et témoigne donc d'exactions bien réelles. L'art officiel s'autorise la franchise car il décrit ici une guerre punitive. Il peut exposer crûment le sort réservé aux femmes barbares. Ce faisant, il les invisibilise aussi, les réduisant à un cliché. Pourtant, l'archéologie funéraire révèle la richesse et le rang social de certaines d'entre elles. Cassius Dion s'étonne même qu'il y en ait eu, en armure, tuées lors d'un raid en Italie. Les femmes barbares avaient une histoire différente et plus riche, l'image le tait.

Benoît Rossignol
Avignon Université
HiSoMA (UMR 5189)

Pour en savoir plus

Martin Beckmann, *The Column of Marcus Aurelius. The Genesis and Meaning of a Roman Imperial Monument*, Chapel Hill, University of North Carolina Press, 2011.

Sheila Dillon, « Women on the Columns of Trajan and Marcus Aurelius and the Visual Language of Roman Victory », dans Sheila Dillon et Katherine E. Welch (dir.), *Representations of War in Ancient Rome*, Cambridge, Cambridge University Press, 2006, p. 244-271.

Johannes Griebel, *Der Kaiser im Krieg. Die Bilder der Säule des Marc Aurel*, Berlin, De Gruyter, 2013.

John Scheid et Valérie Huet, *Autour de la colonne aurélienne. Geste et image sur la colonne de Marc Aurèle à Rome*, Turnhout, Brepols, 2000.

5. La guerrière viking de Birka

(Suède, xᵉ siècle)

La chambre funéraire de Birka. Gravure réalisée par Evalo HANSEN, *American Journal of Physical Anthropology*, 1889.

Reconstitution de la tombe Bj.581. Dessin de Tancredi VALERI, extrait de Neil PRICE, Charlotte HEDENSTIERNA-JONSON *et alii*, « Viking warrior women ? Reassessing Birka chamber grave Bj.581 », *Antiquity* 93, 2019, p. 193.

En 1878, l'archéologue suédois Hjalmar Stolpe fouilla la tombe Bj.581 sur le site de Birka, une île située à une trentaine de kilomètres à l'ouest de Stockholm, et y découvrit un individu enseveli dans une chambre funéraire avec deux chevaux et un grand nombre d'objets, essentiellement des armes. Il en conclut qu'il se trouvait en présence d'un guerrier de haut rang.

En 2017, une équipe d'archéologues parvint, grâce à l'extraction de l'ADN du défunt, à démontrer que ce « guerrier », âgé d'une trentaine d'années et inhumé vers 980, était biologiquement de sexe féminin. La publication de ce résultat dans un article en ligne, relayé par cent trente agences de presse à travers le monde, eut un immense retentissement : sans doute pensait-on avoir retrouvé dans cette « guerrière de Birka » une skjaldmö, une « fille au bouclier », largement popularisée par le cinéma mais qui se réfère aussi à un personnage qu'on trouve tant dans la mythologie que dans la poésie du Moyen Âge scandinave. Toutefois, la majorité des historien·nes avaient toujours considéré ces « guerrières » comme des fantasmes ou des constructions littéraires sans rapport avec la réalité : la guerrière de Birka prouverait-elle le contraire ?

Birka et la tombe Bj.581

Le lieu où cette tombe fut retrouvée n'est pas anodin : Birka, fondé vers 750, était un énorme comptoir marchand où on avait repéré jusqu'à trois mille tombes, dont un tiers environ avait été fouillé. Placée en bordure du site, la tombe se trouve à proximité immédiate de la garnison qui protège la place, dans un environnement militarisé. Seules deux tombes de Birka conservent un armement aussi complet et aussi varié, composé d'une épée longue, d'une hache, de couteaux de combat, de deux lances, de deux boucliers et de vingt-cinq pointes de flèches. Le statut de cavalière est souligné par la présence d'une jument et d'un étalon inhumés avec la défunte mais aussi par des étriers : on imagine une archère particulièrement habile à cheval qui assurait également des fonctions de commandement, comme le suggère le prestige de la tombe, ainsi que la présence d'un jeu de stratégie dont la tablette et les pions ont été déposés sur ses genoux. Enfin, ce qui peut être reconstitué du costume est remarquable, notamment le chapeau orné de glands métalliques, qui pourrait provenir de Kiev, directement lié à Birka par les routes de commerce.

Sexe, genre et archéologie

L'authentification par l'ADN du sexe biologique de la défunte de la tombe Bj.581 a mis en lumière toutes les difficultés d'interprétation de l'archéologie funéraire : traditionnellement, le sexe des défunts découle du matériel trouvé dans la tombe, les femmes étant enterrées avec des bijoux, les hommes avec des armes. Même si cette tombe est exceptionnelle par l'ampleur de l'armement conservé, elle n'est pas la première où l'on découvre une femme ensevelie avec des armes – notamment des couteaux et des haches –, mais ces cas ont toujours été interprétés de diverses manières : soit on dit que ce sont des ustensiles également utiles dans la vie quotidienne, soit on les rapproche d'une fonction de sacrificatrice exercée par les femmes, soit on leur attribue une fonction symbolique soulignant l'appartenance de la défunte à une famille de guerriers. On peut donc toujours dire qu'une femme enterrée avec des armes ne signifie pas qu'elle s'en soit servies dans un combat, et que ces armes ne sont que le reflet de son statut social. On peut même aller plus loin en considérant l'ensemble du matériel comme un reflet de la construction sociale de l'identité du défunt : l'individu biologiquement femme de la tombe Bj.581 a été enterré « comme un homme ». En revanche, il est impossible de dire si cet individu était considéré comme appartenant au genre féminin : est-elle une illustration de ce que serait un individu transgenre du xe siècle ? Si l'archéologie ne permet pas de répondre à cette question, nous sommes bien face à un exemple de négociation du genre : une femme qui vivait comme un guerrier professionnel, inhumée dans un environnement militaire comme un chef de guerre. Et si aucune autre n'est pour le moment attestée, il serait bien étonnant qu'elle soit la seule.

Geneviève Bührer-Thierry
Université Paris Cité
LaMOP (UMR 8589)

Pour en savoir plus

Leszek Gardela, « Warrior Women in Viking Age Scandinavia? A Preliminary Archeological Study », *Analecta Archaelogica Ressoviensia*, n° 8, 2013, p. 273-314.

Judith Jesch, *Women in the Viking Age*, Woodbridge, Boydell Press, 1991.

Jenny Jochens, *Women in Old Norse Society*, Ithaca-Londres, Cornell University Press, 1995.

Neil Price, Charlotte Hedenstierna-Jonson *et alii*, « Viking Warrior Women? Reassessing Birka Chamber Grave Bj.581 », *Antiquity*, n° 93, 2019, p. 181-198.

6. Une espionne au bas Moyen Âge

(Italie, XIVe siècle)

Le 6 août 1323. Ceci est une inquisition que fait et fit faire le noble et puissant chevalier, le seigneur Lodorengo de Martinego, honorable podestat de la ville et du Peuple de Bologne et de sa campagne, et le sage et discret homme, le seigneur Lanfranco dei Gorzoni, docteur en lois, de par leur office contre Imeldina, épouse de Benedetto, habitante de la paroisse de Saint-Bertolo in Palazzo, qui loge chez Dalfino degli Uberti, accusée du crime décrit dans la suivante notification :

Que vous soyez informé, monsieur le podestat, que cette année et encore actuellement, Imeldina, épouse de Benedetto, de la paroisse de Saint-Bartolo in Palazzo, habitant chez Dalfino degli Uberti, est une espionne à la solde des rebelles révoltés contre la commune de Bologne, plus précisément de Turole, fils de Bertolo Venturelli. Ce qu'elle fait est contre vous et votre office et à l'encontre de notre communauté. Pour cela, on demande qu'elle soit punie selon les statuts et les réformations de la commune de Bologne.

Messieurs le podestat et le juge susmentionnés ont l'intention de chercher la vérité sur chaque allégation et de démêler tous les liens possibles avec l'événement. À ce titre, ils ont convoqué neuf témoins, dont monsieur Benzevene Boninsegne, habitant dans la même paroisse que l'accusée, qui jurent de dire la vérité. Examiné et interrogé personnellement, le témoin [Benzevene] a déclaré qu'Imeldina, épouse de Benedetto, de la paroisse de Saint-Bartolo in Palazzo, qui habite chez Dalfino degli Uberti, est une espionne à la solde des rebelles dressés contre la commune de Bologne, qu'elle porte lettres, messages et informations à Turole, fils de Bertolo Venturelli, jadis habitant du bourg de Saint-Felix, mais qui aujourd'hui est un banni politique de la commune de Bologne. Interrogé sur la dernière fois qu'elle aurait fait cette activité, Benzevene a répondu qu'Imeldina a agi comme espionne cette année, mais qu'il n'est pas sûr du mois précis, peut-être il y a deux mois auparavant. Interrogé sur les destinations des voyages de la femme, le témoin a répondu qu'elle allait souvent à Ferrare puis à Imola avant de retourner à Bologne. Interrogé sur qui lui avait ordonné de porter ces lettres et messages, le témoin a répondu que c'était les serviteurs et domestiques de Turole. Interrogé sur l'identité de ces serviteurs, Benzevene a déclaré qu'il ne sait pas. Interrogé pour savoir comment il avait connaissance de tous ces détails, il a répondu qu'il a constaté par lui-même qu'elle voyageait dans ces villes. Le témoin a également déclaré qu'il a vu, près de trois mois auparavant, Imeldina porter 50 livres de Bologne à Turole et, il y a treize ou seize mois, qu'elle a utilisé un cheval que lui a confié la sœur et la mère de celui-ci.

Imeldina, épouse de Benedetto, de la paroisse de Saint-Bartolo in Palazzo a été condamnée.

Archives de l'État de Bologne,
Curia del Podestà, Giudici ad Maleficia,
Libri Inquisitionum et testium, 110, fasc. 3, fol. 71r-72v
(traduit du latin par Edward Loss).

Ce procès criminel se déroule au tribunal des juges des maléfices (*ad maleficia*) en charge des délits considérés comme les plus graves dans la Bologne des XIIIe et XIVe siècles. Les crimes contre la sécurité et le bien commun – concept central dans les communes italiennes de la fin du Moyen Âge – appartiennent aux crimes les plus sérieux, raison pour laquelle on trouve des cas d'espionnage, comme celui d'Imeldina, daté du 6 août 1323, dans les archives judiciaires de Bologne.

La définition d'un nouveau crime

Le cas d'Imeldina n'est pas isolé. On peut mentionner Bertolina, de San Lorenzo in Collina, qui a transmis des informations à un habitant banni de Bologne en 1330, ou encore Agnesia, domestique d'un important citoyen bolognais, accusée des mêmes faits en 1324. Mais ce qui rend le procès d'Imeldina différent des autres cas d'espionnage féminin est la terminologie employée et la précision des témoignages sur ses activités. Elle est accusée d'être une espionne au service des ennemis de la commune (les « rebelles »). Le terme utilisé pour la désigner, celui de *spia* en latin (espionne) est celui habituellement employé pour qualifier les hommes qui se livrent à cette activité politique dans les villes centro-septentrionales de la péninsule italienne. L'usage d'un terme épicène reste exceptionnel dans le langage politique communal du bas Moyen Âge, alors que la différence entre les sexes y est centrale. Il montre le rôle que la recherche d'informations joue dans les communes, particulièrement sensibles au risque d'espionnage, au point qu'elles élaborent leur propre définition de ce crime et créent des institutions spécifiques pour le combattre. Ainsi, le tribunal des maléfices collabore avec l'*Officium Spiarum* qui instruit tous les cas d'espionnage identifiés dans la ville.

Des femmes en mouvement

Les témoins du procès, comme Benzevene Boninsegne, mentionnent plusieurs voyages réalisés par Imeldina. En effet, elle se serait rendue à Ferrare puis à Imola, deux villes distantes toutes deux d'environ quarante kilomètres de Bologne, offrant l'image d'une femme en mouvement, agissant en-dehors de l'espace domestique. Ces témoignages remettent donc en cause la théorie des deux sphères, distinguant une sphère publique-masculine-productive d'une sphère privé-féminine-reproductive. Cette théorie ne résiste pas à l'analyse fine des sources et les exemples de femmes espionnes dans l'Italie des XIIIe et XIVe siècles ne sont pas rares. Ainsi, les archives de San Gimignano renferment une liste de paiements destinés aux espions de la ville envoyés en territoire ennemi en 1269, parmi lesquels figurent plusieurs noms de femmes, engagées dans une quarantaine de missions.

Remplacer les hommes dans les activités d'espionnage

L'activité d'espionnage exercée par des femmes n'est pas propre aux communes italiennes de la fin du Moyen Âge. On peut ainsi retrouver des phénomènes analogues dans les grandes villes flamandes de la même période.

Cependant, le phénomène a connu une ampleur importante en Italie, à l'image d'Imeldina, à cause de la situation politique particulière du centre-nord de la péninsule au cours des derniers siècles du Moyen Âge. En effet, la compétition constante, voire la guerre entre les différentes cités-États, ainsi que les nombreux conflits internes ont entraîné une hausse du nombre de bannis, des hommes en majorité, expulsés provisoirement ou définitivement du territoire urbain. Ce contexte a offert aux femmes la possibilité d'exercer des missions d'espionnage au service des pouvoirs établis. Nul doute que leur sexe et les assignations de genre qui leur étaient liées ont permis à ces femmes d'être plus invisibles, discrètes et cachées que les hommes, conditions indispensables à la réussite de leur mission d'espionnage.

Ce document permet donc de constater que les femmes ont pu exercer des tâches traditionnellement dévolues à des hommes et prouve la forte *agency* féminine. Comme l'exprime Aude Cirier, les femmes sont « encore toutes à découvrir ».

Edward Loss
Université de Bologne
Projet MemoBo

Pour en savoir plus

Aude Cirier, « La femme espionne, originalité d'une figure de la guerre et du renseignement au Moyen Âge. Étude du cas italien (xiie-xive siècles) », dans Marion Trévisi et Philippe Nivet (dir.), *Les femmes et la guerre de l'Antiquité à 1918*, Paris, Economica, 2010, p. 131-149.

Jelle Haemers et Lisa Demets, « Espionnes en guerre au Moyen Âge. Les pratiques de renseignements pendant la Révolte de Flandre (1488-1489) », *Clio. Femmes, Genre, Histoire*, n° 59, printemps 2024, p. 183-202.

Edwasrd Loss, « Tra marginalità e ufficialità : Donne e spionaggio in alcune città dell'Italia centro-settentrionale (secoli XIII-XV) », dans Vincenzo Lagioia, Rossella Rinaldi et Maria Pia Paoli (dir.), *La fama delle donne. Pratiche femminili tra medioevo ed età moderna*, Rome, Viella, 2020, p. 209-222.

7. Princesses de paix et abstinence de guerre

(Bourbonnais, XVe siècle)

ANNE DAUPHINE, DUCHESSE DE BOURBONNAIS, comtesse de Forez et dame de Beaujeu, à tous ceux qui ces présentes lettres verront, salut. SAVOIR FAISONS, que nous avons vu et oui des traités de paix et abstinence de guerre des duchés de Bourgogne et comté de Charolais, pour tout ce qui touche les pays et duchés de Bourbonnais, comté de Forez et seigneuries de Beaujolais, de Chastel-Chinon et de Combrailles, qui ont été faites et accordées [...] pour nous et notre fils et nos pays et nos sujets [...]. Ces lettres ont été données le 6e jour de juin dernier, avec cette teneur : « Afin d'entretenir la paix et tranquillité, la bonne affinité qui a longuement été, est et sera s'il plaît à Dieu, entre les pays et duché et comté de Bourgogne et comté de Charolais d'une part, et les duchés de Bourbonnais d'autre part, et pour éviter les dommages et inconvénients qui pourraient survenir dans ces pays en raison des murmurements de guerre, des paroles haineuses et déplaisantes [...]. Il a été convenu [...] que le seigneur ou la dame qui aura le premier la volonté de faire guerre à l'encontre de l'autre partie sera tenu de le notifier et faire savoir par écrit par ses lettres patentes scellées de son sceau à la partie contre laquelle il sera en propos de mouvoir ladite guerre et ce avant que cette guerre ne soit commencée, et ce trois semaines avant. » [...] Voulant et désirant de tout notre cœur le bien, la paix et la tranquillité de nos pays et sujets, [...] nous agréons, approuvons, ratifions et confirmons le traité de paix et abstinence de guerre [...].
Par madame la duchesse. À Cleppé, le 27 juillet 1414.

Original sur parchemin. Arch. Nat., P 1377[1], cote 2852 (modernisé par Lucie JARDOT).

Marie de Berry duchesse de Bourbonnais et d'Auvergne, comtesse de Clermont, de Forez, de Montpensier et de Lisle, et dame de Beaujeu ayant pouvoir de monseigneur SAVOIR FAISONS que nous voulant que ne soit fait ni guerre ni pertes ni dommages par nos sujets desdits pays de Bourbonnais, Forez, Beaujolais, Chastel-Chinon et Combrailles, du bailliage du Mâconnais par vertu du pouvoir à nous donné par monseigneur. NOUS VOULONS et vous mandons et commandons à chacun de vous [...] que ne soit commis [...] aucun dommage et ni qu'aucune guerre ou injustice soit faite ou portée par nos dits sujets desdits pays aux sujets de monseigneur le roi et habitants dudit baillage de Mâconnais [...] et ce en quelque manière que ce soit.
Par madame la duchesse en son conseil [...].
À Troyes, le 21 mai 1420.

Original sur parchemin. Arch. Nat., P 1377[1], cote 2873 (modernisé par Lucie JARDOT).

Les abstinences de guerre ratifiées par Anne Dauphine et Marie de Berry, duchesses de Bourbon, mettent en évidence le rôle des princesses dans la pratique de la paix au cours de la guerre de Cent Ans qui opposa, entre autres, les duchés de Bourbon et de Bourgogne aux XIVe et XVe siècles.

Une dénomination exceptionnelle

Si les documents ne sont pas extraordinaires par leur nature et par les conditions de paix qu'ils contiennent, leur originalité réside dans le nom qui leur est conféré : les abstinences de guerre. Il demeure difficile d'identifier la raison qui a motivé ce choix particulier – attesté uniquement au XVe siècle dans le contexte précis du conflit franco-anglais et du traité de Troyes de 1420 – et le sens assigné par les hommes du Moyen Âge à cette expression. S'inscrivant pleinement dans le registre de la trêve de Dieu, elle reprend les codes de l'*asseurement* – acte de paix – mais sans être désignée comme telle. Il est dès lors possible que la chancellerie bourbonnaise ait souhaité emprunter la connotation religieuse initiale du terme abstinence. Présent dans la Bible, il est employé pour renvoyer à la lutte qu'il convient de mener contre ses pulsions intérieures. Il n'est dès lors pas surprenant que ces documents aient ostensiblement fait référence à ce registre de l'abstinence dans le cadre de trêves signées entre les princes et princesses d'un même royaume, et dont les liens dynastiques sont nombreux.

La pratique de la paix

Ces deux actes, à l'image d'un grand nombre de traités conservés pour la fin du Moyen Âge, mettent en lumière le rôle des femmes dans la pratique de la paix à cette période. Si la vertu guerrière est considérée comme un attribut masculin, la paix devient progressivement une prérogative féminine au XIIIe-XIVe siècle. Les traités d'éducation, à l'instar de ceux de Christine de Pizan, exhortent les nobles dames à garantir et entretenir la paix au sein de leur principauté. Cette prédisposition tiendrait, entre autres, à leur mariage, véritable outil diplomatique. Le lien qu'elles scellent lors de leur union entre leur père et leur époux puis en leur apportant une descendance commune agit comme la meilleure garantie qui soit à la paix.

Une nouvelle étape dans la construction du genre féminin pacificateur est franchie au cours de la guerre de Cent Ans. Leur rôle d'agent de la paix ne se cantonne plus à des supplications épistolaires ou à des effusions lacrymales, il devient officiel par la ratification de traités, comme le montrent les abstinences encouragées par Anne Dauphine et Marie de Berry. Ces initiatives rejoignent notamment celles de Jeanne de Valois, comtesse de Hainaut, en 1337, et d'Isabelle de Portugal, duchesse de Bourgogne dans la paix d'Arras en 1435. Les duchesses de Bourbon s'inscrivent quant à elles dans une dynamique plus large qui concerne l'ensemble des princesses de la fin du Moyen Âge. Les abstinences de guerre, bien que majoritairement signées par des femmes, peuvent l'être également par des hommes, à l'instar de celle signée par Philippe le Bon duc de Bourgogne et Charles Ier de Bourbon en 1435.

Des statuts particuliers : la marge de manœuvre des duchesses ?

Anne Dauphine ratifie cette abstinence de guerre alors qu'elle est veuve et au nom de son fils Jean Ier tandis que Marie de Berry administre l'ensemble bourbonnais en raison de la captivité de son époux Jean Ier en Angleterre. En filigrane, on perçoit que l'absence du mari est une circonstance favorable qui accroît la marge de manœuvre de ces femmes. Si ce n'est pas la seule, force est de constater qu'à la faveur de certaines circonstances particulières les princesses voient leur capacité à gouverner augmentée.

Lucie JARDOT
Université Paris 1 Panthéon-Sorbonne
LaMOP (UMR 8589)
Lauréate du Prix Mnémosyne 2018

Pour en savoir plus

Colette BEAUNE, *Naissance de la nation France*, Paris, Gallimard, 1985.

Emmanuelle CHARPENTIER et Benoît GRENIER (dir.), *Le temps suspendu. Une histoire des femmes mariées par-delà les silences et l'absence*, Pessac, Pressses universitaires de Nouvelle-Aquitaine, 2022.

Fanny COSANDEY, *La reine de France*, Paris, Gallimard, 2000.

Nicolas OFFENSTADT, « Les femmes et la paix à la fin du Moyen Âge : genre, discours, rites », *Actes des congrès de la Société des historiens médiévistes de l'enseignement supérieur public*, 31e congrès, Angers, 2000, p. 317-333.

Paul STROHM, « Queens as Intercessors », dans Paul STROHM, *Hochon's Arrow: The Social Imagination of Fourteenth-Century Texts*, Princeton, Princeton University Press, 1992, p. 95-120.

8. Défendre la cité : des femmes sur les remparts

(Pays-Bas, XVIe siècle)

Trijn van Leemput et un groupe de femmes hollandaises partent à l'assaut du château de Vredenburg à Utrecht en 1577, Gravure extraite de Johan VAN BEVERWIJCK, *Van de wtnementheyt des vrouwelicken geslachts*, Dordrecht, 1639.

Mécontentement politique, crise sociale et divisions religieuses attisent les conflits dans les Pays-Bas espagnols au XVIe siècle. Les femmes autant que les hommes ont partagé ces luttes. Ainsi, lorsqu'en 1577 la population d'Utrecht se révolte contre la présence d'une garnison espagnole, un groupe de femmes prend d'assaut la forteresse. La population locale en a gardé longtemps le souvenir. Cette estampe, anonyme, de 1639 témoigne de l'écho qu'a laissé cette geste héroïque féminine dans la mémoire urbaine.

La fabrique d'une héroïne

À Utrecht, le château de Vredenburg, dessiné à l'arrière-plan sur cette gravure, représentait le régime des Habsbourg : sa démolition et sa disparition du paysage urbain furent considérées comme une libération symbolique de leur oppression. Selon la tradition locale, le 2 mai 1577, Trijn van Leemput, habitante d'Utrecht, conduisit un groupe de femmes pour démolir la forteresse en réalité vide de tout soldat ! Et pourtant, aux yeux de la population locale, depuis la fin du XVIe siècle, cette femme représente l'archétype du courage des femmes en temps de guerre. Indice d'une fabrique mémorielle, Trijn van Leemput est ici figurée tenant la bannière aux trois couleurs des sept Provinces-Unies révoltées contre le joug espagnol, et l'action de ces femmes peut être regardée comme une allégorie de la liberté retrouvée. Les archives de la ville gardent bien une trace de l'identité de Trijn van Leemput, mais aucune de sa participation à la destruction de la citadelle. La construction de cette geste héroïque participe donc à l'élaboration de l'identité d'une cité qui tourne la page de la guerre pour mieux inscrire son histoire dans celle d'un pays en devenir. On peut d'ailleurs penser que la population, qui avait souffert de la présence des troupes armées, ne voyait aucun intérêt à célébrer des hommes responsables des misères de la guerre

Le cas de Trijn van Leemput n'est pas isolé, puisque Kenau Hasselaer à Haarlem en 1573 ou Marie Fouré à Péronne en 1536 font partie de ces figures locales, glorifiées par leur cité, mais dont l'identité et les actions restent difficiles à identifier. Les chroniques et les registres consulaires, tenus par des plumes masculines, exaltent les faits d'armes des femmes, mais ceux-ci sont toujours mesurés à l'aune des vertus viriles de la guerre. Ainsi, bien qu'attestée dans les archives, la présence des femmes renvoie la plupart du temps à une foule indistincte et anonyme, de vagues silhouettes que l'on devine derrière un rempart.

Des femmes ordinaires qui troublent les lois genrées de la guerre

Lors de ces moments d'expérience combattante, la défense des villes est le moment privilégié lors duquel les femmes entrent dans le monde masculin de la guerre. Sur cette eau-forte, les femmes quittent littéralement l'espace qui est leur est habituellement assigné, celui de l'intérieur, du foyer ou de la boutique, pour se diriger vers le château de Vredenburg, lieu martial et viril. Avec cette attaque, aux allures de parade militaire, elles franchissent donc une frontière de genre, alors que leurs habits et leurs attributs les rattachent toujours aux codes de la féminité. Longues chevelures retenues par une coiffe et robes amples dessinent des profils féminins, dans le style vestimentaire hollandais de l'époque. L'usure des tenues suggère des femmes issues du peuple, mais sans distinction supplémentaire que celle de leur sexe. Les outils qu'elles portent à l'épaule (marteau, pioche, houe, bâton) sous-tendent l'idée de l'action à venir, à savoir la destruction de la forteresse. Mais ces objets de la vie quotidienne les cantonnent aussi en-dehors du monde militaire ; même ce qui tient lieu de tambour n'est qu'un chaudron. Ces femmes sont saisies par les péripéties du conflit au cours de leurs activités domestiques ; leur engagement apparaît alors d'autant plus extraordinaire que la mise en scène suppose que le monde des armes et leur maniement leur sont étrangers. Figurés ou écrits, nombreux pourtant sont les documents rapportant la présence des femmes pour défendre leur cité ou attaquer des bastions. En revanche, elles sont aussi bien affectées au terrassement qu'aux jets de pierres ou au versement de poix du haut des remparts. Ce sont autant de gestes qui s'intègrent dans une action collective, mais qui ne nécessitent pas de recourir à des gestes techniques particuliers.

Comme héroïnes, ces Hollandaises incarnent la mémoire civique. Comme femmes, elles franchissent les limites habituelles imposées à leur sexe, en entrant dans un domaine perçu comme viril, la guerre. Prendre les armes pour défendre la cité autorise donc cette fluidité entre les genres.

Véronique Garrigues
Université Toulouse II – Jean Jaurès
FRAMESPA (UMR 5136)

Pour en savoir plus

Véronique Garrigues, « Les "femmes viriles". Un genre de transgression pendant les guerres de Religion ? », dans Laurent Douzou (dir.), *Guerre et transgressions. Expériences transgressives en temps de guerre de l'Antiquité au génocide rwandais*, Grenoble, Presses universitaires de Grenoble, 2018, p. 51-68.

Marion Trévisi, « Femmes et guerres de siège en France à l'époque moderne : le choix des armes ? », dans Jean Baechler (dir.), *Figures de la guerre*, Paris, Hermann, 2019, p. 101-114.

Marja Volbeda, « Trijn van Leemput », *Biografienummer in 1001 Vrouwen*, 2014 [en ligne].

9. Le viol comme arme de guerre

(Empire, XVIIe siècle)

Du droit de tuer les ennemis dans une guerre en forme et des autres hostilités exercées contre la personne même de l'ennemi.

Mais que dirons-nous de la licence de violer les femmes ou les filles des ennemis ? On voit cela permis chez les uns et défendu chez les autres. Ceux qui l'ont permis se fondaient sur cette raison que, tout ce qui appartient à l'ennemi étant sujet, par le droit des armes, à souffrir des actes d'hostilité, on pouvait ne pas épargner l'honneur du sexe. Ceux qui l'ont défendu ont cru avec plus de fondement qu'il ne faut pas seulement considérer ici l'outrage fait au corps des femmes mais encore l'acte de brutalité qu'on commet par là, et qui n'étant ni nécessaire pour la sûreté de ceux qui le commettent, ni propre à punir ceux contre qui on le commet, ne doit pas plus être impuni dans la guerre que dans la paix.

Hugo GROTIUS, *Le droit de la guerre et de la paix*, tome II, III.4, Amsterdam, Pierre De Coup, 1724 [1625], p. 783 (traduit du latin par Jean BARBEYRAC).

Estampe tirée de Philip VINCENT, *The Lamentations of Germany*, IV, Londres, 1638, p. 16.

Dans une Europe à feu et à sang depuis un siècle, le juriste néerlandais Hugo Grotius (1583-1645) théorise le droit de la guerre, notamment pour maintenir la discipline parmi la troupe. Les violences que subissent les populations pendant la guerre de Trente Ans (1618-1648) montrent les limites d'une telle réglementation. Sur les terres du Saint-Empire romain germanique, où s'affrontent les armées des Habsbourg et les troupes des puissances européennes (Danemark, France, Suède), les femmes sont un butin comme un autre pour la soldatesque. Contemporain du conflit, et sans doute témoin oculaire de cette guerre, l'Anglais Philip Vincent fournit des descriptions détaillées des cruautés subies par les femmes et les hommes dans les contrées allemandes. Son livre s'inscrit dans cette littérature de combat, destinée à mobiliser l'opinion protestante contre l'ennemi confessionnel, et ses dessins, simples et réalistes, n'ont d'autre but que de renforcer la violence des actes dénoncés et la véracité des informations rapportées.

Les femmes confrontées aux violences de la guerre

Les exactions contre les populations civiles sont banales pendant les guerres, et ce conflit ne fait pas exception. À la violence des combats font suite pillages, incendies, meurtres et viols. Prendre une place et prendre les femmes vont souvent de pair. Sur la gravure, une des femmes tente d'échapper à son agresseur. La scène renvoie à la pratique de la « maraude », quand un pillage est mené à l'initiative des soldats. Elle s'inspire très probablement d'une œuvre contemporaine, les *Petites Misères*, gravées par Jacques Callot en 1632. L'estampe anglaise, avec ce décor dépouillé d'une église, fait écho à la gravure de l'artiste lorrain intitulée *La dévastation d'un monastère*, qui dénonce l'enlèvement des femmes et les viols commis par les reîtres. Exutoire, stratégie militaire ou rite de violence, il est difficile de percevoir la signification exacte du viol en temps de guerre : est-ce une violence parmi d'autres ? Ou la dénonciation du blasphème et de la lubricité des adversaires – la question du mariage est au cœur de la dispute religieuse au XVIe siècle – ? Ou une humiliation de l'ennemi qui consiste à déshonorer les filles et les épouses ?

En creux, ces gravures, par la récurrence de leur publication dans toute l'Europe moderne, indiquent que les ordonnances royales qui encadrent la conduite des armées ne sont pas observées.

Réguler les violences de guerre, contenir la sexualité masculine

Les plaintes des victimes sont rarissimes dans les archives. En revanche, la débauche des mercenaires est consignée dans les sources écrites par des hommes, tantôt un mari, tantôt un religieux, tantôt un juriste comme Hugo Grotius. Ainsi, celui-ci, propose dans son traité en 1625 une réflexion sur les lois de la guerre et la conduite à tenir, notamment envers les non-combattants. Dans ce cadre théorique, le juriste interdit le viol comme pratique de guerre car il ne permet pas de mettre fin aux hostilités. Il inclut dans sa réflexion le point de vue des victimes, dont le corps est meurtri, mais surtout celui du violeur, assimilant son acte à de la barbarie et le condamnant comme contraire à la morale chrétienne. Car, s'il s'agit de protéger l'honneur des femmes, il est aussi question d'encadrer la sexualité des soldats, aussi bien en temps de guerre qu'en temps de paix. En dehors du mariage, la fornication est proscrite et les viols sont passibles de la peine de mort d'après les codes militaires de l'époque moderne.

Selon Grotius, la réglementation sur le viol varie selon les États. En pratique, la multiplication des ordonnances militaires suggère que leur portée et leur application ont eu peu d'effet sur la régulation de la violence des troupes. Les scènes de viol rapportées par les contemporains, à l'instar de l'estampe anglaise, semblent surtout indiquer la faible portée des prescriptions en la matière. Il faut donc interpréter la quasi-absence d'affaires de viol dans les archives judiciaires davantage comme l'indication d'un délit rarement poursuivi que comme la preuve de son absence.

Tragique lieu commun du fait guerrier, les abus sexuels commis par les armées en mouvement sont dénoncés par les populations, mais il s'agit donc toujours d'un regard masculin sur le corps brutalisé des femmes par d'autres hommes. Ces violences masculines à l'encontre de victimes féminines, bien que proscrites par les lois martiales et sévèrement châtiées par la plupart des États, semblent jouir d'une grande impunité. Et paradoxalement, c'est alors que se construit un droit militaire tout au long de la période moderne, visant à protéger les femmes des violences de la guerre, que les armées deviennent une école de la virilité.

Véronique Garrigues
Université Toulouse II – Jean Jaurès
FRAMESPA (UMR 5136)

Pour en savoir plus

Stéphanie Gaudillat Cautela, « Viols et guerres au xvie siècle, un état des lieux », dans Marion Trévisi et Philippe Nivet (dir.), *Les femmes et la guerre de l'Antiquité à 1918*, Paris, Economica, 2010, p. 203-221.

Marianna Muravyeva, « "Ni pillage ni viol sans ordre préalable". Codifier la guerre dans l'Europe moderne », *Clio. Femmes, Genre, Histoire*, n° 39, 2014, p. 55-81.

Nikolai Rura, « Apocalypse at Hand: Apocalyptic Imagery in Media during the Thirty Years War », *The Crimson Historical Review*, vol. V, n° 1, 2022 [en ligne].

10. Les revendications d'une ancienne combattante

(France, Empire)

A Sa Majesté l'Empereur,

Sire,
J'ai fait sept campagnes à l'armée du Rhin en qualité d'aide de camp.
J'ai fait partie de la dernière expédition de l'armée d'Égypte, j'y fus envoyée au général en chef Meunou pour remplis et continuer près de lui mes fonctions d'aide de camp.
Je demande justice à Votre Majesté, je lui demande une retraite ou un emploi qu'on m'a refusé jusqu'à présent parce que je suis femme.

Mais j'étais femme
quand j'ai repris aux Prussiens mes compatriotes, un parc d'artillerie de 45 pièces de canons sur la montagne du Prince Charles à Ombourg (?)
quand j'ai empêche la révolte de la 44ème 1/2 brigade d'Infanterie
quand j'ai sauvé le 11ème bataillon du Doubs et un gros détachement de gendarmerie
quand j'ai préservé des faveurs de la guerre les bâtiments d'Edentroffen (?)
quand j'ai pansé les blessés sur le champ de batailles.

J'étais femme aussi
quand à la journée du 22 juillet 1793 mes avis ont contribué au salut de toute l'armée du Rhin que l'ennemi commençait à tourner, j'étais chargé alors de dépêches pour le général en Chef que je suis parvenue à lui remettre malgré la poursuite de plusieurs détachement ennemis qui me forcèrent à me jeter à la nage pour traverser la rivière.

Les archives de la guerre ont recueilli beaucoup d'autres faits que je ne veux point détailler.

Sire, ce n'est point en femme que j'ai fait la guerre, je l'ai fait en brave, que n'ai-je eu l'honneur de servir sous vos ordres, mes services ne seraient point restés dans l'oubli jusqu'à ce jour, et dans l'attente des récompenses que j'espérais, je n'aurais point épuisé mes ressources.
J'ai marché dans la carrière des braves sur l'ordre exprès de la Convention Nationale dont un décret à l'exclusion de tout mon sexe, m'autorisa à continuer le service.
Votre Conseiller d'Etat, Lacurée, Forfait, le tribun Carnot, vous diront les motifs de cette exception honorable

> Le Maréchal de l'Empire Berthier, l'archi-trésorier Le Brun, le Grand Chanvelier de la Légion d'honneur transmettrons à votre Majesté les détails de ma vie militaire, et j'ose croire que quoique femme elle ne vous paraîtra point indigne de récompenses. Mon sexe à vos yeux, Sire, sera un titre [...] de plus, de les obtenir.
>
> Lettre de Marie Henriette Xaintrailles à l'empereur Napoléon,
> 7 germinal an XIII (28 mars 1805),
> service historique de la Défense, GR 1 YI 53.

L'état actuel de la recherche permet d'identifier quatre-vingts femmes ayant servi dans les armées entre 1789 et 1815. Marie-Henriette Xaintrailles est l'une d'entre elles. Entre 1792 et 1801, elle combat dans les rangs de l'armée républicaine. Mais la reconnaissance de l'engagement des combattantes ne va pas de soi. Par sa lettre du 28 mars 1805, Xaintrailles tente de convaincre l'empereur de lui accorder une récompense pour ses services. Ce document figure dans son dossier de pension, qui rassemble l'ensemble des demandes qu'elle a effectuées auprès du ministère de la Guerre entre 1797 et 1822. S'il permet de retracer avec précision le parcours d'une combattante républicaine, il est aussi un témoignage exceptionnel des difficultés rencontrées par les combattantes pour faire reconnaître leur engagement.

Un aperçu de la carrière d'une combattante républicaine

Originaire de Prusse, Marie-Henriette Heinikein rejoint l'armée en 1792 pour répondre à l'appel de la Convention nationale, mais aussi pour suivre son amant, l'officier allemand Lauthier de Xaintrailles, rencontré en 1791 et employé dans l'armée du Rhin. En 1793, elle devient son aide de camp, avant de passer au service du général Menou, avec qui elle participe à l'expédition d'Égypte (1798-1801). C'est lors de son service à l'armée du Rhin qu'elle réalise la plupart de ses faits d'armes. Cette liste témoigne de la diversité des fonctions qu'elle y occupe, entre participation aux combats, soin aux blessés et transmission d'instructions tactiques. Sa carrière militaire prend fin au moment de son retour d'Égypte en septembre 1801. Malgré le décret du 30 avril 1793 interdisant les femmes dans les armées, certaines parviennent à s'enrôler, par conviction politique ou pour suivre un membre de leur famille. Bénéficiant de la complicité d'officiers indulgents et de l'incapacité du gouvernement à faire appliquer la loi, certaines combattantes mènent de véritables carrières militaires, comme Thérèse Figueur, recrutée en 1793 et qui combat pendant plus de vingt ans. Plusieurs d'entre elles sont même gradées, comme le sergent Marie Charpentier ou le sous-lieutenant Catherine Pochetat.

L'enjeu de la reconnaissance

Quatre ans après son départ de l'armée, Xaintrailles est dans une situation financière difficile, qui la pousse à renouveler auprès de l'empereur une demande de secours qu'elle avait déjà formulée en 1799. En mars 1805, elle lui fait parvenir trois lettres identiques, dans lesquelles elle déploie une rhétorique originale. La lettre du 28 mars est construite sur l'opposition apparente entre l'appartenance au genre féminin et les compétences militaires de la réclamante. Xaintrailles revendique conjointement ces deux parts de son identité et fait de son genre, dans la dernière phrase de la lettre, un motif de fierté. La réclamante met l'administration militaire face à son incohérence, puisqu'elle reconnaît ses compétences guerrières mais refuse de la récompenser. Pour appuyer son argumentaire, elle mentionne différents soutiens et protecteurs, tous acteurs politiques et militaires de premier plan sous le Consulat ou l'Empire. La demande de Xaintrailles reste sans effet. Ce n'est qu'en 1810 et en mobilisant à nouveau plusieurs personnages influents qu'elle parvient à obtenir une pension de deux mille quatre cents francs, somme considérable pour l'époque. Les difficultés de Xaintrailles pour obtenir une récompense ne doivent cependant pas faire oublier la situation des autres combattantes. Dès les premières années de la Révolution, plusieurs femmes bénéficient d'une forme de reconnaissance pour leur service, sous forme de pension ou d'honneurs. En 1793, Le *Recueil des actions héroïques et civiques des républicains français*, diffusé à plus de cent cinquante mille exemplaires, contient le récit de Rose Barreau, engagée avec son mari en mars 1793 dans l'armée des Pyrénées. De même, en 1798, c'est en récompense de son service dans l'armée d'Italie qu'Angélique Brulon se voit attribuer une place aux Invalides.

Maria Goupil-Travert
Université Rennes 2
TEMPORA
Lauréate du Prix Mnémosyne 2019

Pour en savoir plus

Susan P. Conner, « Les femmes militaires. Women in the French Army. 1792-1815 », *Actes du Consortium on Revolutionary Europe, 1750-1850*, vol. 12, 1982, p. 291-302.

Dominique Godineau, « De la guerrière à la citoyenne. Porter les armes pendant la Révolution française », *Clio. Histoire, femmes et sociétés*, n° 20, 2004, p. 43-69.

Maria Goupil-Travert, *Braves Combattantes, humbles héroïnes. Trajectoires et mémoires des engagées volontaires de la Révolution et de l'Empire*, Rennes, Presses universitaires de Rennes (Prix Mnémosyne), 2021.

CHAPITRE 3

Circulations au féminin : d'invisibles voyageuses

Circulations au féminin : d'invisibles voyageuses

« Heureux qui comme Ulysse a fait un bon voyage » chantait le poète. Mais qui aurait l'idée aujourd'hui de substituer au nom d'Ulysse celui d'une femme ? Personne, tant les femmes sont longtemps restées éloignées de l'imaginaire des voyages. Pourtant, des traces existent et montrent explicitement que les femmes ont elles aussi participé à tous les mouvements des populations humaines, à tous les types de circulations, qu'elles soient temporaires ou définitives, proches ou lointaines. Depuis les années 2000, la question des migrations, question certes d'actualité et qui, dans un contexte dramatique, implique femmes et hommes, a fait l'objet d'une nouvelle attention, alors que l'approche par le biais de l'histoire des femmes et du genre est restée un angle mort des recherches sur les mobilités jusqu'à récemment. Citons à titre d'exemple les dossiers publiés dans des revues comme *Gender & History* (2019) ou *Clio. Femmes, Genre, Histoire* (2020), ou encore des enseignements spécifiques comme la formation en ligne (MOOC) *Women on the Move* réalisée par l'université Jules Verne de Picardie (2023). La focale porte essentiellement sur les périodes moderne et contemporaine, mais ces études ouvrent un champ nouveau de recherches et fournissent des outils méthodologiques utiles aux historien.ne.s.

L'une des principales difficultés auxquelles se heurte toute analyse des mobilités féminines est la visibilité des femmes dans les sources documentaires. Pour les sociétés les plus anciennes, il faut aujourd'hui adopter une démarche pluridisciplinaire, car c'est la seule qui peut donner à voir au travers des données de l'archéologie et de la paléogénomique une autre réalité de la place occupée par les femmes dans ces diverses circulations. Pour la période antique, le sujet n'a pas suscité une enquête d'ampleur ni de réel débat, sauf celui qui concerne la présence ou la non présence de femmes dans le processus de la diaspora grecque tel qu'il s'est développé à l'époque archaïque. Les récits sont assez silencieux sur le sujet mais tous les cas de figures sont envisageables, y compris celui de la participation des femmes, comme en témoigne l'une des versions de la fondation de Marseille.

Loin d'être assignées à l'espace domestique, les femmes ne sont pourtant pas restées enfermées entre les murs d'un gynécée qui demeure introuvable sur le plan archéologique, ni derrière les portes des palais. Elles ont eu comme les hommes maints motifs de partir, de quitter le foyer familial et même leur pays. L'un d'entre eux, sans doute le plus fréquent, voire le plus ancien, a été le mariage qui obligeait à changer de domicile et à parcourir parfois de longues distances. La circulation des femmes du fait des alliances matrimoniales demeure un invariant anthropologique sur lequel beaucoup d'analyses ont porté pour des époques diverses. Des temps les plus anciens à l'époque moderne, se marier revenait à quitter sa famille, son pays, pour une vie nouvelle et souvent différente, comme l'on fait les reines Eadgifu ou Isabelle du Portugal.

Des femmes ont aussi voyagé d'un bout à l'autre de la Méditerranée en quête d'un moyen d'existence. Ces départs n'étaient pas toujours volontaires mais, selon le statut de ces femmes, libres ou esclaves, pouvaient être contraints, voire forcés. Ils ont concerné en tout cas un nombre important de femmes, comme en témoignent les femmes métèques à Athènes, les nourrices spartiates dont la réputation dans cette cité n'était plus à faire, ou la trajectoire singulière d'une Rhodopis qui circula entre Samos et Naucratis pour exercer ses activités d'hétaïre. Sans compter les artistes qui, comme la poétesse épique Aristodama de Smyrne ou la peintresse Artemisia, ont bravé les mille risques de voyages lointains pour exercer leur art. A ces mobilités professionnelles, il faudrait ajouter les circulations quotidiennes : combien de femmes accomplissaient chaque jour le trajet qui menait aux fontaines de la ville pour en ramener de lourdes cruches portées sur le haut de leurs têtes. Des raisons parfois plus politiques ont poussé des femmes à prendre la route pour représenter le pouvoir impérial ou royal à l'instar de Marguerite de Parme. Mais dans d'autres cas, il s'agissait d'affronter une forme d'exil plus ou moins volontaire, à l'image des protestantes qui fuirent la révocation de l'édit de Nantes.

Si les candidates au voyage ont laissé peu de témoignages directs de leur aventure, à l'exception notable de Margery Kempe, c'est bien souvent parce qu'elles ne se déplaçaient pas seules, mais accompagnées d'un ou plusieurs membres de leur famille ou de la communauté à laquelle elles appartenaient. Il est vrai que voyager seule revenait à affronter des dangers similaires à ceux que pouvaient rencontrer les hommes : enlèvement, brigandage, piraterie... Les romans grecs et latins sont d'ailleurs riches de ces scénarios où se mêlent voyages et péripéties multiples. Cette réalité d'une mobilité partagée a sans doute contribué à invisibiliser les femmes au profit des hommes, alors qu'elles ont eu à vivre une expérience du voyage tout aussi pleine et entière qu'eux.

Sandra PÉRÉ-NOGUÈS

1. Parcours de vie de deux femmes

(Danemark, âge du Bronze)

Le cercueil de la femme d'Egtved (à gauche) et celui de la femme de Skrydstrup (à droite), musée national du Danemark.

Depuis plus d'une dizaine d'années, les avancées technologiques dans le domaine de l'archéométrie, combinant sciences naturelles et archéologie, ont permis d'évaluer l'importance de la mobilité des hommes et des femmes dans les sociétés du passé. Si les progrès réalisés dans le domaine de l'ADN ancien révèlent différentes vagues de migration à travers le temps, les analyses isotopiques fournissent des informations essentielles sur la mobilité et la trajectoire des individus. C'est particulièrement le cas des relations entre les isotopes du strontium, dont la proportion varie d'une région géographique à l'autre.

Deux femmes dans le Danemark de l'âge du Bronze

Une première étude, publiée en 2015, concerne la femme d'Egtved (également connue sous le nom de « fille » d'Egtved), dont le tumulus a été fouillé en 1921 dans la péninsule du Jutland. En 2017, une seconde étude s'intéresse à la femme de Skrydstrup, dont la découverte a été faite en 1935 également dans le Jutland, mais plus au sud du Danemark. Dans les deux cas, les défuntes ont été enterrées dans des tumulus. Ce traitement est spécifique aux pratiques funéraires élitaires de l'âge du Bronze nordique, soit il y a plus de trois mille ans.

Ces deux femmes sont décédées à des âges assez proches, entre seize et dix-huit ans. L'environnement funéraire particulier, c'est-à-dire la manière dont le tumulus a été construit, explique l'état de conservation assez exceptionnel de l'abondant mobilier funéraire qui accompagnait les deux défuntes. La femme d'Egtved portait, entre autres, un costume de laine emblématique de la région, consistant en une sorte de blouse et une jupe courte à cordelettes tressées ainsi qu'une plaque de ceinture en bronze représentant un disque, considéré comme un symbole solaire, une boucle d'oreille en bronze et deux bracelets du même métal. Sa tenue vestimentaire a parfois été interprétée comme celle d'une prêtresse chargée d'un culte nordique du Soleil. Quant à la femme de Skrydstrup, elle était vêtue d'un costume de laine composé d'une courte blouse décorée de broderies, d'un grand carré de laine retenu par une ceinture qui la couvrait de la taille aux chevilles et enfin d'un bonnet de laine. Parmi d'autres objets, un grand ensemble d'anneaux d'or en spirale était posé au niveau de ses oreilles. Ses cheveux, très longs, étaient coiffés de façon très complexe. Les objets métalliques indiquent l'existence de relations à longue distance avec des régions riches en métaux.

De nouvelles perspectives sur la mobilité des femmes à l'âge du Bronze en Europe

Les récents développements scientifiques ont offert de nouvelles possibilités pour mener des investigations plus approfondies sur ces découvertes archéologiques emblématiques. Si l'ADN ancien n'a pas donné de résultats probants en raison de l'environnement acide des tombes, les analyses des isotopes de strontium effectuées sur les restes humains des deux jeunes femmes ont fourni des informations importantes sur leur mobilité tout au long de leur vie.

Jusqu'en 2015, on pensait que les femmes de l'âge du Bronze vivaient principalement dans la même région, et ce durant toute leur existence. Les résultats fournis par l'étude des isotopes du strontium montrent au contraire qu'elles ont pu voyager sur de longues distances. Ainsi, les analyses opérées sur l'émail des dents, les cheveux et les ongles de la femme d'Egtved suggèrent qu'elle a circulé à plusieurs reprises sur des distances considérables au cours des deux dernières années de sa vie. Les résultats indiquent également qu'elle venait elle-même d'un autre endroit que celui où elle a été inhumée. Elle est la première femme pour laquelle on peut supposer un mode de vie marqué par des déplacements plus ou moins importants.

En 2017, des analyses isotopiques de strontium réalisées à partir des cheveux et de l'émail dentaire de la femme de Skrydstrup ont révélé qu'elle avait également parcouru une longue distance. Cependant, contrairement aux résultats de la femme d'Egtved, celle de Skrydstrup semble n'avoir effectué qu'un seul long voyage entre treize et quatorze ans, voyage qui la mena de sa région d'origine au Danemark où elle fut aussi inhumée.

Ces deux exemples illustrent le fait que ces deux jeunes femmes ont pu circuler pour des raisons différentes. Il existerait donc des schémas de mobilité divers répondant à des motifs variés. Dans le cas de la femme de Skrydstrup, on peut supposer que son arrivée dans la région était liée à une alliance entre chefferies, la jeune fille étant donnée en mariage pour sceller les relations entre élites. Pour la fille d'Egtved, la situation paraît plus complexe car elle semble avoir fait plusieurs allers-retours entre un endroit situé hors du Danemark et la péninsule du Jutland. S'agissait-il d'une prêtresse, comme on a pu le penser en raison de son costume funéraire ? Le débat reste ouvert, mais ces premiers résultats isotopiques jettent une lumière inédite sur la vie des femmes de l'âge du Bronze nordique et sur leur capacité à voyager.

Karin Margarita Frei
Musée national du Danemark
(traduit de l'anglais par Sandra Péré-Noguès)

Pour en savoir plus

Mireille David-Elbiali, « Des femmes et des hommes dans l'arc alpin occidental entre le xiie et le viie siècle av. J.-C », dans *De l'Âge du Bronze à l'Âge du Fer en France et en Europe occidentale (xe-viie siècle av. J.-C.). La moyenne vallée du Rhône aux âges du Fer*, supplément de la *Revue Archéologique de l'Est*, 2009, p. 343-360.

Elsa Desplanques, « La jeune fille d'Egtved », *Encyclopédie d'histoire numérique de l'Europe*, 2020 [en ligne].

Karin Margarita Frei *et alii*, « Tracing the Dynamic Life Story of a Bronze Age Female », *Scientific Reports (Nature)*, n° 5, 2015, p. 1-7.

Samantha S. Reiter and Karin Margarita Frei, « Interpreting Past Human Mobility Models: A Model », *European Journal of Archaeology*, vol. 22, n° 4, 2019, p. 454-469.

2. Une femme à l'origine de Massalia

(France, 600 av. J.-C.)

On raconte qu'au moment où les Phocéens quittaient le rivage de leur patrie, une parole fut entendue qui leur disait de prendre pour chef de leur expédition [celui] qu'ils recevraient de l'Artémis d'Ephèse. Ayant alors fait voile vers Ephèse, ils cherchèrent comment se procurer le guide prescrit par la déesse. Or voici qu'Aristarchè, l'une des femmes les plus considérées de cette ville, vit en songe la déesse se dresser devant elle et lui ordonner de s'embarquer avec les Phocéens en prenant avec elle un modèle réduit du sanctuaire. Cet ordre ayant été exécuté, quand les colons atteignirent le terme de leur expédition, ils bâtirent le sanctuaire et honorèrent Aristarchè de la plus haute dignité en la faisant prêtresse. Dans toutes les colonies de Massalia, on vénère Artémis par-dessus toute autre divinité et on conserve à son idole la même attitude et à son culte les mêmes rites que dans la métropole.

Strabon IV, 1, 4 (traduit du grec ancien par François Lasserre, légèrement modifié par Sandra Péré-Noguès).

Grands navigateurs aux dires d'Hérodote, les Phocéens auraient été les premiers Grecs à découvrir les territoires situés bien au-delà du golfe de Naples où, dès le VIIIe siècle av. J.-C., les Eubéens avaient fondé un premier établissement, Pithécusses, sur l'île d'Ischia. Ces diverses installations étaient appelées des *apoikiai* par les Grecs, mot malheureusement traduit par celui de « colonies », alors que le processus était très différent et que les liens entre métropole et nouvelle cité, s'ils existaient, n'étaient pas aussi étroits qu'on peut l'imaginer. L'*apoikia* désignait à la fois l'expédition qui allait conduire un groupe loin de sa cité d'origine et la fondation elle-même. Ce processus complexe a fait l'objet de plusieurs récits issus de la tradition manuscrite qui décrivent les causes de l'expédition et les enjeux de l'installation d'une communauté dans un territoire qui lui est tout à fait étranger. Dans le cas de l'expansion phocéenne, cela aboutit à la fondation d'une cité appelée à un bel avenir, Massalia.

Quand une femme guide une fondation nouvelle

Deux récits concurrents ont été transmis par la tradition manuscrite sur la fondation de la cité. Le plus ancien, qui remonte au philosophe Aristote et à la *Constitution des Massaliotes* (IVe siècle av. J.-C.), relate les pérégrinations d'un marchand phocéen, Euxénos, qui, accueilli par le roi local, épousa sa fille Petta. Une version similaire se retrouve dans un texte plus récent de Justin (IVe siècle apr. J.-C.) dans lequel seuls les noms diffèrent mais non l'intrigue principale. À l'inverse, le texte de l'historien Strabon (Ier siècle apr. J.-C.) fait écho à une tout autre histoire puisque c'est une femme, Aristarchè, qui participe directement à l'expédition phocéenne et en prend même la tête.

Le schéma narratif de la version de Strabon est conforme à bien des récits de fondations grecques : au départ des Phocéens, une parole, qui est sans nul doute un oracle provenant du sanctuaire d'Artémis Éphésienne, l'un des lieux saints majeurs de la région, leur indique qui prendre comme *oikistès*, c'est-à-dire comme chef de l'expédition et futur fondateur de la nouvelle cité. Ce guide n'est jamais désigné au hasard puisqu'il joue un rôle politique, social et culturel majeur dans la fondation : c'est lui qui choisit le lieu d'installation, qui organise la vie en communauté et, après sa mort, qui reçoit un culte funéraire. Dans le cas de Massalia, la particularité vient du fait que ce rôle incombe à une femme, mais pas n'importe laquelle. Elle est éphésienne, d'extraction aristocratique, probablement apparentée aux familles chargées des cultes dans le sanctuaire. Du reste, elle a été choisie par la déesse comme le montre l'épisode du songe. Le nom même d'Aristarchè n'est pas sans connotation symbolique : il renvoie à l'idée de « meilleur pouvoir » mais aussi à l'« archè », c'est-à-dire au début, au commencement. Une femme à l'origine de la vie d'une nouvelle cité grecque !

Cheffe de l'expédition, Aristarchè joue aussi un rôle religieux très important : elle a en effet été chargée de transporter un « modèle réduit », une sorte de maquette du sanctuaire. Le texte évoque un *aphidryma*, ce qui renforce l'idée du pouvoir divin de l'objet, une relique dont la translation doit garantir la reproduction à l'identique du culte dans la nouvelle fondation. Après la construction du sanctuaire, Aristarchè est elle-même investie de la charge de prêtresse. C'est elle qui assure l'essaimage du culte à Artémis dans tous les établissements que Massalia va fonder, en réussissant à faire de cette dernière la figure de proue d'un réseau de sanctuaires tous consacrés à la déesse ionienne.

Une version originale pour une fondation de cité

Cette version de la fondation de Massalia est un exemple doublement original. D'une part, c'est une femme qui mène l'expédition, puis qui participe à la création de la nouvelle cité. Or, dans les récits de fondations, les femmes apparaissent rarement, à tel point que la question de leur présence ou absence fait encore l'objet de débats entre archéologues et historiens. Néanmoins, leur rôle dans le domaine religieux paraît essentiel, tout particulièrement au début de l'organisation de la cité. Citons par exemple un épisode plus tardif qui advint après la fondation sur les ruines de Sybaris de la cité de Thourioi par Athènes vers 444 av. J.-C. L'historien Diodore de Sicile Ier siècle av. J.-C. explique que les anciens Sybarites, les premiers habitants de l'ancienne cité qui avait été détruite par Crotone, avaient écarté les nouveaux citoyens des magistratures et voulu que leurs propres femmes soient au premier rang lors des sacrifices. La préséance politique qu'ils réclamaient pour eux-mêmes s'élargissait donc aux prérogatives religieuses de leurs femmes (épouses, sœurs et mères) aux dépens de celles des nouveaux citoyens de Thourioi ; des prérogatives que les femmes sybarites avaient depuis l'origine de la cité.

Pour Massalia, un second élément à soulever est l'origine ethnique d'Aristarchè, puisqu'elle est éphésienne et non phocéenne comme on pourrait s'y attendre. Beaucoup de récits de fondations montrent que les contingents qui partaient en expédition n'étaient pas homogènes sur le plan ethnique, et qu'au gré de leur recherche de lieux où s'installer ils pouvaient intégrer des groupes de tout autre origine. Ainsi le cas d'Aristarchè n'est-il pas surprenant pour un historien comme Strabon et s'inscrit-il dans des traditions bien connues en son temps. Car, et c'est un point essentiel, cette version de la fondation de Massalia est très probablement née en Asie Mineure, région d'origine de Strabon d'Apamée, sans doute autour du sanctuaire d'Ephèse, dont l'implication dans cette fondation prestigieuse devait lui assurer une réputation équivalente à celle du sanctuaire de Delphes.

Sandra PÉRÉ-NOGUÈS
Université Toulouse 2 Jean Jaurès
TRACES (UMR 5608)

Pour en savoir plus

Corinne BONNET et Laurent BRICAULT, *Quand les dieux voyagent. Cultes et mythes en mouvement dans l'espace méditerranéen antique*, Genève, Éditions Labor et Fides, 2016, p. 69-89.

Anne JACQUEMIN, « Rituels efficaces pour fonder ou déplacer un culte en Grèce ancienne », *Archimède : archéologie et histoire ancienne*, n° 7, 2020, p. 62-75.

Didier PRALON, « La légende de la fondation de Marseille (Aristote fr. 549 Rose) », dans *Marseille grecque et la Gaule*, Henri Tréziny *et alii* (éd.), *Études Massaliètes*, n° 3, 1992, p. 51-56.

Patrick THOLLARD, *La Gaule selon Strabon : du Texte à l'Archéologie. Géographie, Livre IV*, Arles, Éditions Errance, 2009.

3. Des femmes dans les fondations grecques en Occident

(Monde grec, ve siècle av. J.-C.)

Pinax, terre cuite de Locres, musée archéologique de Locres, ve siècle av. J.-C.

Cette image fait partie d'une riche série de tablettes en argile (*pinakes*) découvertes dans le lieu-dit « La Mannella » à Locres Epizéphyrienne, cité de fondation grecque dans la Calabre actuelle (communes de Portigliola et Locri). De forme quadrangulaire, d'une hauteur comprise entre vingt-deux et vingt-huit centimètres, ces tablettes étaient déposées comme offrandes votives dans le sanctuaire de Perséphone. La face antérieure du *pinax* étudié est gravée d'un décor à bas-relief, réalisé par moulage, avec quelques traces de peinture. Les nombreuses scènes représentées peuvent être réparties en deux grandes catégories : le cycle mythique de Perséphone (enlèvement, noces avec Hadès, offrandes à la déesse, etc.) et le répertoire des activités féminines, de l'adolescence au mariage, des activités ludiques à l'entretien de la maison. D'après leur style, les *pinakes* sont datés de la première moitié du ve siècle av. J.-C.

Des objets de la vie quotidienne des femmes grecques

Sur cette tablette, une jeune femme finement habillée et coiffée, vêtue d'une longue robe et d'un mantelet, dépose un drap soigneusement replié dans un coffre décoré de scènes figurées inscrites dans des métopes : à gauche, la déesse Athéna et un guerrier nu ; à droite, un couple. La femme semble s'être levée du siège représenté sur la droite, pourvu de hauts coussins, aux pieds et aux accoudoirs moulurés, ce qui suggère son statut élevé.

Les objets sur la paroi sont également très significatifs. On peut reconnaître, de la gauche vers la droite, une corbeille (*kalathos*) renversée, sans doute en paille tressée, un miroir *(katoptron)* en métal, un vase à verser (*lékythos*) et une coupe à boire (*kylix*). Chaque objet fait allusion à un domaine spécifique de la vie quotidienne des femmes grecques : le *kalathos* est utilisé pour contenir la laine, le *katoptron* fait référence à la cosmétique, le *lékythos* est le symbole des libations et la *kylix* celui du banquet, auquel la femme ne participe pas en Grèce mais auquel elle a accès en Étrurie et dans les sociétés italiques.

Présence ou absence des femmes dans l'expansion grecque

Cette image peut inviter à réfléchir à une question très débattue, celle de la présence des femmes parmi les groupes fondateurs des nouvelles communautés grecques (*apoikiai*). Le caractère fragmentaire et hétérogène de la documentation offre des arguments pour l'une ou pour l'autre hypothèse. Quelques textes vont dans le sens d'une participation des femmes aux expéditions grecques. C'est le cas à Locres Epizéphyrienne, comme l'atteste le récit de l'historien grec Polybe (*Histoires* XII, 5, 8) qui affirme que les colons grecs y seraient arrivés avec des femmes appartenant à l'élite de la Locride. Mais la plupart des textes, tel le récit de Pausanias sur la femme du fondateur de Tarente, ont un accent clairement légendaire et ne sauraient être versés à ce dossier.

Du côté des inscriptions, cependant, tout indique une composition exclusivement masculine du groupe qui partait en expédition, à l'image du « Pacte des fondateurs » de Cyrène (Libye) qui retranscrit, sans doute au IVe siècle av. J.-C., un traité fixant les conditions de départ vers 630 av. J.-C des habitants de Théra, sur l'île de Santorin.

Quant à l'archéologie, elle permet de formuler quelques hypothèses sur l'origine ethnique des femmes dans ces nouvelles cités. La présence de certains ornements, comme des fibules caractéristiques des peuples italiques d'Italie méridionale dans certaines tombes de Pithécusses (Ischia actuelle), de Syracuse ou d'ailleurs, peut être considérée comme un témoignage de leur intégration et par conséquent de la mixité de ces communautés.

Le rôle des femmes dans les dynamiques de circulation

Selon l'appartenance et le statut des femmes de ces premières communautés, certaines relations interculturelles, ainsi que certaines pratiques de la vie quotidienne, ont pu se développer de manière différente entre Grecs et populations locales. Un exemple est celui des noms mixtes, tels que ceux qu'on connaît en Sicile, et qui indiquent des origines mélangées. À Casmenai (Monte Casale près de Raguse) une inscription datée du VIe siècle av. J.-C. fait référence à un certain Callicratès le Beau, fils de Callippos, et à sa femme Aisa, tous deux ayant acheté un terrain pour leur fils et pour leur propre sépulture. Le nom de la femme est probablement sicule alors que le nom et le patronyme de Callicratès sont grecs. Pourtant, il se définit comme un *nothos*, un bâtard, terme qui pourrait renvoyer à une origine ethnique mixte, puisque fils d'un Grec et d'une Sicule.

Au fil des migrations successives vers ces nouvelles cités, les femmes ont fait partie du voyage. On peut interpréter en ce sens la question inscrite vers 400 av. J.-C. sur une lamelle votive du sanctuaire de Zeus à Dodone, par laquelle un consultant, probablement d'origine épirote, demande au dieu s'il sera profitable pour lui, sa famille et sa femme de s'établir à Crotone, colonie achéenne sur les côtes de la Calabre.

Maria Cecilia D'Ercole
École des Hautes Études en Sciences sociales
AnHiMA (UMR 8210)

Pour en savoir plus

Hélène Collard, « Images et rituel, questions de méthode : l'exemple des *pinakes* de Locres », dans Anne-Françoise Jaccottet (éd.), *Rituels en images – images de rituel. Iconographie – histoire des religions – archéologie*, Berne, Peter Lang, 2021, p. 173-187, pl. 36-39.

Maria Cecilia D'Ercole, *Histoires méditerranéennes. Aspects de la colonisation grecque en Occident et dans la mer Noire (viiie-ive siècles av. J.-C.)*, Arles, Errance-Actes Sud, 2012.

Maria Cecila D'Ercole, « Femmes, migrations et colonisations » dans Maria Cecilia D'Ercole et Julien Zurbach, *Naissance de la Grèce. De Minos à Solon (3200 à 510 avant notre ère)*, Paris 2019, p. 654-660.

Arianna Esposito et Juliuen Zurbach, « Femmes indigènes et colons grecs : quelques observations », dans Pierre Rouillard (dir.), *Portraits de migrants, portraits de colons II*, Paris, De Boccard, 2010, p. 51-70.

4. Franchir l'Égée : les femmes métèques à Athènes

(Grèce, IVe siècle av. J.-C.)

Vois notre fin maintenant, de quelle manière notre destin a été décidé par le sort. En effet, nous trois, qui sommes père, fils et fille, sommes disparus sur les flots vacillants de la mer Egée.

Stèle funéraire, IVe siècle av. J.-C., Athènes (*IG* II² 8708) (traduit du grec ancien par Romain GUICHARROUSSE).

Kômarchos, Apollodôros et Sôsô d'Héraclée.
Stèle funéraire, musée du Pirée, *IG* II² 8708.

Je cloue Kallias, le tenancier de taverne qui est un de mes voisins et sa femme, Thraitta, et la taverne du Chauve et le tenancier Anthémiônos proche [...] et Philôn le tenancier ; je cloue toute l'âme, le travail, les mains et les pieds de ceux-ci ; de ces tenanciers.
Je cloue Sôsimenès et son (?) frère ; et Karpos son serviteur qui est fabriquant de tissu [...]. Je cloue Kittos, mon voisin, le créateur de modèles ; et l'habileté de Kittos, ainsi que le travail, l'âme, l'esprit et la langue de Kittos.
Je cloue Mania, la tenancière qui est proche de la fontaine, et le magasin d'Aristandros d'Éleusis et son travail et son esprit.
L'âme, les mains, la bouche, les pieds et l'esprit : je cloue toutes ces choses dans la tombe [des Asparagia ?] en présence d'Hermès qui retient solidement.

Extraits d'une tablette de défixion, Athènes, IVe siècle av. J.-C. (*IG* III.3 87a) (traduit du grec ancien par Romain GUICHARROUSSE).

Ici repose la nourrice des enfants de Diogéton, [venue] du Péloponnèse, la plus juste Malicha de Cythère.

Stèle funéraire, av. le milieu du IVe siècle av. J.-C., Athènes (*IG* II² 9112) (traduit du grec ancien par Romain GUICHARROUSSE).

Des femmes métèques

Dans l'Athènes classique, les étrangères domiciliées sont appelées « métèques ». Si elles sont très largement invisibles dans les sources littéraires, les documents épigraphiques, c'est-à-dire gravés sur des supports, mentionnent largement leur existence. On les y repère par la mention de leur ethnie, c'est-à-dire du nom de leur cité ou de leur région d'origine, comme ici Sôsô, venue d'Héraclée, et Malicha, citoyenne grecque de Cythère, une cité du Péloponnèse, ou par leur nom quand il est dérivé d'une ethnie, comme Thraitta, originaire de Thrace, et donc « barbare » dans les représentations grecques.

En tant que métèques, les femmes sont astreintes au paiement d'une taxe annuelle (six drachmes, la moitié de ce que paient les hommes). Si les hommes métèques sont contraints à des obligations, notamment militaires, les sources sont muettes pour les femmes. Tout au plus sait-on qu'elles ont une place réservée, comme les hommes, dans certaines fêtes religieuses comme les Panathénées, les fêtes annuelles en l'honneur d'Athéna.

Les mobilités féminines jusqu'à Athènes

Ces femmes s'installent à Athènes après un voyage par terre, comme Malicha, ou par mer, comme Sôsô et sans doute sa mère, peut-être commanditaire de la stèle funéraire familiale. Ces mobilités ne sont pas sans risques, comme en témoigne la stèle des Héracléotes qui évoque un naufrage probable : si les Grecs et Grecques se déplaçaient par cabotage, c'est-à-dire en longeant les côtes, la maîtrise des vents était parfois difficile, sans compter d'autres dangers comme la piraterie qui conduisait au paiement de rançons et à l'exil parfois pendant plusieurs années.

Ces mobilités féminines s'inscrivent à la fois dans des migrations familiales, comme en témoigne la stèle de Sôsô, mais aussi dans des migrations individuelles : Malicha semble avoir migré seule, puisqu'elle s'installe longtemps au sein d'une famille qui n'est pas la sienne.

Ces mobilités n'étaient pas à sens unique : la stèle funéraire de la jeune Sôsô d'Héraclée, produite et retrouvée à Athènes, témoigne que sa famille et elle étaient installées à Athènes, lieu d'érection de leur cénotaphe. Cette installation pérenne ne l'empêchait nullement de continuer malgré tout à circuler, peut-être pour retourner provisoirement dans la cité d'origine de sa famille, peut-être pour des raisons religieuses, comme visiter un sanctuaire, ou économiques.

Des femmes intégrées dans le tissu social par leurs activités

Ces circulations amènent les individus à s'insérer dans le tissu social et économique de la cité d'accueil. La tablette de malédiction (*défixion*) souligne que Thraitta travaille, avec son mari, à la gestion de la « taverne du Chauve », alors que Malicha est nourrice dans une famille athénienne, un métier peu considéré, parfois assimilé à un travail servile, mais que des femmes citoyennes remplissent pourtant également. Ces métiers permettaient aux femmes étrangères de tisser des réseaux de sociabilité : la tablette en elle-même, dont l'auteur ou l'autrice est inconnu(e), montre un réseau étendu de relations, entre tenancier et tenancière, fabriquant de tissu, créateur de modèle, commerçant. D'autres documents produits dans l'Athènes classique, notamment des dédicaces aux divinités, soulignent que les femmes étrangères se réunissaient avec des hommes, des libres citoyens ou non et sans doute des esclaves, pour mettre en avant leur métier. La nourrice Malicha est restée plusieurs années au sein de l'*oikos* de Diogéton et s'est occupée de plusieurs enfants de la famille ; en hommage à ses services, témoignage de la place qu'elle a prise dans la famille, Diogéton finance vraisemblablement sa stèle.

Ces deux femmes sont sans doute de catégorie sociale peu aisée, ce qui explique aussi l'absence de mention des femmes métèques dans les sources littéraires de l'Athènes classique, écrites bien souvent par des hommes citoyens aisés. La stèle funéraire de Sôsô est de facture assez simple : aucune décoration n'est conservée, mais peut-être la partie supérieure (*anthémion*) était-elle peinte. La stèle de Malicha était plus riche car elle portait un relief, mais l'auteur en était sans doute son employeur, Diogéton, que la stèle mentionne en premier.

Si les sources littéraires n'ont que peu évoqué ces femmes, les sources épigraphiques témoignent de trajectoires individuelles et familiales au contraire variées qu'il faut considérer pour construire une histoire sociale de l'Athènes classique.

Romain Guicharrousse
Université Paris 1 Panthéon Sorbonne
AnHiMA (UMR 8210)

Pour en savoir plus

Romain Guicharrousse, « Gravées dans la mémoire. Le cas des étrangères à Athènes à l'époque classique », *Pallas*, n° 99, 2015, p. 61-76.

Romain Guicharrousse, *Athènes en partage. Les étrangers dans la cité (v^e^-iiie siècles avant notre ère)*, Paris, Éditions de la Sorbonne, 2022.

Marie-Laure Sronek, « Des femmes invisibles dans l'Athènes classique ? Les effets du travail pour une redéfinition de la place des femmes dans la vie publique », *Archimède. Archéologie et histoire ancienne*, n° 5, 2018, p. 134-144.

Sara Wijma, *Embracing the Immigrant: The Participation of Metics in Athenian Polis Religion (5th-4th century BC)*, Stuttgart, Franz Steiner, 2014.

5. Faustine la Jeune, maîtresse de la flotte et du ravitaillement

(Rome, IIe siècle apr. J.-C.)

[En l'honneur] de P[ublius] Aelius Panopaeus, procurateur des souverains Augustes, en raison de son dévouement pour leur maison, les membres de l'association vouée aux effigies des empereurs et de Faustine Pharia, protectrice de la flotte, nouvelle Auguste, [ont fait cette dédicace pour] leur compagnon dans l'association.

Inscription grecque d'Alexandrie, tirée d'André
et Étienne BERNAND,
« Un procurateur des effigies impériales à Alexandrie »,
Zeitschrift für Papyrologie und Epigraphik,
n° 122, 1998, p. 97-101.

Revers d'un as de Rome, tiré de Harold MATTINGLY et Edward A. SYDENHAM, *Roman Imperial Coinage*, vol. III, *Antoninus Pius to Commodus*, Londres, Spink & Son, 1930, Marcus Aurelius n° 1726.

Si, durant l'époque pharaonique, l'Égypte et ses dieux se sont focalisés sur la vallée du Nil et très rarement sur le monde marin, la conquête de l'Égypte par Alexandre modifie en profondeur le rapport de l'antique royaume avec la mer. Lorsque le diadoque Ptolémée, fils de Lagos, fonde la dynastie lagide en 306/305 av. J.-C., il fait d'Alexandrie la nouvelle capitale de son royaume. Une capitale bâtie par Alexandre sur les rives de la Méditerranée et non plus sur le Nil, comme avaient pu l'être jadis Thèbes ou Memphis. Désormais, l'Égypte ne regarde plus seulement le grand fleuve, mais également cette « Mer des Grecs » devenue le centre du monde hellénistique. Les successeurs de Ptolémée en ont pleinement conscience. Assimilée à la fois à Isis et à Aphrodite pour asseoir la légitimité de la nouvelle dynastie, Arsinoé II Philadelphe, l'épouse de Ptolémée II, participe ouvertement à la mise en place d'une formidable force militaire maritime qui donne naissance à ce que l'on appelle la thalassocratie lagide. Disparue en 270 av. J.-C., la reine devient rapidement l'objet d'un culte fervent en de nombreux ports méditerranéens, entraînant Isis dans son sillage qui devient, à l'instar d'Arsinoé, la souveraine des flots (*Pélagia*), celle qui assure une heureuse navigation (*Euploia*), la patronne des flottes qui s'élancent depuis le glorieux port d'Alexandrie illuminé par son phare (*Pharia*) pour nourrir l'humanité.

Dans les pas d'Isis

Si le souvenir d'Arsinoé s'estompe progressivement jusqu'à disparaître, lorsque Rome met fin à la dynastie lagide en 30 av. J.-C. et transforme l'Égypte en une simple province romaine, il n'en va pas de même pour Isis. Depuis trois siècles, le culte de la déesse s'est diffusé sur tout le pourtour méditerranéen. Ses domaines d'action sont connus et reconnus partout et par tous. Pour les Romains, elle est notamment celle qui, maîtresse de la navigation, préside au bon acheminement du blé d'Égypte vers la capitale de l'Empire. Elle dispose, depuis au moins le début du règne de Vespasien (69/70 apr. J.-C.), d'un vaste sanctuaire à Rome, sur le Champ-de-Mars, un complexe autant politique et économique que religieux, dont les débris ornent aujourd'hui encore les églises et façades environnant le Panthéon... et les musées du Capitole.

La fille de l'empereur Antonin

Bien des siècles après Arsinoé, il est une autre femme de pouvoir que la toute-puissance d'Isis sur les mers ne laisse pas indifférente. C'est ce que nous apprend une inscription écrite en grec sur une colonne de marbre gris et mise au jour le 13 octobre 1993 à l'emplacement de l'ancien Palais Billard à Alexandrie. Le texte émane d'une association en charge des portraits impériaux (statues, bustes et peintures). Ses membres honorent l'un des leurs pour services rendus, possiblement dans le cadre de la célébration du culte des empereurs, à commencer par Marc-Aurèle et Lucius Verus, qui règnent conjointement entre 161 et 169 apr. J.-C. L'identité des « souverains Augustes » est assurée par la mention explicite d'[Annia Galeria] Faustina. Seule fille de l'empereur Antonin à avoir atteint l'âge adulte, elle épouse en 145 le futur empereur Marc-Aurèle et accède au pouvoir en sa compagnie en 161, à la mort de son père. Après trente et un ans de mariage et treize enfants – presque tous morts en bas âge –, elle disparaît accidentellement en 176. Pour la distinguer de sa mère, Faustine l'Aînée, l'historiographie francophone la surnomme Faustine la Jeune. Connue pour sa beauté, sa fécondité, sa fertilité, Faustine, nouvelle Auguste, est désignée dans cette inscription honorifique comme la protectrice de la flotte, et plus précisément comme la protectrice, dans le contexte alexandrin (*Pharia*), de la flotte frumentaire qui approvisionne régulièrement Rome en blé.

La Protectrice de la flotte et la Mère des camps

La traduction iconographique de cette prérogative très officielle se lit sur un as frappé à Rome dans les mêmes années. Tandis que le droit porte le buste de Faustine, le revers montre Isis debout, tournée vers la droite, un voile au-dessus de la tête et tenant le sistre de la main droite ; derrière elle, un phare ; devant, un bateau avec un mât et sa voile déployée. Cette composition, qui s'inspire directement d'un type monétaire alexandrin, est caractéristique d'Isis *Pharia*. Comme autrefois Arsinoé, Faustine est identifiée à la maîtresse des flots, protectrice des marins et distributrice des denrées qui, après avoir sustenté l'Égypte des pharaons, nourrissent aujourd'hui la Rome des empereurs.

Accompagnatrice de Marc-Aurèle lors de très nombreux voyages, célébrée un peu partout comme la Mère des camps par les soldats de l'Empire, Faustine se présente donc également comme la puissance tutélaire de la flotte frumentaire – dite annonaire –, une flotte qui nourrit Rome.

Laurent Bricault
Université Toulouse 2 Jean Jaurès
PLH-Erasme

Pour en savoir plus

Laurent Bricault, *Les cultes isiaques dans le monde gréco-romain*, Paris, Les Belles Lettres, 2013.

Laurent Bricault, *Isis Pelagia: Images, Names and Cults of a Goddess of the Seas*, Leyde-Boston, Brill, 2020.

Barbara Levick, *Faustina I and II: Imperial Women of the Golden Age*, Oxford, Oxford University Press, 2014.

Benoît Rossignol, *Marc Aurèle*, Paris, Perrin, 2020.

6. Eadgifu, une reine entre l'Angleterre et le continent

(Angleterre, IXe-Xe siècle)

Évangéliaire de Gandersheim, Cobourg, Landesbibliothek, coll. Veste 1, Inv.-Nr. Pl.001.

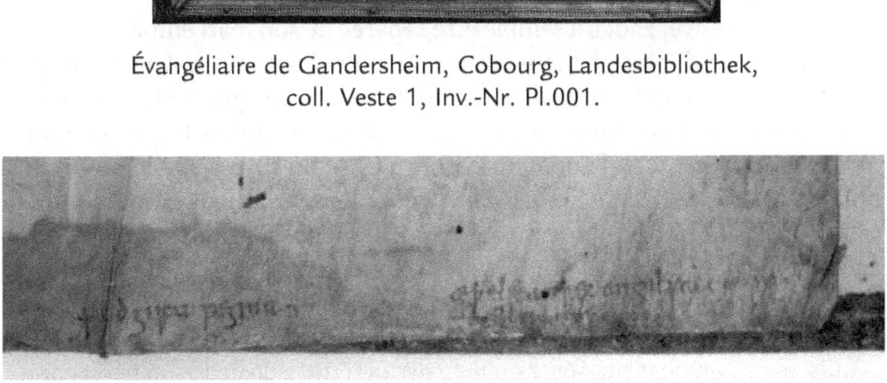

Évangéliaire de Gandersheim, Cobourg, Landesbibliothek, coll. Veste 1, fol. 168r, Inv.-Nr. Ms.01

Un manuscrit voyageur

La *Landesbibliothek* de la ville de Cobourg, en Allemagne, conserve depuis 1810 un évangéliaire carolingien, c'est-à-dire un recueil de textes des Évangiles. Avant d'arriver à Cobourg, le manuscrit, composé à Metz dans les années 860, se trouvait depuis le xe siècle, dans le monastère de Gandersheim. Il passe donc, entre le IXe siècle et le xe siècle, de Metz à Gandersheim, en transitant peut-être par l'Angleterre, ou du moins par les mains de personnes venues de l'île.

Le folio 168r de cet évangéliaire comporte une inscription en latin : « † Eadgifu, reine ; Athelstan, roi des Anglo-Saxons et des Merciens. » Le roi dont il est question est Athelstan, qui régna sur les Anglais de 924 à 939. Mais c'est surtout à la mystérieuse reine Eadgifu dont il faut s'intéresser pour reconstituer l'itinéraire de ce manuscrit.

Le nom Eadgifu est courant dans l'Angleterre du début du xe siècle, en particulier dans la famille royale : il est porté par la belle-mère du roi Athelstan et par l'une de ses nombreuses demi-sœurs. C'est sans doute cette dernière qui fait inscrire son nom dans l'évangéliaire, car elle est la seule des deux à porter le titre de reine.

Une reine anglaise en Gaule

Eadgifu est sans doute née au début du xe siècle. Fille et sœur de rois anglais, elle est mariée entre 917 et 919 au souverain carolingien Charles le Simple, avec qui elle a un fils, le futur roi des Francs Louis IV (936-954). Mais, en 922, Charles le Simple est déposé par ses opposants : il passera le reste de sa vie emprisonné. À partir de là, la biographie d'Eadgifu est mal connue : on sait qu'elle envoie son fils en Angleterre, auprès de sa famille, et qu'elle-même s'y trouve en 936. L'évangéliaire de Gandersheim nous renseigne, peut-être, sur la vie de la reine pendant cette quinzaine d'années.

Sans être veuve, Eadgifu semble être séparée de son mari emprisonné : elle sert sans doute d'intermédiaire entre sa famille d'origine en Angleterre et le continent. Elle semble passer beaucoup de temps, malgré tout, à la cour de son demi-frère, le roi Athelstan, où elle continue de porter le titre de reine : un poème composé en l'honneur d'une victoire du roi en 927 mentionne la présence d'une reine et d'un prince à la cour. Or, Athelstan est notoirement célibataire : la reine est donc sans doute Eadgifu et le prince, son fils élevé à la cour du roi.

C'est sûrement à la cour de son frère qu'elle fait inscrire son nom et celui du roi à la fin de l'évangéliaire. On ne sait pas exactement comment elle l'a acquis, mais l'on peut supposer qu'il s'agissait d'un cadeau de son royal époux. L'évangéliaire serait donc passé de la Gaule à l'Angleterre dans les bagages de la reine. Quant à son arrivée ultérieure à Gandersheim, elle s'explique sans doute par un autre mariage : en 929, Édith, elle aussi une demi-sœur d'Athelstan, épouse le futur roi et empereur Otton Ier (936-973) qui règne en Germanie. Le précieux manuscrit, avec sa belle couverture en ivoire, pourrait être un cadeau de mariage d'Eadgifu à sa sœur, qui elle-même l'aurait ensuite légué au puissant monastère de Gandersheim.

Mobilités géographiques, mobilités sociales

Le parcours d'Eadgifu est représentatif de celui de beaucoup de femmes au début du Moyen Âge : celles qui n'entrent pas au monastère sont mariées et partent vivre auprès de leur époux, quittant de ce fait la demeure familiale. C'est la principale mobilité des femmes, en particulier celles de la haute aristocratie et de la royauté, qui sont fréquemment mariées loin de chez elles. Mais tous les liens ne sont pas rompus et, lorsque ces femmes sont veuves ou séparées de leur mari, comme Eadgifu, elles peuvent revenir dans leur famille d'origine. Ces mariages créent ainsi des réseaux féminins : Eadgifu et ses sœurs, mariées aux quatre coins de l'Europe de l'Ouest, restent en contact. Leurs échanges, incarnés dans l'évangéliaire de Gandersheim, symbolisent le lien qui les unit. Les mobilités des femmes sont donc fréquemment liées à leur famille, et le parcours d'Eadgifu n'est en cela pas vraiment exceptionnel.

La fin de la vie de la reine montre cependant les limites de ces mobilités et des possibilités offertes aux femmes. Le fils d'Eadgifu et de Charles le Simple, Louis IV, est rappelé d'Angleterre en 936 par les aristocrates du royaume franc à la recherche d'un nouveau roi. En 937, Louis IV fait venir sa mère auprès de lui, et celle-ci reste une intermédiaire privilégiée entre l'Angleterre et le continent. La dernière trace que l'on ait d'elle est un scandale en 951 : la reine vieillissante s'enfuit avec le comte Herbert de Vermandois. L'affaire est inhabituelle : il est très rare que les reines se remarient et Eadgifu n'a plus l'âge d'enfanter. Peut-être est-ce une manière pour elle, alors que ses frères anglais sont morts et que son fils semble la reléguer, de regagner un peu de pouvoir – quitte à effectuer une mobilité sociale descendante.

Justine Audebrand
Université de Poitiers
LaMOP (UMR 8589)

Pour en savoir plus

Justine Audebrand, « Le genre au haut Moyen Âge : une approche par l'objet », dans Isabelle Algrain (éd.), *Archéologie du genre. Construction sociale des identités et culture matérielle*, Bruxelles, Université des Femmes, 2020, p. 171-195.

Simon MacLean, « Cross-channel Marriage and Royal Succession in the Age of Charles the Simple and Athelstan (c. 916-936) », *Medieval Worlds. Comparative and Interdisciplinary Studies*, vol. 1, n° 2, 2015, p. 26-44.

Simon MacLean, *Ottonian Queenship*, Oxford, Oxford University Press, 2017.

7. En route vers la Terre sainte : les pèlerinages de Margery Kempe

(Angleterre, XIVe-XVe siècle)

XXVI. Elle part de Yarmouth pour la Terre sainte. Ses larmes et sa piété sont cause de dissension avec ses compagnons. Elle arrive à Constance.

Quelques années auparavant, cette créature avait, en révélation, reçu l'ordre de se rendre en Terre sainte où Notre-Seigneur était mort après y avoir vécu. Le moment venu, elle demanda au prêtre de sa paroisse [...] de prier pour [elle]. [...] Puis elle prit congé de son mari et d'une sainte recluse qui lui avait prédit le développement de son voyage. [...] Elle demanda sa bénédiction à maître Robert et lui fit ses adieux ainsi qu'à d'autres amis. Puis elle se rendit à Norwich, fit une offrande à la Trinité et une autre à Yarmouth devant l'image de Notre-Dame. Ensuite, elle prit le bateau.

Le lendemain, ils arrivèrent dans une grande ville appelée Zierikzee où, dans Sa Bonté, Notre-Seigneur visita cette créature en lui accordant des larmes abondantes de repentir pour ses péchés. [...] Lorsqu'elle quitta l'Angleterre, il y avait quatre ans qu'elle ne mangeait plus de viande et ne buvait de vin.

XXVII. Le légat du pape l'accueille amicalement à Constance. Elle rencontre William Wever du Devonshire. Elle va à Bologne et à Venise.

Lorsqu'avec ses compagnons pèlerins cette créature fut arrivée à Constance, elle apprit qu'un Anglais, [...] légat du pape, demeurait en cette ville. Elle s'en alla donc trouver [un] homme vénérable et, en confession, lui raconta sa vie du début à ce jour, aussi précisément que possible puisque c'était un clerc vénérable, légat du pape. Elle lui dit ensuite combien ses compagnons de voyage l'avaient fait souffrir. [...] Les autres se répandirent en récriminations contre cette créature et dirent au légat que s'il ne lui imposait pas de manger de la viande comme eux tous, de cesser de pleurer et de ne pas tant parler de sainteté, il était absolument impossible qu'elle reste plus longtemps en leur compagnie. [...] Le groupe, très en colère, la remit au légat en disant qu'il n'était absolument plus question de faire route avec elle.

Prenant toutes dispositions utiles, le légat changea l'argent de cette créature comme il l'eût fait pour sa mère tandis qu'elle se rendait dans une église prier Notre-Seigneur de lui trouver quelqu'un pour l'accompagner. Il répondit aussitôt : « Tu auras un bon guide qui te sera de grand secours. » Et, immédiatement, s'avança vers elle un homme du Devonshire, suffisamment âgé pour avoir la barbe blanche. « Demoiselle, dit-il, voulez-vous que je vienne vous guider puisque vos compatriotes vous ont abandonnée ? » Elle lui demanda son nom. « William Wever », répondit-il. [...] Ils chemin[èrent] donc et, jour après jour, rencontraient nombre d'hommes fort jovials qui ne lui disaient aucun mot malséant, mais lui offraient, à elle et son guide, nourriture et boisson. Quant aux braves femmes qui les logeaient, il se trouva qu'en bien des endroits elles lui offraient leur propre lit pour l'amour de Dieu.

Anonyme, *Le Livre de Margery Kempe. Une aventurière de la foi au Moyen Âge*, Paris, Le Cerf, 1989, p. 94-95 et 97-100 (traduit de l'anglais par Louise MAGDINIER).

L'autobiographie de Margery Kempe – la première du genre en langue anglaise – est un document étonnant à plus d'un titre. Le manuscrit s'ouvre sur le récit de la crise spirituelle qui suivit la naissance du premier de ses quatorze enfants. Par la suite, ses méditations la conduisirent à un dialogue continu avec Dieu qui lui donna l'ordre en 1411 de partir en pèlerinage. C'est alors qu'âgée de quarante ans cette honorable mère de famille entreprit un voyage qui devait la conduire jusqu'en Terre sainte.

L'itinéraire d'une aventurière de la foi

Sur les routes menant aux multiples lieux de culte de l'Occident médiéval, les hommes apparaissent beaucoup plus nombreux que les femmes. Il est en effet déconseillé à celles-ci de parcourir de longues distances en raison des risques encourus sur les chemins (vols, viols, prostitution forcée), et elles sont traditionnellement associées à des pèlerinages de proximité. Toutefois, les travaux menés ces dernières années à partir d'exemples anglais invitent à réévaluer la présence des femmes dans les pèlerinages majeurs de Saint-Jacques-de-Compostelle, Rome ou Jérusalem. Ainsi, au début du XVᵉ siècle, Margery Kempe accomplit les trois. Le contexte socio-culturel dans lequel s'insère son expérience importe beaucoup.

Née en 1373 dans une famille de commerçants de King's Lynn, bourgade du Norfolk, elle épouse à vingt ans John Kempe, marchand de Norwich. Ce lieu se caractérise par un commerce important avec le continent, mais aussi par de nombreux échanges culturels. La ville abrite une communauté d'hommes du Nord, ce qui favorise la circulation d'idées et de textes de la mystique flamande (Eckhart, Suso, etc.). Dans cette région, les textes d'Hildegarde de Bingen et le récit des aventures de mystiques telles que Brigitte de Suède sont aussi lus et commentés. Ainsi, Margery Kempe connaît et cite dans son autobiographie les plus importantes mystiques continentales de son temps. Après avoir obtenu en 1413 de l'évêque de Lincoln l'anneau et le manteau blanc l'autorisant à être déliée des devoirs du mariage, elle se rend à Norwich où elle rencontre Julienne, la célèbre recluse. Après avoir voyagé un temps en Angleterre, elle gagne Constance avant de rejoindre Rome, puis Jérusalem.

La difficile cohabitation avec ses compagnons de route

Le voyage, dans ses aspects matériels, ne fut probablement que secondaire pour la mystique anglaise. Seul comptait le pèlerinage, l'itinéraire vers la Terre sainte à la rencontre du Christ, véritable compagnon de son parcours mystique. Toutefois, l'ascèse et la solitude observée par cette « créature » – telle qu'elle se nomme elle-même – sont rejetées par ses compagnons de voyage. Les tensions portent notamment sur le refus de Margery de consommer de la viande. Carolyn Walker Bynum a tenté d'expliquer pourquoi la nourriture et les métaphores alimentaires jouent un rôle beaucoup plus important dans la spiritualité féminine que masculine. En effet, les formes extrêmes d'ascèse qu'adoptent les femmes et leurs expériences originales autour de la symbolique de l'alimentation leur permettraient d'accéder à un rôle d'actrice. Elles se détournent ainsi des fonctions qui leur sont dévolues naturellement (par l'allaitement) et culturellement (par les activités domestiques et culinaires) pour accéder à un statut valorisé : l'imitation du Christ. Mais la spiritualité exaltée de Margery agace également ses compagnons de voyage. Elle est régulièrement parcourue de spasmes, pleure et crie au moindre frisson de Dieu. La pèlerine parvient néanmoins à obtenir du légat du pape, qu'elle croise à Constance, qu'il lui trouve un guide compréhensif pour assurer la suite de son voyage.

Narrer le voyage : la nécessaire médiation du masculin

On connaît les vies et les expériences de ces mystiques pèlerines par des *vitae*, des récits de vie, et par des traités rédigés soit en latin par leur confesseur, soit en langue vulgaire par un proche qui a suivi leurs expériences mystiques, soit par elles-mêmes. Mais même des œuvres rédigées par des femmes sont le fruit d'une collaboration entre une mystique et un clerc, d'un niveau culturel supérieur, si bien qu'il est difficile d'identifier la voix féminine derrière le texte mâle, d'autant plus que l'un et l'autre partagent une conception commune du mysticisme, transcendant en partie les distinctions de sexe.

Margery Kempe attendit vingt ans avant de commencer à narrer son expérience. Ignorant le latin et le français, elle dicta son récit en moyen anglais, suivant ainsi l'exemple d'autres mystiques continentales de l'époque ayant écrit visions, révélations et prophéties en langue vernaculaire. Elle dut néanmoins avoir recours à trois personnes différentes pour relater son périple, alors même qu'elle devait affronter, sur la fin de sa vie, des accusations de connivence avec l'hérésie des Lollards, dans l'Angleterre des années 1380-1410.

Julie Pilorget
CNED
Sciences Po Paris
Centre Roland Mousnier (UMR 8596)

Pour en savoir plus

Anne E. Bailey, « Flights of Distance, Time and Fancy: Women Pilgrims and their Journeys in English Medieval Miracle Narratives », *Gender & History*, vol. 24, n° 2, 2012, p. 292-309.

Caroline Bynum, *Jeûnes et festins sacrés. Les femmes et la nourriture dans la spiritualité médiévale*, Paris, Le Cerf, 1994.

Nolwenn Kerbastard, « La pratique du jeûne à la fin du Moyen Âge : l'exemple des mystiques pèlerines », dans Sandrine Costamagno (dir.), *Histoire de l'alimentation humaine : entre choix et contraintes*, Rennes, 2013, Paris, Éditions du CTHS, 2014, p. 229-237.

Martine Yvernault, « L'écriture du voyage à Jérusalem de Margery Kempe. Naissance de l'âme, naissance du livre », dans Christine de Buzon et Odile Richard-Pauchet (dir.), *Littérature et voyages de santé*, Paris, Classiques Garnier, 2017, p. 85-98.

8. D'une cour à l'autre : lettre d'Isabelle, reine du Portugal, à son père Ferdinand d'Aragon

(péninsule Ibérique, XVe siècle)

Très haut et très puissant roi, mon seigneur,
[...] J'embrasse les mains et les pieds de Vos Altesses, pour tant de générosité que vous me faites, de par la préoccupation que vous avez du bon déroulement des affaires me concernant. Si bien que tout ce que je ferai sous les ordres de Votre Altesse et tout ce qui touche à vos commandements sera traité de la même façon de ma part. Mon seigneur, je travaillerai autant que je pourrai pour agir ainsi, également pour ce qui est de mon devoir, qui est de suivre les coutumes d'ici. Par la suite, j'agirai ainsi en toute chose : comme dans les petites affaires de ma maison et le maintien de mon rang. [...] De me montrer portugaise, je sais le faire de bonne volonté, sans injonction de la part du conseil de Votre Altesse, qui pour moi représente l'autorité, comme je l'ai précédemment démontré. Par conséquent, j'avais déjà décidé de suivre la loi des chevaux. De plus que désormais, nous devons rencontrer la reine du Portugal, ma seigneuresse. Le roi, mon seigneur, m'a dit que les Castillanes devaient être sur des mules, accompagnées de deux dames portugaises, que j'ai depuis lors dans ma maison, et que ces dernières devaient voyager à cheval. Ces chevaux seront donnés par leurs pères qui doivent participer à mon écurie. [...] Là-bas, il se dit qu'il n'y aura pas beaucoup de Castillans, mais, quant à moi, je pourrai bien m'intégrer et discuter. En plus, croyez-moi, Votre Altesse, que, comme je n'ai pas beaucoup fréquenté lors de mon premier séjour au Portugal ceux que nous devons rejoindre, je me trouve très occupée par la préparation de cette rencontre. Sans la langue et sans bien connaître les coutumes d'ici, qui sont bien différentes de celles de Castille, je me fourvoierais dans ce dont je souhaiterais converser. [...]

D'Évora, le 13 novembre. À Votre Altesse. Très humble servante et fille, baisant vos royaux pieds et mains. La Reine.

Archives générales de Simancas, *Patronato Real*, leg. 50, fol. 31, lettre transcrite dans Antonio de La Torre, Luis Suárez Fernández (éd.), *Documentos referentes a las relaciones con Portugal durante el reinado de los Reyes Católicos*, Madrid, 1960, p. 20-21 (traduit de l'espagnol et modernisé par Clara Kalogérakis).

Isabelle de Trastamare (1470-1498) est la fille aînée des Rois Catholiques, Isabelle de Castille et Ferdinand d'Aragon. Dans cette lettre, elle écrit à son père peu de temps après la mort de son frère. À ce moment, elle n'est pas encore désignée comme héritière des royaumes, puisque sa belle-sœur est enceinte. Dans cette missive, Isabelle assure qu'elle remplit son rôle d'épouse de souverains, qui consiste, notamment, à adopter les us et coutumes de sa nouvelle cour d'accueil. Elle a été mariée à l'héritier du Portugal, le prince Alphonse, en 1490, mais ce dernier est décédé peu de temps après leur union. L'infante espagnole est alors remariée au roi du Portugal, Manuel Ier, afin de garantir l'alliance dynastique entre tous les royaumes ibériques, en septembre 1497.

Les déplacements des princesses

Dans sa lettre, Isabelle dévoile les enjeux d'une alliance dynastique entre deux familles souveraines. La princesse envoyée dans un territoire étranger, malgré les injonctions d'obéissance d'une épousée envers son mari, représente les intérêts de sa famille d'origine. Pourtant, elle se doit également d'adopter sa fonction de reine portugaise afin de garantir le bon déroulement diplomatique de l'alliance. Ce rôle double n'est pas évident, malgré l'éducation que reçoivent les princesses à ce sujet. Isabelle précise qu'elle est capable de s'assurer une bonne place à la cour portugaise, auprès de la reine-douairière, à qui elle planifie de rendre visite, parce que le hasard de sa vie l'avait déjà amenée au Portugal auparavant. C'est la connaissance d'éléments culturels et de la langue, qu'elle met en avant, qui lui permet d'accomplir son devoir d'épouse et de pont diplomatique entre le Portugal et les royaumes de ses parents.

Les princesses ne voyagent pas seules et sont accompagnées dans leur transfert qui peut parfois se révéler difficile. Elles sont suivies par des ambassadeurs, des ecclésiastiques, une suite et des marchands qui fournissent souvent les conditions matérielles du déplacement. L'infante Isabelle évoque les Castillanes qui sont dans sa maison et les Castillans qui se trouvent à la cour portugaise. Il est vrai qu'elle avait la chance de contracter des noces dans un royaume voisin du sien, si bien que la présence de compatriotes dans son entourage devait être plus importante que pour d'autres princesses.

Les transferts culturels

La lettre d'Isabelle permet également de comprendre que les étrangers, qui se déplacent à l'occasion des mariages princiers, ne se défont pas de la figure de ressortissants. La fille de Ferdinand insiste sur le fait que les Castillanes voyagent en mules alors que les Portugaises ont le droit aux chevaux. Le trajet en mule était courant pour les femmes et les ecclésiastiques espagnols.

Cependant, le cheval détenait un prestige supérieur, de telle manière que dans certaines parties de l'Espagne, comme à Murcia, les minorités religieuses avaient l'interdiction de les monter. L'étranger à l'époque médiévale et dans la première modernité, bien que sa présence soit commune, conservait un statut inférieur. Néanmoins, ces déplacements de personnes permettaient des connexions entre les cultures. La reine portugaise, elle-même, interprète les coutumes de sa nouvelle cour, mais en apportant ses perceptions, ses objets et ses préoccupations. Ces connexions ont facilité la circulation des idées, des textes, ainsi que les hybridations culturelles, et ont consitué un espace d'innovation.

Clara Kalogérakis
Université de Lille
IRHiS (UMR 8529)
Université de Castille-La Manche

Pour en savoir plus

Antonio de La Torre et Luis Suárez Fernández (éd.), *Documentos referentes a las relaciones con Portugal durante el reinado de los Reyes Católicos*, vol. 2, Madrid, Consejo Superior de Investigaciones Científicas, Patronato Menéndez Pelayo, 1960.

Ruth Martínez Alcorlo, *Isabel de Castilla y Aragón, princesa y reina de Portugal (1470-1498)*, Madrid, Sílex, 2021.

Jean-Marie Moeglin et Stéphane Pequignot, *Diplomatie et « relations internationales » au Moyen Âge (ixe-xve siècle)*, Paris, Presses universitaires de France, 2017.

Dolores Carmen Morales Muñiz, « El caballo en la Edad Media. Un estado de la cuestión », *Homenaje al profesor Eloy Benito Ruano*, Sociedad Española de Estudios Medievales, Murcia, Presses Universitaires de Murcia, 2010.

9. Le départ volontaire de Marguerite de Parme

(Pays-Bas, Italie, XVIe siècle)

Gravure de Frans Hogenberg,
Le duc d'Albe conduit Marguerite de Parme à Bruxelles (août 1568).

À première vue, on voit un cortège d'honneur impressionnant qui se faufile parmi quelques observateurs épars, par exemple une femme qui s'appuie sur sa canne (à gauche au milieu). Le cortège est tellement long que le bout de la queue n'est pas visible car il se trouve encore dans le périmètre de la ville de Bruxelles qu'on voit au fond de la gravure à l'eau forte dessinée par Frans Hogenberg (1535-1590). Au centre de la gravure, on voit deux personnages aux couleurs sombres : à droite le duc d'Albe à cheval, le nouveau gouverneur des Pays-Bas, à gauche l'ancienne gouvernante Marguerite de Parme montée en amazone sur son cheval. Le 30 décembre 1567, Marguerite de Parme sort du palais de Coudenberg accompagnée par le duc d'Albe et son propre cortège de courtiers italiens. Après plus de huit années de service pour le roi d'Espagne, Philippe II, en tant que gouvernante des Pays-Bas, Marguerite prend congé et retourne dans son duché de Parme et Plaisance en Italie.

Marguerite de Parme, une fille naturelle

Marguerite de Parme est née le 5 juillet 1522. Elle est la fille naturelle de l'empereur Charles Quint. Le futur roi d'Espagne, Philippe II, est son petit demi-frère. Sa mère, Jeanne van der Gheynst, était la fille d'un tapissier. Charles Quint légitima sa fille et la reconnut officiellement en 1529. Elle grandit sans sa mère dans la maison d'André de Douvrin à Bruxelles, sous la surveillance et la tutelle de sa grand-tante et homonyme, Marguerite d'Autriche (1480-1530). Après la mort de la gouvernante des Pays-Bas en 1530, la nouvelle gouvernante Marie de Hongrie (1505-1558), la sœur de Charles Quint, se chargea de l'éducation de sa nièce Marguerite. A 14 ans, Marguerite épousa Alexandre de Médicis, le duc de Florence, qui fut assassiné quelques mois juste après le mariage par un cousin éloigné. A 16 ans, la jeune veuve épousa Octave Farnèse, le futur duc de Parme et Plaisance, qui avait 14 ans. La plupart du temps les époux vivaient séparés l'un de l'autre, mais en 1545, Marguerite donna naissance à des jumeaux, dont seul un fils, Alexandre, survécut. Durant sa vie, Marguerite fut nommée deux fois gouvernante des Pays-Bas espagnols par son demi-frère Philippe II. Dans les deux cas, Marguerite finit par se retrouver dans une impasse diplomatique et politique, ce qui l'amena à soumettre sa démission.

Régence et pouvoir

Malgré son titre de gouvernante et régente, Marguerite de Parme ne put exercer qu'un pouvoir restreint. Au commencement de sa première régence, elle en porta le titre mais Philippe II prit la décision de rédiger des instructions secrètes qui passaient les rênes du pouvoir au ministre Antoine Perrenot de Granvelle. Ce n'est qu'après la chute du ministre en 1564 que sa marge de manœuvre s'élargit considérablement. Elle collabora étroitement avec les membres de l'ordre de la Toison d'or comme Guillaume de Nassau, le prince d'Orange. À l'arrivée du duc d'Albe, la situation se compliqua à l'extrême. Le nouveau gouverneur disposait des instructions directes et secrètes du roi qu'il refusait de partager avec sa prédécesseuse. Marguerite souhaita organiser son propre départ le plus vite possible, mais Philippe II tarda beaucoup à envoyer la lettre qui acceptait sa démission et, par conséquent, son départ. Au surplus, le duc d'Albe ajourna l'audience finale obligatoire pour sa prédécesseuse avant de partir. Cet incident illustre très bien les obstacles formels d'un tel voyage et explique la date inhabituelle du départ de la duchesse de Parme et de Plaisance : le 30 décembre. Initialement, elle avait projeté de voyager en automne pour éviter les difficultés de mobilité imposées par l'hiver.

Les Pays-Bas espagnols et la légende noire

La première régence de Marguerite de Parme en tant que gouvernante des Pays-Bas coïncide avec les premières révoltes menées par une alliance entre des confédérés néerlandais et des calvinistes qui désapprouvaient la politique autoritaire du roi espagnol, car ce dernier ignorait les droits coutumiers des Pays-Bas. Les opposants se donnaient le nom de Gueux. Selon une tradition, ce serait Marguerite elle-même qui les aurait appelés ainsi à la suite d'une rencontre conflictuelle. Mais il reste difficile de distinguer les évènements historiques des récits polémiques qui sont nés dès cette époque et qui constituent le fondement de la légende noire. Selon le journaliste Julián Juderías qui divulgua le terme en 1912, la légende noire présente l'Espagne comme un pays rétrograde et dominé par les atrocités de l'Inquisition. Marguerite qui avait grandi dans les Pays-Bas avait fait des efforts énormes servant d'intermédiaire entre les nobles néerlandais et le roi espagnol. Finalement, elle fut contrainte d'admettre son échec car Philippe II ignorait constamment toutes ses actions pour résoudre les conflits sans recourir à des mesures d'une extrême rigueur. Malgré ses objections véhémentes, il finit par envoyer le duc d'Albe qui était un défenseur résolu des mesures les plus violentes.

Au XVIe siècle les princesses comme les princes voyagent pour des raisons diplomatiques et politiques. La politique à l'époque moderne est fondée sur le pouvoir dynastique. Philippe II choisit sa demi-sœur pour la position de gouvernante et non son époux Octave de Farnèse, le duc de Parme et Plaisance, car il base son règne sur la loyauté de la famille (*kinship*). Les liens familiaux étaient plus importants que la question de genre. Au surplus, comme Marguerite avait grandi à Bruxelles, elle était native de la région et elle connaissait exactement les lois, les coutumes, et les traditions des Pays-Bas. Après avoir conseillé le roi d'Espagne continuellement sans succès, Marguerite de Parme prit la décision de soumettre sa démission et de retourner en Italie, même si cette décision signifiait une perte de pouvoir. Elle savait que ce pouvoir n'était que nominal et qu'avec l'arrivée du duc d'Albe, il n'y avait plus d'espoir de trouver une solution non violente pour les conflits. L'eau forte illustre le pouvoir exceptionnel de décision et d'action de Marguerite de Parme dans une situation extrêmement tendue. Le moment plutôt inhabituel de son départ en plein hiver montre juste à quel point la mobilité des princesses était marquée par les conditions politiques et diplomatiques.

Julia GEBKE
Académie autrichienne des sciences
Vienne

Pour en savoir plus

Charlie R. STEEN, *Margaret of Parma. A Life*, Leiden/Boston, Brill, 2013.

Hugo de SCHEPPER, « Le voyage difficile de Marguerite de Parme en Franche-Comté et en Flandre 1580-1583 », dans Silvia Mantini (éd.), *Margherita d'Austria (1522-1586). Costruzioni politiche e diplomazia, tra corte Farnese e Monarchia spagnola*, Rome, Bulzoni, 2003, p. 127-140.

Correspondance de Marguerite d'Autriche, duchesse de Parme, avec Philippe II, publiée par le Baron de Reiffenberg, Bruxelles, Delevingne et Callewaert, 1842 [en ligne].

10. Itinéraire d'une peintresse baroque : Artemisia Gentileschi

(Italie-Angleterre, XVIIe siècle)

Artemisia Gentileschi, *Autoportrait en allégorie de la peinture*, Cumberland Art Gallery, Palais de Hampton Court, v. 1638-1639.

Artemisia Gentileschi (1593-1653) a probablement peint à Windsor entre 1638 et 1639 cet autoportrait « en allégorie de la peinture », acheté ensuite par le roi Charles Ier. La *maestra* a quitté l'Italie en 1638 pour rejoindre son père, Orazio, devenu peintre officiel de la cour d'Angleterre en 1626, et l'aider à finir le plafond de la *Maison des Délices* dans le palais de la Reine à Greenwich. Après la mort de son père en 1639, elle reste en Angleterre jusqu'en 1641, date à laquelle elle fuit, comme toute la Cour, devant les partisans de Cromwell et s'installe à Naples. Même si les conditions de production et la destination de la toile sont controversées, *La Pittura* n'en demeure pas moins une œuvre exceptionnelle, premier autoportrait féminin en allégorie de la peinture.

Affirmer un statut d'artiste

Le tableau est centré sur le geste artistique d'Artemisia Gentileschi : elle tient une palette dans sa main gauche et un pinceau dans la droite, l'épaule légèrement pivotée à droite et le bras tendu vers la toile, dessinant ainsi deux diagonales qui mettent en relief le visage concentré de l'artiste et son corps, vêtu d'une robe verte moirée couverte d'un tablier brun, en pleine action. Cette représentation se réfère en partie au standard de l'époque imposé par *L'Iconologie* de Cesare Ripa, qui personnifie la Peinture (*La Pittura*) en une belle femme brune, la bouche couverte par un bandeau, portant une chaîne d'or et un masque en pendentif autour du cou.

Le tableau d'Artemisia Gentileschi suppose un grand savoir-faire technique, car l'artiste a dû installer deux miroirs pour se voir et se peindre ; sa maturité professionnelle est également perceptible à travers la maîtrise des couleurs, des ombres et de la perspective. À travers cette toile, la peintresse rend hommage aux artistes, personnages essentiels de la société européenne du XVIIe siècle, tout en affirmant son propre statut d'artiste femme renommée.

Une grande artiste baroque

Formée à Rome par son père dans l'atelier familial, influencée par le Caravage et l'école de Bologne, la production artistique d'Artemisia Gentileschi peut être rattachée au courant maniériste. Cependant, l'artiste développe un style très personnel, marqué par l'étendue de sa gamme chromatique (on parle de « jaune Artemisia »), un usage poussé du clair-obscur et une grande intensité dramatique où certains voient l'influence d'un viol subi en 1610 de la part de son précepteur. Elle manifeste aussi, à travers la représentation de certains personnages féminins dans lesquelles elle se projette – même s'ils ne caractérisent pas l'ensemble de son œuvre –, une capacité à subvertir les normes de genre, ce qui la distingue de ses contemporains. De Florence à Rome, de Venise à Naples puis à Londres, étapes connues de sa carrière artistique, elle vit de son art sous des patronages prestigieux, comme ceux des Médicis ou des Borgia. Installée à Naples en 1630 sous la protection du vice-roi, elle accède à la peinture d'église et prend en charge de grands chantiers. Elle est également reconnue par ses pairs : elle intègre l'académie du dessin de Florence en 1616 ; Jérôme David grave son portrait en 1628, tandis que Pierre Dumoustier Le Neveu dessine au fusain sa main tenant un pinceau en 1625.

À la tête d'un atelier

Comme tous les artistes masculins de son époque, Artemisia Gentileschi dirige un atelier où travaillent ses collaborateurs et apprentis. Séparée de son mari, le peintre Pierantonio Stiattesi, en 1621, elle se déclare, trois ans plus tard, cheffe de maison à Rome, libre de toute tutelle, et subvient seule, mais difficilement, à l'entretien de sa famille et aux dots de ses filles. Sa correspondance témoigne de son niveau d'éducation (bien qu'elle ait tardivement appris à écrire) et de son intégration aux réseaux politiques et intellectuels de son temps : elle est amie de Galilée, de Michelangelo Buonarroti le Jeune et du musicien anglais Nicholas Lanier.

Ses lettres révèlent par ailleurs les contraintes matérielles et financières qui pèsent sur les artistes : prix des toiles et des pigments, coût des modèles – en particulier des nus – expliquent la recherche permanente de mécènes. Ces difficultés justifient l'utilisation fréquente par cette artiste de sa propre image pour incarner des personnages féminins, choix qui lui permet aussi de répondre à la demande explicite de commanditaires internationaux impressionnés par sa réputation et son statut inhabituel d'artiste femme.

Cécile Beghin
ICT-Université Paris Cité

Pour en savoir plus

Keith Christiansen et Judith W. Mann, *Orazio and Artemisia Gentileschi*, catalogue de l'exposition « Orazio et Artemisia Gentileschi : père et fille peintres dans l'Italie Baroque », Museo del Palazzo di Venezia, Rome, octobre 2001-février 2002, New York, The Metropolitan Museum of Art, 2001.

Mary D. Garrard, *Artemisia Gentileschi. The Image of the Female Hero in Italian Baroque Art*, Princeton, Princeton University Press, 1989.

Linda Nochlin, « Why Have There Been no Great Woman Artist ? », *ARTnews*, 1971, vol. 69, n° 9.

Griselda Pollock, *Differencing the Canon. Feminist Desire and the Writing of Art's Histories*, Londres, Routledge, 1999.

11. Reconstruire sa vie : le récit de Susanne de Robillard

(Provinces-Unies, XVIIe siècle)

Ma mère ne séjourna que trois mois, après son arrivée à Exeter, quoiqu'elle eût dessein de s'y établir avec sa famille, le pays y étant beau et bon ; mais lors régnait Jacques II qui commençait à ôter aux protestants leurs privilèges, ce qui faisait craindre une persécution, d'autant plus que le roi ne paraissait plus zélé pour la religion qu'il faisait encore mine de professer. [...] Sur toutes ces apparences bien fondées, ma mère jugea à propos pour plus grande sûreté de passer en Hollande, avec toute sa famille. [...] Nous débarquâmes à Rotterdam, ville sur la Meuse en Hollande, où nous ne séjournâmes point. Nous vînmes à Leyde, où nous demeurâmes seulement six mois, parce que notre mère trouva être trop éloignée de La Haye, où elle avait besoin d'être souvent pour y faire des connaissances et amis, et par là de trouver des moyens à établir ses fils ; ce qui réussit, puisque quelques mois après, Mademoiselle de Venours, qui était à la société de Harlem, lui procura une place de page chez le prince d'Anhalt-Dessau, où ma mère envoya mon frère Auguste, son second fils, âgé de dix ans et demi, qui partit à la fin de l'hiver en 1688. Au mois de mai suivant, nous vînmes demeurer à Voorbourg, lieu charmant à trois quarts d'heure de La Haye, pour être plus à portée d'y aller ; aussi faisions-nous souvent ce chemin à pied. Dans ce lieu de Voorbourg, nous trouvâmes nombre des réfugiés de notre nation et connaissances, qui comme nous y étaient venus demeurer par économie, y faisant meilleur marché vivre que dans les grandes villes. Notre cher père, à qui Dieu fit la grâce de sortir de France, vint nous y trouver avec un de ses laquais au mois de juillet de la susdite année. On peut facilement juger quelle joie fut celle de ma mère et de leurs enfants ; elle ne se peut exprimer par des paroles, ainsi ne l'entreprendrais-je pas de la dépeindre ici. Nos cris, larmes et embrassades de part et d'autre émurent et touchèrent extrêmement tous les assistants. Nous eûmes la satisfaction de rester quelques mois en famille tous ensemble jusqu'au départ du prince d'Orange pour l'Angleterre, accompagné d'une nombreuse flotte et de beaucoup de troupes de cet État. Quatre régiments furent formés de Français réfugiés : mon cher père fut fait capitaine de cavalerie. [...] Mon cher père ne servit point longtemps. Peu de temps après être passé en Irlande avec les troupes, il y tomba malade et en mourut, coup de foudre qui accabla ma mère et toute sa famille de douleur. Dieu par sa grâce prit soin de nous tous.

Récit de Susanne DE ROBILLARD publié dans le *Bulletin de la Société de l'histoire du protestantisme français*, n° 17, 1868, p. 486-495.

Des persécutions à l'exil

La révocation de l'édit de Nantes (18 octobre 1685) et les persécutions – connues sous le nom de « dragonnades » – qui l'ont précédée jettent sur les routes entre cent cinquante mille et deux cent mille protestants français. Ces réfugiés trouvent asile dans plusieurs pays limitrophes, connus sous le vocable d'« Europe du refuge ». Ils errent souvent plusieurs mois, voire plusieurs années, avant de s'installer, qui en Angleterre, qui dans le Saint-Empire romain germanique, qui dans les Provinces-Unies. Les plus aventureux tentent leur chance dans les colonies anglaises d'Amérique du Nord, voire en Afrique du Sud.

Plusieurs exilés ont rédigé leurs mémoires, et parmi eux quelques femmes, issues des milieux les plus éduqués. Ces manuscrits sont, à priori, destinés à leur famille et parfois adressés à un cercle plus large d'amis et de protecteurs exilés qu'elles ont reconstitué sur place. Ces narrations singulières répondent à une structure répétitive qui s'ouvre par le récit des persécutions, le passage des frontières, l'arrivée dans le pays d'accueil et l'errance à la recherche d'une nouvelle vie. Cette trame récurrente tient au fait que les fugitifs, qui souvent avaient dû abjurer dans le royaume de France, sont sommés de « faire reconnaissance » devant les communautés d'accueil : ils doivent raconter les raisons de leur fuite et les épreuves traversées pour pouvoir être réintégrés à la communauté et accéder, sinon aux ressources de la charité, du moins à une première assistance pour continuer leur voyage.

Trouver sa place

Ainsi, Susanne de Robillard, fille d'un couple de nobles protestants de Saintonge, les Robillard de Champagné, raconte – comme sa mère Marie de La Rochefoucauld le fait dès janvier 1690 – qu'âgée de vingt ans elle est sommée de partir seule avec ses jeunes frères et sœurs. Pour éviter les soupçons, les familles préfèrent en effet quitter la France en ordre dispersé. Les six enfants partent en avril 1687 et ne sont rejoints qu'en juin par leur mère et leur frère aîné. Le père, Josias, ne les retrouve qu'onze mois plus tard, en Hollande. La date de la rédaction est incertaine, Susanne a pu écrire jeune adulte autour des années 1690 ou, plus tard, vers 1722, au moment du partage de l'héritage familial.

Le récit de Susanne a ceci de spécifique qu'elle est rompue à l'art de la narration, faisant de sa fuite un roman d'aventure haletant. C'est aussi une jeune fille seule se trouvant dans une situation de double vulnérabilité : obligée de masquer son identité confessionnelle, elle est dépourvue de tuteur masculin pendant le voyage. Elle doit ainsi redoubler d'ingéniosité pour déjouer les obstacles et mener ses frères et sœurs d'abord à Exeter, où elle arrive par bateau après une fuite nocturne du port de La Rochelle. Bien que, dès 1681,

Charles II d'Angleterre ait accordé un édit de sept ans de « denization », c'est-à-dire d'octroi des droits partiels de citoyenneté aux réformés français, l'avènement de Jacques II, roi de confession catholique, jette une incertitude sur leur possibilité de rester. Pour cette raison, sa mère choisit les Provinces-Unies, devenues depuis le XVIe et surtout le XVIIe siècle, la « grande arche des fugitifs ».

Privées de leurs biens, de leurs appartenances locales, de leurs anciens réseaux d'amitié et de clientèle, mais pas de leurs titres de noblesse, Susanne et surtout sa mère travaillent en premier chef à reconstituer des liens d'affiliation et de protection. C'est pourquoi, à l'intérieur des frontières de la Hollande, Marie, la mère, déménage souvent en fonction des opportunités, notamment pour y « établir son fils » et son mari. Elle se lance avec ardeur dans la réactivation des liens de sociabilité et de protection, surtout auprès des groupes de réfugiés français, relations indispensables à la survie économique et sociale de sa famille. Le père de Susanne s'enrôle ainsi dans l'armée hollandaise de Guillaume d'Orange qui a ouvert ses rangs à plusieurs centaines d'officiers français, puis, à sa mort, c'est son fils qui rejoint ce régiment durant l'été 1690. Les autres enfants se disperseront plus tard dans l'Europe du Refuge. Dans le cas de cette famille, la mémoire de l'exil et de la dispersion a donc été assurée et transmise par les femmes.

Naïma GHERMANI
Université de Grenoble Alpes
LUHCIE-ICM

Pour en savoir plus

Didier BOISSON, « Le voyage interdit. Les conditions de voyage des huguenots vers le Refuge », *Annales de Bretagne et des pays de l'Ouest. Heurs et malheurs des voyages (XVIe-XVIIIe siècle)*, vol. 121, n° 3, 2014, p. 119-130.

Carolyn CHAPPEL LOUGÉE, *Facing the Revocation: Huguenot Families, Faith, and the King's Will*, Oxford, Oxford University Press, 2017.

Naïma GHERMANI, *Le droit des exilés. Généalogie du droit d'asile au XVIIe siècle*, Paris, Presses universitaires de France, 2023.

Yves KRUMENACKER, « La circulation des huguenots sur les routes du Refuge », *Revue d'histoire de l'Église de France*, n° 98 (241), 2012, p. 311-327.

12. Des contrebandières du sel dans les Alpes

(France, XVIIIe siècle)

L'an mille sept cent quarante et le douzième jour du mois de juin sur les deux heures après midi au lieu de la Madeleine [...], nous soussignés Pierre Rosset de Grenoble, Pierre Alphonse du Monêtier et Louis Telmon de Briançon, brigadier et gardes au poste de la Madeleine, ayant tous serment en justice par devant Messieurs les juges des traites et gabelles au dit Briançon, certifions à tous ceux qu'il appartiendra que nous étant postés entre la Madeleine et les montagnes de Lautaret et du Galibier pour vérifier ce qui venait de la foire de Briançon qui était hier et avant-hier, il serait venu à notre poste à l'heure ci-dessus trois femmes allant l'une après l'autre portant chacune un sac avec quelque chose dedans les dits sacs. Et lorsqu'elles ont été auprès de nous, en ayant voulu faire la vérification, nous avons trouvé que c'était du sel roux du même que celui qui se débite au grenier de Briançon, nous avons à l'instant demandé aux dites trois femmes où elles avaient pris le dit sel et où elles le portaient, d'où elles étaient et comment elles s'appelaient. Elles nous ont répondu qu'elles l'avaient acheté dans le Briançonnais sans nous avoir voulu déclarer l'endroit, qu'elles le portaient chez elles au village des Hières communauté de La Grave dans le mandement d'Oisans pour leur usage, et qu'elles s'appelaient Marguerite Sionnet fille de feu Pierre Sionnet, Madeleine Jacot veuve de Vincent Liautaud et Marie Jacot femme de Jean-Baptiste Rancou, toutes les trois du susdit lieu des Hières. Nous, voyant la contrebande manifeste des susdites Marguerite Sionnet, Madeleine et Marie Jacot de sortir le sel privilégié du Briançonnais pour le porter dans le mandement d'Oisans non privilégié, nous leur avons déclaré de par le Roi que nous saisissions comme en effet nous avons saisi leur dit sel en trois sacs, et les ayant menées à la Madeleine dans la maison du frère Joseph nous avons pesé le dit sel en présence des dites prévenues et il s'est trouvé vingt livres brut dans chaque sac faisant le tout soixante livres de sel [...], avons aussi arrêté par corps les d[ites] Marguerite Sionnet, Madeleine et Marie Jacot pour être traduites dans les prisons royales de la ville de Briançon, afin d'être le tout détenu jusqu'à ce qu'autrement par justice soit ordonné. Interpellées de signer avec nous les d[ites] Marguerite Sionnet, Madeleine et Marie Jacot ont dit ne savoir [...].

Archives départementales des Hautes-Alpes, B 332, bailliage de Briançon, *Traites et gabelles*, Faux-saunage, 12 juin 1740 (modernisé par Anne Montenach).

Sel, privilège et contrebande

Ce document fait partie d'un ensemble de procès-verbaux conservés dans les archives du grenier à sel de Briançon qui, au XVIIIe siècle, fait office à la fois de magasin d'approvisionnement et de tribunal chargé de juger les faux-sauniers ou contrebandiers du sel. Situées à la frontière avec le royaume de Piémont-Sardaigne, les vallées du Haut-Dauphiné sont des régions d'élevage et de transhumance, où le sel constitue une denrée essentielle aux hommes comme aux bêtes. Parce qu'ils ont souffert de la guerre de Succession d'Espagne (1702-1714), le Briançonnais et le Queyras, situés au sein des « pays de petite gabelle » (où la consommation de sel est lourdement taxée), bénéficient depuis 1715 d'un tarif privilégié sur ce précieux produit. Ce privilège est régulièrement renouvelé, tout au long du XVIIIe siècle, grâce au lobbying coûteux qu'exercent, à Versailles, les représentants de ces communautés. Il alimente une importante contrebande entre les vallées privilégiées et leurs voisines. Sur le terrain, des brigades comme celle de la Madeleine, dont il est question ici, sont chargées de surveiller les principaux cols et passages empruntés par les faux-sauniers et, quand ils parviennent à les arrêter, de dresser des procès-verbaux de saisie.

Femmes et économie illicite

Près d'un tiers des procédures relatives au faux-saunage impliquent une ou plusieurs femmes, ce qui rejoint le constat dressé pour d'autres régions comme la Franche-Comté ou l'ouest du royaume : le sel est un produit relativement bon marché dans les zones privilégiées, ce qui permet à des individus disposant d'un modeste capital de départ d'entrer assez facilement dans ce type de trafic. Les trois femmes arrêtées ici sont originaires du hameau des Hières, situé au pied du col du Lautaret qui marque la frontière entre le Briançonnais et la vallée de l'Oisans, non privilégiée. Elles sont accusées d'avoir profité de leur déplacement à la foire de Briançon pour y acheter du sel privilégié, ce qui leur est formellement interdit, et ce dans des quantités (soixante livres, soit près de trente kilogrammes) qui, contrairement à ce qu'elles prétendent, dépassent la simple consommation individuelle ou familiale. Le juge des gabelles soupçonne une intention de revendre le sel en Oisans.

Stratégies pluriactives

Cette affaire est intéressante à plus d'un titre. Dans les hautes vallées alpines, marquées par d'importants flux migratoires et par l'absence saisonnière des hommes qui pratiquent le colportage, s'enrôlent comme soldats ou exercent dans les plaines toutes sortes de petits métiers, les femmes restées sur place jouissent, au moins en apparence, d'une autonomie accrue tout en devant assurer au quotidien la subsistance de leur famille. Le faux-saunage relève dans ce contexte d'une pluriactivité familiale qui combine, selon les opportunités, activités légales (agriculture, élevage, artisanat, petit commerce) et illégales. Dans le cas de femmes seules, célibataires ou veuves, comme le sont ici deux des trois protagonistes arrêtées, la contrebande fait partie intégrante de l'économie d'expédients et des stratégies de survie auxquelles ont recours, partout en Europe, les femmes du peuple.

L'affaire témoigne aussi de capacités entrepreneuriales qui passent, dans le cas présent, par la mise en commun par ces trois femmes de leurs ressources afin de se créer un capital de départ, même modeste, leur permettant d'acheter du sel pour le revendre et, par-là, de s'insérer dans le marché. Si le profit espéré paraît relativement dérisoire face au risque qu'elles encourent d'être emprisonnées et condamnées à une lourde amende, il représente en même temps, pour une course de quelques heures seulement dans une montagne qu'elles connaissent parfaitement, l'équivalent de plusieurs journées de travail à filer la laine ou le chanvre.

Anne Montenach
Aix-Marseille Université
TELEMMe (UMR 7303)

Pour en savoir plus

Laurence Fontaine, *Pouvoir, identités et migrations dans les hautes vallées des Alpes occidentales (XVIIe-XVIIIe siècles)*, Grenoble, Presses universitaires de Grenoble, 2003.

Luigi Lorenzetti et Nelly Valsangiacomo (dir.), *Donne e lavoro. Prospettive per una storia delle montagne europee XVIII-XX secc.*, Milan, Franco Angeli, 2010.

Raul Merzario, « Donne sole nelle valli e nelle montagne », dans Angela Groppi (dir.), *Il lavoro delle donne*, Bari, Laterza, 1996, p. 229-246.

Anne Montenach, *Femmes, pouvoirs et contrebande dans les Alpes au XVIIIe siècle*, Grenoble, Presses universitaires de Grenoble, 2017.

CHAPITRE 4

Du patrimoine au matrimoine : la richesse des femmes

Du patrimoine au matrimoine : la richesse des femmes

Dans toutes les sociétés occidentales, deux temps forts dans la vie des femmes sont essentiels pour accéder à des biens : leur mariage et la mort de leurs proches. Alors que dans les sociétés sans écriture, les échanges réalisés par les familles lors du mariage demeurent obscurs, un cadre légal concernant les prestations matrimoniales est progressivement codifié dans le droit et dans les coutumes urbaines, permettant le développement de multiples pratiques qui évoluent entre le début de l'Antiquité et la fin de l'époque moderne.

Les anthropologues et les historiens opposent deux systèmes d'alliance et de transmission des biens. La dotalité directe du père, qui se déploie dans l'aire méditerranéenne durant l'Antiquité tant dans le monde grec que dans le monde romain, puis dans l'Europe du Sud à partir du XIIe siècle, amène le père à donner à sa fille une part d'héritage sous forme d'une dot immobilière ou mobilière qu'elle devra transmettre à sa mort à ses héritiers. La dotalité indirecte au contraire repose sur un transfert de biens de la fortune du mari à la famille de son épouse (prix de la mariée) ou directement à elle (*Morgengabe*, donation pour noces, augment, douaire), lesquels devront être transmis à sa mort aux héritiers du couple. Ce dernier système se retrouve notamment dans l'espace gallo-romain puis dans les pays de culture germanique jusqu'au XIe siècle où il concerne de nombreux peuples, des Lombards, aux Wisigoths, des Celtes aux Saxons. Les deux systèmes cohabitent, se complètent et perdurent ensemble en Europe jusqu'au XVIIIe siècle, sans que pour autant ne disparaissent des particularismes locaux reposant sur des visions contradictoires du groupe familial et de son patrimoine.

Ces dots peuvent-elles être considérées comme des formes de richesse féminine ? Bien que les systèmes de parenté soient majoritairement bilatéraux et permettent souvent aux filles d'hériter de leurs deux parents, la terre constitue l'essentiel de la richesse des familles et l'on considère comme prioritaire de ne pas la morceler. Ainsi les filles dotées sont souvent exclues de la succession parentale et dans tous les cas, leur part demeure bien inférieure à celle des héritiers masculins et comprend peu de biens immobiliers. Cependant, les aléas démographiques des périodes étudiées sont tels que peu d'enfants parviennent à l'âge adulte. Il arrive donc souvent qu'il n'y ait pas de garçon pour recueillir le patrimoine familial et qu'une fille dotée deviennent finalement l'héritière. Par ailleurs, lorsque les épouses ont reçu une dot indirecte au moment du mariage et que cette part de leur patrimoine conjugal est gérée avec leur mari, elles ont le devoir de transmettre cette richesse à leurs héritiers. On voit donc dans ces deux cas de figure que les femmes sont considérées comme des vecteurs de transmission du patrimoine des deux lignées et que les dots, directes ou indirectes, constituent de réels transferts d'une richesse multiforme. Enfin il arrive aussi dans certains espaces septentrionaux que, dans une perspective égalitaire, les familles assurent aux filles des transferts de biens équivalents à ceux des garçons.

Dernier élément d'une richesse féminine, les femmes peuvent détenir des biens propres, dont elles ont hérité en marge de la dot ou qu'elles ont gagnés par leur travail ou leurs investissements. Ainsi, bien que l'exclusion patrimoniale des filles soit un phénomène majoritaire en Europe, les sources révèlent des réalités plus contrastées et l'existence de véritables matrimoines, de nature et d'ampleur variables, qui irriguent les économies locales.

Droits et coutumes s'efforcent aussi d'encadrer la capacité des femmes à gérer leur richesse. En effet, cette capacité est souvent réduite et l'époux est volontiers désigné pour gérer la dot, dont le couple peut disposer conjointement, sans l'aliéner. Il est aussi usuel que le mari ne laisse pas son épouse gérer seule ses biens propres et s'en attribue l'usufruit, alors même qu'il ne possède sur eux aucun droit. Cependant, au-delà du cadre juridique posé à la possession, à la gestion et à la circulation de ces biens, on observe l'existence de certaines marges de manœuvre dans les pratiques, permettant aux femmes d'intervenir directement sur leur matrimoine. Si le veuvage permet aux survivantes de jouir de leurs biens, douaire, usufruit ou legs, avec une plus grande liberté de gestion, il représente aussi un gros risque d'appauvrissement. Les veuves y font parfois face en se remariant, mais aussi en s'appuyant sur les solidarités familiales, en travaillant ou en prenant la suite des affaires de leur époux, autant d'activités dans lesquelles le contrôle des fils peut éventuellement prendre le relais de celui du père.

Au moment de leur mort, de quelle liberté les femmes disposent-elles vis-à-vis de ce matrimoine ? Droits et coutumes veulent encadrer les successions féminines, mais la pratique du testament leur concède une liberté plus large. Une fois restitués les dots et les douaires, les testatrices peuvent dans certaines cultures choisir leurs héritiers (parmi lesquels leur mari occupe une place de choix), doter leurs filles, répartir entre leurs parents masculins et féminins leurs immeubles, mais également leurs robes ou leurs bijoux. Enfin la part des héritages affectée aux legs pieux montre l'importance qu'elles accordent à cette économie du Salut. Sans remettre en cause la difficulté rencontrée par les femmes pour accumuler et gérer des biens dans les sociétés patriarcales, les sources documentaires confirment que la richesse des femmes a constitué un élément essentiel des économies européennes antiques, médiévales et modernes.

Cécile Beghin

1. Parure féminine et statut social

(Picardie, Néolithique)

Sépulture féminine du Néolithique ancien découverte à Cys-la-Commune (Aisne).

Des parures féminines de grand apparat

Au Néolithique rubané (culture comprise entre 5500 et 4900 av. J.-C., présente de l'Europe centrale au Bassin parisien), une partie des morts, masculins mais surtout féminins, est enterrée avec des parures (bracelets, colliers, plastrons, appliques, etc.) et des broderies de perles probablement fixées sur leurs vêtements. Les perles ou bracelets en spondyle méditerranéen y sont partout présents ; ce coquillage pourrait symboliser le patrimoine balkanique dont le Rubané est issu.

C'est en Alsace et dans le Bassin parisien que l'on trouve les individus les mieux parés, à tel point que l'on peut parler de grand apparat pour quelques femmes. D'après les reconstitutions de Sandrine Bonnardin à Bucy-le-Long (Aisne), l'une d'elles porte sur le front des perles ovalaires en coquillages et quatre-vingt-deux canines de cerf, probablement fixées sur une coiffe. Un collier orne son cou, et sur le haut de son buste sont fixées deux perles tubulaires encadrées d'une série de dentales (coquillages). À proximité de sa main droite, une pièce brodée de dentales a été déposée. La femme que nous voyons sur la figure ci-dessus porte diverses parures : bracelets en pierre aux deux bras, colliers de perles en calcaire, fermoirs en valves de spondyles à la taille.

Ces femmes bien parées se distinguent des hommes et du reste des femmes par la diversité et l'abondance de leurs ornements. Ceux-ci sont massifs, en particulier les plastrons et certains colliers, et sont à l'évidence faites pour être vus. De surcroît, la plupart des coquillages étaient à l'origine colorés : spondyles roses à rouges, pourpres blanches à brunes, à rainures rouges, grises, noires, bigorneaux jaunes, « grains de café » beiges, blancs, rosés, etc. Enfin, certaines parures sont composées de matériaux rares, comme les canines de cerf. En plus des spondyles de Méditerranée, une partie de ces perles est d'origine lointaine : « grains de café », pourpres et bigorneaux jaunes proviennent de la façade atlantique.

Un matrimoine qui distingue une élite

La parure est ici un élément de différenciation au sein du groupe féminin. De tous temps, le costume, le vêtement et son ornement sont codifiés et ont valeur de signe ou de symbole. Ainsi, le port de vêtements richement ornés, avec des perles rares ou d'origine lointaine, signifie que, dans le Rubané, certaines femmes, remarquables pour une raison ou une autre, devaient être vêtues de cette façon. Mais ces vêtements expriment-ils la richesse ou le patrimoine de leurs propriétaires et de leur famille ou un simple statut social ?

Si ces objets consistaient en des biens à échanger contre des services ou d'autres biens, ils n'auraient peut-être pas été déposés dans les tombes où ils sont retirés à tout jamais du commerce des vivants et perdent ainsi leur valeur. Toutefois, des études montrent que certaines de ces parures sont très usées ou ont subi des réparations, ce qui peut indiquer leur transmission sur plusieurs générations. Il pourrait alors s'agir d'un patrimoine, peut-être transmis par les femmes, l'étalage de richesses dans la vie et dans la mort visant à marquer un statut social élevé. En Alsace et dans le Bassin parisien, les femmes en apparat pourraient être les représentantes d'un groupe social reconnaissable par le port de nombreux ornements, d'autant plus que, bien que beaucoup moins bien parés, quelques hommes se distinguent également sur ce plan. L'obtention d'un coquillage d'origine lointaine ou d'une tenue richement ornée pour une femme aurait contribué à l'émergence d'une élite identifiée par ces possessions.

Anne Augereau,
INRAP (UMR TempS)

Pour en savoir plus

Roland Barthes, « Histoire et sociologie du vêtement. Quelques observations méthodologiques », *Annales. Economies, Sociétés, Civilisations*, vol. 12, n° 3, 1957, p. 430-441.

Sandrine Bonnardin, *La parure funéraire au Néolithique ancien dans les Bassins parisien et rhénan. Rubané, Hinkelstein et Villeneuve-Saint-Germain*, Paris, Mémoire de la Société Préhistorique Française, 2009.

Sandrine Bonnardin, Parures de coquillages du Néolithique en Europe (VIe-Ve millénaires av. J.-C.), *Techniques & Culture*, n° 59, 2012, p. 26-43.

Alain Testard, « Deux politiques funéraires. Dépôt ou distribution », dans Luc Baray (dir.), *Archéologie des pratiques funéraires. Approches critiques*, Bibracte, n° 9, 2004, p. 303-316.

2. L'épiclère athénienne : une « héritière » convoitée

(Grèce, IVe siècle av. J.-C.)

Les actions publiques et privées qui échoient à l'Archonte et qu'il instruit avant de les introduire devant le tribunal, sont les suivantes : mauvais traitements (tout citoyen qui veut poursuivre le fait sans risque d'amende) ; mauvais traitements envers les orphelins (ces actions sont menées contre le tuteur) ; mauvais traitements envers une épiclère (ces actions sont menées contre le tuteur et le conjoint) ; mauvaise gestion du patrimoine d'un orphelin (là aussi, action contre le tuteur) ; démence, lorsque quelqu'un est accusé de dissiper ses biens par démence ; désignation de répartiteurs, si quelqu'un s'oppose à la gestion en indivis ; établissement d'une tutelle ; attribution d'une tutelle ; exhibition des biens ; demande d'inscription comme tuteur ; attribution d'un *klèros* ou d'une épiclère. Il s'occupe aussi des orphelins, des épiclères, et des femmes qui se déclarent enceintes, à la mort de leur mari. Il a tout pouvoir pour mettre à l'amende ou poursuivre devant les tribunaux ceux qui leur ont fait tort. Il afferme les biens immobiliers des orphelins, des épiclères jusqu'à leur quinzième année, et reçoit les garanties des locataires. Et si les tuteurs ne donnent pas aux enfants de quoi se nourrir, l'Archonte les y contraint.

Aristote, *Constitution d'Athènes*, LVI, 6-7
(traduit du grec ancien par Jean-Baptiste Bonnard).

Lis encore cette loi d'après laquelle toutes les épiclères, étrangères ou Athéniennes, doivent être revendiquées par voie judiciaire, l'Archonte étant compétent et responsable pour les citoyens et le Polémarque pour les métèques, et par laquelle il est interdit de posséder un héritage ou une épiclère qui n'a pas été attribué en justice.

LOI : *L'Archonte tirera au sort les demandes d'envoi en possession d'héritage ou de fille épiclère, chaque mois, excepté celui de Skirophorion. Une succession ne peut être possédée qui n'ait été attribuée judiciairement.*

Pseudo-Démosthène, XLVI, *Contre Stéphanos, II*, 22
(traduit du grec ancien par Jean-Baptiste Bonnard).

Épiclères et transmission du patrimoine

Dans l'Athènes classique comme dans une grande partie du monde grec, le patrimoine (*klèros*) est principalement transmis de père en fils – le fils héritier est appelé *klèronomos*. En compensation, les filles sont dotées par leur père. La dot ne représente toutefois pas l'équivalent de la part dont hérite un fils, mais plutôt la moitié. Quand il n'y a pas de fils (ou de descendance masculine d'un fils) pour hériter du patrimoine, celui-ci doit circuler par la médiation des filles, s'il y en a. On appelle ce genre de filles des épiclères (*épiklèros* de *epi* = « sur » et *klèros* = « héritage »), terme que l'on traduit couramment, de façon assez trompeuse, par l'expression « fille héritière ». La fille épiclère doit en effet être épousée par son plus proche agnat (son plus proche parent descendant d'une même souche masculine) afin de procréer un ou des fils qui hériteront dudit patrimoine et succèderont au père de l'épiclère. S'il y a plusieurs filles, toutes sont épiclères et transmettent une part égale du patrimoine. Ce cas particulier est assez bien documenté pour la cité d'Athènes par un traité aristotélicien (premier extrait ci-dessus), l'*Athénaiôn Politeia*, daté de 325 av. J.-C. environ, qui explique le rôle que joue l'archonte éponyme, l'un des principaux magistrats de la cité, dans le contrôle de cette transmission. Par ailleurs, le corpus des orateurs attiques (IVe siècle av. J.-C.) donne à voir le fonctionnement de l'épiclérat dans la pratique. Le second texte ici retenu est extrait d'un plaidoyer attribué faussement à Démosthène dans lequel le plaideur cite la législation relative à l'épiclère.

Une règle successorale impossible à contester

Ces documents nous montrent d'abord que la transmission du patrimoine par le mariage de la fille épiclère nécessite une procédure judiciaire ouverte par le plus proche parent selon la loi strictement encadrée par la cité et placée sous l'autorité de magistrats, l'archonte éponyme ou polémarque, selon que le défunt était citoyen ou métèque. Il est remarquable que la loi sur la dévolution de l'épiclère fasse explicitement le parallèle avec la procédure courante relative à l'héritage. L'attribution d'une épiclère doit, en effet, suivre exactement la même procédure que celle d'un héritage, ce qui se comprend puisque l'épiclère accompagne le patrimoine du défunt et ne peut, en théorie, en être dissociée. L'Archonte examine les droits du requérant en appliquant sensiblement les mêmes règles que pour une succession. L'ordre d'attribution d'une épiclère n'est jamais précisé par nos sources, et les historiens qui ont travaillé sur la question ont proposé plusieurs classements, mais tous s'accordent à reconnaître que l'époux de l'épiclère est choisi dans la parenté. Quel que soit le détail de l'ordre de dévolution de la fille épiclère, il est certain que cela pouvait donner matière à contestation. En effet, après le mariage de l'épiclère, celle-ci peut toujours être réclamée par un autre parent qui, s'il parvient à démontrer la supériorité de ses droits sur ceux de l'époux de l'épiclère, pourra obtenir la dissolution du mariage de l'épiclère afin qu'elle lui soit attribuée. Tout comme dans le cas de la dot, l'époux de l'épiclère gère le patrimoine attaché à son épouse durant la minorité de leur(s) fils.

La prévalence de l'épiclérat à Athènes fait débat : d'après ce que l'on sait de la démographie antique, on peut poser l'hypothèse d'un taux de 20 % de familles n'ayant que des filles, ce qui ne signifie pas pour autant qu'il y ait eu une telle proportion d'épiclères compte tenu de la faculté, largement attestée, qu'avait un père d'adopter un fils.

Assurer la continuité de l'*oikos* et éviter la discorde

L'épiclérat a bien pour finalité explicite d'assurer la continuité de l'*oikos* (l'unité familiale) du défunt imprévoyant ou malchanceux par l'intermédiaire de sa fille. Le mariage avec le parent le plus proche ne suffit donc pas. L'esprit de la loi, sinon la lettre – puisque Plutarque mentionne que l'époux est censé devoir « s'approcher de l'épiclère au moins trois fois par mois » –, exige que de ce mariage naisse un fils pour recueillir le patrimoine de son grand-père maternel, dont il est réputé être le fils adoptif posthume. À la majorité de ce fils, l'héritage du défunt est enfin remis à son légitime propriétaire.

Cette finalité principale de l'épiclérat n'est pas la seule. L'institution permet de résoudre des tensions apparues dans la filiation par un mariage redoublant des liens de consanguinité : l'union de l'épiclère avec l'héritier potentiel est la solution socialement la plus économique pour empêcher l'installation de la discorde, la *stasis*, au sein de la famille.

Jean-Baptiste BONNARD
Université de Caen-Normandie
AnHiMA (UMR 8210)

Pour en savoir plus

Jean-Baptiste BONNARD, Véronique DASEN et Jérôme WILGAUX, *Famille et société dans le monde grec et en Italie du* v*e siècle au* III*e siècle av. J.-C.*, Rennes, Presses universitaires de Rennes, 2017.

Evangélos KARABELIAS, *L'épiclérat attique*, Athènes, Académie d'Athènes, 2002.

Jérôme WILGAUX, « L'épiclérat athénien à l'époque classique », dans Philippe GUISARD et Christelle LAIZÉ (éd.), *La famille*, Paris, Ellipses, 2003, p. 299-314.

3. Les femmes et le microcrédit : Faustilla de Pompéi

(Empire romain, Ier siècle apr. J.-C.)

Le 15 de juillet (*idus*) ont été déposées auprès de Faustilla deux boucles d'oreille en gage contre deux deniers. Elle a déduit l'intérêt d'un as de bronze sur un total de 30 as.

Corpus Inscriptionum Latinaraum, IV, 8203
(traduit du latin par Deivid Valério Gaia).

Faustilla a reçu le 4 juillet (4 des nones de juillet) une grande veste avec capuchon et une autre petite pour la valeur de 50 sesterces, et a déduit les intérêts de 12,5 as de bronze.

Corpus Inscriptionum Latinarum, vol. IV, Pompéi,
maison de Granius Romanus
(traduit du latin par Deivid Valério Gaia).

Les femmes sont exclues de l'office de la banque, parce que c'est une activité d'hommes.

Digeste, Callistrate, 2, 13, 12
(traduit du latin par Deivid Valério Gaia).

À Rome, à la fin de la République et au début de l'Empire, les relations de crédit sont très intenses et les femmes y occupent une place de grande importance, en particulier dans les catégories sociales supérieures. Pompéi nous offre plusieurs exemples de l'insertion active des femmes dans le monde des affaires, des finances et du commerce. Les deux *graffiti* choisis, datés du Ier siècle apr. J.-C., nous informent des activités financières de Faustilla, une Romaine issue d'une des couches sociales les moins favorisées de Pompéi.

Deux opérations de crédit

Dans le premier *graffito*, nous apprenons qu'au 15 juillet ont été déposées auprès de Faustilla deux boucles d'oreilles en gage contre un prêt de deux deniers dont elle a déduit un intérêt d'un as de bronze (un denier d'argent valant autour de seize as). La créancière a donné la somme de trente as à la débitrice, percevant les intérêts au préalable, et elle et lui rendra son gage lorsque cette dernière la remboursera. La formulation est obscure et nous invite à nous interroger. Si l'on considère qu'à chaque denier prêté Faustilla a reçu un as d'intérêt, le taux d'intérêt serait de 6,25 à 6,33 % par mois, soit 76 % d'intérêt par an. Si au contraire on considère que la somme d'un as a été l'intérêt total de la dette, le taux serait plutôt de 3,16 % par mois, soit 38 % par an. La nature du gage nous incite à soupçonner le fait que l'emprunt est réalisé par une femme, mais rien ne le prouve.

Le second *graffito* nous informe qu'au 4 juillet, Faustilla a prêté cinquante sesterces et a déduit des intérêts de douze as et demis de bronze, avec comme gage une grande veste avec capuchon et une autre plus petite, des vêtements utilisés dans les couches les plus pauvres de la population romaine au Ier siècle av. J.-C. Le prêt est ici de cinquante sesterces, soit deux cents as – un sesterce valant quatre as. Faustilla ayant reçu douze as et demis de bronze à titre d'intérêt, on peut calculer un intérêt d'environ 6,33 % par mois, soit un taux comparable à celui du premier *graffito*, suivant un même schéma. Sachant que le taux plafond annuel des prêts classiques était de 12 %, on peut légitimement qualifier ces intérêts d'usuraires, mais ils sont assez communs dans des prêts à court terme. Nous sommes face à une véritable opération de crédit menée par une femme, avec des intérêts et des montants bien stipulés sous la forme d'un contrat de prêt improvisé, le tout garanti par un gage de valeur supérieur à l'emprunt.

Affaires d'argent ou femme d'affaires ?

Nous connaissons très peu de choses sur Faustilla, mais nous soupçonnons qu'elle appartenait aux couches sociales les moins aisées de la cité. On la retrouve dans d'autres *graffiti* en différents endroits de la ville de Pompéi, parfois distants de la maison de Granius Romanus, dans lesquels elle poursuit son activité de prêt.

Ces prêts à la petite semaine sont très courants dans les sociétés préindustrielles, où ils permettent de faire face aux difficultés transitoires. Les intérêts de ces prêts, suivant la logique du prêt en nature (*in natura*), étaient très élevés au regard de la somme empruntée en raison du caractère informel de la transaction et de l'absence de la garantie juridique assurée par un contrat de prêt en bonne et due forme, ce que n'est pas un *graffito*. Bien que les transactions de Faustilla aient été de véritables opérations de microcrédit, cette dernière n'était sans doute pas une professionnelle de la finance (*argentaria*). Toutefois un texte postérieur extrait du *Digeste,* interdisant aux femmes de mener des activités bancaires, corrobore l'idée que certaines femmes exerçaient une « activité d'hommes » (*opera virilis*). De fait on connaît des Romaines impliquées dans de multiples activités économiques et financières : des commerçantes (*negotiatrices*), des prêteuses d'argent professionnelles (*faeneratrices*), des propriétaires des grands bateaux de commerce maritime (*dominae navium*), telle Eumachia de Pompéi, dont les entreprises sont considérées comme les plus diversifiées et les plus riches menées par une femme au début de l'Empire romain. Les petits prêts de Faustilla, s'ils ont un faible impact économique, sont importants sur le plan social et culturel, car ils montrent la diversité et la vivacité des transactions financières dans toutes les catégories sociales, ainsi que la capacité des femmes, quel que soit leur milieu, à animer le microcrédit à l'échelle locale.

Deivid Valério Gaia
Université Fédérale de Rio de Janeiro
FAPERJ

Pour en savoir plus

Jean Andreau, *Les Affaires de Monsieur Jucundus,* Rome, École française de Rome, 1974.

Manuel J. Garcia Garrido, *El comercio, los negocios y las finanzas en el mundo romano,* Madrid, Fundación de Estudios Romanos Dykinson, 2001.

Carmen Lázaro Guillamón, « Mujer, comercio y empresa en algunas fuentes jurídicas, literarias y epigráficas », *Revue Internationale des droits de l'Antiquité,* 2003, p. 155-193.

Carmen Lázaro Guillamón, « Negocios crediticios entre mujeres en la Roma Antigua : una posible aproximación histórica al concepto de microcréditos », dans E. J. De Pablos (éd.), *Identidades femininas en un mundo plural,* Séville, Arcibel Editores, 2009, p. 409-413.

4. Quand des cités mettent en valeur l'autonomie financière des femmes

(Cités grecques d'Asie mineure, IIe-IIIe apr. J.-C.)

(Statue de) [---] Zénas, fils d'Apollonios, deux fois néope de la déesse Aphrodite, qui a été premier archonte avec gloire, irénarque, et a revêtu les autres liturgies avec zèle, qui s'est rendu utile à la patrie également dans des procès concernant les affaires publiques ; sa femme, Aurelia Amazonis, a fait ériger sa statue à ses propres frais.

IAph2007 12.521, Aphrodisias, fin du IIe siècle ou IIIe siècle apr. J.-C.
(traduit du grec ancien par Gabrielle FRIJA).

[Conformément à la décision] du peuple : statue de Marcus Aurelius Ariston, cinquième du nom, descendant d'Artemidoros Menippos ; un homme dont le père et les ancêtres ont toujours été magistrats et liturges ; petit-fils d'Ariston troisième du nom, qui descend d'Artemidoros Menippos. Il a vécu avec décence et réserve, et a reçu des éloges pour sa vertu et pour les magistratures et liturgies qu'il a exercées. Aurelia Ammia, fille de Zénon quatrième du nom et descendant de Chrysippos, pour son fils. Elle a dédié au conseil sacré, pour des distributions d'argent perpétuelles, 2370 (deniers) d'argent, comme le montre sa consécration.

IAph2007 12.534, Aphrodisias, fin du IIe siècle ou IIIe siècle apr. J.-C.
(traduit du grec ancien par Gabrielle FRIJA).

Le peuple a honoré Ammia fille de Charmidos, prytane, stéphanéphore, l'une des plus nobles, descendante de bouleutes ; pure, sage, parée de toute vertu, de bonnes mœurs et de dévouement à son mari ; épouse de Caius Aburnius Eutychianos, prytane et stéphanéphore ; elle a fait des distributions aux bouleutes et à toutes les femmes citoyennes. En raison de la bienveillance de toute sa famille envers la patrie.

Robert, *La Carie* II, n° 66, Ier/IIe s. apr. J.-C., Héraclée de la Salbakè
(traduit du grec ancien par Gabrielle FRIJA).

Le Conseil, le peuple et le synode des mystes de la déesse ont honoré les sœurs Claudia Antonia Sabeina Prokleianè et Ioulianè, théologues, qui ont fourni en abondance tout ce qui est nécessaire à la piété envers la déesse et à la fête des myrtes. Leur père, Claudius Antonius Lamos, a érigé les statues. Sous les trésoriers Tiberius Claudius Zenon et Marcus Bibius Theodoros.

I.Smyrna 653, 2e moitié du Ier siècle ou IIe siècle apr. J.-C., Smyrne
(traduit du grec ancien par Gabrielle FRIJA).

Les deux premières inscriptions d'Aphrodisias, en Asie Mineure, sont gravées sur la base de statues de notables ayant effectué une carrière locale. Dans les deux cas, le financement de la statue qui les honore pour ces activités publiques est assuré par des femmes, Aurelia Zenonis, l'épouse de Zenas, et Aurelia Ammia, la mère de Marcus Aurelius Ariston. Elles semblent donc bien pouvoir disposer d'une fortune personnelle.

Des charges féminines

Le document d'Héraclée de la Salbakè révèle que certaines femmes disposent d'une importante capacité d'action dans le cadre de l'exercice de charges publiques : Ammia, fille de Charmidos, a été prytane et stéphanéphore avec son mari Caius Aburnius Eutychianos et, à cette occasion, tous deux ont fait preuve de générosité. Les distributions de Caius Aburnius Eutychianos ne sont pas détaillées, mais on apprend que celles d'Ammia touchent les notables (les « bouleutes » sont les membres de l'assemblée restreinte qui dirige la cité) et les femmes ; il est donc possible que son époux se soit chargé du reste de la population civique. L'exercice de fonctions publiques par des femmes, seules ou en association avec un homme, ainsi qu'un partage genré des distributions de nourriture ou d'argent, sont également attestés dans d'autres cités. Le quatrième texte, provenant de Smyrne, illustre le mécanisme qui peut conduire aux situations précédemment décrites : Claudius Antonius Lamus a deux filles, Claudia Antonia Sabeina Prokleianè et Claudia Antonia Ioulianè, qui ont exercé une charge religieuse envers une déesse (probablement Athéna). Leur père se charge d'ériger leurs statues, comme les deux femmes d'Aphrodisias s'étaient occupées des statues de leur mari et fils. Que le bénéficiaire de la statue soit un homme ou une femme, c'est avant tout la famille entière qui s'affiche.

Des femmes évergètes pour l'honneur de la famille

Les documents de ce type ne sont pas rares dans l'Asie Mineure romaine. La plupart du temps, les femmes paraissent autonomes dans l'usage de leur fortune : les textes ne mentionnent ni tuteur, ni autorisation masculine. Mais dans le même temps, ces générosités s'inscrivent toujours dans le cadre de relations familiales. Ces sources épigraphiques, avant tout honorifiques, n'ont aucune raison de détailler les mécanismes légaux qui permettent à une femme de faire des choix économiques. L'interprétation qu'en font les spécialistes est donc prudente. Les femmes appartenant aux familles dirigeantes des cités sont réellement associées aux actions familiales, et sur le plan de l'image sociale, le fait d'écrire publiquement qu'une femme a payé de sa fortune personnelle pour telle ou telle action ne pose visiblement aucun problème. C'est en soi un constat important, car le poids grandissant des familles de notables dans la vie des cités grecques entraîne une plus grande visibilité des femmes de ces familles dans l'espace public. Mais les sources nous permettant d'affirmer que les femmes ont le libre usage de leur dot ou de l'héritage paternel manquent pour cette période et cette région.

Sous le regard des hommes

De fait, les hommes ne sont jamais loin : pères, maris et fils sont souvent associés aux honneurs envers les femmes. Les textes affirmant que telle femme a fait un don à la cité décrivent-ils une pratique de fait, avec l'accord d'un tuteur légalement nécessaire mais socialement tellement banal qu'on ne le mentionne pas, ou reflètent-ils une évolution juridique du droit des femmes à disposer de leur fortune ? Cette question reste ouverte. L'extension du droit romain, plus favorable aux femmes de ce point de vue, peut avoir joué un rôle. Mais on ne peut ignorer l'importance des versements d'argent et d'autres générosités financières attribuées à des femmes, même si elles demeurent beaucoup moins nombreuses que celles des hommes. En ce sens, la capacité des femmes à disposer d'une partie du capital familial s'est bien affirmée à l'époque impériale romaine. Si cette capacité a continué à être encadrée par des décisions masculines, les inscriptions mettent en avant l'autonomie des femmes et leur volonté de participer financièrement à la vie civique, ce qui contribue à renforcer le prestige de tout le groupe familial.

Gabrielle Frija
Université Gustave Eiffel
ACP

Pour en savoir plus

Anne Bielman, *Femmes en vue. Les femmes et la vie publique dans le monde hellénistique (IVe-Ier siècles av. J.-C.)*, Paris, Sedes, 2001.

Gabrielle Frija, « Les femmes et le culte impérial : une intégration complète » dans Sophie Lalanne (éd.), « Femmes grecques de l'Orient romain », *Dialogues d'Histoire Ancienne*, supplément n° 18, 2019, p. 81-90.

François Kirbihler, « Le rôle public des femmes à Éphèse à l'époque impériale. Les femmes magistrats et liturges (Ier s.-IIIe s. apr. J.-C.) », *Topoi. Orient-Occident*, vol. 10, n° 1, 2009, p. 67-92.

Riet Van Bremen, *The Limits of Participation: Women and Civic Life in the Greek East in the Hellenistic and Roman Periods*, Amsterdam, Gieben, 1996.

5. L'autonomie d'une moniale de Messine

(Sicile, XIIIe siècle)

Messine, 19 décembre 1257

Au nom de Dieu, amen.

[*Suivent la datation, les titulatures de Conradin, roi de Jérusalem et de Sicile, et de son régent en Sicile, Manfred, fils de l'empereur Frédéric II, l'adresse, puis les noms du juge et du notaire*]

Camfora, fille de feu Ottaviano Pisano, de la cité de Messine, considérant la misère et la mésaventure humaine, puisque la vie de l'homme est accablée par de nombreux périls et passe comme une ombre, guidée par cette considération, a sollicité de l'honorable dame Beatrice, abbesse du monastère de l'église de Sainte-Marie des Moniales de Messine, et de son couvent, et les a suppliées, qu'elles la reçoivent et la tiennent pour leur consœur et consœur dudit monastère. Ladite abbesse et ledit couvent, consentant aux suppliques de ladite Camfora avec bienveillance, [...] ont admis ces prières avec joie. Ce pourquoi ladite Camfora, par une inspiration spontanée et munie de toute sa raison, par oblation et donation faite entre vifs de manière irrévocable, s'est elle-même offerte et a donné, abandonné et cédé audit monastère [...] tous les biens stables décrits ci-dessous, à savoir : en premier lieu, deux maisons à étage et le four contigu à ces maisons, sises dans la ville neuve de Messine, dans la contrada dite de Bartolomeo de Aveto [...] avec le sol et tous les édifices, droits, propriétés et dépendances desdites maisons et dudit four. Et gracieusement, ladite dame abbesse et son couvent ont réservé et concédé à ladite Camfora l'habitation et l'usufruit desdites maisons et dudit four, seulement sa vie durant, et d'habiter en-dehors dudit monastère sa vie durant. [*Suivent d'autres donations : une vigne sise dans la fiumara de S. Nicandro et les biens, féodaux et patrimoniaux, qui furent à son oncle, Guglielmo Rosso, dans la plaine de Milazzo*]. Et des maisons et du four plus haut nommés, elle a mis en possession ladite dame abbesse et son couvent pour la part et au nom dudit monastère. À cette condition, posée et fermement établie entre ladite dame abbesse et ledit couvent et ladite Camfora, [...] qu'une moitié desdits fruits de ladite vigne et desdits biens aille audit monastère, et que l'autre moitié revienne à ladite Camfora, seulement sa vie durant. Après le décès de ladite Camfora, [...] lesdites maisons et ledit four et tous les autres biens prédits reviendront librement au droit, à la seigneurie et à la possession dudit monastère.

[*Suivent diverses clauses, le protocole final et les signatures du juge, de six témoins et du notaire*].

Copie conservée à Palerme, Bibliothèque communale,
Ms. QqH10, f° 107-111.
(traduit du latin par Hadrien PENET).

Une dot moniale en apparence classique

Voici une situation banale : mue par la foi, une riche héritière fait donation de ses biens à un couvent qui l'accueille au sein de sa communauté. Les considérants du contrat sont une allusion au *Livre de Job* (XIV, 2). Les origines pisanes du père de Camfora la rattachent à une communauté marchande présente à Messine dès le XIIe siècle ; son oncle maternel, Guglielmo Rosso, appartient quant à lui à la noblesse féodale locale. Les biens de Camfora (maisons urbaines, four, vigne située dans la proche banlieue de la cité, parcelles de terres et censives dans la proche plaine céréalière de Milazzo, à l'ouest de la cité) sont représentatifs des patrimoines de la « noblesse civique » messinoise de l'époque. La communauté des bénédictines de Sainte-Marie des Moniales, fondée à la fin du XIe siècle, est l'une des plus anciennes de la cité et se caractérise par un recrutement très aristocratique, comme en témoigne l'abbesse Béatrice, fille du marquis de Lancia et proche parente de Manfred, fils naturel de Frédéric II et futur roi de Sicile.

Une affaire de femmes

La présence masculine (notaire, juges, témoins) est ici cantonnée à un rôle d'authentification de l'acte juridique : aucun homme n'intervient dans la donation elle-même et Camfora agit en pleine autonomie. Si l'identité de Camfora est définie par la filiation, l'absence de toute autre mention implique qu'elle n'est ni épouse, ni veuve, ni mère, et probablement fille unique. Les coutumes urbaines siciliennes reconnaissent en effet la communauté des biens dès la naissance du premier enfant, et son extension à la fratrie. Par ailleurs, l'héritage de Camfora est pour partie constitué de biens patrimoniaux et féodaux qui lui viennent de son oncle maternel : les Constitutions de Melfi (1231) ont imposé aux familles féodales du royaume de Sicile un mode de succession agnatique, qui n'exclut cependant pas les femmes de la lignée et les place même en position prioritaire sur les mâles en ligne collatérale.

Un statut hybride de béguine méridionale

Plusieurs clauses éloignent ce contrat d'une dot moniale standard : Camfora a le droit de résider en-dehors du monastère dans sa maison urbaine et jouit de la moitié des fruits de la vigne qu'elle a concédée. Elle n'est donc astreinte ni à la clôture monastique ni au renoncement des biens individuels qu'imposerait normalement son intégration dans la communauté monastique. Il ne s'agit pas d'une anomalie : Camfora est en effet accueillie par le couvent comme « consœur » et non comme « sœur ». Le contrat lui confère ainsi un statut hybride, intermédiaire entre celui de laïc et celui de clerc, en théorie à vie. Ces clauses particulières disparaissent dans un autre contrat, daté de 1263, dans lequel Camfora est admise comme « sœur », signant ainsi son intégration pleine et entière à la communauté monastique. Ce contrat évoque ainsi la possibilité pour une femme seule et pieuse de vivre de manière indépendante, dans un confort matériel certain, et d'échapper à l'obligation sociale du mariage tout en bénéficiant de la protection d'une communauté religieuse. Ce statut de « *monaca di casa* », qui rappelle celui des béguines de l'Europe du Nord, n'est pas un cas isolé dans l'Italie méridionale médiévale et moderne.

Hadrien PENET
Université Paris Nanterre
MéMO

Pour en savoir plus

E. Igor MINEO, *Nobiltà di Stato. Famiglie e identità aristocratiche nel tardo Medioevo. La Sicilia*, Rome, Donzelli, 2001.

Daniela SANTORO, *Messina l'indomita : strategie familiari del patriziato urbano tra XIV*e*-XV*e *secolo*, Caltanissetta-Rome, Sciascia, 2003.

Laura SCIASCIA et Daniela SANTORO, « Un beghinaggio a Lentini. Religiosità laica femminile in Sicilia tra XIII e XIV secolo », dans Gemma COLESANTI, Maria G. MELONI, Stefania PAONE, Patrizia SARDINA (dir.), *Il monachesimo femminile nel mezziogiorno peninsulare e insulare (XI-XVI secolo) : fondazioni, ordini, reti, committenza*, Cagliari, Istituto di Storia dell'Europa Mediterranea, 2019, p. 159-202.

André VAUCHEZ, *Les laïcs au Moyen Âge. Pratiques et expériences religieuses*, Paris, Éditions du Cerf, 1987.

6. Des robes d'un autre genre

(Florence, XIVe-XVe siècle)

Mémoire que le 25 août 1404, il plut à Dieu de rappeler à Lui la susdite Raffaella, et elle endura une longue maladie pendant plus de six mois.
Mémoire que le 24 décembre 1404, moi, Niccolò, je fis livrer à l'église de San Iacopo tra i Fossi de Florence une chasuble de velours rouge taillée dans la houppelande de ladite Raffaella et par la suite j'envoyai la stole et le manipule assortis à ladite chasuble à ladite église ; et ainsi je la fis inscrire à l'inventaire de ladite église en suffrage de l'âme de ladite Raffaella. Ladite chasuble porte nos armoiries ainsi que celles des Baroncelli.

Archives d'État de Florence, *Carte strozziane*, serie IV,
64 (1400-1413), fol. 30r
(traduit de l'italien par Isabelle CHABOT).

1404, le 22 décembre.
Ci-dessous, j'écrirai tous les habits qui furent de Raffaella et que j'ai trouvés à ce jour dans la maison, tout d'abord :
- une houppelande de velours rouge broché d'argent
J'ai fait tailler une chasuble pour [l'église de] San Iacopo tra i Fossi
- une houppelande de velours couleur azur, qui est abîmée
- une cotte de drap [de soie] rouge, doublée de lin rouge
Sandra l'a fait ajuster pour elle
- une houppelande de damas rouge bordée [ou fourrée ?] d'hermine
J'ai fait tailler une houppelande pour ladite Sandra
- une houppelande couleur fleur de pêcher bordée [ou fourrée ?] d'hermine
J'en ai fait faire deux couvertures pour mes enfants
- une houppelande de drap céleste, garnie de boutons en argent sur le devant
Sandra l'a fait ajuster pour elle
- une houppelande de drap brun, sans ornements
Sandra l'a fait ajuster pour elle
- une houppelande bleu azur, vieille et usée
Réutilisée pour Antonio et Buono [ses enfants]
- une houppelande noire, vieille ;
Mea [Busini, sa soeur] l'a prise pour elle
- un grand mantel de drap brun foncé, avec un chaperon.
- une houppelande abîmée,
Elle était blanche et on l'a fait teindre en rouge, et utilisée pour celle d'Alessandra ci-dessus

[...]

[Trois robes de tous les jours (*gamurre*), un pourpoint (*giubba*), un habit long avec manches (*guarnello*), trois doublures de vêtements (*foderi*) complètent l'inventaire].

Archives d'État de Florence, *Carte strozziane*, serie IV, 64 (1400-1413), fol. 63v (traduit de l'italien par Isabelle CHABOT).

La source dont sont tirés ces deux extraits, traduits de l'italien vernaculaire, est le second des deux registres de *ricordanze* du marchand lainier Niccolò di Buono di Bese Busini, des livres domestiques dans lesquels, dès la fin du XIIIe siècle, les Florentins enregistraient à l'usage de leurs descendants les faits marquants de leur vie familiale ainsi que leurs comptes privés.

« Vêtir » l'épouse

À l'aube de la Renaissance, à Florence, la coutume veut que, le jour de la promesse formelle de mariage (*giuramento*), le promis offre à sa future épouse des bijoux et une pièce d'étoffe servant à confectionner la robe de mariée. Bien que l'Église et le gouvernement communal condamnent ce luxe et tentent en vain de le refreiner, les Florentins investissent de plus en plus dans ces dons nuptiaux dont la fonction essentielle est de rééquilibrer l'apport dotal de l'épouse. C'est le cas de Niccolò Busini qui, en échange d'une généreuse dot de huit cent quatre-vingts florins, offre à Raffaela di Giovanni Baroncelli un coffret à bijoux valant trois cent soixante-quinze florins (42 % de la valeur de la dot), auquel s'ajoutent les riches étoffes, les ornements, les boutons en argent, la fourrure et les robes de noces envoyées à sa promise avant la cérémonie, célébrée le 1er octobre 1393.

Une garde-robe de luxe

Lorsque Niccolò en dresse l'inventaire, en 1404, après le décès de son épouse, la garde-robe de Raffaella est somptueuse : neuf robes d'apparat (les *cioppe* ou houppelandes) et un ensemble cotte-garnache (tunique et surtunique) réalisés dans les plus beaux damas et velours de soie, un *mantel* (cape) en drap de laine, un pourpoint et quelques habits de tous les jours. Le rouge, couleur du luxe et des robes de mariées, domine avec le bleu dans diverses nuances, mais on trouve aussi des tons raffinés, comme le rose pâle « fleur de pêcher », et le blanc ; enfin, le brun pour le *mantel* en drap de laine et pour une robe plus simple que les autres. Niccolò a beaucoup investi pour « vêtir » son épouse et par là même manifester son rang social. Mais ces dons nuptiaux n'appartiennent pas à l'épouse, ils sont une réserve de richesse dont le mari peut disposer à tout moment. L'intérêt de l'inventaire que dresse Niccolò est de montrer comment ces vêtements sont réutilisés après la mort de l'épouse.

D'une épouse à l'autre

Lorsqu'il se remarie avec Alessandra Strozzi en décembre 1404, quatre mois seulement après la mort de Raffaella – qui a laissé trois enfants en bas âge –, Niccolò se doit de « vêtir » sa nouvelle épouse. Il n'hésite pas à faire transformer la robe de soie rouge bordée ou fourrée d'hermine que sa première épouse avait portée pour la « donner » à la seconde. Trois autres robes de Raffaella sont également transmises à Sandra qui en fera ajuster la taille. La seconde épouse reçoit donc une garde-robe d'occasion. Les robes de tous les jours de Raffaella servent à confectionner des habits et des couvertures de lit pour les enfants ou à doubler une robe de Sandra. Enfin Mea, la sœur de Niccolò qui vit sous son toit depuis l'année 1400, choisit pour elle une robe noire.

Des robes de mariée transformées en vêtements sacerdotaux

Niccolò signale un autre remploi des dons nuptiaux à la mort de l'épouse : leur transformation en parement liturgique offert à l'église où est ensevelie la défunte, en suffrage de son âme. Jusqu'aux années 1375, la coutume florentine voulait que les veufs renvoient les habits d'épouse à sa belle-famille. Ce geste, présenté comme un don *pro anima* (pour l'âme) de la défunte, était en fait une compensation coutumière due pour la perte de la dot dont les veufs florentins héritaient. À la fin du siècle, les veufs ne renvoient plus rien à leur belle-famille et se chargent eux-mêmes de faire un don à l'Église pour l'âme de l'épouse défunte. Ainsi, la robe de noces en velours de soie rouge broché d'argent devient une somptueuse chasuble à la couleur de la Passion du Christ et des martyrs. Revêtue par l'officiant, elle rapproche symboliquement les donateurs, identifiés par leurs blasons brodés, de l'autel où se célèbre l'Eucharistie. À travers un processus de transformation et de re-sémantisation, le luxe des femmes va ainsi contribuer pendant longtemps à celui des hommes d'Église.

Isabelle Chabot
Université de Padoue
DiSSGeA

Pour en savoir plus

Isabelle Chabot, *La dette des familles. Femmes, lignage et patrimoine à Florence aux XIVe et XVe siècles*, Rome, École française de Rome, 2011.

Isabelle Chabot, « Renaissance Female Luxury Garments on the Move: When Brides' Silk Brocades Ended Up Dressing Ecclesiastics (Florence, 14th-15th centuries) », dans Lucio Biasiori, Frederico Mazzini et Chiara Rabbiosi (éd.), *Reimagining Mobilities across the Humanities*, Londres, Routledge, 2023, vol. 2, p. 21-39.

Christiane Klapisch-Zuber, *Mariages à la Florentine. Femmes et vie de famille à Florence (XIVe-XVe siècle)*, Paris, EHESS/Gallimard/Le Seuil, 2020.

7. Dernières volontés de deux femmes juives

(Espagne, XIVᵉ siècle)

Testament d'Astrugue

Astrugue, épouse de Juceff Abrahe Juif de Puigcerda, saine, etc. je fais mon testament, du consentement de mon dit époux, etc. Je donne d'abord à Fava, ma mère, 800 sous barcelonais [...] Et je veux et mande que ledit Juceff Abrahe mon époux veuille pourvoir à toutes les nécessités de ma mère en sa maison durant toute sa vie, que ma dite mère ne puisse exiger dudit époux le remboursement de l'argent susdit, du moins tant que mon dit époux n'épousera pas une autre femme et restera chaste. De même, je donne à la couronne des rouleaux de la synagogue des juifs de Puigcerda 50 sous barcelonais...

Puigcerda 1306, archives locales de la Cerdagne, Mateu d'Alb, Bernat Mauri, *Liber testamentorum*, f. 15v (6 novembre 1306) (traduit du latin par Claude DENJEAN).

Dernières volontés de Baladre

Nous, témoins soussignés, avons visité Madame Baladre, veuve de maître Jacov fils de maître Haninai, malade, et l'avons trouvée gisant sur son lit. Les paroles qui sortirent de sa bouche furent cohérentes ; elle était saine d'esprit et pouvait répondre oui ou non, comme une personne saine promenant sur le marché [...] Je lègue aux pauvres 340 sous de monnaie barcelonaise courante. Ainsi soit-il [fait], quelle que soit la réalisation de la créance évaluée à 500 sous barcelonais, obligation envers mon fils maître Salomon et son épouse Madame Reine, selon ce qui est écrit dans cette créance. Je désigne trésorier de ladite aumône maître Joshua ha-Levi, fils de ma sœur [...]. J'ai soustrait de cette somme les 340 sous mentionnés pour les pauvres, garantis par mon fils, le susdit maître Salomon, d'ici au prochain Rosh ha-Shana.

Le premier terme sera de 30 sous de ladite monnaie, lesquels [seront versés] au susdit maître Joshua ha-Levi qui les répartira [...] Que mon fils garantisse les termes au susdit maître Joshua ha-Levi. [...] Qu'il soit fait ainsi la veille de Rosh ha-Shana de chaque année jusqu'à paiement complet des 340 sous suscités. Mon fils, le susdit maître Salomon, sera présent à chaque partage avec le susdit maître Joshua, toujours et quand mon fils se trouvera en ville.

De même, je concède et donne de ladite créance au bénéfice de mon fils Moïse, que j'ai enfanté de mon premier époux maître Abraham Cabrit, 100 sous [...], qu'il recouvrera de ladite créance au bout d'un an après ma mort.

De même, j'ordonne que le susdit maître Salomon garantisse ladite créance, 60 sous [...] et les livre aux mains de maître Joshua ha-Levi en vue d'acheter une pierre tombale que l'on posera sur ma tombe.

Archives historiques de Gérone, 1325, Gi 2, 72 Hecodavant 5 (traduit de l'hébreu par Claude DENJEAN).

Un recours fréquent au notaire

Les deux documents présentés se composent d'un acte notarié latin fréquent et d'un document hébraïque unique. Après le contrat de mariage et les appels en justice, le testament est la troisième occasion pour les femmes juives d'affirmer publiquement des formes juridiques hébraïques rarement documentées. Cependant, les élites urbaines artisanales et marchandes des deux religions chrétienne et juive – tous les hommes de la famille de Baladre sont maîtres – partagent des pratiques et des langages. Caractéristiques des régions de notariat, ces deux actes offrent quelques détails remarquables.

Des testaments spécifiquement juifs

Les testatrices, Astrugue et Baladre, sont-elles représentatives de l'ensemble des femmes juives ? La majorité de leurs semblables ne participe pas aux activités de prêt ou n'intervienne que dans le microcrédit, avant d'en être exclue au XIVe siècle par la professionnalisation de cette activité. Néanmoins, en dehors du crédit, entre le tiers et la moitié des clients des notaires sont des femmes. Leurs décisions prouvent leur aisance comptable et juridique par des choix notariaux classiques mais inventifs. Leurs biens propres échoient aux oubliés des dispositions masculines ; très attentives à permettre l'apprentissage de la lecture, l'étude et la transmission de livres, leur charité va aux filles à marier, aux pauvres, aux œuvres de l'école (la *schola)* ou de la synagogue. Garantir la retraite de la mère âgée comme le fait Astrugue est en revanche moins fréquent.

Ces deux testaments, écrits dans deux langues différentes, suivent le même canevas. Le texte hébraïque, narratif, avec mention du « marché », dont la validité est attestée lors d'une visite auprès de la malade, est plus éloigné du formulaire notarié latin classique. Mais dans les deux cas, l'ordre des legs manifeste des spécificités juives plus coutumières que religieuses : Baladre désigne la fête automnale du Nouvel An, *Rosh ha-Shana*, pourtant mobile, pour les termes des versements charitables. Astrugue cite également l'œuvre de la couronne des rouleaux de la Torah, ce qui est un cas unique. L'exécution du testament de Baladre est laissée à un gendre ou à un neveu. Ce dernier doit s'occuper de poser la pierre sur la tombe lors de la cérémonie qui aura lieu un an après la mort. Les juifs n'élisent pas leur sépulture comme les chrétiens par testament car, en général, on creuse une fosse pour chacun d'eux dans l'ordre chronologique des décès.

Assurer la transmission des biens féminins

Ces femmes juives assoient leurs dons sur des créances. Leurs dots se composent d'argent déposé dans un coffre et de sommes investies ou garanties dans diverses sociétés financières, car les juifs usent de donations entre vifs qui incluent la dernière volonté dans une chaîne plus longue. Les testaments montrent que les montants dévolus à l'épouse ne sont pas disponibles, mais qu'ils ne sont pas pour autant fondus dans les avoirs du couple. Les dispositions n'envisagent la réalisation d'aucun actif pour payer des sommes non négligeables. On prévoit la retraite ou l'aumône sous forme de rente.

Dans le testament de Baladre, le versement des termes exige la présence de son second fils Salomon, qui bénéficie avec son épouse Reine du placement de la créance de cinq cents sous. Le fils ainé, Moïse, né des premières noces de la testatrice, ne reçoit qu'une part mineure de la fortune maternelle car il a sans doute été pourvu au décès de son père. Toutefois, ces legs réduisent la part de Salomon. S'il prenait un risque usuraire, ce dernier pourrait gagner avec cette créance cent sous avant de déduire au bout d'un an cent trente sous, puis chaque année trente sous. Gérée avec précaution, la créance devrait plutôt lui assurer cent vingt-quatre sous et la capacité de solde. La fondation d'une charité *(tsedaka)* durera onze ans pour trois cent quarante sous de capital.

De son côté, Astrugue prévoit la dépendance d'une mère demeurée seule, respectant une solidarité intergénérationnelle en usage. Cependant, les familles privilégient le foyer mononucléaire, et la gestion de familles issues de plusieurs lits suppose d'anticiper d'éventuels conflits. Ainsi, le mari de Fava devra rester veuf, par l'application d'une clause classique pour les femmes, permettant à la mère de Fava d'échapper à la maltraitance d'une nouvelle épouse.

Claude DENJEAN
Université de Perpignan *Via Domitia*
FRAMESPA (UMR 5136)

Pour en savoir plus

Cholé BONNET, « La place des femmes juives dans la gestion et la transmission des biens et des valeurs (Couronne d'Aragon, 1285-1370) », Thèse de doctorat, Université de Perpignan, 2022.

Robert I. BURNS, S.J., *Jews in the Notarial Culture: Latinate Wills in Mediterranean Spain, 1250-1350*, Berkeley, University of California Press, 1996.

Claude DENJEAN, « Entretenir le procès ou obtenir la paix ? Quand des matriarches juives défendent leur crédit », *e-Spania*, n° 33, juin 2019 [en ligne].

Idan PÉREZ, *El testament de Na Baladre (1325). Nova aportacio a l'estudi de les synagogues de Girona*, Barcelona, Catalonia hebraica XVII, Barcelone, Agrupación de Editores y Autores universitarios, 2012.

8. Marthe de Cabanes, femme d'affaires à Montpellier

(Languedoc, XIVe siècle)

De même le 16e jour du mois de Septembre [1342]. À 9 heures. Nous Marthe, femme du feu Guiraud de Cabanes, marchand de Montpellier, et Guiraud de Cabanes, fils du couple [...] sur la volonté de ma dame mère, ce que moi, Marthe, je confirme être vrai, nous ensemble Marthe et Guiraud son fils, sous-dits égaux et chacun pour soi en témoignage de cet instrument légal et public [...] sous le pouvoir de l'épître pour la révocation de tous nos procurateurs et de chacun d'eux nous, créons, ordonnons et constituons nos sûrs, vrais et certains procurateurs Jacques de Cabanes, fils de Marthe et frère de Guiraud présent et acceptant [l'obligation], et Maître Bertholomé Lespinhan, notaire royal, absent, et chacun d'eux ensemble. Ainsi, [...] spécialement et de façon expresse à demander que la foi soit faite et requise pour nous et les nôtres, en nous et chacun de nous, pour que nous soyons créés bourgeois de la Bastide de Saint Pierre de Beauvais et à promettre pour nous et nôtres à chaque seigneurs justiciaires, officiaux et magistraux [...] de donner, server, faire et payer toutes et chaque chose qui sont appropriées et relatives à ce droit de bourgeoisie [...] dans les lieux et les termes qui conviennent. Et ainsi nous et chacun de nous sommes engagés sur tous nos biens maintenant et dans l'avenir. Et qu'un instrument soit rédigé vous concédant avec toute fermeté et effet lesdites obligations. Donnant et concédant à nos procurateurs et à chacun d'eux ensemble pleine et large puissance et un mandat spécial sur tout et toutes les choses évoquées nous concernant [...] prêtons serment [...] en nos âmes. Et nous te promettons à toi, notaire souscrit comme personne commune et publique à stipuler et accepter pour tous solennellement [...] Que les actes et l'agenda [...] précédemment décrits pour nos procurateurs et pour nous et chacun de nous, soient fixés et acceptés à perpétuité et légalement fermes. Sous l'hypothèque efficace et expresse et sous l'obligation de tous nos biens présents et futurs, sous chaque renonciation de droit [...]
Ces actes furent rédigés à Montpellier dans la maison d'habitation des constituants, devant les témoins présents Jean Bena de Nice, Pierre d'Albinhac, clercs, habitants de Montpellier, et de Pierre Arnaud, marchand de Montpellier.
Bernard Calapi rédigea l'acte entier.

Archives départementales de Montpellier, IIE95-374, fol. 59 (Nogaret), le 16 septembre 1342 (traduit du latin par Kathryn REYERSON et Cécile BEGHIN).

Une femme d'affaires exceptionnelle

À neuf heures du matin, le 16 septembre 1342, Marthe de Cabanes et son fils aîné Guiraud établissent devant le notaire un contrat d'embauche de représentants légaux pour faire avancer leurs affaires. L'embauche d'un représentant légal, héritée du droit romain, est une forme de gestion d'affaires très courante au Moyen Âge. Le procurateur médiéval pouvait représenter son mandant avec un mandat général, ou ses domaines d'action pouvaient être plus restreints. Les contrats engageaient sur serment les contractants, mais ces derniers y renonçaient aux protections du droit romain, ce qui facilitait les affaires.

En effet, la procuration est un fondement du commerce médiéval. On trouve dans les registres des notaires de Montpellier, rédigés avant 1350, trois cent soixante-huit actes de ce type sur un ensemble d'environ quatre mille actes, ce qui correspond à près de 10 % de tous les actes. Le registre du notaire Guilhem Nogaret des années 1337-1342, rédigé pour la famille marchande des Cabanes, conserve trente-quatre contrats de procuration, soit 10 % des trois cent vingt-six actes du registre. Les fils de Marthe ont établi vingt-six de ces contrats, Marthe seule sept. Hommes et femmes utilisent en effet cette technique en affaires, qui fournit à la fois une représentation à distance et des compétences en droit.

Marthe de Cabanes, femme d'affaires exceptionnelle de Montpellier, est devenue veuve très jeune avec trois fils en bas âge. Elle a pris en main les affaires de sa famille et a veillé à ce que ses fils acquièrent les compétences nécessaires pour les affaires. Les documents qui nous sont parvenus nous montrent qu'elle a également poursuivi son activité avec eux. Dans le registre de Nogaret, elle désigne à sept reprises un représentant légal, seule ou avec ses fils Jacques et Guiraud. Dans la plupart des actes, rédigés dans la maison familiale ou dans l'ouvroir du notaire, elle choisit un de ses fils ou des hommes de l'entourage professionnel des Cabanes.

Élaborer une stratégie commerciale ambitieuse

Dans ce contrat, Marthe et son fils Guiraud engagent Jacques de Cabanes, fils de Marthe et frère de Guiraud, ainsi que le notaire royal Bertholomé Lespinhan pour leur procurer le statut de bourgeois dans la Bastide de Saint-Pierre de Beauvais, dans la région de Toulouse. Marthe et Guiraud accordent à leurs procurateurs un large pouvoir et un mandat spécial pour agir selon les besoins de cette mission, notamment pour payer tout ce qui est nécessaire pour obtenir ce droit de bourgeoisie. En 1342, l'évêque de Beauvais a créé une bastide à laquelle il a attribué une cour commerciale, appelée « sceau royal ». En effet, les marchands, pieds poudreux toujours pressés, apprécient la justice expédiée des cours commerciales royales, et ces dernières se sont multipliées à partir du XIIIe siècle, telle la cour du Petit Scel de Montpellier.

Elles sont chargées de juger les litiges sur dettes ou sur contrats du droit commercial et non les conflits de droit familial ou de droit féodal.

Avec un statut de « bourgeois », Marthe et ses fils pourraient bénéficier de l'accès à cette cour pour leurs affaires. La famille Cabanes mène alors beaucoup d'affaires avec Toulouse dans le commerce de la mercerie et des soies de Lucques ; obtenir ce statut représente donc un grand enjeu financier. Nommer des procurateurs pour obtenir le statut de bourgeois apparaît donc, de la part de Marthe, comme une initiative ambitieuse pour faire fructifier les affaires de la famille. Malheureusement, nous perdons la trace des membres de la famille de Marthe après 1345 et nous ne pouvons pas apprécier l'efficacité à long terme de cette stratégie de gestion des affaires familiales.

Kathryn Reyerson
College of Liberal Arts
University of Minnesota

Pour en savoir plus

André Gouron et Jean Hilaire, « Les "sceaux" rigoureux du Midi de la France », *Recueil de mémoires et travaux publié par la société d'histoire du droit et des institutions des anciens pays de droit écrit*, fasc. 4, 1958, p. 41-77.

Robert S. Lopez, « Proxy in Medieval Trade », dans William C. Jordan, Bruce McNab et Teofilo F. Ruiz (éd.), *Order and Innovation in the Middle Ages. Essays in Honor of Joseph R. Strayer*, Princeton (N. J.), Princeton University Press, 1976, p. 187-94.

Kathryn L. Reyerson, *The Art of the Deal. Intermediaries of Trade in Medieval Montpellier*, Leyde, Brill, 2002.

Kathryn L. Reyerson, *Mother and Sons, Inc.: Martha de Cabanis in Medieval Montpellier*, Philadelphie, University of Pennsylvania Press, 2018.

9. Comment gagner son douaire ?

(France, XVIe-XVIIIe siècle)

Nous appelons douaire [...] la portion des biens du mari prédécédé dont la femme a l'usufruit [...], étendu y compris à celles qui ont contracté plusieurs mariages. C'est une institution purement coutumière [...], on ne sait pas quand il a été inventé.
Femme gagne son douaire ayant mis le pied au lit, après avoir épousé son Seigneur et mari [...].
Douaire est acquis à femme veuve (encore qu'elle se remarie) sur l'héritage de son Seigneur mari, pourvu qu'elle se soit portée loyalement en son mariage : et doit avoir le tiers de ce dont son mari a eu ou pu avoir en saisine et possession ou droiture, durant le mariage, s'il n'y a convention du contraire, sous et jusqu'à la moitié de l'usufruit.
[...] Et sera partagée par la veuve la terre en trois lots ; et puis choisira l'héritier principal, et les deux autres lots égalera, et elle choisira après, s'ils ne peuvent autrement s'accorder.

Extraits de Auguste-Marie POULLAIN DU PARC, *Coûtumes générales du païs et duché de Bretagne et usemens locaux de la mesme province*, Rennes, Guillaume VATAR (éd.), 1748, vol. 3, titre 20.

Femme ne peut avoir don et douaire ensemble : et sera en son option de choisir et prendre le douaire, ou donation.

Bernard D'ARGENTRÉ, *Coustumes generalle du pays et duche de Bretagne, reformees en l'an mil cinq cens quatre vingts par ordonnance du Roy*, Paris, Jacques DU PUYS (éd.), 1585.

L'homme est heureux quand il trouve une femme
Qui a en soi ces trois douaires ci :
Premièrement beauté qui l'homme enflamme
Bonté de mœurs et de lignage aussi,
Et puis richesse ôtant deuil et souci.
Qui a ces trois il peut vraiment dire
Qu'en choisissant il n'a pas pris la pire
Et que bonheur envers lui n'est rebelle
Pour ce qu'il a tout le bien qu'on désire,
En l'épousant, très bonne, riche et belle.

Gilles CORROZET, « Des trois douaires de mariage », dans *Les blasons domestiques contenantz la decoration d'une maison honneste, & du mesnage estant en icelles Invention joyeuse, & moderne*, Paris, 1539.

Il y en a d'autres, Madame, qui font un commerce de pur intérêt, qui ne se marient que pour gagner des douaires, que pour s'enrichir par la mort de ceux qu'elles épousent, et courent sans scrupule de mari en mari pour s'approprier leurs dépouilles.

Molière, *Le Médecin malgré lui*, 1666.
(textes modernisés par Cécile Beghin)

Le douaire est une obligation maritale d'origine germanique remontant au XIe siècle, nommé *Morgengab* ou « don de noces », répandu dans les pays dits « de coutumes » du royaume de France et du nord de l'Europe, comme l'Angleterre et les états germaniques. Les pays de droit romain, comme le sud de la France, ne connaissent donc pas cet usage qui disparaît pendant la Révolution française comme bien d'autres coutumes de l'Ancien Régime.

Le douaire dans le droit breton

Auguste-Marie Poullain Du Parc, juriste français et historien du droit breton, réédite en 1748 les *Coutumes de la Bretagne* dans une langue compréhensible pour son époque. Le douaire figure dans le volume consacré au droit des gens mariés. À l'origine, il s'agit d'une disposition prévue au moment d'un mariage noble qui fait l'objet, à partir du XVIIe siècle, d'un contrat écrit. Le douaire prévoit qu'en cas de décès de l'époux, sa veuve, nommée alors douairière, recevra la jouissance d'une partie des terres de son mari durant le reste de sa vie. À sa mort, les biens concernés retourneront dans la famille du défunt, à savoir ses enfants survivants, sa fratrie ou ses ascendants.

Un droit souvent contesté

La reconnaissance du douaire sous-entend qu'il y ait bien eu consommation du mariage : « Au coucher, la femme gagne son douaire », écrit le juriste Antoine Loysel. Ainsi les femmes mariées sans consentement parental et sans témoin ont-elles bien des difficultés à récupérer leur douaire, sans preuve que l'acte charnel a bien eu lieu.

Au décès de l'époux, en cas de conflit familial, la coutume prévoit que les héritiers et la veuve s'accordent sur une répartition de l'héritage en trois lots. Cependant, l'épouse n'attend pas toujours la disparition de son mari pour gérer son futur douaire.

Le juriste Bernard d'Argentré, l'un des prédécesseurs de Poullain Du Parc, participa au XVIe siècle à la réécriture des articles de la *Coutume* concernant le douaire mais aussi les donations entre époux, pratique fort répandue à l'époque moderne. Il précise que don et douaire sont incompatibles ; en effet, si le douaire consiste à transmettre l'usufruit d'un bien à la veuve, la donation entraîne son abandon définitif à l'épouse, au détriment des héritiers, hommes et femmes, issus du lignage.

Autant de douaires que de mariages

La question du douaire est souvent mise en scène dans la littérature qui pointe le problème des secondes noces d'une douairière car celle-ci, en se remariant, peut garder son douaire. Dès le XVIe siècle, cette disposition provoque de nombreux litiges, et en 1580 la réformation de la Coutume de Paris condamne le transfert des biens du mari à un autre lignage en cas de remariage d'une douairière pour éviter qu'un second mari ne s'approprie les biens du défunt ou que celle-ci ne les transmette à ses enfants nés de secondes noces. Malgré cet interdit, Molière dénoncera encore, plus de quatre-vingts ans plus tard, l'accumulation de douaires par une seule femme, veuve de plusieurs maris, ce qui fait d'elle une proie de choix pour les coureurs de dot. Si la douairière décède avant son dernier mari, celui-ci cherche souvent à récupérer au moins une partie des douaires, ce qui lèse les héritiers légitimes de leurs biens.

Un usage qui se modifie au fil du temps

Avant Molière, d'autres écrivains se sont emparés de la question du douaire. L'auteur et libraire-imprimeur parisien Gilles Corrozet, dans son livre sur les blasons domestiques publié en 1539, modifie littéralement le sens du mot « douaire » : il faut alors l'entendre au sens de « dot », car si l'épouse idéale apporte au mari ses trois qualités, beauté, lignage et richesse, elle ne reçoit rien en retour. À partir du XVIe siècle, la pratique nobiliaire du douaire s'étend aux couples roturiers, mais sous une forme différente. En effet, dans le milieu de l'office et de la marchandise, on nomme « douaire » un don attribué par contrat de mariage à la jeune épouse et destiné à augmenter sa dot. À la même époque et dans tous les milieux sociaux, la nature du douaire se transforme : il est étendu aux biens meubles – signe d'une préférence croissante pour le numéraire. Ce passage de l'usufruit d'une terre à l'assignation d'une rente annuelle se révèle vite désavantageux pour les femmes nobles qui perdent ainsi le pouvoir féodal lié à la terre.

Nicole DUFOURNAUD
CRH (EHESS)

Pour en savoir plus

Scarlett Beauvalet-Boutouyrie, *Être veuve sous l'Ancien Régime*, Paris, Belin, 2001.

Elie Haddad, « Mariages, coutumes et échanges dans la noblesse française à l'époque moderne », dans Anna Bellavitis, Laura Casella et Dorit Raines (dir.), *Construire les liens de famille dans l'Europe moderne*, Mont-Saint-Aignan, Presses universitaires de Rouen et du Havre, 2013, p. 49-68.

Jacques Poumarède, « Le droit des veuves sous l'Ancien Régime (xviie-xviiie siècles) ou comment gagner son douaire », dans Danielle M. Dubosc et Éliane Viennot (dir.), *Femmes et pouvoirs sous l'ancien régime*, Paris, Rivages, 1991, p. 64-76.

10. De Paris à Londres, une entrepreneure au siècle des Lumières

(France, Royaume-Uni, XVIIIe siècle)

À M. Jean-Paul Llagostera, à Londres
Le 2 mars 1775

Mon cher, vous ne m'avez point répondu sur ma dernière. Son contenu était honnête et juste, vous n'en recevrez jamais d'autre de moi. [...]
Voulez-vous continuer de travailler, avoir de la confiance ? Parlez avec la même franchise que moi. Alors il n'est plus question d'être négligent sur les envois et les qualités, il faut des valeurs réelles. Ce que vous allez recevoir est de la même fidélité que la dernière partie. Si au contraire vous ne voulez pas fournir, je ne puis faire l'envoi. La maison qui, par mon assiduité, prend tous les jours l'éclat et est à son point de bonté, n'est pas besoin d'être lanternée, et si vous ne donnez votre parole solennelle de continuer et de vous en occuper sérieusement, il vaut mieux que M. d'Épineville aille lui-même aux fabriques prendre des choses de valeur et de choix, et moi je tiendrai à votre disposition les marchandises de vos envois pour les remettre à qui vous l'ordonnerez, puisque ce ne sont pas des articles à flatter le public. [...]
Fallait ma bonne foi et mon intelligence pour réformer une maison, avoir payé toutes ses pertes et vous mettre tout entier dans votre tort. Mr d'Épineville a gardé le silence sur votre peu d'égard et s'occupe de ce qui peut vous rendre service, vous n'avez même pas l'honnêteté de lui renvoyer ses lettres que certainement vous avez reçues. Vous le voyez mal, ainsi que moi, voilà le produit de l'amitié que j'avais et qui n'a jamais varié, toute autre que vous je l'eus envoyé à l'arche de Noé. Pour quoi me privais-je même du nécessaire pour subvenir à toutes ses pertes produites par vos incompétences ? Pesez et réfléchissez et vous confesserez votre erreur, continuons nos opérations et suivez ce que je demande, ne varions plus, tant pis pour le passé, il faut travailler sur nouveaux frais avec ordre et exactitude. Sur votre réponse, j'expédie pour le temps et par le même courrier renvoyez le montant final de tout ce que vous avez envoyé en retranchant la fois qui n'a pas parti, le tout réduit en livres tournois, afin que tout cela se termine, et joignez à ce compte la facture des quincailleries et verreries que vous dites prêtes, attendu que si cela n'était pas convenable, vaudrait mieux n'en pas faire l'expédition pour n'avoir plus de garde magasin sur toute chose. [...]
Jugez si vous avez bien véritablement une bonne maman.
Je vous embrasse de tout mon cœur.

Blakey

Bordeaux, Archives départementales de la Gironde,
Copies de lettres et minutes, 7 B 1111.

Marguerite Blakey, née en 1727, incarne la preuve qu'en dépit d'un contexte juridique à priori défavorable aux femmes mariées, une partie d'entre elles au moins parvient à se faire une place, et non des moindres, dans un environnement pourtant essentiellement masculin ; et cela même après avoir subi les pires atteintes qui puissent être faites à la réputation d'un commerçant.

Un réseau étendu et efficace

Dans une lettre du 2 mars 1775 adressée à Jean-Paul Llagostera, négociant basé à Londres, Marguerite Blakey fait mention à plusieurs reprises d'un certain Bournisien d'Épineville, également négociant ; chacun d'eux l'a largement aidée à « réformer une maison », son fameux Magasin Anglais. Pour comprendre pourquoi leur aide fut nécessaire, il convient de revenir quelque temps en arrière.

En mai 1771, Marguerite Blakey, propriétaire d'un magasin parisien, est arrêtée et conduite au Petit Châtelet où elle reste enfermée jusqu'en janvier 1772. Le motif est une lettre qui l'accuse d'être une « banqueroutière frauduleuse ». Pour échapper à ses difficultés, elle aurait prévu de quitter le pays en emportant avec elle des marchandises pour en priver ses créanciers. Une accusation qui, au-delà du désastre qu'elle représente pour sa réputation, lui fait risquer la peine capitale. Or, au fil des interrogatoires, Marguerite Blakey découvre que le principal auteur de cette lettre est son propre mari, Guillaume Blakey, dont elle est séparée depuis 1762. Heureusement, forte d'un réseau étendu et solide, préalablement constitué et efficacement mobilisé au cours de ses sept mois d'incarcération, la commerçante sort de prison déchargée de toute accusation. Dès sa sortie, elle s'active pour ouvrir un nouveau magasin, non loin du précédent désormais disparu.

Des associations stratégiques

La situation est alors complexe. En tant que femme mariée, et bien que séparée de biens avec son mari, Marguerite Blakey ne peut administrer tout à fait librement ses biens ni passer tous les contrats utiles au bon fonctionnement de son commerce. Avant son incarcération, son mari lui signait les procurations nécessaires : il lui déléguait ainsi officiellement son pouvoir, lui permettant de faire tout ce qu'elle jugeait bon pour le succès du Magasin Anglais. Mais la dernière procuration est révoquée au lendemain de sa sortie de prison ; la commerçante obtenant une séparation de corps peu après, les échanges entre les époux deviennent inexistants. D'Épineville entre alors en scène ; dès 1772, le négociant arrivé de Rouen propose à Marguerite Blakey une association dont on cerne mal les contours, mais qu'elle accepte. À compter de 1773, il signe toutes les procurations dont elle a besoin, remplaçant ainsi son mari disparu et la représentant lors de déplacements ponctuels dans les villes où la réputation de la commerçante a été le plus fragilisée. Pour le reste, il semble que celle-ci se débrouille plutôt bien sans son aide.

Jean-Paul Llagostera, pour sa part, permet de relancer les échanges entre la France et l'Angleterre, autrefois réalisés par les Huntsman, amis de Monsieur Blakey, avec qui la confiance est désormais rompue. Depuis Londres, il se charge de visiter les fabriques et d'envoyer à Marguerite Blakey une sélection de marchandises qu'elle revend à Paris comme ailleurs. Elle lui expédie l'équivalent en marchandises françaises.

Cette lettre, envoyée trois ans après sa sortie de prison, témoigne du succès de son nouveau commerce, Marguerite Blakey ayant su s'entourer efficacement malgré les différentes atteintes faites à sa réputation. Suite à cet échange, la marchandise sera bien envoyée par Llagostera quelques jours plus tard ; leur commerce perdurera jusqu'en 1776 au moins, date à laquelle les sources manquent pour raconter la suite du parcours de cette commerçante exceptionnelle.

Camille Dejardin
Lauréate du Prix Mnémosyne 2017

Pour en savoir plus

Pierre-Yves Beaurepaire (dir.), *La plume et la toile. Pouvoirs et réseaux de correspondance dans l'Europe des Lumières*, Arras, Artois Presse Université, 2002.

Camille Dejardin, *Marguerite Blakey, une femme entrepreneure au xviii*e *siècle*, Rennes, Presses universitaires de Rennes, 2019.

Clare Haru Crowston, *Credit, Fashion, Sex. Economies of Regard in Old Regime France*, Durham, Duke University Press, 2013.

Yves F. Zoltvany, « Esquisse de la coutume de Paris », *Revue d'histoire de l'Amérique française*, vol. 25, n° 3, 1971, p. 365-384.

11. Propriété et espaces économiques des femmes

(Piémont, XVIIIe siècle)

Par la présente écriture privée, qui pourra être enregistrée à la demande de l'une des parties sans l'intervention de l'autre partie, monsieur Michele Chiappino du lieu de Racconigi fut Gio Batta, déclare qu'il s'est marié avec madame Margherita Certosa du vivant Rajmondo, à laquelle à l'occasion du mariage fut, par instrument du 29 juillet 1781 [...], constitué et payé la dot de 200 livres, en plus du trousseau de la valeur de 60 livres, et puisque la même (Margherita) avec le consentement et bonne volonté de son père, est restée vivre quelques années avant son mariage dans cette ville, où elle a travaillé et fait négoce de bave de soie avec ses économies elle a réussi à mettre de l'argent de côté, dont elle a prêté 250 livres et ensuite autres 171 livres, 17 sous et 6 deniers à son mari [...] et puisqu'elle a continué son négoce depuis ce temps, a aussi employé les revenus qu'elle eut du même travail pour acheter plusieurs meubles qui forment au présent la décoration décente de la maison, de sorte que leur reconnaissance et évaluation a été établie à 191 livres, une telle note doit être insérée au bas de cette écriture.

Et bien que ledit Chiappino ait également voulu faire preuve de la bonne foi qui s'impose, il s'est donc rendu aux comptes des sommes d'argent reçues de ladite épouse à différentes époques et il s'est reconnu débiteur également de 187 livres, 2 sous et 6 deniers et cela en outre du contenu d'une précédente écriture d'obligation du 7 décembre 1870, et toutes ces sommes, y compris les meubles et les lingeries, forment la somme de 800 livres, tous cela dû à sa femme en raison des biens paraphernaux, cela séparés de ses dots [...].

Pour laquelle somme M. Chappino, voulant mettre sa femme en sûreté sur tous ses biens, et en particulier sur son magasin de bave de soie avec une hypothèque spéciale sur celui-ci, se constitue débiteur [...] s'étant avoué débiteur desdites sommes en présence des témoins [...] il s'oblige à restituer lesdites sommes en espèces et en ce qui concerne la lingerie et les meubles, à les restituer et à les faire restituer soit en espèce, soit en nature, en paix et sans litige [...].

À Turin, le 3 septembre 1786

(Note des effets et de la lingerie et des vêtements estimés au-dessous)

(Note du mobilier et de la literie estimés au-dessous)

Archives d'État de Turin, sez. riun., *Scritture private*, vol. 5400, ff. 623r-624v (traduit de l'italien par Beatrice Zucca et modernisé par Cécile Beghin).

Cette reconnaissance de dette passée à Turin en septembre 1786 entre Michele Chiappino et sa femme Margherita Certosa en présence des deux témoins permet de s'interroger sur l'origine, la nature et l'utilisation de la propriété féminine dans le Piémont et le reste de la péninsule italienne à l'époque moderne.

Dot et paraphernaux : des statuts différents

Cette écriture privée nous informe en effet que Michele a reçu, à titre de crédit, de la part de sa femme plusieurs sommes successives : d'abord un versement de deux cent cinquante livres, puis encore cent soixante et onze livres, et enfin un dernier versement de cent quatre-vingt-sept livres. Il reconnaît en outre que son épouse a acheté des meubles pour leur maison, dont la liste est fournie à la fin de l'acte notarié, pour une valeur de cent quatre-vingt-onze livres. Au total donc, Michele se reconnait débiteur envers sa femme de huit cents livres, qu'il s'engage à rembourser à sa demande, ainsi que devoir lui rendre les linges et les meubles qu'elle a achetés. D'où proviennent ces sommes d'argent et quelle est leur nature juridique ? Dans les dernières lignes du document, le mari qualifie ces sommes de « biens paraphernaux », mot qui désigne les biens propres que les femmes peuvent avoir hérités de leur famille d'origine, reçus à titre de donation ou économisés grâce à leur travail. En théorie, les paraphernaux demeurent en pleine propriété aux femmes et elles peuvent en disposer librement et intégralement pendant leur vie conjugale. Leur statut est donc totalement distinct de celui des biens dotaux qui correspondent à la part du patrimoine familial apportée par l'épouse au moment du mariage, destinée aux héritiers, gérée par le mari pendant la vie conjugale et restituée à la veuve à la mort de son époux ou à sa famille en cas de mort prématurée de l'épouse. Le document isole clairement la dot de Margherita, dont le montant s'élève à deux cents livres auxquelles s'ajoute un trousseau de soixante livres, des sommes prêtées à son mari sur ses biens propres.

Un apport essentiel à la fortune familiale

Le document nous apprend également que cet apport financier féminin est le résultat du travail de Margherita, laquelle, déjà avant son mariage et avec le consentement de son père, s'est employée dans la production et le commerce de bave de soie. Grâce à cette activité, elle a pu économiser de l'argent, devenir la créancière de son mari et acheter le mobilier nécessaire à leur vie commune et à la « décoration décente » de leur maison. Il s'agit donc d'un témoignage direct de l'origine et de l'emploi des biens paraphernaux, offrant la preuve de la contribution essentielle des paraphernaux dans l'économie familiale, en sus du capital dotal. Il nous permet d'observer que les couples étaient bien conscients des différences de statut entre biens dotaux et biens paraphernaux et des engagements financiers qu'ils impliquaient. Pourtant, une telle source est rare dans les archives historiques et il est probable que l'utilisation des biens extra-dotaux – paraphernaux ou revenus du travail des femmes mariées – ait généralement eu lieu sans aucune reconnaissance officielle, et encore moins écrite, entre les parties. En effet, à l'époque moderne, la majorité des femmes issues des milieux intermédiaires ou du bas de l'échelle sociale ne laissent qu'exceptionnellement des traces de l'existence et de l'utilisation de biens paraphernaux. Dans le cas qui nous occupe, il est possible que les époux Chiappino aient décidé de faire rédiger cet écrit en raison de l'importance de la somme en jeu et de l'origine sociale de Margherita, puisqu'elle était probablement la fille d'un marchand de soie, membre de l'élite économique de la ville de Turin.

Une dégradation de la capacité économique des femmes

La rareté d'un tel document, y compris au sein des groupes sociaux et professionnels aisés, semble également confirmer qu'à l'époque moderne, et plus spécifiquement pendant la première moitié du XVIIIe siècle pour la Savoie et le Piémont, la capacité économique et juridique des femmes à contrôler et à disposer de leurs biens se dégrade, alors que se renforce la transmission patrilinéaire des fortunes. Ce processus d'érosion des espaces d'action économique des femmes est enregistré en Italie depuis l'époque médiévale, lorsque, selon des chronologies et des géographies très différentes dans la Péninsule, les statuts de nombreuses communes ainsi que les pratiques notariales des familles ont entraîné le transfert sur les biens paraphernaux du statut juridique caractéristique des biens dotaux, avec pour conséquence la perte de contrôle de ces biens par les femmes. En effet, au fil des siècles, une partie de plus en plus importante des dots, gérées par le mari pendant la vie conjugale, n'a plus été restituée ni à la veuve ni à sa famille. Cet exceptionnel écrit privé nous montre donc que ces biens féminins, intégrés au patrimoine familial sous forme de prêts, participent à sa gestion (par exemple pour couvrir des dettes ou réaliser des investissements), et que, au moins au sein de l'élite économique urbaine, la conscience de leur origine entièrement féminine et de leur statut juridique-restituable n'est pas encore perdue.

Beatrice Zucca Micheletto
Université de Padoue
DiSSGeA

Pour en savoir plus

Renata AGO, « Oltre la dote. I beni femminili », dans Angela GROPPI (dir.), *Il lavoro delle donne*, Roma-Bari, Laterza, 1996, p. 164-182.

Giulia CALVI et Isabelle CHABOT (dir.), *Le ricchezze delle donne. Diritti patrimoniali e poteri familiari in Italia (XIII-XIX secc.)*, Turin, Rosenberg & Sellier, 1998.

SANDRA CAVALLO, « What Did Women Transmit? Ownership and Control of Household Goods and Personal Effects in Early Modern Italy », dans Moira DONALD et Linda HURCOMBE (dir.), *Gender and Material Culture: Historical Perspective*, Londres, MacMillan, 2000, p. 38-53.

Beatrice ZUCCA MICHELETTO, *Travail et propriété des femmes en temps de crise (Turin, XVIIIe siècle)*, Mont-Saint-Aignan, Presses universitaires de Rouen et du Havre, 2014.

CHAPITRE 5

Travail et esclavage : sortir les femmes de l'ombre

Travail et esclavage : sortir les femmes de l'ombre

Avant le développement de l'histoire des femmes et du genre et les premiers travaux de recherche dans les années 1970, le travail libre ou forcé accompli par les femmes fut totalement invisibilisé dans la recherche historique. Comme l'écrit Sandro Stella en 1996 dans la revue *Médiévales*, «s'il est aisé de saisir l'exploitation de l'homme par l'homme, les repères deviennent mouvants dès qu'on introduit le sexe, l'âge et la rémunération autre que le salaire monétaire». Durant la longue période qui nous occupe, les formes prises par le travail féminin se sont largement déployées au sein de l'espace domestique, volontairement minorées, contraintes, déqualifiées et maintenues hors de tout cadre professionnel. Nulle surprise alors de voir surgir de travaux récents l'ombre de centaines de millions de travailleuses libres ou esclaves, oubliées, au sein de l'espace domestique, dans l'atelier, dans la fabrique ou dans les champs.

Le cadre domestique du travail féminin est posé dès le Néolithique. L'archéologie du genre nous apprend en effet que dans ces sociétés, les tâches sont déjà réparties en fonction du sexe, le rôle nourricier des femmes s'affirmant dans l'effort journalier de moudre le grain. Comme nous l'indiquent les découvertes archéologiques, les travaux des ethnologues et les nombreuses représentations iconographiques depuis l'Antiquité, certaines tâches s'imposent comme réservées aux femmes : le travail de la laine (filage, cardage, tissage) comme plus tard celui de la soie se pratiquent dans la maison individuellement ou collectivement, dans un cadre professionnel ou religieux, mobilisant autant les femmes libres que les domestiques ou les esclaves. Les travaux domestiques sont avant tout réalisés par les femmes, qu'il s'agisse des tâches relatives à l'alimentation, à la culture du potager ou aux travaux agricoles, même si une indéniable spécialisation des tâches s'opère autour de certains gestes, outils et matériaux. De même les femmes sont présentes dans une large variété de métiers artisanaux (alimentation, textile, cuir, métaux précieux) dans lesquels elles travaillent seules ou en famille, mais aussi dans le bâtiment, le commerce, les services ou les professions artistiques. La qualification n'est nullement un obstacle à leur pratique : les sources révèlent l'existence d'artisanes qualifiées dans tous les métiers urbains, mais aussi de femmes médecins durant l'Antiquité et de femmes d'affaires aux époques médiévales et modernes.

L'invisibilisation du travail féminin au sein de l'unité domestique pose naturellement la question du statut de ces travailleuses. Il est nécessaire durant cette longue période de distinguer les travailleuses libres des esclaves, sans oublier les serves du Haut Moyen-Âge, attachées à la terre et travaillant au château. Lorsqu'elles sont libres, les femmes travaillent souvent sans rémunération, en appui de leur père ou de leur époux, dans un cadre familial. Toutefois, les sources permettent d'observer de nombreuses alternatives : des femmes salariées louent leurs services à la pièce ou à la journée et composent un véritable prolétariat urbain ; des maîtresses qualifiées embauchent les serviteurs et les apprentis des deux sexes au sein de corporations masculines ou féminines ; des peintresses et sculptrices sont pensionnées ou rémunérées par contrat. Des veuves, après une vie de collaboration avec leur mari, reprennent seules la gestion de l'ouvroir ou du commerce et poursuivent l'activité conjugale. Premier point commun de toutes ces situations : le travail féminin n'est jamais reconnu à l'égal de celui des hommes par les corporations, à l'exception de celui des veuves, encouragées à poursuivre mais auxquelles les organisations de métier posent des limites. En outre, pour un même niveau de qualification, les rémunérations féminines sont toujours inférieures à celles des hommes et dans les villes du Moyen Âge, les femmes ne peuvent obtenir le statut de «maître» qui donne accès au pouvoir urbain. Dans certains métiers, les tâches demeurent auxiliaires et ne permettent pas aux travailleuses de bénéficier d'une véritable indépendance financière : rares sont les cas, mais ils existent, où le travail féminin devient un métier qualifié qui peut donner une identité et une fierté professionnelle à celles qui le pratiquent.

Parmi les travailleuses invisibles, il est nécessaire de distinguer la situation des femmes esclaves. De l'Antiquité à la fin de l'époque moderne, les femmes comme les hommes sont l'objet d'un trafic terrestre ou maritime organisé à une large échelle en Europe. Prises de guerre ou victimes de la piraterie en Méditerranée, en Afrique, au Maghreb et en Orient, vendues par leur famille dans les régions de la mer Noire, mises aux enchères sur des marchés spécialisés, parfois nées en captivité, les esclaves sont essentielles au fonctionnement de l'économie grecque et romaine ; elles alimentent un système de traite qui évalue à la fois leurs potentialités physiques et sexuelles, qui se poursuit au Moyen Âge et à l'époque moderne. Les esclaves sont recherchées pour exercer les tâches domestiques les plus dures dans les maisons, dans les villes et dans les champs, mais aussi pour le plaisir de leur maître. Les sources documentaires informent sur le cadre juridique, le statut, la valeur, les modes de circulation de ces esclaves, mais aussi parfois sur leur situation familiale et sur les faibles marges de manœuvre dont elles disposent pour améliorer leur situation ou retrouver la liberté. L'exploitation durant des siècles de ces millions de femmes devenues légalement chrétiennes et européennes demeure encore largement un impensé historique.

Cécile BÉGHIN

1. Agriculture et division sexuée du travail

(Île-de-France, Néolithique)

Meule dormante et molette néolithiques,
musée d'Archéologie nationale de Saint-Germain-en-Laye.

Femme meulant, dessin de B. Clarys.

Vers 9500 av. J.-C., le mode de vie néolithique émerge dans le Croissant fertile pour ensuite se diffuser en Anatolie, dans les Balkans et en Europe. À partir de 5500 av. J.-C., la culture du Rubanée est à l'origine de l'expansion de la sédentarité, de l'élevage et de l'agriculture, de l'actuelle Hongrie jusqu'au Bassin parisien, où elle s'achève vers 4900 av. J.-C. Dans cet immense territoire, la culture des blés vêtus, dont les grains sont recouverts d'une enveloppe, domine très largement, avec l'engrain et l'amidonnier. Concernant l'élevage, le bœuf, le mouton, la chèvre et le porc sont les quatre principales espèces domestiques exploitées. Le monde sauvage n'est cependant pas abandonné puisque la chasse au grand gibier se perpétue.

Une division sexuée des rôles productifs

Ce panorama économique brossé à grands traits pose la question de la division sexuée du travail et du rôle des femmes néolithiques dans les activités productives. Les analyses ostéologiques et chimiques effectuées sur les ossements humains de cette période montrent que l'alimentation des populations comprenait une part importante de féculents, dont probablement des bouillies à base de farines. La préparation de tels mets implique plusieurs stades, dont celui de la mouture des matières premières à l'aide d'ustensiles comme la meule dormante et son broyon que nous étudions et qui ont été retrouvés en grand nombre dans les habitats et les cimetières. L'analyse des traces conservées sur ces objets montre qu'en contexte domestique, ils étaient en majorité utilisés pour le décorticage des grains de blé vêtu et leur transformation en farine.

Une forte implication féminine dans le traitement des céréales

L'anthropologie sociale enseigne que les tâches de mouture étaient prises en charge par les femmes dans la plupart des sociétés traditionnelles utilisant la meule dormante. Pour le Rubané, un indice archéologique vient à l'appui de cette hypothèse. En effet, une étude ostéologique d'un vaste *corpus* de femmes de cette culture met en relief la robustesse des bras féminins, dont les attaches musculaires sont comparées à celles des champions d'aviron actuels. Selon les auteurs, ce trait pourrait résulter d'une activité spécifique telle que la mouture à l'aide de meules dormantes. Compte tenu de l'ampleur des marqueurs osseux, les travaux à l'origine de ces stigmates ont dû être répétitifs, soutenus et très fréquents. Ce résultat peut être retenu comme un signe en faveur d'une division du travail, avec une implication forte des femmes dans le traitement des céréales.

Des morphologies de femmes actives

De manière générale, les squelettes des femmes du Rubané révèlent qu'elles étaient actives. L'analyse des attaches musculaires de leurs bras mais aussi de leurs jambes en témoigne. La morphologie de leurs tibias signale que certaines d'entre elles ont pu effectuer de longues marches, peut-être dans le cadre d'activités telles que le soin des animaux et l'exploitation des terres cultivées. Les traces d'utilisation sur les outils qui accompagnent les femmes dans les tombes indiquent qu'elles ont également pu prendre en charge le travail de matières souples, telles que le cuir ou certains végétaux.

Quant aux hommes, les indices relevés sur leurs ossements ainsi que les traces sur leurs outils (herminettes, flèches, etc.) montrent qu'ils étaient plutôt impliqués dans la boucherie, le travail du bois, la chasse et la guerre.

Anne Augereau
Inrap
UMR Temps 8068

Pour en savoir plus

Caroline Hamon, *Broyage et abrasion au Néolithique ancien. Caractérisation technique et fonctionnelle des outillages de grès du Bassin parisien*, Oxford, BAR, International Reports Series 1551, 2006.

Alison A. Macintosh, Roy Pinhasi et Jay T. Stock, « Prehistoric Women's Manual Labor Exceeded that of Athletes through the First 5500 Years of Farming in Central Europe », *Science Advances*, n° 3, 2017 [en ligne].

Alba Masclans, Penny Bickle, Caroline Hamon et Christian Jeunesse, « A Sexual Division of Labour at the Start of Agriculture? A Multi-proxy Comparison through Grave Good Stone Tool Technological and Use-wear Analysis », *Plos One*, April 14 (1), 2021 [en ligne].

Sébastien Villotte et Christopher Knüsel, « "I Sing of Arms and of a Man...": Medial Epicondylosis and the Sexual Division of Labour in Prehistoric Europe », *Journal of Archaeological Science*, n° 43, 2014, p. 168-174.

2. Femmes au tissage

(Étrurie, VIIe siècle av. J.-C.)

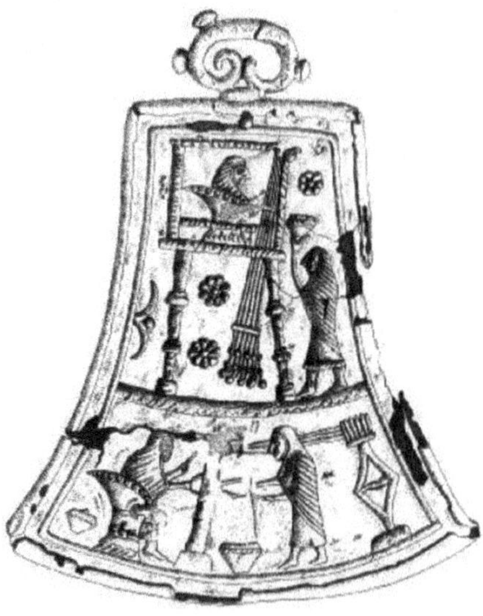

Tintinnabulum de bronze, 630 av. J.-C., nécropole de l'arsenal militaire de Bologne, tombe n° 5 ou « Tombe des Ors », Musée civique archéologique de Bologne, inv. 25676.

Ce pendentif de bronze constitue la pièce la plus remarquable du prestigieux mobilier féminin découvert dans la « Tombe des Ors », avec une paire de serre-nattes, une fibule décorée d'animaux fantastiques, un somptueux collier en ambre, quelques amulettes de faïence et des outils de tissage. Le style des représentations et la typologie du contexte s'inscrivent dans l'horizon culturel dit « orientalisant », un langage figuratif qui se répand en Grèce, en Italie et dans d'autres aires de l'Europe antique au VIIe siècle av. J.-C.

Le tissage, une activité prestigieuse

Si la forme de clochette du pendentif renvoie à un usage rituel, c'est surtout le décor figuré, disposé en deux registres parallèles sur chaque face, qui fait l'intérêt de l'objet, puisqu'il apporte des informations précieuses sur le statut et sur les activités féminines dans les sociétés anciennes. Sur la première face, dans le registre inférieur, deux femmes assises sur des trônes enroulent le textile autour des quenouilles, à savoir des bâtons pourvus d'une extrémité globulaire. Sur le registre supérieur, une femme richement habillée déroule et file la matière textile. Sur la deuxième face, en bas, un personnage féminin richement paré, assis sur un trône décoré, reçoit d'une femme débout le fil préparé pour le tissage ; en haut, une autre femme débout, soigneusement vêtue, présente un vase rempli de fil à tisser à une femme assise sur un trône (à son tour hissé sur un haut piédestal) qui travaille à un métier à tisser vertical. Tout le cycle du tissage est ainsi décrit, avec un soin particulier des détails. Les vêtements sont raffinés, les gestes élégants, les postures solennelles : il ne s'agit en rien de représentations réalistes. Seules apparaissent ici les étapes significatives du cycle de production, avec une logique précise malgré les détails incongrus. En effet, s'il est peu probable que les femmes étrusques filaient et tissaient richement vêtues et assises sur des trônes, ces derniers sont comparables aux exemplaires rencontrés dans divers mobiliers (tel le célèbre trône en bois d'une tombe de Verucchio) ou par les reproductions miniaturisées en bronze et en argile. Ces éléments visent donc à souligner le statut élevé des personnages et projettent une aura de noblesse sur l'activité du tissage.

D'autres observations ressortent de l'agencement de la scène : les femmes représentées travaillent en « chaîne opératoire » tout en respectant une hiérarchie précise des rôles. En surplombant la scène se trouve un personnage en train de tisser : il s'agit de l'opération dominante, confiée aux femmes de plus haut rang et de plus grand savoir technique.

Une activité féminine symbolique et lucrative

Le tissage est l'une des occupations les plus souvent documentées pour les femmes de l'Antiquité, à la fois comme activité de subsistance ou de prestige. Ces deux aspects sont déjà évoqués au VIIIe siècle par Homère dans les chants III et XII de l'*Iliade*, et quelques représentations de femmes au tissage, gravées ou peintes, sont attestées de l'Adriatique méridionale jusqu'à l'Europe centrale.

Prestige symbolique et profit matériel sont toujours présents et entrelacés dans l'activité du tissage. Un vaste circuit économique concerne les matières premières : si la laine est relativement disponible, d'autres matières comme le lin sont importées de pays lointains comme l'Égypte ou la Colchide, dans la Géorgie actuelle. Les pigments sont souvent très coûteux, comme la pourpre venant de Phénicie. La fixation des couleurs exige l'emploi du sel ou d'autres substances, l'alun d'Étrurie ou le natron égyptien.

Une compétence domestique, artisanale et commerciale

Les femmes sont pleinement investies dans ces activités artisanales et commerciales. Dans la Rome impériale, le mot *lanifica*, « celle qui fait la laine », apparaît sur une dédicace funéraire, dans une liste qui dresse le portrait de la défunte en femme idéale : pieuse, pudique, frugale, chaste et attachée à la maison.

Mais le travail se fait, bien entendu aussi en dehors de la maison. En Grèce, on appelle *talasiourgoi* les ouvriers et surtout les ouvrières qui filent, la *talasia* étant « l'art de filer la laine ». À l'époque romaine, l'adjectif *lanipendus/lanipenda* désigne ceux et celles qui pèsent la laine. Fierté des femmes libres, cette activité importante et lucrative a souvent été confiée aux esclaves : plusieurs ouvrières du textile sont mentionnées dans des listes d'affranchies à Athènes entre 330 et 332 apr. J.-C. Ainsi, sans être une activité exclusivement féminine, le tissage a été au fil des siècles l'apanage prioritaire des femmes, ce qui leur a valu des formes de reconnaissance parfois inattendues. Au IVe siècle av. J.-C., Xénophon n'hésite pas à affirmer que dans ce domaine, les femmes ont le droit de commander aux hommes « parce qu'elles savent comment s'y prendre ».

Maria Cecilia D'ERCOLE
École des Hautes Études en Sciences sociales
AnHiMA (UMR 8210)

Pour en savoir plus

Alain BRESSON, *L'économie de la Grèce des cités*, t. 1, *Les structures et la production (fin VIe-Ier siècle apr. J.-C.)*, Paris, Armand Colin, 2007.

Françoise FRONTISI-DUCROUX, *Ouvrages de dames. Ariane, Hélène, Pénélope*, Paris, Le Seuil, 2009.

Margarita GLEBA, *Textile Production in Pre-Roman Italy*, Oxford, Oxbow Books, 2008.

Mario TORELLI, *Il rango, il rito, l'immagine*, Milan, Electa, 2008.

3. Femmes médecins

(Monde grec, Ier siècle apr. J.-C.)

Elle était un médecin réputé, Eutychianè, soignant les hommes, accouchant les femmes. Vlpius Zosas pour sa femme Iulia Eutychianè et lui-même, de son vivant.

Stèle de Dion, Grèce du Nord, fin IIe siècle apr. J.-C., *Année épigraphique*, 2011, n° 1159, p. 469 (traduit du grec ancien par Véronique DASEN).

« Metilia Donata, médecin, a fait don (de ce monument) à ses frais. Emplacement donné par décret des décurions ».

Monument honorifique de Metilia Donata, Lyon, Haut Empire, *Corpus Inscriptionum Latinarum*, Berlin, 1863 XIII 2019 (traduit du latin par Véronique DASEN).

Fille de (...) inus, medica, femme medecin.

Musée archéologique de Metz, Ier siècle apr. J.-C. *Corpus Inscriptionum Latinarum*, Berlin, 1863, XIII 4334 (traduit du latin par Véronique DASEN).

Les préjugés antiques – et modernes – sur l'infériorité « naturelle » des femmes, jugées incapables de gérer des responsabilité, affaiblies par un équilibre humoral fragile, rythmé par les menstruations et les grossesses, ont longtemps biaisé l'évaluation du rôle joué par les femmes dans la pratique médicale en Grèce et à Rome. Des sources variées (écrites, iconographiques, archéologiques) permettent de nuancer la partition des spécialisations selon les sexes. Les femmes ont non seulement été au service d'autres femmes en tant que sage-femmes, mais elles ont aussi soigné des hommes. Comme ces derniers, elles ont bénéficié de différentes formes d'autorité et de reconnaissance sociale hors de la sphère privée.

Une activité thérapeutique féminine en Grèce

En Grèce classique, les contours d'une activité thérapeutique féminine sont imprécis. Le terme le plus ancien, *maia*, désigne des femmes qui gèrent l'accouchement et les soins du nouveau-né dans un cadre familial et privé. On ne sait rien de leur formation, hormis le fait qu'elles sont expérimentées, « fières de savoir couper le cordon », qu'elles ont en principe eu des enfants tout en ayant passé l'âge d'en avoir. Elles peuvent être des proches, des parentes ou des voisines de la parturiente.

Les praticiennes ne sont toutefois pas uniquement des sage-femmes. Les médecins hippocratiques des Vᵉ et IVᵉ siècles av. J.-C. utilisent différents termes pour désigner des « soignantes » (*akestris, iètreuousa*) sans utiliser le terme générique « médecin » (*iatros)* qui pourrait impliquer une formation étendue. La première attestation du substantif masculin *iatros* pour désigner l'activité d'une femme se trouve sur une inscription funéraire de l'époque hellénistique (vers 360-340 av. J.-C.). La défunte, Phanostratè, est désignée comme « sage-femme (*maia*) et médecin (*iatros*) », sans préciser si ses soins ne concernent que des femmes.

Les sources de l'époque romaine attestent de compétences féminines élargies. Un monument funéraire d'époque romaine découvert à Dion, en Grèce du nord (fin IIᵉ siècle apr. J.-C.), porte une inscription honorant la mémoire de Iulia Eutychianè, « d'excellente réputation » (*perikleistos)* qui a soigné des femmes et des hommes, en tant que médecin, *iètèr* (au masculin) pour les hommes, et comme sage-femme, *maia*, pour les femmes. Les deux termes sont utilisés ici en fonction du genre du patient : *maia* désigne les soins donnés spécifiquement aux femmes, *iatros* ceux prodigués aux hommes : la distinction n'est donc pas associée à la qualité de la formation, les sage-femmes s'opposant aux médecins, hommes et femmes, plus qualifiés.

Des *medica* reconnues dans le monde romain

Dans le monde romain, des monuments honorifiques et funéraires apportent des informations similaires, et le rôle des femmes médecins peut être honoré dans l'espace public, même si elles semblent être moins nombreuses que les hommes. Ainsi au Iᵉʳ siècle av. J.-C., la statue d'Antiochis est érigée dans l'agora de Tlos en Lycie (Asie Mineure) sur une base avec une inscription rappelant ses qualités : « Antiochis de Tlos, fille de Diodotos, ayant reçu témoignage du Conseil et du peuple de Tlos pour ses capacités dans l'art médical, *iatrikè technè euperia*, a fait dresser sa propre statue pour elle-même. »

À l'époque impériale, Metilia Donata, citoyenne romaine, est une *medica* assez fortunée pour offrir à ses frais (*de pecunia sua)* à la cité de Lyon (*Lugdunum)* un monument imposant dont seule la base de plus de deux mètres de long est conservée. Des statues s'élevaient sans doute sur cette base, représentant probablement Asclépios et Hygie, divinités grecques de la médecine, et peut-être aussi la *medica* elle-même, à la manière d'Antiochis. Un autre relief funéraire représente la *medica* anonyme de Metz, debout, en pied, dignement drapée dans sa toge, portant dans la main gauche une boîte qui contenait peut-être des rouleaux ou des médicaments, elle aussi désignée comme « femme médecin ».

Autant de figures historiques de femmes instruites, engagées au service de la santé des membres de leur communauté, sans distinction de statut social ni de genre, selon l'éthique médicale antique, et reconnues de manière publique pour leurs compétences.

Véronique DASEN
Université de Fribourg
AnHiMA (UMR 8210)

Pour en savoir plus

Véronique DASEN, *Le sourire d'Omphale. Maternité et petite enfance dans l'Antiquité*, Rennes, Presses universitaires de Rennes, 2015.

Véronique DASEN, « L'*ars medica* au féminin », *Eugesta, Revue sur le genre dans l'Antiquité*, n° 6, 2016, p. 1-40.

Rebecca FLEMMING, *Medicine and the Making of Roman Women: Gender, Nature, and Authority from Celsus to Galen*, Oxford, Oxford University Press, 2000.

Helen KING et Véronique DASEN, *La médecine dans l'Antiquité grecque et romaine*, Lausanne, IHMSP, 2008.

4. Des fileuses affranchies dans un sanctuaire de Macédoine

(Grèce, IIe apr. J.-C.)

Argaios était le roi des Macédoniens, Galauros des Taulantiens. Les Taulantiens firent une expédition contre les Macédoniens. Argaios – il n'avait en effet qu'une petite armée – ordonna que les jeunes filles macédoniennes, quand les ennemis feraient avancer leur phalange, leur apparaissent depuis la montagne de Béroia. Ceux-ci s'avançaient. Elles, de leur côté, apparurent et descendirent de la montagne, masse de jeunes filles agitant des thyrses en guise de lances et ombrageant leur visage avec des couronnes de feuillage. Galauros fut stupéfait, croyant de loin que les jeunes filles étaient des hommes, et il donna discrètement le signal de la retraite. Alors les Taulantiens s'enfuirent après avoir jeté leurs boucliers et abandonné les bêtes de somme. Ayant remporté la victoire sans combattre, Argaios élèva un sanctuaire à Dionysos Pseudanôr, et il ordonna personnellement que l'on appelle Mimallones, à cause de leur imitation des hommes, les jeunes filles que les Macédoniens appelaient Klôdônes.

Polyen, *Stratègèmata*, 4, 1
(traduit du grec ancien par Paul GOUKOWSKY).

Pesons, musée archéologique de l'Agora, Athènes, IVe siècle av. J.-C.

Les fileuses du mythe

La région du Mont-Bermion et de Béroia joue un rôle central dans les mythes et croyances macédoniens. Polyen, écrivain macédonien du IIe siècle apr. J.-C., rapporte un mythe à son sujet. De nature étiologique, il explique les origines d'une pratique, en l'occurrence, sans doute, un rite d'intégration des adolescentes dans le groupe des femmes adultes. Dans ce récit, les jeunes filles, qui s'inscrivent dans un contexte dionysiaque, adoptent une tenue militaire pour se battre contre des hommes. Ce qui nous intéresse ici, c'est la transformation de l'apparence des Klôdônes – les jeunes filles –, et surtout le changement de leur nom qui, selon l'analyse linguistique des philologues, serait l'équivalent macédonien de *klôthônes*, les fileuses. D'ailleurs, concernant leur nouveau nom, celui de Mimallones (« celles qui imitent les hommes »), on a également proposé une racine provenant de *mallos*, la laine. Quoi qu'il en soit, on peut retenir que les fileuses deviennent des femmes matures au terme d'une épreuve qui implique le renversement du genre et une sorte de travestissement.

Les fileuses de l'histoire

La relation des jeunes filles avec le tissage pendant la puberté est déjà connue des historiens et historiennes du monde grec antique. Le corps des femmes est, pour les Grecs, le corps habillé par excellence (alors que la nudité est réservée aux hommes) et, pour la jeune fille, la voie pour devenir une femme. Ainsi, endosser son rôle d'épouse passe très souvent par la fabrication de tissus.

Dans l'imaginaire macédonien, les pentes sud du mont Bermion sont le lieu où la Mère des dieux Autochtone, assistée par une divinité masculine assimilée à Dionysos, préside à la formation des futurs membres de la communauté civique et assure une activité éducative qui les mène de la maison (*oikos*) à la cité (*polis*). Près de Leukopétra se situe le sanctuaire de cette divinité, qui se trouve sur la route de la transhumance pour les bergers montant des plaines de la Basse Macédoine vers les alpages du mont Bermion. Les fouilles menées dans le sanctuaire et la région avoisinante ont révélé des bâtiments et des objets relatifs au tissage, par exemple des poids, ou pesons, ainsi qu'un grand nombre d'inscriptions. Il s'agit surtout d'affranchissements par consécration ou par donation à Autochtone d'esclaves appartenant à des maisons (*oikoi*) de la cité de Béroia, probablement des enfants illégitimes nés de l'union du maître avec une esclave, quand ce ne sont pas des enfants trouvés et élevés (*threptoi*) dans une famille, dont le statut se situait entre celui de l'esclave et celui de la personne libre.

Affranchies et travailleuses

La moitié des personnes citées dans ces inscriptions n'avaient pas plus de douze ans et, dans leur majorité, étaient de sexe féminin. Leur âge et leur statut sont loin d'être toujours clairs, mais, dans la plupart des cas, on parle d'enfants (*paides*, *paidia*, *paidaria*, *paidiskai* et *korasia*). L'acte de consécration d'une esclave à la divinité entraînait d'habitude automatiquement sa libération. Dans certaines activités, comme l'industrie artisanale, il était courant d'avoir des hommes et des femmes esclaves ou libres travaillant côte à côte sans distinction.

La multiplication des affranchissements collectifs à Leukopétra semble faire partie d'une même évolution tendant à substituer au travail servile le travail fourni par des personnes libres mais dépendantes. Une large population d'esclaves sacrés travaillait pour le compte du sanctuaire et à son profit, fournissant une activité et une production qui se faisaient sur place et qui étaient liées au tissage. Mais à l'époque romaine, il est très probable que cette activité de fabrication de tissu ait été poursuivie non plus par des jeunes filles de naissance libre, comme c'était l'usage à l'époque hellénistique, mais par des esclaves affranchies. En effet, le sanctuaire était le lieu qui, par le noviciat, garantissait la transition d'un statut à un autre, et finalement l'intégration au corps social. Si, pour les jeunes filles de naissance libre, la période du filage était réduite, pour les affranchies, il pouvait durer davantage et même toute leur vie. On connaît ainsi une inscription où il est indiqué que les affranchies devront rester sous la tutelle de leur ancien maître ou de celle du sanctuaire.

Sur leur chemin vers la citoyenneté, les femmes affranchies devaient s'adonner aux activités de filage et de tissage et leur production était gérée par l'administration du sanctuaire. D'après les informations fournies par le sanctuaire de Leukopétra, les jeunes filles et les jeunes femmes ne deviennent citoyennes qu'après une longue période d'apprentissage et de service.

Elias Koulakiotis
Université de Ioannina
AnHiMA (UMR 8210)

Pour en savoir plus

Louise Bruit-Zaidman et Pauline Schmitt Pantel, « L'historiographie du genre : état des lieux », dans Violaine Sebillotte Cuchet et Nathalie Ernoult (dir.), *Problèmes du genre en Grèce ancienne*, Paris, Publications de la Sorbonne, 2007, p. 27-48.

Miltiade Hatzopoulos, *Cultes et rites de passage en Macédoine*, MELETHMATA 19, Athènes, 1994.

P. Petsas, M. Hatzopoulos, L. Gounaropoulou et P. Paschidis, *Inscriptions du sanctuaire de la Mère des Dieux Autochtone de Leukopétra (Macédoine)*, Athènes, Éditions FNRS, 2000.

5. Travail servile féminin dans un grand domaine agricole

(Abruzzes, IXe siècle)

Esclaves hommes au manoir de Forcona. Perto, palefrenier et son épouse. Fileradus, forgeron. Grossulus, cuisinier. Valerius et Ursus, boulangers. Teudipertus, jardinier. Moppolus, Maiulinus, Ursus avec son épouse Proda et Guistrulus, jardiniers. Furconinus fils de Guistrulus, Augustus, Ancarius.

De même, enfants mâles : Guilipertus fils de Fileradus, Lupulus fils de Boniperga, Isimundus fils de Gaideperga, Ursulus fils de Tudiperg, Aviolus fils de Bonula, Filipertus fils de Filierga, Adelpertus fils d'Albula, Petrus fils de Formosa, Zoto fils de Petro, Elenus fils de Godiperga, Arimod fils d'Ours.

Les esclaves qui travaillent bien :

Rimiperga, Laudula, Maura, servante de Dieu, Gundi, servante de Dieu, Lupa Anetula, Perga, Bona, Honorata, Acciana, Eufemia, Auteldi, Decorata, Gualdeperga, Maria, Ermula, Filiperga, Adelperga, Candida, Rusua, Bona, Iusta, Roda, Mauperga.

Celles qui travaillent mal :

Gundiperga, Aldula, Gundiperga, Guiniperga, Rdileupa, Lupa. Une autre Lupa, Formosa. Une autre Formosa, Autiperga, Landiperga, Gundula, Ermula, Ursula, Itzeperga, Lunicunda, Perterada, Roda, Anastasia, Polla, Tina, Teudiperga, Fileperga, Bardola, servante de Dieu, Treuscuna, Gisa. Ces trois sont vieilles.
Les enfants filles. Sindiperga fille de'Ermiperga, Bona fille d'Acciana, Ladeperga fille de Barda, Fuscula fille de Rodiperga, Gisula fille de Lunicunda, Autula fille de Bonula ; Casula, Pergula, Proda, Ursula fille d'Ursus le jardinier.

Le prêtre du manoir détient trois de nos esclaves : Candida, Gutula, Godelinda.

Liste des esclaves prébendiers au manoir de Forcona, possession de S. Maria di Farfa, IXe siècle, dans M. T. MAGGI BEI (éd.), *Il « Liber Floriger » di Gregorio da Catino*, Rome, 1984, p. 190-191 (traduit de l'italien par Laurent FELLER).

Le document présenté est extrait d'une très longue liste établie au monastère Santa Maria de Farfa, en Italie centrale, sans doute dans le dernier tiers du IXe siècle. Elle a été jugée suffisamment importante pour être recopiée de nombreuses fois et intégrée dans deux cartulaires produits à Farfa au début du XIIe siècle ainsi que dans la chronique du monastère.

Des noms, des familles

Cette liste comporte les noms de tous les esclaves, hommes, femmes et enfants, possédés par l'établissement dans la partie occidentale des Abruzzes, ainsi que la nature et le nombre de leurs animaux de trait. Les extraits proposés montrent un exemple de tenure et une anomalie, la population du manoir (la *casa* du domaine). Contrairement aux polyptyques, cette liste ne donne aucune indication sur les surfaces détenues par les exploitants ni sur le prélèvement opéré par le seigneur sur les tenures.

Des familles entières et une partie de leurs moyens de production sont présentées sur la liste. Celle-ci donne ainsi de très précieuses indications sur la composition de la famille paysanne du haut Moyen Âge, ainsi que sur le lent mouvement de croissance démographique à l'œuvre depuis l'époque carolingienne. Il montre la capacité des abbés à intervenir sur la structure familiale. Ainsi, pour assurer la continuité de l'exploitation, ils obligent les couples stériles à adopter un homme qui emménage chez eux avec son épouse. Leur intervention ne se limite pas à cela : ils imposent des déplacements aux paysans en les envoyant défricher de nouvelles terres et, surtout, ils obligent un grand nombre de jeunes filles à résider au manoir, les séparant ainsi de leur cadre familial.

Du fait de son organisation, la liste des esclaves de Farfa permet de proposer une solution à une énigme commune à toute la documentation comptable carolingienne, celle du déséquilibre entre les sexes, les femmes y étant toujours moins nombreuses que les hommes. Le document n'échappe pas à cette règle. Pris dans son entier, il livre mille cent soixante-huit noms de personne, dont six cent vingt-neuf hommes et cinq cent trente-neuf femmes, c'est-à-dire un taux de masculinité de cent dix-sept hommes pour cent femmes. Toutes sortes d'hypothèses ont été émises pour expliquer cette situation anormale, dont celle de l'infanticide sélectif des filles – hypothèse rejetée avec vigueur par la majorité des spécialistes avec des arguments assez solides. L'hypothèse la plus communément retenue est celle d'un sous-enregistrement des femmes : les épouses venues d'autres domaines ou n'étant pas serves de statut ne seraient pas mentionnées.

Prépondérance des femmes au manoir

La liste de Farfa correspond toutefois à un autre cas de figure car le dénombrement des esclaves est étendu au manoir, dans lequel le déséquilibre des sexes est inverse : on y compte cinquante-sept femmes pour quatorze hommes, soit un taux de masculinité de vingt-cinq hommes pour cent femmes. On dénombre également vingt-quatre enfants, onze garçons et treize filles, ce qui rentre dans les limites de la normalité.

Pour comprendre cette situation, il faut se représenter ce que sont les grands domaines de l'époque carolingienne. S'ils permettent d'abord d'assurer la couverture des besoins alimentaires des aristocrates et de leur entourage, ils fournissent aussi des produits artisanaux, finis ou semi-finis. Des ateliers leur sont annexés et, en particulier, des ateliers de travail du textile, qu'il s'agisse du tissage d'étoffes ou de la couture de vêtements. Ce sont des tâches assignées principalement aux femmes, ce qui explique pourquoi les ateliers domaniaux sont, comme ici, essentiellement peuplés de femmes ; ces dernières sont parfois déjà mères et accompagnées de leurs enfants, parfois encore adolescentes et séparées de leurs père et mère, éloignées un temps de leur fratrie pour résider au domaine avant de retourner sur une tenure en tant qu'épouses.

Dans ce cas particulier, le déséquilibre du *sex ratio* est dû à un effet mécanique né de l'organisation même du domaine où la main d'œuvre est déplacée des tenures au manoir en fonction des besoins de la production artisanale attendue. Il montre la capacité de l'institution seigneuriale à mobiliser les ressources du statut servile en modifiant la composition et la nature de la famille paysanne.

Laurent FELLER
Université Paris 1 Panthéon-Sorbonne
LaMOP (UMR 8589)

Pour en savoir plus

Laurent FELLER, « La population abruzzaise durant le haut Moyen Âge : les conditions de possibilité d'une croissance démographique », dans Rinaldo COMBA et Irma NASO (éd.), *Demografia e società nell'Italia medievale*, Cuneo, Società per gli Studi Storici di Cuneo, 1994, p. 327-349.

Laurent FELLER, *Les Abruzzes médiévales : territoire, économie et société en Italie centrale du IXe au XIIe siècle*, Rome, École française de Rome, 1998, p. 421-435.

Richard RING, « Early Medieval Peasant Households in Central Italy », *Journal of Family History*, n° 2, 1979, p. 2-25.

6. Des femmes sur les chantiers de construction

(Provence, XIVe siècle)

De même, le 11e jour dudit mois [d'avril] maître *Rastinus* a été au travail et il a reçu 8 sous et 4 deniers.
De même le dit jour, sept hommes ont œuvré à creuser la terre, et chacun a reçu 6 sous et 8 deniers. Total, 46 sous et 8 deniers.
De même le dit jour, trois hommes ont œuvré à creuser la terre et chacun a reçu 5 sous. Total, 15 sous.
De même le jour susdit, sept hommes ont œuvré à nettoyer l'église et chacun a reçu 4 sous. Total, 28 sous.
De même le dit jour, cinq hommes ont œuvré à préparer le mortier et chacun a reçu 3 sous 6 deniers. Total 17 sous 6 deniers.
De même le dit jour, quatre femmes ont œuvré à éteindre la chaux et chacune a reçu 2 sous. Total, 8 sous.
De même le dit jour, quinze hommes avec leurs bêtes ont œuvré à nettoyer l'église, et chacun a reçu 7 sous. Total, 5 livres et 5 sous.
De même le dit jour, quatre hommes avec leurs bêtes ont œuvré à nettoyer ladite église, et chacun a reçu 6 sous. Total, 24 sous.
Total de ces journées : 12 livres, 12 sous et 6 deniers.
Total des maîtres, des hommes et des femmes : 27.
Total des bêtes : 19.
[...]
De même, le 28 dudit mois [d'avril] maître *Rastinus* a œuvré et il a reçu 8 sous et 4 deniers.
De même le dit jour, sept hommes ont œuvré à éteindre la chaux, et chacun a reçu 6 sous et 8 deniers. Total, 46 sous et 8 deniers.
De même le dit jour, deux hommes ont œuvré à creuser la terre, et chacun a reçu 5 sous. Total, 10 sous.
De même le dit jour, huit hommes ont œuvré à nettoyer l'église, et chacun a reçu 4 sous. Total, 28 sous.
De même le dit jour, deux hommes ont œuvré à nettoyer l'église, et chacun a reçu 3 sous 6 deniers. Total 7 sous.
De même le dit jour, six hommes avec leurs bêtes ont œuvré à nettoyer l'église, et chacun a reçu 7 sous. Total, 42 sous.
De même le dit jour, deux hommes avec leurs bêtes ont œuvré à nettoyer l'église, et chacun a reçu 6 sous. Total, 12 sous.
De même le dit jour, un homme a œuvré à nettoyer l'église avec sa bête, et il a reçu 5 sous.

Total de ces journées : 8 livres et 3 sous.
Total des maîtres et des hommes : 20.
Total des bêtes : 9.

Regesta avinionensia 158,
fol. 239-313v (archives secrètes vaticanes), abbé Chaillan (éd.),
La vieille église de Saint-Victor de Marseille et le pape Urbain V,
Marseille, Tacussel, 1929.

Abbé de Saint-Victor de Marseille, Guillaume Grimoard, couronné pape en novembre 1362 sous le nom d'Urbain V, engage dès janvier 1363 une importante campagne de fortifications de l'abbaye dont il avait eu la charge. Les travaux, qui durent au moins jusqu'en 1367, nous sont connus par une série de quittances et par un compte couvrant les mois de janvier à octobre 1363. La conservation de ce volume rédigé par Pierre Boquier, bibliothécaire-archiviste du monastère, tient peut-être à une volonté du souverain pontife et de son administration de suivre de près les débuts du chantier, puisque c'est dans le fonds des archives secrètes vaticanes que l'ouvrage se trouve aujourd'hui. Ce document en latin de cent quinze pages a fait l'objet d'une analyse et d'une édition complète de la part de l'abbé Chaillan, en 1929, sous le titre *La vieille église de Saint-Victor de Marseille et le pape Urbain V* (Marseille, Tacussel). Les dépenses de personnel y sont présentées chronologiquement, journée après journée.

Des effectifs féminins volatiles

Nous en donnons ici deux extraits qui correspondent aux rémunérations versées pour les 11 et 28 avril 1363. Comme souvent, c'est sous la forme d'une liste laconique que les intervenants apparaissent. Seul le maître d'œuvre, un certain Rastinus, est nommé, les sans-grades se retrouvant sans nom. La source comptable scinde les effectifs en quatre catégories : « maîtres », pour les ouvriers qualifiés ; « hommes », pour les ouvriers non qualifiés, les manœuvres ; « animaux », pour les transporteurs et leurs bêtes ; « femmes », enfin. Le 11 avril 1363, ces dernières sont quatre à côtoyer quarante-deux hommes ; largement minoritaires, donc, ce qui n'est pas toujours le cas sur les chantiers, en France comme en Allemagne. La singularité des effectifs féminins tient plutôt à leur volatilité. Celles-ci n'apparaissent à Saint-Victor que onze semaines après le début des travaux (le 29 mars) et en disparaissent après le 11 avril.

Une tâche spécifique : préparer le mortier

Elles ne semblent pas se substituer à des hommes mais interviennent à un moment précis : celui du début de préparation du mortier. Le 29 mars, en effet, six femmes portent l'eau pour la chaux et, à partir du premier avril, elles sont de sept à quatre à « éteindre » la chaux. Il s'agit là d'une phase technique délicate, l'hydratation de la chaux vive sortie du four pour la transformer en chaux éteinte s'accompagnant d'un fort dégagement de chaleur et conditionnant la qualité du produit. Les femmes ne sont pas les seules à préparer le mortier sur les chantiers médiévaux, mais les comptabilités françaises, espagnoles ou anglaises nous les montrent régulièrement affectées à cette tâche qui apparaît bien comme une sorte de spécialité. En ce sens, elles n'apparaissent pas uniquement comme un personnel d'appoint.

Hiérarchie professionnelle et différences de rémunération

Les femmes sont, dans le cas qui nous intéresse, les premières chargées de l'extinction de la chaux, relayées ensuite ponctuellement par des hommes. Les causes de leur remplacement ne sont pas précisées, mais la substitution permet d'observer l'impact du genre sur la rémunération versée. Chaque homme employé à éteindre la chaux est, en effet, payé six sous et huit deniers la journée quand les femmes ne perçoivent, elles, que deux sous pour la même tâche, soit moins d'un tiers.

Les femmes apparaissent par ailleurs au bas d'une échelle de salaires qui est loin de placer tous les hommes sur le même pied. « Maîtres », « hommes » et « femmes » ne reflètent pas, en ce sens, de simples catégories salariales. La logique à l'œuvre dans la classification retenue n'est pas uniquement comptable. Alors qu'en cette fin du Moyen Âge une distinction de plus en plus nette se fait entre ouvriers qualifiés et non qualifiés, les femmes apparaissent, malgré leur présence avérée sur les chantiers, exclues du débat, peinant à intégrer ne serait-ce que la catégorie des manœuvres.

Philippe Bernardi
CNRS
LaMOP (UMR 8589)

Pour en savoir plus

Louis F. Salzman, *Building in England down to 1540*, Oxford, Oxford University Press, 1952.

Erika Uitz, *Die Frau in der mittelalterlischen Stadt*, Fribourg-Bâle-Vienne, Herder, 1992.

Sandrine Victor, « Bâtisseuses de cathédrales ? La place des femmes sur les chantiers de construction à la fin du Moyen Âge selon l'exemple de Gérone », *Mélanges de la Casa de Velázquez*, vol. 40, n° 2, 2010, p. 59-72.

P. Bernardi, « Pour une étude du rôle des femmes dans le bâtiment au Moyen Âge », *Provence Historique*, 173, 1993, p. 267-278.

7. Le genre du travail agricole dans un traité médical

(Rhénanie, Lombardie, XVe siècle)

Récolte des choux, *Tacuinum sanitatis* d'Ibn Butlan, enluminé vers 1395 en Lombardie, Paris, Bibliothèque nationale de France, Nal 1673, fol. 27v.

Pâtes, *Tacuinum sanitatis* d'Ibn Butlan, enluminé vers 1450 en Rhénanie, Paris, Bibliothèque nationale de France, Latin 9333, fol. 43.

Au XIe siècle, un médecin chrétien de Bagdad, Ibn Butlan, rédige le *Taqwim al-sihha bi al-ashab al-sitta*, c'est-à-dire le « Redressement de la santé par les six causes ». Ce traité d'hygiène décrit en plus de deux cents articles les meilleurs produits d'origine végétale et animale pour l'alimentation de l'homme, de même que les phénomènes météorologiques et les comportements susceptibles d'influer sur la santé. Cet ouvrage, traduit en latin durant la seconde moitié du XIIIe siècle sous le titre *Tacuinum sanitatis in medicina*, connaît au XIVe siècle un grand succès dans les cours aristocratiques. Dix-sept exemplaires latins sont encore conservés dont onze enluminés, qui permettent d'observer la répartition sexuelle des tâches aux champs et à la ferme grâce à leurs illustrations.

Des travaux agricoles différenciés selon le sexe

Parmi les produits qui favorisent une bonne santé, plusieurs sont en rapport avec l'agriculture. Les céréales, fruits, légumes ou aromates sont illustrés par des scènes de récolte, tandis que d'autres rubriques évoquent les produits issus de l'élevage, de la pêche et de la chasse. Certaines activités agricoles, en raison de leur pénibilité, sont systématiquement réservées aux hommes : c'est le cas du foulage du raisin, du battage au fléau, mais aussi de la garde du bétail, réalisée à distance de la ferme. Au contraire, les femmes ont exclusivement en charge du poulailler : elles nourrissent les volailles et récoltent les œufs.

D'autres tâches agricoles sont partagées entre les hommes et les femmes. Ainsi, lors des récoltes des raisins – et des fruits en général – comme des légumes, la contribution féminine est particulièrement appréciée ; au potager comme au verger, la paysanne arrache des navets ou cueille les amandes. Mais si la récolte nécessite le maniement d'un outil, le paysan apporte son aide : c'est avec une bêche que l'homme extrait les raiforts que la paysanne nettoie au fur et à mesure. Ce sont les hommes qui transportent les hottes, lourdement chargées de choux, que remplissent les femmes. Si la coupe des blés à la faucille est effectuée par un homme, celle des céréales dites « mineures » revient presque toujours aux femmes : on peut ainsi voir sur une enluminure une paysanne accompagnée de sa fille détacher les épis de panic à l'aide d'un couteau. Les paysannes ont également la responsabilité de récolter la plupart des légumineuses : dans plusieurs *Tacuina*, une jeune fille cueille à la main les fèves ou les pois chiches.

Les tâches dites mineures, demandant peu d'expérience mais beaucoup de patience, sont plus particulièrement réservées aux paysannes, par exemple lutter contre les animaux nuisibles. Une illustration nous montre une femme chassant avec sa quenouille les oiseaux qui mangent les grains de millet.

Travail textile et domestique : des tâches féminines

En effet, la quenouille avec ses fuseaux quitte rarement la paysanne : elle est passée sous sa ceinture quand elle se rend au potager, va faire ses achats ou lors de la veillée autour du feu. Il faut dire que le filage de la laine est l'occupation emblématique de la paysanne médiévale, à l'image du verset biblique : « Quand Adam bêchait, Ève filait. » Plus concrètement dans le cadre familial, la transformation des fibres textiles, lin ou chanvre, est presque exclusivement réservé aux femmes, qui peignent et cardent les tiges.

Aux femmes incombent également la plupart des tâches proprement domestiques. Elles approvisionnent la maison en eau et conservent ou transforment des produits alimentaires. Les enluminures montrent une paysanne préparer la moutarde en actionnant la manivelle d'un petit moulin à bras, veiller à faire sécher l'amidon pour préparer les pâtes ; une compagne pétrit un pâton avant de l'étirer, une autre fait sécher sur de longues claies la pâte découpée.

Enfin, les femmes sont chargées des préparations culinaires : à la rubrique « Viandes frites salées », une paysanne découpe une tranche de lard que sa compagne fait frire à la poêle, et pour illustrer le « Brouet de pois chiche », elle tourne patiemment une cuillère dans le chaudron suspendu à la crémaillère.

Une hiérarchie entre les sexes

Les enluminures médiévales sont d'abord des représentations symboliques qui cherchent à retranscrire la hiérarchie qui s'établit entre les sexes. Cependant, le *Tacuinum*, par sa dimension médicale, nous livre de précieuses informations sur la répartition des rôles et sur les tâches dévolues aux femmes dans les campagnes. Les nombreuses illustrations mettant en scène des couples ou des groupes, genrés ou mixtes, confirment en outre la dimension collective et conjugale de la plupart des activités agricoles.

Perrine Mane
CNRS
CRH (UM 8558)

Pour en savoir plus

Perrine Mane, *Le travail à la campagne au Moyen Âge : étude iconographique*, Paris, Picard, 2006.

Carmélia Opsomer, *L'art de vivre en santé : Images et recettes du Moyen Âge*, Liège, Éditions du Perron, 1991.

Daniel Poirion et Claude Thomasset, *L'art de vivre au Moyen Âge*, Paris, Philippe Lebaud, 1995.

8. Sur les traces de l'esclave Celia...

(Languedoc, XVe siècle)

Confirmation de vente de l'esclave Celia le 6 juin 1425

La même année sous le même règne, le 6 juin, que tous sachent que moi, Pierre Alberti, marchand de Perpignan [...] certifie la vente d'une esclave m'appartenant nommée Celia réalisée par Pierre Augustin, marchand de Perpignan et mon procurateur institué devant notaire public de Perpignan cette même année, faite à vous honnête homme Jean Serdan, marchand de Montpellier ici présent, laquelle vente fut enregistrée par Arnaud Vital, notaire royal de Montpellier le 17 novembre 1424. J'approuve et je ratifie tout ce qui a été convenu à l'occasion de la vente au dit Jean Serdan et je promets de ne pas m'y opposer pour quelque cause que ce soit. Je jure etc [...]. Acte à Montpellier, dans la demeure de Jean Serdan en présence de Pierre Beranger, marchand de Perpignan, Jean Conihac [...] et moi Bernard.

Archives départementales de l'Hérault, IIE95-531, fol. 31r

Extrait du testament de Jean Serdan le 27 mars 1425

[...] De même je veux que Celia, mon esclave achetée à Pierre Alberti, marchand de Perpignan, continue à servir ma femme Jeannette jusqu'au jour anniversaire de ma mort pendant deux ans, période après laquelle elle sera libre et franche et de même je lui lègue 10 livres tournois et toutes ses robes, à payer sur mes biens [...]. Acte à Montpellier, dans la demeure du testateur, en présence de Bernard Agasse, hôtelier, Pierre Dauphin, marchand, Seigneur Raoul Cannace, prêtre de Perols [...] et moi Arnaud Vital.

Archives départementales de l'Hérault, IIE95-467, fol. 1v-2r

Vente de Celia à Noble Bernard de l'Oratoire le 16 février 1426

La même année sous le même règne, le 16 février, que tous sachent que moi Jean Serdan, marchand de Montpellier, de mon plein gré, je vends maintenant et pour toujours à vous Noble Bernard de l'Oratoire de Montpellier une esclave de situation servile et captive, en bonne santé et de belle apparence, d'origine bulgare et baptisée répondant au nom de Celia, qui fut jadis à Pierre Alberti, marchand de Perpignan, âgée de 26 ou 27 ans [...] pour la somme de 130 moutons d'or reçue ce jour en or pur devant notaire [...] Et si elle valait plus [...] Je m'oblige sur tous mes biens présents et futurs [...] et moi ledit de l'Oratoire je reconnais avoir reçu de Jean Serdan la dite esclave Celia, je renonce etc, fais quittance [...] jure [...]

Acte à Montpellier, dans la demeure dudit Noble de l'Oratoire en présence de Jean Pincard, courtier, de Jean Ferrand et de Guillaume Pelet, maçons de Montpellier, et moi Arnaud Vital.

Archives départementales de l'Hérault, IIE95-467, fol. 109v.

(textes traduits du latin par Cécile BEGHIN)

Un parcours de traite

L'histoire de l'esclave Celia, achetée, léguée, affranchie puis revendue sur une période de dix-huit mois dans les minutes du notaire montpelliérain Arnaud Vital, est un document extraordinaire, car il est rare de pouvoir suivre ainsi sur le moyen terme le parcours d'une esclave. Elle est cependant très représentative du sort des femmes esclaves venues des confins de la mer Noire pour alimenter une traite fructueuse dans le sud de l'Europe. Cette pratique de l'esclavage domestique féminin a toujours existé autour de la Méditerranée de l'Antiquité au Moyen Âge, mais, à compter du XIVe siècle, la pratique se modifie : les esclaves sont des slaves victimes d'une véritable traite. Vendues par leur famille dans les pays qui bordent la mer Noire, la mer Égée et l'Adriatique (on les dit Tartares, Bulgares, Turques, Russes), elles transitent par les marchés de Caffa, La Tana, Candie ou Raguse, puis sont acheminées vers l'Europe du Sud par des marchands génois ou vénitiens qui les revendent aux marchands espagnols, provençaux et languedociens. À Montpellier, vingt-huit esclaves (cinq hommes et vingt-trois femmes) ont pu être exhumés des archives notariales entre 1372 et 1430, et un testament daté de 1456 mentionnant un legs fait à une esclave indique que la pratique se poursuit longtemps au cours du XVe siècle.

Les femmes esclaves achetées à Montpellier viennent de Marseille, Barcelone et Perpignan par l'intermédiaire de courtiers qui les acheminent à bon port. Les contrats de vente garantie « aux usages de Barcelone » signalent leur état de santé – on redoute les « vices cachés » –, leur origine, la clarté de leur peau et surtout leur âge : on rencontre à Montpellier des femmes de treize à vingt-six ans, une seule de quarante-quatre ans. Tous ces facteurs pèsent sur le prix de l'esclave : les jeunes femmes coûtent cher, plus que les hommes, et les prix s'envolent bien au-dessus de cent francs-or dans la première moitié du XVe siècle. Un second marché est alimenté par des ventes d'occasion car les acheteurs se débarrassent vite de cette marchandise humaine et les esclaves sont revendues ou circulent par testaments et donations, comme nous l'observons pour Celia dans le testament de Jean Serdan.

Tâches serviles féminines

Contrairement aux hommes et femmes esclaves de Perpignan ou de Majorque, utilisés comme main d'œuvre rurale, artisanale ou minière, les esclaves montpelliéraines ne semblent pas destinées à sortir des maisons. Elles pratiquent toutes les activités domestiques au sein de l'*ostal* (maison) de leurs maîtres et doivent se montrer « prêtes à servir à volonté » ceux qui les acquièrent pour toutes les tâches difficiles de la maison, y compris celle de nourrice. Leurs propriétaires hommes et femmes sont des nobles et des bourgeois urbains, des grands marchands, des poivriers, drapiers, changeurs, mais aussi des marchands étrangers ou des officiers royaux parisiens. Nullement indispensables au fonctionnement des maisonnées et particulièrement onéreuses, les esclaves demeurent pour les élites de Montpellier un marqueur social, qui imite les modes de vie des populations de Majorque, de Perpignan ou de Marseille, alors même que la ville est passée sous domination française depuis 1349.

Le phénomène reste cependant marginal et ne semble pas toucher le monde de l'artisanat, au point que le consulat ne prend pas la peine d'adopter une législation en cas de fuite comme cela existe par exemple à Perpignan, où l'on compte 3 % de population servile.

Au bon plaisir du maître

Les maîtres accordent parfois un legs ou un affranchissement à leurs esclaves : une esclave sur quatre retrouvée dans les actes a été affranchie dans le testament de son maître ou lors de son mariage. Cependant, ces démarches ne doivent pas masquer les réalités de l'esclavage domestique : les femmes esclaves sont soumises au bon plaisir de leur maître. Plusieurs contrats de revente évoquent une grossesse, tel celui d'Antoinette, engrossée puis revendue par son maître en 1377, pour un prix quatre fois inférieur à celui des esclaves de son âge, et séparée de son enfant, que sa maîtresse conserve.

Enfin, l'affranchissement, s'il peut déboucher sur un mariage ou une « retraite », peut aussi être conçu comme une étape d'appauvrissement : l'affranchie Marguerite doit ainsi « se donner » au poissonnier montpelliérain Jean Pasteur pour échapper à la misère en 1387.

Cécile Beghin
ICT (UR 337)

Pour en savoir plus

Jean-Claude Hocquet, *Maîtres et esclaves en Méditerranée*, Paris, CNRS Éditions, 2022.

Charles Verlinden, « Notes sur l'esclavage à Montpellier au Bas Moyen-Âge (xiiie-xve siècles) », *Études sur l'Histoire dédiées à la mémoire d'Henri Pirenne*, Bruxelles, 1937, p. 451-469.

Sandrine Victor, *Les fils de Canaan. L'esclavage au Moyen Âge*, Paris, Vendémiaire, 2019.

9. L'apprentissage au féminin

(Venise, XVIe siècle)

Battista, fils de maître Bastian da la Santa de San Vido présent, âgé d'environ 14 ans, s'enregistre pour résider et travailler au métier de batteur d'or en feuille avec *madonna* Anna, veuve habitant à San Sovero, pour sept années, en commençant le jour d'aujourd'hui et s'il est absent un jour il sera obligé de récupérer ; sa maîtresse s'offre à lui apprendre son art ; elle prendra à sa charge ses frais qu'elle soit en bonne santé ou malade, l'hébergera, pourvoira à sa toilette et sa lessive, le vêtira, le chaussera, et à la fin de ce temps lui donnera un coupon de draps, selon l'usage des batteurs d'or allemands.
Maître Bastian son père se constitue garant de tout dommage qu'il pourrait causer.

Archivio di Stato di Venezia, Giustizia vecchia,
Accordi dei Garzoni, busta 112, reg. 152, fol. 160r,
25 février 1582 (traduit de l'italien par Anna Bellavitis).

Corona, fille du feu Bastian da Basan âgée d'environ 13 ans, s'enregistre pour résider et travailler au métier de la fabrication de draps de soie, avec sieur Zuanne de Dorigo allemand pour huit années, en commençant le jour d'aujourd'hui et si elle s'absente un jour elle sera obligée de le récupérer et il s'offre de lui apprendre sa profession, prendra à sa charge ses frais qu'elle soit en bonne santé ou malade, l'hébergera et lui donnera pour son salaire seize, c'est-à-dire 16, ducats ; l'habillement sera au frais de la jeune fille.
Donna Bonora da Basan mère de la jeune fille se constitue garante de tout dommage.

Archivio di Stato di Venezia, Giustizia vecchia,
Accordi dei Garzoni, busta 113, reg. 154, fol. 154,
4 novembre 1591 (traduit de l'italien par Anna Bellavitis).

Lucia, fille de feu sieur Piero Stolfo de Montiron de Rovere, âgée d'environ 16 ans, s'enregistre pour résider et servir aux tâches de la maison et servir à dévider et travailler la soie, qui est le négoce et le commerce de la magnifique patronne, avec qui elle fait accord, c'est-à-dire la magnifique *madonna* Andriana Moresina, fille de feu le magnifique messire Cabriel, pour les huit prochaines années, et en cas d'absence d'un jour elle sera obligée de le récupérer ; sa patronne s'offre à lui apprendre ledit négoce, elle payera ses frais, qu'elle soit en bonne santé ou malade, l'hébergera, pourvoira à sa toilette et sa lessive, et lui donnera pour son salaire dix ducats les trois premières années et vingt ducats par la suite soit au total trente ducats ; l'habillement de Lucia sera à la charge de la magnifique noble femme.
Garante dame Helena veuve de sieur Thomaso da Lorenzo Ale case vechie.

Archivio di Stato di Venezia, Giustizia vecchia,
Accordi dei Garzoni, busta 112, reg. 151, fol. 352,
15 mars 1576 (traduit de l'italien par Anna Bellavitis).

Les trois contrats d'apprentissage rassemblés ici sont conservés dans les archives d'une cour civile vénitienne appelée *Giustizia Vecchia* (la « Justice ancienne »), auprès de laquelle les maîtres et maîtresses de métier devaient enregistrer leurs apprentis. La source est exceptionnelle : plus de cinquante-quatre mille contrats enregistrés entre 1576 et 1772 sont parvenus jusqu'à nous, mais très peu concernent des jeunes filles (sept cent quatre-vingts) et encore moins des maîtresses (cinq cent quatre-vingt-seize). En effet, l'apprentissage était la première étape d'une carrière qui, au moins théoriquement, devait donner accès au titre de maître artisan dans un corps de métier et, dans le cas de Venise comme de la plupart des villes européennes, les corps de métier ouverts aux femmes étaient rares. Néanmoins, ces documents nous offrent une image composite de la réalité du travail féminin dans une capitale de l'époque moderne.

Les caractéristiques des contrats

Les trois documents suivent la même structure : l'apprenti(e), fille ou garçon, s'engage auprès d'un maître ou d'une maîtresse qui l'héberge et en prend soin durant plusieurs années et, à la fin du contrat, elle ou il reçoit une somme à laquelle s'ajoutent, parfois, des outils ou des vêtements. Les trois contrats concernent des jeunes gens originaires de la terre ferme vénitienne sans qu'il soit possible de savoir s'il s'agit d'immigrés ou si la famille est installée à Venise. Les durées des trois contrats sont plus longues que la moyenne vénitienne (cinq ans) alors que les âges de placement des apprentis correspondent à la moyenne, qui est de quatorze ans. Un parent ou une personne originaire du même village que l'apprenti(e) se porte souvent garant, mais on ignore dans le troisième contrat les liens de *donna* Helena avec Lucia.

Le travail féminin dans les ateliers textiles

Le contrat de Battista avec *madonna* Anna met en évidence le cas d'une veuve qui gère un atelier de batteur d'or, où est produite la feuille d'or, utilisée pour fabriquer des fils tissés avec la soie. Comme il s'agit généralement d'un métier masculin, alors que la filature d'or et de soie est un métier féminin, il est probable que *madonna* Anna ait hérité l'atelier de son mari.

Le contrat de Corona avec *ser* Zuanne nous montre une jeune fille qui s'engage auprès d'un tisserand de soie allemand. La présence des femmes dans les métiers de la soie est en effet attestée partout en Europe à l'époque moderne. À Venise, les règlements médiévaux du métier des tisserands de draps et de velours de soie font référence à la présence de filles et de maîtresses, mais, au cours de l'époque moderne, la présence des femmes dans les ateliers fut limitée aux épouses et aux filles de maîtres. Toutefois, une enquête menée en 1753, dans un contexte de crise due à la concurrence de la soierie lyonnaise, révéla que des femmes géraient des ateliers de tissage en toute indépendance. L'année suivante, ce corps de métier fut ouvert aux femmes de toutes conditions, leur permettant ainsi de mener une carrière à l'égal des hommes.

De nobles marchandes de draps

Le contrat de Lucia, originaire de Montiron de Rovere, est particulièrement intéressant. On y voit clairement la confusion, qui caractérisait notamment les contrats de jeunes filles, entre service domestique et apprentissage : elle s'engage à « servir aux tâches de la maison », mais aussi à apprendre le métier de la soie. Sa situation est différente des précédentes puisque Lucia ne s'engage pas auprès d'une maîtresse de métier, mais auprès d'une patricienne de Venise, qui fait « négoce et commerce » de soie. Des femmes nobles actives dans la fabrication et le commerce de draps de soie sont bien documentées dans les sources européennes, en particulier à Cologne à la fin du Moyen Âge, mais sans doute étaient-elles beaucoup plus nombreuses que les sources retrouvées ne le montrent actuellement. Au XVIe siècle, quelques cas ont été repérés à Venise ainsi qu'à Vérone et Vicence, où plusieurs compagnies de fabrication et commerce de draps de soie étaient gérées par des femmes de la noblesse.

Anna BELLAVITIS
Université de Rouen
GRHIS (UR 3831)

Pour en savoir plus

Anna BELLAVITIS, « Apprentissages masculins, apprentissages féminins à Venise au XVIe siècle », *Histoire Urbaine*, n° 15, 2006, p. 49-73.

Anna BELLAVITIS, *Women's Work and Rights in Early Modern Urban Europe*, Londres, Palgrave Macmillan, 2018.

Anna BELLAVITIS et Valentina SAPIENZA, *Apprenticeship, Work, Society in Early Modern Venice*, Routledge Research in Early Modern History, Londres-New York, Routledge, 2023.

Michelle ZANCARINI-FOURNEL (dir.), « Métiers, corporations, syndicalismes », *Clio. Histoire, femmes, sociétés*, 1996/1, n° 3.

10. La lutte d'une ancienne esclave pour la liberté de sa fille

(Espagne, XVIIe siècle)

Cadix, le 5 décembre 1706, j'ai baptisé Nicolasa Maria de la Cruz, née le 6 de ce mois, fille de Manuela de Alcazar, esclave de don Augustin de Soto y Sandoval.
Cadix, le le 10 octobre 1731, Manuela Andrea, affranchie, voisine de cette ville de Cadix, j'octroie mon pouvoir en droit à [...] curé de la Cathédrale, et à [...] avocat, pour me représenter devant tout tribunal pour demander la liberté de Nicolasa Maria de la Cruz, ma fille, qui se trouve sous le pouvoir de dona Andrea de los Rios, voisine de Cadix, avec le nom d'esclave qu'on lui donne indûment.
Le 1er décembre 1731, au nom de Manuela Andrea, affranchie, [je] déclare qu'elle était née dans la maison de don Andrès de Alcazar et baptisée comme esclave. Ensuite elle fut vendue à don Agustin de Soto, chez qui naquit sa fille Nicolasa Maria, baptisée comme esclave [...]. Puis celui-ci vendit la mère et la fille, quand elle était encore bien petite, à l'amiral don Francisco Salmon, et celui-ci les vendit à dona Andrea de los Rios au prix de cent pesos d'argent. Ensuite celle-ci vendit Manuela Andrea à dona Thomasa Perez, voisine de Puerto de Santa Maria, pour 80 pesos, somme qu'ensuite Manuela Andrea a remis à sa propriétaire pour s'affranchir. Maintenant elle veut libérer aussi sa fille, en payant à dona Andrea de los Rios les 20 pesos restant des 100 payés pour elle et sa fille, ce que son ancienne propriétaire refuse d'accepter. [...]
Le 5 août 1732 : au nom de Manuela Andrea, je demande que ladite dona Andrea de los Rios accorde la charte de liberté à Nicolasa Maria, au prix de 20 pesos proposés par sa mère, car on ne peut pas comparer la valeur d'une esclave à n'importe quel autre bien. Il faut aussi rappeler que ladite Nicolasa est née dans cette ville, qu'elle est chrétienne et que par son travail l'esclave elle a largement remboursé son prix d'achat.
Le 26 août 1732 : dona Andrea de los Rios, à cause des soucis domestiques provoqués par ladite Nicolasa [...] j'ai décidé de faire don de l'esclave, gratuitement [...] à l'Hôpital de la Charité de cette ville, à la condition qu'il [...] suive cette affaire devant tout tribunal et juridiction. [...]
Le 6 juillet 1736 : Manuela Andrea, affranchie, mieux instruite sur ce que je dois faire, renonce à l'action en justice et me dit prête à payer pour la liberté de ma fille le prix auquel elle sera estimée actuellement.
12 août 1738 : le Conseil d'administration de l'Hôpital [...] a décidé que Maria de la Concepción, [...] mulâtresse esclave [...] sera expulsée de cette Maison.
Le 12 septembre 1738 : le Conseil d'administration de la Sainte Charité [...] considérant que Manuela Andrea a passé six ans dans l'assistance aux pauvres accueillis dans notre Maison, nous concédons la liberté à sa fille.

Le 19 septembre 1738 : le juge et vicaire général de l'Evêché [...] la déclare libre de tout esclavage.

Archives diocésaines de Cadix, Divers, Divorces, loi 669 : « Procédure engagée pour Manuela Andrea noire pour la liberté de sa fille, année 1731 » (traduit de l'espagnol par Alessandro Stella).

Extraite des *Archives Diocésaines* de Cadix, cette supplique décrit la longue lutte d'une esclave qui, une fois affranchie, se bat pour obtenir la liberté de sa fille, au prix de sept ans de bataille juridique. Bien qu'il ne soit pas dans les compétences de ce tribunal ecclésiastique de mettre fin à un statut servile, des femmes et des hommes ont pu agir à leur petite échelle pour conquérir des espaces de liberté en passant par la voie judiciaire.

Des millions d'esclaves dans l'Europe moderne

Les recherches les plus récentes ont révélé qu'entre la fin du XVe et le milieu du XIXe siècle, entre un et deux millions de personnes ont été esclaves en Europe, en particulier dans le bassin méditerranéen, les villes impériales et les villes portuaires occidentales. À Cadix, comme dans les autres villes andalouses ou portugaises à l'époque moderne, 10 % de la population urbaine était composée d'esclaves d'origine africaine (Noirs, *morenos*), issus de la traite atlantique, ou maghrébins (*berberos, morenos*), issus de la traite méditerranéenne. Leurs maîtres appartenaient à la grande noblesse ou au clergé, mais les esclaves étaient également très présents dans les maisons de la bourgeoisie ou de l'artisanat urbain. Les hommes étaient souvent employés aux tâches les plus dures dans les mines, les plantations et les champs, sur les galères ou les chantiers de construction, mais aussi dans les maisons ; les femmes étaient cantonnées aux tâches domestiques les plus rebutantes, parfois doublées d'un service sexuel.

Racheter sa liberté

Parmi ces centaines de milliers d'esclaves installés ou nés en Espagne, ils et elles furent nombreux à essayer par tous les moyens possibles de se libérer, y compris par l'intermédiaire de la justice. C'est le cas de la protagoniste de cette affaire, Manuela Andrea, née à Cadix en 1686 d'une mère esclave noire. À vingt ans, elle avait accouché d'une fille, Nicolasa Maria, définie mulâtresse (*parda*), donc conçue avec un homme blanc et libre, probablement son maître, don Agustin de Soto. Nicolasa fut toutefois baptisée esclave car, suivant le droit romain, le statut de la mère esclave était transmis à l'enfant, quel que soit celui du père. Des milliers d'enfants esclaves furent ainsi baptisés tous les ans dans les paroisses andalouses entre le XVIe et le XVIIIe siècle. Mère et fille furent d'abord revendues ensemble, puis séparées lorsque dona Andrea de los Rios vendit Manuela à dona Thomasa Perez de Puerto de Santa Maria pour quatre-vingts pesos, en gardant Nicolasa. En 1731, à quarante-cinq ans, après être passée par quatre propriétaires différents comme esclave domestique, Manuela réussit à s'affranchir en remboursant sa dernière maîtresse des quatre-vingt pesos dépensés pour l'acheter. La somme est importante, mais il est probable que Manuela réussit à l'accumuler en se louant comme salariée pour accumuler un pécule dans le but de racheter sa liberté, une démarche fréquente et légale pour les esclaves chrétiens. Il est également possible qu'elle ait été aidée par un réseau d'amis affranchis, ou encore par la confrérie des Noirs de Cadix.

Une longue bataille juridique

Baptisée et probablement fervente chrétienne (elle donne sa procuration à un avocat et à un curé de la Cathédrale), bien intégrée socialement, Manuela Andrea s'adresse au tribunal diocésain à l'aide d'un avocat, car la maîtresse de sa fille refuse de l'affranchir. Cette dernière en effet juge insuffisante l'offre de rachat pour vingt pesos, estimant que le prix d'une esclave de vingt-cinq ans (qui peut atteindre deux cent cinquante pesos) n'est pas comparable à celui d'une esclave d'un an vendue avec sa mère. Cependant, elle se débarrasse dans la foulée de Nicolasa Maria par une donation pieuse à l'Hôpital de la Sainte Charité qui, à son tour, refuse la demande de liberté de la jeune esclave. Il faut attendre six années de plus pour que la démarche de Manuela Andrea aboutisse : Nicolasa est enfin affranchie grâce au travail gratuit réalisé par sa mère pour aider les pauvres malades au sein de l'Hôpital pendant les six dernières années. Le tribunal diocésain, dont nous ignorons l'autorité en cette matière, valide la décision et déclare Nicolasa « libre de tout esclavage » le 19 septembre 1738.

Alessandro STELLA
École des Hautes Études en Sciences Sociales
CRH-CNRS

Pour en savoir plus

Jean-Claude HOCQUET, *Maîtres et esclaves en Méditerranée, xe-xixe siècles*, Paris, CNRS Éditions, 2022.

Paulin ISMARD (dir.), *Les mondes de l'esclavage. Une histoire comparée*, Paris, Le Seuil, 2021.

Alessandro STELLA, *Histoires d'esclaves dans la péninsule Ibérique*, Paris, EHESS, 2000.

Bernard VINCENT, « L'esclavage dans la péninsule Ibérique à l'époque moderne », dans Myriam COTTIAS, Elisabeth CUNIN et Antonio MENDES DE ALMEIDA (dir.), *Les traites et les esclavages : perspectives historiques et contemporaines*, Paris, Karthala, 2010, p. 67-75.

11. Genre et pouvoir dans la soierie lyonnaise

(France, XVIIIe siècle)

Vu au Consulat la requête des maîtres gardes de la communauté des marchands et maîtres ouvriers en draps d'or, d'argent et de soie de cette ville de Lyon, signée par eux et par plus de cent vingt marchands et maîtres de la dite communauté, contenant que depuis douze années il s'est introduit un si grand libertinage entre les filles servant à leur profession, vulgairement appelées tireuses de cordes, que les maîtres sont tous les jours exposés à ne pouvoir point finir leurs ouvrages, par la liberté où sont ces tireuses de s'échapper de leur discipline pour se retirer chez des vieilles femmes et des personnes de mauvaise conduite, où elles tiennent ordinairement leurs coffres et font des entrepôts qui ne sont point souffrables, et d'où elles sortent quand bon leur semble pour aller travailler dans les endroits où ces personnes les placent, sans considération de la nécessité où elles mettent leurs maîtres, de ne pouvoir travailler sans leur petit secours, ce qui cause un notable préjudice aux dits maîtres, et les met souvent hors d'état de s'acquitter des commissions qui leur sont données [...].
Le Consulat, ayant mûrement examiné les moyens et raisons contenues en la dite requête, [...] a ordonné et ordonne, conformément aux susdites requêtes et ordonnances, que défenses sont faites à tous marchands, maîtres ou maîtresses de l'art de la soie, ou travaillant à façon, d'affermer ni d'employer à l'avenir aucune fille tireuse journalière que par année, en leur payant salaires compétents, desquels ils conviendront entre eux, sous peine de vingt livres d'amende, à l'exception néanmoins des femmes mariées ou veuves, qui pourront travailler en qualité de journalières comme par le passé, à la charge que les marchands, maîtres ou maîtresses qui prendront les dites filles tireuses et autres à leur service, seront tenus de s'informer de ceux de chez qui elles sortiront, si elles ont satisfait au temps de leur engagement, à moins qu'il ne leur apparaisse un billet de consentement des dits marchands, maîtres ou maîtresses qu'elles quitteront, qui justifiera leur qualité de filles ou de veuves, défenses étant faites aux dites filles tireuses de cordes de quitter le service de leurs maîtres ou maîtresses avant l'expiration de l'année sans cause légitime, sous peine de douze livres d'amende qui sera retenue sur leurs salaires, applicable aux deux hôpitaux de cette ville ; et passé outre à l'exécution de la présente ordonnance comme pour fait de police des arts et métiers, laquelle sera lue, publiée et affichée partout où besoin sera, à la diligence des dits maîtres gardes. [...]

Archives municipales de Lyon, HH 222, Police des arts et métiers, Registres de contraventions, 5 août 1704 (modernisé par Anne MONTENACH).

Modèle de proto-industrie urbaine tournée vers l'exportation de produits de luxe, la Grande Fabrique – nom donné à la manufacture de soie lyonnaise, dont les origines remontent à François Ier – représente au XVIIIe siècle le principal secteur d'activité économique de la cité. Les maîtres tisseurs, qui travaillent essentiellement de la soie importée d'Italie sous forme d'écheveaux, occupent à travers la ville une multitude d'ateliers familiaux dans lesquels ils produisent des tissus unis et des étoffes façonnées (appelées « brocarts » quand les fils d'or et d'argent se mêlent aux fils de soie), prisées des cours et des élites de l'Europe entière. La Grande Fabrique est structurée à la fois par la hiérarchie corporative – maîtres, compagnons, apprentis – et par la domination de plus en plus marquée des marchands fabricants sur les maîtres tisseurs qui, d'artisans autonomes, deviennent au fil du XVIIIe siècle des ouvriers dépendants.

Les femmes, une main-d'œuvre essentielle dans la Grande Fabrique

Comme dans d'autres branches du secteur textile, les femmes représentent l'essentiel des effectifs de la Fabrique, soit 69 % de la main-d'œuvre à la veille de la Révolution, même si la plupart d'entre elles sont exclues de toute position de pouvoir au sein de la communauté. À côté des épouses, des filles et des veuves de maîtres ouvriers en soie, qui sont les seules femmes autorisées à tisser mais dont le travail est largement invisibilisé, environ dix mille jeunes filles et femmes exercent autour des métiers à tisser des tâches auxiliaires essentielles, plus ou moins bien rémunérées. Outre les dévideuses, liseuses de dessin ou faiseuses de lacs qui jouent un rôle crucial dans les étapes préalables au tissage, les tireuses de cordes mentionnées sont celles qui effectuent l'opération la plus pénible et la moins qualifiée : elles sont chargées de faire lever, au fur et à mesure du tissage, les lourds paquets de cordes qui déterminent les séquences de couleur des tissus façonnés, ce qui permet au tisseur, en passant ses navettes entre la chaîne et la trame de l'étoffe, de réaliser le dessin envisagé.

Un « prolétariat » féminin avant la lettre

L'ingratitude de ce travail explique que, jusqu'au début du XVIIIe siècle, ces filles, souvent très jeunes (treize ou quatorze ans) et originaires pour beaucoup d'entre elles de Bresse, du Bugey ou de Savoie, aient tendance à quitter sans préavis le service de leurs maîtres et à changer d'employeur, en particulier quand elles sont victimes de mauvais traitements ou que la paie se fait attendre. Celles qui restent se retrouvent fréquemment infirmes après six ou sept ans d'atelier et repartent alors dans leurs campagnes, quand elles ne viennent pas mourir à l'Hôtel-Dieu.

Cette instabilité d'une main-d'œuvre féminine indispensable au bon fonctionnement des ateliers est ici stigmatisée par le Consulat de Lyon comme par les représentants des maîtres et marchands de la Fabrique. Le corps de ville lyonnais, composé d'un prévôt des marchands et de quatre échevins, exerce la police des métiers, d'où l'existence de cette ordonnance consulaire dans le registre des audiences tenues chaque semaine à l'hôtel de ville pour juger des conflits du travail ou des infractions aux règlements de métiers. La décision prise en 1704 de ne plus embaucher ces filles qu'à l'année marque pour elles la fin de toute indépendance : elles sont désormais assimilées à des travailleuses domestiques, logées chez leurs maîtres et rémunérées par des gages annuels très faibles tout au long du XVIIIe siècle, destinés à les attacher au service de leur employeur. Seules les femmes mariées ou les veuves, jugées plus stables, demeurent autorisées à travailler à la journée ou à la semaine. Cette décision n'empêche pas par la suite les maîtres, chaque fois que le travail vient à manquer, de renvoyer dans leurs campagnes les tireuses de cordes, véritables « prolétaires » de la Fabrique.

Anne MONTENACH
Université Aix Marseille
TELEMME (UMR 7303)

Pour en savoir plus

Maurice GARDEN, *Lyon et les Lyonnais au XVIIIe siècle*, Paris, Les Belles Lettres, 1970.

Daryl M. HAFTER, *Women at Work in Preindustrial France*, University Park (TX), The Pennsylvania State University Press, 2007.

CHAPITRE 6

De l'utilité d'éduquer les filles

De l'utilité d'éduquer les filles

Est-ce utile d'éduquer les petites filles ? Si la question n'a guère été posée en ces termes avant la Renaissance, elles bénéficient auparavant, dans certaines élites, d'une éducation basée sur le dressage du corps, l'assimilation des valeurs considérées comme féminines, les codes de conduite propres au « beau sexe », sans oublier la formation artistique, voire, dans certains cas, professionnelle, et une instruction (lecture, écriture et calcul) plus ou moins poussée. S'en trouve exclue la préparation à la citoyenneté – puisque les femmes n'y accèdent pas durant la période considérée –, mais pas celle de l'exercice du pouvoir politique pour certaines princesses. On retiendra ici la définition la plus large possible de l'éducation, impliquant la formation du corps et de l'esprit, acquise dans le cadre scolaire mais aussi familial. En effet, sur la longue durée, de l'Antiquité – puisque nous ignorons tout de l'éducation des enfants à la Préhistoire – aux Lumières, les petites filles sont surtout élevées dans le cadre familial par leur mère qui leur transmet oralement vertus, valeurs, croyances et connaissances dans de multiples domaines. Elles sont encouragées à observer ses gestes, à les reproduire et à s'approprier ainsi des savoirs utiles dans la perspective d'un avenir tout tracé, celui de mère de famille. Alors qu'elle concerne tous les enfants, y compris les garçons, cette éducation familiale est cependant négligée par l'historien·ne qui privilégie, faute de sources, l'instruction en milieu scolaire.

Dans le monde antique, l'éducation des filles reste mal connue, par manque de sources et d'intérêt de l'historiographie traditionnelle. Il faut attendre les années 1990 pour qu'à côté des textes littéraires, l'archéologie et l'épigraphie éclairent mieux la question. Dans le monde grec classique, les informations concernent surtout Sparte et quelques cités, dont Athènes, et sont bien plus riches pour les périodes hellénistique et impériale. À Sparte, où l'éducation des enfants de citoyens est prise en charge par la cité, les filles sont préparées, y compris physiquement, à leur rôle éminemment politique de futures épouses et mères de soldats. La documentation met partout en avant la transmission des mères à leurs filles des vertus familiales et civiques, des savoir-faire domestiques ou liés au travail du textile et de la terre. Seules celles qui sont issues des familles les plus riches apprennent de leurs parents, ou *via* un maître, à lire, écrire, chanter et jouer de la musique. Dans la société romaine, des textes évoquent des écoles fréquentées irrégulièrement par les filles qui leur donnaient quelques rudiments de connaissances. Des informations plus abondantes sur les milieux favorisés mettent en exergue l'exceptionnalité de l'éducation des épouses et des mères de grandes figures politiques, soulignant ainsi leur rôle d'éducatrices de leurs fils. Les sources épigraphiques révèlent également l'existence de femmes lettrées, filles et/ou femme de médecins et philosophes.

Si Charlemagne n'a certes pas inventé l'école, familles et institutions médiévales manifestent un grand intérêt pour l'éducation des enfants des deux sexes. Précoce, et genrée dès la sortie de la petite enfance, elle prépare chaque individu à sa future place dans une société ordonnée. De multiples sources, des enluminures aux traités d'éducation, en passant par les récits de vie, offrent un large panorama sur cette éducation. Elles révèlent la présence dès le plus jeune âge des pères à côté des mères et des nourrices. Les manuels destinés aux éducateurs, s'intéressent presque uniquement aux garçons ; quelques-uns pourtant, dont celui du Chevalier de la Tour Landry au XIVe siècle, regardent du côté des petites filles. Dès le VIIe siècle, des femmes dictent ou rédigent des instructions destinées à leurs enfants des deux sexes. Les petites filles sont instruites alors dans leur milieu familial par leurs parents, ou par des maîtres pour les princesses et les plus fortunées d'entre elles, et bénéficient alors d'une éducation savante. Elles peuvent aussi être placées dans un couvent ce qui peut avoir un coût élevé pour les familles ; elles y apprennent la lecture, le latin, la technique de l'écriture qu'elles sont en capacité d'utiliser ensuite dans leur vie d'épouse ou de religieuse.

Humanistes et réformateurs protestants et catholiques ouvrent de nouvelles perspectives à l'éducation des filles. Pour les premiers, il s'agit avant tout de les débarrasser de leurs vices naturels, de les rendre vertueuses et d'une compagnie agréable pour leurs futurs maris. Pour les autres, conscients du rôle des femmes dans la primo-éducation, il faut leur donner les bases de la vraie foi car elles sont un appui essentiel dans les luttes interconfessionnelles. Exceptionnel parmi les penseurs de l'époque moderne, Poulain de la Barre affirme dans les années 1670 que, l'esprit n'ayant point de sexe, l'instruction doit bénéficier autant aux femmes qu'aux hommes afin d'optimiser les capacités de chacun et de transformer la société.

Au XVIIe siècle se multiplient les structures éducatives catholiques destinées aux filles, surtout en milieu urbain. Bornés par les conceptions masculines de la place des femmes dans la société, de nouveaux ordres religieux (Ursulines, Visitandines, Filles de la Charité, etc.) dispensent instruction religieuse et morale, lecture, écriture, calcul et formation professionnelle pour les plus pauvres. Cependant, toutes les filles ne vont pas à l'école, faute de place, d'argent ou par choix de leurs parents : les familles modestes n'en voient pas l'utilité en raison du destin tout tracé des filles et de l'appoint que représente leur travail à la ferme ou à l'atelier ; les élites sociales privilégient l'éducation à la maison, par imitation de l'aristocratie et des familles régnantes ou, au XVIIIe siècle, par imprégnation des idées nouvelles des Lumières. De trop rares sources (écrits du for privé, mémoires, iconographie) donnent une vision très fragmentaire d'éducations guidées par le seul choix des familles. Pères et mères assurent eux-mêmes les leçons ou délèguent à des gouvernantes, ou à des maîtres, des leçons destinées aux enfants des deux sexes, ensemble ou séparément.

Dominique PICCO

1. L'éducation des filles : l'exception spartiate

(Grèce, époques archaïque et classique)

Quant aux jeunes filles, [Lycurgue] voulut qu'elles endurcissent leurs corps par la course, la lutte, le lancer du disque et du javelot ; ainsi les enfants qu'elles porteraient, s'enracinant solidement dans des corps solides, pousseraient avec plus de vigueur ; elles-mêmes seraient pleines de force pour résister à l'accouchement ; elles lutteraient avec courage et aisance contre les douleurs. Il bannit de leur éducation la mollesse, la recherche de l'ombre et tous les raffinements féminins ; il les habitua à se montrer nues, comme les garçons dans les processions, à danser et à chanter pendant certaines cérémonies en présence et sous les yeux des jeunes gens. Parfois même, elles leur lançaient des railleries et s'acharnaient sur ceux qui avaient commis quelque faute pour leur bien ; en revanche, elles faisaient dans leurs chants l'éloge de ceux qui en étaient dignes. Elles suscitaient ainsi en eux un grand désir de gloire et de l'émulation. Celui qui s'était entendu louer pour son courage et qui était devenu célèbre parmi les jeunes filles s'en retournait exalté par les éloges, tandis que leurs plaisanteries et leurs railleries étaient des morsures aussi cuisantes que les réprimandes les plus sérieuses, puisque cela se passait en présence de tous les citoyens, des rois et des membres du conseil. La nudité des jeunes filles n'avait rien de honteux : la pudeur était là, et la licence absente. Cette pratique les habituait à la simplicité et les poussait à rivaliser de vigueur ; elle inspirait aux femmes un orgueil qui n'était pas sans noblesse, puisque, tout autant que les hommes, elles avaient part à la vertu et à la gloire. Aussi pouvaient-elles dire et penser ce qu'on rapporte de Gorgô, l'épouse de Léonidas, comme une femme, étrangère sans doute, lui disait : « Vous autres Lacédémoniennes, vous êtes les seules à commander aux hommes », elle répondit : « C'est que nous sommes les seules à enfanter des hommes. »

Plutarque, *Vie de Lycurgue*, 14
(traduit du grec ancien par Anne-Marie Ozanam).

Sources en dissonance

Le point de départ de toute analyse concernant l'éducation des filles spartiates est l'organisation, perçue à toutes les époques comme atypique, du mariage et de la famille dans la société lacédémonienne. Celle-ci privilégie la guerre et son entraînement et, par conséquent, pourrait offrir aux femmes une plus grande liberté, en l'absence des maris. Dans la biographie des *Vies parallèles* que Plutarque (début du IIe siècle apr. J.-C.) consacre à Lycurgue, législateur semi-légendaire de l'époque archaïque, l'historien et moraliste résume au chapitre 14 le point de vue des sources anciennes, non lacédémoniennes, sur l'éducation féminine, et répond à la question de savoir si les femmes étaient intégrées ou exclues des institutions établies pour la cité par le législateur. Dans ce chapitre, Plutarque cite et critique le philosophe Aristote qui, dans la *Politique*, avait en effet accusé Lycurgue d'avoir renoncé au programme éducatif des filles, parce qu'il n'aurait pas réussi à vaincre leur dérèglement (*akolasia*) et leur aspiration à la gynécocratie. Aristote liait ainsi le pouvoir des femmes à l'érotisme – un élément perturbateur s'il n'est pas encadré par la société. Il le faisait en suivant Ibycos, poète lyrique du VIe siècle av. J.-C., et Euripide, poète tragique du Ve siècle av. J.-C., qui qualifiaient les femmes spartiates de « montre-cuisses » et de « nymphomanes ». Plutarque répond donc aux attaques d'Aristote et, sur les traces de Xénophon dans la *Constitution des Lacédémoniens*, absout le législateur et le loue pour avoir mené à bien ce programme d'éducation des filles. On notera cependant que, chez les deux philosophes, les femmes sexuées cèdent la place aux mères.

Réussite de Lycurgue

Pour Plutarque, le succès du programme éducatif de Lycurgue s'accompagne du plein contrôle de la sexualité des femmes, parfaitement intégré à un projet démographique et eugéniste, à savoir l'engendrement de bon citoyens-soldats pour la cité de Sparte. La nudité des jeunes filles comme la prétendue gynécocratie spartiate occupent aussi la réflexion de l'historien, mais elles font l'objet d'une distorsion idéologique : ni l'une ni l'autre ne sont liées à l'amour libre, mais à la maternité. La nudité n'est plus excitante, car elle est revêtue de la pudeur – une pudeur qui est perçue comme tout à fait naturelle. Loin de pratiquer le sexe libre, les jeunes filles qui participent nues aux processions et cérémonies en lançant des railleries aux garçons assujettissent leur érotisme à un projet matrimonial et à la procréation. La sexualité est ainsi mise au service de la cité. L'éducation des filles, soumise à un projet politique, construit les femmes comme des sujets actifs, et, d'une certaine manière, intégrés à la cité.

Hommes et femmes sont encadrés dans deux programmes éducatifs parallèles et semblables. L'éducation des filles est modelée sur celle des garçons : loin de tous raffinements féminins, les exercices physiques leur servent à « lutter » et à « résister » (verbes qui caractérisent d'ordinaire les hoplites, ou soldats grecs) aux accouchements et aux douleurs qui les accompagnent. La nudité des filles est également mise en parallèle avec celle des garçons. Ainsi, la construction de la fille-garçon, figure conçue comme anti-érotique, mène à l'identification finale de la gynécocratie avec la maternité : Gorgô – sage conseillère de son royal père Cléomène à l'âge de sept ans selon Plutarque, épouse d'un autre roi, le célèbre Léonidas, et seule capable de reconnaître un message diplomatique secret selon Hérodote – délivre le mot de la fin en une formule laconique liant étroitement le pouvoir sur les hommes à l'enfantement de (vrais) hommes.

Annalisa PARADISO
Université de la Basilicate
DiCEM – Matera

Pour en savoir plus

Claude CALAME, *Les chœurs de jeunes filles en Grèce archaïque,* Rome, Edizioni dell' Ateneo & Bizzarri, 2 tomes, 2e éd. révisée, Paris, Les Belles Lettres, 2019 [1977].

Jean DUCAT, *Spartan Education. Youth and Society in the Classical Period,* Swansea, The Classical Press of Wales, 2006.

Ellen MILLENDER, « Spartan Women », dans Anton POWELL (éd.), *A Companion to Sparta,* vol. 2, Hoboken (New Jersey), Wiley Blackwell, 2018, p. 500-524.

Annalisa PARADISO, « Gorgô la Spartiate et les manipulations de la fonction », dans Sandra BOEHRINGER et Violaine SEBILLOTTE CUCHET (éd.), « Des femmes en action. L'individu et la fonction en Grèce antique », *Mètis,* Hors série, 2013, p. 39-51.

2. Pourquoi éduquer des filles ?

(Monde grec, IVe siècle av. J.-C.-IIe siècle apr. J.-C.)

Tombe de la nécropole de Chatby (Alexandrie),
Musée gréco-romain, Alexandrie, Inv. 10461.

– Voici encore, dis-je, ce que je voudrais bien apprendre de toi : est-ce toi qui as formé toi-même ta femme à être telle qu'elle devrait être, ou, quand tu l'as reçue des mains de son père et de sa mère, savait-elle déjà diriger les affaires qui lui reviennent ?

– Que pouvait-elle bien savoir, Socrate, dit-il, quand je l'ai prise à la maison ? Elle n'avait pas encore quinze ans quand elle est venue chez moi ; jusque-là elle vivait sous une stricte surveillance, elle devait voir le moins de choses possibles, en entendre le moins possible, poser le moins de questions possible. N'est-ce pas, à ton avis, déjà bien beau qu'elle ait su venant chez moi faire un manteau de la laine qu'on lui remettait et qu'elle ait vu comment l'on distribue aux servantes leur tâche de fileuse ? Pour la sobriété, on l'avait, quand elle est venue, tout à fait bien éduquée, or c'est là, à mon sens, un point fort important de l'éducation des hommes et des femmes.

Xénophon, *Économique*, VII, 4-6
(traduit du grec ancien par Pierre Chantraine).

Quant à toi, Eurydice, tâche avant tout de vivre dans la familiarité des préceptes des sages et des hommes de bien, et d'avoir toujours à la bouche les maximes qu'étant jeune fille tu as recueillies auprès de nous, afin de faire la joie de ton mari et l'admiration des autres femmes grâce à cette parure d'une exceptionnelle splendeur qui s'acquiert sans dépense.

Plutarque, *Préceptes de mariage*, 145E
(traduit du grec ancien par Jean Hani).

Au bout d'un moment, [Leucippé] s'éloigna - c'était l'heure de sa leçon de cithare. [...] Elle commença par interpréter un passage d'Homère, le combat du lion et du sanglier. Puis elle chanta un peu de musique douce - un éloge de la rose.

Achille Tatius, *Leucippé et Clitophon*, II, 1
(traduit du grec ancien par Jean-Pierre Guez).

Après avoir fait ce rêve, Dryas et Lamon furent désolés à l'idée que [Chloé et Daphnis] deviendraient une bergère et un chevrier, alors que les langes faisaient espérer pour eux de plus nobles destinées. C'était pour cette raison qu'ils les élevaient avec le plus grand soin : ils leur apprenaient à lire et à écrire, et leur enseignaient tous les raffinements qui peuvent exister à la campagne.

Longus, *Daphnis et Chloé*, I, 8, 1
(traduit du grec ancien par Romain Brethes).

Chloé était désespérée, et ne savait que faire, car sa mère putative ne la lâchait pas d'un pouce : elle lui apprenait à filer la laine et à tourner le fuseau tout en lui parlant de son mariage.

Longus, Daphnis et Chloé, III, 4, 5
(traduit du grec ancien par Romain Brethes).

Un sujet négligé par la tradition

Peu d'ouvrages traitent de l'éducation des filles dans le monde grec antique. Non seulement les sources sont rares, comme pour tout ce qui concerne les femmes dans le monde grec, mais les historiens ont longtemps accordé peu d'attention à ce sujet. La bible des spécialistes de l'éducation dans l'Antiquité, l'*Histoire de l'éducation* d'Henri-Irénée Marrou (1948), n'évoque que l'éducation des filles spartiates à l'époque classique, avant de souligner les quelques progrès constatés dans les périodes hellénistique et impériale. Claude Calame a tiré des poèmes choraux de Sappho et Alcman des indications sur l'éducation des jeunes filles à l'époque archaïque. À toutes les époques de l'histoire du monde grec, l'éducation (*paideia*) des filles reste minimale : alphabétisation pour celles qui sont nées dans des familles fortunées et, pour toutes, formation au travail du textile et apprentissage des vertus jugées indispensables à la paix des ménages et à la reproduction du corps civique (économie, obéissance, fidélité, affection pour le mari et pour les enfants).

La fragmentation des sources

Les documents présentés ici offrent un échantillon des sources disponibles : Xénophon, au IVe siècle av. J.-C., évoque l'ignorance dans laquelle se trouvait Chrysilla, jeune fille de la bonne société athénienne, lorsqu'elle fut mariée, à l'âge de quinze ans, à Ischomaque. Celui-ci semble tout à fait satisfait de ses compétences en matière de filage et de tissage de la laine, ainsi que de la modération de son appétit (les « choses du ventre »), qui tranche avec le caractère insatiable de Pandora, la première épouse créée par les dieux pour punir les hommes, selon le mythe de Prométhée rapporté par Hésiode. De même, dans le roman de Longus, au IIe siècle apr. J.-C., Chloé, jeune enfant trouvée, est préparée au mariage par sa mère adoptive qui lui montre comment travailler la laine et accomplir quelques tâches agricoles, et elle n'apprend à lire et à écrire que parce que le couple qui l'a recueillie soupçonne qu'elle pourrait être de noble naissance... Si Eurydice et Leucippé ont appris l'une la philosophie, l'autre la cithare, le chant et la poésie, c'est qu'elles sont toutes deux issues de milieux bien plus aisés et vivent également à l'époque impériale, une période où les filles pouvaient avoir accès à une éducation beaucoup plus poussée qu'auparavant.

Un enseignement à domicile ?

On aimerait savoir dans quel cadre ces jeunes filles recevaient leur éducation, qu'elle soit « ancienne » (la *mousikè*, l'art des Muses) ou « nouvelle » (rhétorique et philosophie, l'équivalent de nos études supérieures), pour reprendre la distinction faite par le poète Aristophane dans la comédie des *Nuées* (où il n'est question que des garçons : sans doute à domicile, avec un précepteur, éventuellement celui de leur frère, ou bien une préceptrice, ou bien encore avec leurs parents, voire leur mari. À l'époque hellénistique, quelques documents, essentiellement des papyrus ou du matériel archéologique, comme la statuette en terre cuite d'une petite élève retrouvée dans une tombe d'enfant dans la nécropole de Chatby à Alexandrie d'Égypte, laissent penser que les filles étaient alors fréquemment instruites, au moins en Égypte, mais sans qu'il soit possible d'en savoir davantage.

Une grande diversité de situations

Ainsi, dans le domaine de l'éducation, comme dans bien d'autres qui touchent au monde grec, on remarque une très grande diversité de situations selon l'époque, la cité, la région ou encore le milieu social ou le contexte familial... Il est certain que le degré d'éducation des filles était d'autant plus élevé que la position socio-économique de la famille était plus aisée. De même, plus on avance dans le temps, plus le niveau de formation s'élève, au point que sont attestées à partir de l'époque hellénistique des femmes médecins, philosophes ou poètes. Mais le sujet pâtit pour l'Athènes classique d'une rareté des sources qui laisse à penser que la *paideia* n'était pas jugée par les Athéniens très utile pour les femmes. Ainsi, seule Aspasie, compagne de Périclès, semble s'être illustrée par son intelligence et sa *paideia*. Or elle n'était pas athénienne, mais originaire de Milet, en Asie Mineure...

Sophie Lalanne
Université Paris 1 Panthéon-Sorbonne
AnHiMA (UMR 8210)

Pour en savoir plus

Claude Calame, *Les chœurs de jeunes filles en Grèce archaïque*, Rome, Edizioni dell' Ateneo & Bizzarri, 2 tomes, 2e éd. révisée, Paris, Les Belles Lettres, 2019 [1977].

Raffaella Cribiore, *Gymnastics of the Mind: Greek Education in Hellenistic and Roman Egypt*, Princeton-Oxford, Princeton University Press, 2001.

Sophie Lalanne, « Education as Construction of Gender Roles in the Greek Novels », dans Edmund P. Cueva et Shannon N. Byrne (éd.), *A Companion to the Ancient Novel*, Malden (MA), Oxford, Wiley-Blackwell, 2014, p. 473-489.

Bernard Legras, *Éducation et culture dans le monde grec (viiie siècle av. J.-C.-ive siècle apr. J.-C.)*, Paris, Armand Colin, 2002.

3. Femmes lettrées de la noblesse romaine

(Italie, IIe siècle av. J.-C.-Ier apr. J.-C.)

Pour moi, lorsque j'entends parler Laelia, ma belle-mère – il est plus facile aux femmes de conserver la pureté de l'ancien accent ; comme elles n'ont pas à s'entretenir avec beaucoup de personnes, elles gardent toujours leurs premières habitudes –, donc lorsque j'entends Laelia, c'est Plaute ou Naevius que je crois entendre. Le son même de sa voix est si juste et si naturel qu'il semble bien ne présenter aucune trace d'affectation ou d'imitation ; j'en conclus que telle devait être la prononciation de son père, de ses ancêtres ; l'articulation n'est ni rauque, comme celle de l'orateur dont je parlais, ni empâtée, ni rustique, ni heurtée, mais juste, égale et douce.

Cicéron, *De Oratore*, 3, 45 (traduit du latin par Edmond Courbaud et Henri Bornecque).

Nous pouvons lire les lettres de Cornélie, mère des Gracques : il en résulte avec évidence que ses fils ont été formés moins par les tendres attentions que par le pur langage de leur mère. J'ai plus d'une fois entendu causer Laelia, fille de Caius Laelius : on la voyait tout imprégnée de l'élégance de son père. J'en dis autant des deux Mucia, ses filles, dont j'ai connu la manière de parler, ainsi que des deux Licinia, ses petites-filles, que moi du moins j'ai entendues l'une et l'autre, et dont l'une, la femme de Scipion, a été, je crois, entendue par toi aussi, Brutus, quelquefois.

Cicéron, *Brutus*, 211 (traduit du latin par Jules Martha).

Quant aux parents, je souhaiterais qu'ils aient la meilleure formation possible. Et je ne parle pas seulement des pères ; car l'éloquence des Gracques, nous le savons, dut beaucoup à Cornélie, leur mère, dont la correspondance a transmis aussi à la postérité la marque d'un style fort savant. De même, Laelia, la fille de C. Laelius, passe pour avoir bien rendu dans son langage l'élégance paternelle, et le discours prononcé par Hortensia, la fille de Q. Hortensius, devant les triumvirs, n'est pas lu seulement pour faire honneur au sexe féminin.

Quintilien, *Institution oratoire*, I, 1, 6 (traduit du latin par Jean Cousin)

Récemment il m'a lu des lettres ; il les disait de sa femme. J'ai cru qu'on me lisait du Plaute ou du Térence en prose. Qu'elles soient de sa femme, comme il l'affirme, ou de lui, ce qu'il nie, il mérite les mêmes compliments, soit pour être l'auteur de si beaux textes, soit pour avoir donné à sa femme, qu'il a épousée toute jeune, tant de culture et de goût.

Pline le Jeune, *Lettres*, I, 16, 6 (traduit du latin par Hubert Zehnacker).

S'intéresser à des femmes éduquées peut sembler paradoxal dans la « cité des pères », selon l'expression de l'historien Yan Thomas. Ces quatre sources invitent pourtant à mieux apprécier l'importance des femmes instruites dans la société romaine. Ce dossier est composé de trois extraits de traités de rhétorique, *L'Orateur* et le *Brutus*, tous deux écrits par Cicéron (106-43 av. J.-C.) et l'*Institution oratoire* de Quintilien (vers 35-vers 96 apr. J.-C.), qui ont en commun d'analyser la formation de l'orateur. S'ils écrivent dans un contexte différent et s'ils n'occupent pas la même position sociale, ces auteurs développent un point de vue comparable et s'intéressent à un même objet : ils décrivent, à partir de quelques figures féminines exemplaires, le rôle des femmes dans le processus éducatif lors des cent dernières années de la République romaine. Le quatrième document est extrait d'une lettre du sénateur Pline le Jeune (61/62-113 apr. J.-C.), adressée à son ami Erucius Clarus, qui évoque la qualité des lettres d'une femme et s'interroge sur leur authenticité.

Le rôle des hommes dans l'éducation des femmes

Dans ces extraits, des qualités littéraires ou oratoires sont reconnues à des femmes qui appartiennent au milieu de l'aristocratie sénatoriale et qui constituent donc une infime minorité des femmes de la société du temps. Elles sont jugées dignes d'être célébrées et commémorées ; leur évocation révèle que leur souvenir a été conservé, par l'intermédiaire de la tradition orale ou d'écrits. Elles devaient ces qualités à leur éducation, qui était prise en charge par des hommes. De ces hommes elles étaient en quelque sorte les images, en vertu d'un processus éducatif mimétique. Comme les garçons, elles se formaient au contact du père, dont elles portaient le nom, à cette différence près qu'elles ne fréquentaient pas le forum. Il n'est pas anodin qu'Hortensia, la fille du célèbre orateur Hortensius, rival et ami de Cicéron, ait été une oratrice brillante et se soit distinguée par un discours politique dans lequel elle dénonçait, en 43 av. J.-C., la création d'impôts pesant sur les femmes. Autre différence, ces femmes continuaient à se former après leur mariage, auprès de leur mari cette fois, comme en témoigne la lettre de Pline le Jeune.

Éducation et rôle social des femmes

Pourquoi éduquer des femmes ? La raison principale résidait dans le rôle qu'elles jouaient dans l'éducation de leurs enfants et, principalement, de leurs fils. On pourrait s'en étonner, puisque l'éducation était d'abord le fait du père. Toutefois, il arrivait que ce dernier meure prématurément, à l'instar de Tiberius Gracchus, père des Gracques, ce qui explique la part prise par Cornelia dans l'éducation de ses fils. Même lorsque les circonstances étaient moins dramatiques, il fallait composer avec l'absence fréquente de pères appelés hors de

Rome par des gouvernements provinciaux ou des commandements militaires. Ces femmes éduquées constituaient donc des maillons indispensables dans la chaîne de transmission des vertus. Elles assuraient aussi une fonction de représentation, manifestant la dignité du père et du mari, dans l'espace civique.

Femmes et transmission d'un savoir masculin

Ces femmes éduquées n'étaient-elles que des instruments au service des hommes, agents de transmission d'un savoir fondamentalement masculin ? C'est ce que suggère en particulier le texte de Pline qui, dans les écrits de cette matrone, voit l'œuvre de son mari, soit directement, s'il en est l'auteur, soit indirectement, puisqu'elle lui devrait son savoir. Toutefois, Cicéron suggère que la question est plus complexe. Il prête aux femmes de l'aristocratie sénatoriale un langage spécifique, plus pur même, car non corrompu par les interactions avec des personnes issues des différentes composantes de la société. Dans Laelia, il croit donc reconnaître des auteurs bien plus anciens, comme Plaute (vers 254-184 av. J.-C.) et Naevius (275-201 av. J.-C.) qui figurent parmi les inventeurs de la littérature latine. S'il ne tient pas le même raisonnement, Pline aboutit à une conclusion analogue : il croit lire du Plaute ou du Térence lorsqu'il découvre les écrits de l'épouse de Pompeius Saturninus. Le savoir demeure donc masculin, mais le rôle des femmes dans sa transmission se révèle essentiel.

Robinson BAUDRY
Université Paris Nanterre
ArScAn (UMR 7041)

Pour en savoir plus

Maureen B. FANT et Mary R. LEFKOWITZ, *Women's Life in Greece and Rome. A Sourcebook in Translation*, Bloomsbury, Johns Hopkins University Press, 2016.

Emily A. HEMELRIJK, Matrona docta. *Educated Women in the Roman Elite from Cornelia to Julia Domna*, Londres-New York, Routledge, 1999.

Catherine WOLFF, *L'éducation dans le monde romain*, Paris, Picard, 2015.

4. Les conseils d'une mère à son fils

(France, IXᵉ siècle)

Constatant que la plupart des femmes ont en ce monde la joie de vivre avec leurs enfants, et me voyant, moi, Dhuoda, ô mon fils Guillaume, séparée et éloignée de toi - et par là comme angoissée et tout animée du désir de te rendre service–, je t'envoie cet opuscule, transcrit en mon nom, à lire comme modèle pour ta formation : je serais heureuse si, en mon absence, ce livre, par sa présence, pouvait te remettre en esprit, lorsque tu le liras, ce que tu dois faire par amour pour moi [...]
J'ai appris que Bernard ton père t'a « recommandé » entre les mains de monseigneur le roi Charles ; je t'invite à t'acquitter avec une parfaite bonne volonté de tes nobles devoirs [...] Que jamais, pas une fois, la folie de l'infidélité ne te fasse commettre un fâcheux affront ; que jamais ne naisse ni ne grandisse en ton cœur l'idée d'être infidèle à ton seigneur en quoi que ce soit [...] En toute affaire qui intéresse le pouvoir royal, tâche, pour autant que Dieu te donnera des forces, de te conduire en toute prudence, au dedans comme au dehors. Lis les maximes et les vies des saints Pères qui nous ont précédés ; tu y découvriras comment et de quelle façon tu dois servir ton seigneur et l'assister fidèlement en tout [...]
Ces mots que je t'adresse, lis-les, comprends-les et mets-les en pratique. Et lorsque ton petit frère, dont j'ignore encore le nom, aura reçu la grâce du baptême dans le Christ, ne laisse pas de l'enseigner, de l'éduquer, de l'aimer, de l'inciter à faire de mieux en mieux. Ce petit volume, ce Manuel que j'ai composé et où j'ai inscrit ton nom, lorsque lui aussi sera parvenu à l'âge de parler et de lire, montre-le-lui et guide sa lecture, puisqu'il est ta chair et ton frère. Je vous invite, moi, Dhuoda votre mère, comme si vous étiez déjà tous les deux, à « élever votre cœur », au moins de temps en temps, au milieu de la presse des occupations mondaines du siècle. « Regardez Celui qui règne dans les cieux » et qui est appelé Dieu. Que le Tout-Puissant, de qui, malgré mon indignité, je fais si souvent mention, vous rende, ainsi que votre père Bernard, mon maître et seigneur, heureux et gais dans le siècle présent ! Qu'il vous donne de réussir en tout ! Et que, le cours de cette vie une fois accompli, il vous fasse entrer joyeux au ciel avec les saints ! Amen.

Dhuoda, *Manuel pour mon fils*, Pierre RICHÉ (éd.),
Paris, Éditions du Cerf, 1975, p. 73, 149-151 et 117.

Le *Manuel* de Dhuoda a été rédigé à Uzès entre le 30 novembre 841 et le 2 février 843 par l'épouse de Bernard, fils d'un cousin germain de Charlemagne, duc de Septimanie et défenseur de l'empire carolingien face aux attaques musulmanes dans la marche d'Espagne. Après la bataille de Fontenay-en-Puisaye, le 25 juin 841, Bernard se réconcilie avec Charles le Chauve et décide de lui envoyer son fils Guillaume, âgé d'environ seize ans, en lui demandant de prêter hommage à ce nouveau père social : la recommandation « entre les mains » est ainsi évoquée par le texte.

Un traité laïc

La mère, Dhuoda, « séparée et éloignée » de son fils, veut être utile, rester présente auprès de lui. Elle décide donc de rédiger un *Liber manualis*, petit livre (*liber*) destiné à un usage quotidien qui se tient dans la main (*manus*). Ce *Manuel pour mon fils* est donc très original : ce n'est pas un traité théorique écrit par un clerc mais un ouvrage rédigé par une femme à l'intention de son propre fils. Il permet également de dresser un bilan de la culture profane et religieuse d'une laïque au milieu du IXe siècle et d'observer les conseils éducatifs qu'une mère noble pouvait alors délivrer à ses fils. La Renaissance carolingienne, essentiellement masculine, a permis à des femmes de l'aristocratie d'accéder à la lecture, voire à l'écriture : Dhuoda a fait ainsi transcrire en son nom le manuel, par délégation d'écriture, ce qui ne l'a pas empêchée d'en revendiquer la « paternité ».

Nature des enseignements

Vectrice des valeurs masculines, Dhuoda délivre à son fils de nombreux conseils féodaux : respecter la fidélité *(fides)*, servir et assister le roi, être prudent. Elle l'incite à acquérir des valeurs guerrières, une culture aristocratique pour respecter son rang. Ailleurs, elle lui demande d'avoir du courage, d'être vigoureux, vigilant, franc, éloquent et sage.

Ce *Manuel* est aussi un catéchisme dans lequel la mère donne à son enfant des conseils de lecture et de méditation : la Bible et les Pères de l'Église. Dhuoda lui demande de penser, dès qu'il en a le temps, à Dieu, de le prier souvent pour assurer son salut. Dans un autre passage, elle écrit : « Tu trouveras [en mon livre] un miroir où tu pourras contempler le salut de ton âme. » Au Moyen Âge, l'instruction religieuse passe très souvent par les mères ; elles apprennent les principales prières (*Pater Noster* et *Credo* à cette époque) et amènent les enfants à l'église. La foi que Dhuoda a transmise à son fils et qu'elle lui rappelle dans ce « miroir » repose surtout sur la crainte de Dieu. Le Saint Esprit y tient une plus grande place que le Christ, Marie est quasiment absente, l'Eucharistie presque jamais évoquée.

L'importance de la mémoire familiale

Pour que Guillaume ait toujours en mémoire la conscience d'appartenir à une grande famille aristocratique, Dhuoda lui rappelle ses origines nobles et le prestige de ses ancêtres. D'ailleurs, Guillaume se nomme ainsi en souvenir de son grand-père, le comte Guillaume de Gellone (mort vers 812), canonisé plus tard sous le nom de saint Guilhem. Dhuoda insiste particulièrement sur le respect qu'il doit à son père Bernard, puisque trois chapitres sont consacrés à ce thème. Au moment où elle écrit, les fils de Louis le Pieux se sont révoltés contre leur père, il n'est donc pas inutile de rappeler ici à Guillaume son devoir filial. Enceinte lors de la rédaction de ce traité, elle demande aussi à Guillaume de devenir à son tour éducateur et de transmettre les mêmes valeurs à son petit frère (nommé Bernard) lorsqu'il aura atteint l'âge de raison (« l'âge de parler et de lire »), à l'aide de ce manuel.

À travers ce texte transparaissent de forts sentiments maternels perceptibles aussi dans trois lettres adressées au début du VIIe siècle par Herchenfreda à son fils Didier, futur évêque de Cahors, qui vient tout juste, lui aussi, de quitter la maison parentale à l'âge de la puberté, pour aller à la cour du roi Clotaire II. Herchenfreda s'inquiète des dangers qui guettent son fils dans une cour barbare ; elle lui écrit de faire attention à sa santé et espère qu'il ne manque de rien. Comme Dhuoda, elle exhorte son fils à penser continuellement à Dieu, à être chaste, charitable et fidèle au roi.

Didier LETT
Université Paris Cité
ICT (UR 337)

Pour en savoir plus

Danièle ALEXANDRE-BIDON et Didier LETT, *Les enfants au Moyen Âge (V^{e}-XVe siècles)*, Paris, Hachette, 1997.

Jean DELUMEAU (dir.), *La religion de ma mère. Le rôle des femmes dans la transmission de la foi*, Paris, Le Cerf, 1992.

DHUODA, *Manuel pour mon fils*, introduction et édition critique par Pierre RICHÉ, Paris, Le Cerf, 1991 [1975].

Martin GRAVEL, Jean MEYERS, Claudie DUHAMEL-AMADO, Emmanuelle SANTINELLI-FOLTZ et Danièle IANCU-AGOU (dir.), *Dhuoda, belle-fille de saint Guilhem et autres femmes de caractère au Moyen Âge*, Saint-Guilhem-le-Désert, Éditions Guilhem, 2021.

5. Une femme scribe en Catalogne

(Espagne, XIe siècle)

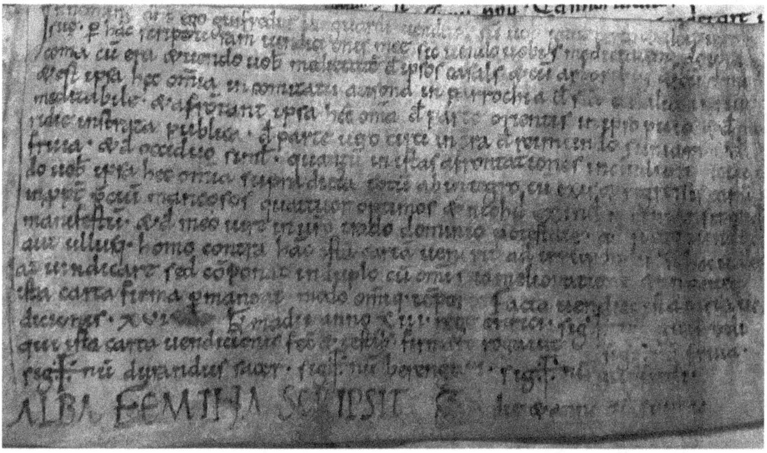
ALBA FEMINA SCRIPSIT

Archives capitulaires de Vic, Catalogne, vol. 6, n° 973 (b).

Au nom du Seigneur. Moi, Guifred Languard, vendeur, à vous, Gauzbert et Blanche son épouse. Par le présent écrit, je vous vends la moitié d'un pré avec une terre, ainsi que la moitié des bâtiments et les arbres et la terre non cultivée qui sont situés dans le comté d'Ausone, dans la paroisse de Sainte-Eulalie, sur la rive du Meder. Et ils jouxtent à l'est la butte, au sud la route publique, au nord la terre de Raimond Suniaire et de Fruia, et à l'ouest pareillement. Tout ce qui est inclus dans ces limites, je vous le vends intégralement, avec entrées et sorties, pour le prix de quatre très bons *mancusos* et après quoi il ne m'en restera rien, de manière incontestable, et je transmets mon droit sous vos domination et pouvoir. Si moi, le vendeur, ou quiconque d'autre venait s'opposer à la présente charte pour l'enfreindre, qu'il ne puisse porter cela en justice, et qu'en réparation, il verse le double (sur son bien) ; et que cette charte demeure ferme de cet instant à jamais. Cette charte de vente a été faite le seize des calendes de mai, la treizième année du roi Henri. Seing de Guifred, qui a fait écrire cette charte de vente et l'a faite confirmer par les témoins. Seing de Fruia, seing de Durand, prêtre, seing de Bérenger, seing de Guifred.
BLANCHE, FEMME, A ECRIT (souscription), le jour et l'année susdits.

(traduit du latin par Didier PANFILI)

De prime abord, cet acte de vente de 1044 n'a rien d'exceptionnel. Il s'agit d'une charte comme en ont été conservés des milliers en Catalogne ou dans le Languedoc voisin, deux espaces méditerranéens où une place essentielle a toujours été accordée à l'écrit lors des transferts de biens. Déposé aux archives capitulaires de la cathédrale de Vic, cet original sur parchemin aux dimensions modestes présente, comme l'écrasante majorité des documents contemporains de ce type, un format paysage, à la différence de ce qui s'observe en Italie, où domine le format portrait. Si le fait que l'acte soit une transaction entre laïcs est déjà intéressant en soi – car ils sont fort rares en dehors de l'arc entre la Catalogne et l'Italie –, son extraordinaire singularité réside toutefois ailleurs : non seulement la charte n'a pas été rédigée par un clerc, alors qu'ils sont en position hégémonique à cette date face à l'écriture des chartes, mais c'est Blanche, l'acheteuse, qui tient la plume. Parmi les dizaines de milliers d'actes catalans, languedociens, provençaux ou italiens mentionnant le nom du scripteur, il s'agit de l'unique exemple d'une charte, pouvant donc faire foi en justice, qui fut couchée sur parchemin par une femme. Car s'il est une histoire particulièrement genrée, c'est bien celle de l'écrit public qui, de ce point de vue, s'apparente au maniement des armes.

La pratique de l'écriture par une femme

Alors que sa langue maternelle est le catalan, Blanche maîtrise le latin et l'adopte, selon les usages, pour rédiger l'acte. Outre une expression de bonne qualité, elle entretient avec cette langue une véritable connivence : le fait d'intégrer et d'utiliser largement le système d'abréviations communes prouve qu'elle est accoutumée à lire des actes et/ou des manuscrits en comportant de nombreuses. Leur emploi relève chez elle de l'automatisme.

Elle maîtrise aussi, de manière indiscutable, le geste graphique : son écriture, élégante, d'une parfaite régularité (chaque interligne ne mesure que six millimètres), atteste d'une belle dextérité que bien des scripteurs – laïcs mais aussi ecclésiastiques, qui se targuent de rédiger des actes pour autrui – auraient pu lui envier.

L'éducation scripturaire dispensée aux filles : une exception ?

Nous sommes très mal renseignés sur l'éducation scolaire des filles au cours du haut Moyen Âge. Que des femmes sachent lire et écrire est indiscutable. Dans les contrées méridionales, le manuel que rédigea Dhuoda au IXe siècle à l'intention de son fils en témoigne, mais il s'agit là d'un écrit privé rédigé par une femme de la haute aristocratie. Certes, on trouve de-ci de-là des mentions fugaces, telle cette charte de donation quercinoise de la fin du Xe siècle d'un membre de la petite aristocratie qui cède une terre à l'abbaye Saint-Théodard de Montauriol afin que son fils et sa fille apprennent les rudiments de la lecture et de l'écriture sous le regard du maître d'école (*capiscol*) du monastère. Mais il pourrait bien s'agir là d'une sorte d'exception : avant le XIIe siècle, les filles de l'aristocratie étant mariées à partir de l'âge de douze ans, on ne devait sans doute pas juger utile de leur payer une telle formation, mais on raisonnait de même pour les garçons qui étaient destinés à la carrière des armes : l'écrit demeurait avant tout l'affaire des clercs et des moines. Or, il y a un grand pas entre acquérir les rudiments de la lecture et de l'écriture et être en mesure de rédiger une charte dans une langue autre que sa langue maternelle. On ne sait rien de Blanche, mais il est certain qu'elle a reçu une éducation poussée. Ce niveau de maîtrise de l'écrit et d'une langue étrangère permet d'affirmer qu'elle appartient à l'élite, mais à quel groupe précis : aristocratique ou urbain ?

Didier PANFILI
Université Paris 1 Panthéon-Sorbonne
LaMOP (UMR 8589)

Pour en savoir plus

Michael T. CLANCHY, *From Memory to Written Record: England 1066-1307*, Oxford, Wiley-Blackwell, 2012 [1979].

Patricia ROCHWERT-ZUILI et Hélène THIEULIN-PARDO, « Présentation du programme de recherche "MISSIVA-Lettres de femmes dans l'Europe médiévale (Espagne, France, Italie, Portugal, VIIIe-XVe siècle)" », *Studi di Storia Medioevale e di Diplomatica - Nuova Serie*, n° 4, 2020, p. 223-232.

Sally N. VAUGHAN et Jay RUBENSTEIN, *Teaching and Learning in Northern Europe, 1000-1200*, Turnhout, Brepols, 2006.

Michel ZIMMERMANN, *Écrire et lire en Catalogne (IXe-XIIe siècle)*, Madrid, Casa de Velázquez, 2003.

6. Anne Comnène, une princesse érudite

(Byzance, XIIe siècle)

Moi, Anne, la fille des empereurs Alexis et Irène, née et élevée dans la Porphyra, qui non seulement ne suis pas étrangère aux lettres, mais qui me suis encore attachée à la connaissance approfondie du grec, qui, sans avoir négligé la rhétorique, ai lu avec attention les traités d'Aristote ainsi que les dialogues de Platon, et qui ai mûri mon esprit par le *quadrivium* des sciences (car il me faut bien divulguer, et ce n'est pas par jactance, tout ce que je dois à des dons naturels et à mon goût pour l'étude, comme tout ce dont m'a gratifié le Dieu très haut, avec l'apport dû aux circonstances), je veux, dans cet ouvrage que j'écris, raconter les actions de mon père qui ne doivent pas être livrées au silence, ni entraînées par le torrent du temps comme dans un océan d'oubli, aussi bien toutes celles qu'il accomplit une fois maître du pouvoir, que toutes celles qu'il fit avant son couronnement au service d'autres empereurs. [...]

Maintenant cependant, on n'attache même pas une importance secondaire à l'étude de ces maîtres sublimes, des poètes, des historiens eux-mêmes, et de l'expérience qu'on en tire : s'amuser est l'unique préoccupation, et tout le reste est défendu. Je dis cela, parce que je déplore l'insouciance complète que l'on a pour la formation générale. Cela me fait bouillonner intérieurement, moi qui ai consacré tant de temps à ces mêmes études ; car, lorsque j'eus terminé avec elles mon instruction d'enfant, je me suis adonnée à la rhétorique, j'ai abordé la philosophie et, tout en travaillant ces sciences, je suis allée aux poètes et aux historiens, et par là j'ai poli les rudesses de ma langue ; ensuite, grâce à la rhétorique, j'ai jugé, en la condamnant, la complication si complexe de la schédographie.

Anne Comnène, *Alexiade,* Préface, 1, 2 ; XV, 7, 9
(traduit du grec ancien par Bernard Leib).

Dans l'historiographie hellénophone du Moyen Âge, il est rare que l'auteur se dévoile à ses lecteurs dans le prologue de son texte de façon aussi directe qu'Anne Comnène, l'historienne byzantine du XIIe siècle.

Anne Comnène et l'*Alexiade*

Le cas d'Anne Comnène *porphyrogenète* (née dans la pourpre) est unique et atypique. Née à Constantinople en 1083, fille aînée d'Alexios Ier Comnène et d'Irène Doukaina, elle vit le jour dans la *Porphyra*, une salle du palais byzantin spécialement aménagée pour la naissance des enfants de l'empereur régnant. À un âge avancé, vers le milieu du XIIe siècle, après une tentative avortée d'élever au trône son mari Nikêphoros Bryennios à la place de son frère Jean II Comnène (1118-1141), elle vit recluse dans la capitale, dans le monastère familial de la Théotokos Kécharitoménè.

Pendant le règne du fils de Jean II, Manuel Ier (1141-1180), Anne Comnène décide de raconter la vie et les exploits de son père dans un ouvrage intitulé *Alexiade*. Il s'agit d'un texte unique en son genre dans la littérature byzantine, d'une part parce que son auteur est la seule femme historiographe du Moyen Âge, et d'autre part parce qu'elle combine astucieusement un récit historique détaillé avec l'éloge de l'empereur-père, dans un style littéraire élevé et élégant, usant d'une langue particulièrement classicisante, loin de celle parlée à cette époque. Ces éléments sont révélateurs de son éducation et de son érudition, auxquelles elle se réfère, avec confiance et sans fausse humilité, tant dans le prologue de l'*Alexiade* que dans le livre XV, où elle évoque l'intérêt d'Alexios pour l'éducation d'enfants originaires de différentes ethnies à l'Orphelinat de Constantinople.

L'éducation exceptionnelle d'une princesse

Dans le prologue, Anna déclare qu'elle s'est plongée dans l'étude de la langue grecque – sous-entendu de la grammaire, de la syntaxe, du vocabulaire et des mètres poétiques anciens –, et qu'elle a pratiqué la rhétorique et étudié la philosophie dialectique en lisant les œuvres d'Aristote et de Platon. Elle se réfère ici au programme des élèves des écoles secondaires de Byzance, la bien connue *trittys* (les trois matières de base). Elle précise ensuite qu'elle a élargi ses connaissances en étudiant le *quadrivium*, les quatre matières du parcours scolaire supérieur, à savoir l'arithmétique, la géométrie, l'astronomie et la musique. Elle laisse aussi entendre que ce parcours était atypique pour une fille de son temps, même issue d'une famille aristocratique, et qu'il n'était alors pas nécessaire à une princesse de faire des études. Anne admet qu'elle doit en premier son éducation à ses dons naturels – intelligence, souplesse d'esprit et autres capacités intellectuelles –, puis à son intérêt personnel et à son amour pour l'étude. Elle la doit aussi à la Providence divine – dans l'esprit de son époque, tout dépend de la volonté de Dieu –, et aux circonstances de sa vie, élément d'une importance majeure dans son cas.

Anne Comnène, comme le signale également l'épitaphe écrite en son honneur par Georges Tornikès, écrivain du milieu impérial, ne fréquenta pas une école, mais reçut ses premières leçons de tuteurs eunuques du palais impérial. Elle avança ensuite dans ses études au contact des savants qui fréquentaient le cercle littéraire de sa mère, Irène Doukaina, leur mécène et un modèle pour Anne. Si elle n'est pas la seule femme de son temps qui ait eu des intérêts intellectuels et se soit occupée de lettres classiques, elle est la seule qui réussit à se démarquer par son esprit créatif grâce à une écriture originale. Anne donne également son avis personnel sur le processus éducatif qui conduit l'étudiant à améliorer son style ; elle est fière de dire qu'elle a progressé grâce à l'étude approfondie de textes complets des poètes et des philosophes de l'Antiquité et non avec la méthode de la *schédographie* : il s'agissait, surtout à partir du XIIe siècle, de faire rédiger les élèves à partir de textes casse-tête appelés *schédè*, de vrais pièges pour eux, composés par les maîtres byzantins de Constantinople. Ces outils d'enseignement de la langue remplaçaient le travail sur les textes originaux des poètes et des prosateurs tel qu'il se pratiquait dans les écoles depuis l'Antiquité tardive et qu'Anne Comnène recommande vivement.

Marina LOUKAKI
Université Nationale et Kapodistrienne d'Athènes

Pour en savoir plus

Penelope BUCKLER, *The Alexiad of Anna Komnene: Artistic Strategy in the Making of a Myth*, Cambridge, Cambridge University Press, 2014.

Thalia GOUMA PETERSON (éd.), *Anna Komnene and Her Times*, New York, Garland Medieval Casebooks, 2000.

Leonora NEVILLE, *Anna Komnene: The Life and Work of a Medieval Historian*, Oxford-New York, Oxford University Press, 2016.

Georges TORNIKÈS, « Discours sur la mort de la porphyrogénète Anne la Kaisarissa (fin 1154-début 1155) », dans Jean DARROUZÈS (éd. et trad.), *Georges et Démétrios Tornikès. Lettres et discours*, Paris, 1970, p. 20-32 et 244-246.

7. L'éducation des filles au couvent

(Florence, XVe siècle)

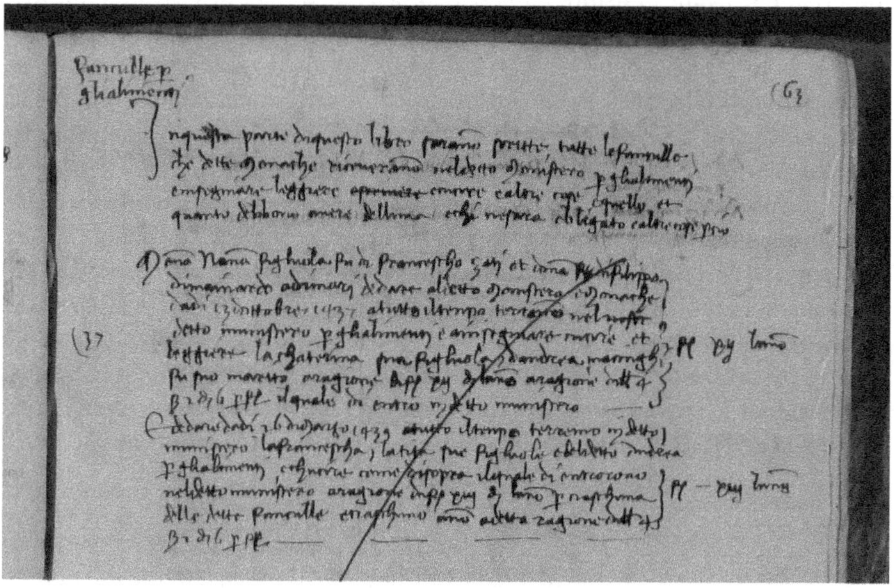

Archivio di Stato di Firenze, Fondo delle Corporazioni religiose soppresse dal Governo francese, 150 (S. Maria del Fiore detto di Lapo), n° 44, fol. 63r-64r.

Jeunes filles à nourrir.
Dans les pages qui suivent, nous inscrirons les noms des jeunes filles que les moniales recevront dans leur monastère pour y être nourries et pour y apprendre à lire, ~~à écrire~~, à coudre et d'autres choses encore. Nous y inscrirons les paiements que lesdites moniales doivent recevoir, et le nom de la personne qui en sera responsable.
Monna Nanna, fille de feu Francesco Zati et femme de Filippo de Mainardo Adimari, doit donner audit monastère, à partir du 13 octobre 1437, et pour toute la période durant laquelle Caterina, sa fille, et fille de feu Andrea Macinghi, restera au monastère pour y être nourrie et y apprendre à lire et à coudre, 12 florins par an.
[Monna Nanna] doit donner, à partir du 26 mars 1439 et pour tout le temps que Francesca et Tita, ses filles, et filles de feu Andrea Macinghi, resteront au monastère pour y être nourries et [apprendre à] lire et à coudre comme ci-dessus, 13 florins par an pour chacune d'elles.
[comptes intermédiaires]

Monna Nanna, femme de Filippo Adimari, doit payer pour la nourriture de Caterina, sa fille, citée ci-dessus, pour 11 mois et 20 jours, soit la durée du séjour de Caterina au monastère, après les 17 mois déjà payés, 35 lires et 13 sous.
Elle doit donner, pour la nourriture de Tita, sa fille, pour 12 mois et 15 jours, à partir du 26 mars 1439, jour où elle entra au monastère, et jusqu'au 10 avril 1440, jour où elle sortit du monastère, quand les moniales allèrent à Florence, déduction faite d'un mois durant lequel elle est sortie du monastère parce qu'elle était malade, et d'un autre mois et de 27 jours durant lesquels elle est partie à la campagne, soit pour 9 mois et 18 jours, et des sommes déjà payées, 39 lires, 11 sous et 11 deniers.
Elle doit donner pour la nourriture de Francesca sa fille, pour 12 mois 15 jours, à partir du 26 mars 1439, jour où elle entra au monastère, et jusqu'au 10 avril 1440, jour où elle sortit du monastère, quand les moniales allèrent à Florence, déduction faite de 3 mois et 8 jours durant lesquels elle était sortie du monastère pour aller à la campagne, soit du 10 août au 15 novembre 1439, soit pour 9 mois et 7 jours, et des sommes déjà payées, 24 lires, 14 sous et 9 deniers.
Soit en tout 99 lires, 18 sous, 8 deniers.
Monna Nanna, le 13 novembre 1442, a payé 49 lires, 15 sous (le comptable a retenu pour lui 5 sous), payés pour elle par son mari Filippo [...]. Le 11 mai 1443, Monna Nanna a payé 50 lires et 16 sous, qu'elle a donnés en mains propres aux moniales.

(traduit de l'italien par Sylvie Duval)

À partir du XVe siècle, les monastères féminins de Florence accueillent, contre paiement, des jeunes filles de bonne famille avec pour mission de les éduquer. Cet extrait d'un registre de comptes provenant du monastère Santa Maria del Fiore de Fiesole consacre une section entière aux paiements dus à la communauté par les parents de ces jeunes filles.

Les sœurs Macinghi

Le registre, établi par un professionnel à partir des comptes rédigés des moniales, contient une série de notices individuelles au nom des débiteurs de la communauté, dont celui de Nanna (Giovanna), épouse de Filippo Adimari mais aussi veuve d'Andrea Macinghi, père des trois jeunes filles mentionnées. Caterina puis ses petites sœurs Tita (Margherita) et Francesca sont confiées aux moniales respectivement en octobre 1437 et en mars 1439. Le prix de leur séjour, fixé à douze, puis treize florins par an (pour les deux petites), est très précisément calculé. Cette comptabilité révèle que le séjour des sœurs Macinghi a duré environ un an. Il ne s'agit pas d'une réclusion monacale, mais d'une sorte de pensionnat : les jeunes filles sortent en cas de maladie pour être soignées dans leur famille – c'est le cas de Tita –, mais aussi pour prendre du repos à la campagne, en particulier durant les mois d'été. Le registre établit le compte au nom de leur mère, qui effectue les paiements, ce qui démontre qu'elle était considérée comme la véritable responsable de l'éducation de ses filles.

Qu'apprenait-on au monastère ?

Cette année de pensionnat peut apparaître comme un prolongement du premier enseignement des petits enfants traditionnellement confié aux mères. L'âge des fillettes entrant au monastère n'est pas mentionné dans ce registre, mais Sharon Strocchia l'estime entre sept et neuf ans, soit l'âge auxquels leurs frères partent vers l'école d'abaque (école d'arithmétique commerciale) pour y apprendre le métier de marchand. Qu'y apprennent-elles ? Le comptable, sans doute par automatisme, a inscrit « lire et écrire ». Il a ensuite barré le verbe « écrire », qu'il a remplacé par « coudre ». Si les moniales ont un haut niveau d'alphabétisation – certaines d'entre elles copient ou enluminent des manuscrits –, la plupart des jeunes élèves sont destinées non au cloître mais au mariage, et donc préparées à leur futur rôle de maîtresse de maison. Au monastère, elles ne reçoivent pas une éducation scolaire, mais elles sont imprégnées d'un ensemble de qualités et de vertus, où la maîtrise de soi occupe une place aussi importante que la lecture. L'apprentissage de la couture s'inscrit dans cette optique : il s'agit d'un passe-temps et non d'une nécessité – en particulier pour les riches Florentines – qui incite à la précision et au calme, à l'instar de la lecture de livres religieux. Ce type de lecture, pratiquée dès le haut Moyen Âge (comme en atteste l'exemple de Dhuoda) par les femmes de la haute société, devient au XVe siècle, grâce à la diffusion des livres d'heures, l'une des activités favorites des femmes de bonne famille.

La question de l'alphabétisation des femmes à la Renaissance

L'alphabétisation des femmes ne doit pas être mesurée à l'aune de l'éducation de certains garçons, destinés à des carrières (notaires ou marchands) non accessibles aux femmes : elle répond à d'autres objectifs et prend d'autres formes. L'apprentissage de l'écriture y est secondaire, mais pas forcément inexistant. Une certaine familiarité avec l'écrit est nécessaire aux épouses, aussi bien pour l'éducation de leurs enfants que pour le contrôle efficace de la maisonnée. Il est donc probable que, dans cette optique, les sœurs Macinghi aient appris au couvent des rudiments d'écriture. D'autres exemples célèbres, ceux de Bartolomea degli Alberti et d'Alessandra Macinghi Strozzi, parentes de nos jeunes filles, le confirment. Bartolomea eut à sa charge, durant l'exil de Florence de son mari au début du XVe siècle, la gestion des affaires familiales et l'éducation de leurs enfants. Son ami et directeur spirituel Jean Dominici écrivit à son attention un traité (la *Regola del governo di cura familiare*), privilégiant une éducation des enfants supervisée par leur mère plutôt que par les maîtres humanistes dont il se méfiait. Quant à la correspondance qu'Alessandra Macinghi a tenue avec ses fils, eux aussi éloignés de Florence dans les années 1440-1460, elle démontre, dans un style à la fois tendre et alerte, toute l'habileté d'une mère à gérer les affaires familiales, des litiges fiscaux jusqu'aux mariages de ses enfants.

Sylvie Duval
Université de Bologne

Pour en savoir plus

Sylvie Duval, « La littéracie des femmes à la fin du Moyen Âge. Questions sur l'histoire de la culture, de la lecture et de l'écriture à travers des travaux récents », *Médiévales*, vol. 75, n° 2, 2018, p. 227-248.

Christiane Klapisch-Zuber, « Les clefs florentines de Barbe Bleue. L'apprentissage de la lecture », traduction française dans Christiane Klapish-Zuber, *La Maison et le Nom. Stratégies et rituels dans l'Italie de la Renaissance*, Paris, EHESS, 1990, p. 309-330.

Sharon Strocchia, « Learning the Virtues. Convent Schools and Female Culture in Renaissance Florence », dans Barbara Whitehead (éd.), *Women's Education in Early Modern Europe*, New York, Routledge, 1999, p. 3-46.

8. L'instruction d'une reine selon Marie Stuart

(France, XVIe siècle)

Je vous écrivais hier (ma sœur) que vertu vient de l'étude des bonnes lettres, et pour ce à nous princesses, sont-elles plus nécessaires qu'aux autres. Car tout ainsi qu'un prince surmonte ses sujets en richesses, en puissance, en autorité et commandement : ainsi doit être entre tous le plus grand en prudence, en conseil, en bonté, en grâce, et toute sorte de vertu. [...] À Reims [1554]

[...] Plutarque, auteur digne de foi, a dit que les vertus s'apprennent par préceptes aussi bien que les arts. Et use de cet argument. Les hommes apprennent à chanter, à sauter, les lettres aussi, à labourer la terre, à se tenir à cheval, à se chausser, à se vêtir, à faire cuisine. Et penserons-nous que vaincre ses affections, commander en une République (chose entre toutes très difficile), bien conduire une armée, mener bonne vie, penserons-nous dis-je que cela advienne par fortune ? Ne le croyons point, mais apprenons, obéissons maintenant, afin de savoir commander quand serons venues en âge. 29 juillet [1554]

Le meilleur héritage qui peut être délaissé aux enfants des bons parents, c'est la voie de vertu, et la connaissance de plusieurs arts, et sciences. Lesquelles choses, selon la sentence de Cicéron, valent mieux que le plus riche patrimoine. Par quoi je ne saurais assez louer la prudence du Roi, et de la Reine, qu'ils veuillent que notre jeune âge soit imbu, et de bonnes meurs, et de lettres. Suivant l'opinion de plusieurs sages qui n'ont tant estimé bien naître, que bien être institué. Dont, mes sœurs [Élisabeth et Claude de Valois], de notre côté faisons notre devoir. À Compiègne 7 jour d'Août [1554]

Afin que vous puissiez répondre à ces beaux deviseurs, qui disaient hier que c'est affaire aux femmes à ne rien savoir : je vous veux bien dire, ma sœur, qu'une femme de votre nom a été si savante qu'elle leur eut bien répondu si elle y eut été. C'est Élisabeth abbesse d'Allemagne laquelle a écrit beaucoup de belles oraisons aux sœurs de son couvent, et une œuvre des chemins par lesquels on va à Dieu.
Et Thémistocléa, sœur de Pythagore, était si docte, qu'en plusieurs lieux il a usé des opinions d'icelle. Et afin que vous ayez de quoi satisfaire à tels messieurs, je vous en apprendrai un grand nombre d'autres. Adieu. Et celle qui vous aime, ma sœur, aimez-la beaucoup aussi. À Villers-Cotterêts. 10 de septembre [1554]

Extraits des lettres latines de Marie Stuart à Élisabeth de Valois, traduites par son maître d'école, publiées dans Marie Stuart, *Œuvres littéraires. L'Écriture française d'un destin*, Sylvène ÉDOUARD, Irène FASEL et François RIGOLOT (éd.), Paris, Classiques Garnier, 2021, p. 128-149.

Entre juillet 1554 et janvier 1555, dans le cadre d'un exercice scolaire, la jeune reine d'Écosse Marie Stuart (1542-1587) écrit soixante-quatre lettres familières en latin sur les pages d'un petit cahier. Ce document rare du fonds latin des manuscrits de la Bibliothèque nationale de France est d'un petit format de poche facile à manier et à transporter. Dans ce cahier de rhétorique se trouvent en regard les lettres autographes en latin de la jeune reine, à droite, et les traductions françaises du maître, à gauche. L'absence de ratures indique que cette trace n'est pas l'original de l'exercice mais une copie au propre, sans doute destinée à être diffusée au sein de la cour pour faire connaître aux courtisans le talent de la jeune élève.

La petite cour des Enfants de France sous Henri II

Depuis octobre 1548, Marie Stuart, née en Écosse, vit au sein de la petite cour des Enfants de France, fils et filles d'Henri II et de Catherine de Médicis. Elle est rapidement fiancée au dauphin François et partage son quotidien avec des pages, des filles et des garçons d'honneur. En raison de son rang, Marie dispose de sa propre maison de serviteurs. Elle partage néanmoins son maître d'école avec les filles du roi, Élisabeth et Claude. Les journées des enfants de la petite cour, passées essentiellement à Saint-Germain-en-Laye jusqu'en 1554, sont marquées par les devoirs religieux, l'instruction et les divertissements qui reproduisent souvent ceux des adultes : simulacres de combats pour les garçons, chasses et bals pour tous. À partir de 1554, les Enfants de France et la petite reine poursuivent leur apprentissage à la cour du roi de France.

L'instruction des princesses à la Cour de France

La part de l'instruction est importante dans le quotidien de la jeune reine, comme pour les autres enfants, dès l'âge de sept ans environ. Dans sa formation, le premier apprentissage scolaire est celui du latin, qui se fait en mémorisant des formules courtes ou sentences tirées de la Bible (Psaumes et Proverbes) et des paroles mémorables des grandes figures de l'Antiquité. Progressivement, vers dix ou onze ans, les enfants maîtrisent la grammaire latine et commencent les exercices de rhétorique.

En 1554, Marie a onze ans et entame un exercice qui mêle grammaire et rhétorique en utilisant les éditions latines des Bonnes Lettres classiques établies par des compilateurs et commentateurs comme Érasme et Juan Luis Vivès. À partir des sources qu'elle paraphrase, Marie Stuart construit un argumentaire sur la nécessité d'instruire le prince. Le propos se situe dans la tradition des *Institutions*, ouvrages conçus pour former et guider le prince : pour être un bon gouvernant, le prince doit être vertueux. Or, selon Plutarque qui s'inspire de Platon ou d'Aristote, la vertu peut s'apprendre. Elle est tout autant politique, dans la tradition classique, que chrétienne, et elle fait de la vertu de Prudence une sagesse fondée sur le savoir. Ce n'est que par l'instruction, explique Marie Stuart, que le prince peut être digne de gouverner et compétent pour le faire.

Une princesse humaniste

À une époque où l'instruction des femmes ne fait pas l'unanimité, l'éducation des jeunes princesses et futures reines n'est pas négligée, mais elle est parfois jugée moins importante, comme ce fut le cas pour Marie Tudor (1516-1558), alors que sa petite sœur Élisabeth Ire (1533-1603) reçut plus tard une instruction très savante.

À la cour de France, la jeune Marie Stuart, savante et poétesse, est louée par les poètes, tels que Ronsard, mais sans doute est-elle aussi moquée par les jeunes garçons de la cour, « ces beaux deviseurs », qui considèrent que les femmes n'ont pas à être savantes. Entrant dans la querelle, la petite reine recopie, de lettres en lettres destinées à Élisabeth de Valois, les noms des femmes cités et renseignés par Ravisius Textor dans son encyclopédie de poche, *l'Officina* (Paris, 1520). Cette liste comprend un très grand nombre de femmes savantes depuis l'Antiquité dignes d'une leçon pour de jeunes princesses appelées à gouverner. Marie ne se considérait pas moins apte qu'un homme pour gouverner un État, mais elle fut élevée avant tout selon le modèle d'Érasme du soldat chrétien, comme en témoigne son ultime essai sur l'adversité composé quelque temps avant son exécution en 1587.

Sylvène Édouard
Université Jean Moulin - Lyon 3
LARHRA (UMR 5190)

Pour en savoir plus

Sylvène Édouard, « Un exercice scolaire et épistolaire : les lettres latines de Marie Stuart, 1554 », Paris, *Cour de France.fr*, 2013 [en ligne].

Sylvène Édouard, « Les méditations de Marie Stuart sur l'adversité », dans Caroline Callard, Tatiana Debaggi Baranavo et Nicolas Le Roux (dir.), *Un tragique XVIe siècle. Mélanges offerts à Denis Crouzet*, Ceyzérieu, Champ Vallon, 2022, p. 90-98.

Caroline zum Kolk (dir.), *Enfants de la Renaissance*, Paris, In Fine éditions d'art, 2019.

9. Éduquer les filles pour transformer la société

(France, XVIIe siècle)

Combien y a-t-il de gens dans la poussière, qui se fussent signalés si on les avait un peu poussés ? Et de paysans qui seraient de grands docteurs si on les avait mis à l'étude ? On serait assez mal fondé de prétendre que les plus habiles gens d'aujourd'hui soient ceux de leur temps qui ont eu plus de disposition pour les choses en quoi ils éclatent ; et que dans un si grand nombre de personnes ensevelies dans l'ignorance, il n'y en a point qui, avec les mêmes moyens qu'ils ont eus, se fussent rendus plus capables.

Sur quoi donc peut-on assurer que les femmes y soient moins propres que nous, puisque ce n'est pas le hasard, mais une nécessité insurmontable, qui les empêche d'y avoir part ? Je ne soutiens pas qu'elles soient toutes capables des sciences et des emplois, ni que chacune le soit de tous : personne ne le prétend non plus des hommes ; mais je demande seulement qu'à prendre les deux sexes en général, on reconnaisse dans l'un autant de disposition que dans l'autre.

Que l'on regarde seulement ce qui se passe dans les petits divertissements des enfants. Les filles y font paraître plus de gentillesse, plus de génie, plus d'adresse ; lorsque la crainte ou la honte n'étouffent point leurs pensées, elles parlent d'une manière plus spirituelle et plus agréable. Il y a dans leurs entretiens plus de vivacité, plus d'enjouements, et plus de liberté : elles apprennent bien plus vite ce qu'on leur enseigne ; quand on les applique également : elles sont plus assidues et plus patientes au travail, plus soumises, plus modestes et plus retenues. [...]

Cependant, quoique ce qui paraît dans les deux Sexes, lorsqu'ils ne sont encore qu'au berceau, suffise déjà pour faire juger que le plus beau donne aussi plus de belles espérances, on n'y a aucun égard. Les maîtres et les instructions ne sont que pour les hommes : on prend un soin tout particulier de les instruire de tout ce qu'on croit le plus propre à former l'esprit, pendant qu'on laisse languir les femmes, dans l'oisiveté, dans la mollesse, et dans l'ignorance, ou ramper dans les exercices les plus bas et les plus vils.

Mais aussi, il ne faut que des yeux pour reconnaître, qu'il est en cela de deux sexes, comme de deux frères dans une famille, ou le cadet fait voir souvent, nonobstant la négligence avec laquelle on l'élève, que son aîné n'a pardessus lui que l'avantage d'être venu le premier.

François POULAIN DE LA BARRE, *De l'égalité des deux sexes*, Paris, Vrin, 2011, p. 71-72.

La philosophie de François Poulain de la Barre (1647-1723) propose une réflexion nouvelle sur l'éducation. Il s'appuie sur son expérience à l'université de la Sorbonne, selon lui lieu de pédanterie et de misogynie ne délivrant aucune connaissance réelle. Il refait d'ailleurs son instruction en fréquentant les conférences et les livres cartésiens et refuse d'intégrer la faculté de théologie à laquelle il était destiné par son excellence scolaire. Si, au XVIIe siècle, on daigne reconnaître que l'instruction est nécessaire aux femmes, c'est dans la stricte mesure des connaissances indispensables pour devenir une bonne épouse, une bonne mère et une bonne chrétienne. Les traités d'éducation des filles se multiplient, mais pour circonscrire précisément ce qui convient aux femmes en matière de formations intellectuelle et physique. Poulain ne se situe pas du tout dans cette optique. Pour lui, la démonstration de l'égalité physique et psychique entre les femmes et les hommes doit logiquement induire un même soin accordé à leur éducation.

Le bon sens, qualité commune

Inspiré par Descartes pour qui « le bon sens est la chose du monde la mieux partagée » (*Discours de la méthode*, 1637), Poulain en déduit que, les femmes en étant pourvues autant que les hommes, elles doivent être aussi éduquées qu'eux. Comme toute qualité naturelle d'ailleurs, il est de fait impossible d'empêcher la personne qui la possède de s'en servir. Les femmes, laissées dans l'ignorance et les occupations puériles toute leur vie, parviennent toujours à glaner des bribes de savoir. Elles cherchent à s'instruire par tous les moyens et tirent en général beaucoup plus des quelques informations à leur disposition que les garçons abreuvés de connaissances. Elles développent des sens plus fins, une raison plus en alerte, du fait des interdictions absurdes pesant sur leur instruction.

Supériorité des ignorantes sur les savants

Cette plus grande finesse intellectuelle des filles n'est pas naturelle, mais elle est pourtant générale à toutes, pour la simple et bonne raison qu'elles partagent, quelle que soit leur condition sociale, une caractéristique commune : on les écarte de toute étude et de toute activité sérieuse. Poulain prône-t-il pour autant la mixité dans les écoles ? La réponse est doublement négative. D'une part, l'éducation telle qu'elle est pratiquée est mauvaise. Elle se fonde sur un aristotélisme jargonnant qui rend pédant sans être savant. Elle obscurcit l'esprit au lieu de l'éclairer. D'autre part, Poulain considère que les résistances masculines à une instruction des filles seront fortes. Il est donc plus réaliste de mettre en place des canaux différents d'instruction pour les uns et les autres. Les premières maîtresses des filles s'appuieront sur ses livres ; ainsi formées, elles commenceront ensuite leur enseignement dans les familles aisées puis dans des écoles. Dans son deuxième traité féministe, intitulé *De l'éducation des dames* (1674), Poulain propose même à la fin de l'ouvrage un programme de lectures pour que les femmes commencent à s'instruire par elles-mêmes, ce qui est aisé étant donné que leur esprit est vierge des billevesées des savants « vulgaires » (qu'il oppose aux savants cartésiens).

Du pédagogique au politique

Le but visé est une égalité entre femmes et hommes qui permettrait de penser une nouvelle société où les plus capables pour chaque fonction, chaque métier, les exercent effectivement. Le parallèle entre l'inégalité sociale et l'inégalité des sexes tracé par l'auteur montre que, derrière la question de l'instruction des filles, il y a celle de l'instruction de toutes et tous. L'impossibilité pour les femmes d'exercer la plupart des emplois est un problème social et pas seulement intellectuel ou moral. Elle prive en effet la société tout entière de ses meilleurs talents. Les femmes (tout comme les pauvres) correctement éduquées peuvent être professeures, diplomates, ministres ou évêques ! Le rayonnement de toute la société en est accru.

Marie-Frédérique Pellegrin
Université Jean Moulin - Lyon 3
IHRIM (UMR 5317)

Pour en savoir plus

Line Cottignies, Sandrine Parageau et John Thompson, *Women and Curiosity in Early Modern England and France*, Leyde, Brill, 2016.

Marie-Frédérique Pellegrin, « Women from Objects to Subjects of Science in Poulain de La Barre », dans Sabrina Ebbersmeyer et Gianni Paganini (dir.), *Women and Early Modern Philosophy and Science*, Berlin, Springer, 2020, p. 177-191.

Marie-Frédérique Pellegrin, « Cartesianism and the Education of Women », dans David Cellamare, Mattia Mantovani (dir.), *Descartes in the Classroom*, Leyde, Brill, 2022.

10. Bonnes et mauvaises lectures selon Madame de Maintenon

(France, XVIIe siècle)

Monseigneur l'évêque de Chartres ayant parlé, dans l'exhortation qu'il fit aux Demoiselles qu'il venait de confirmer, contre les chrétiens qui se plaisent à la lecture des livres profanes, Mme de Maintenon dit aux religieuses de Saint-Louis à cette occasion :

- Je les crois fort dangereux, surtout aux personnes de notre sexe, qui sont naturellement curieuses.
- Qu'entendez-vous, dit Mme de Glapion, par ces livres profanes ? Sont-ce seulement des romans ?
- Il y a, répondit Mme de Maintenon, des livres mauvais par eux-mêmes, tels que sont les romans, parce qu'ils ne parlent que de vices et de passions ; il y en a d'autres qui, sans l'être autant, ne laissent d'être dangereux aux jeunes personnes, en qui ce qu'ils peuvent les dégoûter des livres de piété, et qu'ils enflent l'esprit, comme par exemple l'histoire romaine ou l'histoire universelle, du moins celle des temps fabuleux.
- Mais, dit Mme de Blosset, vous mettez ces histoires au rang des livres profanes ?
- J'appelle livres profanes, ma Sœur, répondit Mme de Maintenon, tous ceux qui ne sont pas pieux, quoiqu'ils soient innocents, dès qu'ils n'ont pas une vraie utilité. Apprenez à vos Demoiselles à être extrêmement sobres sur la lecture, à lui préférer toujours l'ouvrage, les soins du ménage, les devoirs de leur état, et si enfin elles veulent lire, que ce ne soit que des livres biens choisis, propres à nourrir leur piété, à former leur jugement et à régler leurs mœurs. Un bon esprit fait toujours un bon usage de ce qu'il lit, et le tourne à son profit de façon ou d'autres ; mais un mauvais esprit en abuse, ou pour s'enorgueillir, ou par d'autres travers, dont vous devez vous efforcer de garantir votre jeunesse. [...] Encore une fois, vos Demoiselles ont infiniment plus de besoin d'apprendre à se conduire chrétiennement dans le monde et à bien gouverner leur famille avec sagesse, que de faire les savantes et les héroïnes ; les femmes ne savent jamais qu'à demi, et le peu qu'elles savent les rend communément fières, dédaigneuses, causeuses et dégoûtées des choses solides. Je suis si persuadée de ce que je vous dis que c'est la conduite que je tiens à l'égard de ma nièce, qui pourra cependant être un bon parti, et tout ce que j'exige de sa gouvernante est qu'elle la rende une bonne fille, douce, pieuse, bienfaisante, charitable et bonne chrétienne.

« Que les lectures profanes les plus innocentes sont toujours dangereuses » (juin 1696), *Instruction* citée dans Jacques Prévot, *La première institutrice de France : Madame de Maintenon*, Paris, Belin, 1981, p. 134-136.

Au XVIIe siècle, l'éducation des filles est un sujet à la mode. Elle occupe les discussions de salons, les scènes de théâtre, avec plusieurs pièces de Molière – *L'École des Femmes* (1662), *Les Femmes savantes* (1672) –, et elle fait l'objet de nombreux écrits pédagogiques dont le célèbre *Traité de l'éducation des filles* (1687) de Fénelon et ceux de Madame de Maintenon.

Madame de Maintenon et l'éducation des filles

Françoise d'Aubigné (1635-1719), petite-fille du poète Agrippa d'Aubigné, marquise de Maintenon, épouse du poète Scarron, avant de devenir favorite de Louis XIV, puis son épouse secrète, a montré toute sa vie un grand intérêt pour l'éducation des enfants, des filles en particulier. Chargée par le roi d'élever secrètement les enfants nés de sa liaison avec Madame de Montespan, elle soutient d'abord quelques religieuses de ses amies qui instruisent des filles pauvres dans de petites structures en Île-de-France et commence à écrire ses premières consignes en matière d'éducation. La faveur dont elle jouit auprès du roi permet de donner une plus grande ampleur aux ambitions pédagogiques qu'elle nourrit après, selon ses dires, avoir souffert d'une éducation conventuelle médiocre. Fervente catholique, sa volonté de bien élever les filles se rattache bien sûr à la réforme catholique qui accorde aux femmes, premières éducatrices de leurs enfants, un rôle essentiel dans la transmission de la foi, pour consolider le catholicisme et lutter contre le protestantisme. Dans le même esprit, les femmes doivent contribuer à la diffusion de la morale chrétienne et des bonnes mœurs dans les familles.

De multiples écrits à vocation pédagogique destinés à Saint-Cyr

En 1686, Louis XIV fonde au bout du parc de Versailles, dans le village de Saint-Cyr, un établissement éducatif réservé aux filles d'une noblesse ancienne appauvrie par les guerres incessantes. Pour cette maison royale, dont elle est l'inspiratrice, Madame de Maintenon rédige de très nombreuses lettres destinées aux religieuses, les Dames de Saint-Louis, qui encadrent les demoiselles, voire à ces dernières directement. À côté de cette correspondance pléthorique, des textes pédagogiques de différente nature – *Anecdotes, Proverbes, Conversations, Instructions* et *Entretiens* – lui sont attribués, mais ils ont été en réalité compilés par les Dames, souvent à partir de situations pédagogiques – réelles ou fictives – à laquelle la fondatrice a participé. Ces textes abordent tous les aspects de la vie à l'intérieur de l'établissement (vêtements, alimentation, soins, jeux...), mais aussi la formation des élèves (spiritualité, éducation, théâtre...), sans oublier le choix et la préparation de leur vie future de femme noble, que ce soit dans le siècle, comme épouse et mère de famille, ou bien au couvent.

Les dangers de la lecture pour les femmes

Protéger les femmes des mauvaises lectures, c'est-à-dire de celles de textes profanes qui pourraient nourrir leur imagination et leurs passions, mais aussi les écarter de la foi et de la piété, constitue un souci constant des pédagogues du Grand Siècle qui suivent en cela les préceptes du concile de Trente. Sont particulièrement visés, comme le rappelle ici Madame de Maintenon, les romans, mais aussi certains livres d'histoire, de l'Antiquité en particulier, qui exaltent l'héroïsme, vertu masculine par excellence. Il faut donc, et dès le plus jeune âge, surveiller les lectures des élèves et ne mettre en leurs petites mains que des livres de piété ou d'histoire sainte adaptée pour les enfants, comme le préconise aussi Fénelon, et qui contribuent utilement à la formation de leur esprit.

Derrière ces impérieux conseils de lecture, destinés aux institutrices des demoiselles de Saint-Cyr mais, au-delà, à tout lecteur ou lectrice sensibilisé·e aux questions éducatives, se dessine le profil de la jeune fille noble bien éduquée : une bonne chrétienne pieuse et vertueuse qui choisit d'occuper son temps à des ouvrages (broderie, couture, pliage du linge...), plutôt qu'à des lectures potentiellement dangereuses ; une mère de famille qui sait tenir sa maison (gouverner sa domesticité, gérer les dépenses du ménage...) et tenir son rang au sein de la noblesse provinciale dont elle est le plus souvent issue ; une femme instruite, mais point trop n'en faut, car Madame de Maintenon qui, dans sa jeunesse, fréquenta pourtant les précieuses, n'aime pas les femmes savantes ! Tout cela est bien dans l'air du temps.

Dominique Picco
Université Bordeaux Montaigne
CEMMC (UR 2958)

Pour en savoir plus

Isabelle Brouard-Arends (dir.), *Lectrices d'Ancien Régime*, Rennes, Presses universitaires de Rennes, 2003.

Dominique Picco, « Madame de Maintenon et Saint-Cyr », dans Mathieu Da Vinha et Alexandre Maral (dir.), *Madame de Maintenon. Dans les allées du pouvoir*, Paris, Hazan-Château de Versailles, 2019, p. 132-137.

Jacques Prévot, *La première institutrice de France : Madame de Maintenon*, Paris, Belin, 1981.

Mathieu Da Vinha et Nathalie Grande (dir.), *« Toute la cour était étonnée ». Madame de Maintenon ou l'ambition politique au féminin*, Rennes, Presses universitaires de Rennes, 2022.

11. Lire en famille

(Royaume-Uni, XVIIIe siècle)

Henry Walton, *Sir Robert and Lady Buxton and their daughter Anne*, v. 1786, Norwich Castle Museum and Art Gallery, The Bridgeman Art Library.

En 1786, Henry Walton réalise le portrait de Robert John Buxton, magistrat et propriétaire terrien du Norfolk, de son épouse Juliana Mary et de leur fille aînée Anne Elizabeth, âgée de quatre ans. Les époux et leur fille forment un cercle de famille clairement matérialisé par le mouvement des bras et des mains. Les cinq livres visibles tissent un autre lien entre les personnages. À gauche, un volume relié est posé sur la table, son marque-page bien visible. La mère tient ouvert entre ses mains un ouvrage de plus petit format ; le père a interrompu sa lecture, un doigt glissé entre les pages. Une brochure simplement recouverte de papier est posée sur le sofa à ses côtés et une plus petite, reliée de papier sombre, appartenant peut-être à l'enfant, est tombée par terre à côté de sa chaise. Dans leur diversité de format et d'usages, les livres participent de la vie de famille. Ils sont lus pour soi ou à voix haute, à deux, avec ou pour l'enfant, fille ou garçon. Les lectures du couple les définissent aussi dans leurs rôles sociaux, celui de mère de famille ou d'homme public. Elles sont distribuées le long d'une ligne horizontale qui va de la table où repose la corbeille à ouvrage de Lady Buxton, symbole de son dévouement domestique, au fauteuil où son époux a jeté son manteau, rappel de ses obligations extérieures. La bibliothèque n'est pas présente dans cette scène, mais elle constitue l'arrière-fond invisible de ce salon tranquille.

Une scène de lecture familiale

Située au cœur de la scène, la fillette joue un rôle-clé dans une lecture possible du tableau. Son ouvrage posé sur la table, sa mère la fait lire dans un livre tenu à la hauteur de ses yeux et incliné dans sa direction. La fillette a la bouche close, mais les représentations d'enfants en train de lire à voix haute sont rares : en France, les petites maîtresses d'école gravées au XVIIIe siècle d'après Chardin et Boucher ont, elles aussi, les lèvres serrées. Le jeune âge d'Anne Buxton n'est pas non plus aberrant. Dans les élites sociales européennes du temps, les enfants, filles et garçons, sont initiés très tôt à la lecture, dès trois ou quatre ans : on leur fait reconnaître les lettres, puis les syllabes et enfin des mots. Dans la seconde moitié du siècle, des ouvrages plus ludiques, avec des mots du vocabulaire quotidien et des petites histoires, parfois agrémentés d'illustrations, commencent à remplacer les prières, petites Heures et petits psautiers longtemps utilisés seuls ou presque pour faire entrer les enfants dans le monde écrit. La réaction des parents accompagne la performance de la fillette. Souriante, la mère surveille du regard son époux qui suit aussi des yeux le texte lu par sa fille. Dans cette famille, le spectateur sent que le goût de la lecture se pratique et se transmet aux enfants.

Les livres pour enfant

Quel livre le peintre fait-il lire à l'enfant ? La reliure très sobre n'en dit rien. Matthew Grenby émet l'hypothèse que, plutôt que de lire dans un volume de sa mère, Anne fait usage d'un « livre à soi ». Dans son milieu social, et pour sa génération, le livre est devenu un objet familier, pensé pour elle. C'est exactement entre les naissances de Robert (1753) et d'Anne Buxton (1782) que cet historien situe l'essor du livre pour enfants, secteur éditorial ouvert dans les années 1740 par un groupe de pionniers, dont le célèbre libraire londonien John Newbery. Ce marché de la lecture enfantine émerge alors aussi en France, sous la pression de la noblesse éclairée et de la bourgeoisie attentives à l'éducation de leurs enfants. En France comme en Angleterre, les livres produits pour les enfants utilisent les formes offertes aux adultes, du petit livret imprimé sur du mauvais papier et simplement broché au petit in-12 solidement relié : plus tard viendront de grands formats pour les petites mains. À la même époque se développe plus largement le consumérisme enfantin, avec la production d'objets à taille d'enfant dont certains sont mixtes, comme la petite chaise, d'autres pensés plus pour les filles, comme le petit panier, modèle réduit de celui de sa mère.

Le portrait aurait-il été différent si Anne avait été un garçon ? Pas forcément : l'inculcation des rudiments de la lecture n'est pas nettement différenciée à cet âge dans ces milieux sociaux. Si l'éducation de son frère cadet John, connue par l'étude des correspondances familiales, est un exemple d'imprégnation des normes de la masculinité, Anne profite pendant six années du privilège d'être l'enfant unique de parents représentés ici comme attentifs et aimants.

Emmanuelle Chapron
Aix Marseille Université,
TELEMMe (UMR 7303)

Pour en savoir plus

Emmanuelle Chapron, *Livres d'école et littérature de jeunesse en France au XVIIIe siècle*, Liverpool, Voltaire Foundation, 2021.

Matthew Grenby, *The Child Reader 1700-1840*, Cambridge, Cambridge University Press, 2011.

Isabelle Havelange, « Des livres pour les demoiselles, XVIIe siècle -1re moitié du XIXe siècle », dans Isabelle Brouard-Arends (dir.), *Lectrices d'Ancien Régime*, Rennes, Presses Universitaires de Rennes, 2003, p. 575-584.

Simon Macdonald, dans Sébastien Allard (dir.) *Portraits publics, portraits privés 1770-1830* (catalogue d'exposition), Paris, Réunion des musées nationaux, 2006, p. 154-155.

CHAPITRE 7

Et pourtant elles créent, et pourtant elles trouvent

Et pourtant elles créent, et pourtant elles trouvent

Dans son essai « Woman as inventor » publié en 1870, la féministe américaine Matilda Joslyn Gage dénonçait la minimisation, voire le déni, du rôle des femmes dans l'histoire des sciences et des inventions, le grand récit de l'innovation et de la modernité étant accaparé par une minorité d'hommes. Cet « effet Matilda », théorisé un siècle plus tard par Margaret W. Rossiter, se déploie bien au-delà du seul champ des sciences et il est observable pour toutes les périodes historiques. Il est visible dans chaque domaine de la création, qu'elle soit intellectuelle, scientifique, artistique, artisanale. Pourtant, dès l'Antiquité grecque, des femmes ont activement contribué à la production d'objets d'art exigeant une certaine technicité, notamment dans les activités de tissage auxquelles elles étaient astreintes et peut-être dans des ateliers de peinture. Certaines, certes peu nombreuses, et dont la biographie est peu documentée, se sont également très tôt illustrées dans les champs du savoir, par exemple dans l'écriture poétique ou la réflexion philosophique, mais aussi en médecine ou en mathématiques : des poétesses de l'époque archaïque (Sapho, Corinne), des femmes philosophes comme les pythagoriciennes, des femmes médecins (Phanostratè) dont l'existence est principalement attestée par des épitaphes.

Assignation genrée à des formes de production créative considérées comme mineures, sous-estimation des œuvres et des travaux des femmes réalisés à l'ombre des prétendus « grands hommes » de savoir et ou des arts, invisibilisation à la fois dans les sources et dans les histoires générales des arts et des sciences : ce sont autant de mécanismes enracinés dans les pratiques, les imaginaires puis dans l'écriture de l'histoire savante, qui ont contribué à occulter le rôle des femmes dans l'histoire des sciences et des techniques, comme dans l'histoire de la littérature, des arts plastiques et du spectacle vivant. Un certain nombre de verrous sociologiques, politiques, sociaux ont durablement freiné l'accès des femmes à des parcours professionnels d'artistes ou de savantes et empêché la reconnaissance durable de leurs découvertes, de leurs créations et de leurs productions intellectuelles.

Les éducations différenciées et hiérarchisées entre filles et garçons, prétendument justifiées par les différences biologiques, la distribution genrée des savoirs, les rôles sociaux normés et les stéréotypes qui cantonnaient les femmes à l'espace domestique et à des expressions et valeurs qui s'y rattachaient, le recrutement longtemps exclusivement ou massivement masculin des institutions de formation et d'accréditation des talents scientifiques ou artistiques (écoles, universités, collèges, académies, collections muséographiques ouvertes au public, théâtres publics et premières salles de concert…) ont été autant d'obstacles.

Certaines femmes, beaucoup plus nombreuses qu'on le présume, sont parvenues à les surmonter car elles disposaient de ressources familiales, économiques, sociales qu'elles ont réussi à mobiliser. Ces atouts ont pu favoriser leur apprentissage des métiers intellectuels ou artistiques « réservés » aux hommes, lorsque par exemple elles étaient nées dans une famille de savants ou d'artistes, qui leur avait transmis le savoir-faire nécessaire et qui facilitait leur éventuelle professionnalisation, voire l'avancée dans une véritable carrière, ou lorsqu'en l'absence de descendant masculin, elles devenaient de fait les dépositaires d'un savoir-faire familial. Ces avantages dus à la naissance leur ont aussi parfois permis de bénéficier de solidarités mixtes pour faire connaître et reconnaître leur travail, tant sur le plan symbolique que financier. Au Moyen Âge, en particulier au XIe et XIIe siècles, l'entrée dans les ordres a pu également, constituer, pour quelques-unes seulement, une porte d'accès privilégié aux mondes des savoirs scientifiques, notamment médicaux. Les institutions universitaires, telles qu'elles se multiplient au XIIIe siècle, les excluent en revanche méthodiquement, réservant le domaine des sciences expérimentales et de la médecine aux seuls hommes.

Au moins à partir de la fin du Moyen Âge, et plus sûrement tout au long de l'époque moderne, activant des réseaux variés ou s'appuyant sur leur maîtrise des codes sociaux de leur temps, des femmes artistes et savantes, parfois mais pas toujours bien insérées dans les élites sociales, sont parvenues à revendiquer leurs droits à obtenir une reconnaissance de leur travail. Dans le contexte des bouleversements révolutionnaires de la fin du XVIIIe siècle, elles le font notamment par le biais de requêtes financières dans lesquelles elles rappellent les temps forts et les œuvres maîtresses de leur vie de créatrices. Sans être elles-mêmes savantes ou artistes, d'autres femmes, souvent bien dotées en capital social et économique, ont alors également joué un rôle de médiatrice dans la promotion des innovations scientifiques et techniques, dans l'animation du marché de l'art ou dans la promotion d'hommes et femmes de lettres. Leurs recommandations et leur mécénat ont parfois encouragé de manière décisive des parcours féminins.

Mais, malgré l'accroissement du nombre de femmes ayant eu accès à une éducation de qualité et à une formation intellectuelle ou artistique, malgré l'écho que leurs œuvres ont parfois reçu de leur vivant en particulier au XVIIIe siècle lors des premiers salons d'exposition, dans la presse littéraire ou dans les revues savantes spécialisées en mathématiques et sciences expérimentales, la reconnaissance actuelle de leurs contributions à l'histoire des savoirs et des arts reste encore très largement insuffisante. On le constate tant du point de vue de leur valorisation posthume dans la mémoire collective que du point de vue des marqueurs de réputation qu'octroient aujourd'hui le marché de l'art par des expositions dédiées (galeries, musées), le milieu professionnel du livre par l'édition ou la réédition d'écrits de femmes de lettres, ou les programmateurs de salle pour les musiciennes et dramaturges des siècle passés.

Mélanie TRAVERSIER

1. Une femme dans un atelier de vases peints

(Grèce, Ve siècle av. J.-C.)

Hydrie, provenant d'une tombe féminine à Ruvo, v. 460 av. J.-C., Naples, Banque Intesa Sanpaolo, 2 *Beazley Archive Pottery Database* 206564.

Depuis la publication de ce vase à eau, ou hydrie, en 1876, la scène qui se déploie sur l'épaule (la surface horizontale située entre l'embouchure et la panse du vase) est interprétée comme un atelier de peintres potiers représenté avec une certaine fantaisie. Elle est dominée par la grande figure d'Athéna qui en occupe le centre. Portant l'égide, la déesse est armée d'une lance et son casque dépasse largement le cadre de la scène pour interrompre le bandeau décoratif supérieur. Elle s'apprête à couronner un jeune artisan, légèrement plus grand que les autres et assis sur un siège élaboré, occupé à la décoration d'un énorme vase à vin. Devant lui est posé un vase semblable dans lequel on distingue une cruche (*oenoché*). À gauche, un autre artisan, jeune également mais plus petit et nu, est occupé à décorer un cratère à volutes. Il lève le regard vers la Victoire (*Niké*) en train de le couronner. À droite d'Athéna, un second jeune garçon de petite taille décore un autre type de cratère, en calice, sans prêter attention à la *Niké* qui s'approche pour le couronner. Enfin, à l'extrémité de la scène, une figure féminine, dont la tunique (*chiton*) est retenue par des liens, est assise sur un tabouret qui repose sur une estrade. Elle peint la surface entre les anses d'un autre cratère à volutes.

Une femme active dans un atelier de vases peints

Les images de travail sont plutôt rares dans l'ensemble des scènes représentées par les peintres de vases. Les artisans du quartier du Céramique se sont néanmoins volontiers montrés à l'ouvrage, près du four ou du tour. Ces éléments sont absents sur l'hydrie, ce qui a un temps fait évoquer un atelier de métallurgie. Plus probablement, il s'agit de peintres à l'œuvre maniant un pinceau pour tracer les figures à l'aide d'argile diluée contenue dans les bols représentés à leurs côtés. Leur travail concerne des frises décoratives et secondaires (ovales et spirales, palmettes et feuilles) ; on ne les voit pas tracer les figures animées qui peuplent les scènes narratives, ce qui semble indiquer une séparation des tâches, une organisation de la production qui libère du temps pour le peintre chargé des scènes figurées. De tels éléments constituent pour nous de précieux documents sur la réalité concrète de la production.

À cette valeur documentaire sur le travail se rattache la présence d'une femme dans l'atelier. Certes, la figure occupe une position secondaire, à l'extrémité de la scène et occupée sans doute à une tâche accessoire comme peindre les zones de vernis noir. Cette figure s'inscrit contre la tradition insistante de la femme recluse à l'intérieur de la maison (*oikos*), dont les occasions de sortie sont strictement limitées et le plus souvent liées à des célébrations cultuelles. C'est oublier la condition d'une grande partie d'entre elles, contraintes au travail par des nécessités économiques. De rares témoignages littéraires ou figurés font entrevoir ces femmes sans histoire et pourtant sûrement nombreuses dans la cité antique. Un gobelet à boire (*skyphos*) béotien plus récent (Athènes, musée national, 442) représente, de façon burlesque, un atelier de peintres potiers qui comporte aussi une femme ; quelques images d'activités commerciales incluent également leur présence. Nous n'en saurons pas davantage sur le statut, libre ou servile de la femme à l'intérieur d'un atelier largement masculin, fait corroboré par les signatures de peintres et de potiers, hommes libres ou esclaves.

L'éloge du savoir-faire des peintres-potiers

L'objectif du peintre est en effet loin de celui d'un reporter, d'un historien ou d'un ethnologue. Il s'agit de célébrer l'art du peintre potier par l'image de cet atelier idéalisé et visité par Athéna sous son aspect d'*Ergané*, « l'Industrieuse », qui protège les artisans.

À la dignité du travail rehaussée par la présence divine s'ajoute la célébration de la valeur de l'œuvre réussie grâce au savoir-faire, à la maîtrise technique déployés sur des vases monumentaux. Les Victoires, plus habituelles auprès de guerriers ou d'athlètes, couronnent ici la virtuosité d'artisans, ceux, absents des sources écrites, que Pierre Vidal-Naquet qualifiait de « héros muets de la démocratie ». La manière dont il se sont représentés, comme les dédicaces souvent prestigieuses qu'ils consacrent à Athéna sur l'Acropole, attestent pour nous, outre leur importance, économique à coup sûr, sinon sociale, la haute conception qu'ils se font de leur savoir-faire.

Marie-Christine Villanueva-Puig
Chercheur CNRS honoraire
AnHiMA (UMR 8210)

Pour en savoir plus

Claudia Lambrugo, « Donne pittrici nell' Atene democratica ? Una "giornata speciale" per la bottega del Pittore di Leningrado », dans Maurizio Harari *et alii* (dir.), *Icone del Mondo Antico*, Rome, L'Erma di Bretschneider, 2009, p. 111-117.

François Lissarrague, « Femmes au figuré », dans Pauline Schmitt Pantel (dir.), *Histoire des femmes en Occident*, t. 1, *L'Antiquité*, Paris, Plon, 1991, p. 159-251.

Dyfri Williams, « Picturing Potters and Painters », dans John Oakley et Olga Palagia (dir.), *Athenian Potters and Painters* II, Oxford, Oxbow Books, 2009, p. 306-317.

Dyfri Williams, « Peopling Athenian *Kerameia*: Beyond the Master Craftmen », dans Norbert Eschbach et Stefan Schmidt (dir.), *Töpfer Maler Werkstatt: Zuschreibungen in der griechischen Vasenmalerei und die Organisation antiker Keramikproduktion*, Munich, C. H. Beck, 2016, p. 54-68.

2. Aspasie, de Plutarque aux Modernes

(Grèce, Ve siècle av. J.-C.)

Quel art ou quel pouvoir possédait Aspasie pour dominer ainsi les hommes politiques les plus éminents, et inspirer aux philosophes un intérêt qui ne fut ni mince ni négligeable ? Aspasie était native de Milet, fille d'un certain Axiochos, tout le monde est d'accord là-dessus. Elle s'en prît aux hommes les plus influents, suivant ainsi l'exemple de Thargélia, une ancienne courtisane d'Ionie. [...] Si Périclès recherchait Aspasie, c'était, selon certains, pour son intelligence et son sens politique : cette femme recevait parfois la visite de Socrate et de ses disciples, et ceux qui la fréquentaient lui amenaient leurs épouses pour leur faire entendre sa conversation, alors que pourtant le métier qu'elle exerçait n'était ni honnête, ni respectable : elle formait de petites hétaïres. Dans le Ménéxène de Platon elle passait pour enseigner la rhétorique à beaucoup d'Athéniens. Mais l'attachement de Périclès pour Aspasie avait, c'est évident, l'amour pour cause. Il était marié avec une de ses parentes [...] qui lui donna deux fils, Xanthippos et Paralos. Ensuite, comme leur vie commune n'était pas heureuse, il la céda, avec son consentement, à un autre mari, et lui-même prit Aspasie, qu'il aima avec une tendresse exceptionnelle. Chaque jour, dit-on, en quittant la maison et en y revenant, au sortir de l'agora, il la prenait dans ses bras, en la couvrant de baisers. Les auteurs comiques la surnomment nouvelle Omphale, Déjanire et aussi Héra. Vers la même époque Aspasie fut traduite en justice pour impiété. L'accusateur fut l'auteur comique Hermippos, qui lui reprocha en outre de recevoir des femmes de naissance libre qui avaient rendez-vous dans sa maison avec Périclès. [...] Selon Eschine, Périclès obtint la grâce d'Aspasie à force de verser des larmes pour elle et de supplier les juges durant tout le procès.

Plutarque, *Vie de Périclès*, 24.2-9 ; 32-1 ; 32-5
(traduit du grec ancien par Anne-Marie OZANAM).

Michel Corneille le Jeune, *Aspasie au milieu des philosophes de la Grèce*, entre 1670 et 1690, salon des Nobles de la Reine, château de Versailles.

Née dans la cité de Milet sur la côte de l'Asie Mineure, Aspasie vit à Athènes au milieu du Ve siècle av. J.-C. : alors qu'elle est grecque, son statut dans la cité athénienne est celui d'une étrangère. Instruite, capable de converser avec Socrate et dotée d'une sagesse politique qui en fait une excellente conseillère, elle appartient au cercle de « sages » qui entoure Périclès et joue un rôle important dans l'évolution de la pensée politique de l'isonomie à la démocratie. Respectée par ses contemporains, Aspasie a bénéficié d'une longue postérité, comme l'attestent un texte de Plutarque et bien plus tard une peinture réalisée à la fin du XVIIe siècle pour le château de Versailles.

Éducatrice et concubine : Aspasie vue par les Grecs

Le texte de Plutarque (46-125 apr. J.-C.), auteur grec actif à l'époque de l'Empire romain, donne un exemple de la construction faite par les Grecs de la figure d'Aspasie. Il est extrait de la *Vie* consacrée par Plutarque à Périclès qui vécut à Athènes de 495 à 429 av. J.-C. et a dirigé la cité pendant une trentaine d'années.

Parmi les faits et gestes de Périclès, Plutarque relève la relation politique et affective qu'il eut avec Aspasie. Il lui reconnaît plusieurs rôles, notamment celui de former de jeunes courtisanes, que les Grecs nomment « hétaïres », soit des compagnes – dans la vie sociale athénienne, l'hétaïre est une artiste aux multiples talents, à la fois musicienne, danseuse, conteuse, capable d'être une partenaire des hommes adultes dans les banquets et au-delà. Par sa conversation, Aspasie instruit aussi les épouses de citoyens. Son rôle d'éducatrice s'adresse également aux citoyens eux-mêmes auxquels elle enseigne la rhétorique, un art oratoire indispensable à toute prise de parole politique. La science et la sagesse sont les atouts qui font d'Aspasie une interlocutrice de Socrate, mais aussi la conseillère et la compagne de Périclès.

La modernité du texte de Plutarque est dans le regard qu'il porte sur la relation nouée entre Aspasie et Périclès. Il souligne l'amour que portait Périclès à Aspasie. Ce sentiment conduit le stratège à se séparer de son épouse pour se consacrer entièrement à Aspasie, ce qui constitue une conduite inédite dans les sources classiques où l'homme grec peut légitiment partager son temps entre épouse et concubine. Cet attachement prend pour témoin l'espace public : alors qu'Aspasie fait l'objet de la pire accusation que connaît la cité athénienne, celle d'impiété, les larmes que Périclès verse devant les juges conduisent à la grâce de sa concubine.

La postérité d'une philosophe au XVIIe siècle

La figure d'Aspasie connaît une longue postérité, davantage comme femme philosophe égale des hommes que comme éducatrice de jeunes courtisanes. En témoigne notamment la peinture de Michel Corneille le Jeune réalisée entre 1670 et 1690 pour le salon des Nobles de la Reine au château de Versailles. Le plafond consacré à Mercure est entouré de quatre voussures sur lesquelles sont représentées les femmes célèbres de l'Antiquité : Pénélope tissant sa tapisserie, Sappho jouant de la lyre, Cérisène étudiant la peinture et Aspasie parmi les philosophes de la Grèce.

Assise au milieu de six hommes, Aspasie tient un rouleau à la main. Derrière elle, appuyé sur le dossier du siège de pierre, un homme a les traits de Socrate. Devant elle, un homme debout, peut-être Platon, l'écoute. Les trois personnages semblent converser. Aux pieds d'Aspasie, trois hommes, de trois âges différents, s'adonnent à des activités variées : écrire, lire, dessiner avec un compas. Un quatrième homme, debout, semble montrer le travail à accomplir. La scène représente ainsi Aspasie dans la tâche hautement valorisée d'instruire les hommes. En cette fin du XVIIe siècle, la matière qu'elle enseigne ne peut être que la philosophie. Si l'on replace Aspasie dans l'ensemble du décor des voussures de cette pièce, elle seule parle à des hommes et sort des activités traditionnellement reconnues aux femmes grecques dans le gynécée : le tissage, la musique et la peinture.

Cette figure d'Aspasie « philosophe » prolonge la tradition grecque dans un contexte différent. Mais le portrait d'Aspasie donné par Plutarque est plus complexe que celui proposé par Michel Corneille : il est plus proche de la réalité de la société athénienne où la place des étrangers, exclus de la pratique politique, se mesurait à leur rôle dans la vie sociale. On peut le lire aujourd'hui aussi comme le portrait d'une femme libre et sage, au sens de la sagesse (*sophia*) grecque.

Pauline SCHMITT PANTEL
Université Paris 1 Panthéon-Sorbonne
AnHiMA (UMR 8210)

Pour en savoir plus

Vincent AZOULAY, *Périclès : la démocratie athénienne à l'épreuve du grand homme*, Paris, Armand Colin, 2010 (2e éd. 2020).

Danielle JOUANNA, *Aspasie de Milet, égérie de Périclès*, Paris, Fayard, 2005.

Nicole LORAUX, « Aspasie, l'étrangère, l'intellectuelle », dans Nicole LORAUX (dir.), *La Grèce au féminin*, Paris, Les Belles Lettres, 2003, p. 133-166.

Pauline SCHMITT PANTEL, « Aspasie et Timandra », dans Pauline SCHMITT PANTEL, *Hommes Illustres. Mœurs et politique à Athènes au Ve siècle*, Paris, Aubier, 2009, p. 137-154.

3. Phanostratè, femme médecin

(Athènes, IVe av. J.-C.)

Stèle funéraire de Phanostratè, Athènes, Musée national archéologique, NM 993, IVe siècle av. J.-C.

Phanostratè, [fille de... ou épouse de...], (du dème de Mélitè).
Sage-femme et médecin, Phanostratè gît ici :
À nul elle ne causa de chagrin et tous, à sa mort, la regrettent.

Inscriptiones Graecae II-III^2 6873
(traduit du grec ancien par Évelyne SAMAMA).

Le nom de Phanostratè est connu grâce à une stèle funéraire attique datant des années 360-340 av. J.-C. Il s'agit d'un monument comportant un bas-relief représentant la défunte assise et accompagnée d'autres personnages. Son nom, Phanostratè, est gravé au-dessus de sa tête. L'inscription sous le bas-relief donne les renseignements suivants : « Sage-femme et médecin (*Maia kai iatros*), Phanostratè repose ici, à nul elle ne causa de chagrin et tous, à sa mort, la regrettent ».

Une sage-femme

Le terme *maia* est courant à l'époque classique et désigne la sage-femme, l'accoucheuse. Dans le dialogue de Platon intitulé le *Théétète*, Socrate évoque longuement les accoucheuses, ce qui s'explique par le contexte discursif : Socrate se présente lui-même comme un accoucheur des âmes grâce à sa « maïeutique », un art qu'il connaît particulièrement bien puisque sa propre mère Phainarétè est sage-femme. Selon Socrate, les accoucheuses emploient des remèdes et des chants pour calmer les douleurs, faciliter les accouchements et pratiquer des avortements. La dextérité des sages-femmes est d'autant plus précieuse que les risques de mortalité sont élevés, autant pour les parturientes que pour les nouveaux-nés. Ainsi, sur les trente-huit femmes enceintes présentes dans le traité hippocratique *Épidémies* (v^{e}-ive siècle av. J.-C.), quinze meurent après avoir accouché. La *maia* intervient enfin dès les premiers instants de la naissance afin d'examiner le corps du nouveau-né et de déceler de possibles malformations.

Une femme médecin réputée

Si la *maia* est ainsi une figure nécessaire et familière des sources archaïques et classiques, Phanostratè constitue en revanche la première attestation épigraphique et iconographique d'une femme-médecin (*iatros*). L'emploi du masculin suggère qu'à cette époque le nombre de femmes-médecins est trop peu significatif pour décliner le terme au féminin. Que Platon rappelle dans la *République* qu'il y a théoriquement « des femmes douées pour la médecine (*iatrikè*), d'autres qui ne le sont pas, des femmes douées pour la musique, d'autres qui ne le sont pas », suggère cependant que l'exercice de la médecine par des femmes est loin d'être un impensé social et culturel. Phanostratè est « pleurée par tous » : cette expression, rare dans les épitaphes féminines, souligne le fait que Phanostratè a acquis une solide réputation, en soignant une patientèle athénienne bien au-delà de son entourage, et peut-être dans son propre cabinet.

Sur sa stèle funéraire, Phanostratè fait face à une autre femme, Antiphilè. Cette dernière est peut-être une parente ou une patiente à l'origine de la commande du monument en sa mémoire. Trois fillettes et un quatrième enfant complètent le décor sculpté. Sont-ils ceux d'Antiphilè ? Leur présence serait alors à mettre en relation avec le métier de Phanostratè, à la fois gynécologue, obstétricienne et pédiatre, qui les aurait fait naître. Phanostratè est-elle alors représentative de la majorité des femmes-médecins dont l'activité n'aurait été tournée que vers les femmes et les enfants, comme le laisse penser la majorité de la documentation ? Si ces enfants ne sont pas ceux de Phanostratè et qu'elle est restée sans descendance et non mariée, est-ce un choix de carrière, la défunte ayant préféré pratiquer la médecine et gagner sa vie plutôt que de prodiguer des soins non rémunérés dans sa maisonnée ?

Un autre monument témoigne de la réputation de Phanostratè. Au milieu du IVe siècle av. J.-C., Lysimachè aurait bénéficié des compétences de la femme-médecin et, pour la remercier d'avoir soigné et sauvé sa mère, la fille de Lysimachè aurait souhaité ériger une statue en l'honneur de Phanostratè. D'après une inscription gravée sur la base de la statue retrouvée dans le sanctuaire du dieu de la médecine Asclépios, sur la pente sud de l'Acropole, le mari de Lysimachè, Délophanès, aurait mis en œuvre le souhait de sa fille : il aurait consacré une statue de Phanostratè à Asclépios, associé à la guérison de Lysimachè et incarné dans la dédicace par l'évocation de sa « main guérisseuse ».

Comme Phanostratè, d'autres femmes ont été publiquement reconnues pour leurs compétences thérapeutiques : les attestations textuelles et épigraphiques se multiplient aux époques hellénistique et romaine.

Aurélie Damet
Université Paris 1 Panthéon-Sorbonne
AnHiMA (UMR 8210)

Pour en savoir plus

Aurélie Damet, *Les Grecques. Destins de femmes en Grèce ancienne*, Paris, Tallandier, 2023.

Véronique Dasen, « L'*ars medica* au féminin », *Eugesta, Revue sur le genre dans l'Antiquité*, n° 6, 2016, p. 1-40.

Helen King et Véronique Dasen, *La médecine dans l'Antiquité grecque et romaine*, Lausanne, BHMS Éditions, 2008.

Laurence Totelin, « Do no harm: Phanostrate's midwifery practice », *Technai, An International Journal for Ancient Science and Technology*, n° 11, 2020, p. 129-143.

4. Savantes… mais pas trop !

(Italie, Ier-IIe siècle apr. J.-C.)

Voici d'autres petits travers qui n'en sont pas moins insupportables pour les maris. Quoi de plus désagréable qu'une femme qui ne se juge belle que si, née en Toscane, elle s'est faite Grecque et authentique Athénienne alors qu'elle est de Sulmone ? Toujours du grec, comme s'il n'était pas bien plus honteux pour nos femmes d'ignorer le latin. Frayeurs, colères, joies, soucis, tous les secrets de leur cœur, c'est en grec qu'elles les exhalent. Bien mieux, c'est en grec qu'elles font l'amour ! Passe encore pour les jeunes femmes ; mais toi à la porte de qui frappe la quatre-vingt-sixième année, du grec encore ? Cette langue-là manque de pudeur, chez une vieille. Combien de fois lances-tu ton exclamation lascive : « Zoé kaï psukhê » (ma vie ! mon âme !), usant ainsi devant les gens des mots que tu viens de laisser sous ta couverture de lit ? [...]
Plus assommante encore est cette autre qui, à peine à table, loue Virgile, justifie Didon prête à mourir, met les poètes en parallèle, les compare, suspend dans la balance Virgile d'un côté, Homère de l'autre. Les grammairiens mettent bas les armes, les rhéteurs s'avouent vaincus, tout le monde fait silence. Impossible à un avocat, à un crieur public, à une femme même de placer un mot, tant est dru le flot de ses paroles. On dirait un tintamarre de chaudrons et de clochettes. [...]
Puisse la femme qui partage ta couche n'avoir pas de style à elle, ne pas décocher en phrases arrondies l'enthymème tortueux, ignorer quelque chose en histoire et ne pas comprendre tout ce qu'elle lit ? J'abhorre une femme qui reprend et déroule sans cesse la *Méthode* de Palaemon, sans manquer jamais aux règles du langage ; qui, férue d'érudition, me cite des vers que je ne connais pas, et qui relève chez une amie ignorante des fautes auxquelles des hommes ne feraient pas attention. Je veux qu'un mari puisse se permettre de lâcher un solécisme.

Juvénal, *Satires*, VI, 184-199, 434-457 (traduit du latin par Pierre de Labriolle et François Villeneuve).

Portrait de Terentius Neo et de son épouse, fresque de v. 20-30 apr. J.-C., Pompéi, musée archéologique de Naples.

La femme d'un boulanger

Longtemps identifié comme étant Paquius Proculus, l'homme représenté ici avec son épouse sur une fresque peinte dans le *tablinum* d'une maison de Pompéi s'est révélé être plus probablement un certain Terentius Neo, boulanger ou propriétaire d'une boulangerie mentionné sur un *graffito* qui le qualifie de *studiosus*, d'homme intéressé par les choses de l'esprit. La peinture représente donc un citoyen et sa femme, tous deux peut-être d'origine samnite, appartenant aux milieux aisés de Pompéi, mais l'épouse n'est ni nommée ni mentionnée. La fresque, datée des années 20-30 apr. J.-C., montre un couple en apparence instruit, voire cultivé, puisque l'homme tient dans sa main droite un rouleau et que la femme porte des tablettes et un stylet. Comme il était d'usage sur les représentations (en peinture ou en mosaïque) que les gens aisés faisaient faire d'eux-mêmes pour les placer en vue dans leur *domus*, leur maison de ville, le couple donne de lui-même une image avantageuse mettant en évidence trois éléments : d'une part, le statut de citoyen de l'homme par le port de la toge ; d'autre part, l'ascension sociale des deux époux ; enfin, leur niveau d'éducation par la présence d'objets associés à l'univers de l'écrit.

Cependant, les deux objets, rouleau et tablettes, n'ont pas un statut tout à fait égal. Alors que Terentius Neo serre un rouleau de papyrus, symbole de culture et d'éducation, parfois même d'érudition ou de disposition à la philosophie, son épouse tient des tablettes de bois couvertes de cire qui permettent, comme nous l'indiquent les nombreuses tablettes découvertes à Pompéi, de noter au moyen d'un stylet des comptes, des reçus ou des contrats, donc plutôt des textes à caractère commercial et économique, renvoyant l'épouse à la gestion des affaires domestiques. On relèvera malgré tout qu'elle s'illustre comme son mari dans le domaine de la culture écrite et qu'elle est placée devant lui sur la fresque qui les représente comme un couple uni.

Les femmes savantes de Juvénal

Les *Satires* de Juvénal sont loin d'offrir le même tableau. Alors que la Satire VI, la plus longue de l'ouvrage, est entièrement consacrée aux femmes de la noblesse romaine, l'extrait qui est présenté ici est une vitupération contre les femmes les plus savantes du début du IIe siècle apr. J.-C., celles nourries de lettres grecques et qui incarnent aux yeux du satiriste le sommet de la déchéance de la noblesse romaine de son temps. Juvénal est resté célèbre pour la sévérité drolatique mais aussi le réalisme dramatique de ses satires, par lesquelles il brocarde la noblesse.

Au départ, cette satire a pour objectif d'énumérer tous les maux apportés par le mariage, de manière à en dissuader un jeune Romain nommé Postumus. Les femmes de tous les milieux sociaux y sont étrillées, que ce soit pour leur intempérance, leur ivrognerie, leurs appétits sexuels, leurs avortements clandestins, leurs dépenses excessives (surtout dans leur passion pour les athlètes et les musiciens à la mode !). Ici, ce sont les femmes les plus savantes de la noblesse qui sont moquées et éreintées : Juvénal leur reproche précisément leur haut niveau d'instruction (la langue grecque est toujours au IIe siècle la langue de la science, de la littérature, de la philosophie, de la médecine, etc.). Rien de pire pour un mari, nous dit-il, que de ne pouvoir parler sans devoir se battre pour placer un mot et sans être corrigé par son épouse, passée maîtresse dans l'art de la rhétorique. En effet, les femmes savantes de Juvénal, qui inspirèrent la pièce de Molière notamment, sont des femmes qui savent comparer Virgile et Homère, qui peuvent clouer le bec aux grammairiens et aux rhéteurs et qui manient à la perfection la langue grecque (corrigeant les solécismes, ou erreurs de syntaxe, de leurs maris), la grammaire (enseignée par Remmius Palaémon), la rhétorique (d'où leur éloquence jugée déplacée), la logique (qui les pousse à manier « l'enthymème », raisonnement logique reposant sur le vraisemblable) et même l'histoire, au point de faire l'amour en grec et d'oublier leur statut d'épouses, faites pour satisfaire leur mari au lit. Dans cette peinture au vitriol de la société aristocratique romaine, la femme savante et noble d'un âge avancé remporte la palme, celle qui mêle hellénisme et lascivité, plaisirs intellectuels et oubli des conventions sociales.

Intersectionnalité antique

Ces deux documents, comme certains textes d'Ovide ou de Pline le Jeune, nous renseignent sur le niveau d'instruction, parfois très élevé, que pouvaient atteindre les femmes de milieux aisés. On voit en outre qu'à un siècle d'écart, de la Campanie à la capitale de l'Empire, se retrouvent à l'identique un certain nombre de traits culturels qui impriment leur marque aux relations sociales dans le monde romain : supériorité intellectuelle des classes sociales les plus aisées, maniement de la langue et de la science grecques par les plus riches, utilisation des savoirs comme formes de pouvoir et de domination, infériorisation des femmes, que celles-ci soient peu éduquées ou, au contraire, trop instruites... S'il est vrai que les *Satires* de Juvénal s'en prennent également aux hommes de la noblesse, que le but de la Satire VI est de critiquer le mariage et non les femmes en général, il faut bien reconnaître que le satiriste, et avec lui son public romain, réserve aux femmes savantes ses railleries les plus mordantes.

Sophie LALANNE
Université Paris 1 Panthéon-Sorbonne
AnHiMA (UMR 8210)

Pour en savoir plus

Susan H. BRAUND, « Juvenal – Misogynist or Misogamist? », *JRS*, n° 82, 1992, p. 71-86.

Emily A. HEMELRIJK, Matrona docta. *Educated Women in the Roman Elite from Cornelia to Julia Domna*, Londres-New York, Routledge, 1999.

Sophie MANO, « En toutes lettres. Des femmes sur les murs de Pompéi », *Clio. Femmes, Genre, Histoire*, n° 24, 2006, p. 9-25.

Sophie MANO, « Femmes et "Lettres". Alphabétisation féminine et professions intellectuelles dans les villes de l'Occident romain sous le Haut-Empire », *Pallas*, n° 76, 2008, p. 203-215 et 237-238.

5. Hildegarde de Bingen, sexologue avant la lettre ?

(Allemagne, XIIe siècle)

Le plaisir

« Les veines qui sont dans le foie et dans le ventre de l'homme convergent vers ses parties génitales. Et, lorsque le vent du plaisir sort de la moelle de l'homme, il passe dans ses testicules et provoque dans son sang la sensation de plaisir. Et parce que la place où sont logés ses testicules est quelque peu étroite, resserrée et refermée, ce vent ne peut s'y répandre largement et il s'échauffe dans le plaisir si bien que, dans cet échauffement, l'homme ne se domine plus et ne peut s'empêcher d'émettre l'écume de sa semence, car, du fait que ses testicules sont enfermés, le feu du plaisir brûle en lui plus vivement, quoique plus rarement, que chez la femme. [...] car le plaisir, chez l'homme, se rattache au feu, qui parfois s'éteint, parfois se développe, car un feu qui brûlerait sans cesse consumerait tout ; ainsi, chez l'homme, le plaisir parfois surgit parfois retombe, car s'il brûlait toujours en lui, l'homme ne pourrait pas le supporter. »

Les organes virils

« La vertu qui se trouve dans les organes génitaux des hommes, c'est-à-dire le vent qui procède de la moelle, est assistée de deux autres forces, qui attestent de l'ardeur qui est en l'homme et qui conservent solidement en elles le feu de l'espèce. Et ces organes sont enveloppés d'une sorte de cuticule de peur qu'ils ne perdent la force qui est en eux pour leur permettre d'assurer leur descendance. Si un mâle se trouve manquer de ces deux organes virils, par une déficience ou à la suite d'une opération, il n'a aucune viridité virile ni ce vent viril qui, selon sa force, fait pousser une descendance. Et si cette descendance ne peut pousser après que la femme a été labourée ainsi qu'une terre, c'est qu'elle a été privée du vent de ces forces, qui devait la fortifier sur le chemin de la procréation. »

La conception

« Lorsqu'une femme s'unit à un homme, alors la chaleur de son cerveau, qui éprouve en lui le plaisir, annonce d'avance le goût de ce plaisir dans leur union et l'émission de la semence. Et une fois que la semence est arrivée à sa place, la très forte chaleur du cerveau l'attire à elle et la conserve ; bientôt alors les reins de la femme se contractent, et tous les organes qui sont faits pour s'ouvrir à l'époque de ses règles se referment, de la même manière qu'un homme puissant retient quelque chose dans sa main. »

Les femmes sanguines

« Si elles demeurent sans mari, de telle sorte qu'elles n'enfantent pas, elles souffriront facilement dans leur chair, tandis que si elles sont mariées, elles seront en bonne santé. »

« De même le plaisir de la femme est doux et caressant mais constamment chaud afin qu'elle conçoive et engendre des enfants. »

Hildegarde DE BINGEN, *Les causes et les remèdes*, Grenoble, Jérôme Millon, 1997, p. 82, 122, 128 (traduit du latin par Pierre MONAT).

De plus en plus connue de nos jours comme théologienne, visionnaire, compositrice, voire naturopathe avant l'heure, la bénédictine Hildegarde de Bingen (1098-1179), canonisée par Benoît XVI en 2012, est l'autrice d'une œuvre médicale en deux volets connus sous les noms de *Physica* et *Cause et cure.*

Du désir dans un traité de médecine

Le *Cause et cure* est un traité de médecine assez désordonné qui se distingue par la place importante accordée à la vie sexuelle, au plaisir et au désir. Hildegarde partage certes avec son époque l'idée que la femme est froide, selon les conceptions du corps alors en vigueur, mais elle fait de ce froid naturel une force, et non la cause de la prétendue voracité sexuelle de la femme, jamais rassasiée de la chaleur masculine. Ce froid lié à son humidité rend en effet la femme à la fois fertile et moins ardente, et moralement plus forte que l'homme : éprouvant un désir et un plaisir moins ravageurs, la femme se contrôle plus facilement aux yeux d'Hildegarde, là où ses contemporains jugent la femme insatiable. Le *Cause et cure* n'ignore rien non plus de la sexualité non productive et évoque aussi bien les émois des jeunes considérés comme physiologiquement immatures, thème important de la littérature médicale, que le grand âge à qui est reconnu une sorte de droit au plaisir. Sont donc récusées ici tant l'idée d'un plaisir féminin non nécessaire et occasionnel que celle de la femme jamais assouvie.

Une galerie de tempéraments féminins et masculins

En outre, ce traité se distingue par une sorte de galerie de portraits où quatre tempéraments féminins et masculins ainsi que leurs capacités sexuelles sont campés séparément. On y lit ainsi que les sanguines souffrent si elles n'ont ni homme ni enfant, alors que mariées « elles seront en bonne santé » ; que les flegmatiques attirent les hommes et sont fertiles ; qu'à l'inverse, les mélancoliques sont « en meilleure santé » sans hommes, mais que leur infertilité peut être vaincue vers l'âge de cinquante ans grâce à un mari « vigoureux et sanguin ».

L'homme mélancolique, pour sa part, a un besoin impérieux de sexe qui n'a d'égal que sa haine pour ses partenaires, qu'il tuerait pendant le coït s'il le pouvait : il peut devenir fou s'il ne s'accouple pas. À l'opposé, le flegmatique, impuissant, voire angélique, aime les femmes dont il partage la faiblesse, mais sa délicatesse a pour prix la stérilité.

Un essai original

Certes, c'est par l'ajout de rubriques *a posteriori* que les folios de l'unique manuscrit du *Cause et cure* prirent la forme d'un système typologique ; certes aussi, on n'y trouve pas un exposé sur les tempéraments humoraux comme dans le fameux *Regimen Sanitatis* (*Régime de santé*) de l'école de médecine de Salerne ; mais le *Cause et cure* a pu être influencé par d'autres textes, notamment ceux relatant les questions médicales débattues à Salerne au XIIe siècle, telle celle-ci : « Toutefois, certaines femmes sont plus chaudes que les hommes. Et de même que la complexion des hommes varie, de même chez les femmes, l'appétit pour l'acte d'amour varie selon une complexion et une disposition diverse. » La tendance à classer l'humanité selon les tempéraments était alors répandue. Par exemple, un clerc d'Hereford s'amusa à évoquer les possibilités sexuelles de ses maîtres en ces termes : « Certains ont beaucoup de désir et peuvent peu, comme les colériques. Certains ont peu de désir et peuvent beaucoup, comme maître Hugues de Mapenofre ; certains peuvent peu et ont peu de désir, comme maître Reginald de Omine, etc. ». Et pourtant... par l'accent mis sur la dimension psycho-sexuelle au féminin et au masculin dans des cadres distincts, cette caractérologie due à une femme a été louée comme unique dès les années 1930 par Raymond Klibansky, Erwin Panofsky, et Friedrich Saxl, et sans discontinuer depuis. Cette originalité s'expliquerait-elle par la combinaison des savoirs théologiques et médicaux dont fait preuve Hildegarde, à l'image d'un Albert le Grand (†1280) dont l'expérience de confesseur étayait les connaissances en médecine et qui évoqua l'hymen ou certaines caractéristiques physiologiques des moniales ? Mais le dominicain ne connut ni l'inspiration visionnaire ni la condition de femme, une double qualité que possédait Hildegarde et qui explique peut-être aussi qu'elle ait traité certaines questions plus largement que ses contemporains : les théologiens n'envisageaient alors la sexualité que dans sa relation au péché, et les textes gynécologiques du XIe siècle attribués à la femme-médecin Trotula de Salerne, dénués d'arrière-plan théologique, ne s'attachaient qu'aux maux du corps liés à la reproduction, pas aux rapports entre vie sexuelle et vie psychique.

Laurence Moulinier-Brogi
Université Paris Nanterre
MéMo

Pour en savoir plus

Joann CADDEN, « It takes all kinds: Sexuality and Gender Differences in Hildegard of Bingen's *Book of compound medicine* », *Traditio*, n° 40, 1984, p. 149-174.

Danielle JACQUART et Claude THOMASSET, *Sexualité et savoir médical au Moyen Âge*, Paris, Presses universitaires de France, 1985.

Laurence MOULINIER, « Aspects de la maternité chez Hildegarde de Bingen », *La madre. The Mother*, *Micrologus*, n° XVII, 2009, p. 215-234.

Claude THOMASSET, « Médecine et sexualité : force et faiblesse de l'explication scientifique médiévale », dans Bernard RIBÉMONT (dir.), *Le Moyen Âge et la science. Approche de quelques disciplines et personnalités scientifiques médiévales*, Paris, Klincksieck, 1991, p. 173-187.

6. Jeanne de France, une princesse bibliophile

(France, XVe siècle)

Pierre Thomas, *La défense de la Conception immaculée de la Vierge*, v. 1480, Bibliothèque nationale de France, Mss., Français 989, fol. 3.

Vers 1480, Antoine de Lévis le jeune, comte de Villars et seigneur d'Annonay, proche des Bourbons, offre à la duchesse de Bourbonnais Jeanne de France, fille de Charles VII, la traduction en français effectuée par ses soins du traité du franciscain Pierre Thomas, le *Liber de originali innocentia Virginis Mariae* ou *Le deffenseur de l'Immaculée Conception de la glorieuse vierge Marie.*

Le culte de l'Immaculée Conception dans la maison Bourbon

Écrit vers 1330, ce texte, important au sein de la littérature mariale, s'appuie sur les passages de l'Écriture et les écrits des Pères de l'Église pour démontrer l'Immaculée Conception de la Vierge. Comme son époux, le duc Jean II de Bourbon, Jeanne de France a affiché un fervent soutien à la croyance immaculiste. En attestent son diptyque de dévotion privée, aujourd'hui conservé à Chantilly, dont l'un des volets représente une Vierge en gloire, ainsi que la fondation en mars 1475, par elle et son mari, d'une grande messe en l'honneur de l'Immaculée Conception qui porte son nom, célébrée dans la chapelle ornée d'un vitrail représentant un arbre de Jessé dans la collégiale Notre-Dame de Moulins. La messe en la collégiale de Moulins, que le duc entreprend de reconstruire en 1468, est approuvée en 1476 par le pape Sixte IV, lequel a reconnu la même année le culte de l'Immaculée Conception, à la suite des Pères du concile de Bâle en 1439.

Un décor soigné pour une œuvre savante

Avant d'offrir son manuscrit à Jeanne de France, Antoine de Lévis a fait appel à l'atelier lyonnais de Guillaume Lambert pour illustrer la scène de dédicace. L'enlumineur qui a œuvré au frontispice est identifié au Maître du Getty MS 10. La scène qu'il peint est particulièrement originale et d'une belle harmonie, avec différents plans de personnages. Au centre, d'une manière très classique, Antoine de Lévis remet à Jeanne de France son ouvrage. Le jeu des couleurs de la robe de la duchesse fait ressortir la qualité des tissus ainsi que la beauté des perles qui ornent sa coiffe. Le bleu du velours qui couvre le siège, placé sous un dais majestueux, avec ses motifs dorés, rehausse le statut de la princesse, alors que la porte massive au fond de la salle, avec un personnage sculpté sur la face, peut-être un prophète ou un autre personnage biblique, renforce l'impression de sérénité et de puissance. Encadrant l'image centrale, une série de petites scènes ont été peintes, qui renvoient à la vie d'Anne d'une part, de la Vierge de l'autre. L'Annonciation à Anne, la visite de l'ange à Joachim, la rencontre à la Porte dorée occupent les marges latérales. En bas, les trois scènes figurent, de gauche à droite, la présentation au Temple de la Vierge, l'Annonciation et le mariage de Marie. Les armes de la duchesse sont à droite, à mi-hauteur, sur fond floral : un écu en losange, parti d'azur de Bourbon et de France.

Une princesse bibliophile

Ce décor très immaculiste entre en complet écho avec la teneur du texte. À côté de son mari, Jeanne de France a largement contribué à l'enrichissement de la bibliothèque du château ducal de Moulins. Seize manuscrits lui sont attribués, qui correspondent tous à des commandes ou à des dons. Avec le traité de Pierre Thomas, c'est une œuvre difficile qu'elle valorise et qu'elle rend accessible par sa traduction en français. Sans doute ce soutien à l'Immaculée Conception doit s'interpréter comme une révérence à la Vierge, alors que l'union du couple est restée stérile, et que s'éloigne désormais la possibilité d'avoir un descendant. La diffusion de la traduction voulue par la duchesse a été très limitée – seuls deux manuscrits avec celui-ci sont parvenus jusqu'à nous. On comprend que ce recueil ait été cher à la duchesse, qui y apposa sa signature personnelle en dessous de son *ex-libris*.

Olivier MATTÉONI
Université Paris 1 Panthéon-Sorbonne
LaMOP (UMR 8589)

Pour en savoir plus

François AVRIL et Nicole REYNAUD, *Les manuscrits à peintures en France, 1440-1520* [catalogue de l'exposition], Paris, Bibliothèque nationale de France, n° 200, 1993.

Marielle LAMY, *L'Immaculée Conception : étapes et enjeux d'une controverse au Moyen Âge (XIIe-XVe siècles),* Paris, Institut d'Études Augustiniennes, 2000.

Olivier MATTÉONI, *Un prince face à Louis XI. Jean II de Bourbon, une politique en procès,* Paris, Presses universitaires de France, 2012.

Olivier MATTÉONI, « Jean II de Bourbon et Jeanne de France. Pour l'amour du livre », *dans* Olivier MATTÉONI (dir.), *Les Bourbons en leur bibliothèque (XIIIe-XVIe siècle),* Paris, Éditions de la Sorbonne, 2022, p. 155-180.

7. Maddalena Casulana donne le « la »

(Italie, XVIe siècle)

À l'Illustrissime et Excellentissime Signora,
La Signora Donna Isabelle
De Médicis Orsina,
Duchesse de Bracciano.
Je sais bien, Illustrissime et Excellentissime Signora, que mes premières œuvres, par leur faiblesse, ne pourront avoir l'effet que je souhaiterais, qui serait, en plus de témoigner ma dévotion envers Votre Excellence, de révéler aussi au monde (pour autant que cela me soit permis dans la profession de la musique) la vaine erreur des hommes, qui se croient maîtres des dons de l'intellect au point qu'il leur semble impossible de partager ces derniers avec les femmes. Néanmoins, je n'ai pas voulu manquer de les publier, en espérant que du nom glorieux de Votre Excellence (à qui je les dédie révéremment) elles puissent obtenir tant de lumière qu'un génie plus élevé pourra s'allumer à celui-ci pour démontrer par un effet évident ce que je n'ai pu démontrer que de toute mon âme. Que Votre Excellence agrée mon intention candide et si, de fruits si immatures, je ne puis recevoir les louanges qui sont le seul fruit du labeur vertueux, qu'au moins votre bonté fasse que je jouisse du prix de votre grâce afin que je les considère pour toujours si ce n'est bons, au moins très fortunés. Je baise humblement la main de Votre Excellence.

De Venise, le 10 avril 1568.
De Votre Excellence
La très humble servante
Maddalena Casulana.

Maddalena CASULANA, dédicace du *Primo libro de' madrigali a quattro voci* [*Premier livre de madrigaux à quatre voix*], Venise, Scotto, 1568 (traduit de l'italien par Catherine DEUTSCH).

À la Signora Maddalena Casulana
Je n'aurais jamais eu l'audace, ma dame, de publier ces miennes compositions musicales, devant bien raisonnablement croire qu'à mon âge avancé, il ne pouvait rien sortir de bon de mon faible génie. Mais, considérant que c'est de votre vertu, apte à enflammer tout esprit froid pour un désir de gloire, que j'ai reçu les premiers enseignements en cette science, je me suis facilement persuadé que d'une semence aussi heureuse (aussi aride soit le terrain), il pourrait encore naître quelque bon fruit. C'est pourquoi je n'ai pas hésité à donner à voir au monde ce petit échantillon, afin qu'il reconnaisse en moi votre vertu singulière, mais aussi pour que, par ce don, je vous témoigne ma gratitude. Recevez donc

en ce petit geste la reconnaissance de mon âme et gardez-moi dans vos bonnes grâces. Que le seigneur Dieu vous donne un bonheur conforme à vos mérites.
Vôtre.
Antonio Molino.

Antonio MOLINO, dédidace des *Dilettevoli madrigali* [*Agréables madrigaux*], Venise, Correggio, 1568 (traduit de l'italien par Catherine DEUTSCH).

Ces deux textes, parus en 1568 à quelques mois de distance, marquent l'apparition des compositrices dans la sphère publique à l'époque moderne, impulsant une dynamique qui, depuis, ne s'est plus tarie. Les femmes composent de la musique depuis l'Antiquité, et leurs noms figurent dans les sources musicales jusqu›au bas Moyen Âge. Parmi les poètes musiciens, troubadours et trouvères, actifs au XIIIe siècle, les femmes, *trobairitz* et *trouveresses,* représentent un peu moins de 5 % des noms qui sont arrivés jusqu'à nous. Au tournant du XIVe siècle, avec l'essor de la polyphonie dans les répertoires profanes, les femmes disparaissent subitement des sources musicales. Exclues du chant ecclésiastique et des écoles de chantres, elles n'ont pas accès aux institutions pourvoyeuses d'enseignement musical, et donc à la composition polyphonique. Des femmes continuent vraisemblablement de composer, mais leur musique n'a pas été conservée, ou bien de façon anonyme.

1568 : une année charnière pour l'histoire des musiciennes

En 1568, Maddalena Casulana met fin à ce silence de quasiment deux siècles, en faisant paraître à Venise son *Primo libro de' madrigali a quattro voci.* Née vers 1535 à Vicence, Casulana apprend probablement la composition auprès de Nicola Vicentino. Au début des années 1550, elle épouse un Siennois, dont elle se sépare avant de se remarier en 1579. Elle meurt probablement au tournant des années 1590 après avoir publié cinq livres de madrigaux, dont trois nous sont parvenus.

Casulana ne fait pas son entrée dans l'édition avec discrétion, mais avec panache, revendiquant l'importance de son geste pour la défense des femmes. Dans sa dédicace à Isabelle de Médicis, elle s'inspire des arguments qui circulent depuis la fin du XVe siècle dans la Querelle des femmes, l'arène littéraire qui oppose durablement les misogynes aux philogynes, les détracteurs des femmes à leurs défenseurs. Parallèlement, elle peut compter sur le soutien indéfectible d'un de ses élèves, l'acteur, poète et chanteur vénitien Antonio Molino, qui lui dédicace ses *Dilettevoli madrigali,* sa première publication musicale.

Une musicienne dans la Querelle des femmes

Avec son *Primo libro* à quatre voix, Casulana réalise un double tour de force : elle est non seulement la première femme à publier de la musique à son nom, mais également l'une des premières autrices italiennes à prendre publiquement la défense de son sexe. Au XVIe siècle, le camp des philogynes est en effet presque exclusivement constitué d'hommes. Il faut attendre 1600, et la parution de deux traités par les Vénitiennes Moderata Fonte et Lucrezia Marinelli, pour voir les femmes entrer véritablement dans la bataille. Avant cette date, les prises de position publiques des femmes sont rares, et Casulana figure parmi les plus précoces. Pointer les défauts des hommes était alors considéré comme malséant pour les femmes, et pendant des décennies, celles qui voulaient défendre leur sexe ne pouvaient le faire que par le truchement d'alliés masculins, à qui elles commanditaient des textes philogynes. C'est sans doute parce que la musique est à la marge des milieux lettrés que Casulana dispose d'une latitude suffisante pour signer de son nom de tels propos. Malgré sa position excentrée, elle est parfaitement familiarisée avec les procédés rhétoriques caractéristiques des discours philogynes, en particulier la place fondamentale conférée à l'exemplarité. Même si sa dédicace est empreinte d'une humilité de circonstance, elle n'en dément pas moins les vieux préjugés masculins à l'encontre du génie féminin, et, de façon plus subtile, s'érige en exemple pour que d'autres génies plus élevés (sous-entendu féminins) se joignent à la démonstration.

Renversement de perspective

Au même moment, Antonio Molino participe lui aussi à ce renversement de perspective, en s'affichant publiquement comme l'élève de Casulana et en publiant les fruits de son enseignement. Sans s'attarder sur le caractère subversif de sa position subordonnée à une femme, Molino inverse par deux fois les propriétés traditionnellement assignées au féminin et au masculin dans les théories médicales contemporaines. Molino représente Casulana avec deux attributs de l'excellence masculine, la chaleur et la semence (principe actif de la génération), s'identifiant lui-même avec les spécificités de l'imperfection féminine, la froideur et le terrain (matière passive). Analysée à la lumière des déclarations philogynes que Casulana publie au même moment, la dédicace de Molino semble intentionnellement prendre à contre-pied les discours misogynes contemporains et vouloir ériger la compositrice comme un contre-exemple de leur inanité.

Catherine DEUTSCH
Université de Lorraine
CRULH (EA 3945)

Pour en savoir plus

Catherine Deutsch, « Maddalena Casulana ou la preuve par l'exemple : musique et philogynie dans l'Italie de la première modernité », essai inédit du dossier d'HDR, soutenue à Paris, Sorbonne Université, 2020, à paraître sous le titre *Maddalena Casulana: Music Empowering Women in Early Modern Italy*.

Karin Pendle (éd.), *Women and Music: A History*, Bloomington, Indiana University Press, 2e éd. révisée et augmentée, 2001.

Béatrice Pescerelli, *I madigrali di Maddalena Casulana*, Florence, Olschki, 1979.

Alban Ramaut et Mélanie Traversier (dir.), *La musique a-t-elle un genre ?*, Paris, Éditions de La Sorbonne, 2019.

8. Le mécénat itinérant de Christine de Suède

(Europe, XVIIe siècle)

Le Corrège, *Danaé*, 1531-1532, galerie Borghèse, Rome.

Anonyme, *La muse Thalie*, v. 130-150 et XVIIe siècle, musée du Prado, Madrid.

Née à Stockholm en 1626, souveraine de Suède entre 1632 et 1654 – date de sa conversion au catholicisme et de son départ pour Rome, où elle meurt en 1689 –, Christine de Suède est sans conteste la collectionneuse la plus célèbre du XVIIe siècle. Son exceptionnelle éducation (philosophie, théologie, mathématiques, grec, latin), sa soif de connaissances (elle maîtrise huit langues) et son goût pour tous les arts la conduisent à faire de Stockholm « l'Athènes du Nord ». Y convergent aussi bien René Descartes que Gabriel Naudé.

Une grande collectionneuse de Stockholm à Rome

Le parcours de certaines œuvres que Christine a rassemblées permet de saisir le sens extraordinaire de l'action artistique qu'elle a menée, en un siècle où le grand collectionnisme d'antiques mais aussi des maîtres de la Renaissance est le propre des souverains, et alors que débute la « dispersion du patrimoine artistique italien » selon Francis Haskell.

Les collections de la reine connaissent un vertigineux accroissement dès 1648-1649, après la prise de Prague par les armées suédoises : il est numérique (plus de sept cents tableaux, cent soixante-dix marbres, trente-trois mille médailles et monnaies...) mais surtout symbolique. Elle s'empare d'œuvres qui avaient été collectionnées par l'empereur Rodolphe II de Habsbourg, et souvent, avant lui, par le grand-père de ce dernier, Charles Quint : des peintures et gravures de Brueghel l'Ancien, de Holbein, de Dürer, ainsi que des toiles de Titien.

Lorsque son abdication lance Christine sur les routes d'Europe jusqu'à Rome, elle emporte avec elle une partie de sa bibliothèque, des portraits de ses proches et ses tableaux italiens les plus prestigieux. C'est le cas de la *Danaé* du Corrège, exécutée pour Frédéric II de Mantoue. Élément d'une série dépeignant les amours de Jupiter et inspirée des *Métamorphoses* d'Ovide, la peinture représente Danaé, fille du roi d'Argos, enfermée dans une tour. Jupiter parvient à y entrer sous la forme d'une pluie d'or et de cette union naît un fils, Persée. Offerte à Charles Quint, passée entre les mains du sculpteur Pompeo Leoni avant d'être vendue à Rodolphe II, l'œuvre avait été transportée à Stockholm avec le butin pragois en 1648. Elle suit Christine dans son exil, en même temps que de nombreuses autres peintures illustres.

Christine consacre ses décennies romaines (1655-1689) au mécénat et à l'enrichissement de sa collection (peintures, sculptures, dessins, tapisseries, numismatique, livres et manuscrits), malgré des difficultés financières liées à son train de vie dispendieux et à la baisse de ses revenus. Son palais Riario devient le siège d'un fabuleux musée privé qu'elle continue d'enrichir. Elle acquiert notamment vers 1670 la *Muse Thalie*. Découverte dans la villa d'Hadrien vers 1500 avec sept autres sculptures de muses, elle avait été disposée par les papes au Vatican et à la Villa Madame. Si elle représente sans équivoque Thalie, la muse de la comédie, comme l'indique le masque qu'elle tient, cette sculpture est modifiée dans les années 1670 par Ercole Ferrata, qui lui donne le visage de sa commanditaire.

Une collection au cœur du patrimoine muséal européen

Cette distorsion entre, d'une part, la qualité exceptionnelle des œuvres réunies par Christine, son indéfectible protection des artistes et savants, son mécénat musical et théâtral et, d'autre part, l'ambiguïté de son statut – ancienne souveraine n'exerçant plus qu'une primauté intellectuelle dans le monde masculin de la cour pontificale –, caractérise son œuvre culturelle. En ce sens, elle s'inscrit dans la longue histoire des souveraines et régentes collectionneuses, comme Isabelle d'Este, Marie de Médicis ou Catherine II de Russie.

En ce long XVIIe siècle où l'Angleterre, l'Espagne et la France se disputent et ainsi démantèlent les grandes collections italiennes et européennes, Christine de Suède accomplit l'exploit d'en constituer une dont l'exceptionnalité lui confère symboliquement le rang de souveraine qu'elle a perdu. Les collections princières ont formé le noyau des grands musées européens, et celle de Christine ne fait pas exception. Après sa mort en 1689, la plupart de ses peintures sont vendues au régent Philippe d'Orléans, neveu de Louis XIV et grand amateur d'art. La *Danaé* revient sur le sol italien, après la vente et la dispersion des collections des Orléans (1792) et son acquisition par Camille Borghèse en 1827. Comme toutes les antiques de la reine, *Thalie* est achetée par Philippe V d'Espagne en 1724 et installée au palais de La Granja – le Prado l'exposera à son ouverture en 1819.

Delphine CARRANGEOT
Université de Versailles-Saint-Quentin-en-Yvelines/Paris-Saclay
DYPAC

Pour en savoir plus

Queen Christina of Sweden at Rome, 1655-1689, Rome, Biblioteca Apostolica Vaticana, 1989.

Jonathan BROWN, *Kings and Connoisseurs. Collecting art in Seventeenth-Century Europe*, Yale (Conn.), Yale University Press, 1995.

Cynthia LAWRENCE (dir.), *Women and Art in Early Modern Europe: Patrons, Collectors and Connoisseurs*, University Park (PA), Pennsylvania State University Press, 1997.

Kathleen WILSON-CHEVALIER, *Patronnes et mécènes à la Renaissance, d'Anne de France à Catherine de Médicis*, Saint-Étienne, Presses universitaires de Saint-Étienne, 2007.

9. Une « jeune astronome », mathématicienne et philosophe des Lumières

(France, XVIIIe siècle)

La question des forces vives est relative à la nature du mouvement. C'est une opinion introduite depuis quelques années par le célèbre M. Leibniz, le Descartes et le Newton de l'Allemagne. Elle fut assez mal reçue de son vivant par tous les savants de l'Europe ; mais depuis sa mort ses disciples l'ont soutenue avec beaucoup de succès. En Allemagne le célèbre Wolff, en France l'illustre Marquise Du Châtelet, la gloire et l'honneur de notre sexe, l'objet du respect et de l'émulation des savants, sont les défenseurs de cette opinion, qui ont le plus contribué à lui donner quelque crédit. M. de Mairan de l'Académie des Sciences est le plus redoutable adversaire qu'elle ait eu ; il semble même, s'il m'est permis de le dire, que la voix du public (du moins du public Français) lui ait adjugé la victoire. [...] C'est en peu de mots l'Histoire de l'opinion des forces vives. Voyons-en présentement l'idée Philosophique, c'est-à-dire, ce que l'on entend par ces mots de forces vives et de forces mortes.

Dans le mouvement, qui est le transport d'un corps d'un lieu à un autre, on distingue plusieurs choses, et trois entre autres, savoir 1° la masse du mobile, 2° la vitesse avec laquelle il se meut, 3° la force que l'expérience nous a appris être tout à la fois la cause et l'effet du mouvement. C'est sur la nature de cette force que l'on est en dispute.

[...]

On a cherché des règles constantes par le moyen desquelles on put évaluer la quantité de cette force motrice reconnue dans le corps. Descartes [...] l'évalua par le produit de la masse et de la vitesse de manière que selon lui un corps qui a 3 degrés de masse et 4 de vitesse a 12 degrés de force, ou ce qui revient au même, a été mis en mouvement par une force de 12 degrés.

M. Leibniz [...] prétendit que l'on confondait mal-à-propos la quantité de mouvement avec la force. Il convenait que la quantité de mouvement était le produit de la masse par la vitesse, mais il voulait que la force fût le produit de la masse par le carré de la vitesse. Ainsi selon lui un corps qui a 3° de masse et 4° de vitesse, a bien à la vérité 12 degrés de mouvement, [...] à la manière de Descartes ; mais il prétend que ce même corps a 48 degrés de force, ce qu'il évalue en multipliant 3 la masse du mobile par 16 carré de la vitesse 4, et non par la vitesse elle-même. Il donna à la quantité de mouvement, produit de la masse par la vitesse, le nom de *force morte*, et à la force du mouvement, produit de la masse par le carré de la vitesse, le nom de *force vive*.

Marie Anne de PRÉMONTVAL, *Le Mécaniste philosophe*,
La Haye, Van Cleef, 1750, p. 187-190.

Marie Anne Victoire Pigeon d'Osangis (1724-1767), devenue Marie Anne de Prémontval après son mariage publie en 1750 à La Haye *Le Mécaniste philosophe*, un ouvrage sur les travaux de son père défunt Jean Pigeon, facteur d'instruments astronomiques et mathématiques à Paris au début du XVIIIe siècle. Si l'ouvrage est présenté comme un éloge destiné aux amateurs de sciences peu instruits, certaines parties se révèlent d'une technicité scientifique élevée, rares traces attestant des solides pratiques scientifiques de l'autrice.

L'apprentissage domestique des sciences

Aînée d'une fratrie de onze enfants, Marie Anne Pigeon apprend dès l'enfance à faire la démonstration des sphères astronomiques de son père. Grâce aux cours du philosophe-mathématicien André-Pierre Legay de Prémontval, la « jeune astronome », comme il l'appelle, étudie entre 1739 et 1743 la philosophie naturelle et les mathématiques, afin de devenir, selon le souhait de son père, professeure pour les dames.

Dans *Le Mécaniste philosophe*, elle endosse le rôle d'autrice non pour défendre ses opinions en matière de sciences, mais pour honorer la mémoire de son père et l'inscrire dans la République des Lettres. Elle s'attarde en particulier sur la querelle des forces vives. Depuis la fin du XVIIe siècle, la mesure de la force est un enjeu dans la quête de quantification des expériences et de la recherche de grandeurs conservées, en lien avec les systèmes philosophiques cartésien, newtonien et leibnizien. Établir l'expression de la force à partir de la vitesse est essentiel pour identifier ces grandeurs. Tenants d'une force respectivement proportionnelle à la vitesse ou à son carré, les cartésiens et les leibniziens s'opposent pendant près de soixante-dix ans.

Deux femmes pour une querelle

Marie Anne Pigeon s'inscrit dans un débat dans lequel seule une Française s'était déjà exprimée : Émilie du Châtelet, opposée aux cartésiens de l'Académie des sciences. Si la marquise joue un rôle actif dans la controverse, Marie Anne Pigeon y participe en tant que témoin et défenseuse des positions cartésiennes de son père. Cette image humble, respectant la bienséance imposée aux femmes, s'accompagne discrètement de quelques prises de positions fermes, fondées sur ses connaissances personnelles. Elle distingue, par exemple, avec précision la force morte associée par Leibniz à la quantité de mouvement, et la force vive qu'elle associe à la « force du mouvement » (l'énergie cinétique). Marie Anne Pigeon montre le « bouleversement universel » philosophique induit par le modèle leibnizien dans le système de Descartes et discute sa compatibilité avec le modèle newtonien. Certes son argumentation scientifique reste limitée face à celle qu'expose Du Châtelet dans ses *Institutions de physique*, publié en 1740, mais les deux livres n'ont pas le même objectif et les deux femmes sont loin d'avoir reçu la même éducation.

Honorer une femme dans les sciences

Le texte de Marie Anne Pigeon revisite donc les thèses des savants impliqués dans la querelle des forces vives. Leibniz, Descartes, Newton, Wolff, Dortous de Mairan et Du Châtelet y sont convoqués, comparés ou opposés. L'autrice place non seulement Du Châtelet au même rang que Wolff, mais elle la voit de plus comme une source d'émulation pour les savants masculins. La savante marquise est à la fois une concurrente directe pour eux et une source d'inspiration pour les savantes dont l'autrice fait partie. Même si elle suscite le respect de sa jeune admiratrice, cette dernière se range dans le camp cartésien de son père ou de Prémontval. Soucieuse des règles sociales imposées par son sexe, Marie Anne Pigeon s'autorise peu de libertés scientifiques, contrairement à Du Châtelet. Son statut social, bien inférieur à celui de la marquise, la contraint à se maintenir dans ce cadre, sous peine d'exclusion des sphères savantes. Sa démarche en tant qu'autrice révèle sa volonté de communiquer dans le domaine des sciences, même si cela reste sous couvert de la postérité de son père. Dans ce volume, elle permet finalement à un public large d'accéder à des débats scientifiques qui occupent les milieux savants et montre la capacité d'une femme à expliquer et à démontrer les raisonnements des savants cartésiens. Diderot lui dédia d'ailleurs ses *Mémoires sur différents sujets de mathématiques* et l'immortalisa dans *Jacques le Fataliste et son maître*, signe de la reconnaissance dont elle jouissait au milieu du XVIIIe siècle et que les XIXe et XXe siècles effacèrent ensuite de la mémoire collective.

Isabelle LÉMONON-WAXIN
Cermes3

Pour en savoir plus

Adeline GARGAM (dir.), *Femmes de sciences de l'Antiquité au XIXe siècle : réalités et représentations*, Dijon, Éditions universitaires de Dijon, 2014.

Véronique LE RU, *Émilie Du Châtelet philosophe*, Paris, Classiques Garnier, 2019, p. 23-37.

Jeanne PEIFFER, « L'engouement des femmes pour les sciences au XVIIIe siècle », dans Danielle HAASE-DUBOSC et Élianne VIENNOT (dir.), *Femmes et pouvoirs sous l'ancien régime* Paris, Rivages, 1991, p. 196-222.

10. Femmes de lettres en quête de reconnaissance

(France, XVIIIe siècle-Révolution)

Mémoire de la C[itoyen]ne Monnet au Comité d'Instruction publique, le 8 frimaire l'an 3e de la République française. Depuis 1785, je jouissais d'une gratification de 300 livres, la révolution en suspendit les paiements. Je n'ai plus demandé à la patrie affligée et en danger un secours dont j'avais plus que jamais besoin. J'ai même eu le bonheur de lui offrir le denier de la veuve. Mais la nation sauvée et consolée, réservant aux lettres aujourd'hui des encouragements nécessaires et favorables, j'oserai informer le Comité dispensateur des fonds réservés pour elles, que j'ai publié 2 volumes de *Contes orientaux*, à qui les journalistes ont donné cette louange précieuse : « la mère en prescrira la lecture à sa fille » ; deux volumes des *Lettres de Jenny Blinmore*, même genre ; un recueil de poésies et dernièrement la comédie des *Montagnards*, renvoyée le 11 brumaire après la mention honorable à l'examen du Comité. J'ai une autre comédie révolutionnaire reçue à l'un des premiers théâtres et plusieurs petits ouvrages patriotiques moraux semés dans plusieurs journaux. Je suis intimement convaincue que j'ai peu fait comme patriote et comme artiste, mais je dois le témoignage d'avoir fait tout ce que je pouvais d'après mes petits moyens et ma position.

Archives Nationales, F/17/1210, p. 138.

Mon nom était sur la liste des *élus* ; il en a été effacé, par une fatalité cruelle, que je ne conçois pas, mais qui m'écrase depuis longtemps. Je demande sa réintégration sur cette liste honorable. 18 nivôse an 3.

Archives Nationales, F/17/1213, p. 118.

Citoyens, la C[itoyen]ne veuve Mortemard réclame avec confiance auprès de vous le secours accordé aux gens de lettres dont elle a grand besoin. Elle ose se ranger dans cette classe puisqu'elle fit imprimer, il y a 12 ou 13 ans, un recueil de contes moraux sous le titre d'amusements du jour et qu'elle a perdu, depuis, 500 livres de pension sur les fonds littéraires. Veuve d'un ancien serviteur de la Nation, elle a deux de ses fils qui combattent pour la liberté depuis le commencement de la guerre, et un avec elle, auteur de plusieurs jolies fables, et d'autres petits ouvrages patriotiques que son peu de moyens ne lui a pas permis de livrer à l'impression. [...] Ladite citoyenne n'a d'autre fortune que cent pistoles sur l'état, pour elle et son fils, sujet à de fréquentes attaques de surdité qui le mettent hors d'état d'occuper une place. [...] Le citoyen Philippe Mortemard a déjà envoyé au comité un hymne à l'être suprême ; il sera bien doux à la citoyenne Mortemard de vous devoir son soulagement [...]. Marie Mortemard.

Archives Nationales, F/10/1210, p. 141.

Ces lettres appartiennent au corpus des pétitions envoyées aux députés de la Convention nationale en novembre 1794, après leur décision de distribuer à nouveau des pensions aux savants, hommes de lettres et artistes. Après la Terreur, cette mesure prise par les Conventionnels symbolise la volonté de la nouvelle majorité politique, les Thermidoriens, de se présenter en restaurateurs de la civilisation et en héritiers des Lumières. Celles et ceux qui revendiquent le statut d'hommes ou de femmes de lettres sont invités à justifier auprès des autorités leur utilité, moyen pour les députés de désigner les auteurs légitimes et d'imposer une nouvelle hiérarchie entre les genres littéraires. Les Thermidoriens veulent remettre de l'ordre dans un monde littéraire présenté comme perverti par les effets d'une Terreur désormais assimilée au règne des barbares. Dans cette redistribution générale des cartes, le sort des auteures est particulièrement révélateur des réajustements qui touchent, plus généralement, la place des femmes dans l'espace politique et social, valorisant la figure de la bonne épouse et de la bonne mère dans la cellule familiale construite autour de la figure patriarcale.

Reconnaissance et stratégies des femmes de lettres au début de la Révolution

La mobilisation patriotique et la politique de régénération républicaine menée à partir de 1792, couplées à l'essor de nouveaux supports (la presse en particulier), ont offert de nouvelles occasions aux femmes de la moyenne voire de la petite bourgeoisie d'investir le monde des lettres. Chansonnières, romancières ou auteures de pièces de théâtres, elles sont nombreuses, particulièrement à Paris, à pouvoir revendiquer la qualité d'auteures ou de femmes de lettres en 1794. Réclamer une pension peut par ailleurs permettre à des femmes de la noblesse d'Ancien Régime de réapparaître.

Ainsi, Marie Monnet (1752-1798) s'est fait connaître en 1779 par la publication des *Contes orientaux ou Les récits du sage Caleb, voyageur persan* (Paris, Mérigot, 1779), ouvrage destiné à un public mondain qui fut réédité jusqu'en 1784 (3e édition). En 1787, elle publie encore une traduction des *Lettres de Jenny Blinmore* (Paris, Regnault) puis, en 1788, des *Essais en vers, présentés à Mgr Lambert, contrôleur général* (Paris, Demonville). Elle bénéficie, depuis 1785, d'une pension royale qu'elle tente de récupérer en 1794, doublant sa demande de la publication, en octobre 1794, d'une pièce de circonstances intitulée *Les Montagnards* (comédie en trois actes, Paris, Mme Toubon), participant ainsi à la réaction thermidorienne contre le personnel politique de l'an II.

C'est aussi le cas de Jeanne-Louise-Philippine Marbet de Mortemart de Boisse (1733-1796). Au début des années 1780, elle publia les *Amusements du jour ou Recueil de petits contes dédiés à la Reine* et des petits morceaux littéraires (charades) dans le *Mercure de France*. En 1794, veuve et en charge d'un fils sourd, elle tente de récupérer la pension de cinq cents livres que lui versait autrefois l'administration royale.

La relégation des autrices par les autorités révolutionnaires

Malgré leur insistance, aucune des deux ne reçut de pension. On pourrait n'y voir qu'un refus des autorités de subventionner des auteures consacrées avant la Révolution pour des productions tenant plus de la culture aristocratique que de la régénération républicaine. En analysant l'ensemble des pensions versées, on constate néanmoins que la plupart des demandes des femmes sont rejetées alors que les demandes d'hommes dont les productions sont souvent semblables bénéficient des faveurs des autorités. Les seules auteures à bénéficier d'une réponse favorable sont celles dont les écrits sont spécialisés dans la littérature enfantine. Sans doute est-ce la raison pour laquelle Monnet signale que son ouvrage pourra être lu par une mère à sa fille...

Plus généralement, le Directoire (1795-1799) se caractérise par une mise à l'écart progressive des femmes des activités littéraires et scientifiques au bénéfice des seuls hommes, un phénomène confirmé encore par la réorganisation institutionnelle du monde des sciences et des lettres mise en œuvre au cours de cette période. Ravaler ainsi les productions féminines à la sphère de l'éducation des plus jeunes enfants constitue une inflexion qui sera encore renforcée sous le Consulat et l'Empire.

Jean-Luc Chappey
Université Paris 1 Panthéon-Sorbonne
IHMC (UMR 8066)

Pour en savoir plus

Fabienne Bercegol, Stéphanie Genand, Florence Lotterie (dir.), *Une « période sans nom ». Les années 1780-1820 et la fabrique de l'histoire littéraire*, Paris, Classiques Garnier, 2016.

Jennifer Ngaire Heuer, *The Family and the Nation: Gender and Citizenship in Revolutionary France, 1789-1830*, Ithaca (NY), Cornell University Press, 2005.

Martine Reid (dir.), *Femmes et littérature. Une histoire culturelle*, t. 1, *Moyen Âge-XVIIIe siècle*, Paris, Gallimard, 2020.

Anne Verjus, *Le bon mari : une histoire politique des hommes et des femmes à l'époque révolutionnaire*, Paris, Fayard, 2010.

CHAPITRE 8

Des dieux et des femmes

Des dieux et des femmes

Le regard de l'historien·ne du genre sur les questions religieuses est marqué par la vision européenne, voire occidentale, du lien intrinsèque entre sécularisation des sociétés et émancipation des femmes, même si actuellement bien des recherches tendent à nuancer cette approche. Examiner sur la longue durée les rapports entre les dieux et les femmes suppose de prendre en compte deux dimensions. D'un côté, la place qu'elles occupent dans les mythes et textes fondateurs, de l'autre, leur participation aux rites et aux pratiques. De la Préhistoire aux Lumières, la situation des femmes apparaît très contrastée : tantôt idoles, déesses, prêtresses ou saintes, tantôt sorcières, tentatrices détournant les hommes des dieux. À cette ambivalence constante s'ajoute le caractère fluctuant de la place qu'elles occupent face aux dieux, aux cultes et aux normes religieuses définies par les hommes. Pour étudier ces différents aspects, les sources textuelles sont difficiles à exploiter : soit leurs auteur·es sont anonymes, soit des hommes écrivent sur des femmes ou affirment transcrire des paroles féminines.

Si nous ignorons tout des croyances des sociétés préhistoriques, le nombre bien plus élevé de figures féminines, peintes ou sculptées, par rapport aux représentations masculines, a offert bien des interprétations. Les artistes, hommes ou femmes, ont été inspirés par le corps féminin et les mystères de l'enfantement. De là, bien des spécialistes ont fait de ces figures des idoles et ont imaginé des pratiques cultuelles.

Dans les polythéismes antiques coexistent des dieux et des déesses qui forment une société divine hiérarchisée placée sous l'autorité d'un dieu-père, reflétant assez bien les réalités de la société humaine. Si la religion familiale, dans le monde grec comme à Rome, est entièrement placée sous l'autorité du chef de famille, les cultes civiques peuvent être confiés à des sacerdoces aussi bien masculins que féminins, dans le monde grec du moins où n'existe pas de hiérarchie entre prêtres et prêtresses. Il n'en va pas de même dans le monde romain où les cultes civiques sont presque exclusivement une affaire d'hommes, dans la mesure où les rares prêtresses civiques (vestales, flaminiques…) sont étroitement contrôlées par des hommes, les unes étant placées sous l'autorité directe du grand pontife, les autres n'exerçant des fonctions religieuses qu'au titre d'épouses d'un prêtre important de la cité. Dans les deux sociétés, cependant, la religion peut servir de cadre d'intégration à la cité pour les femmes, exclues par ailleurs de toute participation au pouvoir politique : des fêtes religieuses leur sont exclusivement réservées, principalement dans des cultes liés à la fertilité et à la fécondité.

Partout en Europe, le triomphe des trois religions monothéistes s'accompagne du poids du discours religieux sur la soumission des femmes, le contrôle de leur corps et de leur sexualité. Le christianisme primitif hérite notamment du judaïsme, de sa vision de l'impureté des femmes liée au sang des menstruations et de l'accouchement, de celle de l'infériorité de leur corps inachevé, objet cependant de tentation pour les croyants. Dans les espaces consacrés, synagogues, églises, mosquées, les femmes sont donc séparées des hommes afin de ne pas perturber la qualité de la prière des hommes.

Dans l'Europe chrétienne médiévale, les femmes, interdites de sacerdoce, sont tenues à l'écart du culte en dehors de la prière. Elles ne sont pas pour autant exclues du sacré et, tandis que le culte marial célébrant la pureté de la Vierge se développe, certaines se voient plus ou moins reconnues par l'institution ecclésiale : ce sont les religieuses, soumises jusqu'au XIIIe siècle à des règles édictées par des hommes, les béguines, les mystiques – parfois recluses –, inclassables, admirées ou condamnées par l'Église. Leurs paroles et leurs vies, souvent mises par écrit par des hommes et jugées transgressives, n'échappent pas à la condamnation de l'Église.

Pour la période moderne, l'historiographie oppose souvent une église catholique misogyne à des églises réformées plus ouvertes aux femmes, en raison de l'accès des fidèles des deux sexes aux Écritures saintes, du mariage des pasteurs et de la possibilité pour les femmes de prêcher l'Évangile. Néanmoins la répression frappe celles qui prétendent interpréter la Bible. Si l'émergence du protestantisme est donc marquée par des modifications profondes, bien des continuités existent. Dans la lignée du Moyen-Âge, les deux confessions accordent aux femmes un rôle essentiel dans la transmission de la foi dès le plus jeune âge. Du côté catholique, se retrouvent les donations pieuses de femmes riches qui contribuent au financement des paroisses, des hôpitaux ou de nouveaux ordres religieux tournés vers la charité, l'éducation ou le soin. À l'abri de la clôture, les religieuses prient pour le salut des âmes, mais nombreuses sont celles qui œuvrent pour les vivants : enfants abandonnés ou à éduquer, pauvres, malades, vieillards... Si la discipline du couvent est stricte, les mortifications encouragées et les indisciplines sévèrement réprimées, elle est dénoncée, tout comme les vocations forcées, par les Lumières, en particulier Diderot dans *La religieuse*. Il existe cependant une marge de manœuvre (*agency*) pour certaines religieuses : le couvent permet d'échapper à des mariages forcés, de vivre entre femmes loin des violences masculines ; c'est donc parfois un espace de liberté, où des femmes – certes issues des élites – lisent, se cultivent, gèrent les biens du monastère, ont voix au chapitre, exercent le pouvoir sur les campagnes environnantes, etc. Le contrôle masculin n'est cependant jamais bien loin, qu'il s'agisse du confesseur, du médecin ou de l'évêque.

Cependant, dès le début du XVIIe siècle, le salut des fidèles catholiques, femmes et hommes, ne passe plus uniquement par l'entrée dans les ordres, assortie de la chasteté et du célibat. Depuis François de Salles et son *Introduction à la vie dévote* publiée en 1608, une femme mariée, bonne épouse et bonne mère de famille, première éducatrice de ses enfants, peut accéder à la vie éternelle.

Dominique Picco

1. La « Dame à la corne », symbole de fécondité ?

(France, Paléolithique)

La « Dame à la corne », abri de Laussel, Dordogne.

La « Dame à la corne » a été sculptée au Gravettien sur la face verticale d'un gros bloc dans l'abri-sous-roche de Laussel, en Dordogne. Découverte en 1911 par Gaston Lalanne, elle a été détachée du bloc et est conservée aujourd'hui au musée d'Aquitaine à Bordeaux.

Une figure féminine parmi d'autres

Cette sculpture haute de quarante-deux centimètres est exceptionnelle, car les figurations féminines, nombreuses au Paléolithique supérieur, sont majoritairement de petites statuettes en ronde-bosse d'une dizaine de centimètres de hauteur en moyenne. La femme est nue, debout de face. Son visage aux traits non dessinés semble tourné vers sa droite et sa chevelure tombe sur l'épaule gauche. Elle a des seins volumineux et pendants, un ventre massif et de larges hanches. Le triangle pubien est dessiné, mais sans fente vulvaire. Les jambes sont frêles et courtes et les pieds peu marqués. Les bras légèrement atrophiés sont entiers : le bras gauche le long du corps se termine par la main posée sur le ventre, tandis que le droit, plié, s'achève par ce qui semble être une corne de bovidé (bison ?) tenue dans la main. L'ensemble se détache nettement du support rocheux. L'artiste a creusé par piquetage autour de la figure, la dénivellation avec le fond atteignant par endroits plus de deux centimètres. Il a travaillé sa surface du corps par incision et raclage pour dégager les seins et donner du relief au ventre avec son nombril, aux hanches, aux fesses et aux jambes. Des incisions fines indiquent les doigts de la main gauche. Des traces de coloration rouge subsistent autour de la tête et du corps, sur les seins et le ventre.

On peut rapprocher cette sculpture des nombreuses statuettes féminines connues sous le nom de « Vénus ». Ce terme aurait été choisi à la fin du XIXe siècle par dérision par rapport à la Vénus grecque, à moins que cela ne soit par comparaison avec Saartjie Baartman, une femme khoïsan (Afrique du Sud) souffrant d'une hypertrophie des hanches et des fesses, amenée en Europe en 1810 afin d'y être exhibée dans un zoo humain et appelée la « Vénus hottentote » de façon satirique.

Une figure de la fécondité ?

Rares à l'Aurignacien, ces « Vénus » deviennent abondantes au Gravettien et au Magdalénien. On les trouve de l'Atlantique à la Sibérie. Comme elles présentent souvent des formes généreuses, on les a parfois interprétées comme étant en relation avec la procréation et des rites de fécondité. André Leroi-Gourhan voyait dans leur silhouette un choix stylistique visant à inscrire le corps de la femme dans un losange. À l'inverse, d'autres les ont tenues pour des représentations réalistes, et le gynécologue Jean-Pierre Duhart y voit même des femmes dont l'état physiologique serait figuré (gravidité, nombre de grossesses, etc.). Hypothèse aussi aventureuse que celle selon laquelle les *Demoiselles d'Avignon* serait une figuration fidèle des femmes de la première moitié du XXe siècle.

Si l'on tient absolument à voir dans ces statuettes des symboles de fécondité, comment interpréter les nombreuses figurations qui ne présentent aucun caractère sexuel marqué ? Car ces figurines ne sont pas toutes obèses, et certaines sont même sveltes. Plutôt que de risquer une interprétation hasardeuse, on peut considérer que nous avons affaire à une représentation métonymique de la femme, c'est-à-dire présentant la partie pour le tout. La métonymie est répandue dans l'art pariétal et mobilier pour représenter les animaux : chevaux évoqués par la seule figuration de leur crinière, mammouths par leur bosse dorsale ou leurs défenses, cervidés par leurs bois... Les caractères figurés ici permettent d'identifier à coup sûr la nature féminine du sujet représenté. Du reste, les statuettes sveltes présentent elles aussi des caractères explicites, tels des triangles pubiens, permettant de reconnaître leur identité sexuelle. D'autres figurines plus schématiques représentent des femmes vues de profil, mais la conception artistique du corps féminin reste la même : un tronc simplifié avec des fesses et des seins accentués. La forme stylisée la plus extrême est un simple bâton marqué d'un triangle pubien.

Ce procédé stylistique ne dit rien finalement de la signification de ces statuettes ni de leur fonction prophylactique, religieuse ou autre, mais leur abondance même – on en connaît près de cent soixante – pourrait avoir une signification particulière, d'autant que les statuettes masculines sont quasi inexistantes.

Sophie Archambault de Beaune
Université Jean-Moulin-Lyon 3
ArScAn (UMR 7041)

Pour en savoir plus

Sophie A. de Beaune, *Qu'est-ce que la Préhistoire ?*, Paris, Gallimard, 2016.

Sophie A. de Beaune, *Préhistoire intime. Vivre dans la peau des* Homo sapiens, Paris, Gallimard, 2022.

Gerhard Bosinski, *Femmes sans tête. Une icône culturelle dans l'Europe de la fin de l'ère glaciaire ?*, Paris, Errance, 2011.

Henri Delporte, *L'image de la femme dans l'art préhistorique*, Paris, Picard, 1993.

2. L'offrande mémorable de la courtisane Rhodopis

(Delphes, VIe siècle av. J.-C.)

Certains prétendent que [la pyramide] est due à Rhodopis, une courtisane ; ils ne disent pas vrai. Et ces gens m'ont tout l'air de parler sans même savoir quelle sorte de femme fut Rhodopis - [...] sans savoir non plus que Rhodopis florissait au temps du roi Amasis, et non de Mykérinos. C'est beaucoup et beaucoup d'années après les rois qui ont laissé les pyramides en question que vivait Rhodopis, laquelle était originaire de Thrace et fut esclave du Samien Iadmon fils d'Héphaïstopolis et compagne d'esclavage d'Ésope, l'auteur des fables. [...] Rhodopis arriva en Égypte amenée par Xanthos de Samos ; arrivée là pour faire métier de son corps, elle fut affranchie moyennant une grosse somme par un homme de Mytilène, Charaxos, fils de Scamandronymos et frère de la poétesse Sappho. Rhodopis devint donc libre de la sorte ; elle resta en Égypte ; et, comme elle était très charmante, elle gagna beaucoup d'argent, assez pour satisfaire une Rhodopis, mais pas assez pour subvenir aux frais d'une aussi grande pyramide. Alors qu'il était loisible à qui le veut, et jusqu'à nos jours, de contempler la dîme de ses richesses, on ne doit point lui attribuer une trop grande fortune. Rhodopis en effet désira laisser d'elle en Grèce un monument, en faisant faire quelque chose que personne d'autre n'eût imaginé ni consacré dans un sanctuaire, et de dédier cette offrande à Delphes pour conserver son souvenir. De la dîme de ses biens, elle fit fabriquer beaucoup de broches en fer capables de transpercer un bœuf, autant que le lui permettait l'importance de cette dîme, et les expédia à Delphes ; elles sont encore aujourd'hui entassées derrière l'autel consacré par les gens de Chios, en face du temple même. À ce qu'on dit, à Naucratis les courtisanes étaient pleines de charme. Celle dont nous parlons ici fut si illustre que tous les Grecs apprirent le nom de Rhodopis ; plus tard une autre, nommée Archidiké, eut en Grèce une grande célébrité, sans qu'on parlât d'elle toutefois autant que la précédente.

Hérodote, *L'Enquête*, II 134-135
(traduit du grec ancien par Philippe LEGRAND,
modifié par Catherine SAINT-PIERRE HOFFMANN).

Hérodote (environ 485-425 av. J.-C.) a beaucoup voyagé, notamment en Égypte, pays auquel est consacré le livre II de ses *Histoires*. Les Grecs y étaient présents depuis le VIIe siècle av. J.-C. Le comptoir de Naucratis, fondé par le pharaon Amasis (571-526 av. J.-C.), était géré par plusieurs cités d'Asie Mineure, dont Halicarnasse d'où Hérodote était originaire. À l'occasion d'une visite en Égypte, Hérodote rapporte l'histoire de l'hétaïre (ou courtisane) thrace Rhodopis, littéralement « Aux yeux de rose ».

Les succès d'une courtisane renommée

La vie de Rhodopis peut être qualifiée de romanesque, mais elle n'a rien d'exceptionnel. Sa réputation à Naucratis est bien établie : parmi ses familiers figurent le philosophe Xanthos de Samos et Charaxos, le frère de la poétesse Sappho. Seul Ésope, le célèbre fabuliste, déjà mort au moment où Rhodopis est à Naucratis, ne fait pas partie de ses amants, mais l'association de son nom avec celui de la courtisane n'est pas fortuite. En effet, ces connexions rehaussent le prestige et la valeur de la jeune femme dont la compagnie est chèrement recherchée. Sa renommée, qui dépasse le cadre de sa période d'activité, est à rapprocher de sa spectaculaire offrande à Delphes décrite par Hérodote et dont une base à deux degrés découverte dans le sanctuaire semble corroborer la version. Elle porte une inscription datée vers 530 av. J.-C. sur laquelle se lit : « Rhodopis a offert. »

Rien d'original à ce qu'une personne offre la dîme, soit un dixième de ses revenus. C'est un moyen à la fois de remercier les dieux pour le succès obtenu, de conserver leurs bonnes grâces et donc de préserver sa prospérité future. En revanche, deux points méritent d'être soulignés : le choix du sanctuaire, Delphes, situé dans le sud de la Béotie, lieu éloigné de Naucratis où Rhodopis est active, et le choix même de l'offrande, des broches de fer (*obeloi*).

Le sanctuaire de Delphes, un espace très fréquenté dans l'antiquité

Au VIe siècle av. J.-C., le sanctuaire panhellénique de Delphes est fréquenté toute l'année par de nombreux Grecs attirés par l'oracle d'Apollon. S'y croisent une foule de personnes qui échangent des informations nombreuses. Placer là des broches de fer en offrande, à un endroit pratiquement inévitable – le trésor de Chios fait face au grand temple d'Apollon – donne une visibilité et une publicité exceptionnelles à l'offrande. De plus, pour attirer le regard, Rhodopis choisit une offrande unique en son genre, capable de frapper les esprits tout en affirmant son nouveau statut de femme libre.

Ces broches sont des objets qui peuvent revêtir plusieurs significations. À l'origine instruments du sacrifice sanglant destinés à rôtir les abats des animaux, elles ont aussi une fonction pré-monétaire. En effet, avant l'apparition des monnaies frappées, certains échanges se faisaient à l'aide de petites broches (*obeliskoi*) en fer. Des offrandes de ce type sont attestées dans d'autres sanctuaires à l'époque archaïque, comme dans celui d'Héra à Argos : l'offrande de Rhodopis s'inscrit donc dans un cadre bien connu.

Ce n'est pas tant le choix de l'objet lui-même qui est atypique mais le nombre de broches propre à frapper les esprits, leur mise en scène sur une base située à proximité immédiate du temple d'Apollon et le fait de les soustraire à leur usage fonctionnel. En effet, détourner ces objets du sacrifice pour en faire une offrande permanente peut être considéré comme une forme de transgression. Si Rhodopis n'est pas la seule hétaïre à consacrer des offrandes dans un sanctuaire, la littérature plus tardive a tendance à mettre en avant le caractère exceptionnel et transgressif des offrandes de courtisanes. Toutefois, à l'époque archaïque, les dédicants les plus riches cherchent à frapper l'esprit des visiteurs en rivalisant d'originalité tout en s'inscrivant dans des pratiques cultuelles grecques communes. En cela, Rhodopis, bien que Thrace, agit comme une personne évoluant dans un milieu grec.

À travers l'exemple de Rhodopis s'exprime une femme libre, en capacité d'entretenir une relation personnelle avec la divinité de Delphes, maîtrisant à la perfection les pratiques cultuelles et les formes de communication grecques, lui permettant de se distinguer et d'agir en son nom propre et pour ses intérêts.

Catherine Saint-Pierre Hoffmann
AnHiMA (UMR 8210)

Pour en savoir plus

Anne Jacquemin, « Aitolia et Aristaineta. Offrandes monumentales étoliennes à Delphes au IIIe s. av. J.-C. », *Ktèma : civilisations de l'Orient, de la Grèce et de Rome antiques*, n° 10, 1985, p. 27-35.

Catherine M. Keesling, « Heavenly Bodies: Monuments to Prostitutes in Greek Sanctuaries », dans Christopher A. Faraone et Laura K. McClure (dir.), *Prostitutes and Courtesans in the Ancient World*, Madison (Wis.), University of Wisconsin Press, 2006, p. 59-76.

Leslie Kurke, *Coins, Bodies, Games, and Gold: The Politics of Meaning in Archaic Greece*, Princeton, Princeton University Press, 1999.

Alan B. Lloyd, *Herodotus Book II, Commentary, 99-182*, « Études préliminaires aux religions orientales dans l'empire romain », n° 43, Leyde, Brill, 1988.

3. Les femmes aux Thesmophories

(Athènes, Ve siècle av. J.-C.)

LA FEMME HÉRAUT. Écoutez toutes. Voici la décision du Conseil des femmes, Timocléia étant présidente, Lysilla, secrétaire, Sostrata, rapporteuse : « Une assemblée sera tenue le matin du jour du milieu des Thesmophories, celui où nous avons le plus de loisir, à l'effet de délibérer avant tout sur Euripide et sur le châtiment qu'il mérite, car il nous traite indignement, à notre avis à toutes. » Qui demande la parole ?
PREMIÈRE FEMME. Moi !
LA FEMME HÉRAUT. Ceins donc cette couronne, avant de parler.
LE CHŒUR. Chut ! Silence ! Attention ! La voilà qui crache comme font les orateurs : elle paraît en avoir long à dire.
PREMIÈRE FEMME. Femmes, ce n'est pas par ambition, j'en jure par les deux Déesses, que je me suis levée pour prendre la parole ; mais je suis indignée, malheureuse, de nous voir, depuis longtemps, trainées dans la boue par Euripide, le fils de la marchande de légumes, et en butte de sa part à mille injures de toute sorte. [...]
LE CHŒUR. Allons, maintenant, livrons-nous à nos jeux, comme c'est ici la coutume des femmes, quand nous célébrons les rites vénérables des deux Déesses, aux jours sacrés [...].
Élance-toi, pars d'un pied léger, forme le cercle, mets la main dans la main ; que chacune marque le rythme de la danse ; marche d'un pied agile. Que le cercle des danseuses porte sa vue de tous côtés. En même temps, chante la race des dieux olympiens et célèbre-les par ta voix, transportée par la danse. [...]
LE CHŒUR. Pallas, amie des chœurs, que j'ai coutume d'appeler, ici, parmi nous, vierge, libre du joug, protectrice de notre cité, qui fais seule sa force respectée, et qui as nom « porte-clefs ». Parais, ennemie naturelle des tyrans : le peuple des femmes t'appelle. Viens vers moi apportant la Paix, amie des fêtes.
Venez, bienveillantes et propices, Déesses vénérables, vers votre bois sacré où les rites vénérables qu'il n'est pas permis aux hommes de voir, vous les montrez à la lueur des torches, vision immortelle.
Venez, approchez, nous vous en conjurons, ô Thesmophores tant vénérées. Si jamais vous êtes venues auparavant, touchées par nos prières, venez aujourd'hui, nous vous en supplions, venez vers nous [...].

Aristophane, *Les Thesmophories*, v. 371-389 ; v. 1136-1159
(traduit du grec ancien par Hilaire Van Daele,
modifié par Louise Bruit-Zaidman).

Les Thesmophories sont la plus importante et la plus répandue des fêtes de femmes de l'Antiquité grecque classique. Au-delà de nombreuses allusions à cette fête, les sources sont rares, très morcelées et souvent très tardives. La comédie d'Aristophane *Thesmophoriazousai* (« celles qui célèbrent les Thesmophories »), jouée en 411 av. J.-C., fournit sur la fête un précieux éclairage. L'action se passe à Athènes, le deuxième jour de la fête. Les femmes s'apprêtent à juger le poète tragique Euripide, coupable à leurs yeux de les avoir dénigrées. À travers les informations fournies par cette fantaisie sur les Thesmophories, cette comédie éclaire sur le regard que les spectateurs, essentiellement les citoyens présents dans le théâtre, portaient sur ces cérémonies dont ils étaient tenus à l'écart en tant que mâles et que, dans le cadre de la fiction comique, ils voyaient se dérouler sous leurs yeux, derrière le masque des acteurs jouant le rôle des femmes.

Femmes en assemblée

La situation qu'imagine Aristophane repose sur la connaissance partagée des spectateurs. Ainsi, l'assemblée évoquée aux vers 372-389 présente une parodie d'Assemblée telle qu'elle se déroulait sur la Pnyx, avec ses prises de parole et la répartition des fonctions attendues (présidente, secrétaire, rapporteuse). Il s'agit là d'un retournement comique, mais aussi d'un écho des fonctions réellement reconnues aux femmes dans le cadre spécifique de cette fête, comme l'attestent plusieurs mentions de l'orateur Isée, au IVe siècle av. J.-C. Dans la comédie d'Aristophane, les « magistrates » (*archousai*), choisies par tirage au sort, président les assemblées du « peuple des femmes » (le *dèmos gunaikôn*) et sont appelées ailleurs « citoyennes » (*astai*). En féminisant ces termes du vocabulaire institutionnel, Aristophane joue sur l'ambiguïté : dans sa pièce, les femmes tiennent assemblée et jugent, elles qui n'ont accès dans la cité ni à l'assemblée délibérative, ni au Conseil, ni aux tribunaux.

Entre femmes et déesses

Le chant du chœur évoque quant à lui le jeûne du deuxième jour de la fête, jour de chants et de danses entre femmes, hors de la vue et de la présence des hommes. Seules les divinités doivent être présentes, comme les y invite le chœur. C'est d'ailleurs par Athéna (ici appelée « Pallas ») que commence le chant final, car elle est la déesse protectrice de la cité, invoquée par « le peuple des femmes », et elle est associée aux déesses Thesmophores, Déméter et sa fille Coré, « celles qui apportent les lois », auxquelles la fête est consacrée. Dans la comédie, à travers la danse et les chants, la cité rassemblée sous les regards des spectateurs masculins (et peut-être féminins, nous l'ignorons) célèbre la paix revenue sous le regard de la déesse protectrice de la cité et des déesses Thesmophores.

La face sombre de la comédie

Le jugement d'Euripide s'apparente-t-il à une « pratique judiciaire féminine », comme certains le pensent en se référant à des tablettes de malédiction contre ceux qui offenseraient les femmes ? Les bouffonneries qui accompagnent chez Aristophane le jugement du parent incarné par Euripide dans cette comédie se mêlent aux menaces et malédictions contre les hommes qui commettent un sacrilège et qui se conduisent de manière impie en profanant les rites lors des Thesmophories. À la limite extrême de cette « justice des femmes » se situerait une version de l'histoire de Battos dans laquelle le roi de Cyrène est puni par castration de sa curiosité pour la fête interdite par les prêtresses de Déméter.

Les hommes s'amusent du spectacle comique d'acteurs jouant des femmes déguisées en hommes, mais une menace rôde autour de ceux qui trahiraient le respect dû aux rituels des Deux Déesses. Cependant, dans la comédie, tout finit bien, avec la réconciliation des femmes et du poète qui illustre, à sa manière, une forme d'intégration des femmes dans la cité.

Louise BRUIT-ZAIDMAN
Université Paris-Cité
AnHiMA (UMR 8210)

Pour en savoir plus

Marcel DETIENNE, « Violentes Eugénies », dans Marcel DETIENNE et Jean-Pierre VERNANT (dir.), *La cuisine du sacrifice en pays grec*, Paris, Gallimard, 1979, p. 183-214.

Christopher A. FARAONE « Curses, Crime, Detection and Conflict Resolution at the Festival of Demeter Thesmophoros », *Journal of Hellenic Studies*, n° 131, 2011, p. 25-44.

Nicole LORAUX « Aristophane, les femmes d'Athènes et le théâtre », dans Olivier REVERDIN et Bernard GRANGE (éd.), *Aristophane*, Genève, Fondation Hardt, 1993, p. 119-130.

Miriam VALDÈS GUIA, « Fêtes de citoyennes, délibération et justice féminine sur l'Aréopage (Athènes, ve siècle av. J.-C.) », *Clio. Femmes, Genre, Histoire*, « Le nom des femmes », n° 45, 2017, p. 279-308.

4. Des stéréotypes féminins dans l'affaire des Bacchanales

(Rome, IIe siècle av. J.-C.)

Ce sanctuaire, dit-elle, n'avait d'abord été ouvert qu'aux femmes, et on n'y admettait ordinairement aucun homme. Il y avait dans l'année trois jours fixes pour l'initiation, qui se faisait en plein jour. Les dames étaient, chacune à leur tour, investies du sacerdoce. C'était une certaine Paculla Annia, de Campanie, qui, pendant son sacerdoce, avait tout changé, prétendant en avoir reçu l'ordre des dieux. C'était elle qui la première avait initié des hommes, en amenant ses deux fils, Minius et Hérennius Cerrinius, consacré la nuit en place du jour à la cérémonie, et réglé qu'au lieu de trois jours par an, il y en aurait cinq par mois pour les initiations. Depuis l'admission des hommes et le mélange des sexes, depuis qu'on avait fait choix de la nuit, si favorable à la licence, il n'était sorte de forfaits et d'infamies qui n'eussent été accomplis et les hommes se livraient plus à la débauche entre eux qu'avec les femmes. Ceux qui se prêtaient avec quelque répugnance à ces excès monstrueux, ou qui semblaient peu disposés à les commettre eux-mêmes, étaient immolés comme des victimes. Le comble de la dévotion parmi eux, c'était de ne reculer devant aucun crime.
Les hommes paraissaient avoir perdu la raison et prophétisaient l'avenir en se livrant à des contorsions fanatiques ; les femmes, vêtues en bacchantes et les cheveux épars, descendaient au Tibre en courant, avec des torches ardentes qu'elles plongeaient dans l'eau et qu'elles retiraient tout allumées, parce que ces torches renfermaient un mélange de chaux vive et de soufre naturel. Les dieux étaient supposés enlever des malheureux, qu'on attachait à une machine et qu'on faisait disparaître en les précipitant dans de sombres cavernes. On choisissait pour cela ceux qui avaient refusé de se lier par un serment ou de s'associer aux forfaits ou de se laisser déshonorer. La secte était déjà si nombreuse qu'elle formait presque un peuple ; des hommes et des femmes de nobles familles en faisaient partie. Depuis deux ans il avait été décidé qu'on n'admettrait personne au-dessus de vingt ans ; on voulait avoir des initiés dont l'âge se prêtât facilement à la séduction et au déshonneur. [*La répression s'abat sur les bacchants*]. Les femmes condamnées étaient remises à leurs parents ou à ceux sous la dépendance de qui elles se trouvaient, pour qu'ils leur infligent eux-mêmes en privé le châtiment qu'elles encouraient ; si personne ne remplissait les conditions pour se charger du supplice, le châtiment avait lieu publiquement.

Tite-Live, *Histoire romaine* 39, 13, 8-12 et 39, 18, 8
(traduit du latin par Jean-Marie Pailler).

Le grand historien latin Tite-Live rapporte dans son *Histoire romaine* écrite sous Auguste (environ 18 av. J.-C.) un scandale relatif à des pratiques prétendument rituelles dans le culte de Dionysos/Bacchus – d'où le terme de Bacchanales – dans l'Italie du début du IIe siècle avant notre ère. S'il stigmatise le rôle des femmes, dont celui d'une prêtresse campanienne, dans l'origine du « fléau » (39, 9, 1) et la dérive licencieuse voire conspiratrice de ce culte, c'est aussi grâce à deux femmes, des matrones, que les crimes et obscénités supposés sont dévoilés et que le pouvoir romain peut sévir contre les dévots suspectés de pratiques illicites et contrôler leurs pratiques à l'avenir.

L'« affaire » des Bacchanales

L'intrigue narrée par Tite-Live peut faire penser aux tragi-comédies du théâtre du Grand Siècle ou au roman social du XIXe siècle – depuis les innocents abusés jusqu'au triomphe de l'ordre moral et social. L'auteur a choisi comme narratrice Hispala Faecenia, une des protagonistes de l'affaire. Affranchie, courtisane contre son gré mais fille honnête, elle est amoureuse d'un jeune homme de bonne famille vertueux, qui le lui rend bien. Mais celui-ci est sous la tutelle d'un beau-père escroc, qui veut s'en débarrasser. La propre mère du jeune homme – une vraie « vipère » selon Tite-Live – va aider son mari ; elle souhaite faire initier son fils au culte de Bacchus, présenté comme un culte à « mystères », de façon à ruiner sa réputation, voire d'attenter à sa vie. En effet, ces groupes religieux seraient devenus des repères de débauchés fanatiques, aux pratiques abominables, et d'ennemis de l'État romain (« une conjuration intérieure », dit Tite-Live). Chassé par sa mère car il refuse de se laisser initier, le fils se réfugie chez sa tante paternelle (donc sa lignée principale pour un enfant mâle), une matrone très respectable liée à la belle-mère du consul, et toutes deux font en sorte de révéler l'affaire et de protéger la courageuse affranchie.

Deux stéréotypes opposés de femmes

Les femmes sont omniprésentes dans le récit, à des moment-clés où elles endossent deux types de stéréotypes des représentations romaines. D'un côté, le stéréotype nocturne et réputé en lien avec l'élément liquide et proche de la « magie », à l'opposé donc de la morale. Telle la prêtresse réformatrice campanienne, ces femmes représentent l'antithèse des valeurs romaines fondées sur le droit (*jus*) et la confiance (*fides*) qui structurent la religion romaine et sa conception de la piété. Elles transgressent les codes d'identification sociale en brouillant les catégories structurantes (jour/nuit, pieux/impie, hommes/femmes, adolescents/adultes), ce qui installe le crime puisqu'il n'y a plus de droit ; l'altérité que ces bacchantes ou bacchants manifestent est symbolisée par des rites débridés, en phase avec l'imaginaire de Dionysos (peu éloigné de l'hystérie du XIXe siècle). Ce faisant, ces groupes contribuent à menacer la cohésion politique, puisque se crée un « autre peuple » (*externus*), qui a ses propres serments et pour qui le pire est permis.

De l'autre côté, la femme-matrone (telle la tante du jeune homme), symbole de la pudeur (*pudor*), est un élément constitutif du peuple romain depuis l'épisode mythique des Sabines. Bien que sans droits politiques, elle participe de la permanence des valeurs morales et sociales et les nouveaux membres de la société, comme les affranchis, endossent ces valeurs et opèrent ainsi leur ascension sociale. Ces femmes appartiennent aux familles qui tiennent le pouvoir (la *nobilitas*) ou gravitent autour ; c'est pourquoi certaines d'entre elles ont une influence réelle, comme Cornelia, fille de Scipion l'Africain (le vainqueur d'Hannibal), la mère des Gracques, qui reçut une statue en bronze érigée sur le Champ-de-Mars.

Répression et inégalités sociales

Fait exceptionnel pour l'Antiquité, la fin du récit ou du « roman » de Tite-Live, la répression des groupes de dévots, est confirmée par un sénatus-consulte dont une copie gravée sur bronze a été retrouvée en 1640. L'État y réprime durement les membres de ces groupes et régule désormais ce culte, mais sans l'interdire. Tite-Live détaille à nouveau le sort réservé aux femmes. Les femmes de la noblesse encourent des traitements moins infamants, dans le secret des familles, que les femmes plus modestes. À une infériorité juridique globale s'ajoutent donc des inégalités sociales.

Nicole BELAYCHE
EPHE/PSL
AnHiMA (UMR 8210)

Pour en savoir plus

Jean-Marie PAILLER, *Bacchanalia. La répression de 186 av. J.-C. à Rome et en Italie. Vestiges, images, tradition*, Rome, École française de Rome, 1988.

Jean-Marie PAILLER, « Les Bacchanales : du scandale domestique à l'affaire d'État et au modèle pour les temps à venir (Rome, 186 av. J.-C.) », *Politix*, n° 71, 2005/3, p. 39-59.

John SCHEID, « D'indispensables "étrangères". Les rôles religieux des femmes à Rome », dans Pauline SCHMITT PANTEL (dir.), *Histoire des femmes en Occident*, t. 1, *L'Antiquité*, Paris, 1991, p. 405-437.

5. L'invisibilisation des femmes dans la mosquée

(Al-Andalus, VIIIe-Xe siècle)

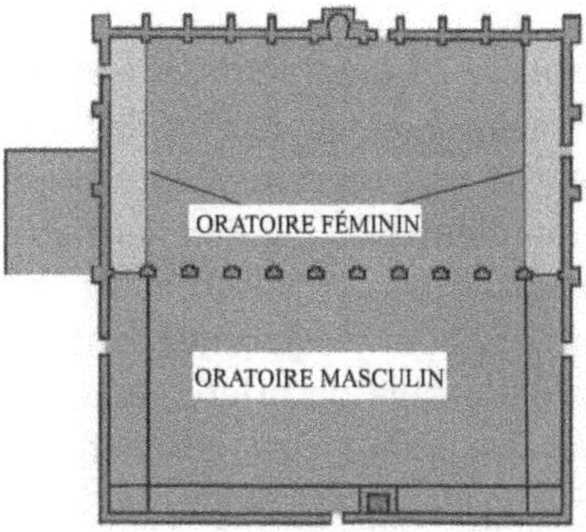

La mosquée de Cordoue
à la fin du VIIIe siècle.

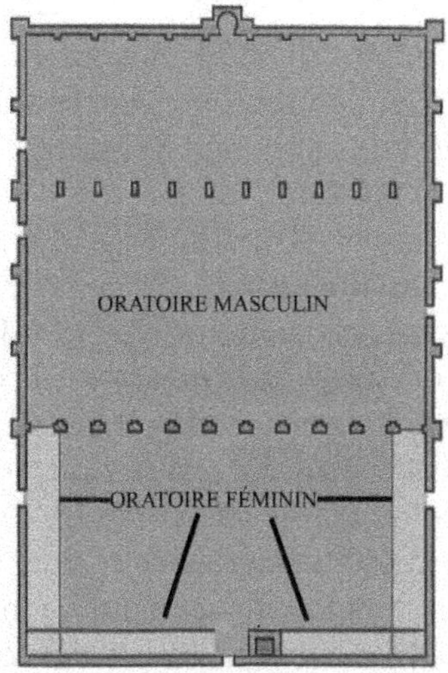

La mosquée de Cordoue
au milieu du IXe siècle.

D'après Pedro Marfil Ruiz, *Las puertas de la Mezquita de Córdoba durante el Emirato Omeya*, Cordoue, Universidad de Córdoba, Servicio de Publicaciones, 2010, pl. 210 et 220.

On interdira aux mendiants de passer entre les rangs des femmes dans la grande mosquée ou bien sur son parvis, à moins qu'il ne s'agisse d'un vieillard décrépit, qui n'éprouve aucun désir charnel et n'en éveille pas.
On doit interdire également à la jeune femme qui demande l'aumône de passer entre les rangs des hommes dans la grande mosquée ou bien sur le parvis ; une exception sera faite en faveur de la femme âgée manifestement fanée et de ses pareilles. On doit empêcher hommes et femmes de se rencontrer lors de la prière, lors des fêtes et dans les endroits publics ; on doit les séparer car l'Envoyé de Dieu – Que Dieu répande sur lui Ses bénédictions et lui accorde le salut – a dit : « Éloignez les souffles des hommes et des femmes. »

Ibn 'Abd al-Ra'ūf, Traité de *hisba*, *Hesperis Tamuda*, 1, 1960, p. 20-21 (traduit de l'arabe par Rachel Arié).

Entre 711 et 1492, une partie de la péninsule Ibérique, désignée par le terme *al-Andalus*, est terre d'Islam. Le premier émir d'*al-Andalus* fonde la mosquée de Cordoue en 785. Embellie et agrandie par ses successeurs, elle devient le symbole de la dynastie des Omeyyades (756-1031).

Prier au féminin dans la mosquée : des places réservées sur les marges de l'édifice

À la fin du VIIIe siècle, les galeries où doivent se tenir les femmes lors de la prière en commun du vendredi midi sont achevées ; lacunaires, les textes médiévaux se bornent à signaler l'existence d'un endroit réservé aux femmes dans la mosquée. Les travaux d'agrandissement entre 833 et 848 permettent de formuler l'hypothèse la plus plausible quant à la localisation de l'oratoire féminin : dans l'édifice primitif, les galeries pour les femmes consistent en deux nefs latérales situées à l'intérieur de la salle de prière, auxquelles elles ont accès sans passer par la cour et par des portes réservées, comme le montre le premier plan. Lors de l'agrandissement du IXe siècle, visible sur le second plan, les galeries des femmes deviennent une partie de l'oratoire masculin, tandis que l'oratoire féminin est déplacé dans la cour et consiste désormais en galeries couvertes bordant trois des quatre côtés de l'espace ouvert vers le ciel, ceux qui ne jouxtent pas le mur de clôture de la salle de prières. La marginalisation des femmes lors de la prière s'accentue donc : à la fin du VIIIe siècle, elles ont accès à la salle de prière mais occupent les nefs latérales, c'est-à-dire qu'elles sont éloignées du *miḥrāb*, niche ouverte dans le mur de *qibla* – qui indique la direction de la prière –, partie la plus sacrée de la mosquée ; au milieu du IXe siècle, les femmes sont exclues de la salle de prière, loin du mur de *qibla*, qu'elles n'aperçoivent même plus. Éloignées du *miḥrāb* et aux marges de la *qibla* dans un premier temps, les femmes se retrouvent donc par la suite séparées de celle-ci par toute la profondeur de la salle de prière.

Prier au féminin dans la mosquée : des places différentes selon les catégories de femmes et d'hommes

Dans un régime de genre à stricte ségrégation sexuée, les femmes installées sur les marges de la mosquée restent invisibles au regard masculin lors de la prière. Toutefois, un droit tout en nuances opère au sein de chaque groupe des distinctions liées, par exemple, au statut social ou à l'âge. Les juristes d'*al-Andalus* distinguent les femmes qui peuvent venir jurer de jour à la mosquée de celles qui ne jurent que de nuit : la mosquée est le lieu où la justice est rendue et où une femme peut avoir à prêter serment. Les femmes des catégories sociales les plus élevées ne jurent que de nuit, ainsi leur silhouette ne peut être aperçue dans les rues de la ville ; prétendre appartenir à ce groupe est un marqueur d'appartenance à l'élite, donc susceptible d'être revendiqué.

Quant aux distinctions liées à l'âge des fidèles, elles sont exprimées par ʿAbd al-Raʾūf, juriste cordouan de la première moitié du xe siècle, dans un manuel de *ḥisba*. Ce terme désigne le devoir moral qui incombe à chacun de faire le bien et d'interdire le mal et guide la surveillance de la vie urbaine par un membre de l'appareil judiciaire, le *muḥtasib*. L'ouvrage rassemble les entorses à la *ḥisba* que le *muḥtasib* doit surveiller et corriger. Si les hommes et les femmes disposent d'espaces de prière séparés, ils peuvent être amenés à se rencontrer en passant entre les rangs des fidèles pour demander l'aumône. Ce manuel est surprenant, car il met en scène une ségrégation sexuée moins stricte qu'on ne pourrait l'imaginer : hommes et femmes se croisent en demandant l'aumône et le *muḥtasib* doit juste veiller à ce que les jeunes, hommes et femmes, n'échangent ni regards ni dons, laissant ceux et celles qui n'éveillent ou n'éprouvent plus de désirs charnels circuler librement.

Dans l'enceinte de la mosquée, la ségrégation sexuée connaît de multiples nuances, en fonction de l'âge des hommes et des femmes, mais aussi de la pratique religieuse concernée, donner l'aumône ou adorer Dieu par la prière. Celle-ci, temps d'élévation de l'âme du fidèle vers Dieu, ne peut souffrir aucun moment d'inattention ou de distraction, ce qui explique que les juristes interdisent aux femmes de se parfumer pour se rendre à la mosquée.

Christine Mazzoli-Guintard
Nantes Université
CReAAH (UMR 6566)

Pour en savoir plus

María Elena Díez Jorge, « Women and the Architecture of *al-Andalus* (711-1492): A Historiographical Analysis », dans Therese Martin (éd.), *Reassessing the Roles of Women as Makers' of Medieval Art and Architecture*, t. I, Leyde-Boston, Brill, 2012, p. 479-521.

Manuela Marín, *Mujeres en al-Andalus*, Madrid, Consejo Superior de Investigaciones Cinteificas, 2000.

Christine Mazzoli-Guintard, « Repenser les espaces féminins de la ville au regard du genre (*al-Andalus*, xie-xve siècles) », *Genre & Histoire*, n° 25, printemps 2020 [en ligne].

Juan Antonio Souto Lasala, *La Mezquita Aljama de Córdoba, De cómo Alandalús se hizo edificio*, Saragosse, Instituto de Estudios Islámicos y del Oriente Próximo, 2009.

6. S'unir au Christ : la mystique Angèle de Foligno

(Italie, XIVe siècle)

Peu de temps après que j'eus écrit ce qui précède, la fidèle du Christ nous rapporta ce qui suit, à moi le frère qui la questionnait avec soin : « Une fois, j'étais à vêpre et mon regard était tourné vers la croix. Tandis que les yeux de mon corps regardaient le crucifié, soudain mon âme fut embrasée d'un amour unique, et tous les membres de mon corps le ressentaient avec la plus grande joie. Je voyais et je sentais que le Christ, au-dedans de moi, embrassait mon âme de son bras qui fut crucifié. Cela se passait au moment où je regardais vers la croix ou peu après. [...] J'ai tant de plaisir à voir cette main qu'il me montrera avec les marques des clous, quand il dira : « Voici ce que j'ai supporté pour toi et pour les autres. » Et la joie qui saisit ici mon âme ne peut être dite en aucune façon. Et je ne peux d'aucune manière éprouver une quelconque tristesse à propos de la Passion, mais j'ai éprouvé du plaisir à voir cet homme et à parvenir jusqu'à lui. Toute ma joie est maintenant dans ce Dieu-homme de douleur. Mon âme a parfois l'impression qu'elle pénètre dans le côté du Christ, avec grande joie et plaisir. Elle pénètre dans le côté du Christ avec une telle joie qu'il n'est possible ni de dire ni de raconter. Aussi, un jour qu'il y avait une représentation de la Passion du Christ sur la piazza Santa Maria, j'avais l'impression de devoir pleurer ; mais alors, au contraire, je fus miraculeusement saisie et transportée par tant de joie que je perdis la parole et tombai à terre, après avoir commencé à ressentir cette inénarrable présence de Dieu. Je cherchai à m'éloigner un peu des gens, et je considérai comme une grâce miraculeuse de pouvoir m'écarter quelque peu. Je tombai à terre et perdis l'usage de la parole et de mes membres. J'eus l'impression que mon âme pénétra alors dans le côté du Christ. Je n'avais aucune tristesse ; j'éprouvais au contraire une joie si grande qu'elle ne peut être racontée ».

Angèle DE FOLIGNO, Mémorial, « Quatrième pas supplémentaire », dans *Le Livre* d'Angèle de Foligno. D'après les textes originaux, 1285-1298, Grenoble, Jérôme Millon, 1995, p. 120-121 (traduit du latin par Jean-François GODET).

Une nonne dominicaine reçoit dans ses bras le Christ ensanglanté, *Livre d'heures*, frontispice, XVe siècle, Strasbourg, Bibliothèque du Grand Séminaire, MS 755, fol. 1r.

Si l'écrit féminin est rare dans l'Europe médiévale, l'accès à la parole vivante des femmes l'est plus encore. Le *Livre* d'Angèle de Foligno constitue à ce titre une source exceptionnelle. Composé au tournant du XIVe siècle, il témoigne de l'expérience religieuse d'une femme issue de la petite bourgeoisie de Foligno, cité d'Ombrie située non loin d'Assise et du tombeau de celui qui fut le modèle d'Angèle, saint François. Comme c'est presque toujours le cas, un homme tient la plume, ici un frère franciscain qui traduit dans un latin approximatif les paroles qu'Angèle lui dicte dans son dialecte natal. Le « frère secrétaire », comme il se nomme lui-même, avoue qu'il ne comprend pas tout, mais il est scrupuleux et soumet à plusieurs reprises son texte à Angèle afin de s'assurer qu'il ne trahit pas sa pensée.

Une mystique de la chair

Dans son témoignage, Angèle de Foligno transcende les subtilités théologiques et les convertit en expériences sensibles. Elle fait de son corps et de ses passions, abîmés dans le Corps et la Passion du Christ, un manifeste. Fille d'Ève car femme, sœur de Marie-Madeleine car pénitente, elle se sait vouée par cette double condition aux larmes et à la contrition. Et pourtant Angèle ne pleure pas, du moins pas selon les attendus du pouvoir clérical. Elle dit au contraire accueillir la souffrance du Christ avec joie, une joie indicible parce que jamais décrite auparavant. Avec plus d'audace encore, elle inverse le déroulement du scénario eucharistique en pénétrant elle-même dans le corps du Christ. Nulle « hystérie » dans cette mystique affective, mais l'intelligence pratique d'une pieuse femme laïque qui fait de sa chair l'instrument de sa propre transformation, libérée de toute médiation sacerdotale. Les autorités ecclésiastiques ne s'y trompent pas : peu après sa mort en 1309, son *Livre* est mis au secret dans la bibliothèque des franciscains d'Assise, à l'abri des regards, mais aussi protégé. Angèle meurt avant que la répression ne s'abatte sur les femmes religieuses non cloîtrées à la suite du concile de Vienne (1310-1311). Contrairement à Marguerite Porete, béguine solitaire et sans protection, qui paya de sa vie d'avoir osé penser par elle-même les mystères divins, Angèle a bénéficié de soutiens, parmi lesquels le théologien franciscain Ubertin de Casale, le médecin des papes Arnaud de Villeneuve ou encore le puissant cardinal Jacques Colonna.

La postérité du récit d'Angèle

Le *Livre* d'Angèle, augmenté d'apports d'autres rédacteurs qui ont succédé à son premier secrétaire, continue de vivre : différentes versions circulent bientôt en Italie, en Avignon, en Espagne, en Flandre. Dans le plus ancien manuscrit connu, celui de la bibliothèque conventuelle d'Assise, son nom n'apparaît pas, seulement une initiale : *L.* pour *Lella*, le surnom affectueux que lui donnaient ses amis de Foligno. Une façon de la protéger sans doute. À mesure que le texte se diffuse et que le temps de sa rédaction s'éloigne, le risque s'estompe et Angèle redevient l'autrice de son *Livre*. D'elle, on ne sait aujourd'hui rien d'autre que ce qu'il contient. Elle est devenue le *Livre* lui-même.

D'autres femmes suivront la voie d'Angèle, telle cette nonne dominicaine anonyme du monastère Sainte-Marguerite-et-Sainte-Agnès à Strasbourg qui, dans la seconde moitié du XVe siècle, se fait représenter en ouverture de son livre de prières accueillant dans ses bras le Christ ensanglanté. Un nouveau pas est franchi ici puisque c'est l'image de la femme s'unissant au Christ supplicié qui devient elle-même un objet de méditation religieuse pour les femmes. Lorsqu'en 2008 le plasticien Ernest Pignon-Ernest place Angèle de Foligno aux côtés d'Hildegarde de Bingen et de Catherine de Sienne dans son installation « Extases », il lui accorde le statut que certains de ses contemporains lui avaient déjà reconnu, celui d'une grande figure de la mystique européenne.

Damien BOQUET
Aix-Marseille Université
TELEMMe (UMR 7303)

Pour en savoir plus

Damien BOQUET, *Sainte vergogne. Les privilèges de la honte dans l'hagiographie féminine au XIIIe siècle*, Paris, Classiques Garnier, 2020.

Damien BOQUET et Piroska NAGY, *Sensible Moyen Âge. Une histoire des émotions dans l'Occident médiéval*, Paris, Seuil, 2015.

Jacques DALARUN, *« Dieu changea de sexe, pour ainsi dire ». La religion faite femme, XIe-XVe siècle*, Paris, Fayard, 2008.

Jacques DALARUN et Giulia BARONE (éd.), *Angèle de Foligno. Le dossier*, Rome, École française de Rome, 1999.

7. Morte au monde : la recluse de Saint-Flour

(France, XVe siècle)

À mes très honorés seigneurs et consuls de la ville de Saint-Flour.

Très honorés seigneurs, je me recommande à vos bénignes grâces. Autrefois je vous ai demandé et supplié que, pour Dieu et aumône, vous m'accordiez de résider dans le reclusoir de votre ville lequel, ainsi que j'en ai été avertie, est vacant et qu'il est de votre ressort et liberté de donner et concéder celui-ci. En acceptant, vous ferez charité et aumône à une bien pauvre femme veuve, laquelle sera toujours tenue et obligée de prier Dieu le créateur et sa glorieuse mère et tous les saints et saintes du Paradis pour la santé et prospérité de vos personnes et biens, ainsi que de tous ceux de votre dite ville. J'ai grand désir de dévotion et de finir le reste de ma pauvre vie dans ce lieu parce que ma mère, que Dieu absout, a été elle-même recluse en votre dit reclusoir, et y a fini ses jours, puis y fut enterrée. Messeigneurs, vous me ferez savoir votre décision. Le présent porteur vous informera de mon pauvre état, et vous transmettra ma requête. Et, sur ce, je prie Notre Seigneur de vous donner bonne et longue vie, et à la fin le royaume de paradis.

Au Puy le XIIIe [jour] de Mai.

Votre servante et chambrière

Anthonie Chappon

Archives de Saint-Flour, chap. VIII, article 6, n° 3, extrait cité dans Marcellin Boudet, *La recluserie du Pont Sainte-Christine à Saint-Flour,* Aurillac, Bancharel, 1902, p. 63 (modernisé par Julie Pilorget).

« Perceval et la recluse », enluminure du Maître de Charles du Maine, dans le *Tristan en prose*, c. 1450-1460, Dijon, Bibliothèque municipale, Ms. 052.

Entre les XIIe et XIVe siècles, une nouvelle forme de réclusion volontaire se développe en Occident. Ce phénomène est essentiellement féminin : seules ou par petits groupes de trois ou quatre, toute ou une partie de leur vie, des femmes se cloîtrent dans de minuscules locaux, appelés reclusoirs. Un répertoire des établissements religieux de Rome, dressé vers 1320, en dénombre deux cent soixante dans la cité papale. La recluse devient une figure familière de la ville médiévale : on la retrouve jusque dans des villes de taille modeste, comme en témoigne ici l'exemple de Saint-Flour, petite cité épiscopale perchée sur les hauteurs de l'Auvergne.

Les fonctions de la recluse dans la ville médiévale

Confinées dans un espace très exigu, les recluses cherchent à s'installer aux points nodaux du tissu urbain : enceintes, ponts, cimetières, etc. Cependant, c'est avant tout la proximité d'un lieu de culte qui détermine l'emplacement de la cellule : tout en étant assurée de la fréquentation assidue d'âmes charitables pouvant l'aider à subvenir à ses besoins, la recluse aspire à se rapprocher des voies du Seigneur. Comme le représente l'enluminure, une fenestrelle – seule ouverture dans ce logis – permet à cette recluse de communiquer avec l'extérieur. En effet, bien que condamnées à l'enfermement, à la différence des ermites, les recluses sont rarement isolées : elles vivent au cœur de la ville, dépendent de la population et ont une utilité spirituelle immédiate. Leur statut peut en effet se définir comme celui d'un intercesseur qui prie ses habitants, vivants et morts. En contrepartie de leur rôle salvateur pour la communauté, leur entretien est à la charge de la municipalité et des autorités religieuses locales.

L'encadrement de la réclusion par les autorités urbaines

La demande d'entrée en réclusion s'inscrit dans une procédure institutionnalisée et encadrée par divers acteurs de l'autorité publique. Les postulantes doivent d'abord adresser leur requête à la municipalité, que ce soit pour la fondation d'une nouvelle logette ou pour occuper un reclusoir vacant. L'accord obtenu, l'aspirante doit solliciter l'évêque, chargé de son examen de conscience afin de s'assurer de ses réelles motivations. Le prélat préside également à la cérémonie d'entrée en réclusion au cours de laquelle il délivre à la candidate le sacrement de l'extrême onction. Considérées comme « mortes au monde », une tombe est creusée à l'intérieur de la cellule afin d'accueillir le temps venu la dépouille de l'occupante. Dans sa supplique, Anthonie Chapon évoque d'ailleurs la présence de la dépouille de sa mère, qui occupa avant elle le reclusoir de Saint-Flour. L'existence d'une sépulture dans un espace si exigu visait aussi à rappeler à la recluse l'importance de son exercice pénitentiel et l'inéluctabilité de sa propre mort.

Des raisons d'entrer en réclusion

Longtemps, la réclusion a été considérée comme spécialement adaptée à la nature féminine. Face à une institution qui les exclut ou les marginalise, les femmes privilégient, semble-il, le contact direct avec Dieu. Néanmoins, les écueils de cette lecture essentialiste sont aujourd'hui évidents. Il convient de rappeler que la multiplication des entrées en réclusion au cours des derniers siècles du Moyen Âge doit être reliée à deux phénomènes majeurs : celui de l'essor de l'urbanisation d'abord, et le succès du mode de vie érémitique ensuite. En outre, cette pratique est liée à l'intérêt croissant manifesté pour le corps du Christ abîmé par la Passion.

Les historiens insistent aujourd'hui sur les causes sociales de la réclusion féminine : pauvreté exposant les femmes à de nombreux dangers et tentations, crainte de la prostitution mais aussi refus du mariage forcé peuvent apparaître comme des arguments en faveur du choix de la réclusion. Le reclusoir apparaît donc comme un refuge pour bien des miséreuses : dans sa supplique, la candidate de Saint-Flour avance elle-même la pauvreté et le veuvage comme motifs d'entrée en réclusion, au-delà même de l'exemple de dévotion qu'a pu lui fournir sa propre mère.

Julie Pilorget
CNED
Sciences Po Paris
Centre Roland Mousnier (UMR 8596)

Pour en savoir plus

Anneke Mulder-Bakker, *Lives of the Anchoresses. The Rise of the Urban Recluse in Medieval Europe*, Philadelphie (Penn.), University of Pennsylvania Press, 2005.

Lucie Laumonier, « Les recluses de Montpellier du xiiie au xve siècle : une institution urbaine », *Revue Mabillon*, n° 26, 2015, p. 179-204.

Paulette L'Hermite-Leclercq, « Le reclus dans la ville au Bas Moyen Âge », *Journal des Savants*, n° 3-4, 1988, p. 219-262.

Julie Pilorget, « En ung reclusage pour bien servir notre Seigneur : réclusion féminine et recherche de la paix intérieure à la fin du Moyen Âge », *Questes. Bulletin des jeunes chercheurs médiévistes*, n° 26, 2013, p. 111-125.

8. De la difficulté de fuir le monastère

(Allemagne, XVe siècle)

[Transfert] d'un ordre à un autre pour une religieuse et [grâces] diverses
Rome, 29 novembre 1473, [diocèse de] Spire.
Sœur Mechteld de Muelhoffen, religieuse professe du monastère de la Vierge Sainte-Marie de *Pons salutis* [Heilsbruck] près de la ville d'Edenkoben, de l'ordre de Cîteaux, dans le diocèse de Spire, expose qu'autrefois elle a fait vœu de profession dans ce monastère et y a servi Dieu Très Haut durant quarante années et plus. Par la suite, des religieuses de l'Observance de l'ordre ont été introduites dans ce monastère [pour le réformer] et plusieurs des religieuses qui y étaient auparavant en sont sorties. Mechteld, quant à elle, a voulu faire probation, observer la stricte observance de l'ordre et demeurer dans le monastère. Elle y est restée un peu moins d'un an pour faire probation. Mais, comme, Très Saint Père, ladite Mechteld, âgée de 56 ans, n'est pas parvenue à supporter le strict ordre de l'observance, elle a demandé l'autorisation à son abbesse de partir du monastère, sans l'obtenir. Elle a quitté ledit monastère et a vécu en dehors pendant un peu moins de six semaines. Puis, sur l'injonction de ses parents et de ses proches, elle est retournée dans le monastère afin d'accomplir son année de probation. Là, elle a subi une correction pour ses précédents excès : l'abbesse lui a ôté son voile et son habit et l'a punie par un châtiment remarquable. Ne supportant pas ce châtiment en raison de son âge, la prénommée Mechteld a de nouveau demandé l'autorisation de sortir du monastère sans l'obtenir. Elle est sortie du monastère en conservant son habit religieux, ce pourquoi elle encourt des sentences d'excommunication. Elle demande à être absoute ainsi que l'autorisation d'être transférée dans un autre ordre identique ou plus sévère, si possible dans l'ordre de saint Benoît, ayant demandé l'autorisation de sa supérieure et ne l'ayant pas obtenue, et que vous jugiez digne à cette occasion de lui concéder cette autorisation par grâce spéciale et expresse. Qu'il soit fait ainsi par grâce spéciale et expresse.
Angelo [Pisani, évêque] de Bagnorea régent [de la Pénitencerie apostolique].

Archives de la Pénitencerie apostolique, *Reg. matrim. et div.* 22, 136r-v,
Ludwig Schmugge *et al.* (éd.), *Repertorium Poenitentiariae Germanicum, VI (1471-1484)*, Tübingen, Niemeyer, 2005, n° 2314
(traduit du latin par Élisabeth Lusset)

Dans le sillage des conciles de Constance (1414-1418) et de Bâle (1431-1449), les mouvements dits de l'Observance entendent restaurer la discipline dans les monastères, parfois de manière brutale. Soutenue par les pouvoirs urbains et les institutions ecclésiastiques, la réforme des couvents féminins consiste souvent à introduire des sœurs acquises à l'Observance dans des établissements jugés déviants, ici l'abbaye cistercienne d'Heilsbruck dans le sud-ouest de l'Allemagne. Les anciennes moniales n'ont d'autre alternative que de changer de monastère ou d'accepter le nouveau mode de vie et de faire profession, après une année de probation.

Les difficultés d'adaptation d'une moniale

Sans doute issue d'une famille du patriciat urbain ou de la petite noblesse, entrée au monastère à seize ans et y ayant passé la majeure partie de sa vie (quarante années), Mechteld de Mülhofen ne parvient pas à s'habituer aux nouveaux usages : interdiction des possessions personnelles par rétablissement du vœu de pauvreté individuel, régime alimentaire sévère, restriction de la liberté de mouvement par l'imposition de la stricte clôture, etc. Privée d'échappatoire légal, puisque son abbesse refuse de l'autoriser à changer de monastère, elle s'enfuit et se réfugie dans sa famille. Ce faisant, elle contrevient à la règle bénédictine, rompt son vœu d'obéissance et commet le crime d'apostasie (fuite du monastère) ; des infractions sévèrement sanctionnées par l'ordre de Cîteaux et le droit pontifical. Tout religieux apostat est automatiquement excommunié et doit recourir au pape pour être absous.

Une sévère correction

Cependant, la vie dans le monde n'est guère aisée pour une religieuse défroquée, qui plus est lorsqu'elle n'est plus en âge de se marier. Sous la pression de sa famille, pour qui elle représente sans doute un fardeau, Mechteld retourne au couvent et y est sévèrement corrigée. L'abbesse lui ôte son voile et son habit pour signifier son état de pénitence et sa mise à l'écart temporaire de la communauté. Bien qu'autorisé, ce geste est perçu comme une injure par la moniale d'un âge respectable et d'un rang social élevé. Il est aussi possible que Mechteld ait été fustigée, voire incarcérée durant quelques jours. Humiliée, elle s'enfuit, se rendant de nouveau coupable d'apostasie.

La supplique de Mechteld au pape

Afin de se sortir de cette situation juridique inextricable, Mechteld mobilise son réseau et ses ressources financières pour solliciter la Curie pontificale. Comme des milliers de fidèles qui recourent chaque année au pape, elle fait rédiger par un spécialiste du droit canonique (un procureur) une requête en latin qu'elle envoie à la Pénitencerie apostolique. Depuis le XIIIe siècle, cet office octroie différents types de grâces pontificales aux fidèles qui en font la demande afin qu'ils puissent se mettre en conformité avec le droit canonique.

Après avoir fait le récit de ses déboires – fournissant ainsi aux historiens un aperçu de la vie, mal connue, des moniales –, Mechteld demande l'absolution de son crime d'apostasie, la levée de l'excommunication ainsi que l'autorisation de passer de l'ordre cistercien à l'ordre bénédictin. La stratégie argumentative de Mechteld, élaborée avec son procureur, consiste à insister sur sa bonne volonté et à souligner que, contrairement à ses consœurs qui ont quitté l'abbaye à l'arrivée des sœurs de l'Observance, elle a tenté de se conformer aux nouvelles règles durant une année de probation (délai de réflexion accordé pour tester le nouveau mode de vie régulier), sans y parvenir. Elle insiste aussi sur le fait que, par deux fois, l'abbesse n'a pas respecté le droit, en refusant d'autoriser son transfert, puis en lui infligeant des châtiments jugés dégradants.

Le régent de la Pénitencerie approuve sa requête par la formule *fiat de speciali et expresso* et lui délivre des lettres de grâce, qui ne nous sont pas parvenues. En revanche, la supplique de Mechteld a été copiée dans l'un des registres de l'office, conservés aux archives de la Pénitencerie apostolique à Rome. Ces registres constituent une source remarquable pour l'histoire des femmes de la fin du Moyen Âge occidental.

Élisabeth LUSSET
CNRS
LaMOP (UMR 8589)

Pour en savoir plus

Jean-Marie LE GALL, *Les moines au temps des réformes, France (1480-1560)*, Seyssel, Champ Vallon, 2001.

Élisabeth LUSSET, *Crime, châtiment et grâce dans les monastères au Moyen Âge (XIIe-XVe siècle)*, Turnhout, Brepols, 2017.

Ludwig SCHMUGGE, « Female Petitioners in the Papal Penitentiary », *Gender & History*, vol. 12, n° 3, 2000, p. 685-703.

Milena SVEC GOETSCHI, *Klosterflucht und Bittgang. Apostasie und monastische Mobilität im 15. Jahrhundert*, Cologne, Böhlau, 2015.

9. Une militante de la Réforme : Marie Dentière

(Genève, XVIe siècle)

À très chrétienne princesse Marguerite de France, Reine de Navarre, Duchesse d'Alençon et de Berry : M. D. désire salut, et augmentation de grâce, par Jésus Christ.

Tout ainsi, ma très honorée Dame, que les vrais amateurs de vérité désirent savoir et entendre comment ils doivent vivre à ce temps si dangereux, aussi nous, femmes, devons savoir fuir et éviter toutes erreurs, hérésies, et fausses doctrines, tant des faux chrétiens, Turcs, Infidèles, que autres suspects en doctrine, comme déjà assez par vos écrits est démontré. [...]

Et pourtant ma très honorée Dame, vous ai bien voulu écrire, non pas pour vous enseigner, mais afin que puissiez prendre peine, envers le Roi votre frère, pour obvier à toutes ces divisions, qui sont régnantes dans les lieux, places, et peuples, sur lesquels Dieu l'a commis pour régir et gouverner, et aussi sur les vôtres, que Dieu vous a donnés, pour y pourvoir et donner ordre. Car ce que Dieu vous a donné, et à nous femmes révélé, non plus que les hommes, ne le devons cacher et enfouir dedans la terre. Et combien que ne nous soit permis de prêcher dans les assemblées et églises publiques (1. Timothée 2) : ce néanmoins n'est pas défendu, d'écrire et admonester l'une l'autre, en toute charité. Non seulement pour vous, ma Dame, ai voulu écrire cette Épitre : mais aussi pour donner courage aux autres femmes détenues en captivité : afin qu'elles ne craignent point d'être chassées de leurs pays, parents et amis, comme moi, pour la parole de Dieu. Et principalement pour les pauvres femmelettes, désirant savoir et entendre la vérité, lesquelles ne savent quel chemin, quelle voie doivent tenir. Et afin que désormais ne soient en elles-mêmes ainsi tourmentées et affligées, mais plutôt réjouies, consolées, et émues à suivre la vérité, qui est l'Évangile de Jésus Christ. Lequel jusques à présent a été tant caché qu'on n'osait dire mot, et semblait que les femmes ne dussent rien lire ni entendre des saintes lettres. Qui est la cause principale, ma Dame, qui m'a émue à vous écrire, espérant en Dieu, que dorénavant les femmes ne seront plus tant méprisées comme par le passé. Car Dieu change en bien de jour en jour le cœur des siens. Lequel je prie qu'en bref soit ainsi par toute la terre. Amen.

Marie Dentière, *Epistre tres utile faicte et composée par une femme Chrestienne de Tornay, Envoyée à la Royne de Navarre seur du Roy de France. Contre Les Turcz, Juifz, Infideles, Faulx chrestiens, Anabaptistes, et Lutheriens. Lisez et puis jugez*, « Anvers » (en réalité Genève), « Martin Lempereur » (en réalité Jean Girard), 1539 (modernisé par Nathalie Szczech).

En 1539, Jean Girard, imprimeur de Genève, publie un court traité intitulé *Epistre tres utile faicte et composée par une femme Chrestienne de Tornay*, signé Marie Dentière (v. 1495-1561), prédicatrice et théologienne des premières décennies de diffusion de la Réforme dans l'espace francophone. Née à Tournai dans une famille marchande aisée, cette religieuse augustine s'est convertie aux idées nouvelles au début des années 1520, a quitté son couvent et a fui les Flandres catholiques pour Strasbourg. Elle a épousé Simon Robert, un ancien curé, puis, devenue veuve, Antoine Froment : ses deux maris, proches du réformateur français Guillaume Farel, ont été pasteurs dans les territoires de l'actuelle Suisse romande. Elle-même est aussi très active dans la promotion de la Réforme, en particulier auprès des femmes de Genève, où elle vit avec sa famille depuis 1535. Son *Epistre*, qui revient sur différents points de doctrine particulièrement débattus entre conservateurs et novateurs de la foi, revendique, avec une détermination inédite, le rôle que les femmes, éclairées par Dieu, doivent jouer dans l'Église réformée. Ouvertement signé par une femme, ce traité théologique témoigne de l'existence d'une promotion féminine de la Réforme.

De femme à femme

L'autrice dédie son ouvrage à Marguerite de Navarre (1492-1549) qui lui a apporté son soutien par le passé. Figure d'autorité, la sœur de François Ier est une actrice majeure de la scène politico-religieuse internationale, à la tête d'un actif réseau évangélique qui protège des hétérodoxes de la foi. Soulignant l'importance de ses écrits spirituels, qui, tels le *Dialogue en forme de vision nocturne* (1524) ou le *Miroir de l'âme pécheresse* (1531), ont contribué à diffuser le message évangélique en français et à lutter contre les « erreurs, hérésies, et fausses doctrines », Marie Dentière appelle la reine à poursuivre son soutien politique à l'Évangile. À la cour, son parti, structuré autour de Jean et Guillaume Du Bellay, tente, depuis plus de dix ans, de convaincre le roi d'œuvrer à une réforme de l'Église. Sur ses terres, la princesse a contribué à la diffusion des idées nouvelles par la prédication et l'imprimé et a défendu des évangéliques poursuivis pour hérésie. L'autrice lui demande de redoubler d'efforts, alors qu'à l'été 1538 François Ier a fait le choix de réprimer l'« hérésie ». Sous sa plume, Marguerite de Navarre apparaît comme un recours mais aussi comme un modèle d'engagement féminin, dont l'autrice suit les traces et qu'elle invite ses lectrices à imiter.

Des femmes inspirées par Dieu

À la suite de théologiennes laïques partisanes de Luther, Marie Dentière appelle les femmes à ne pas enfouir les talents que Dieu leur a donnés, mais à les mettre au service de l'Évangile. Engagée dans la promotion de la Réforme, l'autrice, répondant par avance aux censeurs qui condamneront ce traité féminin, affirme la capacité des « femmelettes » à discerner les erreurs et fausses doctrines et réclame pour elles le droit d'interpréter les Écritures. Déplorant l'interdiction faite aux femmes « méprisées » de lire et d'étudier la Bible, elle souligne la misogynie des élites ecclésiastiques, y compris des réformateurs, et riposte en publiant un texte qui entend rendre les vérités de la foi intelligibles à toutes les femmes et les aider à faire le choix de l'Évangile, même si ce dernier implique l'exil en temps de persécution. L'autrice ne revendique pas seulement le droit pour les femmes d'enseigner à d'autres femmes, mais, par l'imprimé, elle rend son traité accessible à un lectorat mixte.

Le 1er mai 1539, le conseil de Genève ordonne la confiscation des exemplaires de l'*Epistre*, premier ouvrage censuré depuis l'adoption de la Réforme par cette cité en 1536. Femme instruite et active dans l'évangélisation, mais condamnée au sein de son propre camp et durablement invisibilisée, Marie Dentière est remise en lumière depuis les années 1980. Les historiennes et historiens soulignent depuis l'importance des revendications féminines qu'elle formule au début de la Réforme et des oppositions masculines au tournant des années 1530-1540, alors que se construisait l'Église réformée de Genève et que se fermait le droit à la parole.

Nathalie Szczech
Université Bordeaux Montaigne
CEMMC (UR 2958)

Pour en savoir plus

Irena Backus, « Marie Dentière : un cas de féminisme théologique à l'époque de la Réforme ? », *Bulletin de la Société de l'histoire du protestantisme français*, n° 137, 1991, p. 177-195.

Michelle Clément, Isabelle Garnier et Dariusz Krawczyk (dir.), *L'Autorité de la parole spirituelle féminine en français au xvie siècle*, Leyde-Boston, Brill, 2023.

Jonathan A. Reid, *King's Sister – Queen of Dissent: Marguerite of Navarre (1492-1549) and her Evangelical Network*, Leyde-Boston, Brill, 2009.

Daniela Solfaroli Camillocci, « "Mieulx vault essuyvre la verité en petit nombre..." Choisir le bon côté et définir les adversaires dans l'*Epistre très utile* de Marie Dentière », dans Maria-Christina Pitassi et Daniela Solfaroli Camillocci (dir.), avec la collaboration d'Arthur Huiban, *Crossing Traditions: Essays on the Reformation and Intellectual History in Honour of Irena Backus*, Leyde-Boston, Brill, 2018, p. 348-369.

10. Couvrez ce sein que Madame Hélyot ne saurait voir !

(France, XVIIe siècle)

Ce même zèle de la pureté et de l'honneur qui est dû aux lieux saints la brûlait si fort qu'elle souffrait une espèce de martyre lorsqu'elle voyait commettre quelque immodestie dans les églises. [...] Ce qui lui causait plus de douleur, c'est lorsqu'elle en voyait ou parler devant le saint sacrement, ou y paraître les épaules découvertes. [...]

Un jour, étant au sermon et voyant une dame de qualité qui avait les épaules découvertes, elle dit à une de ses amies qui était plus proche qu'elle de cette dame : « Récitez le *Veni creator*, et dites-lui ce que le Saint-Esprit vous inspirera. » Elle le fit et avertit cette dame le plus charitablement qu'elle pût de se couvrir. Celle-ci lui répondit d'un air un peu fier et avec un petit dédain : « J'attendais que vous me le dissiez. » Madame Hélyot, ayant su sa réponse, dit à sa confidente : « Quand il s'agit de la gloire de Dieu, il faut tout souffrir. » La dame pourtant se couvrit les épaules et fit descendre ses coiffes si bas qu'on ne les vit plus.

Ce n'est pas seulement dans les églises, comme nous avons vu ailleurs, qu'elle donnait ces avis, mais encore dans les rues, ne pouvant rien souffrir nulle part qui blessât tant soit peu la pureté.

Ayant rencontré une fille assez bien mise qui n'avait point de mouchoir sur son col, elle l'aborda d'une manière fort honnête et lui dit avec beaucoup d'humilité son petit sentiment sur l'état où elle la trouvait. La jeune fille fut si touchée de ses paroles qu'elle se mit à pleurer et, ne trouvant point de mouchoir dans sa poche qui fut honnête pour le mettre sur son col, la servante de Dieu en tira un blanc de la sienne, qu'elle lui donna avec quelques livres de dévotion dont elle lui fit présent.

Ce zèle qu'elle avait pour la pureté et la modestie l'obligeait à prendre soin des ouvrières qui font des mouchoirs. Elle leur recommandait instamment de n'en faire aucun sans toile et les assistait de ses biens, lorsque cela diminuait leur travail. Elle exhortait aussi sa couturière à vêtir les dames dans toute la modestie et à faire en sorte qu'elles n'eussent ni la gorge, ni les épaules découvertes. Celle-ci lui disant qu'elles la quitteraient si elle ne les habillait à la mode, « Moquez-vous de cela », répliqua-t-elle. « Faites que Dieu ne soit point offensé et vous ne manquerez de rien. Si vous avez besoin de pain, je vous en donnerai. »

Jean CRASSET, *La Vie de Madame Hélyot*, Paris,
Étienne MICHALLET, 3e éd. revue et corrigée, 1684.

Au XVIIe siècle, les vies de dévotes connaissent un grand succès éditorial dans l'Europe catholique. Cent cinquante titres paraissent rien qu'en France. Ces biographies de femmes laïques, écrites par un prêtre – bien souvent celui qui avait reçu leur dernière confession –, offrent aux fidèles le modèle d'une sainteté ordinaire, accessible depuis l'état conjugal à une époque où les rares femmes canonisées sont des religieuses ou des veuves retirées du monde.

Madame Hélyot, une dévote sous la plume de son confesseur

Parmi les dévotes ainsi mises à l'honneur figure Marie Hérinx (1644-1682). Issue d'une famille fortunée, elle épouse en 1662 Claude Hélyot, conseiller à la cour des aides de Paris, dont elle a un fils. Le décès de cet enfant, en 1668, provoque la conversion de Marie Hérinx. Profondément affligée, elle décide de consacrer sa vie à Dieu et de vivre chastement dans le cadre du mariage. Dès lors, son existence est tout entière tournée vers la prière, la mortification, l'action charitable et l'édification de ses contemporains.

Peu après sa mort, survenue en 1682, son confesseur jésuite, le prolixe Jean Crasset (1618-1692), met en récit cette vie exemplaire, réunissant pour cela ses souvenirs de confession et les témoignages écrits de personnes qui ont connu Marie Hérinx. *La Vie de Madame Hélyot* paraît à Paris en 1683. Signe de son succès auprès du public, l'œuvre connaît une deuxième édition revue et augmentée dès 1683, puis une troisième l'année suivante. Elle connaît ensuite des rééditions sporadiques, à Lyon en 1693, à Paris en 1697 et 1700.

Fidèle au plan classique des vies de dévotes, *La Vie de Madame Hélyot* comporte deux parties. D'abord, le récit chronologique de la vie de Marie Hérinx, puis le catalogue de ses vertus et qualités spirituelles fondé sur la narration d'anecdotes édifiantes. L'extrait reproduit ici se situe dans le chapitre XII de la deuxième partie, intitulé « Sa pureté ». Il met en scène Madame Hélyot dans l'une de ses croisades quotidiennes : la lutte contre l'immodestie vestimentaire des femmes.

Un combat pour la modestie vestimentaire, de l'église à la rue

À cet égard, son principal champ de bataille est l'espace des églises. Il est en effet alors courant de dénoncer celles et ceux qui profitent de l'office dominical pour faire admirer leurs élégantes tenues à la foule des fidèles, loin de l'esprit de dévotion qui devrait les animer. Les moralistes, comme l'abbé Jacques Boileau dans son traité *De l'abus des nuditez de gorge* (1675), tempêtent plus particulièrement contre la mode des décolletés et exhortent les chrétiennes à n'approcher l'autel que couvertes jusqu'au cou. En demandant à une dame de couvrir ses épaules, Madame Hélyot relaye des discours moraux émanant de milieux ecclésiastiques soucieux, depuis le concile de Trente, de donner au culte plus de dignité et de décence.

Plus profondément, Marie Hélyot et, derrière elle, les moralistes et les clercs, mènent une lutte acharnée contre la « femme-basilic ». Un lieu commun compare alors la femme à cet animal légendaire, dont le regard est censé tuer instantanément les malheureux qui le croisent. Basilic inversé, la femme conduit l'homme au péché en attirant sur elle ses regards concupiscents. Il est donc de son devoir de chrétienne de préserver les âmes masculines en cachant soigneusement ses charmes.

Réticences et résistances féminines

Bien sûr, Jean Crasset donne la victoire finale à Madame Hélyot. Toutefois, l'extrait n'est pas sans ambiguïté. Le ton de défi de la « dame de qualité », la tenue de la jeune passante comme le rappel par la couturière des demandes de sa clientèle laissent entrevoir des réticences à respecter dans toute son austérité la morale vestimentaire prônée par les dévotes et les clercs. Une distance à l'égard des prescriptions dont on trouve un célèbre écho dans le *Tartuffe* de Molière (1669). À Tartuffe qui lui intime : « Couvrez ce sein, que je ne saurais voir », la jeune Dorine répond avec à-propos : « Vous êtes donc bien tendre à la tentation, / [...] Mais à convoiter, moi, je ne suis pas si prompte, /Et je vous verrais nu du haut jusques en bas, /Que toute votre peau ne me tenterait pas ! »

Marjorie Meiss
Université de Lille
IRHiS (UMR 8529)

Pour en savoir plus

Nancy Oddo, « De la modestie à la mode dévote : des parures équivoques » *Apparence(s)*, n° 8, 2018 [en ligne].

Nicole Pellegrin, *Voiles. Une histoire du Moyen Âge à Vatican II*, Paris, CNRS Éditions, 2017.

Aileen Ribeiro, *Dress and Morality*, Londres, Batsford Books, 1986.

11. Pénitences imposées à une religieuse désobéissante

(France, XVIIIe siècle)

La sœur Deschamps de Saint-Simon [...] étant parente de plusieurs personnes de distinction demeurantes dans la ville, et qui la venaient voir et lui donnaient des secours pour son entretien, et toutes autres choses nécessaires que les communautés ne fournissent point aux religieuses, elle les voyait avec plaisir et reconnaissance, chaque fois qu'ils venaient la demander au parloir. Le Père L'Enfant, confesseur de sa communauté, eut quelques différends avec ces messieurs [...]. Sur cela il fit défense à la sœur Saint-Simon de voir messieurs ses parents et d'approcher des grilles, à quoi elle refusa de se soumettre, s'échappa en quelques paroles de mécontentement contre le confesseur, qui mit tout de suite la supérieure et les anciennes dans ses intérêts. Dès ce moment, l'on employa les menaces, les pénitences, on la mit plusieurs fois au pain et à l'eau. Tous ces mauvais traitements aigrirent cette religieuse, lui ôtèrent toute confiance envers le confesseur, elle ne put se résoudre à s'adresser à lui pour la confession, on voulait lui obliger, l'on lui fit des commandements, des sommations en communauté à quoi elle dit qu'elle ne se soumettrait pas, que la conscience devait être libre, qu'elle demandait un confesseur de son choix, ce qui lui fut très longtemps refusé, à la fin on lui en offrit un du choix du confesseur de la maison, qu'elle refusa très constamment sachant très bien que c'était de même que si elle [s'était] adressée à lui-même. Pour lors, on l'accusa de désobéissance formelle, toutes les formalités de justice claustrale furent employées, nouveau commandement, sommation, assemblée de discrétoire, le confesseur décida qu'il fallait l'enfermer. [...] Le lendemain, le père confesseur est entré, chargé d'une chaîne, cadenas, clous, marteau pour l'enfermer lui-même dans sa chambre ; la chaîne y a été quatorze jours, et pendant trois mois, plusieurs religieuses, désignées pour cela, la venaient chercher au matin pour la conduire dans une chambre qui donne sur l'église, où on l'enfermait jusqu'au soir où les mêmes religieuses la venaient rechercher pour renfermer dans sa chambre. Après ce terme de pénitence qui a fait du bruit dans la ville, [elle] fut enfin laissée libre avec défense cependant d'approcher ni grilles ni murs du couvent, non pas même la cuisine ni aucun autre lieu où elle put rencontrer quelqu'un qui lui puisse rendre service de porter à ses parents quelque billet [...]. Pendant quatre à cinq ans que tout cela a duré, elle y a vécu en esclave.

Archives nationales, D/V/1, dossier 4, Comité des lettres de cachet, *Plaintes et réclamations de femmes détenues (1789-1790)*, pièce n° 7 (modernisé par Aude Loriaud).

Cette supplique remise au Comité des lettres de cachet le 9 février 1790 fut envoyée par deux religieuses cordelières du monastère de Rüe, dans la baie de Somme, pour soutenir la demande de mise en liberté de Marie-Jacqueline Deschamps, sœur saint-Simon en religion, qui y était retenue depuis 1786.

Une religieuse désobéissante

Cette religieuse était originaire d'une communauté de Clarisses de Mortagne-au-Perche, près d'Alençon. Comme dans tous les couvents féminins de clôture stricte, les visites au parloir étaient alors soumises à l'autorisation de la supérieure et régies par des règles précises. S'il était interdit d'accepter des cadeaux au parloir, une religieuse avait cependant le droit de recevoir des présents nécessaires à son entretien, à condition que la supérieure donnât sa permission. Or, les visites et les cadeaux que la sœur saint-Simon recevait souvent de la part de sa famille incitèrent le confesseur à lui interdire l'accès au parloir. Elle le lui reprocha avec témérité et refusa désormais de s'adresser à lui pour la confession. Son insoumission contrevenant au vœu d'obéissance prononcé lors de la profession religieuse, elle fut punie pour ce motif, quoiqu'elle prétextât – à tort ou à raison – souffrir d'un différend opposant le confesseur et ses proches parents.

Une gradation des pénitences jusqu'à la réclusion

Toutes les prescriptions de la justice monastique paraissent avoir été suivies pour respecter une certaine hiérarchie des peines. La sœur saint-Simon fut mise plusieurs fois au pain et à l'eau. Ce type de pénitence, comme le jeûne, les mortifications, la privation de la table commune ou de l'office choral, relevait de la décision de la supérieure, pour chaque péché avoué publiquement devant le chapitre. Face à son inflexibilité, et après de multiples avertissements, l'assemblée du discrétoire (conseil privé réunissant la supérieure et ses conseillères) la condamna à la réclusion, visiblement sous l'influence du confesseur. Si la peine de prison est attestée dans les règles monastiques, ce texte s'avère exceptionnel en raison des détails donnés sur les modalités d'enfermement de cette religieuse désobéissante : le soir dans sa cellule verrouillée par une chaîne et un cadenas posés par le confesseur ; le jour dans une chambre donnant sur l'église pour méditer sur ses fautes.

Éviter le scandale

Au terme de cette pénitence, elle fut étroitement surveillée pour l'empêcher de transmettre un billet à sa famille par l'intermédiaire de visiteurs de passage au monastère. Mais ses parents furent, d'une manière ou d'une autre, informés de ces mauvais traitements et envoyèrent des officiers de justice au couvent pour l'interroger en personne. Cependant, ayant reçu des menaces, elle n'osa rien dire et demeura alors dans sa communauté, dépourvue de tout soutien. Le confesseur et la supérieure obtinrent une lettre de cachet pour la transférer en 1786 dans le monastère des Cordelières de Rüe. Cette mesure d'éloignement était réservée aux religieuses incorrigibles et évitait un renvoi, synonyme de scandale dans les mentalités de l'époque. La communauté dans laquelle elle arriva ayant été prévenue contre elle, la sœur saint-Simon fut, là-bas aussi, tenue à l'écart. Elle bénéficia sur place de la bienveillance de deux moniales, sœur Henriette Barbier de saint-François, ancienne supérieure, et sœur Flamichon de saint-Augustin, assistante de la supérieure. Elles crurent en son histoire, laquelle avait été confirmée par les deux hommes qui l'avaient escortée, puis par son confesseur qui, lorsqu'il vint la voir, ne put l'accuser d'aucun autre crime grave que la désobéissance. Lorsque l'Assemblée nationale décréta, le 12 janvier 1790, la libération des détenues victimes d'ordres arbitraires, ces deux religieuses voulurent aider la sœur saint-Simon en rédigeant ce récit détaillé pour appuyer une requête de la main de cette dernière, en date du 28 novembre 1789.

Aude Loriaud
Université Bordeaux Montaigne
CEMMC (EA 2958)

Pour en savoir plus

Isabelle Heullant-Donat, Julie Claustre et Élisabeth Lusset (dir.), *Enfermements. Le cloître et la prison (ve-xviiie siècle)*, Paris, Éditions de la Sorbonne, 2011.

Falk Bretschneider, Isabelle Heullant-Donat, Julie Claustre et Élisabeth Lusset (dir.), *Enfermements II. Règles et dérèglements en milieux clos (ive-xixe siècle)*, Paris, Éditions de la Sorbonne, 2015.

Anna Jacobson Schutte, *By Force and Fear. Taking and Breaking Vows in Early Modern Europe*, New York, Cornell University Press, 2011.

Élisabeth Lusset, *Crime, châtiment et grâce dans les monastères au Moyen Âge (xiie-xve siècle)*, Turnhout, Brepols, 2017.

CHAPITRE 9

Corps soumis et sexualités dociles

Corps soumis et sexualités dociles

Étudier les corps et les sexualités des femmes dans les périodes anciennes, c'est encore et toujours mettre au jour des formes de domination masculine. La différence sexuée est inscrite dans les corps, et les sociétés anciennes, en s'appuyant sur des fondements mythiques ou scripturaires, ont construit un discours sur la distinction des sexes à partir de cette donnée « naturelle » en attribuant à l'un et à l'autre sexe des caractéristiques qualifiées de féminines ou de masculines. Les femmes sont assignées à être belles, chastes, pudiques, humbles et doivent cacher leur corps, conserver leur virginité avant le mariage et être passives dans l'acte sexuel. Dans l'art, leur représentation véhicule des canons esthétiques féminins dans lesquels l'habillement, l'ornement, les bijoux jouent un rôle central, soulignant implicitement la prééminence du regard masculin. Mais, en même temps, elles sont condamnées lorsqu'elles se fardent, se parent et abusent de procédés de monstration du corps sexué qui attisent le désir masculin. Dans les sociétés chrétiennes, le corps est la part de l'individu (*persona*) la plus honteuse puisque dans l'opposition « corps et âme » (*caro et anima*), c'est la partie liée au péché, enveloppe qui disparaît à la mort terrestre tandis que l'âme est immortelle. La femme étant du côté du *caro* – l'homme du côté de l'*anima* –, son corps est davantage à surveiller, souvent perçu, suivant des modèles hérités de l'Antiquité, comme l'inverse du corps masculin tout en étant incomplet, imparfait et donc inférieur. Il est vu presque exclusivement à travers ses fonctions de reproduction « maternelles » : coït, menstrues, défloration, grossesse, avortement, accouchement, puériculture, ménopause.

Dans l'Occident médiéval et moderne, très majoritairement chrétien, la notion de péché est accolée à la sexualité. Les monastères sont des lieux de domptage du corps où la sexualité est interdite pour atteindre un idéal de piété. En enfer, les damnés sont sur-sexués et les corps des hommes et des femmes s'entremêlent dans une promiscuité insistant sur la forte charge sexuelle qui les unit. À tous les niveaux de l'encadrement social (famille, communauté, État, Église), la sexualité des jeunes filles et des femmes est très étroitement contrôlée. Elle doit s'accomplir à des fins procréatrices au sein d'une union matrimoniale légitime dans lequel le coït est très asymétrique, comme en rend compte la position du « missionnaire », expression de la forte domination masculine, dans laquelle la femme, passive, étendue sur le dos, attend que l'homme vienne lui « offrir » un rapport sexuel. Toute sexualité entre deux femmes, même si elle est beaucoup moins visible dans les sources que celles entre deux hommes, est jugée illicite car « contre-nature ».

Les hommes ont également la mainmise sur la sexualité en contrôlant les maisons de prostitution. Des bordels du législateur athénien Solon au *prostibulum publicum* de la fin du Moyen Âge, la prostitution féminine est considérée comme un « mal nécessaire », une activité tolérée socialement et même parfois institutionnalisée pour permettre aux garçons qui se marient plus tardivement que les filles de « patienter », pour limiter les adultères et éviter ainsi l'essor de violences masculines ou pour remédier, et donc « guérir », les tendances homosexuelles des jeunes hommes.

Mais, malgré le poids des normes, il existe une « parasexualité », des flirts, des regards, des effleurements dans les fêtes de village ou de Cour, ou au moment des tournois. Par ailleurs, les femmes ont vécu des formes de sexualité en dehors de l'ordre matrimonial. Elles ont été concubines, adultères, bigames, homosexuelles. Des poèmes de Sappho, née dans l'île grecque de Lesbos, à la bisexualité de Christine de Suède ou aux supposées relations lesbiennes de Marie-Antoinette, en passant par les écrits des *trobairitz*, il a existé aussi des pratiques homo-affectives et une culture érotique lesbienne. Ainsi, les femmes n'ont pas été inactives dans la construction de leur propre identité sexuée et ont su jouer et parfois déjouer les fortes contraintes que la société masculiniste leur imposait.

Didier LETT

1. Sappho : chanter le désir

(Grèce d'Asie, VIIe-VIe siècle av. J.-C.)

Il me semble pareil aux dieux,
l'homme quel qu'il soit
assis face à toi, qui, tout près, entend
tes douces paroles
et ton rire enchanteur
– et cela bouleverse en moi mon cœur ;
car un seul regard vers toi,
et je ne puis plus parler,
ma langue se brise, un feu subtil
se répand sous ma peau,
mes yeux ne voient plus, mes oreilles
bourdonnent,
une sueur glacée m'enveloppe, un tremblement
me saisit tout entière, je suis plus verte
que l'herbe, et me sens près
de mourir.
Mais il faut tout tenter car...

Sappho, « Chant à l'aimée », fr. 31, E.-M. Voigt (éd.), *Sappho et Alcaeus, Fragmenta*, Amsterdam, Polak & van Gennep, 1971 (traduit du grec ancien par Sandra Boehringer).

Comment ne pas être pris maintenant de vertige, obstinément,
Ô Cypris, maîtresse, quelle que soit la personne qu'ici on aime
comment ne pas vouloir être délivré
de cette tension ?
Quelle est ton intention à m'agiter et à me déchirer
par ce désir qui affole ? Je te supplie, souveraine,
tu me mets dans un tel supplice ! [...] Hier tu n'étais pas [...
ni ne me [..]
...] toi, je veux [...
...] souffrir cela [...
...] quant à moi, je suis
consciente de cela.

Sappho, « Chant à Cypris », fr. 26, E.-M. Voigt (éd.), complété par P. Sapph. Obbink, 21-29 et P. GC inv. 105 fr. 4 (traduit du grec ancien par Sandra Boehringer et Claude Calame).

Aphrodite immortelle à l'esprit complexe,
tisseuse de pièges, ô fille de Zeus !
Je te prie, fais que ni douleur ni chagrin ne domptent
mon cœur, ô souveraine.
Mais viens auprès de moi,
si jamais auparavant tu as entendu ma voix
t'appeler de loin, et que, quittant la maison de ton père,
tu aies attelé ton char d'or et tu sois venue.
De beaux passereaux
t'ont vivement menée vers la terre noire,
dans de rapides battements d'ailes,
du haut des cieux, à travers l'éther.
Ils sont arrivés prestement, et toi, ô bienheureuse,
un sourire illuminant ton visage immortel,
tu m'as demandé de quoi encore je souffrais,
pourquoi encore j'appelais,
et ce que je désirais le plus dans mon cœur affolé :
Qui dois-je contraindre encore <...>
et mener jusqu'à ton amour ? Qui, Sappho,
te fait du tort ?
Car qui s'enfuit bientôt poursuivra,
qui repousse les présents à son tour en offrira,
et celle qui n'aime pas bientôt aimera,
même contre sa volonté.
Viens à moi, maintenant encore, délivre-moi
de ces terribles angoisses,
et accorde à mon cœur
ce qu'il désire. Ô toi, sois mon alliée.

Sappho, « Prière à Aphrodite », poème 1, E.-M. Voigt (éd.)
(traduit du grec ancien par Sandra Boehringer).

Sappho, un nom célèbre dans l'Antiquité et la culture européenne

Sappho est la première autrice de la culture occidentale. Elle vécut sur l'île grecque de Lesbos à la fin du VIIe et au début VIe siècle av. J.-C. et jouit d'une grande renommée dès l'Antiquité, au point d'entrer dans le canon des neuf poètes lyriques. Ses compositions, destinées à être chantées et accompagnées de la lyre, circulèrent abondamment dans le monde méditerranéen, et ils étaient probablement composés pour des jeunes femmes en formation chorale se produisant en public. Chanter, danser, jouer de la lyre, connaître les récits du passé et les épopées homériques étaient des compétences valorisées – pour les hommes comme pour les femmes – en Grèce ancienne.

Dans la plupart de ses poèmes, Sappho met en scène un « je » au féminin qui évoque un désir intense pour une femme. C'est en référence à la poétesse qu'ont été forgés le terme de « lesbienne » – du nom de l'île de Lesbos – qui, à partir de 1784, comme adjectif, puis en 1867, comme substantif, qualifie les femmes qui aiment les femmes, ainsi que les termes de « saphique » et « saphisme » – qui, à partir de 1799, renvoient à l'homosexualité féminine. Pourtant, dans l'Antiquité, il n'existe pas, à proprement parler, d'« homosexuel(le)s » ou d'« hétérosexuel(le)s », car les Grecs n'ont jamais créé une catégorie où se retrouveraient groupés hommes et femmes de tous milieux sociaux sur le simple critère d'une attirance érotique fondée sur le sexe. La Grèce antique est une société « d'avant la sexualité » ; elle offre une culture qui précède le moment où le sexe et la sexualité deviennent les éléments d'un dispositif de « biopouvoir », selon l'expression de Michel Foucault, où chacun est sommé de « dire la vérité » sur son sexe et où la pratique sexuelle viendrait dire une vérité du sujet. Les poèmes de Sappho ne viennent pas révéler une identité sexuelle ; ils sont les témoignages précieux d'une culture érotique propre au monde grec.

Vertige de l'amour… entre femmes

Le *Chant à l'aimée* décrit l'effet du désir sur le corps d'une femme amoureuse d'une autre femme : les premiers vers ont parfois prêté à confusion chez les Modernes en raison de la mention de cet « homme pareil aux dieux ». Certains ont même considéré que les effets physiques décrits relevaient soit des symptômes de la jalousie, soit de ceux de la conscience d'une anormalité. Pourtant, ces lectures disent plus des préjugés de notre époque qu'ils ne nous informent sur les catégories antiques. En réalité, l'expression « il me semble pareil aux dieux » est une formule de bon vœu, sur le modèle connu du « Heureux qui comme Ulysse » : loin de mettre en scène une relation pathologique triangulaire, ce poème exprime les effets puissants d'*érôs* sur le corps. Ce poème connaîtra une fortune immense et sera adapté, entre autres, par Louise Labé et Racine.

Le deuxième poème, le *Chant à Cypris*, provient d'un papyrus datant du IIe siècle apr. J.-C., découvert en 2014. Adressé à Aphrodite/Cypris, il donne, en écho au fragment 31 du *Chant à l'aimée*, une vision encore plus intense des effets violents de la passion. Dans ces deux poèmes, c'est toute une cartographie physique qui est développée : les facultés sensorielles sont perturbées (vision, ouïe, toucher), le corps se trouve découpé en zones qui subissent chacune des atteintes, à la fois douloureuses et souhaitées.

La *Prière à Aphrodite* présente une structure plus complexe : le chant reprend certains éléments formels de la prière grecque ainsi que de l'épopée homérique. Par la transformation, pleine de délicatesse et d'humour, d'un contexte guerrier en un contexte amoureux, le poème fait entendre, en un dialogue enchâssé, la voix de la déesse Aphrodite s'adressant à Sappho, qui subit l'« injustice ». Puis la prière se transforme en une demande de réparation adressée à une divinité pour en faire une alliée. Le féminin de la personne aimée arrive tout naturellement dans les paroles d'Aphrodite, mais – c'est le cas aussi dans le *Chant à l'aimée* – ce féminin n'apparaît qu'à la fin du poème, laissant cet *érôs* dans une indétermination genrée durant plusieurs strophes. Ce dispositif dit un élément primordial pour comprendre les catégories sexuelles antiques : *érôs* n'a pas de genre. Les poèmes de Sappho, même s'ils expriment un désir « lesbien », sont, aux yeux des Anciens, des poèmes d'amour en général.

Sandra Boehringer
Université de Strasbourg
Archimède (UMR 7044)

Pour en savoir plus

Sandra Boehringer et Claude Calame, « Sappho au début du xxie siècle. Genre et poésie érotique », *Mètis. Anthropologie des mondes grecs anciens*, N.S. 17, 2019, p. 121-143.

Sandra Boehringer, « Sociétés anciennes : Grèce et Rome », dans Sylvie Steinberg (dir.), *Une histoire des sexualités*, Paris, Presses universitaires de France, 2018, p. 15-91.

Claude Calame, *L'Éros dans la Grèce antique*, Paris, Belin, 2009 [1996].

John J. Winkler, *Désir et contraintes en Grèce ancienne*, préface de David M. Halperin, traduction de Sandra Boehringer et Nadine Picard, Paris, Epel, 2005 [1990].

2. Des pratiques athlétiques pour les filles

(Grèce, VIe-IIe siècle av. J.-C.)

Tous les quatre ans, les seize femmes tissent un péplos pour Héra. Ce sont elles aussi qui organisent le concours des *Héraia*. Dans ce concours, des jeunes filles s'affrontent à la course mais elles ne sont certainement pas toutes du même âge. Ainsi, les plus jeunes courent en premier, puis, après elles, les filles d'un âge plus avancé, et, en tout dernier, vient le tour des plus âgées. Voici comment elles courent : leur chevelure est dénouée, leur tunique s'arrête juste au-dessus du genou et elles dévoilent leur épaule droite jusqu'à la poitrine. On leur réserve à elles aussi le stade olympique mais, pour elles, la course du stade est raccourcie d'un sixième environ. On remet aux lauréates des couronnes d'olivier et une part de la vache sacrifiée à Héra. Et, surtout, elles peuvent se faire peindre et consacrer leurs images. Ce sont également des femmes qui servent les seize [femmes] dans l'organisation de ces jeux-là. On dit que le concours des jeunes filles remonte lui aussi aux époques antiques et que c'est Hippodamie, parce qu'elle voulait rendre grâce à Héra de son mariage avec Pélops, qui réunit les seize femmes et fut la première à organiser avec elles les *Héraia*.

Pausanias, *Héraia*, 5, 16, 2-4
(traduit du grec ancien par Flavien Villard).

À l'image de la majorité des artisans qui sont des personnes sédentaires, tous les autres Grecs jugent bon que les jeunes femmes passent leur temps à travailler la laine au calme. Mais comment peut-on alors penser que, élevées ainsi, elles puissent donner naissance à une superbe progéniture ? À l'inverse, Lycurgue jugea que des esclaves étaient bien suffisantes pour fournir des vêtements mais que la production d'enfants était une tâche essentielle et l'apanage des femmes libres. C'est pourquoi il mit tout d'abord en place une préparation physique pour le sexe féminin qui n'avait rien à envier à celle du sexe masculin. Ensuite, il fit des concours de course et de force qui opposaient les hommes, mais aussi les femmes, chacun de leur côté, car il pensait que, si les deux parents étaient plus forts, ils produiraient inévitablement des rejetons plus vigoureux.

Xénophon, *Constitution des Lacédémoniens*, 1, 3-4
(traduit du grec ancien par Flavien Villard).

Statuette en terre cuite représentant le jeu du porteur, Corinthe, 320-270 av. J.-C., Musée archéologique de l'ancienne Corinthe, MK8250.

La figure de l'athlète masculin est profondément attachée à la Grèce ancienne. Aux époques archaïque et classique, les garçons et les hommes grecs suivent une formation gymnique qui contribue à l'entraînement militaire et qui leur permet de s'affronter dans des concours prestigieux. Cependant, dans différentes régions grecques, les pratiques athlétiques ne sont pas uniquement réservées aux citoyens et futurs citoyens masculins. Certaines femmes libres y participent. Ces dernières sont essentiellement des adolescentes non mariées (*parthénos* ou *korè*). Elles peuvent se mesurer dans des compétitions gymniques et des défis ludiques mobilisant des qualités corporelles. Pour étudier ces pratiques, nous disposons de trois exemples : les concours de course, les jeux de nature physique et l'éducation gymnique singulière des Spartiates.

Courir pour les dieux : les concours gymniques des jeunes filles

Auteur du IIe siècle, Pausanias fait voyager son lecteur dans la Grèce qu'il a parcourue. Rédigé vers 170-175, le livre V consacré à l'Élide rappelle les lieux de cette région du Péloponnèse que Pausanias aurait vus près de quinze ans plus tôt, en particulier ceux du sanctuaire d'Olympie. L'auteur y décrit le temple d'Héra et les rites célébrés en l'honneur de la déesse. Vraisemblablement organisés depuis le VIe siècle av. J.-C., deux rituels occupent les femmes et les jeunes filles de la région : le tissage de la tunique (*péplos*) de la déesse et un concours de course pour des adolescentes dans le stade d'Olympie. Le rituel olympien correspond à un type d'affrontement qui se retrouve dans différentes régions grecques dès l'époque classique. En Laconie, en Attique ou en Thessalie, les jeunes filles d'une même communauté politique ont la possibilité, avant le mariage, de s'affronter dans des compétitions de course organisées en l'honneur de Dionysos, d'Hélène ou d'Artémis. Ces rencontres permettent aux adolescentes de prouver leur rapidité et leurs compétences physiques. Elles semblent avoir deux finalités principales. D'une part, elles constituent une preuve de l'intégration à la communauté civique. D'autre part, elles honorent une figure divine qui est sollicitée afin d'assurer la protection des participantes sur le chemin du mariage. Les courses sont ainsi l'occasion pour les jeunes filles d'obtenir une reconnaissance sociale et de garantir leur équilibre, dans un moment de bouleversements physiologiques.

Jouer à l'athlète : des défis ludiques entre adolescentes

Les adolescentes des cités grecques se défient également, de façon régulière, dans des activités ludiques de nature physique. Elles se consacrent notamment à trois types de jeux : le porteur, la balle et la bascule. Représenté sur des figurines en terre cuite des époques classique et hellénistique, le jeu du porteur demande à une jeune fille de porter sa concurrente sur son dos, après que cette dernière a réussi à lancer une pierre sur une cible déterminée.

Si ces objets témoignent de la présence de pratiques athlétiques dans la vie des jeunes Grecques, ils possèdent aussi une portée symbolique. Artisanat d'art, les figurines en terre cuite sont très populaires en Grèce ancienne. Déposées dans les tombes d'adolescentes par leurs proches ou dans des sanctuaires lors de rituels par les jeunes filles elles-mêmes, représentant le jeu du porteur, elles figurent le moment du porté qui souligne la proximité physique des joueuses et leur collaboration. Elles évoquent ainsi la maturité physique et sexuelle des adolescentes destinées à s'unir à un homme.

La cité spartiate : un modèle rêvé de la gymnastique féminine

Vraisemblablement composée au début du IVe siècle av. J.-C., la *Constitution des Lacédémoniens* de Xénophon décrit une formation gymnique donnant lieu à des compétitions durant lesquelles les femmes de Sparte se mesurent les unes aux autres. L'auteur y promeut le modèle spartiate. Les activités athlétiques féminines y auraient pour but d'assurer la naissance de beaux enfants qui seraient aussi vigoureux que leurs parents. À l'image du texte de Xénophon, tous les documents qui mentionnent l'éducation gymnique des Spartiates ont été produits par des citoyens d'autres cités, parfois éloignés de la période discutée. Ils sont composés pour un public précis, avec une intention laudative ou critique. C'est le cas dans deux pièces athéniennes, *Andromaque* d'Euripide et *Lysistrata* d'Aristophane, et dans deux écrits de Plutarque, *Vie de Lycurgue* et *Apophtegmes laconiens*.

Une fois les biais et les finalités de ces différents documents mis au jour, deux conclusions peuvent être formulées. Les jeunes Spartiates des époques archaïque et classique participent vraisemblablement uniquement à des activités de course et à des exercices de force. Leurs efforts semblent avoir une finalité politique : assurer une plus grande cohésion du corps civique spartiate face aux autres populations du territoire lacédémonien.

Flavien VILLARD
Docteur de l'Université Paris 1 Panthéon-Sorbonne
AnHiMA (UMR 8210)

Pour en savoir plus

Thomas SCANLON, *Eros and Greek Athletics*, Oxford, Oxford University Press, 2002.

Flavien VILLARD, « L'athlétisme féminin à Sparte. Un jeu politique entre contrôle et pouvoir des corps », *Cahiers « Mondes Anciens »* n° 16, 2022 [en ligne].

Flavien VILLARD, « L'éveil de l'amour. Les adolescentes grecques et le jeu du porteur », *Clio. Femmes, Genre, Histoire*, n° 56, 2022, p. 23-43.

3. Le prestige au féminin et la parure

(Espagne, IVᵉ siècle av. J.-C.)

La dame d'Elche, buste funéraire polychromique, IVᵉ siècle av. J.-C., Musée archéologique national, Madrid.

L'incroyable destin d'un buste de femme

Le buste de calcaire local de cinquante-six centimètres de haut et de quarante-neuf centimètres de large découvert sur la colline de l'Alcudia à Elche, près d'Alicante, en 1897 au cours de travaux agricoles est devenu l'emblème international de l'Espagne lorsqu'il est entré dans la salle des Antiquités orientales du musée du Louvre. Sa qualité esthétique et son exposition à Paris ont contribué à diffuser sa renommée à travers l'Europe et l'Amérique, à l'aide de la Société hispanique d'Amérique et du mouvement hispaniste cherchant jusqu'alors des précédents au génie espagnol qui s'était exprimé durant le Siècle d'or des XVIe et XVIIe siècles. Les missions archéologiques françaises, impulsées par Edmond Pottier et René Huyghe, dirigées par Raymond Lantier et Pierre Paris, réalisèrent cet objectif à la fin du XIXe siècle.

À partir de cette découverte et jusqu'à nos jours, il a été possible de délimiter l'aire culturelle ibérique à une zone comprise entre le versant méditerranéen hispanique et le bassin supérieur des fleuves Guadiana et Guadalquivir. Depuis, les fouilles archéologiques ont mis au jour de nombreuses statues, mais la dame par excellence reste la Dame d'Elche, restituée au musée du Prado (Madrid) par le gouvernement de Vichy en 1941 et exposée aujourd'hui au musée archéologique national. La statue appartient à une typologie datée du IVe siècle av. J.-C. à partir de contextes communs aux nécropoles du Sud-Est ibérique, parfois dotées de pièces de céramique attiques à figures rouges.

Un contexte funéraire

La sculpture fut découverte enfouie dans le sol et entourée de morceaux de mur romain, mais son contexte d'origine était ibérique et funéraire. C'est ce qu'indiquent les résultats d'autres fouilles archéologiques récentes et le trou que l'on peut voir dans son dos et dans lequel on a trouvé les restes de l'incinération d'un être humain de sexe indéterminé.

Les nécropoles monumentales ibériques nous ont permis de connaître d'autres sculptures féminines de grand format. Celles qui correspondent à des femmes adultes, presque toujours en position assise, couvertes des pieds à la tête et polychromiques, forment la série emblématique des dames ibériques. En 1971 fut ainsi découverte la Dame de Baza (Grenade), trônant en majesté à l'intérieur d'une sépulture individuelle – elle est aujourd'hui exposée au musée archéologique national de Madrid. Elle a été conservée dans son intégralité avec tout son trousseau composé de vêtements et de pots de terre cuite exclusivement ibériques. À l'intérieur de son trône ont été retrouvés les restes de l'incinération d'une femme d'environ trente ans.

Un corps féminin dissimulé sous de riches ornements

En définitive, ces représentations permettent de situer ces Ibères dans l'imaginaire aristocratique de leur époque. S'est ainsi créé un canon esthétique féminin unique en son genre, reconnaissable à travers l'habillement, la richesse et le volume de l'orfèvrerie d'or et d'argent dont ces femmes sont couvertes, mais aussi la manière dont seul leur visage suggère leur beauté alors que leurs corps restent invisibles, statiques, comme occultés sous les robes, les voiles, les manteaux et les bijoux. Elles ne correspondent donc pas à des personnes réelles mais à la communauté des Ibères tirant profit du commerce des métaux, en particulier de l'argent. Elles appartiennent à une oligarchie bien structurée qui s'est ouverte au trafic en Méditerranée depuis le IVᵉ siècle av. J.-C. et qui fut la première à se montrer à travers des sculptures masculines et féminines de grande taille. Les dames comme la Dame d'Elche sont donc le produit de l'idéalisation de la richesse au féminin et le meilleur exemple de la tradition ibérique.

Sur les supports iconographiques mineurs des IIIᵉ et IIᵉ siècles av. J.-C., typiquement les petits *ex votos* de bronze ou de terre cuite ou les céramiques peintes, se remarquent de jeunes filles ibères coiffées de tresses et portant une ceinture en signe de virginité, ainsi que des femmes qui tissent ou jouent de la flûte. En conséquence, tout ce que l'art ibérique peut apporter comme informations pour compléter les écrits des auteurs grecs et latins est fondamental, parce qu'il développe un langage explicite qui fait surgir le féminin au sein de la société ibérique, même par le biais de métaphores ou dans le cadre idéalisé d'un groupe de femmes. La Dame d'Elche et les dames ibériques en sont les meilleurs exemples. Avec elles se sont formés une tradition, une richesse du féminin et, somme toute, un pouvoir des femmes dans un monde où elles ne pouvaient être considérées individuellement.

Carmen ARANEGUI-GASCÓ
Université de Valence (Espagne)

Pour en savoir plus

Carmen ARANEGUI, *La Dama de Elche. Dónde, cuándo y por qué*, Madrid, Marcial Pons, 2018.

Carmen ARANEGUI, Consuelo MATA et José PÉREZ BALLESTER, *Dames et cavaliers dans la cité ibérique*, L'Harmattan, Paris, 1997.

Marlène A. LLORCA et Pierre ROUILLARD, *La Dame d'Elche, un destin singulier. Essai sur les réceptions d'une statue ibérique*, Essai de la Caza Velázquez, Madrid, 2020.

4. « Victoire l'invaincue » : les prostituées d'un lupanar de Pompéi

(Italie, Ier siècle apr. J. C.)

1. Tout.
2. Heureuse.
3. La Meule.
4. Vraie Victoire.
5. Ici, Victoire l'invaincue.
6. Victoire pour 5 as.
7. Conquérante Victoire.
8. Ici j'ai baisé un grand nombre de filles.
9. Facilis a baisé ici.
10. 17 jours avant les Calendes de Juillet, Hermeros avec Phileterus et Caphisus a baisé ici.
11. Arphocras avec Drauca ont bien baisé ici pour un denier.
12. Quand je suis venu ici, j'ai baisé, et je suis ensuite rentré à la maison.
13. Fortunata suce la queue.
14. Murtis la fellatrice.
15. [X] baise pour 2 as.

Graffitis sur les murs d'un lupanar de Pompéi, entre 72 et 79 apr. J.-C., *Corpus Inscriptionum Latinarum*, volume IV, 1-2, Berlin, 1871-1909 (traduit du latin par Philippe Akar).

Fresque du couloir du rez-de-chaussée du lupanar de Pompéi, partie supérieure du mur sud, entre 72 et 79 apr. J.-C., Musée archéologique national, Naples.

À l'angle de deux rues de la région VII de Pompéi se trouve un bâtiment de deux étages, dégagé par les archéologues en 1862. Au rez-de-chaussée de ce bâtiment, un couloir central mène de part et d'autre à des pièces de tailles variables, comprenant toutes un lit de pierre maçonné. Sur les murs du couloir et des chambres, les archéologues ont découvert, au-dessus du niveau des portes, une série de fresques érotiques, ainsi que cent trente-cinq graffitis, souvent à caractère sexuel. Les lits de pierre, ainsi que les fresques et les graffitis, exécutés entre 72 et 79 apr. J.-C., permettent de conclure que ce bâtiment était un lupanar.

Une mise en scène de l'expertise d'une prostituée ?

Parmi les sept fresques du lupanar, sans doute commandées par le propriétaire de ce lieu, cinq nous montrent un homme et une femme engagés dans une relation sexuelle. Sur l'une des mieux conservées que nous présentons ici, la femme et l'homme, que l'on suppose être une prostituée et son client, font l'amour dans un cadre relativement luxueux, sur un lit de bois aux pieds ouvragés, avec matelas, traversin et draps. Au mur est suspendue une guirlande, reprenant la décoration qui se trouve également sur les murs blancs des chambres du lupanar. La pièce est éclairée par un candélabre qui se trouve à gauche de la fresque.

L'homme couché sur le dos et la femme qui le chevauche font donc l'amour en pleine lumière. La femme se tient les pieds à plat sur le lit, accroupie au-dessus des cuisses de l'homme, donnant l'impression de se tenir en équilibre et de maîtriser la situation. De sa main droite, elle prend appui derrière la nuque de son client, sa main gauche reposant sur sa propre cuisse, de manière à laisser l'homme, qui relève la tête, regarder son entrecuisse au moment de la pénétration qui est imminente.

Cette position dans laquelle la femme domine est représentée sur d'autres fresques de Pompéi, mais aussi sur différents objets produits à cette époque, si bien qu'on peut estimer qu'elle n'est pas spécifique de la prostitution. À cette époque, certains Pompéiens aiment donc l'idée de faire l'amour en pleine lumière, dans une étreinte dirigée par la femme. Contrairement à d'autres images érotiques produites à la même époque en Italie, les fresques du lupanar ne comportent ni relation homosexuelle, ni scène de groupe, ni scène de sexe oral, alors même que ces pratiques sont évoquées dans certains graffitis du lupanar (n° 10, 13 et 14).

Dire le travail, dire le sexe

Certains de ces graffitis ont probablement été écrits par des prostituées du lupanar, qui étaient de statut servile, ou par leur souteneur, notamment ceux ne comprenant qu'un nom féminin, sans doute celui d'une prostituée.

Beaucoup de ces noms ont une consonance grecque ou orientale, et certains ont une signification particulière (n° 1, 2, 3, 4 et 5). Ce sont sans doute des pseudonymes choisis pour vanter les qualités professionnelles de ces prostituées : Panta (Tout) vend « tout » le spectre des relations sexuelles, Victoria (Victoire) et Felicula (Heureuse) conduisent toujours leur client à la jouissance, Mola (la Meule) laisse ses clients épuisés, etc.

D'autres graffitis ont été rédigés par des clients pour signaler leur passage, mais aussi pour exprimer leur satisfaction de leur prestation et de celle des prostituées (n° 5 et 7-9). Certaines d'entre elles semblent très appréciées, comme Victoria (n° 4-7). Des clients apprécient la fellation (n° 13 et 14), pratique pourtant condamnée par les moralistes de cette époque.

Les graffitis trouvés en dehors du lupanar tendent à montrer que les prostituées de Pompéi tarifient à l'acte et non au temps. Les tarifs connus par les graffitis du lupanar varient en fonction de la prestation et de la prostituée, allant de deux as (n° 15) à un denier, ou seize as (n° 11), en passant par cinq as pour Victoria (n° 6). Dans la mesure où, ailleurs à Pompéi, la plupart des tarifs sont compris entre deux et dix as – deux as correspondant au prix d'une coupe de vin –, seize as est un tarif élevé. La prostitution est donc relativement accessible pour des gens de classes moyennes, voire défavorisées. Néanmoins, au rythme de dix à quinze passes par jour, une esclave prostituée peut rapporter un revenu substantiel à son propriétaire, ce qui explique le succès de cette activité.

Philippe Akar
Docteur de l'Université Paris 1 Panthéon-Sorbonne
AnHiMA (UMR 8210)

Pour en savoir plus

Allison Glazebrook, « Prostitution », dans Mark Golden et Peter Toohey (dir.), *A Cultural History of Sexuality in the Classical World*, Oxford-New York, Berg, 2011, p. 145-168.

Sarah Levin-Richardson, *The Brothel of Pompeii. Sex, Class, and Gender at the Margins of Roman Society*, Cambridge, Cambridge University Press, 2019.

Géraldine Puccini-Delbey, *La vie sexuelle à Rome*, Paris, Le Seuil, 2010.

5. Du sang dans la forêt : une défloration imaginaire

(Grèce d'Asie, IIe siècle apr. J.-C.)

[Lycénion] demanda [à Daphnis] de s'asseoir tout près d'elle, tel qu'il était, de lui donner des baisers, les mêmes que ceux qu'il donnait d'habitude, en aussi grand nombre, et pendant qu'il l'embrassait, de l'enlacer et de s'étendre par terre. Lorsqu'il se fut assis, qu'il eut donné les baisers et qu'il se fut étendu, elle se rendit compte qu'il était gorgé de désir et prêt à l'action ; alors, elle le fit se soulever de la position où il se trouvait, étendu sur un côté, elle se glissa sous lui, et elle le guida de tout son art jusqu'au passage qu'il avait tant recherché. À partir de là, elle n'eut rien de spécial à inventer. C'est la nature elle-même qui enseigna à Daphnis ce qu'il lui restait à faire.

Une fois achevée cette éducation érotique, Daphnis, qui avait encore un raisonnement de berger, se préparait à courir au-devant de Chloé, avec l'intention de faire sur-le-champ tout ce qu'il avait appris, comme s'il craignait de l'oublier en tardant trop. Lycénion l'arrêta alors et lui dit : « Il y a encore quelque chose que tu dois savoir, Daphnis. Moi qui suis une femme accomplie, je n'ai ressenti à l'instant aucune douleur. Autrefois, en effet, un autre homme m'a donné cette leçon, et son salaire fut ma virginité. Lorsque Chloé se battra de la sorte avec toi, elle criera, elle pleurera et elle sera étendue dans une mare de sang comme si on l'avait assassinée. Toi, il ne faut pas que le sang te fasse peur, mais lorsque tu l'auras convaincue de s'offrir à toi, conduis-la à cet endroit : ici, si elle crie, personne ne l'entendra, si elle pleure, personne ne la verra, si elle saigne, elle pourra se laver à la source. Et souviens-toi bien que c'est moi qui ai fait de toi un homme avant Chloé. »

Après lui avoir prodigué ces conseils, Lycénion se dirigea vers une autre partie de la forêt, comme si elle était encore à la recherche de son oie. De son côté, Daphnis commença à réfléchir au sens de ces paroles : il avait abandonné son impulsion initiale, car il hésitait à importuner Chloé en lui réclamant davantage qu'un baiser et une étreinte, et il ne voulait ni la faire crier, comme elle le ferait devant un ennemi, ni la faire pleurer, comme si elle était malade, ni la faire saigner, comme si on l'avait tuée. C'était un novice et il craignait le sang, pensant qu'il ne pouvait venir que d'une blessure.

Longus, *Daphnis et Chloé*, III, 18-20
(traduit du grec ancien par Romain BRETHES,
légèrement modifié par Sophie LALANNE).

Un roman d'amour « à la grecque »

Le roman *Daphnis et Chloé* fait partie des tout premiers romans connus. Il est daté de la deuxième moitié du IIe siècle apr. J.-C. et a été composé par Longus, un Grec originaire sans doute de la province romaine d'Asie. Daphnis est un gardien de chèvres qui vit avec ses parents dans une riche propriété de l'île de Lesbos. Beau jeune homme, il est amoureux de Chloé, une jolie bergère avec qui il a été élevé depuis sa plus tendre enfance. Quand vient le printemps, ils aimeraient faire l'amour ensemble mais ne savent comment s'y prendre, en dépit du spectacle des animaux qui s'accouplent sous leurs yeux.

La jeune épouse d'un vieux voisin, Lycénion, comprenant quel profit elle peut tirer de cette situation, attire Daphnis dans un bois et lui montre comment s'y prendre. Mais lorsque, enthousiasmé par ce qui vient de lui être révélé, celui-ci s'élance pour l'enseigner à son tour à Chloé, Lycénion lui explique par quels tourments une vierge doit passer pour être déflorée. Cette révélation donnera à Daphnis la patience d'attendre le mariage, à la toute fin du roman, et donc l'institutionnalisation de son amour. Elle lui donnera aussi un pouvoir sur Chloé, le pouvoir de celui qui détient la connaissance, puisqu'il est dit à plusieurs reprises que la défloration est une éducation érotique (*érôtikè paidagôgia*), et qu'elle constitue en cela un tournant dans le roman qui, jusque-là, donnait la prédominance à la jeune fille, plus éveillée et plus audacieuse.

La douleur de la défloration qu'indiquent la lutte et les cris ainsi que la « mare de sang » évoquant un assassinat sont ici décrites dans leur réalité la plus crue et avec une certaine complaisance coutumière aux romanciers de l'Antiquité. Jacques Amyot ne s'y était pas trompé en supprimant l'ensemble de ce paragraphe dans sa première traduction en français datée de 1559. La précision quasi clinique de la description que fait Lycénion a de quoi surprendre chez une simple gardienne d'oies et se révèle tout à fait exceptionnelle dans un texte de l'Antiquité. Deux éléments méritent ici une attention particulière, le tableau clinique de la défloration et l'image saisissante du sang versé.

Les médecins grecs et la défloration des jeunes filles

Les médecins de l'Antiquité, et parmi eux les médecins de l'école d'Hippocrate de Cos (Ve siècle av. J.-C.), étaient divisés sur la question de l'existence d'un hymen, qu'ils imaginaient comme séparant le vagin en deux parties. Le plus souvent, l'ouverture de celui-ci était imaginé comme un sceau à briser ou comme la bouche d'une jarre renversée à percer, la défloration entraînant une hémorragie du sang contenu dans l'utérus et descendu dans le vagin à la puberté. L'essentiel du débat dans lequel Soranos d'Éphèse, grand médecin grec du IIe siècle apr. J.-C., prit fermement position contre les Hippocratiques consistait à savoir s'il était bon, en vue de la procréation (et non pas de la santé des jeunes filles), de les marier avant leurs premières règles (*ménarchè*) ou après celles-ci. Pour Hippocrate en effet, les jeunes filles devaient être mariées au plus tôt, le coït, la grossesse et l'accouchement permettant de délester et purger leur matrice. Dans cette pensée, la puberté était pour les filles une période de la vie socialement définie que venait clore en quelque sorte, et non pas inaugurer, la *ménarchè*, et la défloration apparaissait comme un remède, équivalant à une saignée. En revanche, le *Traité sur les maladies des femmes* de Soranos fit beaucoup progresser la connaissance de la physiologie féminine, au point que ce médecin est reconnu aujourd'hui encore comme un des fondateurs de la gynécologie et de l'obstétrique.

Longus et le sang des femmes

Les explications de Lycénion sont donc un condensé de croyances populaires, d'expériences vécues par les femmes et de connaissances médicales tirées de lectures et de conférences savantes dont pouvait bénéficier un homme lettré comme Longus. Outre la remarquable solidarité féminine dont témoigne ce plaidoyer de Lycénion en faveur de Chloé, on y reconnaît l'influence d'une école médicale en vogue au IIe siècle dans l'Empire romain, celle des « jeunes méthodistes » – la médecine était alors encore essentiellement grecque.

Ainsi, le sang, à la fois impur et source de vie, tantôt réservé aux hommes lorsqu'il s'agit de le verser (à la guerre, à la chasse, dans le sacrifice et dans la tragédie) et intimement lié au sort des femmes lorsqu'il s'écoule, apparaît ici comme chargé d'une grande force symbolique que la médecine essaie de le canaliser sans vraiment y parvenir.

Sophie LALANNE
Université Paris 1 Panthéon-Sorbonne
AnHiMA (UMR 8210)

Pour en savoir plus

Lydie BODIOU et Véronique MEHL (dir.), *L'Antiquité écarlate : le sang des Anciens*, Rennes, Presses universitaires, 2017.

Lesley DEAN-JONES, *Women's Body in Classical Greek Science*, Oxford, Clarendon Press, 1994.

Helen KING, *Hippocrates' Women. Reading the Female Body in Ancient Greece*, Londres-New York, Routledge, 1998.

Nicole LORAUX, *Façons tragiques de tuer une femme*, Paris, Hachette, 1985.

6. Quand l'impuissance du mari maintient la virginité de l'épouse

(Espagne, XVe siècle)

Le 16 janvier 1433 : extraits de l'interrogatoire d'Inès de Calamocha requérant auprès de l'official ecclésiastique de Saragosse la nullité de son mariage avec Jean Brun.
- Interrogée si durant le temps qu'ils ont vécu ensemble ils dormirent ensemble dans un lit, elle répondit que oui
- Interrogée si [Jean] l'a connu charnellement elle répondit que non.
- Interrogée s'il essayait de la posséder charnellement, elle répondit que oui.
- Interrogée sur comment il ne l'a pas connue charnellement, elle répondit parce qu'elle croyait qu'il n'était pas puissant (*potent*) parce que jamais avec la verge il ne la passa (*la passo*) bien. Mais c'est vrai qu'avec les doigts il essayait de l'ouvrir et la palpait de partout, mais que quand il la touchait avec les doigts elle ne voulait pas y consentir.
- Interrogée s'il a essayé ailleurs, elle répondit que oui, sur des bancs et en d'autres lieux et qu'elle acceptait et souffrait mais que jamais il ne l'a passé ni connu charnellement.
- Interrogée sur quel âge elle a, ladite Ines répondit et dit qu'à la Saint Vincent elle aura 11 ans.
- Interrogée si ledit Jean lui faisait bonne vie et la traitait bien elle répondit et dit que non, il la frappait et lui donnait des coups de poing ainsi qu'à sa mère laquelle vivait aussi avec ledit Jean Brun [...]
- Interrogée si ledit Jean l'embrassait, elle répondit et dit que non jamais il lui montrait bonne figure sauf de rares fois au lit où il semblait l'embrasser mais voyant qu'il ne lui faisait pas bonne figure, elle non plus [...]
- Interrogée si elle est encore vierge ou non corrompue ladite Ines répondit et dit que oui qu'elle était encore vierge. [...]

Le 26 février 1433 : comparution des quatre commères et matrones qui ont examiné Inès à la demande du juge et déclarent :
Elles avaient vu et diligemment reconnu ladite Inès, l'ont lavé avec de l'eau chaude entre les jambes et en sa nature, laquelle était vierge sans corruption aucune telle qu'au jour où elle est sortie du ventre de sa mère et que la chair autour et près de la vulve (*vulva*) et du petit con (*conyco*) était aussi fraîche et rouge qu'une écarlate et non tuméfiée ni modifiée en couleur sinon de la couleur qui est celle de toute chair vierge en pareil endroit. Et elles ajoutent en vertu du serment prêté qu'elle a un petit con lisse et joli, qu'elles n'y ont pas vu ni deviné un seul poil pas plus que dans la paume de la main, mais brun et lisse.

Archives diocésaines de Saragosse, 1432-1434,
Causes civiles, A-10-18
(traduit de l'espagnol par Martine CHARAGEAT).

La femme enfant et le teinturier impuissant

Inès de Calamocha est une fillette aragonaise qui n'a pas encore atteint son onzième anniversaire lorsqu'elle tente, au début de l'année 1433, de se débarrasser d'un mari que sa mère lui a fait épouser de force l'année précédente – beaucoup de fillettes sont mariées avant d'avoir atteint l'âge de la majorité, fixé en droit canonique à douze ans pour les filles et quatorze ans pour les garçons. Pour obtenir gain de cause, elle s'adresse au tribunal de l'archevêque de Saragosse. Par la voix de son procureur, Inès requiert du juge ecclésiastique qu'il prononce la nullité de son mariage avec Jean Brun, teinturier de son métier. Le fait qu'Inès était mineure au moment du mariage et l'impuissance de son époux constatée après les noces constituent deux arguments de poids en sa faveur. Toutefois, Inès, du haut de ses dix ans, doit prouver qu'elle n'est, en aucune manière, devenue l'épouse légitime de Jean Brun durant leur cohabitation. Cela passe par l'expertise de son corps et la preuve que sa virginité est toujours intacte au moment où le procès a lieu.

Le juge et la « séparation » des corps

Avant d'entrer dans les détails de l'hypercorporéisation des filles dans les procédures, il convient de contextualiser l'affaire en lien avec la norme canonique à laquelle les juges ecclésiastiques doivent se référer. Le tribunal de l'officialité de Saragosse est présidé par l'official qui instruit de nombreux procès, notamment les causes civiles matrimoniales. Il peut être requis pour obliger un individu à respecter une promesse de mariage ou un engagement déjà contracté, ou pour séparer des conjoints en leur accordant une sentence de divorce dans le respect des motifs admis en droit canonique (sévices, adultère, fornication, hérésie). L'official procède parfois à la reconnaissance en nullité d'un mariage s'il s'avère que des empêchements dirimants existent (bigamie, impuissance). Dans le cas d'un divorce, les conjoints ne sont pas autorisés à se remarier parce que le lien matrimonial n'est pas défait pour autant, à l'inverse des effets produits par les causes de nullité. Celles-ci établissent que le mariage n'a jamais existé en dépit des rites accomplis (messe, échange de baiser et d'anneaux). L'official déclare l'union « nulle et sans efficace ». Les protagonistes sont autorisés à se marier avec la personne de leur choix. Cela nous amène à comprendre pourquoi Inès de Calamocha fait valoir que Jean est impuissant, dans le but d'obtenir la reconnaissance en nullité de leur mariage.

Inspecter le corps féminin et prouver l'impuissance maritale

Les textes présentés sont extraits de deux étapes fondamentales du procès, destinées à prouver que Jean n'a pas pu consommer charnellement son mariage avec Inès depuis la date de leur union. Or, la consommation charnelle est l'acte qui transforme tout mariage légal en sacrement indissoluble. Lors de son interrogatoire, Inès décrit au juge, de façon très explicite, l'incapacité de Jean à la connaître charnellement. Les seuls contacts de nature sexuelle ont été digitaux, brutaux et sans grand succès. Il n'a pas réussi à la « passer » !

Mais il ne suffit pas qu'Inès le clame haut et fort devant l'official. Ce dernier a recours à l'expertise de quatre matrones, pour un examen qui confirme qu'Inès n'a jamais été pénétrée par un sexe d'homme. Elle n'est pas corrompue, l'organe génital observé est lisse et rouge comme il convient à une jeune fille vierge. Plus encore, les commères sous serment glissent une information importante : le sexe d'Inès n'est pas recouvert de poils pubiens. Cela signifie que la fillette n'est pas nubile, suggérant qu'elle n'est pas physiquement apte au mariage elle non plus.

On découvre également, lors de l'interrogatoire d'Inès, que Jean est physiquement violent contre elle et contre sa mère. Il s'agit d'un autre argument de poids pour convaincre le juge de la libérer de ce mari. Il est maltraitant et sexuellement incapable de faire d'elle une épouse et une future mère !

Martine Charageat
Université Bordeaux Montaigne
Ausonius (UMR 5607)

Pour en savoir plus

Martine Charageat *La délinquance matrimoniale. Couples en conflit et justice en Aragon (xve-xvie siècle)*, Paris, Éditions de la Sorbonne, 2011.

Martine Charageat, « *Ubi est impotencia non est matrimonium*. Des experts aux femmes d'expérience à l'officialité de Saragosse au xve siècle », dans *Experts et expertise au Moyen Âge. Consilium quaeritur a perito* (Actes du 42e congrès de la SHMESP), Paris, Éditions de la Sorbonne, 2012, p. 175-189.

Michel Rouche (dir.), *Mariage et sexualité au Moyen Âge. Accord ou crise ?*, Paris, Presses de l'Université Paris-Sorbonne, 2000.

7. Le contrôle de la prostitution dans le Midi toulousain

(France, XVe-XVIe siècle)

Charles, par la grâce de Dieu, roi de France, au juge du Lauragais ou à son lieutenant, salut. Les consuls de la ville de Castelnaudary nous ont informé que la ville est assez grande et peuplée, qu'il y afflue ou demeure de nombreux jeunes hommes et serviteurs célibataires et [que la ville] est dépourvue de femmes ou fillettes publiques ; du moins, celles d'entre elles qui y résident ne disposent pas d'hôtel ou de maison dédiée dans laquelle elles doivent être trouvées et y demeurer, séparées des gens honnêtes, comme cela existe dans les villes bien administrées qui sont habituées à régler les problèmes de souillures, de tapages et autres choses inconvenantes. C'est la raison pour laquelle les exposants ont délibéré et décidé de faire construire et édifier à leurs frais un hôtel hors de la ville, séparé des gens honnêtes qui sera appelé le bordel et dans lequel demeureront et seront trouvées lesdites fillettes. Nous accordons donc aux dits exposants de le réaliser, leur donnant permission et licence ainsi qu'ils l'ont humblement requis. C'est pourquoi, selon les choses considérées ci-dessus et pour éviter les dits tapages et choses inconvenantes, [...] nous vous demandons d'élire et de choisir une place ou lieu convenable pour permettre et autoriser de notre part auxdits requérants de faire édifier à leurs frais hors de ladite ville, en place convenable, l'hôtel appelé bordel pour la raison mentionnée ci-dessus et d'y placer et d'y faire demeurer ces fillettes ou femmes publiques et de les exclure ou chasser hors de ladite ville à l'abri des regards des habitants.

Archives municipales de Castelnaudary, FF 21,
19 novembre 1445 (modernisé par Agathe Roby).

Parce que les habits des femmes publiques et leur fréquentation par les autres femmes sont scandaleux et pourraient être cause de mauvais exemples pour les pauvres filles, nous interdisons et défendons aux femmes publiques demeurant et faisant leur résidence au lieu public appelé Château Vert dans cette ville de ne porter aucun vêtement ni autres habits de soie, de n'avoir de contacts avec les autres femmes ou filles et de ne vaquer par les rues sous peine du fouet. Quant aux autres lubriques, de mauvaises vies, et cantonnières usant de telle malice en ladite ville, faubourgs et aux environs, aux maquereaux et maquerelles qui sont cause de la ruine de plusieurs pauvres filles et femmes, [nous ordonnons] de cesser leur mauvaise et méchante vie, le tout sous peine d'être fouettés et d'être bannis et bannies de la ville et viguerie de Toulouse.

Archives municipales de Toulouse, AA 17, acte n° 57,
11 avril 1534 (modernisé par Agathe Roby).

Ces extraits présentent les raisons et le détail du contrôle public de la prostitution à la fin du Moyen Âge dans le Midi toulousain. Ils sont conservés aux archives municipales de Castelnaudary et de Toulouse. Le premier document est une lettre du 19 novembre 1445 du roi de France Charles VI (1380-1422) au juge du Lauragais pour le sommer de trouver une place pour installer la maison de prostitution hors les murs de Castelnaudary. Le second texte est un extrait de règlement, daté du 11 avril 1534, conservé dans un cartulaire toulousain entre 1488 et 1556. Il comprend des règles allant de la location des maisons à la gestion du blasphème.

Réguler la prostitution pour l'endiguer

« Régler les problèmes de souillures, de tapages et autres choses inconvenantes » : les raisons évoquées pour justifier la présence d'un bordel public sont liées au maintien d'un ordre public et moral en milieu urbain. À partir du XIIIe siècle, l'essor déjà bien entamé des villes occidentales entraîne l'afflux « de nombreux jeunes hommes » souvent célibataires, venus chercher un travail dans les villes du Midi. Alors que l'âge du mariage se fait de plus en plus tardif à la fin du Moyen Âge, le besoin de sexualité masculine juvénile, considéré comme naturel, se doit d'être encadré afin d'en limiter les impacts sur l'ordre urbain. C'est en ce sens que les maisons de prostitution sont instaurées par les municipalités dans l'ensemble du Midi toulousain, dès la seconde moitié du XIVe siècle avec l'accord, comme en atteste la lettre de Charles VI, de la royauté mais aussi l'aval de l'Église. Cette politique d'encadrement de la prostitution s'accompagne d'une répression, de plus en plus forte, particulièrement au XVIe siècle, de la prostitution illicite. Maquereaux, femmes lubriques, cantonnières sont exclues régulièrement des villes, soumises à des peines infamantes destinées à les bannir autant matériellement que moralement de la communauté urbaine.

Un fonctionnement propre aux villes consulaires

L'encadrement public de la prostitution est spécifique à certaines zones de l'Europe occidentale. Il est plus fort là où les villes sont régies par le modèle de droit romain du consulat. C'est le cas de l'Italie, du nord de l'Espagne, de la Germanie et du sud du royaume de France. La chronologie est, à quelques décennies près, similaire : des prémisses d'encadrement au XIIIe et début du XIVe siècle puis un encadrement municipal allant croissant jusqu'à une fin rapide au XVIe siècle qui voit, partout en Europe, un resserrement des mœurs s'opérer sous la pression de la réforme et de la contre-Réforme.

Les documents détaillent les modalités de ce contrôle : les femmes publiques ne peuvent vaquer seules hors du bordel public, sous peine d'amende ou de châtiments corporels. Un tenancier ou une tenancière s'assure de la bonne tenue du bordel public. Ils peuvent prendre plusieurs noms : à Castelnaudary il est simplement nommé lupanar ; à Toulouse, le Château vert succède à la Grande Abbaye.

Femmes publiques, femmes honnêtes

Au-delà de l'organisation pratique, cette gestion de la prostitution révèle une certaine conception de l'ordre moral et urbain. Si la prostitution est conçue comme une activité tolérée, les femmes qui s'y adonnent n'en reste pas moins exclues de la communauté urbaine. Assignées à résidence, leur accoutrement est strictement contrôlé dans l'optique qu'elles ne soient pas confondues avec des femmes honnêtes ou pire, des bourgeoises. Des villes vont même dans leur règlement jusqu'à leur interdire de toucher de la nourriture lors des marchés. Cette logique de contamination des femmes honnêtes par les femmes de vie dissolue est confirmée par la structure même des maisons de prostitution. Généralement placées vers l'enceinte de la ville, elles sont situées dans des endroits discrets, avec serrures, barreaux et murs suffisamment hauts pour que ce qu'il se passe au bordel ne déborde pas dans le reste de la ville.

Agathe Roby
Université de Toulouse II-Le Mirail
FRAMESPA (UMR 6136)

Pour en savoir plus

Ruth Mazo Karras, *Common Women: Prostitution and Sexuality in Medieval England*, New York, Oxford University Press, 1996.

Leah Otis-Cour, *Prostitution in Medieval Society: The History of an Urban Institution in Languedoc*, Chicago-Londres, University of Chicago, 1985.

Agathe Roby, *La prostitution au Moyen Âge. Le commerce charnel en Midi toulousain du XIIIe au XVIe siècle*, Toulouse, Éditions Loubatières, 2021.

Jacques Rossiaud, *Amours vénales : la prostitution en Occident, XIIe-XVIe siècle*, Paris, Aubier, 2010.

8. Acquérir la maîtrise de son corps par une vie pieuse

(Saint Empire, XVIIe siècle)

La neuvième vertu des jeunes filles disciplinées est la discipline et l'honnêteté de leur apparence qui leur permettent de contrôler de manière polie et honnête les mouvements de leur corps, les impressions que donnent leurs membres et leurs sens. Ainsi, de leur bouche ne sort aucun mauvais son, qu'il s'agisse de paroles inutiles, de rires, d'impatience ou de colère. Elles parlent avec douceur, avec un visage adorable ou amical. Elles parlent avec sagesse et prudence, attendent le moment opportun et tant qu'un autre a la parole, elles ne l'interrompent pas. Elles ne font pas usage de trop de mots quand cela n'est pas nécessaire et elles ne disent rien qu'elles n'aient pas pesé avec soin auparavant. Leurs discours ne sont ni ampoulés, ni pleins de colère, mais doux et bons ; elles ne sont ni trop bavardes, ni obtuses dans leurs opinions. Et tout ce qu'elles disent est bon et saint, fait honneur à Dieu et engage l'esprit à aimer et louer Dieu tout en suivant cet avertissement de saint Paul : que ne sortent de vos bouches aucune parole mauvaise, mais uniquement des paroles qui œuvrent pour l'affermissement de la foi et contiennent un enseignement et octroient la grâce à ceux qui écoutent. [...] Elles règnent avec sagesse sur leurs cinq sens, afin que le feu de leur désir mauvais ne monte pas jusqu'à leur cœur. Elles dirigent leurs yeux vers la terre et songent qu'elles y seront enterrées ou les lèvent au ciel où séjournent leur époux et ceux qu'il a élus et qu'elles désirent rejoindre. Elles éloignent leurs oreilles de tout ce qui pourrait les détourner de Dieu. Lorsqu'elles se trouvent à table avec d'autres, elles ne s'attardent pas à manger et à boire, elles ne saisissent pas non plus les meilleures bouchées, elles n'emplissent pas leurs joues comme les singes, et ne poussent pas la nourriture dans leur gueule avec leurs doigts.
Enfin, parce qu'elles savent que la charogne de leur corps puant sera dans peu de temps jetée aux vers, elles se font confectionner des tenues simples et modestes, ne désirent ainsi pas plaire aux humains, mais à leur époux Jésus Christ et elles font en sorte qu'on ne voie dans tous leurs gestes et dans leur corps rien qui puisse agacer, qui puissent laisser penser qu'elles ne sont pas comme les autres, mais elles s'efforcent d'être un exemple pour les autres.

Matthäus TYMPE, *Lustgarten der Jungfrauwen oder sechsvndzwetzig Paradeiszgaertlin vnd Predigten*, Münster, Raßfeldt, 1611, p. 212-214
(traduit de l'allemand par Stéphanie CHAPUIS-DESPRÉS).

Un sermon catholique moraliste

Matthäus Tympe (1566-1616) est un théologien catholique qui a occupé les fonctions d'enseignant de lycée, de traducteur et de prédicateur à Münster, Cologne, Juliers puis Osnabrück. Il a publié des sermons funèbres et de nombreux ouvrages de théologie et de morale en latin et en allemand – environ quatre-vingts publications – dans lesquels il prône la lutte contre les péchés de la chair. L'éducation des jeunes gens tient une place essentielle dans les écrits de cet enseignant.

L'ouvrage dont est tiré cet extrait se compose d'une série de sermons adressés aux jeunes filles, et plus particulièrement à celles qui voudraient entrer dans les ordres. Conservé aujourd'hui dans quelques bibliothèques comme la Herzog-August-Bibliothek (Wolfenbüttel), la bibliothèque universitaire d'Augsbourg ou celle de Strasbourg, l'ouvrage est publié pour la première fois en 1611 dans un contexte de confessionnalisation du Saint-Empire. On assiste alors à la multiplication des ouvrages à destination de la jeunesse, enjeu confessionnel de premier ordre. Tympe tente d'élever les jeunes filles des classes supérieures de la société vers un idéal comportemental qui confine à la sainteté. La série d'injonctions déroulées dans cet extrait permet de dessiner le portrait de la jeune fille catholique idéale, détachée de ses désirs et de ses besoins corporels, effacée en société et dont la seule préoccupation est la vie pieuse.

Contrôler le corps de la tête aux pieds

Cet extrait démontre une volonté de contrôler le corps des jeunes filles dans sa totalité. Ici, il ne s'agit pas d'un contrôle de type coercitif, mais davantage d'une éducation à la maîtrise de soi. La géographie corporelle de l'éducation de la jeune fille a comme lieu central le visage : après la surveillance étroite de la bouche, l'auteur en appelle ensuite à une attention particulière portée aux yeux, lieux de la concupiscence depuis saint Augustin et dont les mouvements doivent être impérativement contrôlés. Tournés vers le ciel pour signifier la piété, vers la terre pour exprimer l'humilité, ils doivent surtout être immobiles et ne pas exprimer de vives émotions. Le but de cette discipline de soi, visible dans une sémiotique corporelle précise, est de mettre à distance la bête en chaque homme (et en chaque femme) pour atteindre un idéal de piété.

L'idéal religieux dans la vie mondaine

L'ouvrage de Tympe, comme d'autres ouvrages du même type, tel celui de Bernard Dörhoff (*Spiegel der Jungfrawen und Witwen*, 1627), s'adresse aux jeunes filles des couches supérieures de la société qui doivent parfaire leur éducation, mais aussi à celles qui veulent devenir religieuses. Cette double adresse illustre la tentative de ces auteurs de faire advenir le royaume de Dieu sur terre, ou du moins une société pieuse qui respecterait les principes de leur confession. Ainsi, les paroles dévotes, les attitudes de prière qui impliquent le silence et des regards significatifs, le refus des plaisirs terrestres liés au désir charnel mais aussi à la nourriture pour favoriser une forme d'ascèse monastique, composent un idéal religieux transposé dans la vie mondaine, quand bien même les jeunes filles seraient destinées à prendre la place d'épouses et de mères dans la société.

Le corps des jeunes filles : un enjeu confessionnel

Dans la bataille confessionnelle qui se livre dans le Saint-Empire romain germanique au début du XVIIe siècle, le corps des jeunes filles est devenu un enjeu. Cet extrait est significatif d'une recherche de l'affermissement de la foi en construisant ce qui deviendra des stéréotypes de genre. Les injonctions des représentants de l'autorité ecclésiastique varient en fonction de leur confession. Chez les catholiques, on peut lire une détestation du corps et de ses bas instincts animaux ainsi que la volonté de préserver la virginité et la chasteté à tout prix, parfois jusqu'à l'enfermement physique des jeunes filles, comme chez le jésuite Christoph Ott (*Hoche Schuel der lieben Eltern*, 1657). Si la virginité joue également un rôle important chez les protestants, la littérature sur le sujet est moins vaste et moins virulente pour se concentrer sur les rôles féminins d'épouse et de mère.

Stéphanie CHAPUIS-DESPRÉS
Université Paris Cité
ICT (UR 337)

Pour en savoir plus

Sébastien JAHAN, *Les Renaissances du corps en Occident (1450-1650)*, Paris, Belin, 2004.

Catherine MAURER et Catherine VINCENT (dir.), *La coexistence confessionnelle en France et en Europe germanique et orientale du Moyen Âge à nos jours*, Lyon, Laboratoire de recherche historique Rhône-Alpes, 2015.

Heide WUNDER, « *Er ist die Sonn', sie ist der Mond* ». *Frauen in der Frühen Neuzeit*, Munich, Beck, 1992.

9. De l'Affaire des poisons à la répression des avortements clandestins

(France, XVIIe siècle)

Interrogatoire de Catherine Lepère, sage-femme, le 27 mai 1679 au Château de Vincennes :
Si elle n'a pas un secret pour faire vider les femmes ou les filles qui sont enceintes ?
Oui : ce n'est que de l'eau, et le tout consiste en la manière de seringuer.
Jusqu'à quel temps de la grossesse cela peut réussir ?
C'est en tout temps, et quand ce sont des *personnes* de qualité, on doit conserver leur honneur et ne rien publier. Pourvu qu'elle ait senti remuer l'enfant auparavant que de se servir de son remède, elle le fait venir au monde et le baptise. Elle le porte elle-même dans une boîte au fossoyeur, à qui elle donne une pièce de trente sols, pour les mettre dans un coin du cimetière, ce qu'il fait sans en parler au curé, au vicaire, ni à personne. Elle en a fait enterrer de la sorte à Saint-Innocent et à Saint-Joseph. Elle en a fait accoucher une chez la Voisin qui était grosse de quatre ou cinq mois [...] ; son mari la devait faire entrer dans une religion, comme il fit le lendemain, sans savoir que sa femme fût enceinte ; et elle ne voulant pas y entrer dans cet état, vint chez la Voisin, qui l'envoya quérir [...] et le soir même la dame s'en retourna chez elle après qu'elle lui eut vidé quelque chose sur le sein pour empêcher le lait de monter [...].
Où elle a fait vider les autres personnes, filles et femmes, qui se sont adressées à elle pour cet effet ?
Chez elle, et c'étaient celles que la Voisin elle-même lui amenait, et était présente lorsqu'elle les touchait [...]. Et lorsqu'elles rentraient chez elles, la Voisin lui disait d'abord que le marché était fait et qu'elles ne voulaient donner que tant [...] ; il y environ sept ou huit ans, le mari de la Voisin la conduisit chez une fille ou femme, dans une grande maison, au fond d'un jardin, quelque part près de la rue du Temple, le soir, à minuit, pour la faire vider ; elle était grosse de trois mois et demi au plus ; [...] après qu'elle l'eut touchée, les eaux vinrent tout à coup, et l'enfant se présenta par les pieds, et elle l'ondoya par les pieds mêmes ; ensuite de quoi la femme ou la fille quitta le jardin et s'en alla dans sa chambre, où elle Lepère ne monta point, mais emporta l'enfant dans un mouchoir, et un homme qui était dans le jardin et qui l'avait introduite, le tenant par la basque, lui dit de le faire enterrer au pied d'une croix, et qu'il ferait chanter une messe à son intention [...].

Archives de la Bastille : Document inédits (1663-1679), t. 5,
Félix RAVAISSON-MOLLIEN (éd.), Paris,
Durand et Pedone-Lauriel, 1866, p. 379.

Les archives de la Bastille : de l'affaire des poisons aux avortements

Les années 1670 sont marquées par plusieurs affaires d'empoisonnement qui font scandale, si bien qu'en avril 1679 Louis XIV crée une cour de justice extraordinaire, la Chambre ardente, pour juger ces crimes jusqu'en 1682 : ce moment exceptionnel de la répression sera appelé l'affaire des poisons. Plusieurs centaines de personnes sont arrêtées, interrogées et plusieurs dizaines sont condamnées à mort. Ce ne sont pas seulement des empoisonneurs qui figurent dans le viseur de cette répression, mais aussi les détenteurs de savoirs clandestins, de l'empoisonnement à l'avortement en passant par le charlatanisme.

En janvier 1679, Catherine Deshayes, plus connue sous le nom de la Voisin, est dénoncée. Chiromancienne, elle est accusée d'empoisonnements mais aussi d'avortements, qu'elle procure directement en donnant des remèdes ou en collaboration avec des sage-femmes, comme Catherine Lepère. Sage-femme jurée, ayant prêté serment (le fait de refuser de prodiguer des avortements fait d'ailleurs parfois partie du serment), cette dernière est arrêtée le 18 mars 1679. Comme d'autres, les deux femmes sont condamnées à mort et exécutées. En dehors de quelques procès très marginaux, c'est la première fois que la répression s'intéresse à celles et ceux qui détiennent ces savoirs clandestins.

Avorter à Paris au XVIIe siècle

Interrogée à plusieurs reprises par le lieutenant de police, Catherine Lepère révèle les avortements qu'elle a pratiqués, aussi bien sur des femmes modestes que sur des femmes issues de la haute noblesse. La préservation du secret et de l'anonymat des avortantes est un enjeu important de sa pratique puisqu'il s'agit souvent de grossesses illégitimes, mais aussi parce que l'avortement volontaire est considéré comme un homicide et les femmes qui avortent sont susceptibles d'être condamnées à mort.

Si le terme « avortement » existe, il reste cantonné aux discours savants. Dans la pratique, on utilise plutôt des périphrases qui décrivent le processus tel qu'il est perçu : « défaire le fruit », « vider la matrice ». Ces interrogatoires témoignent des premiers avortements chirurgicaux pratiqués en France à l'Époque moderne. Contrairement aux potions, cette technique est très efficace à n'importe quel terme : la sage-femme injecte de l'eau dans le col de l'utérus, afin de provoquer un accouchement prématuré en perçant la poche des eaux.

S'il s'agit d'une pratique condamnée par l'Église catholique – la bulle *Sedes Apostolica* de 1591 affirme que l'avortement est un homicide –, de nombreux gestes témoignent de la volonté de remplir les impératifs spirituels concernant ces avortons : Catherine Lepère ondoie ainsi les fœtus issus des avortements qu'elle pratique, c'est-à-dire qu'elle leur confère un baptême de substitution précipité afin d'assurer le salut de leur âme. L'Église lui reconnaît la même valeur que le baptême. De même, alors que les fœtus issus d'avortement ne peuvent être enterrés officiellement en terre consacrée, la sage-femme parvient à leur pourvoir une sépulture en s'arrangeant avec un fossoyeur.

Laura TATOUEIX
Archives nationales
CeTHiS (Tours)

Pour en savoir plus

Jacques GÉLIS, *La sage-femme ou le médecin, une nouvelle conception de la vie*, Paris, Fayard, 1988.

Arlette LEBIGRE, *1679-1682, L'affaire des poisons*, Paris, Éditions Complexe, 2001.

Laura TATOUEIX, *Défaire son fruit. Une histoire sociale de l'avortement en France à l'époque moderne*, Paris, EHESS, 2024.

10. Spectacle et prostitution féminine dans le Paris de 1791

(France, XVIIIe siècle)

Interrogatoire de Louise Maurice, 16 ans, native de Sedan, blanchisseuse, demeurant rue du faubourg Saint-Martin, chez sa mère :

« On lui a demandé depuis combien de temps elle est avec le prétendu sauvage. Elle a répondu qu'il y a environ un mois. On lui a demandé comment il se nomme. Elle a répondu qu'il se nomme Constant Amien coiffeur [...] et qu'elle en gagnait trois livres par jour, nourrie et logée [...] que la femme Constant est de la Franche-Comté, que sa mère est en maison à Charenton, qu'elle connaissait ladite Constant avant qu'elle ne fût mariée ; qu'elle a continué à voir la dite femme Constant, qui l'ayant engagée à venir avec elle, elle y a consenti, et qu'elle a dit à sa mère de concert avec la femme Constant et de son conseil qu'elle passerait pour être en maison comme gouvernante d'enfants [...]. On lui a demandé, comme elle se faisait passer pour sauvage devant le public et qu'elle n'était censée être instruite des mœurs françaises, elle ne s'est pas livrée avec ledit Constant en présence des spectateurs à des obscénités contraires à la décence et aux mœurs. Elle a répondu que la femme Constant proposait d'abord aux spectateurs de voir manger des cailloux par le sauvage et qu'ensuite elle proposait de la voir toute nue, ainsi que le dit Constant, et [..], aux spectateurs, de les voir jouir ensemble comme sauvages qui ne connaissent pas les mœurs de l'Europe. À ces dernières offres, [une] partie desdits spectateurs se retiraient et les autres restaient. Alors, ladite femme Constant disait que c'était un prix différent et qu'elle ne pouvait procurer ce spectacle s'ils ne payaient chacun six livres. On lui demandé si la femme Constant retirait beaucoup de ce commerce. Elle a répondu qu'elle a fait hier seize louis et qu'elle en avait déjà fait quatre aujourd'hui. On lui a demandé s'il se passait autres choses dans cette boutique. Elle a répondu que quelquefois les spectateurs faisaient eux-mêmes des vilenies. On lui a demandé si avant que de s'attacher avec ladite femme Constant elle s'était livré au libertinage. Elle a répondu [...] que depuis qu'elle est avec ledit Constant et sa femme elle a été d'abord sollicitée par lui et qu'ensuite sa femme a déclaré qu'elle consentait parfaitement à ce que son mari se livrât avec elle [*sic*], pourvu qu'elle ne fît point d'amoureux et qu'il lui vint de l'argent et que lui Constant lui fit entendre que pour se livrer publiquement devant les spectateurs, il avait la permission de la ville et du maire ».

Archives de la préfecture de police, AA 91, procès-verbal du 11 avril 1791 (section du Palais-Royal), (modernisé par Vincent Denis).

En 1791, à Paris, au début de la Révolution française, au cœur du complexe commercial du Palais-Royal, aussi épicentre de la prostitution dans la capitale, la police arrête les acteurs d'un spectacle pornographique avant l'heure, dont la jeune Louise Maurice, âgée de seize ans. Le couple d'acteurs, censés être des « sauvages », se produisaient nus et donnaient à voir des actes sexuels.

La pauvreté féminine pendant la Révolution

Derrière cette affaire, il y a l'afflux dans la capitale de nombreuses jeunes femmes pauvres et sans attaches, dans une économie de survie. Louise Maurice, originaire de Sedan, une petite principauté de l'Est du royaume, est venue avec sa mère à Paris, résidant rue du faubourg Saint-Martin. Son itinéraire illustre une situation ordinaire dans le Paris d'alors, une ville d'immigrants. La « montée » dans la capitale de femmes seules, célibataires ou séparées de leur époux, déjà courante dans les années 1780, s'accentue avec la Révolution française qui aggrave les difficultés économiques et affaiblit les tutelles traditionnelles. Ces femmes, qui ne trouvent plus leur place dans les cadres du travail de la société provinciale, se déplacent vers la capitale où elles espèrent d'autres aubaines économiques. Sur place, Louise Maurice et sa mère se sont installées, comme d'innombrables pauvres migrants, dans un des faubourgs du nord de Paris. Elles se sont heurtées à la rareté du travail, et leurs maigres revenus se sont probablement révélés à peine suffisants pour payer leur logement, les obligeant à trouver d'autres occupations pour survivre. La mère de Louise Maurice est ainsi domestique, « en maison », à Charenton puis près de Créteil. Louise fille a quitté sa mère et son activité de blanchisseuse – un travail pénible et mal payé, réservé aux femmes et qui souffre du départ d'une partie de sa clientèle aristocratique – pour « travailler » avec le couple Constant qui a monté ce spectacle.

Un spectacle « obscène »

La désagrégation de la police de l'Ancien Régime et la levée – sinon le brouillage – des interdits qui pèsent sur la prostitution poussent à l'extrême la commercialisation du sexe, déjà bien développée au Palais-Royal avant 1789. Le spectacle des sauvages illustre la difficulté pour la police de démêler les activités prostitutionnelles des divertissements offerts dans cet espace singulier. C'est la nature du spectacle qui motive l'intervention des policiers et l'interpellation de la jeune fille. Deux dimensions sont en cause : « l'obscénité » du spectacle, celui de la nudité et de l'acte sexuel ; le fait que Louise « se prostitue devant le public ». Or, dans ces deux domaines, depuis le début de la Révolution, en l'absence de législation, la police évolue dans une zone grise. La lutte contre les « obscénités » (les publications, les images et les spectacles qui portent atteinte aux mœurs) est abandonnée aux polices municipales, qui inventent leur propre définition de « l'obscénité » et de « l'immoralité ». Le commissaire Toublanc, qui interroge la jeune fille, ne fait aucun cas de la précarité de sa situation, de son abandon par sa mère, ni même de son jeune âge. Il la traite en coupable, et non en victime. Pour lui, la participation de Louise au spectacle relève d'un choix, et même d'une inclination au libertinage, comme le suggère ses questions insistantes sur les activités sexuelles de la jeune fille avant d'avoir rejoint les Constant. Il s'efforce de montrer la nature « libertine » de cette jeune fille, qui est une menace pour l'ordre public, selon un schéma à l'œuvre chez de nombreux commissaires qui répriment la prostitution de rue. En conséquence, il fait conduire Louise en prison, comme les époux Constant.

L'affaire révèle les tâtonnements d'une police à laquelle la régulation des mœurs est abandonnée. Elle est peu préparée à comprendre la situation des femmes prostituées, qu'elle considère comme des libertines hors-la-loi. Les policiers se voient en gardiens des mœurs et appliquent leurs propres définitions de « l'obscène », une notion éminemment flexible. L'action policière n'obéit pas à la volonté de protéger des femmes abusées, mais de s'opposer à la démocratisation des plaisirs jugée dangereuse pour l'ordre social.

Vincent Denis
Université Paris 1 Panthéon-Sorbonne
IHMC (UMR 8066)

Pour en savoir plus

Susan P. Conner, « *Politics, Prostitution and the Pox in Revolutionary Paris, 1789-1799* », *Journal of Social History*, vol. 22, n° 4, été 1989, p. 713-734.

Vincent Denis, « Les "sauvages" du Palais-Royal. Une affaire de mœurs en 1791 », dans Jean-Marc Berlière (dir.), *Les grandes affaires criminelles du Moyen Âge à nos jours*, Paris, Perrin, 2022, p. 101-118.

Dominique Godineau, *Citoyennes tricoteuses : les femmes parisiennes dans la Révolution française*, Paris, Perrin, 2004.

Clyde Plumauzille, *Prostitution et Révolution. Les femmes publiques dans la cité républicaine (1789-1804)*, Ceyzérieu, Champ Vallon, 2016.

CHAPITRE 10

Mariage et famille : contrôler les femmes

Mariage et famille : contrôler les femmes

Dans les sociétés européennes anciennes, le mariage, union légitime formalisée par la société entre un homme et une femme libres, est au fondement de la famille, que l'on peut définir comme un regroupement de personnes liées par l'alliance, la filiation et la résidence. Essentielle dans des sociétés dont elle constitue la cellule économique et sociale de base, la famille est aussi au fondement des identités (notamment par la transmission d'un nom et d'un patrimoine culturel), des normes (avec par exemple la socialisation des tout-petits puis l'éducation des enfants) ou de la reproduction, voire de l'accroissement, des patrimoines.

Or, cette unité économique, sociale, éventuellement politique est généralement contrôlée par un homme. C'est assez dire si son étude est essentielle à la compréhension de la place des femmes et des rapports sociaux de sexe dans les sociétés humaines. D'un point de vue anthropologique, les femmes constituent l'élément mobile qui relie entre elles les familles – mobilité qui doit s'entendre du point de vue spatial, dans le cadre de sociétés majoritairement virilocales ou patrilocales, mais aussi identitaire et symbolique – puisqu'elles quittent leur groupe d'origine pour entrer dans celui de leur époux. Sur les plans économique et social, cette mobilité s'accompagne souvent d'un transfert de biens, en raison du régime dotal de nombreux mariages, et, le plus souvent et en particulier dans les sociétés grecque et romaine de l'Antiquité, d'un transfert d'autorité (*kureia*) : par le mariage, la fille passe généralement de l'autorité d'un père à celle d'un mari ou d'un beau-père. En devenant épouse, la femme change à la fois de maître (*kurios*) et de statut. Elle s'apprête en effet à réaliser la fonction que la société lui assigne – à accomplir son *télos*, sa « finalité », diraient les Grecs –, celle de donner à son époux et à sa nouvelle famille des enfants légitimes qu'elle aura pour charge de nourrir puis, le plus souvent, d'élever. On conçoit dès lors que le mariage constitue, après la naissance et avant la mort, le moment le plus important de la vie d'une femme. C'est une des raisons pour lesquelles il peut être dramatisé sous la forme d'un rite de passage, doit être plus ou moins largement médiatisé d'une façon ou d'une autre et, surtout, validé par des normes, notamment religieuses et légales.

Avec la christianisation de l'Europe, l'union légitime de l'homme et de la femme revêt peu à peu un caractère spirituel sous la double inspiration théologique de saint Paul et saint Augustin. Unis en une « même chair » (*una caro*), les époux forment un couple indissoluble et se doivent fidélité et obéissance. À partir du milieu du Moyen Âge, le droit romano-canonique édicte toute une série de textes pour régler le rituel lui-même, mais aussi pour statuer sur la validité des unions, les conditions d'une annulation, le veuvage et le remariage. Ce vaste chantier juridique culmine dans le contexte des luttes religieuses du XVIe siècle avec les décrets matrimoniaux du Concile de Trente. Pour autant, le mariage, régi par des proscriptions exogamiques et des habitudes homogamiques ou par des coutumes géographiquement différenciées (régimes matrimoniaux de séparation ou de communauté, avec ou sans dot et douaire) est d'abord un accord conclu entre deux familles qui peuvent, en particulier pour les plus puissantes, développer des stratégies matrimoniales.

Sur la longue durée, le mariage, bien qu'il place les épouses sous l'autorité parfois coercitive d'un homme qui dispose d'un droit de correction, se présente cependant comme une institution protégeant les femmes, leur honneur, leurs biens, la légitimité de leur progéniture, ainsi que l'affirme déjà l'*Économique* attribuée à Aristote (1344a 10-13) : « Il ne faut pas que l'épouse ait à subir d'injustice, car elle est, ainsi que disent les Pythagoriciens, dans la maison, comme une suppliante et une personne enlevée à son foyer ».

Jean-Baptiste BONNARD

1. Un rite de passage : le cortège nuptial

(Grèce, ve siècle av. J.-C.)

Pyxide attique à fond blanc, peintre de Splanchnopt, v. 470-460 av. J.-C., British Museum, inv. 1894, 0719.1.

Pyxide attique à figures rouges, peintre de Marlay, v. 440-430 av. J.-C., British Museum, inv. GR 1920.12-21.1.

Des boîtes pour la toilette des femmes

Les vases peints fournissent un large répertoire d'images mêlant épisodes mythologiques et scènes de la vie quotidienne. Une bonne partie est destinée au service du vin lors du banquet, mais certains récipients servent aussi à la toilette féminine. C'est le cas des boîtes à fards ou à bijoux, nommées pyxides : il s'agit de récipients de forme cylindrique dotés d'un couvercle. Leur décoration évoque surtout l'univers féminin et le monde du foyer domestique (*oikos*). Les deux pyxides proposées ici ont été fabriquées à Athènes au ve siècle av. J.-C.

On y voit des cortèges nuptiaux qui se déroulent de nuit, comme l'indiquent les porteurs de torches. L'attitude statique de la jeune mariée (*numphè*) contraste avec celle des autres personnes figurées : objet de contemplation, elle est parée pour être belle comme Pandora. Le voile qu'elle arbore joue un rôle essentiel lors du mariage : l'*anakalupsis*, le « dévoilement », constitue l'un des temps forts de la noce. Cette parure, outil de séduction, signale aussi les vertus de modération, de pudeur et de retenue qui sont attendues d'une épouse de citoyen. Le marié, lui, n'arbore pas d'attribut spécifique, si ce n'est les bottes lacées dont il est chaussé sur la première image.

Une représentation du mariage : le passage d'une maison à une autre

Les deux scènes soulignent surtout l'attitude passive de la *numphè* guidée par son futur époux : ce dernier prend l'initiative et la met en mouvement, la saisissant par le poignet ou la faisant monter sur le char. Cela reflète le rôle différencié attribué par le droit athénien aux époux lors de l'établissement du contrat, qui précède la cérémonie. L'acte de dation, dont la jeune femme fait l'objet, est établi par deux contractants masculins : le futur marié et le responsable légal de la future mariée, son père, son frère ou un proche parent masculin.

Les peintres se sont donc conformés aux normes sociales de leur temps : ils ne reproduisent nullement une scène réelle, mais ils nous renseignent sur la façon dont les Grecs conçoivent le mariage, à l'époque classique – et plus spécifiquement à Athènes. La dimension rituelle de la cérémonie est soulignée par les couronnes qu'arborent la plupart des personnages. Sur la première image, la présence de l'autel, avec ses traces habituelles de sang d'animal séché et le feu allumé, rappelle que les dieux sont invités à la fête. Sur la seconde image, le caducée du héraut-messager suggère que c'est Hermès en personne qui mène le cortège : le peintre brouille les pistes à dessein, rendant poreuse la frontière entre mariage mythique et mariages de citoyens athéniens. Les deux décors montrent que la cérémonie est un rite de passage : on assiste au transfert de la *numphè* d'un *oikos* à un autre. La jeune fille change alors de statut : de jeune fille vierge (*parthenos*), elle devient épouse (*gunè*). La passivité visible sur ces images n'est donc que temporaire : ensuite, en tant que gardienne de l'*oikos*, elle aura la charge de régner sur la maisonnée.

Parce que le cortège nuptial concentre tous les éléments signifiants du mariage et qu'elle le met en scène de façon « spectaculaire » dans l'espace public (transfert de la dot, musique, chants, torches, etc.), les peintres de vase en ont fait un décor privilégié pour évoquer la cérémonie en général. On retiendra que les décors peints sont le fruit de choix et ne peuvent être lus comme de simples photographies de la réalité. De plus, la production céramique est majoritairement une activité masculine. Peu de femmes ont travaillé dans ce secteur artisanal. Les images vasculaires livrent donc un regard essentiellement masculin et une vision idéalisée des femmes, parfois bien éloignée de la réalité des pratiques effectives.

Adeline Grand-Clément
Université de Toulouse 2 – Jean Jaurès
AnHiMA (UMR 8210)

Pour en savoir plus

Lydie Bodiou, « Le mariage, le flamboiement des sens », dans *Rituels grecs. Une expérience sensible*, Adeline Grand-Clément et Évelyne Ugaglia (dir.), Toulouse, musée Saint-Raymond, 2017, p. 20-37.

Odile Cavalier (dir.), *Silence et fureur La femme et le mariage en Grèce. Les antiquités grecques du Musée Calvet*, Avignon, Laffont, 1996.

Florence Gherchanoc, L'oikos *en fête. Célébrations familiales et sociabilité en Grèce ancienne*, Paris, Éditions de la Sorbonne, 2012.

François Lissarrague, « Femmes au figuré », dans Pauline Schmitt Pantel (dir.), *Histoire des femmes en Occident*, t. 1, *L'Antiquité*, Paris, Plon, p. 159-250.

2. Conserver la mémoire d'une grand-mère

(Grèce, ve siècle av. J.-C.)

Stèle d'Ampharétè, ve siècle av. J.-C.,
musée du Céramique, Athènes, P 695 (I 221).

Ampharétè.
L'enfant chéri de ma fille, je le tiens, lui que, lorsque vivants, nous regardions la lumière du soleil, je tenais sur mes genoux, et maintenant, morte, je le tiens mort.

Épigramme, *CEG* I, 89 ; *IG* I^{3}, 1290
(traduit par Marion MULLER-DUFEU).

Provenant de la nécropole du Céramique à Athènes et datée de la fin du Vᵉ siècle av. J.-C., la stèle funéraire d'Ampharétè est décorée d'un relief sculpté donnant à voir une belle jeune femme soutenant un nourrisson. Le passant pressé y verra une défunte mère et son bébé, mais la lecture de l'épigramme inscrite sur l'architrave démontre qu'il n'en est rien. C'est une grand-mère et son petit-enfant, tous deux disparus, qui sont ici honorés par des commanditaires restés anonymes. Le relief et l'épigramme, uniques, suscitent la surprise. Nous sommes face à un monument funéraire non conventionnel qui rompt avec le standard de l'invisibilité des grands-parents en pareil contexte. Ils provoquent aussi l'étonnement, car tout concorde pour illustrer l'intimité entre les deux personnages représentés : le contact physique entre la figure assise sur un fauteuil et le petit, qu'elle tient enveloppé dans son propre vêtement, l'échange de regards, l'expression de tristesse de la femme et la main tendue du bébé. La proximité et la complicité mises en scène sur le relief sont encore redoublées par l'épigramme. En plaçant cette grand-mère dans le cercle restreint des proches de l'enfant, texte et image contribuent à construire un portrait social de la grand-maternité sans guère de parallèles dans nos sources.

Une présence rare

Les grands-mères grecques ne sont pas ordinairement mises en avant, vivantes ou mortes. Les épitaphes gravées sur leurs tombes rappellent que nombre de disparues ont « connu les enfants de leurs enfants », mais l'expression ne vaut pas reconnaissance en tant que grands-mères. C'est leur contribution dans la chaîne des générations qui est alors soulignée. Les relations qu'elles ont pu entretenir avec leurs petits-enfants, de leur vivant, restent impénétrables, car les grands-mères ne sont pas mises en situation dans l'univers familial ou domestique. Ceci s'explique, en partie, par la discrétion qui entoure la vie quotidienne des femmes en Grèce ancienne, à fortiori s'il s'agit de veuves. Cela procède également de la faible publicité faite aux sentiments. La stèle d'Ampharétè est à cet égard remarquable car elle met en valeur l'affection et le rôle joué par une grand-mère auprès de l'enfant de sa fille qu'elle chérissait. La mission d'une grand-mère s'inscrit ainsi dans la continuité du rôle maternel, prolongé et parachevé. Des attributions qui sont, du reste, parfaitement illustrées dans les créations contemporaines du théâtre d'Euripide, en la personne d'Alcmène ou d'Hécube, grands-mères dévouées, aimantes et protectrices.

Reconnaissance sociale

La discrétion qui entoure la vie privée des grands-mères grecques ne doit pas masquer les formes de reconnaissance communautaire dont elles bénéficient.

La transmission du nom d'une grand-mère à sa petite-fille est un marqueur social important dans certains milieux. La communauté de parents intègre plusieurs générations, et le nom hérité est un élément constitutif de l'identité d'une petite-fille. À Athènes, les soins reçus d'une grand-mère peuvent également être payés en retour. L'obligation légale de gérotrophie, d'assistance aux parents âgés, est imposée aux petits-enfants si la génération intermédiaire fait défaut. Le devoir de nourrir et de soigner les ascendants s'étend à la grand-mère comme au grand-père, s'ils vivent encore. Intégrées dans les parentés, les grands-mères grecques jouissent par conséquent d'une protection juridique et occupent une place à part entière dans les processus de filiation.

L'idéal mémoriel de la jeunesse

Rare illustration de la cohésion familiale, du rôle qui échoit à une grand-mère au sein d'une maison, la stèle d'Ampharétè met en lumière des émotions et des manières d'être que l'on ne perçoit pas habituellement et que l'on imagine pourtant largement partagées. Quant à l'image de la défunte, représentée sous les traits de jeunesse, elle est conforme aux normes de la figuration. Les acquéreurs achètent des stèles prêtes à l'emploi qui mettent en œuvre les stéréotypes visuels d'une splendide féminité. Le vieil âge féminin n'a pas sa place sur ces supports. Au demeurant, notre grand-mère a pu passer de vie à trépas dans ses années de plénitude, trentenaire ou quadragénaire, compte tenu de la précocité du mariage des filles dans ces familles privilégiées. Ceci étant dit, quel que soit l'âge au décès, l'image féminine qui doit s'imposer à la mémoire répond à l'idéal de jeunesse et de beauté.

Nadine BERNARD
Université de Rouen Normandie
GRHis (ER 3831)

Pour en savoir plus

Nadine BERNARD, *Être vieux dans le monde grec, de Solon à Philopœmen, VIe-IIe siècles a.C.*, Bordeaux, Ausonius, 2023.

Jean-Nicolas CORVISIER, « Les grands-parents dans le monde grec ancien », *Annales de Démographie Historique*, 1991, p. 21-31.

Nathalie ERNOULT, « Têthê la grand-mère ou l'importance de la filiation par les femmes », dans Vincent AZOULAY, Florence GHERCHANOC et Sophie LALANNE (dir.), *Le banquet de Pauline Schmitt Pantel. Genre, mœurs et politique dans l'Antiquité grecque et romaine*, Paris, Publications de la Sorbonne, 2012, p. 71-85.

3. Des filles liées à leur dot

(Monde grec, IVe-IIe siècle av. J.-C)

Borne du terrain et
de la maison, hypothèque dotale [donnée]
à Phanomachè, fille de Ktèson,
du Céramique : 3 000 drachmes.

David M. ROBINSON, *Hesperia*, XIX, 1950, p. 23-24
(traduit par l'Institut Fernand COURBY).

Sous l'archontat de Glaukippos.
Borne du terrain et de la maison [garantissant] la
dot de Pythyppè fille de Mnèsarchos
du dème d'Halai : 1 100 drachmes.
L'estimation est égale au surplus de ce qui est donné
aux prêteurs en gage.

SEG XLIV, 1994, n° 82, lignes 1-7
(traduit par Julie VÉLISSAROPOULOS-KARAKOSTAS).

À Poseidônios, chef des somatophylaques et stratège, de la part de Ptolémaios fils d'Amadokos, Thrace.
Ma mère Asklèpias vivait avec un certain Isidôros, du contingent de Pitos, conformément à la convention que ce dernier avait dressée, dans laquelle il reconnaissait, entre autres, avoir reçu d'elle la dot d'une valeur de deux talents de cuivre qu'elle a apportée et qu'il dresserait pour elle, dans un délai d'un an, un contrat de mariage ; entre temps, ils vivraient ensemble comme mari et femme, administrant ensemble leurs biens. S'il ne se conformait pas à ce qui avait été convenu, il devait restituer immédiatement la dot augmentée de la moitié. Asklèpias étant décédée avant l'expiration du délai et ses biens m'étant dévolus, et ensuite Isidôros étant aussi décédé, un certain Antibios, ainsi qu'Isidôros et Eudèmos, se sont emparés des biens qu'il a laissés et les détiennent sans en avoir le droit et sans restituer la dot. Je te prie donc, si bon te semble, d'ordonner que les personnes susmentionnées soient citées devant toi afin que tu les contraignes à reconnaître mon droit aussi bien sur ce point précis que sur le prêt à intérêt que je lui [= Isodôros] avais donné, d'un montant de 2 450 drachmes de cuivre et de 903 [drachmes] d'intérêt, lequel [prêt] il avait reconnu devant Nikanôr l'épistate du village. Si cela est fait, je serai dans mon droit.

UPZ I, 123 (traduit par Julie VÉLISSAROPOULOS-KARAKOSTAS,
légèrement modifié par Jean-Baptiste BONNARD).

En Grèce, la jeune fille est donnée en mariage avec des biens, la dot (*proïx*), signe d'un mariage honorable et légitime. Ce terme signifie « le fait d'étendre la main pour donner ou recevoir » et évoque le geste d'échange de la main à la main sanctionnant l'accord entre deux hommes, celui qui donne et celui qui reçoit une épouse.

Contenu de la dot

La *proïx* peut comporter de l'argent liquide, des vêtements, éventuellement des bijoux, de la vaisselle, des vases précieux, du mobilier et parfois des esclaves domestiques, mais aussi des biens fonciers ou immobiliers. Son montant (estimé entre 5 % et 20 % de sa fortune) dépend de la richesse et de la générosité du père, ainsi que du nombre de filles qu'il a à marier, car il est d'usage de doter toutes ses filles de la même manière. Le montant total de ces dots ne doit par ailleurs pas trop obérer le patrimoine paternel pour ne pas léser les fils.

Les fonctions de la dot

Élément de distinction sociale, conférant prestige à l'épouse comme à son père, la dot est aussi, dans la plupart des cités, un substitut à l'héritage pour les filles, exclues du partage au moment de la mort du père, dès lors qu'il y a un héritier masculin. Elle fonctionne aussi comme une garantie pour l'épouse, du moins si celle-ci est bien dotée. En effet, si la dot est placée sous la tutelle du mari, qui en assure la gestion et jouit de ses revenus, il n'en est que le gestionnaire et l'usufruitier pendant la durée de l'union. En cas de dissolution du mariage, à la suite d'un décès, d'une répudiation ou d'un abandon du foyer, et en l'absence de descendance masculine, la dot est restituée au père de la mariée (ou à ses héritiers) ; c'est pourquoi l'épouse est dite *épiproïkos* (« sur la dot »). Une dot importante est donc un frein potentiel à la dissolution abusive du mariage – en pratique, la répudiation de l'épouse par le mari. Pour s'assurer du retour potentiel de la dot dans le patrimoine du père de la mariée, il est courant, à partir du IVe siècle, qu'une hypothèque dotale soit prise sur les biens fonciers du gendre, ainsi qu'en attestent les plaidoyers des orateurs attiques et les nombreuses bornes hypothécaires trouvées en Attique et dans les régions soumises à l'influence juridique d'Athènes. La première borne présentée ci-dessus a été trouvée dans l'ancien dème d'Ikaria, sur un bloc grossier de micaschiste. Le montant de la dot garantie par l'hypothèque est assez élevé. Cela indique que notre documentation porte principalement sur les familles aisées, les seules sans doute qui ont le souci et le moyen de garantir la dot par une hypothèque. La deuxième borne est une plaque de marbre rectangulaire trouvée en fouillant une ancienne ferme à Kiteza Kalyvion (à mi-chemin entre Glyphada et Sounion) relevant probablement du dème de Thorai ; elle est datée de l'année 273/272 av. J.-C. (« sous l'archontat de Glaukippos »). Le père qui prend cette hypothèque est Mnèsarchos, fils de Mnèsarchidos, prytane de la tribu Égée en 256 av. J.-C. Chronologiquement postérieur à d'autres sur le même bien, cette hypothèque ne garantit la dot qu'à concurrence du remboursement des autres créanciers bénéficiaires des hypothèques antérieures ainsi que le précise la mention : « L'estimation est égale au surplus de ce qui est donné aux prêteurs en gage. »

Contrôle social et circulation des biens

La dot peut également être comprise comme un moyen de contrôle social. En Égypte, la femme grecque dont l'inconduite provoque le divorce est dépouillée de sa dot ou d'une partie de celle-ci ; symétriquement, le mari dont l'inconduite provoque le divorce ou qui divorce abusivement doit rendre la dot mais augmentée d'une amende, en général de 50 %, qui sanctionne ses torts. C'est ce que montre le troisième document, daté de 157/156 av. J.-C. Il s'agit d'une requête en justice auprès du roi Ptolémée VI, par la médiation d'un fonctionnaire royal, le stratège, pour la restitution d'une dot. L'épouse, Asklèpias, est morte sans enfant issu de l'union en question. Un fils, Ptolémaios, issu d'un premier lit entend récupérer la dot que détiennent les héritiers de son beau-père, lui aussi décédé.

La dot est enfin une circulation de biens, notamment mobiliers, et elle est transgénérationnelle. La femme est titulaire de sa dot et le mari, qui en est l'usufruitier, la gère. Mais ni l'un ni l'autre n'en sont véritablement propriétaires. Le véritable destinataire de la dot, c'est leur fils qui, à la mort de sa mère et une fois majeur, héritera de ces biens mobiliers. Idéalement, il les conservera jusqu'au jour où, à son tour, il donnera une fille à marier et pourra alors les utiliser pour constituer la dot de celle-ci.

Jean-Baptiste Bonnard
Université de Caen
AnHiMA (UMR 8210)
HisTeMé (UR 7455)

Pour en savoir plus

Jean-Baptiste Bonnard, Véronique Dasen et Jérôme Wilgaux, *Famille et société dans le monde grec et en Italie du ve au IIe siècle av. J.-C.*, Rennes, Presses universitaires de Rennes, 2017.

Agnès Fine et Claudine Leduc, « Réflexions sur le système matrimonial athénien à l'époque de la cité-État (VIe s.-IVe s. av. J.-C.) », dans *La dot, la valeur des femmes*, GRIEF (éd.), Toulouse, Service des publications de l'Université de Toulouse-Le Mirail, 1982, p. 7-29.

Julie Velissaropoulos-Karakostas, *Droit grec d'Alexandre à Auguste (323 av. J.-C.-14 apr. J.-C.)*, t. 2, *Personnes – Biens – Justice*, Athènes-Paris, De Boccard, 2011.

Anne-Marie Verilhac et Claude Vial, *Le mariage grec*, Athènes, École française d'Athènes, 1998.

4. Stratégies matrimoniales de l'aristocratie romaine : l'exemple de Caton

(Rome, Ier siècle av. J.-C.)

Parmi tous ceux qui aimaient et admiraient passionnément Caton, il y en avait qui manifestaient leur attachement avec plus d'éclat que d'autres. C'était le cas notamment de Quintus Hortensius, un homme d'un mérite éclatant et d'un noble caractère. Non content d'être son familier et son ami, il désirait vivement unir, d'une façon ou d'une autre, toute sa maison et sa lignée à celle de Caton dans une alliance et une communauté étroites. Il essaya de convaincre Caton de lui donner sa fille Porcia, qui était l'épouse de Bibulus, auquel elle avait donné deux enfants ; il voyait en elle une noble terre qui pourrait porter pour lui d'autres enfants. « Au regard des hommes, dit-il, c'est là une proposition étrange, mais selon la loi de la nature, il est beau et politique qu'une femme dans la force de l'âge ne reste pas inactive et ne laisse pas s'éteindre sa fécondité, sans pour autant encombrer d'enfants une maison qui n'en a pas besoin et qui s'en trouverait affaiblie et réduite à la misère. Si l'on établit une communauté de descendance entre les hommes qui en sont dignes, la vertu deviendra impérissable, se répandra dans les différentes familles et, par de telles alliances, assurera la cohésion étroite de toute la cité. Cependant, si Bibulus tient absolument à sa femme, je la lui rendrai dès qu'elle aura eu des enfants, quand j'aurai tissé avec lui et Caton des liens plus étroits grâce à cette communauté d'enfants. » Caton répondait qu'il aimait Hortensius et appréciait l'idée d'une alliance entre leurs familles, mais qu'il jugeait étrange de l'entendre parler d'épouser sa fille qui avait été donnée à un autre. Alors, changeant de projet, Hortensius n'hésita pas, sans plus de détours, à demander la propre femme de Caton, qui était encore assez jeune pour avoir des enfants, Caton ayant lui-même une descendance suffisante. On ne peut soutenir qu'il fit cette démarche parce qu'il pensait que Caton ne s'intéressait pas à Marcia, car on dit que celle-ci était alors enceinte. Caton, voyant l'ardeur et le désir d'Hortensius, ne refusa pas. Il dit seulement qu'il fallait que Philippus, le père de Marcia, soit également d'accord. Philippus, sollicité, consentit à cette union ; il promit Marcia en présence de Caton, qui s'associa au contrat.

Plutarque, *Caton le Jeune*, XXV, 1-12
(traduit du grec ancien par Anne-Marie Ozanam).

À la fin de la République romaine, les pratiques matrimoniales de l'aristocratie obéissaient à des motifs complexes, que des historiens contemporains ont pu qualifier de stratégies. L'épisode du mariage d'Hortensius avec Marcia, l'épouse de Caton (95-46 av. J.-C.), est particulièrement instructif, car il permet de préciser les motifs et les prétextes mobilisés à cette occasion par les acteurs de cette union. Nous connaissons l'événement, advenu entre 55 et 52 av. J.-C., grâce au récit qu'en livre Plutarque dans sa biographie de Caton le Jeune. Le contexte d'écriture invite à la prudence, puisque Plutarque (v. 45-v. 120 apr. J.-C.) écrit à une époque – le début du IIe siècle apr. J.-C. – dans laquelle la légende de Caton est déjà constituée. Si les discours ont été réécrits et si l'appréciation des faits et des motifs doit être discutée, leur existence n'est toutefois pas dubitable. Qu'est-ce que cet événement révèle des stratégies matrimoniales de l'aristocratie romaine à la fin de la République ?

Le mariage, une affaire d'hommes

L'initiative du mariage est prise par un homme, Hortensius, qui, dans un premier temps, souhaite épouser Porcia, la fille de Caton. La négociation ne concerne que les hommes : l'époux présomptif (Hortensius), le père de la mariée (Caton) et, secondairement, le premier époux de Porcia (Bibulus), qui pouvait être consulté, mais qui n'était pas décisionnaire. Cette demande n'aboutissant pas, Hortensius souhaite épouser Marcia, la femme de Caton, ce qui suppose d'obtenir l'accord du père de cette dernière, Philippus. C'est bien le père qui, en vertu de sa *patria potestas* – la puissance paternelle –, donne sa fille en mariage et dans les cas, comme ici, où les mariages se font *sine manu* (sans transfert de pouvoir), la décision d'un éventuel remariage leur appartient. Quoi qu'il en soit, ni Porcia ni Marcia n'ont voix au chapitre.

Mariage et reproduction sociale

Le premier motif évoqué par Hortensius réside dans la consolidation d'une alliance, en l'occurrence celle qui l'unit à Caton, et dans la création d'une nouvelle, qui l'unirait à Bibulus, le premier mari de sa future femme. Il s'agissait d'une *amicitia*, c'est-à-dire une relation entre égaux fondée sur des échanges de services réciproques. L'autre motif va de soi : le mariage doit donner une descendance à l'époux. C'est donc parce qu'elles avaient fait la preuve de leur capacité à devenir mère que les choix de Porcia et de Marcia s'imposaient. Hortensius précise qu'un nombre trop élevé de descendants peut en revanche constituer un risque de déclassement dans une société censitaire, du fait d'un morcellement du patrimoine. La reproduction sociale serait d'autant plus assurée que l'alliance était isogamique : toutes ces personnes appartiennent à la noblesse romaine, une catégorie sociale constituée des descendants de consuls. Les deux motifs convergent, puisque les naissances à venir devaient renforcer l'alliance constituée par le mariage. L'argumentation développée par Hortensius montre l'importance de la parentèle utérine et le rôle essentiel des femmes dans la construction des alliances familiales.

Un mariage politique ?

Ces alliances ont également une dimension politique, et ce pour deux raisons : elles contribueraient, conformément à une vision convenue de la famille comme cellule élémentaire de la cité, à renforcer la cohésion civique, un argument qui pèse particulièrement dans le contexte de la crise de la République ; elles consolident la solidarité politique entre trois personnes qui ont en commun de défendre la République sénatoriale et de s'opposer à la personnalisation du pouvoir. Ce passage n'évoque pas la dimension financière de la transaction, qui fit, plus tard, l'objet d'accusations de la part de César, dont Miguel Canas a montré le caractère infondé. On ne s'étonnera pas qu'il ne soit pas question d'affinités électives, même si Hortensius envisage l'hypothèse que Bibulus souhaite continuer à vivre auprès de sa femme, signe d'une possible bonne entente entre les époux. Les deux choix successifs d'Hortensius se sont à chaque fois portés sur une femme qui était déjà mariée. Divorcer ne faisait pas difficulté et n'était frappé d'aucune condamnation morale. La pratique du remariage, qui contribuait à étendre la parentèle et à renforcer la reproduction sociale, n'avait rien d'anormal pour les aristocrates romains et, en 50 av. J.-C., Caton épousa à nouveau Marcia, à la mort d'Hortensius.

Robinson Baudry
Université Paris Nanterre
ArScAn (UMR 7041)

Pour en savoir plus

Miguel Canas, *Les stratégies matrimoniales de l'aristocratie sénatoriale romaine au temps des guerres civiles. 61-30 av. J.-C.*, Paris, Les Belles Lettres, 2021.

Fred K. Drogula, *Cato the Younger. Life and Death at the End of the Republic*, New York, Oxford University Press, 2019.

Michel Humbert, *Le remariage à Rome. Étude d'histoire juridique et sociale*, Milan, Giuffrè, 1972.

5. Les filles de Charlemagne dans une épopée

(Germanie, VIIIe-IXe siècle)

Puis vient la suite brillante des jeunes filles :
Rotrude, qui précède les autres, chevauche avec prestance
Un cheval rapide, à la tête de ce joyeux cortège.
Ses cheveux blonds sont entremêlés à un ruban
De couleur améthyste sur lequel scintillent des pierres variées,
Une couronne d'or sertie de pierres précieuses entoure sa tête
Et une fibule attache son beau manteau.
Au milieu du chœur des vierges et de la foule, apparaît ensuite
Berthe, accompagnée de nombreuses jeunes filles.
Sa voix, son âme virile, son allure et son visage rayonnant
Rappellent la bouche, l'attitude, les yeux et le cœur de son père ;
Sa noble tête est ceinte d'un diadème d'or. Des fils d'or
Sont mêlés à sa blonde chevelure et, autour du cou,
Blanc comme le lait, elle porte un précieux collier.
Son magnifique vêtement est paré de pierres multicolores,
Sa broche scintille de l'éclat de pierres variées
Et des chrysolites ornent son manteau.
Ensuite vient Gisèle, à la blancheur étincelante,
Accompagnée du chœur des vierges, la princesse resplendit.
Elle apparaît majestueuse dans son manteau mauve,
Son doux voile tissé de fils de pourpre est rutilant ;
Sa voix, son visage, sa chevelure irradient la lumière.
Des lueurs roses colorent son cou splendide,
Sa main est si blanche qu'on la croit d'argent,
Son front brille comme l'or
Et l'éclat de ses yeux surpasse la lumière du puissant Phœbus.
Joyeuse, la vierge enfourche un cheval fougueux
– Le fier destrier écume en mordant sa bride –
Accompagnée ici d'hommes, là entourée d'innombrables jeunes filles,
Et tout autour hennit la multitude des chevaux.
Rehaussée d'un tel prestige, la vierge pudique quitte la galerie
Et suit les traces du pieux roi.

Karolus Magnus et Leo Papa.
Ein Paderborner Epos vom Jahre 799,
Helmut Beumann (éd.), Paderborn, Bonifacius-Druckerei, 1966, p. 74-76
(traduit du latin par Geneviève Bührer-Thierry et Philippe Thierry).

Après le couronnement impérial de Charlemagne à Rome, probablement entre 806 et 810, un poète (ou une poétesse ?) anonyme, familier de la cour carolingienne, rédige un long poème latin en hexamètres à la gloire du nouvel empereur. Il n'en reste qu'un fragment de cinq cent trente-six vers, dans un seul manuscrit copié au monastère de Saint-Gall au IXe siècle. Le poète y peint tout d'abord la construction d'Aix-la-Chapelle, puis une partie de chasse qui rassemble toute la cour et la famille de Charlemagne, enfin la rencontre de ce dernier avec le pape Léon III au palais saxon de Paderborn en 799, prélude au couronnement impérial. C'est pourquoi ce texte est connu sous le nom de « Charlemagne et le pape Léon » ou encore d'« épopée de Paderborn ».

Il s'agit donc d'un morceau de poésie de cour, un éloge qui s'inspire largement de l'*Énéide* de Virgile : ce type de poésie s'est beaucoup développé dans la seconde moitié du VIIIe siècle grâce à la Renaissance carolingienne qui a permis la diffusion des modèles antiques par la multiplication des copies et qui a formé une nouvelle génération d'auteurs capables d'écrire dans un latin très classique. L'identité de l'auteur est inconnue, mais il n'est pas exclu que ce soit une femme de la famille carolingienne : Gisèle, la sœur de Charlemagne, ou encore Gundrade, sa cousine germaine qui vivait à la cour. Parmi les nombreux éloges de Charlemagne, rares sont les textes qui font une aussi grande place aux femmes, et notamment à ses filles qui occupent le plus grand nombre de vers dans la description du cortège qui sort du palais. À sa tête se trouve Charles, suivi de son épouse Luidgarde, puis de ses deux fils, et enfin de six de ses filles.

Qui sont les filles de Charlemagne ?

Il n'est question ici que des trois sœurs mentionnées en premier : Rotrude, Berthe et Gisèle qui sont les filles d'Hildegarde († 783), la seconde épouse de Charles. Elles sont citées par ordre de naissance, échelonnées entre 775 et 781. Elles sont à cheval, au centre d'une joyeuse troupe, ornées de magnifiques bijoux et de vêtements somptueux. Berthe toutefois se distingue par le caractère viril qui lui est attribuée : elle est le portrait de son père. Quel que soit leur âge, toutes portent le qualificatif de « jeune fille » (*puella*) ou encore de « vierge » (*virgo*), ce qui indique à la fois qu'elles ne sont pas mariées mais aussi qu'elles sont liées à un monastère.

Entre la cour et le monastère

Charlemagne n'a marié aucune de ses filles : son biographe Eginhard dit qu'il ne pouvait pas se passer de leur compagnie, mais sans doute ne voulait-il pas de gendre qui aurait eu des prétentions politiques. Rotrude avait pourtant été demandée en mariage par l'impératrice byzantine Irène pour son fils en

781 et elle commença même à apprendre le grec. Mais ces fiançailles furent rompues en 788 et Rotrude fut confiée à sa tante Gisèle, qui était abbesse de Chelles. Elle séjournait toutefois très souvent à la cour et entretint une liaison avec le comte du Mans, Rorgon : leur fils, Louis († 867) sera abbé de Saint-Denis.

Berthe resta à la cour de son père où elle connut une longue relation amoureuse avec Angilbert, poète renommé : leur fils Nithard racontera la guerre civile entre les fils de Louis le Pieux.

Quant à Gisèle, elle était probablement abbesse de Notre-Dame de Soissons. Bien qu'aucune ne soit cloîtrée, ces liens privilégiés avec des monastères expliquent la redondance du thème du « chœur des jeunes filles » dans le poème : les nonnes, en habits de lumière, animent le cortège royal.

Princesses de lumière

Cette gloire s'exprime d'abord en termes de lumière : l'éclat des joailleries, les nombreuses références à l'or et à l'argent, mais aussi à la blondeur des cheveux et à la blancheur de la peau, tout renvoie dans le poème au caractère lumineux que les filles partagent avec leur père, qualifié plus haut de « phare de l'Europe ». Cette description revêt un caractère politique : l'auteur affirme ainsi la vocation de la famille carolingienne à agir comme la lumière qui doit guider le peuple chrétien vers son Salut. L'auteur s'est aussi largement inspiré d'un poème du VIIe siècle de Venance Fortunat, qui décrit la cour céleste : les pierres précieuses, qui ont toutes une valeur symbolique, sont empruntées à l'ornement des vierges qui entourent la Vierge Marie au Paradis. La famille royale brille ainsi d'un éclat qui n'est pas de ce monde et les femmes participent pleinement à cette gloire.

Geneviève BÜHRER-THIERRY
Université de Paris 1 Panthéon-Sorbonne
LaMOP (UMR 8589)

Pour en savoir plus

Geneviève BÜHRER-THIERRY, « La beauté, le vêtement, l'apparence : des armes genrées dans la compétition ? », dans Sylvie JOYE et Régine LE JAN (éd.), *Genre et compétition dans les sociétés occidentales du haut Moyen Âge,* Turnhout, Brepols, 2018, p. 117-134.

Janet NELSON, *Courts, Elites and Gendered Power in Early Middle Ages: Charlemagne and Others*, Aldershot, Routledge, 2007.

Helen SCHECK, « Nuns on the Parade: Memorializing Women in the *Karolus Magnus et Leo Papa* », dans Margaret COTTER-LYNCH et Brad HERZOG (éd.), *Reading Memory and Identity in the Texts of Medieval European Holy Women*, New York, Palgrave Macmillan, 2012, p. 13-38.

6. Un cas de bigamie pardonné par le roi

(France, XIVe siècle)

Lettre de rémission de 1377

[Roi] Charles [...], savoir faisons à tous présent et avenir que les amis charnels de Perrette Marche, aujourd'hui femme de Jean Marche, nous ont informé qu'il y a quelques temps, Pierre le Maire, prêtre, a séduit Perrette et qu'il a tant usé de perfidies qu'il la déflora, l'engrossa et qu'elle eut un enfant. Ensuite, pour s'amender et se dédommager de sa folie, Perrette se maria à Jean Marche. Néanmoins, même ainsi mariée, le prêtre, par ses promesses et actions frauduleuses, maintint Perrette en adultère. Pour multiplier les occasions [de la rencontrer], il fit tant battre et molester Jean Marche que ce dernier fut contraint de quitter Perrette sa femme qui, de nouveau, en adultère, se retrouva enceinte du prêtre. Par la suite, le prêtre fréquenta une autre femme en délaissant Perrette. C'est pourquoi cette dernière, venant et considérant qu'elle était déçue d'avoir cru si follement au prêtre, qu'elle avait perdu la compagnie de son dit mari et qu'elle avait deux petits enfants à charge, se rendit compte que le prêtre la méprisait et ne lui faisait aucun bien. Comme il était tenu, naturellement, à l'obligation alimentaire envers les enfants et qu'elle avait encore les clés de sa maison, un jour, pendant l'heure de la messe, elle y pénétra et déroba quelques biens du prêtre : une capuche fourrée de menu vair, un manteau et un chaperon double et la moitié d'un bréviaire qu'on nomme « demi-temps ». Elle emporta son butin à la vue de plusieurs personnes de la ville en disant « ne me dénoncez pas » ou de semblables paroles et, sans l'autorisation du prêtre, le conserva dans sa propre maison afin que le prêtre revienne parler avec elle et lui faire du bien. Cela n'empêcha pas qu'elle fut accusée d'une sorte de larcin. En effet, pour ce vol, elle fut dénoncée par les domestiques du prêtre d'avoir volé et gardé les biens. Elle fut donc prise et mise dans les prisons de Jehan de Melun, chevalier et seigneur de Estoiees, où elle fut détenue prisonnière pendant environ dix-huit semaines. Elle s'y trouve encore en danger d'être exécutée et « mise au dernier tourment de mort ». Pour qu'elle puisse sortir de prison et obtenir la grâce [royale], [les amis charnels] dirent donc, en suppliant humblement, que Perrette a été toute sa vie et est encore une femme de bonne vie et renommée sans jamais avoir été diffamée d'autre crime et ils promettent qu'elle restituera les biens volés au prêtre qui accepte cette solution et ne la poursuivra pas.

Archives nationales, J 110, fol. 147r
(modernisé par Sara McDougall).

Le pardon accordé à Perrette Marche aborde de nombreux aspects des relations sexuelles hors mariage pour les femmes dans la France de la fin du Moyen Âge : défloration, concubinage clérical, adultère, grossesse extra-conjugale et éducation des enfants illégitimes.

Une grâce accordée à une voleuse

Ce document est une lettre de rémission, acte de chancellerie par lequel le roi accorde son pardon au moyen d'une lettre patente qui permet d'arrêter le cours ordinaire de la justice. Les grâces royales offrent des récits d'une grande richesse. Aussi captivants soient-ils, ils requièrent une grande prudence dans leur interprétation. Les avocats ont soigneusement élaboré ces récits, cherchant à obtenir la clémence pour les délinquants en tentant de justifier et d'atténuer l'ampleur du méfait, faisant ainsi apparaître les inculpés comme pardonnables.

Le pardon de Perrette Marche est exceptionnel. Premièrement, le requérant est une femme, alors que ce sont les hommes qui ont demandé et obtenu la grande majorité des grâces. Cette tendance ne doit cependant pas être interprétée comme étant due à une réticence à gracier les femmes en tant que telles. Nos données concernant les poursuites et les sanctions à l'encontre des délinquantes suggèrent plutôt que les femmes n'étaient que rarement accusées, poursuivies et condamnées pour des crimes graves. Deuxièmement, le pardon est relatif à un vol. Or, les types d'infractions que nous trouvons dans les registres de pardon royal, sont généralement des crimes violents. On fera remarquer que Perrette n'est pas punie pour avoir eu des relations sexuelles avec un prêtre. Son crime, pur et simple, est le vol. C'est pour ce délit qu'elle a été emprisonnée et poursuivie. Son statut de mère, même si ses enfants sont illégitimes, nés d'un adultère avec un prêtre, est l'argument déterminant qui est avancé pour rendre son crime pardonnable.

Les mères de bâtards

Il existe en effet un contexte juridique qui justifie que cette femme cherche de l'aide auprès du père de ses enfants, prêtre ou non. Il a été montré que, dans ces circonstances, les femmes pouvaient se prévaloir des lois qui avaient pour but d'interdire et de punir ce type de relations et visaient à faciliter la poursuite des prêtres ayant eu des relations sexuelles avec des femmes, permettant ainsi, en principe, l'obtention d'une pension alimentaire pour les enfants. Nous ne savons pas quelles pressions réelles ont pu s'exercer sur les pères pour qu'ils soutiennent les femmes et les enfants, et nous ne connaissons pas suffisamment d'exemples de femmes ayant obtenu une aide juridique. En l'espèce, ne pouvant ou ne voulant pas tenter un recours juridique, ou peut-être ayant essayé et échoué, cette femme a préféré prendre ce qu'elle estimait lui être dû. Comme il ne s'agissait pas seulement du vol d'une personne, mais du vol d'un membre du clergé et donc, potentiellement, de l'Église, il s'agissait d'un crime très grave, qui pouvait être puni par la peine capitale. La lettre présente cette malheureuse femme comme agissant au nom de ses enfants, pour obtenir pour eux le droit aux aliments de la part de la personne qui aurait dû les leur fournir. Le vol devenait ainsi, à l'évidence, pardonnable.

Sexe, culpabilité et genre

La responsabilité de la perte de la virginité et de la grossesse de Perrette est, comme souvent dans les sources médiévales, attribuée à l'homme qui, dans la pensée médiévale, est toujours présenté comme l'acteur, notamment dans la sexualité, tandis que la femme est dépeinte comme passive et vulnérable. Nous pouvons également supposer que ce prêtre, en raison de sa place dans la communauté, en tant qu'homme d'une certaine stature, avec un foyer, aurait pu profiter de sa position tout d'abord pour séduire Perrette, puis pour continuer à la dominer, elle et son mari. Il pourrait même avoir arrangé son mariage.

Sara McDougall
City University of New York

Pour en savoir plus

Claude Gauvard, *Condamner à mort au Moyen Âge. Pratiques de la peine capitale en France XIIIe-XVe siècle*, Paris, Presses universitaires de France, 2018.

Anne Lefebvre-Teillard, « L'influence du droit canonique sur l'apparition d'une présomption de paternité » dans Yves Mausen *et alii* (dir.), *Der Einfluss der Kanonistik auf die europäische Rechtskultur*, vol. 1, 2009, p. 249-264.

Sara McDougall, « Singlewomen and Illicit Pregnancy in Late Medieval France: The Case of Marie Ribou (1481) », *French Historical Studies*, vol. 44, n° 3, 2021, p. 529-558.

Quentin Verreycken, « The Power to Pardon in Late Medieval and Early Modern Europe: New Perspectives in the History of Crime and Criminal Justice », *History Compass*, n° 17, 2009, p. 1-17.

7. Des pratiques testamentaires féminines

(Languedoc, xve siècle)

Idem, l'année et le règne susdits, le 23e jour de septembre, moi, Catherina, fille de feu Raymond Folheti jardinier de Montpellier et de Peyronela sa femme en vie, épouse de Johan Serilhan poissonnier, habitante de Montpellier [...] saine d'esprit mais malade de corps et craignant de mourir, je fais mon dernier testament. Premièrement je recommande mon âme au Créateur, etc. J'élis ma sépulture au cimetière St Barthélemy de Montpellier au lieu où est enseveli mon seigneur père. Et de mes biens, j'attribue la somme de 20 livres tournois [...] pour mon âme grâce auxquelles seront payées mes dépenses funéraires et des messes. Également je lègue au [...] prêtre de l'église St Paul, mon confesseur, 3 livres tournois [...]
Aussi je lègue par droit d'institution [...] à vous, Nicholas Hochoni, mon fils et fils de feu Stéphane Hocho de Villeneuve, un marc d'argent que ledit feu Stéphane Hocho m'avait donné en augment dotal dans un contrat de mariage. Aussi je lègue au même Nicholas [...] tous les droits et les actions que je possède [...] sur les biens et héritages dudit Stéphane Hocho, feu mon premier mari, à moi transmis à la mort de nos deux filles. Également je lègue [...] à vous ledit Nicholas, de mes biens, 20 florins d'or. Je vous lègue en outre certains de mes chapelets d'ambre [...] Et je veux que, si ledit Nicholas décède sans héritier légitime, les chapelets et les 20 florins soient donnés à Peyronela, ma mère [...] et qu'ils reviennent à mes enfants à la mort de Peyronela [...]
Aussi je lègue [...] à Eyglina ma sœur, Catherina sa fille et Martin son fils, 1 livre tournois à chacun, etc.
Idem tous mes autres biens tant mobiliers qu'immobiliers présents et futurs sont légués à mes héritiers universels [...], Johan et Philippe Serilhan, frères, mes fils, à parts égales et mêmes portions. Et dans le cas où ils décèdent sans héritier je substitue Johan Serilhan mon mari [...]
Idem je veux et j'ordonne que dans le cas où ma mère viendrait en décrépitude et ne pourrait plus prêter serment d'elle-même, que tous les trois la prennent en charge sur mes biens. Aussi je lègue à ma mère une cape à capuche de couleur sang et une cotte vert sombre.
Je fais mes exécuteurs testamentaires ledit Johan Serilhan mon mari et Deodat Trivoni cordonnier, à qui je lègue 1 livre tournois [...]
Et ceci est mon testament ultime nuncupatif et ma dernière volonté par lesquels je transmets etc. Et si ne vaut etc. Et je demande à vous, témoins etc.
Acte fait au lieu susdit, témoins susdits et moi, Arnaud Vitalis [notaire].

Archives départementales de l'Hérault, AD34, 2E95/463,
24 septembre 1421, fol. 134-135 [en ligne]
(modernisé par Lucie Laumonier).

Le testament de Catherina Serilhan, veuve d'un poissonnier de Montpellier, daté de 1421, est tiré d'un registre de notaire des Archives départementales de l'Hérault. Il a été dicté devant témoins avant d'être traduit en latin et consigné dans un registre par le notaire. Les testaments dévoilent les liens qui unissaient leur commanditaire aux membres de leur parenté dans le cadre de la circulation des biens patrimoniaux. S'il est précieux concernant les informations transmises sur la fortune féminine, le document peut aussi être analysé dans des perspectives d'histoire de la famille et du genre. En effet, les femmes apparaissent en grand nombre dans la documentation testamentaire : à Montpellier entre mille trois cents et mille cinq cents, elles représentent 40 % des commanditaires des actes.

Un acte qui donne des informations de nature démographique

Bien que les testaments n'aient pas pour objectif de répertorier l'ensemble des membres d'une famille, faute d'autres sources de nature démographique, ils sont souvent analysés pour mener des études de population (taux de nuptialité, nombre d'enfants par couple, etc.). Ils peuvent ainsi éclairer les tendances démographiques des derniers siècles du Moyen Âge. Le testament de Catherina indique qu'elle est une veuve remariée, mère de trois fils adultes en vie et de deux filles décédées. À Montpellier comme ailleurs, les taux de nuptialité des testatrices sont élevés : aux XIVe et XVe siècles, 95 % d'entre elles sont mariées, veuves ou remariées au moment de dicter leur testament. Les femmes font souvent leur testament une fois veuves, quand elles ont accès à un pécule, comme la restitution de leur dot ou le paiement de leur augment dotal, ou encore un legs reçu d'un parent ou de leur conjoint décédé, ce qui explique pourquoi 55 % des testatrices sont veuves ou remariées. Le veuvage peut être synonyme d'indépendance financière pour les femmes, même si de nombreuses veuves vivent dans la pauvreté.

Un acte qui témoigne des pratiques successorales féminines

Les testaments mettent en lumière les rapports qui s'établissent entre cadres législatifs et usages en matière de circulation des biens. Qui, parmi les enfants, reçoit le gros de l'héritage ? Femmes et hommes ont-ils les mêmes attitudes face à la transmission de leurs biens ? Pour répondre à ces questions, il est nécessaire de connaître les cadres législatifs locaux. Inspirées du droit romain dans la France méridionale, les règles successorales varient d'une ville à l'autre. À Montpellier, elles sont établies dans les coutumes de la ville.

Les habitants jouissent d'une grande liberté testamentaire. Aussi longtemps que leurs héritiers légitimes sont institués d'une somme modique (la *légitime*), ils peuvent disposer de leurs biens comme ils l'entendent. En pratique, la majorité des testateurs qui ont des enfants leur transmettent l'essentiel de leurs biens via l'institution d'héritiers universels. Catherina institue héritiers les deux fils issus de son deuxième mariage. L'héritage est amputé par les legs pour le salut de l'âme et ceux dirigés vers des membres de la parenté. Ici, Catherina transmet des biens à son fils issu d'un premier mariage, à sa sœur, son neveu, sa nièce et sa mère.

Un reflet des relations de parenté

Bien que standardisés et répondant à des contraintes juridiques, les testaments sont adaptés aux besoins de leurs commanditaires. Ils témoignent des relations de parenté qui unissent les familles médiévales, sur Terre et après la mort, et lèvent le voile sur l'intimité des ménages. Catherina demande par exemple à être enterrée auprès de la dépouille de son père décédé, signe de son attachement à ses ancêtres. De nombreuses testatrices, à Montpellier et ailleurs, souhaitent plutôt un ensevelissement auprès de leur conjoint décédé.

Catherina exprime aussi une inquiétude quant au devenir de sa mère vieillissante. Ses fils et son conjoint devront s'occuper d'elle si ses capacités se détériorent. Les testaments révèlent une multitude de stratégies visant la prise en charge des personnes âgées de la parenté, et tout autant qui concernent la vieillesse future du commanditaire de l'acte. Les incitations financières sont fréquemment invoquées dans ces actes, qui rendent l'héritage conditionnel à cette prise en charge.

Lucie LAUMONIER
Concordia University, Montréal

Pour en savoir plus

Marie-Thérèse LORCIN, *D'abord il dit et ordonna. Testaments et société en Lyonnais et Forez à la fin du Moyen Âge*, Lyon, Presses universitaires de Lyon, 2007.

Marie-Claude MARANDET, *Le souci de l'au-delà : la pratique testamentaire dans la région toulousaine (1300-1450)*, Perpignan, Presses universitaires de Perpignan, 1998.

Joëlle ROLLO-KOSTER et Kathryn L. REYERSON (dir.), *« For the Salvation of my Soul »: Women and Wills in Medieval and Early Modern France*, Saint Andrews, Saint Andrews Studies in French History and Culture, 2012.

8. L'appropriation des enfants par les pères en vertu de la Création

(Allemagne, XVe siècle)

Une fois que les créatures animées de la terre et les oiseaux eurent été formés et menés à Adam pour qu'il les voie, et comme Adam ne trouva pas un allié qui lui soit pareil, le Seigneur suscita le sommeil en Adam et prit une des côtes, l'entoura de chair et la constitua en une femme, qu'Adam vit et dont il dit : « Cet os est tiré de mes os, elle sera appelée Issa, c'est-à-dire une femme qui a été tirée d'un homme. » Alors le Seigneur mena Adam au Paradis et c'est là qu'il a fait Ève à partir de la côte du dormeur et qu'il lui a formé une compagne. Mais il ne l'a pas faite à partir de la tête pour qu'elle ne domine pas sur l'homme, et pas non plus à partir des pieds de l'homme afin qu'elle ne soit pas humiliée, mais à partir du côté pour valoriser le lien de l'amour, et aussi afin que chacun s'apparie non pas en fonction de la noblesse du statut ou de la naissance, mais de la grâce de la vertu. Et quoique l'homme ait été créé en dehors du Paradis et la femme dedans, l'homme, fait de façon miraculeuse, est toutefois mieux conçu qu'Ève, créée au Paradis. C'est ainsi que Dieu, le sublime ouvrier, créa le sixième jour du monde, le 25 mars, après la création des animaux de la terre et de tout ce qui rampe et des oiseaux, Adam, le premier humain, en tant qu'aboutissement et que possesseur de toutes les créatures, à partir de terre ou de limon rouges du champ de Damas.

Hartmann SCHEDEL, *Das buch der Cronicken und gedechtnus wirdigern geschichten*, Nuremberg, 1493, Bayerische Staatsbibliothek München, fol. 6v (traduit du moyen-haut allemand par Joseph MORSEL).

Une œuvre à succès

La *Chronique universelle* (ou *Livre des chroniques*), imprimée à Nuremberg en 1493, est l'œuvre majeure de l'humaniste nurembergeois Hartmann Schedel (1440-1514). Publiée à la fois en latin et en allemand, cette chronique est dotée de plus de mille huit cents gravures sur bois dues aux célèbres peintres et graveurs nurembergeois Hans Pleydenwurff et Michael Wolgemut. Et c'est de fait moins par son texte, classiquement organisé en six âges du monde et compilant divers modèles antérieurs, que se distingue cette chronique que par l'organisation de sa production et de sa commercialisation (remarquablement bien documentées), son succès (environ mille quatre cents exemplaires latins et sept cents exemplaires allemands imprimés – sans parler des imitations ultérieures) et, responsables de ce succès, ses illustrations.

Un rapport texte/image subtil

Le terme d'« illustration » est cependant trompeur, car il suggère une relative dépendance de l'image par rapport au texte. Or, ce n'est pas ce que montre la page ici présentée, qui associe du texte et une gravure relatifs au même passage de la Bible (*Genèse*, 2:21-23), la création d'Ève à partir du côté d'Adam, le texte étant lui-même complété, sans mot dire, par des commentaires scolastiques (la femme créée du côté et non pas des pieds ni de la tête d'Adam, impliquant donc amour et non pas humiliation ou domination), des interprétations étymologiques (« Issa » venant de l'hébreu *ishsha*, « femme », dérivé d'*ish*, « homme » ; « Adam », issu de l'hébreu *adamah*, « sol » et interprété depuis saint Jérôme comme *terra rubra*, « terre rouge » – mais c'est sans doute *adamah* qui conduit à « Damas ») et des jeux analogiques (la date du 25 mars est celle de l'Annonciation, parce que Jésus est censé être le nouvel Adam).

Un système analogique

Mais la gravure adopte un autre choix, Dieu tirant entièrement Ève du côté d'Adam endormi. Il s'agit là d'une figuration courante après le XIIe siècle (Ève pouvant être tirée du ventre d'Adam endormi, comme au portail de la cathédrale de Worms, vers 1300, où l'image est placée en parallèle à la Nativité). L'image fait sens en articulant le texte classique à une analogie qui, sans cela, resterait difficilement perceptible. Ici, en effet, Dieu se trouve dans la position de ce que nous appellerions un « obstétricien », actif, et Adam dans la position d'un accouché, passif – l'accouchement dans la douleur, le travail, a été imposé à la femme après le péché originel. Le mode analogique constituant une matrice essentielle de production du sens dans cette société, on devrait donc en déduire que, dans l'ordre de la procréation, la mère est dans la même situation que, dans l'ordre de la Création, Adam par rapport à Dieu.

Le père comme *analogon* du Père

À son tour, le texte permet de préciser le sens, notamment l'usage du verbe *formen*, également utilisé pour la création d'Adam : l'essence de la Création est d'être une *formation*, à partir d'une matière d'origine variable, ici une côte d'Adam. Or, au XIIIe siècle, se sont imposées les théories aristotéliciennes, qui étaient restées jusqu'alors secondaires par rapport à celles de Galien, et qui distinguent l'engendrement, dû au père et pensé comme mise en forme, de la simple fourniture de matière (*materia*) par la mère (*mater*). Contrairement à notre société, où le fond l'emporte sur la forme, c'était alors la forme qui prévalait. Par conséquent, Dieu et le père se retrouvent analogiquement dans une position identique de fournisseurs de forme, et Adam et la mère dans celle de fournisseurs de matière ; on peut donc considérer que l'image et le texte construisent une analogie selon laquelle, dans l'ordre de la procréation, la mère est par rapport au père dans la même situation que, dans l'ordre de la Création, Adam par rapport à Dieu. Et comme la création de l'homme a été faite « à l'image de Dieu » – le texte le rappelle expressément –, on comprend que les enfants procréés sont censés ressembler en premier lieu à leur père, ce qui est un moyen d'approprier spirituellement les enfants au père, à l'encontre de l'indubitable lien charnel avec leur mère. Or, dans cette société, le spirituel l'emporte systématiquement sur le charnel.

Ce type de figuration de la création d'Ève relève donc des multiples dispositifs par lesquels la place de la mère est marginalisée par rapport au père, avec une probable inflexion dans un sens négatif à partir du XIIIe siècle.

Joseph MORSEL
Université Paris 1 Panthéon-Sorbonne
LaMOP (UMR 8589)

Pour en savoir plus

Jérôme BASCHET, « Ève n'est jamais née. Les représentations médiévales et l'origine du genre humain », dans Jean-Claude SCHMITT (dir.), *Ève et Pandora. La création de la première femme*, Paris, Gallimard, 2001, p. 115-162.

Monique DOSDAT et Caroline JOUBERT (dir.), *L'Image du monde en 1493. Histoire naturelle et surnaturelle dans la Chronique de Nuremberg*, Paris, Fédération française de coopération entre bibliothèques, 1993.

Didier LETT, « "L'expression du visage paternel". La ressemblance entre le père et le fils à la fin du Moyen Âge : un mode d'appropriation symbolique », *Cahiers de Recherches Médiévales*, n° 4, 1997, p. 115-125.

Christoph RESKE, « Der Holzschnitt bzw. Holzstock am Ende des 15. Jahrhunderts. Aspekte der Arbeitsteilung, Kosten und Auflagenhöhe », *Gutenberg-Jahrbuch*, n° 84, 2009, p. 70-79.

9. Les différents visages du veuvage féminin à Toulouse

(France, XVIIe siècle)

Registre de la capitation, Toulouse, 1695

Capitoulat de Saint-Sernin 10e moulon
Anne Dussaut veuve de Barbazan tailleur
Jean Barbazan fils de la dit. Dussaut.......................... cotisés ensemble 3 livres
Toinette de Thomas veuve de Duclos me chandelier dans la maison de Lalaisse
Perrete Duclos fille de Thomas
Catherine Duclos autre fille de lad. Thomas
Marguerite Duclos autre fille de lad. Thomas................. cotisés ensemble 3 l
La veuve de Baisse lavandière sa fille pauvres....................................... néant
Delle Louise de Ceriros veuve du sieur St Martin procureur au sénéchal dans sa maison une servante
Jean St-Martin fils de la dit. Ceriros
Pierre St-Martin autre fils de la dit. Ceriros
Guillaume St-Martin autre fils de la dit. Ceriros
Annete de St Martin fille de la dit. Ceriros........................cotisés ensemble 3 l
Marie Lambrigot veuve de Jean Fraisse garçon tailleur ayant une fille en bas âge nommée Margot pauvre... néant
Jeanne D'Albaret veuve d'André Albert me menuisier.................................. 1 l
Delle Marie de Gélis veuve du sieur Dejean écuyer vivant de ses rentes........... 30 l
Marthe du Carlier veuve de Jean Danjean tailleur d'habits ayant sept enfants pauvres... néant
Delle Marguerite de Pouché veuve du sieur Taillasson professeur une servante dans sa maison.. 16 l
Delle Françoise de Borista veuve du sieur Taillasson vivant de ses rentes avec une servante
Raymond de Taillasson fils de lad. delle de Borista
Le sieur Joseph de Taillasson fils
Le sieur Louis de Taillasson autre fils
Delle Françoise de Taillasson fille de la delle de Borista
Delle Marion de Taillasson autre fille............................... cotisés ensemble 46 l
Dame Jaquette de Taillasson veuve de Monsieur de Berot trésorier général de France ayant une femme de chambre un laquais et une servante...65 l
Le sieur Antoine Joseph de Berrot fils de la dite dame de Taillasson
Le sieur Jean Baptiste de Berot autre fils
Delle Jeannette de Bérot fille de la d. dame de Taillasson.....cotisés ensemble 60 l
La veuve de Bergé crocheteur... 1 l
Jeanne de Mouch veuve de Louis Puges hoste dans sa maison...................... 3 l

D[elle] Janne Dazemar veuve d'autre Azemar marchand avec une servante dans la maison de mad. de La Boissière.. 16 l
Janne Garaque veuve d'Anthoine Salesse tavernier..................................... 1 l
Marie Trebosc fille nièce de lad. Garaque luy tenant lieu de servante............ 1 l

Archives départementales de la Haute-Garonne,
1C 1082, 2 MI 906, fol. 20-27
(modernisé par Christine Dousset-Seiden).

Devenir veuve à l'Époque moderne fait passer la femme mariée de la subordination à son mari à une indépendance nouvelle et parfois périlleuse, en particulier quand elle a de faibles revenus et plusieurs enfants, encore jeunes, à nourrir. Ce nouveau statut rend ces femmes beaucoup plus visibles dans les archives, en particulier dans les rôles d'impôts, comme ceux de Toulouse.

Des veuves visibles et nombreuses

En 1695, face aux graves difficultés financières du royaume, Louis XIV instaure un impôt supplémentaire, la capitation, dont le montant est établi selon le rang social des individus. Les nouveaux rôles fiscaux enregistrent l'identité du chef de chaque foyer, son statut socioprofessionnel, la présence éventuelle de domestiques et le total de l'imposition qui en découle. À Toulouse, il a été décidé en outre de mentionner la composition de chaque ménage et de répertorier les plus pauvres, pourtant exemptés de paiement. Les listes sont dressées à l'intérieur de chaque quartier, appelé capitoulat, et moulon par moulon, c'est-à-dire îlot par îlot. Plus de trente-sept mille habitants sont dénombrés, ce qui fait de Toulouse une des grandes villes du royaume.

Dans le dixième moulon du capitoulat Saint-Sernin, au cœur de la cité, on dénombre soixante-trois foyers fiscaux. Quinze comprennent une femme dont le veuvage est clairement mentionné. Ces veuves sont enregistrées selon le rang social de leur époux décédé. Cette désignation est d'autant plus indispensable pour la capitation qu'elles sont imposées à la moitié de leur défunt mari. Toutes sont répertoriées en tant que chefs du foyer, comme l'immense majorité des veuves toulousaines. Ces quinze foyers représentent plus de 20 % des ménages du moulon, ce qui est aussi le cas dans le reste de la ville. Si ce pourcentage se situe dans une fourchette haute, peut-être en raison de la grave crise démographique de 1693-1694 qui a entraîné une forte surmortalité, la présence fréquente de veuves à la tête d'un foyer est une réalité des villes de l'Europe moderne. Les maris sont en moyenne un peu plus âgés que leurs épouses, qui une fois veuves se remarient moins que les hommes quand augmente leur nombre d'enfants à charge et surtout leur âge.

Des vécus contrastés

Les femmes de notre extrait partagent un même statut matrimonial, mais leur âge, inconnu, et leur situation familiale sont variés. Quatre d'entre elles, appartenant à tous les milieux, de la veuve d'un crocheteur à celle d'un « écuyer », c'est-à-dire d'un petit noble, vivent seules, deux avec une domestique. La proportion de ménages solitaires, plus du quart, 40 % avec les domestiques, est ici particulièrement élevée, mais elle rappelle que la solitude féminine est une spécificité urbaine dans l'Europe moderne. Comme ailleurs, les plus nombreuses, huit sur quinze, cohabitent avec leurs enfants, inhabituellement nombreux dans ce moulon, qu'ils soient en bas âge ou plus grands, voire adultes, mais toujours célibataires ici, car le veuvage est loin d'être toujours lié à la vieillesse. Les solidarités familiales vont au-delà des liens mère-enfants. Une tavernière vit avec sa nièce qui lui sert de servante. Dans la riche famille Taillasson, trois veuves vivent côte à côte, avec leurs domestiques et leurs enfants.

Le document révèle la mixité sociale de Toulouse, et plus largement celle des villes à l'époque moderne. Ces voisines appartiennent à tout le spectre social, des métiers manuels les plus humbles à la noblesse, en passant par l'artisanat, le commerce et la bourgeoisie des rentiers et des officiers. Leur rang social se reflète dans la variété des désignations. Les plus pauvres, privées d'identité personnelle, sont identifiées par le nom de leur mari, alors que la majorité ont un prénom et un patronyme. Les « demoiselles » sont d'un statut social plus élevé, le terme de « dame » étant réservé à la veuve d'un noble de robe qui emploie trois serviteurs. La présence de domestiques constitue un autre marqueur, le recours à une servante étant habituel à partir d'un certain rang. Être propriétaire ou locataire de son logement est un critère moins déterminant. Le niveau d'imposition, de zéro à soixante-cinq livres, manifeste l'amplitude des écarts. Les deux tiers de ces femmes paient au plus trois livres, alors que le tiers supérieur, imposé à partir de seize livres, regroupe bourgeoises et nobles. Avec 20 % d'exemptées, la pauvreté est un peu moins présente parmi ces veuves que dans l'ensemble de la ville.

Le veuvage entraîne des effets très différents selon l'âge, la situation familiale et le niveau social. Il renforce la misère des unes qui ne survivent que grâce à l'assistance et à des travaux peu rémunérés. Il laisse à d'autres la possibilité d'assurer la vie matérielle de leur foyer, sans les mettre à l'abri d'une paupérisation. Il permet enfin à quelques-unes de conserver leur niveau de vie tout en leur offrant leur indépendance, voire une position de pouvoir.

Christine Dousset-Seiden
Université Toulouse Jean Jaurès
FRAMESPA (UMR 5136)

Pour en savoir plus

Scarlett BEAUVALET-BOUTOUYRIE, *Être veuve sous l'Ancien Régime*, Paris, Belin, 2001.

Christine DOUSSET-SEIDEN, « Veuvage féminin et patrimoine familial : l'exemple du midi toulousain sous l'Ancien Régime », dans Michel BERTRAND (dir.), *Pouvoir des familles, familles de pouvoir*, Toulouse, Presses universitaires du Midi, 2005, p. 761-772.

Beatrice MORING et Richard WALL, *Widows in European Economy and Société, 1600-1920*, Woodbridge, Boydel Press, 2017.

Nicole PELLEGRIN et Colette H. WINN (dir.), *Veufs, veuves et veuvage dans la France d'Ancien Régime*, Paris, Classiques Garnier, 2003.

10. Le mariage : intérêts et sentiments

(Angleterre, XVIIIe siècle)

William HOGARTH, *Marriage A-la-Mode : Le contrat de mariage*, v. 1743, huile sur toile, The National Gallery, Londres.

Gérard Jean-Baptiste SCOTIN, d'après William HOGARTH, *Marriage A-la-Mode*, scène 1, v. 1745, gravure et eau-forte, Metropolitan Museum of Art, New York.

Une scène de genre

Au centre des deux images, le comte Squanderfield (de la Gabegie), perclus de goutte, pointe fièrement un arbre généalogique remontant à Guillaume le Conquérant. Face à lui, un échevin tient un contrat de mariage et scrute les guinées d'or déposées devant le comte auquel on restitue une hypothèque. Capital social contre capitaux, tout court. Les termes de l'échange sont le jeune Squanderfield, déjà distrait, et la fille de l'échevin, déjà maussade. Un mur de peintures de martyres et de meurtres bibliques annonce le désastre, déroulé par William Hogarth dans le cycle du *Marriage A-la-Mode*, une série de six tableaux dans lesquels le peintre moraliste dénonce les résultats désastreux d'un mariage arrangé : désintérêt mutuel, adultères réciproques, syphilis, meurtre du mari trompé, suicide de l'épouse, etc.

Une institution en débat

La chronique de l'échec annoncé d'une union arrangée fait écho aux débats qui traversent la société anglaise à cette époque. Si, pour la majorité des catégories modestes de la société, le choix d'un conjoint demeure relativement affranchi de l'autorité parentale (non sans être soumis à des conditions économiques), pour la grande majorité des familles aristocratiques et des classes moyennes, ces unions sont souvent des arrangements destinés à préserver ou à augmenter titres et patrimoines, à constituer des alliances, à monnayer ou acquérir le prestige nobiliaire. Dans ses *Réflexions sur le mariage* (1700), l'écrivaine Mary Astell, célibataire endurcie, dénonce l'institution : « Si le mariage est un état tellement enviable, pourquoi y a-t-il si peu de mariages heureux ? » L'époque est à l'expression du libre arbitre, des sentiments personnels et de l'amour « romantique » illustré par le roman de Samuel Richardson, *Pamela* (1740).

Le carcan de la loi

La législation anglaise sur le mariage est dure pour les femmes : par la *Common Law*, l'épouse relève du régime de la *coverture* (« couverture ») par lequel son identité juridique et ses droits se confondent avec ceux de son mari. La femme *covert* perd toute capacité juridique. Elle ne peut ester en justice ni signer de document légal en son nom propre ; ses biens et ses revenus sont abandonnés à la gestion de son mari (sauf dispositions prénuptiales), à la différence de la *feme sole* (célibataire ou veuve) qui bénéficie du droit de propriété et du droit de contracter. Si elle ne peut poursuivre ou être poursuivie en justice, car son mari est légalement responsable de ses actes, de ses délits et de ses dettes, la femme mariée ne détient pas non plus l'autorité parentale sur ses propres enfants.

Le mariage, ou comment en sortir

Les formes de résistances à cette législation sont diverses. Le célibat des femmes est important : de 16-18 % vers 1700 à 10 % vers 1800 du total des femmes. Le phénomène est beaucoup plus important dans l'aristocratie où les femmes rechignent, à la différence des hommes, à convoler en dessous de leur condition : plus de 20 % pour les nobles anglaises, et jusqu'à 30 % pour les Écossaises. L'âge au mariage demeure élevé jusqu'aux années 1750 : sur le siècle, il est de vingt-trois ans pour les femmes et de vingt-six ans et demi pour les hommes… On se marie donc aux mêmes âges à l'époque de Hogarth qu'à celle des Beatles. Quant au divorce légal, il est rare. Il repose sur le régime de la faute (l'adultère principalement), nécessite un coûteux *private act* du Parlement, et ses conséquences financières retombent systématiquement sur les femmes : il est donc réservé aux élites. Entre 1670 et 1857, à peine trois cent vingt-cinq divorces sont enregistrés, dont quatre seulement à la demande des épouses. La forme la plus courante de séparation reste la désertion du foyer, le plus souvent à l'initiative des hommes.

La remise au pas des unions

Destinée à protéger les patrimoines des unions librement consenties, la loi sur le mariage de 1753, une première en Angleterre, impose bans, consentement parental pour les mineurs de moins de vingt et un ans, témoins, enregistrement par un ecclésiastique autorisé. Pour les femmes anglaises, la garde des biens n'est obtenue qu'en 1882, l'égalité des droits dans le divorce en 1923, l'égalité juridique pour la garde des enfants en 1925. Le divorce pour incompatibilité est établi en 1969.

Jean-François Dunyach
Sorbonne Université
Centre Roland Mousnier (UMR 8596)

Pour en savoir plus

Bridget Hill, *Women Alone: Spinsters in England 1660-1850*, New Haven, Yale University Press, 2001.

Wendy Moore, « Love and marriage in 18th-Century Britain », *Historically Speaking*, vol. 10, n° 3, juin 2009, p. 8-10.

Paul Penizot, « Les femmes et la législation matrimoniale anglaise de la restauration à la loi Hardwicke », *Bulletin de la société d'études anglo-américaines des XVIIe et XVIIIe siècles*, n° 12, 1981, p. 7-28.

Lawrence Stone, *Broken Lives: Separation and Divorce in England, 1660-1857*, Oxford, Oxford University Press, 1993.

11. Une séparation dans le monde orthodoxe

(Moldavie, XVIIIe siècle)

Le 28 janvier 1744, Iasi.
† Nicéphore, par la grâce de Dieu archevêque et métropolite de Suceava et de toute la Moldavie. Par cette charte de notre métropolie, nous faisons savoir à tous la grande plainte et la querelle que Safta a avec son mari, Démettre Ţuvlic, cordonnier, homme de mauvaises habitudes et porté à l'ivresse [...], qui boit et s'enivre chaque jour et lui assène de gros et terribles coups cuisants, de telle sorte que, à cause de tout ceci, elle a perdu plusieurs couches, ainsi que des vignobles qu'elle avait reçus en dot de ses parents, que son mari a vendus sans son consentement. Et, d'après le témoignage fait devant nous par des voisins qui habitent le même faubourg, la vie des deux conjoints était très mauvaise et complètement désordonnée, et la femme s'est présentée plusieurs fois devant nous avec des traces de coups et fendue à la tête, d'autres fois avec des bleus sous les yeux et autres gros signes du mauvais traitement subi à cause de la cruauté de son mari. En faisant amener celui-ci devant nous, nous avons commencé par le sermonner doucement, l'engageant de renoncer à son comportement fol insensé et de vivre comme le font tous les gens, mais lui, n'ayant pas de cesse à continuer dans sa folie, nous l'avons emprisonné et lui avons assigné comme peine plusieurs coups de bâtons. Mais, malgré cela, il n'a pas abandonné ses mauvaises habitudes.
Par conséquent, nous [...], en voyant son entêtement et craignant qu'un péril de mort n'apparaisse [pour Safta], avons décidé qu'ils soient déliés de leur union corporelle et séparés l'un de l'autre et [...] qu'il soit interdit à l'homme de se remarier, de même qu'à la femme.
De même, nous avons cru bon [de décider] que, en échange des deux arpents de vignoble, la dot de la femme, que le mari a vendus - celui-ci n'ayant rien pour les remplacer - la femme puisse rester en possession d'une maison bâtie avec son mari dans le faubourg des Cordonniers. Qu'il puisse reprendre sa maison s'il rachètera les vignobles et, s'il en sera incapable, que la maison reste en possession de la femme, parce qu'il n'est pas permis à un mari de vendre les dots de sa femme, n'importe la nécessité qu'il puisse ressentir.
Par conséquent, nous avons donné dans les mains de la femme cette charte de notre métropolie afin qu'elle soit libre de son mari, Démettre, et qu'elle puisse avoir en propriété la maison aussi. Et que lui n'ait aucun commerce ni avec la maison, ni avec sa femme.

À Iasi, l'an 7252 [1744], janvier 28. Nichifor, le métropolite [de sa propre main].

Document privé sur l'histoire de Iaşi. Acte interne,
I. Caproşu, Iaşi, Casa Dosoftei, doc. 424, p. 235-236
(traduit du roumain par Elena Bedreag).

L'Église et les chartes de séparation

Dans le monde orthodoxe, à la différence du monde catholique, le divorce était licite et l'Église consentait à la conclusion de trois mariages consécutifs pour les hommes comme pour les femmes. En Moldavie et en Valachie, au XVIIIe siècle, les motifs invoqués pour divorcer devaient être graves, clairement énoncés et dûment prouvés. Les plus courants étaient l'adultère, l'abandon de domicile et la violence conjugale. Comme le mari, l'épouse était en droit, elle aussi, de demander le divorce, mais, dans son cas, il était important qu'elle puisse récupérer sa dot, ce qui était possible seulement quand le divorce était imputé à une faute du mari. L'institution qui jugeait de telles causes était l'Église, par l'intermède du métropolite ou des évêques, secondés par d'autres clercs. À la fin du procès, les conjoints recevaient la charte de séparation qui, parfois, prévoyait l'interdiction faite aux ex-conjoints de se remarier.

Le droit du mari de battre son épouse

Un motif souvent invoqué par les femmes pour l'obtention du divorce était la vie malheureuse avec leur mari et le gaspillage par celui-ci de la dot. Par « vie malheureuse » était entendue principalement la violence « démesurée » du mari, par des coups qui mettaient en péril la vie de la femme. Le plus souvent, cette violence domestique découlait de l'alcoolisme. Un tel cas est jugé en 1744 par Nicéphore, métropolite de la Moldavie. Safta, épouse de Démettre Ţuvlic (cordonnier), demande la séparation d'avec son mari parce que c'est un homme méchant, ivrogne et violent. Ce n'était pas la première fois que Safta se présentait devant le métropolite avec une telle requête, et chaque fois Nicéphore faisait remarquer que les signes de violence sur le corps de la femme (bosses sur la tête, bleus aux yeux) étaient évidents. La femme avait aussi imputé à son mari les interruptions de plusieurs grossesses, causées par les coups. Pourtant, l'instance de jugement n'approuve pas dès le début le divorce, mais elle condamne le mari à subir une peine corporelle : l'emprisonnement temporaire et une correction à coups de bâton. Ce n'est que dans un deuxième temps que le métropolite approuve leur séparation, du fait que Démettre ne veut pas s'amender et que la vie de la femme est mise continuellement en danger. Il leur interdit de se remarier.

La récupération de la dot, clause importante dans le divorce

Un problème important à résoudre à la fin de ce procès est la restitution de la dot : du fait que cet ivrogne de mari a vendu les vignobles de sa femme (sa dot), l'instance décide, en compensation, de donner à Safta une maison que les conjoints avaient bâtie ensemble et qui comptait comme propriété de Démettre Ţuvlic. L'ex-mari pourra récupérer son bien à condition qu'il rachète les vignobles et les restitue à son ex-épouse. Le droit de l'épouse à bénéficier de sa dotation maritale était en effet soigneusement défendu par les lois et la coutume : le mari n'avait pas le droit de vendre ou d'aliéner la dot de sa femme sans l'accord de celle-ci, en aucune circonstance.

Le prix de la liberté

Le procès de Safta avec Démettre Ţuvlic montre qu'au début, malgré la conduite violente du mari, la sauvegarde du lien matrimonial est prioritaire aux yeux des juges. Le métropolite ne pense pas à protéger immédiatement l'épouse, mais il tente de convaincre le mari récalcitrant, par plusieurs peines, de rectifier son comportement. Ce n'est que lorsqu'un crime devient imminent que l'instance se décide à accorder la charte de séparation. Mais si la violence domestique est tolérable dans certaines limites, il n'en est pas de même pour la perte de sa dot par la femme : puisque la rupture du mariage n'a pas eu lieu par sa faute, son patrimoine doit lui être restitué dans son intégralité. En guise de dédommagement pour les vignobles perdus par le mari coupable, Safta reçoit non pas de l'argent, mais un bien patrimonial équivalent dont la possession lui assurera un revenu annuel de subsistance.

Elena Bedreag
Institut d'Histoire « Nicolae Iorga » de Bucarest

Pour en savoir plus

Viorel Barbu, « Divorţul în Ţara Românească », *Revista Istorică*, 3. 11-12, 1992, p. 1143-1155.

Elena Bedreag, « Divorce, remariage et condition juridique des femmes en Moldavie (xviie siècle-début du xixe siècle) », *Genre & Histoire*, n° 28, automne 2021 [en ligne].

Daniela Mârza, « Femeia între familie şi societate în Moldova Regulamentară », dans Alin Ciupală (dir.), *Despre femei şi istoria lor în România*, Bucarest, Editura Universităţii din Bucureşti, 2004, p. 7-25.

Constanna Vintilă-Ghiţulescu, *În şalvari şi cu işlic. Biserică, sexualitate, căsătorie şi divorţ în Ţara Românească a secolului al XVIII-lea*, Bucarest, Humanitas, 2004.

CHAPITRE 11

Sociabilités et solidarités féminines

Sociabilités et solidarités féminines

La sociabilité féminine a joué un rôle crucial dans l'histoire en permettant aux femmes de se rassembler, de partager des idées et de se soutenir mutuellement. Cette nécessité de créer des liens spécifiques à un genre est certainement le résultat de la séparation sexuelle des activités sociales. Dès l'époque néolithique, l'art rupestre levantin met en scène une sociabilité différenciée entre les hommes et les femmes. Bien que les représentations humaines soient largement dominées par celles des hommes, avec notamment les activités de la guerre et de la chasse, l'existence de figures féminines en groupes est l'indice d'une forme d'activité propre aux femmes, peut-être liée à un rituel ou une cérémonie religieuse. Le rituel religieux est en effet un moment privilégié où s'exerce la sociabilité féminine. Dans la Grèce antique, où les femmes sont largement exclues de la vie politique et civique, la religion est sans doute le seul domaine dans lequel elles peuvent trouver une forme d'expression publique et de considération sociale, ce que l'on a pu désigner par l'expression de « citoyenneté cultuelle ». Cependant, dans cette société bipartite, la pratique religieuse des femmes se fait la plupart du temps entre elles, avec des voisines, des parentes et dans des espaces qui leur sont réservés. Le lieu de la fontaine publique est l'un de ceux-là. Les femmes s'y retrouvent notamment pour y puiser l'eau nécessaire au rituel du bain nuptial. À Rome, certaines fonctions religieuses exclusivement féminines, comme celles des Vestales, offrent à quelques femmes un statut social privilégié leur permettant de participer dans une certaine mesure à la vie publique romaine. Au Moyen Âge, les monastères sont des lieux importants de sociabilité féminine. Ils offrent aux femmes une vie communautaire et un environnement où elles peuvent travailler, étudier et se lier d'amitié avec d'autres femmes. Certaines communautés féminines, comme les béguines, particulièrement présentes en Flandre et aux Pays-Bas, préfèrent vivre leur foi dans une communauté religieuse, affranchies de tout ordre religieux et de la tutelle du clergé. Placées sous la protection d'une « souveraine » ou « grande maîtresse », les béguines fixent elles-mêmes les règles de leur vie communautaire.

En dehors de la religion, la sociabilité féminine qui se pratique quotidiennement entre femmes de la maison, ou entre voisines, prend parfois des aspects ludiques. La représentation de petites filles ou de femmes jouant à des jeux d'adresse est très présente dans l'iconographie grecque. Lorsqu'il s'agit de jeux entre femmes adultes, la dimension érotique est souvent présente, en prélude à une relation amoureuse. Dans ce cas, la sociabilité féminine peut prendre la forme d'une compétition à l'exemple de ces concours de beauté féminine que les Grecs organisent lors de banquets pour désigner la plus belle courtisane de la fête.

Durant la Renaissance, les femmes de la haute société italienne, attachées à une cour princière, ont peu d'occasion d'en sortir. La fréquentation des cures thermales, pour soigner ce que l'on pense être des troubles de la fertilité, leur offre des moments de détente et de convivialité. Strictement encadrée par les médecins, cette sociabilité féminine est cependant très contrôlée par les hommes qui les accompagnent. Dans la Picardie du XVe siècle, la veillée est incontestablement un lieu privilégié de la rencontre féminine. Les femmes du peuple échangent leurs expériences vécues concernant les aspects essentiels de la vie domestique : la santé, l'argent, l'amour, le mariage. Elles partagent leurs savoirs, dénoncent vigoureusement le pouvoir abusif de leurs époux et aspirent à renverser la domination masculine. À partir du XVIIe siècle, certaines femmes souvent lettrées, aristocrates ou bourgeoises fortunées, organisent une sociabilité mixte en recevant chez elle des hommes et des femmes de lettres, des philosophes et des artistes. Leurs salons sont réputés et l'on s'y dispute pour y être invité. Femmes influentes, veuves ou célibataires, donc libérées de toute tutelle masculine, elles règnent en maîtresses des lieux, sélectionnant celles et ceux qu'elles désirent recevoir, imposant les thèmes de discussions et menant les débats.

Ainsi la sociabilité féminine devient-elle une forme de résistance feutrée face à l'oppression que les femmes subissent de la part des hommes. Celles-ci ont en effet compris qu'en se réunissant, elles pouvaient construire elles aussi de solides réseaux de solidarité qui leur permettraient d'échanger leurs idées et leurs savoirs, de s'encourager et de s'épauler mutuellement.

Nathalie ERNOULT

1. Une sociabilité féminine dans l'art rupestre levantin ?

(Péninsule Ibérique, Espagne, VIe millénaire av. J.-C.)

Dessin représentant un groupe de femmes, abri de Gavidia, Bicorp, relevé d'après Alexandre GRIMAL et Anna ALONSO, « La mujer en el arte de los cazadores epipaleolíticos », *Gala,* n° 2, 1994, p. 11-50.

Dessin représentant deux femmes, abri Roca dels Moros, El Cogul, relevé d'après Ramon VIÑAS, Anna ALONSO et Elisa SARRIÁ, « Noves dades sobre el conjunt de la Roca dels Moros », *Tribuna Arqueológica*, 1986-1987, p. 31-39.

C'est dans le bassin méditerranéen de la péninsule Ibérique qu'entre l'arrivée des premières sociétés paysannes néolithiques (vers le VIe millénaire av. J.-C.) et leur expansion ultérieure émerge une nouvelle expression graphique qui prend la forme de peintures pariétales en plein air : l'art rupestre levantin. Exceptionnel dans la Préhistoire européenne récente par le naturalisme des représentations et le caractère narratif des scènes, l'art levantin constitue une véritable archive à ciel ouvert, qui nous permet de découvrir l'image d'hommes et de femmes à travers la perception sociale et symbolique des communautés qui les ont peints. Une vision de la construction du genre jaillit de ces images et nous permet de compléter les rares informations fournies par le contexte archéologique pour ces périodes anciennes.

Un déséquilibre homme/femme dans les représentations

La conception figurative des hommes et des femmes dans cette tradition graphique est soumise à un filtre de genre qui est largement imposé à la représentation des traits sexuels. Le paraître, l'usage de certains instruments ou le port d'armes, ainsi que la participation à des activités sociales et économiques, façonnent l'image de la figure humaine et permettent de discerner une nette dichotomie entre le masculin et le féminin.

Le premier déséquilibre se manifeste dans le faible nombre de représentations féminines, à peine une centaine, par rapport à l'omniprésence des représentations masculines dans les sept cent cinquante abris ornés documentés à ce jour.

Bien que la représentation humaine soit soumise à des variations formelles tout au long de la séquence, l'une des constantes de la représentation féminine est sa tenue, sous forme de jupe ou de jambières. Contrairement à la figure masculine, dont la gamme de parure est plus étendue et plus variée, la femme est très peu parée : une sorte de bracelet, d'éventuels colliers ou des coiffures qui accentuent le volume de la tête sont les seuls éléments associés à son image. Une deuxième constante de la figuration féminine est qu'elle n'est jamais associée aux armes, l'arc et le faisceau de flèches étant des éléments distinctifs de l'homme. Certaines femmes portent des paniers, d'autres pourraient être associées à des sortes de bâtons de fouille, mais la plupart d'entre elles sont dépourvues de tout type d'objet. Or, ce manque d'outils ainsi que leur attitude peu dynamique remettent en question les activités associées aux femmes, d'autant plus qu'une troisième constante serait leur absence systématique des activités de chasse et des activités violentes représentées dans les panneaux.

Une sociabilité féminine autour de rituels féminins ?

Néanmoins, une approche alternative des panneaux permet de nuancer cette représentation passive des femmes. Bien que la grossesse ou l'accouchement, inhérents à la biologie féminine, ne fassent pas l'objet d'une attention particulière – seules une femme enceinte et une éventuelle scène d'accouchement ont été documentées –, la représentation des femmes, que ce soit par paires ou en groupes plus nombreux, pourrait refléter une sorte de sociabilité féminine. L'association de deux femmes, parfois de taille différente, pourrait bien suggérer le lien entre une mère et sa fille, tandis que le rassemblement d'un plus grand nombre de femmes, certaines dans une attitude dansante, illustrerait des cercles sociaux construits autour de rituels féminins ou des liens de solidarité entre les femmes d'une communauté.

Certes, l'image que nous renvoient les peintures levantines est celle d'un fort déséquilibre dans le traitement graphique des hommes et des femmes, qui tend vers la sublimation de la masculinité à travers les activités guerrières et la chasse. Ces activités peuvent donc avoir joué un rôle socio-symbolique fort au sein de ces communautés et, tout comme l'accès aux armes, avoir été interdites aux femmes. Mais au-delà de cette interprétation, certaines scènes des panneaux levantins nous donnent également accès à une dimension sociale dans laquelle les femmes pouvaient jouer un rôle prépondérant dans la structuration de leur communauté. Cette dimension aurait été éclipsée par la prédominance traditionnellement accordée aux activités socio-économiques masculines, telles que la chasse au gros gibier ou la guerre, dans la construction et le devenir des sociétés préhistoriques.

Esther López-montalvo
CNRS
TRACES (UMR 5608)

Pour en savoir plus

Anne Augereau, *Femmes néolithiques. Le genre dans les premières sociétés agricoles*, Paris, Éditions CNRS, 2021.

Trinidad Escoriza, « Representations of Women in Spanish Levantine Rock Art: An Intentional Fragmentation », *Journal of Social Archaeology*, vol. 2, n° 1, 2002, p. 81-108.

Maria Lillo Bernabeu, *La imagen de la mujer en el arte prehistórico del arco mediterráneo de la Península Ibérica*, Thèse doctorale, Alicante, Universidad de Alacant, 2014.

Esther Lopez-Montalvo, « Hunting Scenes in Spanish Levantine Rock Art: An Unequivocal Chrono-cultural Marker of Epipalaeolithic and Mesolithic Iberian Societies? », *Quaternary International*, n° 472, 2018, p. 205-220.

2. Femmes à la fontaine

(Grèce, VIe siècle av. J.-C.)

Lécythe attique à figures noires, v. 510-500 av. J.-C., Paris, musée du Louvre, CA 1855.

Des femmes en groupe

Sur un fond de rameaux feuillus, deux groupes de deux femmes sont représentés chacun autour de deux bouches d'eau en forme de mufles de lion. Elégamment vêtues – leur *himation* (manteau drapé) est brodé –, les cheveux relevés en chignon ou flottant sur les épaules, elles sont occupées à remplir leurs hydries, des vases à trois anses destinés au transport de l'eau. Ce thème est courant dans la céramique attique : à partir de 530 av. J.-C. et jusqu'au milieu du Ve siècle, on en compte plus de soixante-quinze exemples, le plus souvent sur des hydries à figures noires mais aussi sur d'autres formes de vases dont des lécythes, vases à parfum souvent retrouvés dans des tombes. La date d'apparition du thème et la représentation souvent détaillée de l'édifice abritant les bouches d'eau ont été mises en relation avec l'aménagement de fontaines monumentales à Athènes, dont l'*Enneakrounos*, la fontaine aux neuf bouches. On a évoqué une certaine propagande politique de la part des tyrans…

La fontaine : lieu de sociabilité

Les femmes sont figurées entre elles : l'activité d'aller chercher de l'eau à la fontaine est collective et presque exclusivement féminine. Aussi a-t-on comparé la fontaine, lieu de sociabilité pour elles, à la place publique pour les hommes. L'interrogation a porté sur le statut de ces participantes à une activité hors du domaine fermé de la maisonnée, l'*oikos* : on a hésité à y reconnaître des citoyennes exposées au regard du dehors et pensé à des hétaïres, ou courtisanes, en raison de leur élégance. La représentation de femmes aux cheveux coupés court et aux bras tatoués sur une hydrie (Louvre CA 2587) a même fait songer à des esclaves, interprétation renforcée par l'idée préconçue qu'une femme libre ne pouvait être représentée dans une activité extérieure.

Le caractère documentaire de ces images, inspirées de scènes réelles, est évident. Il porte sur les dispositifs des fontaines ou le transport des hydries, vides et couchées, ou pleines et alors portées verticalement sur la tête, que protège parfois un coussin. En outre, les peintres ont choisi de représenter des femmes à la mise recherchée, parfois accompagnées d'inscriptions leur donnant des noms liés aux fleurs (*Rhodon, Myrta, Anthyia)* ou les désignant comme belles (*kalè*), dans des compositions qui exaltent la qualité esthétique d'un spectacle beau à voir et séduisant. Dans une telle perspective, les rares figures masculines présentes sur ces scènes illustrent un regard voyeur et une menace (lécythe attique à figures noires, Athènes, col. Goulandris 1104). Sur le plan mythique, Amymoné poursuivie à la fontaine par Poséidon ou Polyxène sortie puiser de l'eau en compagnie de Troïlos, tandis qu'Achille les guette, mettent en évidence le danger de la situation.

Un bain nuptial ?

Le peintre peut trouver son inspiration dans un spectacle de la vie de la cité. Ces femmes sont représentées dans un cadre urbain que des rameaux viennent parfois décorer ou encore que la présence de Dionysos et d'Hermès (hydrie, Londres, British Museum B 334) inscrit dans un environnement cultuel. Elles peuvent s'adonner à une activité rituelle, difficile à préciser, plutôt que strictement domestique. De telles occasions sont nombreuses, et le puisage en vue du bain nuptial a spécialement retenu l'attention des commentateurs. D'autant qu'est attesté, sur des images plus tardives, le bain de la mariée aidée par Éros (*pyxis* attique à figures rouges, New York, Metropolitan Museum of Art 1972.118.148). La référence à un tel rituel, plutôt que sa représentation exacte, rendrait compte du caractère de cette imagerie, fondée sur l'apparence élégante et le caractère séduisant des participantes. Il pourrait s'agir d'une métaphore visuelle de la féminité idéale, saisie au moment d'un changement de statut marquant le passage à la vie adulte.

La provenance de notre lécythe n'est pas connue, mais un vase contemporain, semblable par sa forme et son décor (musée de Thèbes 6151), provient d'une tombe, le plus probablement féminine. L'exégèse proposée d'une allusion à un rituel marquant cette étape cruciale de la vie d'une femme y trouverait tout son sens. En tout cas, ces représentations fréquentes obligent à nuancer l'image traditionnelle de l'Athénienne recluse.

Marie-Christine Villanueva-Puig
CNRS
AnHiMA (UMR 8210)

Pour en savoir plus

François Lissarrague, « Femmes au figuré », dans Pauline Schmitt Pantel (dir.), *Histoires des femmes*, t. 1, *L'Antiquité*, Paris, Plon, 1991, p. 159-250.

Ivonne Manfrini-Aragno, « Femmes à la fontaine : réalité et imaginaire », dans Christine Bron et Effy Kassapoglou (éd.), *L'image en jeu : de l'Antiquité à Paul Klee*, Lausanne, Cabédita, 1992, p. 127-148.

Victoria Sabetai, « The Poetics of Maidenhood: Visual Constructs of Womenhood », dans John Oakley et Stefan Schmidt (éd.), *Beihefte zum Corpus Vasorum Deutschland*, 4, Munich, Verlag C. H. Beck, 2009, p. 43-54.

Marie-Christine Villanueva Puig, *Corpus Vasorum Antiquorum*, musée du Louvre, fasc. 28, Paris, Académie des Inscriptions et Belles Lettres, 2010, p. 39-40.

3. Le collège religieux des « vierges vestales »

(Rome, VIIIe av. J.-C.-IVe apr. J.-C.)

Banquet des vestales, Rome, musée de l'Ara Pacis.

Vestales sacrifiant, copie peinte d'un relief romain attribuée à Jean-Baptiste Siméon CHARDIN, v. 1760-1770, Chicago, Art Institute.

Le collège des vierges vestales représente une institution au fondement même des intérêts de l'État romain, qui combine normalité et exceptionnalité. Seul collège religieux féminin, son organisation est conforme à la structuration collégiale de tous les agents rituels dans la religion publique romaine, comme pour les acteurs politiques civils. Le collège rassemblait six femmes vierges, dont une « très grande vestale » à sa tête – comme le collège des pontifes était dirigé par un *pontifex maximus.*

Sociabilité religieuse

Le rôle du collège dans la religion publique était primordial. Les vestales étaient chargées d'entretenir le feu de la cité qu'elles conservaient dans le « temple » (*aedes*) de Vesta, « la déesse gardienne du feu » qui « ne confie qu'à de chastes mains le soin de son sanctuaire » (Ovide). Ce feu ne devait jamais s'éteindre car il présentifiait la pérennité de Rome elle-même, le « gage de [sa] puissance » (Tite-Live) et de sa persistance, aux côtés du Palladium (une statue rapportée de Troie qui protégeait Rome) et d'autres objets sacrés. Une fois l'an, les vestales éteignaient le feu et le rallumaient rituellement, le 1er mars, date du début de l'année dans le premier calendrier romain. Les vestales préparaient la *mola salsa* (une mixture à base d'épeautre, de sel et de sang) indispensable dans un sacrifice pour l'*immolatio* (le moment rituel de la consécration). Cette double responsabilité qui engageait le salut de Rome plaçait les vestales au fondement des procédures religieuses de la *respublica* et en faisait un chaînon nécessaire dans les relations de Rome avec ses dieux. Aussi, outre leurs origines familiales très majoritairement nobles, leur fonction jouissait-elle d'un prestige et d'une révérence extrêmes. Néanmoins, le collège des vestales n'appartenait pas aux quatre collèges religieux « majeurs », tous masculins, et dépendait de la juridiction du grand pontife.

Les vestales habitaient dans une maison commune, l'Atrium *Vestae,* au plein cœur du Forum républicain, jouxtant le sanctuaire de la déesse. Elles pouvaient s'y réunir pour banqueter, comme les montre un relief fragmentaire d'époque claudienne dont le motif, un banquet de femmes, est unique dans l'iconographie romaine. On reconnaît cinq vestales attablées, dominées à droite par la « très grande vestale », la tête couverte du *suffibulum,* un voile blanc caractéristique du vêtement rituel de ces prêtresses.

Sociabilité sociale et politique

Les vestales bénéficiaient d'un statut socio-juridique unique pour des femmes. Cette émancipation était le corollaire de leur virginité qui les sortait *de facto* des règles socio-familiales : « Les vierges vestales que les anciens eux-mêmes, en vue des honneurs du sacerdoce, voulurent libres, ainsi que le prévoit la loi même des Douze Tables » (Gaius, *Institutes*). « Prises » par le grand pontife entre six et dix ans, leur sacerdoce durait trente ans, soit toute la durée de leur vie féconde. Elles avaient donc un genre paradoxal, à côté de leur sexe, puisqu'elles se tenaient hors mariage et reproduction qui étaient la voie féminine normale et normée. En effet, elles étaient dans un espace sexuel « interstitiel » (Mary Beard), ou plus exactement qui subsumait la binarité de genre. C'est pourquoi elles étaient à la fois « exemplaires » par leur statut religieux et « marginales » dans la distinction des genres (Jean-Marie Pailler).

Dégagées de la tutelle paternelle par leur « prise » (*captio*), outre leur capacité religieuse, elles avaient une capacité sociale et juridique, donc indirectement politique. Elles étaient précédées d'un licteur (un insigne du pouvoir magistral) dans leurs déplacements et participaient en bonne place à la vie publique, un lieu masculin par excellence : lors des fêtes religieuses du calendrier – et pas seulement les fêtes féminines, comme les *Vestalia* de juin ou les fêtes nocturnes de Bona Dea –, et aussi lors des grandes manifestations collectives – processions, jeux et spectacles où une place de choix leur était réservée sur les gradins. Elles devaient pouvoir sacrifier, alors que l'historiographie a longtemps cru à « l'incapacité sacrificielle » des femmes. Enfin, des vestales ont joué un rôle-clé lors de plusieurs épisodes critiques de l'histoire de Rome, ce qui prouve aussi leur familiarité avec, et leur intégration dans, un milieu de la gouvernance pourtant institutionnellement masculin. Mais ces privilèges pour des femmes s'accompagnaient d'une obligation rigoureuse de virginité, sous menace de condamnation à mort (enterrées vivantes) pour celles qui auraient failli.

Le collège des vestales, par ses fonctions religieuses et sa présence lors des grands moments de la vie communautaire romaine, constituait une sociabilité qui portait en microcosme les valeurs cardinales du mode d'être romain, son *ethos*.

Nicole Belayche
École Pratique des Hautes Études
PSL/AnHiMA (UMR 8210)

Pour en savoir plus

Mary Beard, « The Sexual Status of Vestal Virgin », *Journal of Roman Studies*, n° 70, 1980, p. 12-27.

Georges Dumezil, *La Religion romaine archaïque, avec un appendice sur la religion des Étrusques*, Paris, Payot, 1966, en particulier « Les feux du culte public ».

Sylvia Estienne et Valérie Huet, « Autour d'un banquet des Vestales. Sociabilité et ritualité des banquets sacerdotaux à Rome », dans Vincent Azoulay, Florence Gherchanoc et Sophie Lalanne (éd.), *Le banquet de Pauline Schmitt-Pantel. Genre, mœurs et politique dans l'Antiquité grecque et romaine*, Paris, 2012, p. 483-500.

Jean-Marie Pailler, « Marginales et exemplaires. Remarques sur quelques aspects du rôle religieux des femmes dans la Rome républicaine », *Clio. Histoire, femmes et sociétés*, n° 2, 1995, p. 41-60.

4. Des concours de beauté : sociabilité et rivalités entre femmes

(Monde grec, VIIe siècle av. J.-C.-IIIe siècle apr. J.-C.)

De Mégara à Bacchis :
Nous avons déjà fait la fête souvent, mais rarement de manière si plaisante. Ce qui nous a amusées ? Le plus, c'est une terrible compétition qui opposa Thryallis et Myrrhinè, à propos de leurs fesses, pour savoir laquelle des deux pourrait montrer les plus belles et les plus tendres. Myrrhinè, d'abord, délia sa ceinture (elle avait une petite tunique en soie) ; elle se trémoussa sous sa tunique et fit onduler ses reins qui ballottaient comme du flan au miel ; elle se retourna pour regarder le mouvement de ses fesses et soupirait doucement comme si elle était en train de faire l'amour – et moi, par Aphrodite, j'étais toute frappée de stupeur, à la fois d'admiration et de crainte. Mais Thryallis ne s'avoua pas vaincue ; elle la surpassa même en indécence. « Je ne vais pas lutter derrière un manteau, dit-elle, ni faire la prude. Ce sera comme au gymnase ; la compétition ne souffre pas les feintes. » Elle quitta sa petite tunique et, creusant légèrement les reins : « Regarde la couleur de ma peau, Myrrhinè, comme elle est fraîche, intacte, pure ! Et cette nuance rosée des hanches ! Et la courbe des cuisses, ni trop grasse, ni trop maigre ! Et ces fossettes, au sommet ! » Elle ajouta, avec un petit sourire : « Et, par Zeus, ça ne tremble pas comme celles de Myrrhinè ! » Elle remua les fesses en un déhanchement si simple, les faisant tournoyer au-dessus des reins, comme si elle ondulait, que nous applaudîmes toutes et déclarâmes que la victoire allait à Thryallis. Il y eut aussi des comparaisons de hanches et des concours de seins [...] mais aucune de nous n'osa confronter son ventre à celui de Philouménè : elle n'a pas eu d'enfant et elle est dans toute sa fraîcheur.

Alciphron, *Lettres de pêcheurs, de paysans, de parasites et d'hétaïres*, IV, 14
(traduit par Anne-Marie OZANAM
et légèrement modifié).

Les formes de sociabilité féminine sont nombreuses dans les cités grecques de l'Antiquité. Parmi elles, les célébrations religieuses constituent des moments privilégiés et des temps forts de rassemblements féminins. S'y livrent à l'occasion des concours de beauté qui manifestent aussi bien les liens qui unissent les femmes qui y participent que leurs rivalités. Comme souvent dans le monde grec, la question du statut social et civique des personnes concernées est déterminante.

Des concours de beauté entre épouses

Dans les cités grecques, les concours de beauté féminins sont attestés de l'époque archaïque à l'époque impériale et s'adressent aussi bien aux jeunes filles en âge de se marier qu'aux épouses de citoyens et aux courtisanes. Nous en connaissons qui convoquent les épouses à Basilis en Arcadie, patronnés par Déméter, à Ténédos (mais nous ne savons rien des modalités) et, enfin, à Lesbos en l'honneur d'Héra.

En Arcadie, ce concours, qui existe peut-être encore du temps d'Athénée (IIe siècle apr. J.-C.), serait dans ce cas, et dans la mesure où la première femme à remporter le concours fut l'épouse du fondateur, Cypsélos, aussi ancien que la cité. Les femmes qui y participent sont appelées Chrysophores (« Porteuses d'or »). La fête et le concours de beauté célébrés avec le métal de la royauté concourent ainsi à renforcer le pouvoir du roi tout en agissant pour la prospérité et l'avenir de la cité.

À Lesbos, le concours de beauté, attesté depuis le VIIe siècle av. J.-C., aurait eu pour cadre un grand sanctuaire de l'île consacré à la triade Héra, Zeus et Dionysos. Lors des *Kallisteia*, fête religieuse en l'honneur d'Héra, la déesse « qui garde les clés du mariage » selon Aristophane, concourent les plus belles parmi les épouses légitimement mariées, en possession de leur pleine capacité à enfanter. Les *Kallisteia* auraient ainsi un caractère propitiatoire en réactualisant régulièrement le pacte qui lie la cité à la déesse et en favorisant la fécondité des épouses de citoyens par la contemplation du corps féminin joliment paré. On sélectionne donc rituellement et collectivement les plus belles femmes pour garantir la prospérité humaine et matérielle, ainsi que le bon ordre dans la cité. En témoigne l'*ololugê*, ce cri rituel féminin intense, produit durant la fête par des chœurs de femmes qui participent à des concours de danses et de chants.

Des corps d'hétaïres

Les concours de beauté qui mettent en compétition des courtisanes, comme dans le texte d'Alciphron, un auteur grec de l'époque impériale (tournant IIe-IIIe siècles apr. J.-C.) – qui prend la forme d'une lettre qu'aurait écrite l'hétaïre Mégara à sa comparse Bacchis –, ont, en revanche, une portée tout autre.

Dans ce cas, les rivalités sont également ritualisées, mais elles portent sur l'évaluation de certaines parties du corps féminin et ont une connotation sexuelle et érotique affirmée. De tels concours de beauté s'insèrent généralement dans des jeux érotiques et littéraires qui ont pour cadre des banquets censés rassembler des courtisanes ou des fêtes d'hétaïres, qui sont pour ces dernières l'occasion de retrouver leurs amant(e)s pour des amours éphémères et inféconds.

Les compétitions entre courtisanes sont essentiellement mises en scène dans les lettres d'Alciphron et dans des épigrammes érotiques plus tardives. Le rhéteur décrit une Athènes fictive et idéalisée du IVe siècle av. J.-C., avec des hétaïres comme protagonistes. Celles-ci rivalisent de beauté lors d'un jeu organisé dans le cadre d'un banquet à l'occasion d'une fête nocturne, en vue d'obtenir les faveurs de leurs amant(e)s et de les exciter. Cette lettre témoigne des liens durables et complexes entre banquet, beauté, désir et sexualité dans le monde grec depuis au moins le VIe siècle av. J.-C.

Qui a les plus belles fesses ?

La terrible compétition qui met aux prises Myrrhinè et Thryallis a pour but de déterminer laquelle des deux a les fesses les plus belles et les plus délicates. En général, les discours des Anciens opposent le corps masculin nu, harmonieux et musclé, au corps féminin qui se caractérise par des chairs molles. Ainsi la première courtisane, Myrrhinè, qui présente sous sa tunique des chairs aussi tendres qu'un flan, a une beauté corporelle ultra féminine. Mais la seconde, Thryallis, totalement dénudée, présente des chairs bien proportionnées et fermes, ni trop grasses ni trop maigres. Comme, par ailleurs, la couleur de sa peau est sans tâche et de nuance rosée, elle exhibe toutes les qualités d'un corps jeune et plein de sève, que les Grecs peuvent considérer comme beau. Ainsi, Thryallis surpasse de loin sa concurrente car sa beauté, nue et sans artifice, est comparable à celle d'un athlète. En d'autres termes, la plus belle courtisane chez Alciphron est jaugée selon les canons de la beauté masculine, celle que l'on peut contempler dans les gymnases, lieux d'éducation et d'entraînement des hommes, où les corps qui s'exposent – agréables au regard – doivent susciter le désir. Aussi, pour l'auteur, un corps aux formes équilibrées et aux justes proportions désigne-t-il la plus désirable et la plus belle des femmes, peut-être en vue de comparer beauté ancienne et beauté nouvelle.

Un jeu érotique

L'arbitrage du concours de beauté est rendu par des hommes et par des femmes, compagnons et campagnes de banquet. La connotation érotique et sexuelle des concours entre hétaïres est donc évidente, et l'on peut penser que ces concours débouchent sur des jeux sexuels. La description qu'en donne Alciphron, quasiment pornographique pour l'époque, doit exciter le lecteur masculin auquel il s'adresse. Car il s'agit bien du cadre du banquet : bien que valorisée, la beauté athlétique des courtisanes ne renvoie pas aux valeurs de pudeur et de tempérance qui doivent caractériser les épouses, elle conduit au contraire au dérèglement des mœurs.

Bien moins nombreux que les concours de beauté masculine, ces concours féminins structurent une sociabilité féminine tout en canalisant la beauté qui pourrait mener à des dissensions. Ils nous interrogent sur la modeste place accordée à la beauté des femmes face à celle des hommes dans l'imaginaire et les pratiques effectives des Grecs, ainsi que sur les critères qualifiant les beautés des unes et des autres au regard de leur statut et de leur âge.

Florence Gherchanoc
Université Paris Cité
AnHiMA (UMR 8210)

Pour en savoir plus

Florence Gherchanoc, *Concours de beauté et beautés du corps en Grèce ancienne. Discours et pratiques*, Bordeaux, Éditions Ausonius, 2016.

Florence Gherchanoc, « Des corps nus, athlétiques et féminins dans l'imagerie attique classique. Déconstruire le genre ou décliner des discours conventionnels grecs sur la vraie beauté ? », *Synthèse & Hypothèse*, n° 2 [en ligne].

Ulla Kreilinger, « To Be or not to Be a Hetaira: Female Nudity in Classical Athens », dans Silvia Schroer (dir.), *Images and Gender: Contributions to the Hermeneutics of Reading Ancient Art*, Fribourg, Academic Press, 2006, p. 229-237.

5. L'homme est *ludens*... et la femme ?

(Grèce, Ve siècle av. J.-C.)

Pyxide attique à figure rouge, v. 425-400 av. J.-C.,
Metropolitan Museum, New York.

Sur une boîte cylindrique caractéristique du monde féminin destinée probablement à renfermer des cosmétiques ou des bijoux, et communément désignée par le nom grec *pyxis* par les chercheurs modernes, des jeunes femmes sont représentées engagées dans diverses activités. La pyxide illustre une scène de passe-boule (un jeu de lancer), une scène de consultation oraculaire, ainsi qu'une scène d'offrande de cadeaux précédant le mariage, dans un espace fermé représentant la maison (l'*oikos*). Les deux dernières activités sont pratiquées avec des astragales, ou osselets, de petits os logés dans l'articulation des pattes arrière de mammifères ongulés comme la chèvre ou le mouton. Un modèle d'osselet en terre cuite est placé comme bouton au sommet du couvercle.

Le dénominateur commun des différentes scènes est l'imagerie prénuptiale qui convient à la fonction de ce type de boîte, qui était utilisée comme cadeau de mariage. À partir du milieu du ve siècle av. J.-C., les scènes représentant les occupations féminines liées aux préparatifs du mariage, l'un des événements les plus importants de la vie des jeunes filles, deviennent en effet très courantes. Elles montrent aussi à quel point le jeu était l'occasion de profiter d'une sociabilité féminine qui devait commencer dès le plus jeune âge.

Le jeu, une activité enfantine ?

En effet, la représentation de petites filles ou de jeunes femmes occupées à jouer est très fréquente dans les images peintes sur les vases du monde grec. Seules ou à plusieurs, dans un espace intérieur ou extérieur, des femmes sont souvent montrées se livrant au jonglage avec des balles, des pelotes ou des pommes, au saut sur une planche à bascule, au jeu du porteur, ou encore au lancer de toupies. La représentation de ces activités ludiques et leur importance en tant qu'élément de l'expérience féminine ont longtemps fait l'objet de débats en raison des contradictions entre les sources écrites et iconographiques.

Les sources littéraires représentent les jouets comme faisant partie de la période de l'enfance, des objets que l'on consacre aux dieux dans le cadre du processus de transition vers l'âge adulte. L'une des sources les plus citées sur la dédicace des jouets est l'épigramme de l'*Anthologie Palatine* décrivant la jeune Timaréta dédiant ses jouets à Artémis à la puberté :

« Au moment de se marier, Timaréta, t'a consacré ses tambourins, /Le ballon qu'elle aimait, la résille qui retenait ses cheveux, /À toi La Marécageuse. / Et ses boucles, elle les a dédiées, comme il convenait, /Elle vierge, à la déesse vierge Artémis, avec ses vêtements de jeune fille. » (*Anthologie grecque, Epigrammes votives*, VI, 280, traduction de Pierre Brulé).

Sur les pierres tombales également, les jeux font partie de l'iconographie typiquement infantile. Par conséquent, les activités ludiques ont longtemps été placées parmi les activités de l'enfance, et le thème du jeu représentant des jeunes femmes, et non des petites filles, a été expliqué par le désir des peintres de les infantiliser et de les montrer confinées dans un univers clos et protégé.

Le jeu entre femmes : une dimension érotique

Toutefois, comme l'ont montré des recherches récentes, les vases utilisent le jeu d'une manière métaphorique pour traduire un imaginaire collectif partagé. En effet, les représentations des activités ludiques montrant des femmes en capacité d'agir mettent en lumière les valeurs collectives et sociales qui régissent leur vie affective. Les jeux d'adresse et de hasard sont tous caractérisés par des mouvements ascendants et descendants, à l'instar des joueurs de la bascule ou des balles du jongleur, autant d'indices visuels qui illustrent la dynamique de l'amour et les altérations émotionnelles qui peuvent agiter une jeune fille. Ainsi, les scènes de jonglage ou de jeu de balle, par exemple, transposent dans un univers virtuel le prélude des relations amoureuses où l'interaction avec un garçon exprime une invitation à un rapport réciproque. Cette connotation érotique explique également la récurrence des scènes de jeu dans les vases liés au mariage ou leur association avec l'imagerie prénuptiale.

Un lien social

Une figure personnifiée, *Paidia* (jeu, passe-temps, amusement), représentant les jeux d'enfants mais aussi les jeux érotiques, apparaît sur les vases attiques à partir des années 430 av. J.-C. Dans les scènes où elle fait partie du cercle d'Aphrodite, elle est la porteuse de bijoux (notamment de colliers), symbolisant la *cosmèsis* (la parure) de la jeune fille dans les rituels des préparatifs du mariage. Dans ce contexte, elle marque l'expérience ludique de l'amour dans le mariage, moment même du passage de l'adolescence à l'âge adulte. Les jeux des femmes ne se situent pas dans un monde isolé, ils sont l'expression d'une vie en société qui les rend visibles au sein de leur communauté, et pour la postérité. Ce sont aussi des scènes très éloquentes d'une socialisation féminine particulière, celle de l'expérimentation et de l'initiation collective aux jeux de la séduction et de l'amour. C'est finalement une sociabilité qui resterait dans l'ombre sans ces images…

Barbara Carè
Université de Fribourg
ERC Locus Ludi

Pour en savoir plus

Marie Augier, « Des femmes en capacité d'agir. Introduction », dossier « Des femmes publiques. Genre, visibilité et sociabilité dans l'Antiquité grecque et romaine », *Archimède. Archéologie et histoire ancienne*, n° 5, 2018, p. 108-112.

Giovanna Camponetti, « The Personification of *Paidia* in Attic Pottery. The Playful Experience in the World of Dionysus and Aphrodite », *Pallas*, n° 119, 2022, p. 321-348.

Véronique Dasen, *Le Jeu comme métaphore. Images ludiques de Grèce ancienne*, Liège, Presses universitaires de Liège, 2024.

Sian Lewis, *The Athenian Woman. An Iconographic Handbook*, Londres-New York, Routledge, 2002.

6. Les béguines : de drôles de religieuses

(Flandre, XIIIe siècle)

Sous la protection de la comtesse Marguerite de Flandre.

1276. Règlement au sujet des béguines.
Nous Marguerite, comtesse de Flandre et de Hainaut, faisons savoir à tous que nous, pour le bien et pour l'honneur du béguinage de Lille, avons ordonné et établi, sur le conseil de bonnes gens, que s'il advenait qu'une béguine se comporte de telle manière que les aînées [de la communauté] en viennent à penser que cela puisse pourrait nuire à la réputation de la communauté, et que ces mêmes ainées ou que la maîtresse l'aient rappelé à l'ordre, elle serait tenue de se soumettre à la volonté des souveraines. Et si cette béguine ne voulait pas s'y soumettre, nous voulons qu'elle soit bannie du béguinage et de la paroisse Saint-André. Nous ne voulons pas que les béguines qui ne se soumettraient pas à l'autorité de la souveraine puissent habiter dans des maisons individuelles et sortir de la cour [du béguinage], et si elles en sortaient sans le consentement de la maîtresse ou des aînées, qu'elles soient bannies du béguinage et de ladite paroisse, et que quiconque les hébergerait ou les retiendrait dans la paroisse soit banni à son tour, pendant un an et un jour [...]

1277, 25 juillet. La comtesse Marguerite désigne le prieur des Frères prêcheurs pour gouverner le béguinage.
Nous, Marguerite, comtesse de Flandre et de Hainaut, faisons savoir à tous que, notre chère dame et sœur Jeanne de pieuse mémoire, comtesse de Flandres et de Hainaut, et nous, pour le salut des âmes de nos prédécesseurs et de nos successeurs, et pour l'honneur de Dieu et de sainte Élisabeth, ayant fondé et restauré la cour du béguinage qui se trouve en la paroisse de Saint-André, au-delà de la porte Saint-Pierre de Lille pour y regrouper les béguines et béguinages, et [sachant] que ce même béguinage a été gouverné, à notre requête, jusqu'à présent par le conseil des frères prêcheurs de Lille [...], nous, qui avons grand désir de contribuer au bien selon notre pouvoir, et selon les conseils et avisements [reçus], et à la requête de la souveraine et des prieures du béguinage suscité, avons ordonné et ordonnons que dorénavant le prieur des frères [prêcheurs], présent et à venir, soit maître et gouverneur dudit béguinage, ainsi que nous l'avons maintenu jusqu'à présent, et qu'il ait plein pouvoir en toute chose, sauf pour amoindrir le patrimoine de la cour [du béguinage] [...].

Paul Denis du Péage, *Documents sur le béguinage de Lille, 1245-1841*, Lille, S.I.L.I.C., 1942, p. 23-24 (traduit de l'ancien français par Sylvie Duval).

Qui étaient les béguines ?

Les béguines étaient des religieuses qui, à la différence des moniales, ne suivaient pas de règle religieuse (telle que la règle bénédictine ou celle de saint Augustin), ne prononçaient pas de vœux solennels et n'étaient pas tenues à la clôture. La multiplication des communautés de béguines dans la première moitié du XIIIe siècle et presque uniquement dans des zones urbanisées (Flandres, villes rhénanes, France méridionale) doit être avant tout expliquée par des causes sociétales autant que religieuses : majeure implication des laïcs dans la vie religieuse ; baisse du taux de nuptialité des familles nobles et aisées ; contexte culturel favorable à l'existence d'un célibat féminin religieux. Il faut d'ailleurs relier l'apparition des béguines à un phénomène plus large, que l'on retrouve dans d'autres régions européennes (Italie du nord, péninsule Ibérique) mais sous d'autres noms (*bizzoche*, *beatas*...).

Le béguinage de Lille, fondé dans les années 1230, fut d'emblée placé sous la protection des comtesses qui gouvernèrent la Flandre au XIIIe siècle, à savoir Jeanne (de 1204 à 1244) puis sa sœur Marguerite (de 1244 à 1280). Ces deux comtesses fondèrent ou contribuèrent à fonder d'autres béguinages, tels ceux de Bruges ou de Gand. Dans les années 1250, le roi Louis IX fit de même à Paris en fondant le Grand Béguinage. Le béguinage Sainte-Élisabeth fut dès le départ associé à un hôpital destiné aux femmes pauvres et/ou malades. Il s'agit d'un trait distinctif : même si les béguines avaient souvent des missions charitables, soins, instruction, assistance aux pauvres, leurs communautés n'étaient pas toujours associées à des institutions hospitalières.

L'organisation du béguinage Sainte-Élisabeth

Le béguinage Sainte-Élisabeth était structuré autour d'une « cour », où se situaient les maisons des béguines, collectives ou individuelle, la chapelle, et sans doute l'hôpital. Walter Simons a décrit avec précision ces grands béguinages typiques de la région flamande, où pouvaient résider des centaines de béguines. Ils différaient de ceux de la région rhénane, plus petits et moins structurés. Plusieurs textes réglementaires nous sont parvenus à propos du béguinage lillois ; ceux que nous présentons ici sont les plus anciens. Les femmes qui y étaient accueillies, vierges ou veuves, portaient un habit humble qui permettait de les identifier. Elles étaient tenues d'assister quotidiennement aux offices de leur église paroissiale ou de la chapelle de leur béguinage. À Lille, elles devaient en outre prendre part aux soins des malades et à la gestion de l'hôpital, bien que les règlements médiévaux soient peu précis sur ce point. Les béguines ne prononçaient pas de vœux religieux solennels, mais elles devaient obéissance à celle qui avait autorité sur toute la communauté, appelée à Lille la « souveraine » (ailleurs appelée « grande maîtresse »). Ensuite, selon une structure qui rappelle celle des communautés monastiques, elles obéissaient à une ou plusieurs « maîtresses » (ou prieures) et aux aînées, à savoir des béguines âgées reconnues pour leur sagesse. Enfin, ainsi que le montre le deuxième privilège, elles étaient soumises au gouvernement (à entendre ici surtout dans le sens de cure spirituelle) des frères prêcheurs qui avaient la responsabilité de dire les messes, d'administrer les sacrements et de diriger spirituellement les béguines. Ils n'avaient pas, cependant, à se mêler de la gestion des biens matériels de la « cour ». Il s'agit là aussi d'une caractéristique que les béguines partageaient avec les autres religieuses : toutes bénéficiaient d'une assistance spirituelle masculine du fait de l'impossibilité pour les femmes d'accéder à la prêtrise.

L'importance de la réputation des béguines

La liberté de mouvement des béguines ainsi que la possibilité qu'elles avaient – ce n'était pas le cas de toutes les communautés – de renoncer à la vie religieuse pour se marier rendaient nécessaire une certaine exemplarité dans une société où les femmes non mariées et non cloîtrées étaient aisément soupçonnées de mener une vie non conforme aux normes sociales et religieuses. C'est la raison pour laquelle la comtesse Marguerite fit édicter ce règlement très strict. Une morale individuelle irréprochable était demandée aux béguines, afin de protéger la réputation de toutes : elles devaient modérer leurs sorties, ne pas se rendre dans les tavernes ou participer à des banquets. Les décisions du concile de Vienne (1312), qui assimilèrent les béguines à des hérétiques, portèrent un rude coup aux béguinages. Les grandes communautés flamandes réussirent toutefois, grâce à leur très bonne insertion dans les sociétés locales et à la solide organisation des « béguinages de cour », à traverser ces épreuves : le béguinage de Lille se maintint ainsi jusqu'au XIXe siècle.

Sylvie DUVAL
Université de Bologne

Pour en savoir plus

Bernard DELMAIRE, « Les béguines dans le Nord de la France au premier siècle de leur histoire (vers 1230-vers 1350) », dans Michel PARISSE (dir.), *Les religieuses en France au XIIIe siècle*, Nancy, Presses universitaires de Nancy, 1989, p. 121-162.

Anne-Marie HELVETIUS, « Les Béguines. Des femmes dans la ville aux XIIIe et XIVe siècles », dans Éric GUBIN et Jean-Pierre NANDRIN (dir.), *La ville et les femmes en Belgique*, Bruxelles, Publications des Facultés universitaires Saint-Louis, 1993, p. 17-40.

Walter SIMONS, *Cities of Ladies. Beguine Communities in the Medieval Low Countries, 1200-1565*, Philadelphie, University of Pennsylvania Press, 2001.

Tanya STABLER MILLER, *The Beguines of Medieval Paris. Gender, Patronage and Spiritual Authority*, Philadelphie, University of Pennsylvania Press, 2014.

7. Une vie au monastère : cinquante ans d'amitié

(Italie, XVe siècle)

Au Nom de notre Seigneur Jésus Christ et de la très sainte Vierge Marie sa Mère, et de saint Dominique notre père, et de toute la cour céleste,
Moi, sœur Gabriella, prieure indigne, je veux écrire dans ce livre toutes les choses dignes de mémoire qui se dérouleront pendant le temps de mon priorat.
Et premièrement : je fus, à mon grand déplaisir, élue prieure le 22 juin 1485, le jour de la fête des Dix Mille martyrs, à 13 heures.
Je rappelle (*Ricordo*...) comme le 28 août suivant, je tombai malade, ainsi que toutes les sœurs, et nous fûmes toutes sur le point de mourir. A la fin du mois d'avril et au mois de mai suivants, quatre d'entre nous quittèrent cette vie, comme vous pouvez le lire à la fin de ce carnet, dans les pages où j'ai inscrit leurs noms.
[...]
Je rappelle comment, la veille de la Saint-Bernard [20 août 1494] les frères du couvent Saint-Marc [de Florence], séparés de la congrégation de Lombardie, arrivèrent à Pise, et ils chassèrent [nos confesseurs]. Nous en fûmes mortellement affligées. Que Dieu nous vienne en aide.
[...]
Douce mémoire de Jésus, qui donne les vraies joies du cœur, mais plus douce que le miel et que toute autre chose est sa présence.
En l'an 1500, le 8 octobre, sœur Gabriella, digne prieure, a reçu de Philippo fils de Giusto de Montefoscoli, des revenus qu'elle lui avait confiés pour qu'il les vende, à Montefoscoli, San Rufino, et Palaia, en tout 83 ducats et 5 couronnes [...]. Et le 6 novembre suivant, à 10 heures du soir, ladite mère prieure [Gabriella], de bonne et sainte mémoire, mourut. Elle nous laissa inconsolables, tristes comme nous ne l'avions jamais été, à un point tel qu'on ne pourrait ni le dire ni l'écrire, et qu'aucun cœur ne pourrait concevoir notre amertume, notre perte, notre douleur sans secours. Que Dieu nous vienne en aide.
Le premier décembre suivant, en 1500, je [Nicolosa] fus élue [prieure]. Ce fut pour moi une grande amertume de cœur et d'esprit, parce que je ne suis pas apte à un tel office, surtout parce que je suis vieille, à moitié aveugle, inculte et mal dégrossie, et bien mal en point et pleine de défauts. Que Dieu te vienne en aide et te soutienne, sœur Nicolosa, tu en as bien besoin !

Archives de la province dominicaine Sainte-Catherine
de Sienne, Florence, monastère Saint-Dominique de Pise,
document n° 6, fol. 1r, 5r, 19v
(traduit de l'italien par Sylvie Duval).

Gabriella Bonconti, une prieure au temps de Savonarole

Les extraits ci-dessus proviennent de l'un des carnets de *Ricordi* – ces éléments divers, relatifs à la fois aux transactions patrimoniales et à la vie privée, mis par écrit par les Toscans afin d'en garder le souvenir pour les générations futures – de Gabriella Bonconti. Celle-ci fut prieure des moniales dominicaines de Saint-Dominique de Pise, de 1485 (date de son élection) à 1499 (date de sa mort). On a gardé de Gabriella Bonconti de nombreux documents pratiques, principalement des registres de comptes et de *ricordi,* témoins de la période de son priorat, qui fut à la fois dynamique et prospère. Son monastère, fondé en 1385 par des disciples de Catherine de Sienne, et porteur d'une rigide réforme, en particulier sur les règles de la clôture, jouissait d'un prestige certain au sein de l'ordre dominicain. C'est la raison pour laquelle Gabriella n'hésita pas à s'opposer à la nouvelle réforme imposée par Jérôme Savonarole, alors prieur du couvent Saint-Marc de Florence, qu'elle jugeait inutile. Ce dominicain rigoriste s'opposa durement au pape Alexandre VI Borgia, qui réussit finalement à le condamner au bûcher en 1498. La période fut aussi marquée par les guerres d'Italie : les Pisans profitèrent d'ailleurs du passage de Charles VIII en 1494 pour se libérer du joug florentin – ce dont se félicite la prieure dans ses notes. Ainsi, Gabriella a guidé sa communauté d'une main sûre à travers les périls, d'où le désarroi de ses « filles » lors de sa mort en 1500. Le folio 19, en revanche, n'est pas écrit de la main de Gabriella : il s'agit d'un *ricordo* rédigé par son amie et successeure Nicolosa Galetti, qui continua le carnet sur quelques pages : elle y raconte la mort de Gabriella, suivie de sa propre élection.

Une vie dans la clôture du monastère

L'hymne *Douce Mémoire de Jésus,* traditionnellement attribué à Bernard de Clairvaux, était utilisé par Gabriella dans ses carnets, qui en cite des extraits afin de repérer le début des différentes périodes comptables. C'est ce que fait ici aussi Nicolosa Galetti, au moment de lui rendre hommage : personne ne connaissait Gabriella aussi bien qu'elle. Toutes deux issues de riches familles marchandes pisanes, Nicolosa et Gabriella étaient entrées ensemble, encore enfants, dans les murs du cloître, sans doute à la fin des années 1440. Elles prononcèrent toutes deux leurs vœux définitifs en 1452, à un âge qui ne peut, selon les constitutions de leur ordre, avoir été inférieur à douze ans. La notice rédigée par Nicolosa, à la fois maladroite et spontanée, ne suit pas les critères habituels, et diffère de celle de Gabriella. L'émotion y est palpable, en particulier lorsqu'elle parle de la situation « sans secours » dans lequel la communauté s'est trouvée. De même, l'amertume qu'elle exprime en relatant sa propre élection dépasse la modestie requise : Nicolosa se présente comme pleine de défauts, et insiste sur ses faibles capacités intellectuelles (« inculte, mal dégrossie »). Il faut comprendre cela comme une comparaison implicite avec les dons de la regrettée prieure qui, de son écriture élégante, a laissé des centaines de pages de documents. Nicolosa fait cependant preuve d'un style vif, à la fois oral et poétique, qui traduit un caractère sans doute bien différent de celui de Gabriella. Elle insiste, enfin, sur sa vieillesse et son incapacité physique : Nicolosa, de fait, ne survécut que deux ans à son amie et mourut en 1502.

Une « mère » et ses « filles »

La prieure (il n'y a pas d'abbesse chez les dominicaines) est, comme dans la plupart des communautés religieuses où la parenté spirituelle remplace les liens du sang, considérée comme une figure maternelle, à qui l'on doit à la fois attachement et obéissance. Gabriella Bonconti a laissé, ainsi qu'elle l'indique dans le document cité, de nombreux *ricordi* concernant ses « filles ». C'est elle qui recevait les postulantes à leur entrée au couvent et qui leur imposait un nom religieux lors de leur profession solennelle. Les notices nécrologiques révèlent, par l'émotion qui s'en dégage, le lien qui l'unissait à ses filles. Gabriella y raconte, succinctement mais de façon vivante, les sœurs mourant chargées d'années, mais vertueuses jusqu'au bout, ou bien, avec une tristesse poétique, le décès de toutes jeunes filles, qu'elle décrit comme des « anges parmi les anges ». Son attachement à ses filles se traduit par les détails, parfois physiques, qu'elle ajoute pour chacune : ainsi, la converse Mattea, « au corps très gaillard », servait toutes les sœurs bien volontiers. Sœur Cecilia était, en revanche, très belle de corps, mais plus encore « belle de ses vertus », et elle mourut à seulement vingt-deux ans. Réciproquement, la déploration de Nicolosa doit donc se lire comme l'expression de la tristesse d'une famille devant la perte d'une mère.

Sylvie DUVAL
Université de Bologne

Pour en savoir plus

Sister Bartolomea RICCOBONI, *Life and Death in a Venetian Convent. The Chronicle and Necrology of Corpus Domini, 1395-1436*, édité et traduit par Daniel BORNSTEIN, Chicago, The University of Chicago Press, 2000.

Sylvie DUVAL, *« Comme des anges sur terre ». Les moniales dominicaines et les débuts de la réforme observante, 1385-1461*, Rome, École française de Rome, 2015.

Sylvie DUVAL, « Da Isabetta ad Astrologia : madri e figlie nei monasteri dell' Osservanza domenicana », dans Maria Teresa BROLIS et Silvia CARRARO (éd.), *Personae. Microstorie medievali di vita religiosa*, Milan, Biblioteca Francescana, 2022, p. 101-112.

8. *Les Évangiles des Quenouilles*, des réunions en non-mixité ?

(France, XVe siècle)

L'organisation de ce livre définie par dame Ysengrine.

« Mes très chères voisines, et mes compagnes en cette condition, vous voyez, c'est bien notoire, comment les hommes du présent ne cessent d'écrire des pamphlets diffamatoires et des livres malfaisants qui attaquent l'honneur de notre sexe. Toutefois, attendu qu'eux et nous avons tous été faits par le même ouvrier, et que nous descendons l'un de l'autre – et même, puisqu'il me faut le dire, nous descendons d'un lieu plus haut et plus noble qu'eux, et nous sommes faites d'une matière plus pure et plus affinée –, il m'est avis, sous réserve de votre approbation à toutes, qu'il serait bon que nous fassions, avec l'aide de notre secrétaire et ami ici présent, un petit traité concernant les chapitres que nous voulons exposer et mettre en ordre, chapitres inventés il y a longtemps par nos grandes et anciennes mères, pour qu'ils ne tombent pas dans l'oubli, et que ce traité puisse venir entre les mains de celles qui sont à venir. [...] Il m'est avis en conclusion qu'il y serait bon que nous nous assemblions lundi prochain dans la maison de Marie Ployarde, où se tient habituellement la veillée, vers sept heures du soir ; là, si vous êtes d'accord, l'une de nous commencera sa leçon, et énoncera ses chapitres, en présence de toutes celles qui y seront rassemblées pour les retenir et les mettre perpétuellement en mémoire. »

Conclusion de la veillée du jeudi.

Après cette conclusion, toutes celles qui étaient présentes, jeunes et vieilles, commencèrent à bavarder toutes ensembles et à faire un brouhaha, toutes ébahies des nobles paroles d'autorité et des vrais évangiles que dame Sybille leur avait exposés. [...] « Or çà, dit l'une entre elles, nommée Mabelie du Cendrier, qui était très vieille et bossue, mes amies et mes voisines, nous sommes jeudi, jour de récréation, et jour le plus gras de la semaine. Il m'est avis qu'il serait bon que nous fassions un petit banquet pour récréer nos esprits, et aussi, plus spécialement, pour accueillir et célébrer dignement nos bonnes et sages doctoresses, qui jusqu'à présent nous ont instruites et nous ont enseigné la noble doctrine grâce à laquelle nous serons dorénavant, sans aucun doute, aimées, appréciées et honorées, et peut-être même parviendrons-nous à établir notre domination sur les hommes. Qu'en dites-vous ? »

« Les Évangiles des Quenouilles », dans Danielle Régnier-Bohler (dir.), *Voix de femmes au Moyen Âge. Savoir, mystique, poésie, amour, sorcellerie, XIIe-XVe siècle*, Paris, Robert Laffont, 2006, p. 711-772 et 741-742 (traduit de l'ancien français par Anne Paupert).

Les Évangiles des Quenouilles nous sont connus par deux manuscrits réalisés entre Flandre et Artois dans le dernier tiers du XVe siècle. C'est de l'un de ces manuscrits (Paris, BnF, ms. français 2151), contemporain de la première édition du texte par Colart Mansion en 1480 et qui a vraisemblablement appartenu à Marie de Savoie, belle-sœur du roi Louis XI, que sont tirés ces extraits. De forme plus littéraire que dans le manuscrit conservé à Chantilly, le texte est présenté sous la forme d'un commentaire en six parties (hexaméron) à l'usage des générations futures. Il compile les savoirs glosés que six femmes dispensent au cours d'autant de veillées : six évangiles et non quatre, car il est alors admis que la parole des femmes a moins de valeur que celle des hommes.

Imaginer la sociabilité féminine

La *serie* (forme croisée de « soirée » et « filerie » dans le parler picard) est le lieu et le temps de la sociabilité féminine par excellence. Elle est du moins conçue comme telle, bien que l'on sache par ailleurs que ces veillées d'hiver étaient assidûment fréquentées par de jeunes hommes qui y courtisaient les *fileresses* à marier, ce qui entraîna la condamnation de ces soirées par les prédicateurs. Dans les *Évangiles*, ces soirées servent à tisser des liens entre les femmes de la famille, celles du village, celles des générations passées et à venir. Ces veillées sont le cadre d'un travail de mémoire et d'une activité textile qui échoient aux femmes. Elles s'y adonnent au jeu et à des conversations personnelles : selon Jehan d'Avennes (vers 1468), « en faisant chascune sa besongnette elles chantent et rient, puis parlent de leurs amourz) ».

Les *Évangiles* dans la Querelle du *Roman de la rose*

La mise en scène fictive des *Évangiles*, inspirée du *Decameron* de Boccace (vers 1350), témoigne du succès du « genre narratif bref » à la mode en cette fin de Moyen Âge. On peut également inscrire les *Évangiles* dans la tradition des écrits satiriques anti-féministes qui ont cours pendant la Querelle du *Roman de la rose*. L'auteur semble y avoir pris part, vraisemblablement dans le camp des détracteurs de la gent féminine dont il ne défend qu'hypocritement « l'honneur ». Ainsi, l'objectif revendiqué par Dame Ysengrine, la première des « doctoresses » des *Évangiles*, à savoir répondre à des pamphlets misogynes, parodie l'introduction de la *Cité des dames*, composée par Christine de Pizan quelques décennies plus tôt. On n'édifiera toutefois pas de ville, mais une somme de savoirs vernaculaires, recueillis par un scribe à l'attitude ambivalente, tantôt las, tantôt amusé. Sa position de prétendu allié, compilant les propos de ces femmes, lui permet d'autant plus facilement de les disqualifier.

Des réunions entre femmes

La fin de la quatrième veillée, celle du jeudi, est l'occasion d'un banquet improvisé dont le secrétaire, qui s'est retiré de bonne heure, n'aura que des échos le lendemain. Le « jour le plus gras » de la semaine précède le jour maigre qu'est le vendredi, de la même manière que, dans le calendrier liturgique, Mardi Gras ouvre le Carême. Ce n'est donc pas la bonne chère consommée par les femmes qui gêne l'auteur, mais le fait qu'en organisant un repas entre elles, un repas dont les ingrédients sont apportés à l'insu de leurs maris, les doctoresses contreviennent à l'ordre domestique et enfreignent l'exigence légale et liturgique de la commensalité conjugale.

Ces échanges entre femmes autour de pratiques et d'expériences dans un cadre domestique ne sont pas sans rappeler les groupes de paroles et autres « réunions Tupperware » dans les années 1970. Celles-ci purent être le lieu d'une certaine prise de conscience dans le contexte de la diffusion des idées féministes. Mais, contrairement aux situations contemporaines où les réunions féminines ne suscitaient que peu le soupçon, on comprend dans l'apostrophe finale de Mabelie du Cendrier « et par aventure parvendrons a avoir domination par dessus les hommes » qu'il n'en va pas de même au XVe siècle : la possibilité d'un renversement des dominations n'est jamais bien loin, et la crainte que ce renversement suscite doit être désamorcée par l'ironie.

Si, comme l'a résumé Anne Paupert, les *Évangiles* nous sont rapporté au prisme d'un double filtre, lettré et masculin, ils laissent aussi deviner des voix rares qui résonnent à travers les siècles. Les *fileresses* dialoguent avec les lavandières de Minot, à la langue « bien pendue », que l'ethnologue Yvonne Verdier a rencontrées et racontées : aux « communautés textuelles » des clercs répondent ainsi les communautés textiles des « viragos de lavoirs ».

Clémentine GIRAULT
Université Paris Cité
ICT – Les Europes dans le monde

Pour en savoir plus

Catherine ACHIN et Delphine NAUDIER, « La libération par Tupperware ? », *Clio. Histoire, femmes et sociétés*, n° 29, 2009, p. 131-140.

Katherine L. FRENCH, « Nouveaux arts de la table et convivialités sexuées », *Clio. Femmes, Genre, Histoire*, n° 40, 2014, p. 45-67.

Anne PAUPERT, *Les fileuses et le clerc. Une étude des Évangiles des Quenouilles*, Paris-Genève, Champion-Slatkine, 1990.

Yvonne VERDIER, *Façons de dire, façons de faire. La laveuse, la couturière, la cuisinière*, Paris, Gallimard, 1979.

9. Des princesses aux bains

(Italie, XVe siècle)

Lettre de maître Giovanni Antonio Zaita :
Illustre Madame. Une fois achevé, selon l'ordre prévu, la douche pour madame Paola, la boisson pour madame Cecilia, dimanche, après déjeuner, nous quittâmes Abano, en voiture à cheval et nous rejoignîmes Padoue où nous logeâmes honorablement dans la maison du fils de maître Arrivabene, et où nous restâmes jusqu'à lundi après déjeuner. Durant cette période, on fit nos dévotions, et le lundi, pour plus de commodités, nous montâmes sur un bateau pour rejoindre Sant'Elena où nous sommes bien logés. Ce matin, madame Paola a commencé à prendre des bains de boue dans une caisse en bois, où le dos bien calé, elle est restée plus d'une heure, sans fatiguer et le soir elle en a fait de même, vers les XXII heures. Madame Cecilia a pris elle aussi un bain de boue, aux mêmes horaires, mais pour les pieds et les bras. Nous procéderons ainsi durant quelques jours, en tenant compte de leur délicate complexion [...].

Lettre de Paola Gonzaga [rédigée par Stefano Guidotti] :
Illustre Madame, chère mère. Je m'efforcerai, tant que je pourrai, pour moi-même comme pour vous contenter, de faire ce que vous me commander, de tirer profit des bains et de revenir en bonne santé [...]. Je vous remercie infiniment du présent que vous nous avez fait, à moi et à ma sœur, ces oranges nous sont d'autant plus chères qu'elles nous sont offertes par nos très chers père et mère [...].

Lettre de Stefano Guidotti :
[...] A XXI heure, nous montâmes sur une barque parce que c'était plus commode. Tout en chantant, nous parvînmes ici à l'heure de dîner et une fois le dîner pris, madame Paola fit tant de plaisanteries que nous fûmes tous morts de rire [...]. Aujourd'hui, avec la grâce de Dieu, elles sont entrées dans la boue, ce qui les a fait beaucoup rire. Madame Paola était à moitié recouverte de boue, dans une caisse ; face à elle madame Cecilia avec les bras dans une caisse plus petite ; elles sont dans une chambre comme il est apparu préférable à maître Giovanni Antonio. Et ce soir, avant dîner, elles ont suivi le même traitement, lequel selon le médecin doit se faire deux fois par jour, sans prendre de bain, si ce n'est pour se laver. Elles se sentent bien et sont joyeuses. Je ne crois pas qu'elles seront trop indisposées. Elles mangent bien et avec appétit. Ici, à Sant'Elena, il y a peu de personnes, je crois que nous serons tranquilles jusqu'à la fin du séjour et que nous pourrons retourner incognito à la maison [...].

Archives de l'État de Mantoue, Archivio Gonzaga, b. 1591, fol. 336, 337, 351 (traduit de l'italien par Didier Boisseuil).

Ces trois extraits proviennent de lettres adressées à la marquise de Mantoue, Barbara de Brandebourg : la première par un médecin de la cour des Gonzague, Giovanni Antonio Zaita, les deux dernières par un conseiller du marquis, le prête et chanoine Stefano Guidotti. Ils relatent le séjour aux bains que deux des filles du couple princier, Cecilia (1451-1478) et Paola (1464-1495) font près de Padoue en mai 1475. Cecilia est destinée à devenir religieuse, et Paola, la cadette de la fratrie, à peine âgée de onze ans, épousera l'année suivante Leonardo, comte de Gorizia, seigneur du Tyrol.

Essor de la pratique thermale

L'usage des eaux thermales à des fins thérapeutiques est une pratique sociale qui s'est largement développée dans une large partie de l'Europe à la fin du Moyen Âge et à la Renaissance, suscitant une fréquentation massive des bains et entraînant l'essor de sites thermaux, voire de véritables stations thermales.

Dans la péninsule italienne, ces pratiques sont progressivement encadrées par les médecins qui contribuent à définir les qualités minérales et thérapeutiques des sources, proposent un ensemble de règles pour administrer la cure, accompagnent leurs patients les plus aisés et produisent toute une littérature médicale, notamment des traités – connus sous le nom de *De balneis* – ou des conseils qui nous sont parvenus.

Soigner et guérir des pathologies féminines

Les femmes et les enfants visitent les bains ; et leurs séjours, bien que mal documentés, paraissent toutefois particulièrement encadrés. Ils sont accompagnés d'hommes – des parents, des familiers (ici, un médecin et un conseiller du prince) – et ne se déplacent que pour recevoir des soins. La fréquentation féminine des sources est souvent liée à un « défaut de fertilité », mais d'autres pathologies peuvent aussi motiver leur venue, notamment les malformations. C'est probablement le cas de Paola, voire de Cecilia. Deux de leurs sœurs, en effet, étaient atteintes de gibbosité et furent repoussées par le duc de Milan, Galeazzo Maria Sforza, alors qu'elles lui avaient été successivement promises.

Au tournant du XVe siècle, les procédés thérapeutiques se diversifient progressivement : dans certains sites thermaux, il devient courant d'administrer l'eau thermale non plus seulement par immersion (le bain), mais aussi par aspersion (la douche) ou par ingestion (la boisson). Les deux sœurs reçoivent ces trois procédés à Abano, le site proche de Padoue, dont les eaux sont connues depuis l'Antiquité. Elles prennent aussi des bains des boues à Sant'Elena, un site moins connu et un peu plus éloigné, accessible depuis la cité par le canal de Battaglia. Cette pratique plus rare est probablement destinée à éviter que Paola ne pâtisse des mêmes difformités que ses sœurs.

Des cures joyeuses ou discrètes

Les médecins assurent que, pour être efficace, la cure doit être joyeuse. Stefano Guidotti se félicite donc de voir Paola – dont c'est une des premières sorties hors de la cour de Mantoue, si ce n'est la première – gaie, alerte voire espiègle, pleine d'appétit, résistant bien au traitement imposé avec rigueur par maître Giovanni Antonio Zaita (plusieurs séances de thérapie par jour, en matinée et soirée). Il déplore cependant qu'elle ne prenne pas le temps d'écrire personnellement à sa mère, notamment pour la remercier du présent que la marquise leur a fait : des oranges (provenant peut-être du lac de Garde où leur culture s'est développée au cours du XVe siècle). C'est l'usage, en effet, d'offrir aux curistes des cadeaux alimentaires.

À la même époque, leur père, le marquis Ludovico, est à Acqui, dans le Piémont – une station ample et mondaine. Si elles ne sont pas avec lui, c'est peut-être parce que les eaux d'Abano et les boues de Sant'Elena paraissent plus adaptées à leur pathologie ou à leur nature (complexion), mais sans doute aussi parce que ces deux sites sont moins fréquentés. Plus modestes, visités principalement par des curistes vénitiens, ils offrent l'opportunité d'un séjour incognito. Cette discrétion est recherchée, probablement pour éviter que beaucoup d'yeux malveillants n'observent de trop près la jeune fille, promise potentiellement, à un brillant mariage…

Didier BOISSEUIL
Université de Tours

Pour en savoir plus

Didier BOISSEUIL, « La fréquentation thermale féminine dans la Toscane du Quattrocento » dans Isabelle CHABOT, Jérôme HAYEZ et Didier LETT (éd.), *La famille, les femmes et le quotidien (XIVe-XVIIIe siècle). Textes offerts à Christiane Klapisch-Zuber*, Paris, Publications de la Sorbonne, 2006, p. 371-385.

Didier BOISSEUIL, « Qu'est-ce qu'une cure thermale en Italie au XVe siècle ? », dans John SCHEID, Marilyn NICOUD, Didier BOISSEUIL et Joël COSTE (éd.), *Le thermalisme : approches historiques et archéologiques d'un phénomène culturel et médical*, Paris, CNRS, 2015, p. 105-122.

Daniela FERRARI, "Paola e Cecilia Gonzaga alle terme di Abano nel 1475", dans Philippa JACKSON et Guido REBECCHINI (éd.), *Mantova e il Rinascimento italiano. Studi in onore di David S. Chambers*, Mantoue, Editoriale Sometti, 2011, p. 37-53.

Marilyn NICOUD, « Les médecins italiens et le bain thermal à la fin du Moyen Âge », *Médiévales*, n° 43, 2002, p. 13-40.

10. La précieuse et la princesse : Madeleine de Scudéry et Sibylla

(France, Saint-Empire, XVIIe siècle)

Scudéry à Sibylla Ursula, Paris, le 28 mars 1656
Madame,
Je suis tellement amie de la vérité que je ne puis m'empêcher de la dire quand même elle m'est désavantageuse. Aussi est-ce par un sentiment de sincérité que je me suis résolue d'obéir à Monsieur le Prince de Brunsvig qui a désiré que je me donnasse l'honneur d'écrire à Votre Altesse. En effet, Madame, ma lettre la désabusera de toutes les choses avantageuses que la renommée lui a dites de moi [...]

Sibylla Ursula à Scudéry
[...] Si pourtant vous me permettez de vous prier de ne vouloir différer davantage le contentement que tout le monde ici aura de voir la suite de votre Clélie, je prends la liberté de vous en conjurer, et pour le public et pour votre propre gloire.

Scudéry à Sibylla Ursula, à Paris le 16 août 1656
[...] je vous promets que dès que la troisième partie de la Clélie de mon frère sera imprimée de l'envoyer à Votre Altesse quoi que je ne crois pas qu'elle soit digne de tenir place dans cette magnifique bibliothèque dont la renommée parle si avantageusement pour la gloire de l'Illustre Prince à qui elle appartient.

Sibylla Ursula à Scudéry
[...] La promesse que vous me donnez de me faire jouir du bonheur d'avoir bientôt la suite de votre Clélie commence à contenter le désir que j'en ai. Cependant je console mon impatience de la lecture des œuvres de Mr Sarazin, dont Monsieur mon frère vous est redevable. Elles sont à mon avis si accomplies qu'il n'y a rien à dire. Monsieur Ménage, qui les a publiées sous votre protection, n'a rien omis dans sa préface de ce que la renommée a déjà publié ici de votre perfection, si ce n'est l'extrême bonté que vous avez de donner votre affection aux personnes qui vous sont étrangères [...]

Scudéry à Sibylla Ursula
[...] j'attendais à me donner l'honneur de vous écrire que Clélie fut achevée d'imprimer afin de vous l'envoyer. [...] Le respect que je porte à Votre Altesse [...] et l'envie que j'ai de la divertir fait que je lui envoie la clef de Clélie qu'elle trouvera en un papier séparé avec le livre que je lui envoie.

Sibylla Ursula à Scudéry

[...] la clef de la Clélie me sera tout à fait agréable et vous m'obligerez grandement de joindre à tant de faveurs encore celle-là de m'envoyer aussi la clef du Grand Cyrus, ce que j'espère d'obtenir par l'entremise de la savante Sapho dont j'ai l'honneur d'être connue.

Bibliothèque du duc Auguste de Brunswick-Wolfenbüttel,
Cod. Guelf. 262 extr., fol. 51a à 60a,
(transcrit par Blake Lee Spahr
et modernisé par Myriam Dufour-Maître).

Sous le nom de son frère Georges, Madeleine de Scudéry (1607-1701) publie à partir de 1642 de très longs romans héroïques et galants, dont le plus célèbre reste *Artamène ou le Grand Cyrus* (1649-1653), en dix volumes, suivi bientôt de *Clélie, histoire romaine* (1654-1660), en dix volumes également. Immenses succès de librairie, ces ouvrages rapidement traduits en plusieurs langues consacrent la réputation sur la scène européenne de « Sapho », son nom de salon. On moque toutefois aussi le raffinement et l'aspiration au savoir des Précieuses, dont Madeleine de Scudéry est dite la « Souveraine ». Leur discrédit éclaire l'oubli dans lequel tombera par la suite une œuvre romanesque et morale qui compte pourtant parmi les plus importantes du XVIIe siècle.

La visite à « Sapho »

Lors de son voyage de formation en France en 1655-1656, le jeune prince allemand Anton Ulrich de Braunschweig-Lüneburg (1633-1714) rend visite à Madeleine de Scudéry et lui demande d'écrire à sa sœur Sibylla Ursula (1629-1671). Cette princesse lettrée est francophone, comme son frère, et grande admiratrice de « Sapho ». Madeleine de Scudéry s'exécute aussitôt le prince reparti. Commence alors un échange épistolaire dont une vingtaine de lettres, que la princesse a recopiées soigneusement dans un petit carnet, sont conservées à l'Augusta de Wolfenbüttel (Basse-Saxe).

Une correspondance littéraire inspirante entre deux femmes

L'échange s'étend de 1656 à 1661. Outre les compliments protocolaires d'un côté et les protestations d'amitié de l'autre, ces lettres marquent l'intérêt que porte la princesse à *Clélie*, dont la romancière envoie les volumes à mesure de leur publication, puis la clef (sans doute manuscrite, sur un feuillet séparé et perdu) qui dévoile l'identité des personnes du monde cachées derrière les personnages de fiction. La princesse, qui s'entraîne à traduire en allemand les romans de Gautier de La Calprenède, entreprend alors la rédaction d'un roman héroïque et galant, *Aramena, ou l'Illustre Syrienne*, visiblement inspiré de la manière et des valeurs scudériennes : une conversation y est ainsi consacrée à l'amour et à l'amitié, sujets de prédilection de la « Reine de Tendre », autre surnom de Madeleine de Scudéry. Laissé inachevé par la princesse après son mariage, le manuscrit est repris, remanié et terminé par son frère, Anton Ulrich, qui le publie entre 1669 et 1673.

Influence française et politique culturelle allemande

Il s'agit, par ce roman et celui qui suivra de la main d'Anton Ulrich, *Octavia* (1677-1707), d'illustrer la langue allemande et de conférer un caractère national à l'esthétique héroïque et galante alors en vogue en Europe. Cour à la mode où se succèdent ballets, opéras, spectacles, Wolfenbüttel illustre cette pénétration de l'Italie baroque et de la France de Louis XIV au sein de la civilisation protestante. Cette entreprise, menée par des souverains éclairés, est complétée par la fondation de l'Académie illustre (1687) et par les soins apportés à la bibliothèque Augusta, phare de la culture que Madeleine de Scudéry loue dans ses lettres à Sibylla, et dont Leibniz devient le bibliothécaire en 1691.

Esquisse d'une République des Lettres au féminin

On sait que l'échange épistolaire est fondateur depuis l'Antiquité de la sociabilité intellectuelle masculine. La République des Lettres ne connaît à priori ni frontières ni barrières sociales. S'écrire régulièrement entre femmes, sur d'autres sujets que des affaires de famille, est donc au XVIIe siècle une nouveauté dont on dit Mme de Sablé l'inventrice. La correspondance entre la princesse et la précieuse, celle-ci étant de bien moindre naissance que la princesse allemande mais autrice de réputation européenne, offre un témoignage parmi d'autres de ces correspondances du XVIIe siècle par lesquelles désormais les femmes tissent entre elles des liens intellectuels inédits et libérateurs.

Myriam DUFOUR-MAÎTRE
Université de Rouen-Normandie
CÉRÉdI (UR 3229)

Pour en savoir plus

Myriam DUFOUR-MAÎTRE, *Les Précieuses, naissance des femmes de lettres en France au XVIIe siècle*, 2e éd., revue, corrigée et augmentée, Paris, H. Champion, 2008.

Nathalie FREIDEL, *Le Temps des « écriveuses ». L'œuvre pionnière des épistolières au XVIIe siècle*, Paris, Classiques Garnier, 2022.

Marie-Gabrielle LALLEMAND, *Les longs romans du XVIIe siècle. Urfé, Desmarets, Gomberville, La Calprenède, Scudéry*, Paris, Classiques Garnier, 2013.

Blake Lee SPAHR, « Mlle de Scudéry and Sibylla Ursula, Herzogin von Braunschweig-Lüneburg. The correspondence of two *femmes savantes* », dans Richard BRINKMANN (éd.), *Theatrum Europaeum. Festschrift für Elida Maria Szarota*, Munich, Fink, 1982, p. 343-362

11. Des cours d'amour aux fêtes de la duchesse du Maine

(France, début XVIIIe *siècle)*

Mais je ne puis quitter l'article de la Cour d'Amour sans vous annoncer qu'une grande princesse vient de faire un établissement qui rappelle l'idée de cette galante assemblée, en la corrigeant de tout ce qu'elle pouvait avoir d'imparfait. Madame la Duchesse du Maine, dont les rares vertus, le savoir brillant et le goût exquis sont généralement admirés, a fait depuis peu une spirituelle et galante institution, qui a su amuser bien agréablement toute la cour de cette princesse. On sait que Monsieur le Duc du Maine, qui sent couler dans ses veines un sang qui inspire la grandeur d'âme, honore les belles-lettres d'une protection particulière. Ce prince est environné d'illustres savants qu'il comble de ses faveurs et de ses bienfaits, et qui donneront des preuves immortelles de sa magnificence et de son discernement.

La délicatesse du goût unie au caractère magnifique de Monsieur le duc et de Madame la duchesse du Maine est donc cause que quand ces princes sont à Sceaux, ce lieu déjà si beau par lui-même devient un séjour enchanté. Un jour que Madame la Duchesse du Maine y était entourée d'une cour brillante, au milieu de l'innocente joie qui inspire l'esprit de la politesse, cette princesse institua un Ordre galant, à qui elle donna le nom de *l'Ordre de l'Abeille*. [...] Madame la Duchesse du Maine a été nommée *dictatrice perpétuelle de l'Ordre.*

Cette illustre dictatrice s'est engagée à rassembler quatre fois l'année dans les temps qu'elle jugera à propos toutes les personnes qui composent l'Ordre, et après que ces personnes se seront exercées pendant toute l'après-dinée à des occupations où l'esprit et le savoir auront fait éclater leurs charmes, la Dictatrice terminera ces belles conversations par un souper digne de sa magnificence, qui sera suivi d'un bal où les jeux et les plaisirs paraîtront en foule.

Hé bien, Madame, quand vous voyez l'illustre souveraine de Dombes former cet ordre galant et spirituel, cela ne vous rappelle-t-il pas l'idée de ces Siècles heureux, où les Souveraines de Provence faisaient des établissements à peu près semblables et favorisaient le mérite et les belles lettres d'une protection si particulière ? N'ai-je pas eu raison de vous assurer que l'étoile triomphante de Madame la duchesse de Bourgogne répandrait ici des influences admirables en faveur de l'esprit et du savoir ?

Marie-Jeanne L'Héritier De Villandon, *L'Érudition enjouée ou nouvelles savantes, satiriques et galantes écrites à une dame française qui est à Madrid. Troisième lettre. Mois de septembre et d'octobre*, Paris, Pierre Ribou (éd.), 1703, p. 17-20.

Statue d'Eumachia, édifice d'Eumachia, Forum, Pompéi.

Plaque de reliure en ivoire d'éléphant, Germanie ou Italie du Sud, v. 980, Paris, musée national du Moyen Âge, Cl. 392.

Détail de la scène 20, Colonne aurélienne, Rome, 176 apr. J.-C.

Gravure de Frans Hogenberg,
Le duc d'Albe conduit Marguerite de Parme à Bruxelles (août 1568).

Artemisia Gentileschi, *Autoportrait en allégorie de la peinture*, Cumberland Art Gallery, Palais de Hampton Court, v. 1638-1639.

Tintinnabulum de bronze, 630 av. J.-C., nécropole de l'arsenal militaire de Bologne, tombe n° 5 ou « Tombe des Ors », musée civique archéologique de Bologne, inv. 25676.

Pâtes, *Tacuinum sanitatis* d'Ibn Butlan, enluminé vers 1450 en Rhénanie, Paris, BnF, Latin 9333, fol. 43.

Henry Walton, *Sir Robert and Lady Buxton and their daughter Anne*, v. 1786, Norwich Castle Museum and Art Gallery, The Bridgeman Art Library.

Michel Corneille le Jeune, *Aspasie au milieu des philosophes de la Grèce*, entre 1670 et 1690, salon des Nobles de la Reine, château de Versailles.

Portrait de Terentius Neo et de son épouse, fresque de v. 20-30 apr. J.-C., Pompéi, musée archéologique de Naples.

« Perceval et la recluse », enluminure du Maître de Charles du Maine, dans le *Tristan en prose*, c. 1450-1460, Dijon, Bibliothèque municipale, Ms. 052.

Pierre Thomas, *La défense de la Conception immaculée de la Vierge*, v. 1480, Paris, BnF, Mss., Francais 989, fol. 3.

La dame d'Elche, buste funéraire polychromique,
IVe siècle av. J.-C., Madrid, Musée archéologique national.

Pyxide attique à fond blanc, peintre de Splanchnopt, v. 470-460 av. J.-C., British Museum, inv. 1894, 0719.1.

Hartmann Schedel, *Das buch der Cronicken und gedechtnus wirdigern geschichten*, Nuremberg, 1493, Bayerische Staatsbibliothek München, fol. 6v.

William Hogarth, *Marriage A-la-Mode :*
Le contrat de mariage, v. 1743, huile sur toile,
Londres, The National Gallery

Lecythe attique à figures noires,
v. 510-500 av. J.-C., Paris,
musée du Louvre, CA 1855.

L'arbre aux pénis, fresque, XIIIe siecle, Fontaine de l'Abondance,
Massa Marittima (province de Sienne).

Amphore panathénaïque de Kittos, trouvée à Taucheira (Cyrénaïque), 425-400 av. J.-C., British Museum, 1866.0415.246.

Denier RRC 344/1, Revers 2 : enlèvement des Sabines, Société numismatique américaine, 1937.158.88

Sainte Wilgeforte, *Heures à l'usage de Sarum*, Flandres, xve-xvie siècles, Bibliothèque municipale de Riom, BM, ms. 0076, fol. 034.

Sabbat de sorcières dans les bois près de Genève, dessin colorié, v. 1570, Johann J. Wick, Wickiana, Bibliothèque centrale de Zurich, Ms. F19, fol 147v.

Affiche française du film
Un million d'années av. J.-C.
réalisé par Don Chaffey, 1966.

La Cité des dames, Paris, BnF,
manuscrit fr. 1178, fol. 3r.

Le Titien, *Danaé*, Madrid, musée du Prado, v. 1551-1553.

Sous le titre *L'Érudition enjouée* paraissent successivement au cours de l'année 1703 chez Pierre Ribou trois « lettres » adressées à « une dame française » partie à Madrid aux côtés Marie-Louise-Gabrielle de Savoie, devenue reine d'Espagne. La forme des lettres, leur rythme de publication et leur contenu, qui rend compte de l'actualité mondaine et savante, les rapproche d'un périodique comme *Le Mercure galant.* Publiées sans nom d'auteur, ces lettres sont l'œuvre de Marie-Jeanne L'Héritier de Villandon (1664-1734) : membre des académies des Jeux floraux de Toulouse et des Ricovrati de Padoue, elle vient de publier un hommage à Madeleine de Scudéry (1702). Dans sa troisième lettre, datée des mois de septembre et d'octobre 1703, l'autrice rend compte d'un petit événement mondain : la création par la duchesse du Maine, le 11 juin 1703, d'un ordre de chevalerie parodique appelé « l'Ordre de l'abeille » ou « de la mouche à miel », dédié à la fois à des occupations savantes qui le rapprochent d'une académie et à des divertissements qui relèvent de la magnificence aristocratique.

Une aristocrate de haut rang, protectrice des arts

Louise Bénédicte de Bourbon-Condé (1676-1753), devenue duchesse du Maine en 1692 par son mariage avec le fils légitimé de Louis XIV et de Madame de Montespan, est restée célèbre pour avoir organisé les fêtes des Grandes Nuits de Sceaux en 1714 et 1715.

En 1703, elle commence tout juste à faire figure de protectrice des arts. Elle a commandité dans les années précédentes ses premières fêtes dans la demeure de Nicolas de Malezieu à Châtenay, et elle vient d'acquérir avec son époux le domaine de Sceaux, dont ils font progressivement un foyer artistique majeur. La création de l'Ordre de la mouche à miel s'inscrit ainsi dans le mouvement qui voit l'émergence, à la fin du règne de Louis XIV, de nouveaux foyers artistiques dans les résidences aristocratiques, notamment autour des membres de la famille royale.

L'Ordre de la mouche à miel : une sociabilité féminine savante et galante

Cet ordre apparaît d'abord comme une dégradation parodique de formes de sociabilité spécifiquement masculines : la sociabilité aristocratique des ordres de chevalerie, et la sociabilité savante des académies – le rôle de « dictatrice perpétuelle » dévolu à la duchesse du Maine faisant écho à celui de « secrétaire perpétuel » de l'Académie française. En le qualifiant à plusieurs reprises de « galant », Marie-Jeanne L'Héritier de Villandon le rattache à une autre tradition, dominée par des figures tutélaires féminines : celle des cercles galants de Mme de Rambouillet et de Madeleine de Scudéry, dont L'Héritier elle-même revendique l'héritage. L'Ordre de la mouche à miel apparaît alors comme l'utopie d'une sociabilité à la fois savante et galante : la réalisation du projet énoncé par le titre même du volume, *L'Érudition enjouée.* Enfin, le rapprochement entre l'Ordre de la mouche à miel et les « cours d'amour » de la Provence médiévale, auxquelles L'Héritier a consacré au début de sa lettre un long développement nourri par ses relations avec l'érudit provençal Pierre Gallaup de Chasteuil, produit la fiction d'une histoire longue de la sociabilité savante au féminin. L'Héritier fait ainsi de la duchesse du Maine, aux côtés de la duchesse de Bourgogne, mentionnée à la fin de l'extrait, et de sa sœur la nouvelle reine d'Espagne, l'une des figures tutélaires d'une sociabilité savante aristocratique et féminine qui se déploie à l'échelle de l'Europe.

Un échange entre femmes influentes

En adoptant la forme de lettres, *L'Érudition enjouée* se présente comme un produit de telles pratiques de sociabilité : une trace d'échanges savants entre les cours de femmes puissantes protectrices « de l'esprit et du savoir ». Ce faisant, l'ouvrage contribue aussi à produire cette sociabilité féminine. Dans l'ensemble des échanges savants qui nourrissent l'écriture de L'Héritier d'une part, et dans l'ensemble des pratiques de magnificence des familles aristocratiques d'autre part, il isole et distingue les pratiques féminines pour en faire la promotion. *L'Érudition enjouée* crée ainsi un espace pour l'écriture à la fois féminine et savante de Marie-Jeanne L'Héritier de Villandon : en la légitimant, en la valorisant auprès du public du marché du livre, et en proposant à des femmes de pouvoir d'en devenir les mécènes.

Marine Roussillon
Université d'Artois
Textes et Cultures (UR 4028)

Pour en savoir plus

Catherine Cessac, Manuel Couvreur, Fabrice Peyrat (dir.), *La Duchesse du Maine (1676-1753), une mécène à la croisée des arts et des siècles*, Bruxelles, Éditions de l'université de Bruxelles, 2003.

Catherine Cessac, *La Duchesse du Maine (1676-1753). Entre rêve politique et réalité poétique*, Paris, Classiques Garnier, 2016.

Sébastien Douchet, *Une réception du Moyen Âge au XVIIe siècle. Lecture et usages des textes médiévaux par les Gallaup de Chasteuil (1575-1719)*, Paris, Champion, 2022.

Marine Roussillon, *Don Quichotte à Versailles. L'Imaginaire médiéval du Grand-siècle*, Ceyzérieu, Champ Vallon, 2022.

12. La société de Madame Geoffrin

(France, XVIIIe siècle)

Les vertus disparaissent trop souvent de la société sans laisser après elles des traces durables : on ne s'occupe d'en conserver la mémoire que lorsqu'elles ont emprunté quelque éclat et quelque importance du rang et des dignités et que devenues, pour ainsi dire, publiques [...]. Tels sont les droits de Madame Geoffrin à l'hommage que je lui rends ; tels sont les motifs qui me portent à croire que le public verra avec intérêt quelques traits recueillis du caractère de cette femme respectable [...]. J'ose ajouter aussi que pendant vingt années que j'ai eu le bonheur d'être admis dans sa société, je l'ai observée avec assez d'attention, pour pouvoir me flatter que mon tableau sera ressemblant. Je la peindrai avec simplicité, pour la peindre à sa manière, et avec vérité, car je la peindrai d'après elle-même ; c'est-à-dire d'après ses conversations, d'après ses lettres et d'après toutes ses actions. [...]

Les qualités dominantes de son esprit étaient le naturel, la justesse, la finesse et quelquefois la grâce. La circonspection et l'usage du monde l'empêchaient habituellement de s'abandonner à ses premières idées et à ses premiers mouvements [...]. La justesse et la droiture de son esprit se montraient dans ses jugements et dans la réserve avec laquelle elle s'abstenait de juger ; car jamais elle ne parlait de ce qu'elle ne savait pas. [...]

Dans la société [...], elle ne fournissait pas régulièrement à la conversation : le plus souvent elle se contentait d'écouter avec intérêt ; elle ne parlait guère de suite que pour conter ou pour développer un sentiment vif que la conversation faisait naître en elle. [...] Mais elle n'était jamais plus piquante et plus animée que lorsqu'elle grondait ses amis ; elle disait plaisamment qu'elle n'avait jamais corrigé personne et qu'elle ne grondait que pour son plaisir.

On a vu Madame Geoffrin rassembler chez elle les hommes de lettres les plus connus. On a dit qu'elle tenait bureau d'esprit. Elle accueillait et aimait les artistes. [...] Elle s'est occupée constamment, avec une bonté aussi active que touchante, de la fortune des hommes de lettres de sa société, qui lui étaient les plus agréables, ou que leur situation lui rendait plus intéressants. Elle a donné, vers 1760, six cents livres de rente viagère à M. d'Alembert. [...]

Abbé Morellet, *Éloges de Madame Geoffrin, contemporaine de Madame du Deffand*, Paris, 1812.

Au XVIIIe siècle, les salons – nommés alors sociétés d'esprit – jouent un rôle essentiel dans la sociabilité urbaine européenne, avec comme modèles ceux de Paris. Les plus réputés y sont tenus par des femmes qui reçoivent chez elles des hommes de lettres, des philosophes et des artistes. Parmi eux figurent ceux de Madame du Deffand, de Julie de Lespinasse et de Madame Geoffrin, dont la postérité est en grande partie liée au tableau de Lemonnier commandé en 1812 par Joséphine de Beauharnais.

Un parcours singulier

Marie-Thérèse Rodet, épouse Geoffrin (1699-1777), fille d'un valet de chambre de la Dauphine, orpheline très jeune, est éduquée, sans doute assez médiocrement, par sa grand-mère maternelle. Cette dernière la marie dès l'âge de quatorze ans à Pierre François Geoffrin, très riche quinquagénaire, administrateur et actionnaire de la manufacture des glaces de Saint-Gobain. Dès leur installation dans leur hôtel particulier rue Saint-Honoré, elle commence à réunir un cercle de gens de lettres et d'artistes. Elle fréquente aussi, grâce à Fontenelle, le salon de sa voisine, Madame de Tencin, avant de récupérer à la mort de cette dernière, en 1749, ses habitués. La même année, devenue veuve, Mme Geoffrin se retrouve, avec sa fille unique, à la tête d'une fortune considérable qui lui permet, pendant plus de vingt ans, de tenir société deux jours par semaine, le lundi et le mercredi. Son salon, l'un des hauts lieux de la vie mondaine et culturelle de la capitale, est fréquenté surtout par des hommes. S'y rencontrent des savants, des gens de lettres, des artistes, des aristocrates et de nombreux étrangers de passage – Stanislas Poniatowski, Hume, Kaunitz, etc. – qui contribuent à sa réputation hors de France. Sa notoriété résulte également de correspondances entre Mme Geoffrin et certains visiteurs rentrés au pays, voire des souverains, comme Catherine II. Cette relation épistolaire conduit la salonnière à rendre visite, en 1766, à la tsarine à Saint-Pétersbourg, en passant par la cour de Varsovie et de Vienne.

Un témoin, l'abbé Morellet

Mme Geoffrin n'ayant pas laissé de notes ou autres écrits, on ne connaît le déroulement des réunions de sa société que par des témoins comme l'abbé Morellet (1727-1819). Écrivain, traducteur d'économie politique et philosophe de la seconde génération des Lumières, collaborateur de l'*Encyclopédie* sur les questions religieuses et littéraires, il fréquente régulièrement ce salon. En 1777, lors de la disparition de Mme Geoffrin, face aux critiques méprisantes émanant alors de l'aristocratie conservatrice, des intellectuels, dont Morellet et d'Alembert qui ont bénéficié de la générosité de la dame, rédigent des *Éloges* en son honneur. Comme le veut ce genre littéraire, ils vantent ses mérites et son rôle dans la vie intellectuelle du temps. Au début du siècle suivant, Morellet réédite ces textes dans un tout autre contexte, celui de la nostalgie du monde englouti par la Révolution française, mais aussi celle de la philosophie des Lumières, des salons d'Ancien Régime et de la sociabilité mondaine qu'ils incarnaient.

Maîtresse de maison et mécène

Pour Morellet, comme pour nombre de ceux qui participèrent aux réunions de cette société ou de ce « bureau d'esprit », Mme Geoffrin n'est ni une femme de lettres, ni une femme d'esprit, ce que, d'après eux, elle n'a d'ailleurs jamais prétendu être. L'abbé signale les qualités féminines de la maîtresse de maison, son sens de l'hospitalité dans un intérieur sobre et de bon goût, orné, entre autres, de son portrait par Nattier, futur peintre de la cour. Dans cet entre-deux, espace ni tout à fait privé, ni tout à fait public, elle manie à la perfection l'art de la conversation à la française : elle distribue la parole aux uns et aux autres, équilibre les temps d'intervention et sait apaiser avec tact et gaieté les querelles naissantes entre ses amis. En revanche, elle se garde bien de s'avancer sur des terrains qu'elle ignore, refusant même, dit-on, de lire les écrits des hôtes qu'elle met si bien en valeur. Collectionneuse de peintures, de sculptures et d'arts décoratifs, elle est aussi mécène de nombreux artistes – Falconet, Vernet, Hubert Robert, Boucher, Van Loo, etc. –, elle vient en aide à des hommes de lettres, dont Diderot, et subventionne même une partie de la publication de l'*Encyclopédie*.

Pendant plusieurs décennies, Mme Geoffrin orchestra donc une sociabilité qui certes ne contribua jamais à la promotion des femmes en général, des autrices ou artistes en particulier, mais sa place dans la vie intellectuelle, culturelle et artistique de son temps ne saurait être niée.

Dominique PICCO
Université Bordeaux Montaigne
CEMMC (UR 2958)

Pour en savoir plus

Benedetta CRAVERI, *L'âge de la conversation*, traduction française d'Éliane DESCHAMPS-PRIA, Paris, Gallimard, 2001.

Dena GOODMAN, *The Republic of Letters. A Cultural History of the French Enlightenment*, Ithaca, Cornell University Press, 1994.

Charlotte GUICHARD, *Les Amateurs d'art au XVIIIe siècle*, Seyssel, Champ Vallon, 2008.

Antoine LILTI, *Le monde des salons. Sociabilité et mondanité à Paris au XVIIIe siècle*, Paris, Fayard, 2005.

CHAPITRE 12

Les maux de la violence domestique

Les maux de la violence domestique

Nous entendons par violence domestique tout acte de violence physique, sexuelle ou psychologique qui survient au sein de la famille entre conjoints, parents ou proches. Fondée sur la séparation des sphères privée et publique, cette qualification renvoie non seulement à des frontières spatiales, mais également à des frontières identitaires, liées en particulier au statut familial. En effet, cette dichotomie spatiale, déjà présente chez les auteurs de l'Antiquité comme Xénophon dans la disjonction du gouvernement domestique et du gouvernement politique, situe les relations conjugales dans un registre qui ne peut, ni ne doit être celui de l'égalité. La forte inégalité des sexes et la domination masculine engendrent plus souvent une violence exercée par les hommes sur les femmes. Bien entendu, il ne s'agit pas de nier la possible violence des femmes étudiée et mise en valeur par plusieurs travaux de recherches depuis les années 1990. Toutefois, il apparaît dans ces études que les violences féminines s'exercent plus fréquemment dans un contexte d'émeutes populaires, de disputes de voisinage, de vol par nécessité ou encore d'infanticide. Les atteintes à l'intégrité physique de l'un des membres d'un couple sont, sauf à de rares exceptions, perpétuées par les maris. Néanmoins, les femmes ne sont pas toutes restées des victimes passives de la violence masculine mais celles qui se sont décidées à intenter une action en justice se sont vues entraîner dans une odyssée procédurière.

Dès l'Antiquité, le lien conjugal autorise en effet divers types de comportements qui aujourd'hui seraient considérés comme du viol. Les termes grecs qui servent à désigner ce que nous nommons « viol » relèvent d'un champ sémantique très large. Le terme *hubris* par exemple peut s'appliquer à un viol, mais peut aussi bien désigner un acte de démesure quel qu'il soit : un excès dans le domaine politique, ou encore le fait d'insulter quelqu'un. De même pour le latin *stuprum,* qui peut dans certaines circonstances désigner un viol, voire un viol très violent suivi d'un meurtre. Mais, lorsque l'historien Suétone condamne Caligula qui prend de force les épouses des Romains influents, c'est pour souligner le mépris que l'empereur a pour ses concitoyens et pour les règles de sociabilité qui font communauté. Les femmes apparaissent alors comme des victimes collatérales.

Au Moyen Âge, les femmes doivent convaincre les autorités que les violences qu'elles subissent dépassent le stade de la correction maritale. Toutefois selon le siècle, la procédure ou le contexte de découverte des faits, les modalités discursives diffèrent. Les mots de la violence varient au cours des âges et les catégorisations contemporaines sont souvent impropres à saisir la compréhension de certains actes. D'autre part, la relation liant les conjoints apparaît, par le passé, privée de tout espoir d'intimité. Les archives judiciaires médiévales montrent bien à quel point la vie privée est alors chose publique. Le couple forme une sous-entité au sein des familles dont il est constitutif autant que tributaire. Les violences domestiques, en particulier les atteintes sexuelles contre les femmes, sont perçues comme des vols autant que des atteintes au corps des victimes appartenant à un tout qui les dépasse (famille, couple, lignage, parentèle). La connaissance des agressions sexuelles par les proches des victimes déclenche souvent des vengeances immédiates plutôt qu'un recours à la justice ou à des arbitrages. Dans le cas du meurtre d'un mari violent ou d'un infanticide, la violence de la justice se retourne le plus souvent contre les femmes.

Le concile de Latran IV en 1215 définit le mariage chrétien comme un engagement libre entre deux personnes. Progressivement, le rapt et le viol sont de plus en plus fermement condamnés. Ainsi s'instaure à partir de la fin du XIVe siècle un moment répressif qui va de pair avec la mise en place d'un nouvel ordre juridique. L'entreprise de redécouverte du droit romain, qui accompagne le renforcement du pouvoir royal, engendre un processus global de la disciplinarisation de la société. Cette entreprise de moralisation entraîne alors une condamnation plus ferme des violences domestiques portées à l'encontre des femmes. En France, un édit royal de 1556 impose à toute fille enceinte de déclarer sa grossesse aux autorités locales qui se chargent de rechercher le père et offrent un asile à celle qui est considérée tout de même comme une pécheresse. À la fin du XVIe siècle, la séparation de corps, héritière du *divorcium* romain, est rétablie par le Parlement de Paris et étendue aux diverses coutumes du royaume par la suite. D'abord peu usitée et souvent réservée aux familles nobles et princières, la séparation de corps fait son apparition dans des catégories plus modestes de la population à la veille de la Révolution. De fait, les nouveaux concepts de la philosophie des Lumières paraissent plus favorables aux femmes, dont quelques voix s'élèvent dans l'espace public pour dénoncer les multiples formes de violences dont elles sont victimes. Le divorce par consentement mutuel est instauré par les révolutionnaires le 20 septembre 1792. Mais le répit est de courte durée. Dès 1804, le code civil napoléonien met un point final aux espoirs que la Révolution avait suscités, rétablissant les hommes dans toutes leurs prérogatives.

Julie PILORGET

1. Autopsie d'un massacre

(Allemagne, Néolithique)

Fosse commune néolithique de Talheim (Bade-Wurtemberg).

Exogamie et déplacement des femmes

Les premiers agriculteurs de la culture Rubané, qui occupent l'Europe centrale jusque dans le Bassin parisien entre 5500 et 4900 avant notre ère, sont sédentaires et organisés en villages de quelques grandes maisons accueillant entre cinquante et cent personnes. La plupart du temps, ils enterrent leurs morts dans de vastes cimetières où femmes, enfants, hommes et vieillards occupent généralement des tombes individuelles. Des analyses chimiques et génétiques sur un échantillon de ces squelettes montrent que les femmes ont des origines géographiques plus variées que les hommes, ce qui pourrait correspondre à un système de mariage en partie virilocal dans lequel ce sont les épouses qui se déplacent dans la résidence de leur mari.

Des violences intercommunautaires

D'autres données permettent de supposer que les conditions de mobilité des femmes n'ont pas toujours été sereines. En effet, à la fin du Rubané, plusieurs fosses communes comportant des individus torturés et tués témoignent des tensions et des conflits entre communautés. À Talheim (dans le Bade-Wurtemberg, en Allemagne), trente-quatre personnes ont été jetées dans une fosse après avoir été massacrées à coups d'herminette, comme l'indiquent les traces relevées sur leur crâne. À Asparn (en Basse-Autriche) et à Schöneck-Kilianstädten (dans la Hesse, en Allemagne), ce sont respectivement soixante-sept et vingt-huit personnes qui ont subi un tel traitement. Or, les études ostéologiques et chimiques effectuées sur les squelettes de ces charniers montrent un déficit de femmes en âge de procréer. Par exemple, à Talheim, les individus d'origine locale ne comptent aucune jeune femme. Ces résultats ont amené les chercheurs à faire l'hypothèse d'un massacre lié à un rapt de femmes, comme pour le charnier d'Asparn et celui Schöneck-Kilianstädten où les jeunes femmes sont également absentes.

Des violences interpersonnelles

Ces épisodes de conflits intercommunautaires caractérisent principalement la fin du Rubané, aux alentours de 5100 avant notre ère. Cependant, durant les étapes plus anciennes de cette culture, la violence n'était pas absente, et notamment celle dirigée contre les femmes : dans le cimetière de Nitra (en Slovaquie), qui a livré soixante-seize corps inhumés, ce seraient surtout des femmes et des enfants qui auraient souffert de traumatismes crâniens résultant probablement de coups portés avec un instrument contondant. Un autre exemple en Hongrie, à Polgár-Ferenci-hát, concerne une femme dont le crâne montre les traces d'un choc qui a emporté une importante épaisseur d'os. Enfin, une des femmes de Mulhouse (en Alsace) présente les traces d'un traumatisme crânien auquel elle a survécu.

Des femmes au centre d'enjeux guerriers

Si la pratique de l'enlèvement des femmes au Rubané est probable, aucune trace d'un tel traitement envers des hommes n'a été identifiée. Ceux retrouvés dans les charniers ont certes été assassinés et un jeune homme à Mulhouse, qui porte une armature de flèche dans la cage thoracique, semble avoir été tué au combat. Mais ils n'ont pas été enlevés. Dans les situations de conflit qui ont été directement observées par l'ethnologie, les femmes sont souvent au centre des enjeux guerriers ou politiques, et leur rapt peut constituer une manière d'affaiblir l'adversaire. Il s'agit de terroriser les populations locales, comme le faisaient par exemple les Peuls Tamgué au XIXe siècle qui, souhaitant conquérir de nouveaux territoires, menaient chez les occupants des régions convoitées de fréquentes razzias de femmes et d'enfants. Il est possible que de telles exactions caractérisaient déjà le Néolithique rubané.

Anne AUGEREAU
INRAP
TempS (UMR 8068)

Pour en savoir plus

Penny BICKLE et Alasdair WHITTLE (éd.), *The First Farmers of Central Europe: Diversity in LBK Lifeways*, Oxford, Oxbow Books, 2013.

Marguerite DUPIRE, *Organisation sociale des Peul*, Paris, Plon, 1970.

Christian MEYER, Christian LOHR, Detlef GRONENBORN et Kurt ALT, « The Massacre Mass Grave of Schöneck-Kilianstädten Reveals New Insights into Collective Violence in Early Neolithic central Europe », *Proceedings of the National Academy of Sciences*, vol. 112, n° 36, 2015, p. 11217-11222.

Joachim WAHL et Hans-Christoph STRIEN, *Tatort Talheim. 7000 Jahre später. Archäologen und Gerichtsmediziner ermitteln (Katalog zur Ausstellung Archäologie-Museum Heilbronn 2007-2008)*, Heilbronn, Stätische Museen, 2007.

2. Viol, suicide et République : le sacrifice de Lucrèce

(Rome, VIe siècle av. J.-C.)

Durant le siège d'Ardée, les fils de Tarquin dînaient un soir avec Collatin et Brutus : étant du même âge et apparentés, ils se mirent à discuter de la vertu de leurs femmes. Chacun mettant en avant celle de son épouse, une dispute éclata. Aucune n'était présente au camp : ils décidèrent donc de partir tout de suite, de nuit, à cheval, pour leur rendre visite à toutes, avant qu'elles ne puissent être informées de leur arrivée. Ils firent ainsi et trouvèrent leurs femmes occupées à bavarder, à l'exception de Lucrèce, femme de Collatin, qui travaillait la laine. Quand cela se sut, naquit chez Sextus le désir de déshonorer cette dernière. Peut-être aussi fut-il épris de sa rare beauté, mais c'était plutôt la réputation de son corps qu'il voulait avilir. Il guetta le moment où Collatin était au pays des Rutules et se précipita à Collatia. Il arriva chez elle de nuit et y trouva gîte et couvert, comme il se doit chez une parente.
Tout d'abord il s'efforça de la persuader de céder à ses avances. N'ayant rien obtenu, il tenta de recourir à la force. Quand il vit que cela ne réussissait pas davantage, il imagina un nouveau moyen de la faire, contre toute attente, se résigner à l'outrage. Il déclara qu'il allait l'égorger ; elle resta impassible. Il ajouta qu'il tuerait aussi un de ses esclaves ; elle n'en fit aucun cas. Mais il la menaça, en outre, de coucher le cadavre de cet esclave à ses côtés et de répandre le bruit que, les ayant surpris ensemble dans le même lit, il leur avait donné la mort. Cela lui parut intolérable et, de crainte qu'on ne croie pareille calomnie, elle préféra s'abandonner à lui puis quitter la vie, après avoir tout révélé, plutôt que perdre sa réputation en périssant sur-le-champ. Elle consentit donc à céder à l'adultère.
Aussitôt après, elle prépara un poignard sous son oreiller et fit appeler son mari et son père, qui accoururent en toute hâte. Elle fondit en larmes et dit, entre les gémissements : « Mon père – j'aurais bien plus de honte à parler à mon mari qu'à toi –, j'ai commis quelque chose de déshonorant cette nuit. Mais Sextus m'a violée, en me menaçant de nous tuer, un de nos esclaves et moi, puis de prétendre qu'il nous avait surpris dormant ensemble. C'est cette menace qui m'a forcée à faillir, pour vous éviter de croire que pareille chose ait pu se produire. Moi maintenant, en tant que femme, je vais agir comme il convient. Mais vous, si vous êtes des hommes, si vous veillez sur vos épouses et vos enfants, vengez-moi ! Libérez-vous, et montrez aux tyrans qui vous êtes et quelle femme ils ont outragée. » À ces mots, sans attendre de réponse, elle saisit le poignard qu'elle avait caché et se tua.

Cassius DION, *Histoire romaine*, fr. 2, 13-19
(traduit du latin par Jean-Pierre GUILHEMBET).

Une version sobre et politique d'un récit légendaire

Transmise par une anthologie ou un abrégé d'époque byzantine, cette version de la mort de Lucrèce est due à Cassius Dion, auteur, en grec, au début du IIIe siècle av. J.-C., d'une histoire de Rome depuis ses origines. Narrant, à partir de sources dont aucune n'est contemporaine des faits, un événement daté par la tradition de 509 av. J.-C., elle reste brève et sobre. Les variantes de cet épisode légendaire (comme celle de Tite-Live) sont plus prolixes, romancées ou théâtralisées : le viol et la mise en scène du suicide paraissent ici quasi réduits à un tragique fait divers familial. Son originalité réside dans sa dimension politique : Lucrèce ne se borne pas à réclamer justice, elle préconise de renverser la royauté-tyrannie de Tarquin le Superbe (« l'Orgueilleux »). Bafouant les lois de l'hospitalité et de la famille, prêt à toutes les fraudes, ne maîtrisant pas ses désirs, Sextus, fils cadet de ce dernier, illustre le comportement transgressif du tyran. Ainsi, le destin de Lucrèce, épouse d'un cousin de Tarquin, Collatin, provoque le renversement de la monarchie et l'avènement de la Liberté – ce que, depuis l'Humanisme, nous appelons la République, définitivement marquée par la haine de la royauté. Comme les récits du changement de régime sont entachés de déformations et de réécritures, à des fins de glorification familiale ou « nationale », il ne s'agit pas de chercher à y retrouver des noyaux de vérité historique, mais de dégager les significations de cette péripétie.

Le sacrifice d'une femme exemplaire pour fonder une République

Honorable et vertueuse, Lucrèce remporte le « concours de la meilleure épouse » dans lequel se lancent les guerriers : elle se révèle respectueuse de la « tradition des ancêtres » (*mos maiorum*) et conforme au modèle féminin attendu des aristocrates, ce qui honore son mari. Filant la laine en l'absence de son époux, elle incarne l'idéal archétypal de la matrone (femme mariée), au contraire des jeunes dames de la famille royale qui, selon le stéréotype romain des femmes étrusques, festoient librement. Sa beauté, mais surtout sa moralité, sa pudeur, sa fidélité, son honneur irréprochables (*pudicitia*) suscitent la convoitise et la confrontent à un dilemme fatal : le soupçon d'adultère, punissable de mort, serait ici aggravé par le statut inférieur du partenaire ; seule la mort peut la sauver du déshonneur.

Modèle exemplaire et mémorable, figure indispensable, faiseuse de République qui contribue à refonder la cité, Lucrèce représente l'une des rares héroïnes romaines. Son rôle toutefois se restreint au cadre domestique et peut sembler secondaire, passif et indirect, au regard de l'Histoire. Si son corps peut apparaître comme une métaphore de la cité, qui subit la violence de la tyrannie, elle se cantonne à son rôle de femme : seuls les hommes sont appelés à agir dans la sphère publique pour faire advenir le nouveau régime. Ce sacrifice d'une femme pour préserver la vertu à la fois du corps féminin et du corps politique, à un tournant institutionnel crucial, revient un demi-siècle plus tard, lorsqu'il faut évincer les décemvirs, nouveaux Tarquins, avec la mise à mort de Verginia par son père, afin de lui éviter le déshonneur.

Une postérité controversée

Idéal de chasteté féminine louée par certains auteurs chrétiens antiques, Lucrèce est blâmée par d'autres, comme saint Augustin, pour son suicide qui ne punit pas le coupable. Depuis le Moyen Âge, la figure de Lucrèce apparaît contrastée, de l'exaltation de la pureté innocente et absolue à l'insinuation d'hypocrisie ou de duplicité : derrière le masque de la vertu se devine souvent l'éternel féminin de la tentatrice. Selon l'interprétation de l'école de Georges Dumézil, la Romaine ne serait que l'incarnation historicisée, l'avatar structurel de la figure de la femme du camp du bien, enjeu et victime des grandes batailles au cœur des mythes eschatologiques indo-européens qui disent le passage d'un monde à l'autre.

Jean-Pierre Guilhembet
Université Paris Cité
AnHiMA (UMR 8210)

Pour en savoir plus

Dominique Briquel, *Mythe et Révolution. La fabrication d'un récit : la naissance de la république à Rome*, Bruxelles, Latomus, 2007.

Jean-Noël Castorio, *Rome réinventée. L'Antiquité dans l'imaginaire occidental de Titien à Fellini*, Paris, Vendémiaire, 2019.

Melissa Matthes, *The Rape of Lucretia and the Founding of Republics*, University Park, The Pennsylvania State University Press, 2000.

3. Deux femmes dans la tourmente des guerres civiles

(Sicile, IVe siècle av. J.-C.)

Lorsqu'Apollocratès eut pris la mer, Dion se dirigea vers la citadelle. Mais les femmes, n'y tenant plus, n'eurent pas la patience d'attendre son arrivée, et accoururent aux portes. Aristomachè amenait le fils de Dion et Arétè marchait derrière, en larmes, ne sachant comment saluer son mari ni quel nom lui donner après avoir été unie à un autre homme. Dion embrassa d'abord sa sœur puis son jeune enfant. Alors Aristomachè fit avancer Arétè : « Dion, lui dit-elle, nous avons été malheureux pendant ton exil, mais ton retour et ta victoire nous ont délivrés de notre désespoir - nous tous, sauf cette femme que voici : je l'ai vue, pour mon malheur, forcée à vivre, de ton vivant, avec un autre homme. Puisque la Fortune t'a rendu maître de notre sort, comment vas-tu juger la contrainte dont elle a été victime ? Doit-elle t'embrasser comme son oncle ou aussi comme son époux ? » A ces mots d'Aristomachè, Dion se mit à pleurer et attira tendrement à lui sa femme. Il lui confia leur fils et la pria de se rendre dans sa maison où il alla vivre lui-même, après avoir remis la citadelle aux Syracusains.
[*Après l'assassinat de Dion*] On jeta aussitôt en prison sa sœur et sa femme qui était enceinte. Elle accoucha en prison dans des conditions misérables, d'un enfant mâle que les femmes se risquèrent à nourrir, d'autant plus qu'elles s'étaient assuré la complicité des gardiens et que la situation de Callippos était chancelante. [...]
Quant à Aristomachè et Arétè, dès qu'elles furent tirées de prison, elles furent recueillies par Hicétas de Syracuse qui avait été un des amis de Dion et qui semblait plein de loyauté et de bonté à leur égard. Mais ensuite, persuadé par les ennemis de Dion, Hicétas fit équiper un navire, sous prétexte de les envoyer dans le Péloponnèse, et ordonna de les égorger durant la traversée et de les jeter à la mer. Selon certains, elles furent noyées encore vivantes et le petit enfant avec elles. Mais le coupable subit, lui aussi, le juste châtiment de son crime. Hicétas fut capturé par Timoléon et mis à mort, et les Syracusains tuèrent ses deux filles pour venger Dion, comme je l'ai écrit en détail dans la *Vie de Timoléon*.

Plutarque, *Vie de Dion*, 51, 57,5 et 58,8
(traduit par Anne-Marie OZANAM).

Cet épisode, qui se déroule à l'été 356 av. J.-C., clôt un âpre siège au terme duquel Denys le Jeune a quitté Syracuse. Depuis la mort de son père, le tyran Denys l'Ancien, une décennie auparavant, la cité siciliote est plongée dans une crise dynastique et finalement une guerre civile (*stasis*) qui n'épargne aucun membre de la famille. Si Denys l'Ancien a réussi à imposer comme dynastiques deux lignées familiales, l'une locrienne donc étrangère, l'autre syracusaine, sa mort a provoqué une rupture à l'intérieur même du clan, mettant en péril l'autorité de son pouvoir autocratique. Aux querelles familiales se sont agrégées des dissensions politiques auxquelles le philosophe Platon ne sut porter remède, voire qu'il aggrava. C'est dans ce contexte particulièrement instable que se déroulent les extraits du récit de Plutarque.

Une pratique endogamique singulière

Dans la scène relatée par l'auteur de Chéronée, Aristomachè, seconde épouse de Denys l'Ancien, vient accueillir son frère Dion éloigné par dix années d'exil. Celui-ci avait épousé quelques années auparavant sa nièce Arétè, bien qu'elle fût la fille d'Aristomachè et de Denys l'Ancien. Cette alliance contre-nature, Dion étant un parent utérin, obéissait à la règle imposée par le dynaste : à la lignée locrienne le pouvoir effectif, à la lignée syracusaine les alliances et par conséquent la circulation des filles. De l'union d'Arétè avec Dion naquit un fils, Hipparinos, qui fait partie du cortège venu à la rencontre de l'exilé.

Après le départ contraint de Dion, Aristomachè et Arétè s'étaient retrouvées sous la protection de Denys le Jeune, mais, dès lors que les relations furent rompues entre les deux hommes, leur statut fut fragilisé. Arétè fut contrainte d'épouser un autre homme, Timocrate, un proche de Denys le Jeune qui avait en charge la sécurité de la cité. Aucun divorce ne fut pourtant prononcé, ce qui explique la situation dramatique évoquée par Plutarque au moment des retrouvailles : les larmes désespérées d'Arétè révèlent à quel point les femmes étaient utilisées sans ménagement dans les intrigues familiales et politiques. De « protégées », les deux femmes étaient devenues des « prisonnières », même si elles n'en continuaient pas moins à rester en contact avec Dion par l'envoi de lettres.

Deux femmes au cœur de la *stasis*

Le départ de Denys le Jeune après le siège ne régla pas les tensions politiques dans la cité, tensions qui aboutirent à l'assassinat de Dion lui-même. Arétè avait aussi perdu son fils qui, « mal éduqué », s'était suicidé. Les malheurs s'accumulaient donc, et l'arrivée au pouvoir de Callippos, ancien compagnon de Dion dans son retour d'exil et très probablement disciple de Platon, précipita la situation : enceinte, Arétè fut jetée en prison, tout comme sa mère. Elles y demeurèrent quelques mois jusqu'à ce que Callippos fût à son tour assassiné. Avec la naissance d'un nouveau fils, l'espoir renaissait pour la lignée syracusaine. Mais c'était sans compter sur la trahison de Hicétas, ancien ami de Dion, qui les fit jeter à la mer. Cette funeste destinée fut vengée par les Syracusains qui, désormais sous le règne de Timoléon, tuèrent le père et ses filles.

Largement inspiré par la tradition de l'Académie et par les traces que ces deux femmes ont dû laisser dans l'historiographie syracusaine, Plutarque livre un récit certes bref, mais assez explicite sur leur rôle suffisamment important sur le plan politique pour qu'elles soient tout aussi concernées par la guerre civile et son lot de violences que les hommes. Leur disparition violente est à la hauteur de ce qu'elles pouvaient représenter dans la cité : rendre possible, à l'exemple d'Arétè, la survie de la dynastie. Cela explique aussi pourquoi la vengeance des Syracusains fut aussi radicale, comme s'il s'agissait d'expier une faute et de purifier la ville de toute une violence inhérente à la *stasis*, qui, sans discrimination, avait affecté les hommes et les femmes de la famille dionysienne ainsi que leurs partisans.

Sandra PÉRÉ-NOGUÈS
Université Toulouse 2 Jean Jaurès
TRACES (UMR 5608)

Pour en savoir plus

Stefania DE VIDO, « Dione di Siracusa, un cattivo allievo », *Mediterraneo antico. Economia, Società, Culture*, n° 20, 1-2, 2017, p. 103-121.

Sandra PÉRÉ-NOGUÈS, « La Maison du dynaste : réflexions autour des cercles politiques et familiaux de Denys l'Ancien », dans Daniela BONNANO, Corinne BONNET, Nicola CUSUMANO et Sandra PÉRÉ-NOGUÈS (dir.), *Alleanze e parentele. «Le affinità elettive» nella storiografia sulla Sicilia Antica*, Caltanissetta-Rome, Sciacca, 2010, p. 113-124.

Sandra PÉRÉ-NOGUÈS, « Aristomaché et Arétè, deux femmes dans la tourmente des guerres civiles à Syracuse », dans Violaine SEBILLOTTE-CUCHET et Sandra BOEHRINGER (dir.), *Des femmes en action. L'individu et la fonction en Grèce antique*, Paris, EHESS, 2013, p. 117-132.

4. Exposition et infanticide des petites filles

(Monde grec, IIIe-Ier siècle av. J.-C.)

Chacun, même s'il est pauvre, élève un fils ; une fille, même s'il est riche, il l'expose.

Posidippe de Pella, *Hermaphroditus*, fr. 11 Koch
(traduit du grec ancien par Aurélie DAMET).

Lettre d'Hilarion, Grec d'Égypte, à sa femme Alis (Ier siècle av. J.-C.) :
Hilarion à sa sœur Alis, mille saluts, ainsi qu'à ma chère dame Berous et à Apollonarion. Sache que nous sommes encore maintenant à Alexandrie. Ne t'inquiète pas s'ils reviennent tous et que je reste à Alexandrie. Je te demande et je te prie, prends soin du petit, et si nous recevons notre salaire bientôt, je te l'enverrai. Si peut-être tu accouches, si c'est un garçon garde-le, si c'est une fille, expose-la. Tu as dit à Aphrodisias : « Qu'il ne m'oublie pas ». [Mais] comment pourrais-je t'oublier ? Je te demande donc de ne pas t'inquiéter.
L'an 29 de César, le 23 Pauni.

Bernard P. GRENFELL et Arthur S. HUNT, *The Oxyrhynchus Papyri*, IV, Londres, 1904, n° 744
(traduit du grec ancien par Anne-Emmanuelle VEÏSSE).

Hydrie attique à figures rouges, peintre de Danaé, v. 450-440 av. J.-C., Boston, musée des Beaux-Arts 03 792, *ARV*2 1076.13.

L'abandon des filles à la naissance

La thèse de l'exposition préférentielle des filles repose sur des sources rares et éparpillées dans le temps et l'espace. Le fragment de Posidippe de Pella, poète alexandrin du IIIe siècle av. J.-C., affirme ainsi que les petites filles sont abandonnées à la naissance, quel que soit le milieu social d'origine de la famille. À ces vers qui relèvent presque de l'adage, le papyrus dit « d'Hilarion » apporte une touche de vie quotidienne : il s'agit d'une lettre datant du Ier siècle av. J.-C. dans laquelle Hilarion, soldat grec d'Alexandrie, demande à sa femme enceinte d'abandonner l'enfant si c'est une fille et de garder le nourrisson si c'est un garçon. Ces deux témoignages sont en adéquation avec l'analyse de la liste des mercenaires crétois et de leurs familles, enregistrés comme nouveaux citoyens à Milet au IIIe siècle av. J.-C (inscription Milet I.3 33-38). Les statistiques y dévoilent un déficit de 50 % de petites filles par rapport aux jeunes garçons. De même, les listes fiscales de l'Égypte hellénistique révèlent un déficit de filles.

Les motifs de l'exposition préférentielle

Quelles seraient les raisons expliquant l'abandon de ces petites filles ? La première est économique : une fille coûte cher car il faut la doter au moment du mariage. La deuxième, plus culturelle, est la dépréciation générale des femmes et du féminin dans le monde grec antique : l'exposition des filles est un des nombreux marqueurs de la domination masculine. Dans les pratiques sociales, pour les familles pauvres, l'exposition des enfants surnuméraires est aussi un outil de régulation démographique : l'avortement est particulièrement dangereux pour les femmes dans l'Antiquité.

On fera enfin deux remarques concernant l'abandon des petites filles. Tout d'abord cela entraîne mécaniquement un nombre moindre de femmes à marier, ce qui explique en partie le décalage de l'âge au mariage. Pour corriger cet écart entre nombre d'hommes et nombre de femmes, on observe en effet que les hommes grecs se marient après trente ans, alors que les épousées peuvent avoir entre douze et dix-huit ans, selon les cités. Enfin, ces témoignages ne signifient pas que la naissance d'enfants de sexe féminin soit forcément vécue comme une malédiction. La Grèce ancienne connaît des fratries avec plusieurs filles, voire exclusivement féminines. Et les garçons sont également concernés par l'abandon à la naissance : des parents peuvent décider de ne pas garder un nouveau-né, quel que soit son sexe, pour des raisons financières ou physiologiques.

Enfances héroïques et exposition

L'hydrie attique à figures rouges est, quant à elle, caractéristique du traitement de l'exposition des enfants dans la mythologie, liée à la thématique du pouvoir et donc avant tout associée aux garçons. Il s'agit cependant toujours d'un infanticide raté, dans la mesure où les petits héros exposés doivent survivre ; pour le bon déroulement du scénario, le nourrisson est nécessairement sauvé. Deux motifs peuvent pousser un père ou un grand-père à exposer un nouveau-né : soit l'enfant est le fruit d'une union illégitime entre une jeune fille et un dieu, auquel cas le nourrisson compromet la transmission du pouvoir, soit l'enfant est porteur d'une malédiction qui menace directement sa lignée (Œdipe). Le mythe de Persée, représenté sur l'hydrie, combine les deux motifs. Le roi Akrisios ayant appris par un oracle que son petit-fils le tuerait, lorsque sa fille Danaé enfante Persée – qu'elle a eu de Zeus –, il enferme la mère et l'enfant dans un coffre qu'il jette à la mer. Persée et Danaé survivent à cette épreuve.

Il existe cependant une héroïne féminine abandonnée à la naissance par son père : Atalante. Ne souhaitant avoir que des fils, son père Iasos l'expose, mais elle est recueillie et nourrie par une ourse puis par des chasseurs, selon Apollodore.

Aurélie Damet
Université Paris 1 Panthéon-Sorbonne
AnHiMA (UMR 8210)

Pour en savoir plus

Pierre Brulé, « Infanticide et abandon d'enfants. Pratiques grecques et comparaisons anthropologiques », *Dialogues d'histoire ancienne*, vol. XVIII, n° 2, 1992, p. 53-90.

Aurélie Damet et Philippe Moreau, *Famille et société dans le monde grec et en Italie (v^e^-iie siècle av. J.-C.)*, Paris, Armand Colin, 2019.

Aurélie Damet, *Les Grecques. Destins de femmes en Grèce ancienne*, Paris, Tallandier, 2023.

Bernard Legras, *Hommes et femmes d'Égypte (ive siècle av. n. è.-ive siècle de n. è.)*, Paris, Armand Colin, 2010.

5. Féminicides antiques

(Mondes grec et romain, Ier-IIe siècle apr. J.-C.)

Il prit Poppée pour femme douze jours après son divorce d'avec Octavie ; il en était éperdument amoureux et, cependant, il la tua elle aussi d'un coup de talon parce que, enceinte et malade, elle lui avait fait de violents reproches un jour qu'il était rentré tard d'une course de chars.

Suétone, *Vie de Néron*, XXXV, 3 (traduit du latin par Sophie LALANNE)

Callirhoé était étendue sur son lit, se languissant de Chairéas. Elle était si triste qu'elle n'avait pas même allumé de lampe. Il y eut des bruits de pas et bien vite elle reconnut la respiration de son mari. Dans sa joie, elle courut à sa rencontre. Mais lui ne trouva même pas les mots pour l'injurier. Dominé par sa colère, il lui donna un violent coup de pied alors qu'elle s'approchait de lui. Son pied porta juste au niveau du diaphragme, coupant net le souffle de la jeune fille. Elle s'écroula, et ses servantes la ramassèrent pour la porter sur son lit. Callirhoé gisait ainsi, inconsciente et sans respiration, offrant à tous l'image d'une morte. La rumeur de l'événement se répandit à travers toute la cité, faisant se lever des cris de douleur dans les ruelles jusqu'à la mer. On entendait le thrène partout, comme si la cité était tombée entre les mains d'un ennemi. Mais Chairéas était encore bouillant de colère. Il s'enferma toute la nuit, soumettant les servantes à la torture, en particulier l'esclave favorite de Callirhoé. Sous la contrainte du fer et du feu, il apprit d'elles la vérité. Alors un sentiment de pitié pour la morte l'envahit, et il désira se donner la mort, mais Polycharme l'en empêcha.

Chariton, *Callirhoé*, I, 5, 1-2 (traduit du grec ancien par Romain BRETHES)

Hérode [Atticus] eut aussi à faire face à une accusation de meurtre, sur les bases suivantes : sa femme Régilla était enceinte d'environ sept mois, et Hérode, pour un grief sans importance, avait ordonné à son affranchi Alcimédon de la battre ; frappée au ventre, la femme mourut en accouchant prématurément. Sur ces éléments qu'il pensait vrais, Bradua, le frère de Régilla, lui intenta un procès pour meurtre [...]. [Hérode] fut aidé dans sa défense d'abord par le fait qu'il n'avait rien ordonné de tel contre Régilla, puis par son chagrin immense pour la défunte ; car si on l'accusa d'abord de le simuler, la vérité finit pourtant par s'imposer, car il ne lui aurait jamais dédié un tel théâtre ni reporté pour elle une deuxième désignation à la charge de consul s'il n'avait été pur de ce chef d'accusation ; il n'aurait pas non plus offert ses parures au sanctuaire d'Éleusis s'il avait porté la souillure d'un meurtre, car ce geste aurait pu inciter les déesses davantage à punir l'auteur du meurtre qu'à lui pardonner.

Philostrate, *Vie des sophistes*, 555 (traduit du grec ancien par Gilles BOUNOURE et Blandine SERRET)

L'extrait de la *Vie de Néron*, rédigée par Suétone au début du IIe siècle apr. J.-C., rapporte comment l'empereur, en 65 apr. J.-C., tua sa femme enceinte quelques années à peine après l'avoir épousée. Certes, Néron avait déjà fait exécuter plusieurs femmes, dont sa mère Agrippine, mais il prétendit être très chagriné par ce décès, et le coup de pied qui le provoqua en évoque un autre, qu'il peut avoir inspiré d'ailleurs : celui de Chairéas à sa jeune épouse Callirhoé dans le roman de Chariton, composé à la fin du Ier siècle apr. J.-C. Trompé par des prétendants éconduits, Chairéas croit surprendre un amant auprès de sa femme et la frappe d'un violent coup de pied au plexus qui la laisse pour morte. Dans le troisième extrait, il ne s'agit plus de fiction mais d'une affaire bien réelle, qui fit grand bruit dans l'Empire romain autour de 160 apr. J.-C. Le sophiste grec Hérode Atticus, qui avait épousé une jeune femme de la haute noblesse romaine, Appia Annia Regilla, causa sa mort alors qu'elle attendait leur septième enfant. Hérode prétendit lors de son procès qu'il l'avait fait battre par son affranchi, mais qu'il était profondément affligé de sa mort. Il est possible de penser qu'il la battit lui-même, d'autant qu'il resta très proche par la suite de cet affranchi.

Une culture de la violence

Même si les sources antiques relatives à la violence conjugale sont relativement rares, nous disposons de suffisamment de récits pour affirmer que celle-ci était courante dans les sociétés grecque et romaine. Les mythes et les récits historiques relatant viols et meurtres de femmes, la forte domination du mari sur son épouse et ses enfants, ajoutés à différents faits de la vie quotidienne, permettent de parler d'une « culture de la violence ». On la reconnaît dans le roman de Chariton lorsque Chairéas, que le meurtre de son épouse n'a pas calmé, exprime sa rage en torturant toute la nuit les servantes, et surtout la favorite de sa femme. Mais on pourrait citer d'autres exemples, comme un dialogue de *Lysistrata* d'Aristophane, au Ve siècle av. J.-C., qui décrit des rapports sexuels forcés et des coups (v. 160 à 165), ou encore un vase peint de la même époque, un *chous* conservé au Metropolitan Museum, montrant un homme rentrant éméché d'un banquet, s'apprêtant à frapper d'un bâton la femme qui l'attend, terrorisée, derrière la porte.

Cette violence masculine frappe toutes les femmes, en premier lieu les esclaves, les affranchies et les prostituées, mais aussi les épouses de citoyens et, comme le montre ces trois textes, les femmes de milieu aristocratique.

Uxoricide ou féminicide ?

Le terme d'uxoricide (du latin *uxor*, l'épouse) semble pouvoir être utilisé ici. Mais le terme relève du droit du *paterfamilias* et il ne se justifie légalement que si l'épouse est prise en flagrant délit d'adultère. Ce n'est pas le cas dans ces trois textes. En revanche, il s'agit bien de féminicide au sens de « meurtre d'une femme ou d'une fille en raison de son sexe ». Ce terme peut recouvrir de nombreuses formes de violences faites aux femmes : avortements, foeticides, crimes d'honneur, meurtre par un parent proche, meurtre accompagné de viol en contexte de guerre, etc. Poppée, Callirhoé et Régilla, frappées à mort par leur conjoint, sont donc bien victimes de féminicide.

Les raisons de la colère

Les meurtres de femmes par leur conjoint sont souvent rattachés à des crimes d'honneur, notamment dans les sociétés méditérranéennes, mais ce n'est pas ce que disent les trois extraits. Si Chairéas, âgé de quinze ans, est effectivement poussé par la jalousie, Néron et Hérode Atticus tuent leur épouse pour des motifs futiles. D'autres causes ont été mises en avant : la tyrannie est la caractéristique du tempérament des époux meurtriers et elle correspond bien au comportement de Néron et Hérode. Le cadre patriarcal des sociétés grecque et romaine est un autre élément d'explication : le pouvoir exorbitant qu'elles donnent au mari sur l'épouse laisse les femmes démunies devant la colère meurtrière de celui-ci.

Ajoutons qu'ici les femmes tuées sont enceintes. Si Callirhoé ne le sait pas encore, Poppée et Régilla sont à un stade si avancé de leur grossesse que leur mari ne peut l'ignorer. Les historiennes et historiens ont étudié ces cas fréquents de féminicides, souvent causés par un coup de pied au ventre, visant clairement les organes reproducteurs de la femme. Chairéas sortant tout juste du gymnase, son geste peut être interprété comme un réflexe de lutteur qui frappe son ennemi d'un coup de talon au plexus, mais pas le coup de pied de Néron. De même, Régilla meurt en accouchant d'un prématuré. La psychologie évolutionniste tente expliquer ces meurtres en termes de jalousie sexuelle, d'angoisse autour de l'identité du père et de désir de contrôle sur le corps féminin.

D'autres faits mériteraient d'être analysés : la familiarité des époux meurtriers avec leurs affranchis dans une société grecque et hellénisée qui valorise la bisexualité masculine, les regrets et l'affliction exagérée qui les exonèrent de toute culpabilité – Chairéas est excusé par Hermocrate, son beau-père, Hérode Atticus est blanchi par le futur empereur Marc Aurèle –, enfin la générosité ostentatoire qui accompagne leur deuil et leur permet de récupérer à leur profit la mémoire de leur épouse assassinée.

Sophie Lalanne
Université Paris 1 Panthéon-Sorbonne
AnHiMA (UMR 8210)

Pour en savoir plus

Lydie Bodiou et Frédéric Chauvaud, « Féminicides, fémicides et violences de genre », dans Lydie Bodiou, Frédéric Chauvaud *et alii* (dir.), *On tue une femme. Le féminicide. Histoire et actualités*, Paris, Hermann, 2019, p. 11-64.

S. Deacy et F. McHardy, « Uxoricide in pregnancy: Ancient Greek domestic violence in evolutionary perspective », *Evolutionary psychology*, 11, 2013, p. 994-1010.

L. Llewellyn-Jones, « 'Knocking her teeth out with a stone': violence against women in ancient Greece », dans Garrett G. Fagan et *alii* (éd.), *The Cambridge World History of Violence. I. The pre-historic and ancient worlds*, Cambridge, Cambridge University Press, 2020, p. 380-399.

S. B. Pomeroy, *The murder of Regilla. A case of domestic violence in Antiquity*, Cambridge (Mass.)-Londres, Harvard University Press, 2007.

S. S. Witzke, « Violence against women in ancient Rome: Ideology versus reality », dans W. Riess et Garrett G. Fagan (dir.), *The topography of violence in the Greco-Roman world*, Ann Arbor, University of Michigan Press, 2016, p. 248-274.

6. Des femmes cueillant des phallus

(Italie, fin du XIIIe siècle)

L'arbre aux pénis, fresque, XIIIe siècle, Fontaine de l'Abondance, Massa Marittima (province de Sienne).

Une représentation visible du plus grand nombre

En 1265, le podestat pisan et gibelin de Massa Marittima, petite commune de la Maremme siennoise, fit construire une fontaine publique, dite Fontaine nouvelle ou Fontaine de l'Abondance ; car au-dessus d'elle fut érigé un grenier public, le palais de l'Abbondanza. Les trois grandes arcades de la fontaine qui soutiennent le grenier enchâssent un vaste réservoir d'eau.

Sur le mur du fond de l'arcade de gauche, une fresque a été découverte en 2000 sous des enduits postérieurs, dont les plus anciens remontent au XIVe siècle : elle a été depuis restaurée. Elle présente un arbre dont les fruits insolites consistent en plus d'une vingtaine d'impressionnants phallus et de leurs bourses scrotales. Le thème de l'arbre aux phallus et le motif de la récolte de ses fruits est rare dans l'espace européen ; on peut toutefois citer sa présence dans un milieu castral, le Castel Moos-Schulthaus d'Appiano en Tyrol du Sud, dans les marges de manuscrits (Paris, BnF, fr. 25526, dont l'enluminure est attribuée à une femme), ainsi que dans le décor d'un coffret de bois originaire de Bâle. Ces témoignages, plutôt rares, sont réservés au regard et à la délectation privée, à la différence de la fontaine de Massa Marittima. Aussi la singularité de celle-ci doit-elle être interrogée en tenant compte de son caractère public, des aspects négatifs de l'appropriation des fruits de l'arbre et de la sexualité dévoyée de leur usage, des indices politiques, enfin, qui y sont intégrés.

Des femmes, des oiseaux et des phallus

Que représente-t-elle précisément ? L'arbre occupe les deux tiers de la paroi et abrite une dizaine de personnages, tous féminins, Autour de lui volent des oiseaux noirs, dont l'un évoque l'aigle héraldique impériale reprise par les gibelins. Deux femmes, à gauche, se disputent férocement l'un de ses fruits en s'empoignant par les cheveux ; une autre, plus loin à leur gauche, est manifestement sodomisée par un phallus attaquant le dos de sa robe. Les quatre femmes qui se tiennent à droite sous le couvert de l'arbre et que survole un oiseau noir isolé semblent plus pacifiquement unies. On notera qu'aucune silhouette masculine n'intervient dans ce qui semble relever d'une activité exclusivement féminine : les phallus accrochés à l'arbre ou rassemblés dans les corbeilles des femmes suffisent à marquer l'omniprésence du genre masculin, objet de la concupiscence et de la rivalité des femmes.

La « libre sexualité » des femmes au service d'un discours politique

Quel message cette représentation adresse-t-elle à ses spectateurs ? Entend-elle prôner la fécondité dans une ville bien gouvernée, en l'associant à l'eau et au phallus suivant des traditions antiques ? Prétend-elle plutôt critiquer l'appétit de pouvoir des femmes que viendrait satisfaire leur appropriation des signes de la virilité, thème que mettront en scène par la suite les estampes de la lutte pour la culotte ? Contestant les interprétations antérieures qui voient dans l'arbre aux phallus un arbre de fécondité, George Ferzoco s'appuie sur la date de l'exécution de la fresque pour élargir le champ de son intelligibilité. Il repousse cette date au dernier quart du XIIIe siècle ou au début du XIVe siècle, période où les guelfes de Massa évincent les gibelins du gouvernement de la ville. Sont ainsi mis en lumière l'arrière-plan politique de l'image et du même coup son usage public. L'association, à gauche, de l'emblème gibelin avec la violente dispute des deux femmes, la sodomisation d'une troisième et les dévoiements possibles de la sexualité qu'elle suggère, voire le relent de sorcellerie que Ferzoco décèle chez la femme qui titille d'un bâton un nid d'oiseau, tout cela ferait écho aux assimilations par le parti pontifical de la sodomie à l'hérésie et à la sorcellerie. On peut supposer qu'au mur du fond, sous l'arcade de droite, étaient représentés symétriquement les effets antithétiques du bon gouvernement guelfe.

La fresque de Massa Marittima est en fin de compte un manifeste politique guelfe, vouant à l'exécration des citoyens le mauvais gouvernement gibelin symbolisé par un arbre de stérilité plutôt que de fécondité. Ceci justifie son exposition publique dans la cité, mais aussi les enduits qui en ont au fil des siècles altéré le message ou gommé les outrances.

Christiane KLAPISCH-ZUBER
École des Hautes Études en Sciences Sociales

Pour en savoir plus

Massa Marittima. L'albero della fecondità, Comune di Massa Marittima & Soprintendenza per i Beni Artistici e Storici di Siena e Grosseto (éd.), Massa Marittima, 2000.

George FERZOCO, *Il murale di Massa Marittima/The Massa Marittima Mural*, Florence, Consiglio Regionale della Toscana, coll. Toscana Studies, n° 1, 2004.

Christiane KLAPISCH-ZUBER, « La lutte pour la culotte, un *topos* iconographique des rapports conjugaux (XVe-XIXe siècles) », *Clio. Histoire, Femmes et Sociétés*, n° 34, 2011, p. 203-218.

7. Les mots et les gestes du harcèlement sexuel

(Bologne, XIVe siècle)

Nanino Biagio Bentivogli, habitant du village de Gavaseto, dans le contado de Bologne, jure, dénonce et accuse Margarita [fille] de sire Tura Cavaleri, habitante du village de Gavaseto, du contado de Bologne, à propos du fait suivant. Alors que Nanino abordait Margarita, il voulut mettre sa main sur son sein en lui disant qu'il l'aimait. Il l'importunait (*tavanare*) tellement que Margarita rétorquait qu'elle ne voulait pas être importunée mais laissée en paix. Alors, elle a brandi le manche d'un petit couteau d'une main et a agité la natte qu'elle avait dans l'autre et a donné un coup sans effusion de sang à côté du nez de Nanino.

Archives d'État de Bologne, *Curia del podesta, giudici ad maleficia : libri inquisitionum et testium*, 172, 14, fol. 34 (décembre 1351) (traduit de l'italien par Chloé Tardivel).

Alors qu'Andrea sortait de la boutique de Francesco de Fiesso, son maître, et que *domina* Maria [fille] de feu Domenico de Bourgogne, de la paroisse de San Michele del Mercato di Mezzo, passait devant la boutique où se trouvait Andrea, ce dernier a dit à *domina* Maria : « Veux-tu quelque chose ? », ce à quoi Maria répondit que « Non ». Alors, Andrea, immédiatement et sans laps de temps, a dit à Maria : « Veux-tu coucher (*subponere*) ? » Cette dernière, entendant les paroles d'Andrea, a dit : « Que te naisse le vercoquin, tu es un vrai méchant ribaud ! » Et elle l'a frappé avec ses mains à la poitrine. Immédiatement, Andrea l'a frappée et blessée au visage par deux fois avec un petit coffret en bois qu'il avait à la main jusqu'au sang, desquels coups restent et sont restées d'évidentes cicatrices.

Archives d'État de Bologne, *Curia del podesta, giudici ad maleficia : libri inquisitionum et testium*, 219, 1, fol. 30 (décembre 1373) (traduit de l'italien par Chloé Tardivel).

Conceptualisé au milieu des années 1970, le harcèlement sexuel constitue un délit puni par la loi. En 2002, il a été défini dans une directive européenne comme la « situation dans laquelle un comportement non désiré à connotation sexuelle, s'exprimant physiquement, verbalement ou non verbalement, survient avec pour objet ou pour effet de porter atteinte à la dignité d'une personne et, en particulier, de créer un environnement intimidant, hostile, dégradant, humiliant ou offensant » (2002/73/CE). Si cette définition ne discrimine aucun groupe de genre, force est de constater que le harcèlement sexuel est aujourd'hui le fait, en grande majorité, d'hommes à l'égard de femmes. La conceptualisation et la reconnaissance juridique tardive de cette violence de genre ne doit pas masquer son historicité : elle est un élément structurant de la culture patriarcale. Recourir à la notion de harcèlement sexuel pour l'étude des sociétés passées relève donc d'un anachronisme critique et contrôlé.

Dire le harcèlement sexuel

À Bologne, dans les archives de la justice pénale du XIVe siècle, on trouve, à près de vingt ans d'écart, ces deux procès-verbaux. Le premier correspond à une plainte déposée par Nanino contre Margarita en raison du coup qu'elle a porté à son visage en décembre 1351. Le second est un procès ouvert par le juge contre l'apprenti Andrea car celui-ci a défiguré sévèrement Maria sur la place du marché en décembre 1373. À travers la criminalisation de ces faits de violence physique, on lit en filigrane des situations ordinaires de harcèlement sexuel. La première intervient entre deux individus qui vraisemblablement se connaissent : Nanino tente de poser sa main sur le sein de Margarita alors qu'ils se trouvent sous le portique d'une maison. Ce geste, justifié par le désir amoureux, se double de paroles qui ne sont pas rapportées. La seconde situation correspond au harcèlement de rue : Andrea fait une avance sexuelle à Maria alors qu'elle passe devant sa boutique. Afin de qualifier le comportement harcelant de Nanino, le premier notaire, qui rédige en latin, recoure à un verbe de la langue vulgaire (*tavanare*), formé sur le nom « taon », soit l'insecte qui mord ses proies. La proposition sexuelle exprimée en langue vulgaire par Andrea est, quant à elle, traduite par le second notaire en latin par le verbe *subponere*, qui signifie littéralement se « mettre dessous ».

Non-consentement et stratégies de défense des femmes

Dans les deux cas, Margarita et Maria expriment leur non-consentement : la première formule son besoin « d'être laissée en paix » tandis que la seconde répond « non » à la première proposition de l'apprenti. Face à l'insistance de leur harceleur, elles mettent en place des stratégies de défense. Margarita fait un geste dans le but de repousser son agresseur : elle brandit le manche de son couteau et agite la natte qu'elle tient dans la main. Maria, elle, recourt à la violence verbale. Elle profère une formule de malédiction considérée comme très grave à l'époque, en augurant à son harceleur d'attraper la maladie des vers supposé rendre fou, et le traite de « méchant ribaud », soit d'homme infâme aux mauvaises mœurs. Enfin, les deux femmes frappent leur harceleur.

Affaires classées sans suite : l'honneur sauf des hommes

Le passage à la violence physique déclenche une riposte judiciaire de la part de Nanino et un déferlement de violence de la part d'Andrea. Ce dernier défigure Maria avec un coffret en bois lorsqu'elle le pousse avec ses mains. Le juge sollicite une commission de médecins pendant l'instruction afin d'évaluer la gravité des cicatrices de Maria. Andrea, qui ne se présente pas devant la justice pour répondre de ses actes, est condamné à payer neuf livres *bolognini*, soit une somme modeste. À l'annonce de sa peine, il nie le caractère indélébile des cicatrices de Maria. Dans les deux affaires, Nanino et Andrea s'arrangent avec la partie adverse pour arrêter les poursuites judiciaires qui pèsent contre eux en échange d'une compensation financière.

Chloé Tardivel
École française de Rome
CEPAM (UMR 7264)

Pour en savoir plus

Trevor Dean, *Crime and Justice in Late Medieval Italy,* Cambridge, Cambridge University Press, 2007.

Didier Lett, *Hommes et femmes au Moyen Âge. Histoire du genre XIIe-XVe siècle,* Paris, Armand Colin, 2023.

Chloé Tardivel, « Genre, justice et harcèlement sexuel au Moyen Âge : l'affaire Margarita/Nanino (Bologne, décembre 1351-janvier 1352) », dans *Écrire l'histoire du harcèlement sexuel. Les mots pour le dire,* Gif-sur-Yvette, MSH Paris-Saclay Éditions, 2023, p. 17-36.

8. Violences incestueuses : pères agresseurs, filles abusées

(Occident, XVe siècle)

À Bologne, en 1422

1422, un samedi, le 5 décembre, Zampolo, citoyen de fraîche date, bien que ses parents fussent autrefois de Gênes, fils de feu misser {espace blanc}, chevalier et docteur, eut la tête tranchée sur la Place du marché de la cité de Bologne, parce que, selon la sentence, il avait eu deux enfants de sa fille toute jeune. Aujourd'hui encore, cette dernière est enceinte de lui, même s'il affirme que la fillette n'est pas sa fille.

Corrado Ricci (éd.), *Cronaca bolognese di Pietro di Mattiolo*, Bologne, Gaetano Romagnoli Libraio Editore, 1885, p. 336-337 (traduit de l'italien par Didier Lett).

À Paris en 1466-1467

À la même époque fut pendu au gibet de Paris un gros Normand natif du Cotentin pour avoir longtemps vécu avec sa fille dont il avait eu plusieurs enfants que tous deux s'empressaient de tuer dès leur naissance ; pour ce crime, il fut pendu, comme nous venons de le dire, et sa fille brûlée à Magny, près de Pontoise, où ils vivaient depuis leur départ de Normandie.

Jean de Roye, *Chronique scandaleuse. Journal d'un Parisien au temps de Louis XI*, traduit de l'ancien français et présenté par Joël Blanchard, Paris, Agora-Pocket, 2015, p. 152.

À Fribourg (Suisse) en 1489

Anthoyno Barnano a avoué que, comme il avait reçu la charge d'une fille qu'il devait tenir pour sienne, il est exact qu'il y a quelques jours, en descendant de la chambre du dessus à celle d'en dessous pour chercher ses fenêtres, il se rendit auprès de sa fille, puis l'embrassa et la mordilla, lui promettant aussi de lui donner un petit cadeau. Et ensuite, sous l'emprise du diable, il la pressa tant qu'il abusa d'elle, allant à l'encontre de sa volonté, et eut sa compagnie. Lorsque la fille voulait crier, il lui disait : « Chut ! Chut ! Tais-toi, j'aurai bientôt terminé » et lui mettait la main devant la bouche afin qu'elle ne crie pas. De plus, il a encore avoué qu'un autre jour, tandis que sa femme était allée à Notre-Dame de Bourguillon, il est retourné auprès de sa fille et a répété ce qu'il avait fait auparavant.

« Les Livres noirs de Fribourg », cité et traduit par Patrick J. Gyger dans *L'Épée et la corde. Criminalité et justice à Fribourg (1475-1505)*, Lausanne, Éditions de l'Université de Lausanne, 1998, p. 132-133.

La famille : une structure facilitante

Au XVe siècle, comme dans nos sociétés contemporaines, les dangers d'agression sexuelle sont plus élevés pour les filles que pour les garçons et se réalisent le plus souvent au sein des « structures facilitantes » que sont l'école, les lieux de travail (boutiques artisanales et champs) ou la famille. Que ce soit en Italie, en France ou en Suisse, comme le rapportent les chroniques ou les actes de la pratique judiciaire, l'inceste intrafamilial est donc aussi à cette époque surtout le viol du père sur sa fille ou, étant donné l'importance des familles recomposées consécutives au décès de l'un des conjoints, un abus sexuel d'un homme sur sa « belle-fille », ou encore d'un père d'adoption informelle accueillant chez lui, par charité chrétienne ou comme domestique, une jeune fille, comme c'est le cas à Fribourg en 1489.

Comme ces trois textes l'indiquent, les agresseurs appartiennent à tous les milieux sociaux (chevalier, docteur, artisan, etc.) et sont, dans les villes, davantage des citoyens que des gens de passage.

Le cri probatoire

Les violeurs tentent souvent d'attirer et de séduire leur proie par des promesses de cadeaux, comme le fait ici Anthoyno Barnano. Le notaire insiste sur le non-consentement de la victime, en indiquant que le crime a été perpétré « contre sa volonté », « par violence et par force » et en évoquant le cri. Ce dernier, pour spontané qu'il soit car destiné à alerter et à obtenir de l'aide pour échapper au pire, est amplifié pour répondre à des nécessités judiciaires car il demeure l'un des signes probatoires du non-consentement les plus efficaces. Dans les textes normatifs, on conseille toujours aux filles et aux femmes qui subissent une telle agression de crier du plus fort qu'elles peuvent. Dans la *Très Ancienne Coutume de Normandie*, on peut lire : « Si quelqu'un viole (*prend par force*) une vierge, en ville, dans un champ ou dans un bois, il faut que cette dernière crie, si elle le peut, afin que les voisins qui l'entendront, s'ils le peuvent, s'emparent du malfaiteur. » Les violeurs ont donc tout intérêt à empêcher leur victime de crier par des paroles menaçantes, en mettant la main devant leur bouche ou encore en les entraînant dans des endroits isolés pour commettre leur méfait.

Un crime et un péché

Les incestes père-filles parvenus devant le juge sont très souvent ceux qui se sont soldés par une ou plusieurs grossesses et accouchements, comme c'est le cas ici à Bologne en 1422 et à Paris en 1466-1467 : la fille de Zampolo a accouché de deux enfants et elle est à nouveau enceinte au moment de sa condamnation. Quant au « gros Normand » évoqué dans sa chronique par

Jean de Roye, il a eu avec sa fille plusieurs enfants qu'il s'empressait de faire disparaître dès leur naissance pour éviter de laisser des traces de cette liaison.

L'inceste constitue un crime et un péché. Il est donc considéré par la société et la justice comme très grave, raison pour laquelle le notaire cache parfois l'identité du coupable ou du père de celui-ci, surtout s'il est de noble extraction, comme c'est le cas pour Zampolo « fils de feu misser {espace blanc} ». Dans les registres de la justice pénale de Bologne, les violences incestueuses sont qualifiées d'« énormes, élevés et excessives (*enormes, arduis, excessi*) ». Leurs auteurs sont donc fermement condamnés. Zampolo est décapité sur la place du marché, le lieu habituel des exécutions à Bologne aux côtés du Campo dei Fori, plus excentré. Le « gros Normand » est pendu au gibet de Paris. La différence de mode d'exécution tient au niveau social des deux coupables : les gens du peuple sont pendus et les nobles, décapités.

L'incestée : une fille de Loth

De manière qui peut nous paraître étonnante, il arrive parfois que la victime, violée par son père, soit, elle aussi, condamnée. À Paris, la fille du « gros Normand » est brûlée vive, peine capitale la plus usitée pour les femmes. Certes, elle est sans doute accusée, comme son père, d'infanticide, mais elle est aussi rendue responsable de l'inceste. Son non-consentement ne va pas de soi, non seulement parce qu'elle est une fille d'Ève, réputée naturellement portée à la luxure et déjà considérée, surtout si elle a plus de douze ans (âge de la majorité sexuelle), comme une femme plus qu'une fille, mais aussi parce que l'inceste au Moyen Âge n'est pas un viol comme un autre. Le lien de sang entre agresseur et agressé est considéré comme provoquant une très forte attirance, naturelle, pleine de luxure et de concupiscence, de l'un et de l'une pour l'autre, un trop plein d'ardeur amoureuse. À l'instar des filles de Loth, la fille victime d'inceste peut donc être considérée comme active, responsable et consentante.

Didier Lett
Université de Paris
ITC

Pour en savoir plus

Didier Lett, *Viols d'enfants au Moyen Âge Genre et pédocriminalité à Bologne, xive-xve siècle*, Paris, Presses universitaires de France, 2021.

Didier Lett, « Une transgression impie et abominable : l'inceste intrafamilial à Bologne aux xive-xve siècles », dans Jean-Claude Schmitt (dir.), *Conformisme et transgression dans l'Église méridionale*, Cahiers de Fanjeaux, n° 56, Toulouse, Privat, 2021, p. 107-126.

Didier Lett, « Le viol incestueux aux xvie et xve siècles » dans Anne-Emmanuelle Demartini, Julie Doyon et Léonore Le Caisne (dir.), *Dire, entendre et juger l'inceste du Moyen Âge à nos jours*, Paris, Le Seuil, 2024, p. 57-74.

9. Séduction et violence : le rapt d'une jeune fille devant la justice

(France, XVIIe siècle)

Me Bataille, pour Marie Larchevesque demanderesse en requête d'intervention, voulant parler, fut interrompu par Me Pousset, qui soutint que Marie Larchevesque étant femme légitime du sieur Danfernel, elle ne devait point être reçue à l'accuser, pour complaire à sa mère et suivre sa passion, et que toute audience lui devait être déniée, à moins que son intervention ne tendît à la confirmation du mariage. Sur quoi Monsieur l'avocat général Bignon ayant remontré qu'il était juste d'ouïr la fille comme la principale partie, et la cour ayant ordonné qu'elle plaiderait ses moyens d'intervention, Me Bataille reprenant la parole dit que Marie Larchevesque est la plus intéressée en cette cause, et presque la seule qui le soit. L'intérêt de sa mère est un intérêt d'amitié et d'affection, qui peut être momentané et trouver bientôt sa fin ; mais l'intérêt de la fille est un intérêt réel, personnel, permanent, et qui doit autant durer que sa vie, qui ne lui sera qu'un regret perpétuel et une mort continuelle, si elle est réduite à ce malheur que d'avoir pour mari celui qui n'a eu autre dessein ni amitié pour elle que de lui ravir son honneur et son bien, et qui au lieu des caresses et des soumissions extraordinaires que les autres hommes témoignent et rendent à celles qu'ils aiment véritablement, et avec dessein de parvenir à un légitime mariage, n'a eu pour elle que des rudesses, de la contrainte et de la violence, afin de l'obliger à consentir à un mariage qu'elle n'abhorrait pas moins que la mort. [...] Danfernel qualifie demoiselle Marie Larchevesque de ce doux nom d'amitié et de concorde, comme s'il l'avait légitimement épousée ; mais au contraire elle nie constamment et véritablement d'avoir jamais prêté aucun consentement à ce prétendu mariage. Tout ce qu'elle a fait a été par l'impression, la force et contrainte dont Danfernel et ses complices ont usé envers elle. Les circonstances du fait le montrent assez. Elle a été ravie et enlevée de la maison de sa mère, et conduite en celle de l'oncle de Danfernel. De nuit et clandestinement, on a fait venir un homme inconnu se disant prêtre, qui a administré non un sacrement, mais commis un sacrilège. Elle n'a jamais habité avec Danfernel, mais au contraire a toujours résisté, attendant et épiant l'occasion de se remettre en liberté et de retourner en la maison de sa mère ; ce qu'ayant enfin obtenu, elle supplie la cour de l'y maintenir, de lui conserver sa liberté et de lui vouloir faire justice et réparation, telle que mérite l'injure atroce qu'elle a soufferte de l'insolence de Danfernel : à quoi il conclut.

Pierre BARDET, *Recueil d'arrêts du Parlement de Paris (1612-1642)*,
Avignon, Pierre-Joseph Roberty, 1773, t. 2, chap. VI, p. 15
(modernisé par Sylvie STEINBERG).

Le récit d'un rapt banal

Le 23 novembre 1630, Marie Larchevesque, jeune fille d'environ dix-sept ans, se rend dans les faubourgs de sa ville natale, Rouen, où l'attend Jean Danfernel, écuyer, fils du baron de Pont-Bérenger, qui la poursuit de ses assiduités depuis quelques temps. Celui-ci, avec l'aide de deux gentilshommes et de quatre ou cinq valets, la fait monter de force dans un carrosse. Elle est alors conduite dans la maison d'un des oncles de Danfernel où le mariage est célébré. Aussitôt connu l'enlèvement de sa fille, Charlotte Posson, veuve de son état, porte plainte au parlement de Rouen contre le séducteur et l'accuse de rapt. Au mois de mars suivant, Danfernel, ayant pris connaissance de la plainte, fait ramener Marie Larchevesque chez sa mère et, par l'intermédiaire de connaissances communes, convainc cette dernière de signer une approbation de mariage et de « s'accommoder ». Mais se ravisant quelques temps plus tard, Charlotte Posson reprend ses poursuites et, après que les parties ont saisi le conseil du roi, l'affaire est renvoyée au parlement de Paris.

C'est dans un célèbre recueil d'arrêts de ce parlement, dont la première édition date de 1690, que le cas judiciaire se trouve exposé puis commenté. Dans un royaume où le pluralisme juridique est de mise (droit féodal, droit canonique, coutumes, législation royale), la connaissance des cas judiciaires et de la jurisprudence est essentielle aux avocats comme aux procureurs et aux juges. Ici, le problème posé est celui de savoir si, ayant signé des articles de mariage puis s'étant ravisée, la mère peut continuer de poursuivre en justice le rapt de sa fille. Après l'exposé des faits, le rédacteur résume les positions des avocats puis de l'avocat général (Bignon) en mettant pédagogiquement en avant les moyens judiciaires utilisés. Enfin, il rend compte de la décision de la cour : en l'occurrence, celle-ci décide le 12 février 1632 de la prise de corps de Danfernel qui est conduit à la conciergerie du Palais. Les commentaires qui suivent et qui sont postérieurs ne mentionnent malheureusement pas la sentence définitive (si toutefois elle a été prononcée, le taux d'évaporation des affaires après « plus ample informé » étant très élevé).

Un procès pour rapt de séduction

La législation royale distingue le rapt de séduction de celui de violence. Défini par le droit romain puis par le droit canonique, le crime de rapt a été réinterprété dans la seconde moitié du XVIe siècle par la monarchie française dans un sens divergent du consensualisme prôné par l'Église catholique. Le droit distingue le rapt de séduction, où la personne raptée (homme ou femme) est sous le charme de son ravisseur (ou de sa ravisseuse) et lui obéit, du rapt de violence, où il y a usage de la force. Ici, toutes les parties sont d'accord pour considérer le rapt de Marie Larchevesque comme la conséquence d'une séduction : factuellement, Danfernel a fréquenté au vu et au su de tous la maison de Marie et l'a persuadée de s'enfuir avec lui. Du point de vue de la mère de Marie, cette séduction avait pour mobile de s'emparer d'une jeune fille orpheline, seule héritière des biens considérables de son père. Le père de Danfernel s'en défend, arguant d'une différence de milieu et se prévalant de sa noblesse pour nier qu'il s'agisse d'un rapt intéressé. Outre ces arguments contradictoires, les débats judiciaires auraient pu se limiter à quelques questions qui, de fait, sont bien évoquées par l'ensemble des avocats et par l'avocat général Bignon. Y a-t-il eu ou non enlèvement ? Avec quel usage de la ruse et quel usage de la force ? Y a-t-il eu ou non mariage ? Sur ce dernier point, le fait que le mariage ait eu lieu clandestinement, sans témoin, célébré par un prêtre étranger à la paroisse de l'un et l'autre époux, contrevient sans conteste aux décrets du concile de Trente.

L'élément le plus atypique de cette type d'affaire est le point de vue de Marie Larchevesque pris en compte et qui s'invite dans la discussion.

Le rapt de séduction, un acte sans violence ?

C'est donc à travers son avocat, Me Bataille, que la version de la jeune fille est exposée. D'abord interrompu par l'avocat de Danfernel qui prétend que, Marie étant supposément mariée, il lui faudrait être autorisée en justice par son époux, Me Bataille jette un doute sur la caractérisation du crime comme rapt de séduction. Marie aurait subi des violences auxquelles elle aurait résisté, faisant tout son possible pour ne pas « habiter » avec Danfernel. Cette dernière assertion achève de discréditer un mariage qui, en plus d'avoir été clandestin, n'aurait pas été suivi de « copulation charnelle », étape dernière et obligée du mariage. Si le consentement des parents est au centre d'une législation sur le rapt adoptée pour défendre leurs intérêts, la procédure aménage ici une place au consentement de la fille mineure, au sens de l'échange des paroles de mariage, et face à une pression sexuelle dont elle nie qu'elle soit légitimée par le mariage. Alors qu'un bon nombre de jeunes gens sont poursuivis pour rapt après s'être enfuis ensemble à l'insu de leurs parents, la version de la jeune fille met ici en évidence les pressions qu'elle a subies, entre séduction et violence.

Sylvie Steinberg
École des Hautes Études en Sciences Sociales
CRH (UMR 8558)

Pour en savoir plus

Jean-Louis Flandrin, *Le Sexe et l'occident. Évolution des attitudes et des comportements*, Paris, Le Seuil, 1981.

Jean Gaudemet, *Le Mariage en Occident*, Paris, Le Cerf, 1987.

Danielle Haase-Dubosc, *Ravie et enlevée. De l'enlèvement des femmes comme stratégie matrimoniale au XVIIe siècle*, Paris, Albin Michel, 1999.

Didier Lett, Sylvie Steinberg & Fabrice Virgili (dir.), « Abuser/Forcer/Violer », *Clio. Femmes, Genre, Histoire*, n° 52, 2020.

Sylvie Steinberg (dir.), *Une Histoire des sexualités*, Paris, Presses universitaires de France, 2018.

10. À la merci du maître : le viol nobiliaire

(France, XVIIIe siècle)

Demoiselle Antoinette Savy [...] ci-devant femme de chambre de Madame la comtesse de Polignac [...] a fait la déclaration de grossesse qui suit [...]. Qu'il y a environ deux ans elle est entrée au service de Madame la comtesse de Polignac chez qui demeure M. le comte d'Aspect son gendre. Qu'il y a environ un an, M. le comte d'Aspect a commencé à lui tenir des propos de galanterie, qu'elle a méprisés en lui observant qu'elle n'était point entrée chez Madame de Polignac pour y trouver son déshonneur, qu'elle n'était point faite pour le libertinage, et la comparante a toujours affecté de ne point se trouver seule avec lui et même de l'éviter. Qu'un des jours du mois d'avril de la présente année sur le minuit, la comparante sortait de l'appartement de la comtesse de Polignac et étant sur l'escalier avec un flambeau à la main, M. le comte d'Aspect qui vraisemblablement attendait le moment où elle sortirait [...] se trouva vis-à-vis d'elle, il lui dit qu'il avait quelques choses à lui communiquer, que n'ayant point voulu l'écouter et se mettant en devoir de monter dans sa chambre au troisième étage, il l'a prise à bras le corps et il l'a portée dans sa chambre à coucher, que là elle s'évanouit. M. le comte d'Aspect en fit ce qu'il voulut et il en jouit pendant son évanouissement. [...]

Ladite demoiselle Savy s'aperçut de son malheur environ deux mois après qu'il l'eut séduite dans le commencement du mois d'avril dernier [...] par la suppression de ses mois. Elle en fit part à M. le comte d'Aspect en lui reprochant ses violences et sa perfidie. Il la turlupina sur cet accident qu'il ne voulait point s'attribuer et cependant il eut l'honnêteté de ne point l'accuser d'avoir pu se livrer à une autre personne. Elle se trouva dans l'obligation de dire à Madame de Polignac l'état où elle se trouvait et elle eut sa consolation [...] mais [ne put] obtenir aucun secours de M. le comte d'Aspect [...]. Elle s'est crue obligée [alors] de quitter Mme de Polignac il y a trois semaines et de chercher une demeure chez une sage-femme [...]

Que dans ces circonstances, ladite demoiselle Savy après le conseil de gens éclairés, il lui a été conseillé de venir en notre hôtel pour y faire la présente déclaration de sa grossesse et [...] y rendre plainte contre le sieur comte d'Aspect des faits ci-dessus, [...] qu'elle regarde comme un monstre à dieux, un séducteur, et même un ravisseur [...].

Archives nationales, registres du Châtelet, Petit Criminel,
cote Y//9885, « D'Aspect », 24 décembre 1779
(modernisé par Adèle Delaporte).

La déclaration de grossesse déposée par la femme de chambre Antoinette Savy en 1779 devant le commissaire au Châtelet Louis Joron s'inscrit à la croisée des violences domestiques et des viols perpétrés par la noblesse du XVIIIe siècle et interroge l'impunité sociale et judiciaire des membres du second ordre.

Un viol qui ne dit pas son nom

Noyées dans les archives criminelles du Petit Châtelet, instance inférieure judiciaire chargée de juger la petite délinquance à Paris, les déclarations de grossesses constituent des points d'entrée dans la violence quotidienne du siècle des Lumières. Ce fonds du Petit Châtelet, composé de liasses éparses de procès-verbaux, de plaintes et d'informations (déclarations de témoins), ne dévoile pas les décisions judiciaires. Il permet néanmoins de dépasser l'approche homicide de la violence en révélant les tracas du quotidien, comme les problèmes de voisinage, les injures, et des infractions plus importantes, comme les viols, sans toutefois utiliser ce terme.

Le viol au XVIIIe siècle se définit comme une agression sexuelle uniquement à l'encontre d'une femme, la force doit avoir été employée et la victime doit avoir résisté physiquement du début à la fin. Le qualificatif « viol » reste néanmoins peu usité dans les sources judiciaires, notamment contre un membre de la noblesse, du fait du tabou qui l'entoure et du flou juridique et terminologique. Le viol subi par Antoinette Savy par le comte d'Aspect n'est donc pas évident aux yeux de la justice. Nombreuses sont les servantes et femmes issues de la domesticité à déclarer des grossesses tout au long de l'Ancien Régime, révélant, insidieusement, leur fragilité face à la domination de leur(s) maître(s) et de leurs fréquentations. Dans ce cas précis, la déclaration ne donne aucune indication sur l'âge des protagonistes.

La stratégie du noble séducteur

Les viols nobiliaires permettent d'aborder la question du consentement et d'interroger les stratégies employées par les nobles pour commettre leur crime. La première configuration, celle du viol sur les chemins ou dans la rue, est rare pour le second ordre. Les nobles violeurs préfèrent agir à l'intérieur de leur demeure ou de celle d'un proche, là où leur emprise est la plus forte. Ils cherchent alors, dans un premier temps, à se présenter en séducteurs, comme le fait le comte d'Aspect ici. Cette approche est particulièrement prégnante dans la littérature libertine, comme le montrent les cas du comte de Valmont contre Cécile de Volanges, de Dom Juan ou encore du marquis de Sade.

Une agentivité limitée : la victime face à la justice

Face aux résistances de la femme de chambre, le comte d'Aspect use de la force. L'évanouissement de la demoiselle Savy constitue une faille dans sa défense judiciaire, puisqu'elle ne lui aurait offert aucune résistance, élément capital dans la définition du viol sous l'Ancien Régime. Si l'agression sexuelle est évidente, c'est la grossesse qui déclenche le processus judiciaire, afin d'obtenir des dédommagements. La position sociale du comte explique aussi en partie qu'Antoinette ne porte pas plainte pour viol, mais pour « libertinage et déclaration de grossesse ». Il lui faut en effet disposer de ressources nécessaires pour élever l'enfant et elle ne peut les obtenir que par le biais de la justice, en contraignant le comte à reconnaître sa responsabilité. L'*agency* ou agentivité (capacité des femmes à agir) de la fille Savy face à la justice et à la pression sociale est ici limitée. Pourtant issue d'un milieu aisé, elle avait reçu une éducation au-dessus de son état de femme de chambre. Elle aurait pu engager des poursuites pénales. Néanmoins, face à sa honte, au silence de la comtesse de Polignac, au manque de témoins et pour éviter de faire scandale, elle se retrouve, comme de nombreuses femmes, seule et isolée dans sa démarche.

Adèle Delaporte
Centre d'Études des Mondes Moderne et Contemporain (UR 2958)

Pour en savoir plus

Frédéric Chauvaud *et alii* (dir.), *Le corps en lambeaux : Violences sexuelles et sexuées faites aux femmes*, Rennes, Presses universitaires de Rennes, 2016.

Adèle Delaporte, *Sombre ou honorable ? La noblesse violente et délinquante en France au XVIIIe siècle*, thèse de doctorat dirigée par Michel Figeac et Caroline Le Mao, Université Bordeaux Montaigne, soutenue le 2 juillet 2022.

Énora Peronneau Saint-Jalmes, *Crimes sexuels et société à la fin de l'Ancien Régime*, Paris, Perrin, 2021.

Georges Vigarello, *Histoire du viol (XVIe-XXe siècles)*, Paris, Le Seuil, 1998.

CHAPITRE 13

Monstres de légendes et figures mythiques

Monstres de légendes et figures mythiques

Les mythes et légendes ne sont pas seulement des histoires ou des contes : ils véhiculent tout un imaginaire social et ont une valeur didactique qui dépasse de loin le monde de l'enfance. Ils sont ainsi représentatifs d'un mode de pensée en collectivité. On étudiera ici le mythe entendu comme récit populaire ou littéraire mettant en scène des êtres surhumains et des actions imaginaires dans lesquelles ont été transposés des événements le plus souvent historiques, alors que les figures mythiques désigneront toute forme de représentation se référant à une personne par un système relationnel qui ne se conçoit que dans la répétition, la récréation, l'écart et la variation. Étroitement liée au mythe, la légende offre une réponse symbolique aux questions majeures auxquelles se confronte l'humanité, en permettant de dire l'inconcevable et de pallier les situations d'aporie.

En considérant des figures mythiques et mythologiques issues de différents univers culturels – de la Préhistoire à la Chrétienté occidentale, en passant par l'Antiquité grecque et romaine -, ce chapitre entend apporter un éclairage historique sur ces personnages féminins, mais aussi sur les lectures faites de ces différents récits au travers des âges. Il convient de rappeler l'ambivalence des récits mythiques, porteurs d'un discours hégémonique voué à perpétuer les rapports de domination mais qui fournissent également de nombreux modèles d'agentivité féminine, indéfiniment réappropriables. Les auteurs de l'Antiquité ont notamment utilisé les mythes pour justifier l'exclusion des femmes du pouvoir. Dans leurs récits, les femmes sont, pour la plupart, dépeintes comme des usurpatrices menant à la division de la cité. Selon eux, c'est le gâchis que les femmes font du pouvoir qui justifie qu'elles en soient exclues dans la vie réelle. Sont ainsi stigmatisées Athéna élue grâce au vote des Athéniennes, les reines et princesses indignes comme Clytemnestre, Hélène, Phèdre ou encore Antigone. À l'inverse, certaines figures féminines représentent un idéal de justice morale et incarnent la résistance des personnes privées de pouvoir. La plasticité du mythe lui permet d'échapper à la stricte binarité. C'est peut-être pour cette raison que la figure de Méduse, traditionnellement considérée comme un monstre féminin terrifiant vaincu par le héros masculin Persée, a, dès l'Antiquité où on la trouvait gravée sur les boucliers, été invoquée comme un symbole de puissance et de courage. Aujourd'hui, se souvenant que la Méduse mythologique avait été transformée en monstre à la suite de son viol par Poséidon, de nombreuses survivantes d'agressions sexuelles ont adopté son image comme symbole de résilience.

Parce qu'il n'est qu'interprétations, le mythe amène à relativiser la notion d'origine, en donnant toute leur force aux divers usages et aux multiples appropriations dont il est l'objet, aussi complexes soient-elles. C'est le cas de Jeanne d'Arc, sainte depuis 1920, figure clé de la mythologie d'extrême-droite, qui a également fait figure d'icône pour la gauche cléricale du XIXe siècle ainsi que pour le Parti communiste français et les suffragettes. Selon Roland Barthes, le mythe se définit comme ce qui transforme l'histoire en nature et le sens en forme, opérant un déplacement qui est une réduction. Ainsi, longtemps associée à l'époque médiévale, la « chasse aux sorcières », et l'imagerie qui lui est associée, sont une composante de l'époque moderne qui doit être aussi replacée dans le contexte de la « Querelle des femmes » qui naît au XVe siècle. La polémique porte notamment sur la place des femmes dans la société et leurs capacités à exercer le pouvoir. Cette controverse contribue à nourrir la légende noire de plusieurs reines, à l'instar de Catherine de Médicis, longtemps dépeinte comme une épouse acariâtre, une mère défaillante et une régente cruelle, devenant le parfait contre-exemple de ce que l'on attend d'un souverain. Marie-Antoinette, archiduchesse d'Autriche et reine consort de France, a également été l'objet de nombreuses diatribes : « plus scélérate qu'Agrippine / dont les crimes sont inouïs, / plus lubrique que Messaline / plus barbare que Médicis » ; dès le début de la Révolution, les libelles à son encontre se multiplient. Pourtant elle ne cesse de fasciner également, comme en témoignent les nombreux récits et films qui lui sont consacrés.

Dans cette perspective, les travaux de chercheuses et militantes féministes sur le « devenir mythe » se multiplient actuellement. Ils mettent l'accent sur le potentiel subversif, créateur et politique de ces représentations et visent à les libérer des constructions patriarcales dans lesquelles elles ont longtemps été emprisonnées et diminuées.

Julie PILORGET

1. La « Dame à la capuche », une femme du fond des âges

(France, Paléolithique)

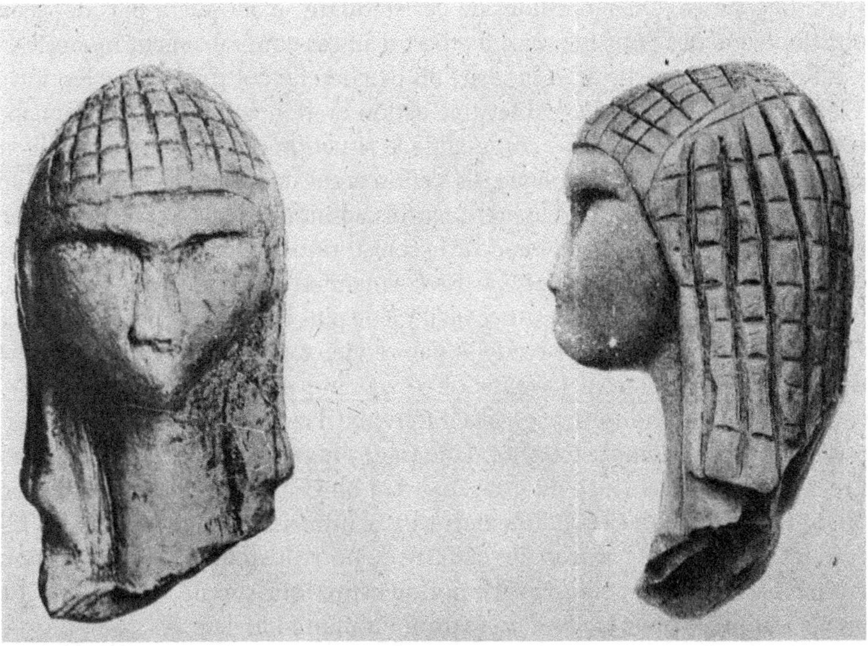

La « Dame à la capuche », grotte du Pape (Brassempouy, Landes), ivoire de mammouth, v. 25 000 av. J.-C., musée d'Archéologie nationale, Saint-Germain-en-Laye.

La « Dame à la capuche » est une figure en ivoire, mesurant à peine plus de trois centimètres et demi de haut. Découverte en 1894 à Brassempouy (Landes) par Édouard Piette (1827-1906), elle fait partie de sa donation au musée d'Archéologie nationale de Saint-Germain-en-Laye, dont elle est aujourd'hui l'un des emblèmes.

La découverte d'un objet d'art

« Ce fut surtout dans les régions des collines sous-pyrénéennes, voisines de l'Océan et de la Méditerranée que l'art prit son essor. Épris des formes féminines, leurs habitants excellèrent à représenter la femme. Il semble que ce fut l'amour qui incita le premier sculpteur à faire vivre l'ivoire sous les traits de la jeune fille aimée. Quelques-unes de ces statuettes n'ont guère plus de valeur artistique que des poupées, mais il en est d'autres admirablement modelées. Il y eut de véritables artistes. À la vérité, ils ne cherchèrent pas comme les nôtres à faire des groupes, à représenter une action en donnant à leurs personnages l'expression et l'attitude que commande la situation où ils se trouvent ; ils ne connurent pas cet art compliqué. Ils s'efforcèrent de rendre les formes voluptueuses de la femme, ils y réussirent parfois admirablement. » Voici comment Édouard Piette, grand découvreur d'art préhistorique des cavernes pyrénéennes, considérait les motivations de ces artistes – manifestement masculins à ses yeux. Un art pour l'art qui se porte sur ce qu'il y a de plus beau : le corps de la femme.

Et pourtant… Cet objet recueilli par ce vieux savant, dans une grotte où il avait été abandonné il y a près de vingt-cinq mille ans, est tout sauf un corps aux formes voluptueuses, à la différence d'autres figurines auxquelles il est fait référence dans cet extrait. Un visage énigmatique devenu icône de la Préhistoire par l'évidence de sa beauté. Un objet à rebours de nos attentes : on la croyait primitive et rudimentaire, cette humanité du fond des âges ? Elle écrit ici sans conteste le premier chapitre de notre histoire de l'art ; nous nous reconnaissons devant elle, dans l'émotion esthétique suscitée par cette petite image sculptée dans l'ivoire d'un mammouth antédiluvien.

La symbolique féminine dans l'art préhistorique

Édouard Piette fut le premier frappé par ce message du beau venu du fond des âges, mais il peina à admettre la spiritualité de ces populations lointaines. Son exaltation devant cette beauté formelle lui interdisait d'en accepter le sens. Un siècle plus tard, après de multiples découvertes, le discours a progressivement changé, et nous mesurons combien la symbolique féminine est au cœur de l'idéologie des peuples paléolithiques. En effet, si l'art préhistorique est surtout célèbre pour ses représentations animales – fresques de Lascaux, Pech Merle, Altamira ou Niaux, par exemple –, la symbolique féminine tient une place centrale dans l'imaginaire et le rapport au monde des autrices et auteurs. Dans la célèbre grotte Chauvet, qui livre parmi les plus anciennes représentations pariétales connues, datées de près de dix mille ans avant cette « Dame de Brassempouy », tandis que des animaux s'étalent au fil des parois en un cortège impressionnant – rhinocéros s'affrontant, lions pourchassant des bisons – dans des scènes d'une forte expressivité et d'une grande violence, une seule image humaine les accompagne. Un fragment de corps féminin, plus exactement un sexe à peine accompagné d'une esquisse des jambes. Cette figure est disposée de telle sorte, face à l'un des principaux panneaux du site, qu'il est impossible de douter que cette mise en scène sert le caractère central du message qu'elle délivrait.

Chauvet n'est qu'un début. Tout au long des vingt-mille millénaires de traditions artistiques paléolithiques postérieures, cette thématique perdure, sous de multiples déclinaisons et sur une large gamme de supports, depuis des représentations peintes ou sculptées monumentales – c'est-à-dire pratiquement à l'échelle – jusqu'à de menus objets emportés avec soi.

Une « vénus » hors du commun

Cette petite tête de Brassempouy demeure pourtant un objet exceptionnel. Dans l'immense majorité des cas, les « vénus » paléolithiques exaltent les attributs de la féminité à travers les formes du corps – seins, hanches, fesses rebondies –, alors que les traits du visage, si tant est que la tête soit représentée, demeurent souvent absents. La « Dame à la capuche », elle, propose exactement l'inverse. Est-ce pour cela qu'elle a été abandonnée parmi d'autres restes que Randall White a interprétés comme ceux d'un atelier de sculpture en ivoire, comme un essai avorté ou tout du moins sans lendemain, une fantaisie d'artiste que sa société et ses normes n'étaient pas prêtes à accueillir ? Peut-être. Ce qui est certain, c'est que ce caractère, pour exceptionnel qu'il soit, en a fait paradoxalement une icône à nos yeux. Un objet unique et pourtant universel.

François Bon
Université de Toulouse Jean Jaurès
TRACES (UMR 5608)

Pour en savoir plus

François Bon, « 23 000 av. J.-C., l'homme se donne un visage de femme », dans Patrick Boucheron (dir.), *Histoire mondiale de la France*, Paris, Le Seuil, 2017, p. 24-27.

Henri Delporte, *L'image de la femme dans l'art préhistorique*, Paris, Picard, 1993.

Édouard Piette, *L'époque éburnéenne et les races humaines de la période glyptique*, Saint-Quentin, imp. Charles Poette, 1894.

Randall White, « The Women of Brassempouy: A Century of Research and Interpretation », *Journal of Archaeological Method and Theory*, vol. 13, n° 4, 2006, p. 251-304.

2. Athéna, une déesse entre féminin et masculin

(Athènes, VIe-IVe siècle av. J.-C.)

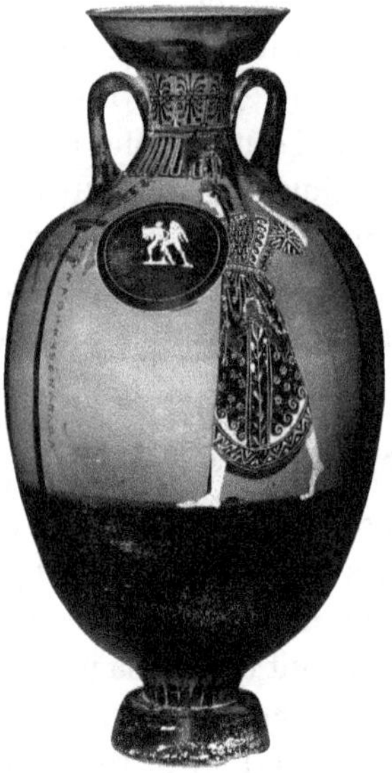

Amphore panathénaïque de Kittos, trouvée à Taucheira (Cyrénaïque), 425-400 av. J.-C., British Museum, 1866.0415.246.

À Athéna :
Je chante d'abord Pallas Athéna, la glorieuse déesse aux yeux pers, dont l'intelligence est vaste et le cœur indomptable, la Vierge vénérée, protectrice des cités, vaillante Tritogénie que le prudent Zeus enfanta lui-même de son auguste chef, armée d'un harnois guerrier tout étincelant d'or : un saint respect possédait tous les Immortels qui la virent lorsque, devant Zeus qui porte l'égide, elle jaillit impétueusement de sa tête immortelle, en brandissant une lance aiguë. Le grand Olympe vibra terriblement sous le poids de la puissante Déesse aux yeux pers ; la terre d'alentour poussa un cri déchirant ; la mer alors fut ébranlée et gonfla de sombres vagues, puis l'onde amère s'arrêta soudain ; le fils radieux d'Hypérion, pendant un long temps, arrêta ses chevaux rapides, et attendit que la Vierge Pallas Athéna eût ôté de ses épaules immortelles l'armure divine ; et le prudent Zeus se réjouit. Ainsi donc, salut à toi, fille de Zeus qui porte l'égide ; pour moi, je penserai à toi dans mes autres chants.

Hymne homérique à Athéna I (traduit du grec ancien par Christine HUNZINGER, légèrement modifié par Audrey VASSELIN).

L'*Hymne homérique à Athéna* est tiré du corpus des *Hymnes homériques* établi par le philosophe Proclos au ve siècle apr. J.-C., regroupant trente-trois compositions en vers de longueurs inégales et transmis à notre connaissance par une trentaine de manuscrits datés du xve siècle. Ces hymnes se présentent à la fois comme des « prières poétiques et des offrandes musicales » selon l'expression de Claude Calame, dédiées aux divinités dans le cadre d'une performance rituelle. L'*Hymne Homérique à Athéna* aurait été composé vers 580 av. J.-C., à l'occasion des Panathénées, célébration annuelle en l'honneur de la déesse protectrice d'Athènes.

Une naissance « androgénique »

La partie narrative de l'hymne est entièrement consacrée à la naissance extraordinaire d'Athéna, un événement de nature cosmologique menaçant l'ordre du monde, et ce jusqu'au plus haut sommet de l'Olympe. Cette naissance s'inscrit en effet dans le récit plus général de la conquête de la souveraineté par Zeus. Une prophétie lui avait annoncé qu'un fils né de Mètis, son épouse, le surpasserait en force et en sagesse. Empli de crainte, Zeus décida d'avaler Mètis, alors enceinte de ses œuvres. Quelques temps après, il ressentit de terribles douleurs à la tête que seul Héphaïstos put soulager en fendant son crâne d'un coup de hache. De l'ouverture ainsi provoquée jaillit Athéna, armée de pied en cap, qui, par un puissant cri de guerre, ébranla ciel, terre et mer. Le chant s'achève alors sur la reconnaissance de la souveraineté de Zeus par sa fille : en ôtant son armure divine, Athéna signale sa soumission à ce dernier.

L'invocation à la divinité, placée au début de l'hymne, fait écho au récit de la naissance d'Athéna. Elle s'appuie sur une longue énumération d'épithètes qui identifient sans aucune ambiguïté la déesse, qui contribuent à la caractériser et à lui conférer des qualités s'inscrivant dans un domaine d'intervention précis, tel que la protection des cités. Mais ce qui la définit absolument ici, c'est son étroite relation avec Zeus : elle est la *parthénos* éternelle, la « Vierge vénérée » qui reste définitivement attachée à son père. Partant, sa naissance hors norme est de nature « androgénique » (Jean-Baptiste Bonnard) : non seulement elle n'implique que des figures masculines, mais encore elle évacue tout élément féminin, puisque l'on ne trouve ni figure maternelle (Mètis), ni divinité accoucheuse (Illythie par exemple) pour assister Zeus dans sa délivrance.

Une déesse aux attributs guerriers

L'hymne s'attarde également sur l'aspect guerrier et la fonction tutélaire d'Athéna à travers les expressions « vaillante » et « protectrice des cités ». C'est d'ailleurs par ses armes que la déesse se reconnaît dans les documents iconographiques. Les amphores panathénaïques, offertes par les Athéniens aux vainqueurs des épreuves organisées lors des Grandes Panathénées, en sont un bon exemple. Ainsi, sur l'amphore trouvée à Taucheira (actuelle Tocra en Libye), datée de 425-400 av. J.-C., Athéna, revêtue d'une longue robe (un *péplos*) et coiffée d'un casque à cimier, brandit fermement sa lance et son bouclier, jambe et bras tirés en arrière, prête à l'assaut. Elle se tient au milieu de deux colonnes doriques surmontées de coqs, connus pour leur tempérament belliqueux. De tous les attributs guerriers, l'égide – arme merveilleuse –, frangée et recouverte d'écailles, constitue sans aucun doute l'un des signes distinctifs d'Athéna. Composée, selon les traditions, de la peau de la chèvre Amalthée ou de celle d'un dragon, elle correspond chez Homère à un bouclier et, sur le vase, à l'armure qui couvre le buste. Cette représentation de l'Athéna combattante suit l'iconographie traditionnelle des amphores panathénaïques dont les premières attestations remontent aux années 560 av. J.-C. Athéna fait partie des rares figures féminines – avec les Amazones – représentées armées d'une lance, d'un bouclier et d'un casque. Or, toutes ces armes constituent la panoplie hoplitique par excellence, armement exclusivement réservé aux hommes dans les sociétés grecques.

Vierge éternelle, vaillante guerrière, Athéna ne saurait être identifiée aux jeunes filles mortelles que l'on rencontre dans les textes de la littérature grecque : destinées à devenir des épouses légitimes, celles-ci n'ont que peu à voir avec le domaine de la guerre. Le cas d'Athéna illustre donc parfaitement la complexité inhérente à la définition du divin dans le monde grec, en particulier dans sa déclinaison au féminin.

Audrey Vasselin
Université Paris 1 Panthéon-Sorbonne
AnHiMA (UMR 8210)

Pour en savoir plus

Jean-Baptiste Bonnard., *Le complexe de Zeus. Représentations de la paternité en Grèce ancienne*, Paris, Éditions de la Sorbonne, 2004.

Claude Calame, « Les Hymnes homériques comme prières poétiques et comme offrandes musicales : le chant hymnique en acte », *Mètis. Anthropologie des mondes grecs et romains*, n° 11, 2012, p. 53-78.

Nicole Loraux, « Qu'est-ce qu'une déesse ? », dans Pauline Schmitt Pantel (dir.), *Histoire des Femmes en Occident*, t. 1, *L'Antiquité*, Paris, Plon, 1991, p. 31-62.

3. Les Amazones aux portes de l'Europe

(Crimée, VIe-IVe siècle av. J.-C.)

Jadis vivaient les Amazones, filles d'Arès [...]. Femmes par le sexe, leur courage les faisait plutôt considérer comme des hommes. Elles se montraient supérieures aux hommes par la vigueur de leurs âmes, plus qu'elles ne leur cédaient par la faiblesse de leurs corps. Souveraines de nombreux peuples, elles avaient déjà asservi leurs voisins quand [...] elles marchèrent sur notre ville. Mais elles trouvèrent devant elles des hommes de cœur, et leurs âmes ne furent plus au-dessus de leur sexe : elles démentirent leur première réputation, et ces périls, mieux que la faiblesse de leurs corps, les révélèrent femmes. Par un malheur singulier, elles ne purent tirer une leçon de leurs fautes pour mieux se conduire dans la suite : au lieu de retourner chez elles avouer leur insuccès et proclamer la valeur de nos ancêtres, c'est sur notre sol même qu'elles périrent, et que leur folie reçut son châtiment. Elles fournirent à notre cité l'occasion de s'immortaliser par sa valeur, tandis que, vaincues chez nous, elles jetaient leur propre patrie dans l'anonymat.

Lysias, *Éloge funèbre*, II, 4-6
(traduit du grec ancien par Louis Gernet et Marcel Bizos).

Amphore à figures noires, v. 510 av. J.-C., cercle du peintre d'Antiménès, collection Várez Fisa, Musée archéologique national, Madrid, Inv. n° 1999/99/60.

Combatives et séduisantes

C'est près des rives de la mer d'Azov, en Crimée dans la région du Pont, qu'Hérodote (*Histoire*, IV, 111-117) situe la rencontre du peuple (*ethnos*) des Amazones avec celui des Scythes, nomades qui occupent la région. Après un combat initial durant lequel ces derniers découvrent, étonnés, qu'ils ont pris des femmes pour des hoplites, le désir de s'unir à elles leur vient instantanément. Dans ce but, les guerriers scythes choisissent les plus jeunes parmi eux pour camper auprès des guerrières, épier leur mode de vie et se rapprocher d'elles. Le stratagème fonctionne. Séduites par ces jeunes hommes qui, comme elles, « n'avaient rien que leurs armes et leurs chevaux », les Amazones acceptent sans façons l'union charnelle et, peu à peu, la cohabitation devient si idyllique que les Scythes décident d'avancer la plus formelle des propositions de mariage : « Nous avons des parents, nous avons des biens [...], retournons pour y vivre dans notre peuple ; vous serez nos épouses, nous n'en aurons point d'autres. »

Des époux dévoués

Cette proposition incite les Amazones à déclarer leur attachement à leurs traditions, connaissances et inaptitudes qu'elles revendiquent au même titre que des traits d'identité : « Nous, nous tirons à l'arc, nous lançons le javelot, nous montons à cheval ; nous n'avons pas appris les travaux féminins. » Devenir l'époux d'une Amazone n'est pas simple, mais les prétendants considèrent les conditions à remplir pour y parvenir : chacun d'eux doit exiger de ses parents sa part des biens patrimoniaux, puis rejoindre sa compagne et quitter le sol scythe en traversant le fleuve Tanaïs. Autrement dit, il accepte une épouse qui est tout à fait l'opposée de la fiancée grecque idéale – contrainte d'apporter une dot et de s'installer dans la maison familiale de son époux –, puisque l'Amazone s'éloigne de sa belle-famille, une fois reçus en guise de dot les biens patrimoniaux procurés par l'époux.

Mariées selon leurs principes à elles, les Amazones continuent alors de mener le mode de vie qui est le leur : « Elles vont à la chasse à cheval [...], elles vont à la guerre, elles portent le même équipement que les hommes. » La conception de ce peuple de femmes-hoplites évoque un « monde à l'envers ». C'est en effet une chimère que les Grecs projettent sur des régions mal connues d'eux, des territoires souvent limitrophes avec les ports qu'ils ont fondés dès l'époque archaïque sur les rives de la Méditerranée et du Pont-Euxin.

Les Amazones entre le récit d'Hérodote et l'Histoire

Des fouilles récemment réalisées semblent démontrer l'historicité des Amazones pontiques dont parle Hérodote (*Histoire*, VI, 110-117) : un certain nombre de femmes y apparaissent enterrées de manière identique à leurs compagnons, avec des flèches, des boucliers, des haches de guerre, et accompagnées de chevaux. Toutefois, ces archères, que des commerçants ou de simples voyageurs grecs auraient pu côtoyer, n'ont pas tellement de ressemblances avec celles dont on ébauche ici les grands traits, à savoir les célèbres Amazones « guerrières égales de l'homme » (*antianeirai*) qu'un vers de l'*Iliade* évoque comme vaincues par Bellérophon (chant VI, vers 186).

Bien d'autres héros ont accru leur célébrité en l'emportant sur les Amazones, même s'ils ont pu être séduits, à l'égal des très jeunes Scythes, par leur virile féminité. C'est le cas d'Héraclès, souvent représenté dans l'iconographie comme luttant contre des hoplites dont la blancheur conventionnelle de la carnation révèle l'identité féminine, comme on peut le voir sur l'amphore de Madrid.

Il arrive également que les « tueuses d'hommes » (*androctones*, en grec traduit du scythe par Hérodote) quittent leurs terres pour entreprendre de formidables campagnes de guerre. Parmi ces campagnes, la plus souvent mentionnée dans nos sources est la bataille d'Athènes : la victoire de Thésée – créateur du procès d'unification de l'Attique et de la *dèmokratia* – sur ces ennemies est un mythe de fondation souvent évoqué dans les éloges de la cité prononcés, par exemple, à l'occasion des obsèques publiques, ainsi qu'on le constate dans le texte de Lysias. Au-delà des célébrations orales, l'art athénien d'époque classique glorifie cette bataille, appelée *Amazonomachie*, en la présentant dans des endroits bien en vue de la cité. Elle est représentée, par exemple, sur le bouclier de la statue d'Athéna chryséléphantine dans le Parthénon. De même, sur les métopes du Parthénon et sur celles du temple d'Héphaïstos appelé Théséion, le combat contre les Amazones s'étale aux yeux des Athéniens. Il figure aussi au centre de la grande peinture murale conçue pour la *Stoa Poikilè*, le fameux portique peint qui se trouve sur l'Agora.

Ainsi, la présence des Amazones est tout à fait habituelle dans les récits littéraires et iconographiques que les Athéniens développent, particulièrement à l'époque de la démocratie, sur leur propres origines, comme sur les normes et coutumes les plus élémentaires de leur organisation sociale. Héroïnes d'un « monde à l'envers », les Amazones *antianeirai* se révèlent donc d'inlassables génératrices d'identité, qu'il s'agisse de la patrie ou du genre.

Ana IRIARTE
Université du Pays-Basque
AnHiMA (UMR 8210)

Pour en savoir plus

Ana IRIARTE, « Athéna et les Amazones sur l'Acropole », dans Anne CAIOZZO et Nathalie ERNOULT (dir.), *Femmes médiatrices et ambivalentes*, Paris, Armand Colin, 2012, p. 293-306.

Adrienne MAYOR, *Les Amazones. Quand les femmes étaient les égales des hommes (VIIIe siècle av. J.-C.-Ier siècle apr. J.-C.)*, Paris, La Découverte, 2017.

Margarita MORENO CONDE, « Entre Amazonas y grifos : imágenes de frontera en el siglo IV a.C. », *Archivo español de Arqueología*, n° 87, 2014, p. 41-58.

4. Le rapt des Sabines et la mort de Tarpéia : des figures féminines au prisme de la guerre sociale

(Rome, Ier siècle av. J.-C.)

Denier RRC 344/1, Droit : Buste de Titus Tatius, Société numismatique américaine, 1937.158.88.

Denier RRC 344/3, Revers 1 : Victoire sur un bige, Société numismatique américaine, 1944.100.921.

Denier RRC 344/1, Revers 2 : enlèvement des Sabines, Société numismatique américaine, 1937.158.88.

Denier RRC 344/2, Revers 3 : Mort de Tarpéia, Société numismatique américaine, 1987.26.59.

Michael H. Crawford (éd.), *Roman Republican Coinage*, Cambridge, Cambridge University Press, 1975 [en ligne].

En 89 av. J.-C., alors que Rome mène une guerre sanglante contre ses alliés italiens révoltés (la « guerre sociale » qui s'étend de 90 à 88 av. J.-C.), un des trois magistrats monétaires, Lucius Titurius Sabinus, fait frapper une importante émission de deniers en argent.

Au droit de la pièce figure le buste d'un homme barbu, identifié par le monogramme TA comme le roi sabin Titus Tatius. La légende SABIN(us) renvoie au surnom du magistrat monétaire, L(ucius) Titur(ius) Sabinus, dont le nom apparaît sur les trois revers qui peuvent être associés à cette frappe et que nous présentons ici.

Sur le revers le plus fréquemment attesté (1) figure une Victoire conduisant un bige et tenant de sa main gauche une couronne. Sur un autre revers (2), deux soldats, portant une tunique courte et un manteau attaché aux épaules, enlèvent deux jeunes femmes. Enfin, un troisième revers (3), plus rare, mais plus souvent commenté, représente une figure féminine vue de face, échevelée, ensevelie sous des boucliers, les bras levés, entre deux soldats armés portant des boucliers. Au-dessus de sa tête, on note la présence d'un croissant de lune entourant une étoile.

Si la Victoire sur un bige (1) est un motif monétaire récurrent depuis la création du denier romain à la fin du IIIe siècle av. J.-C., les deux autres scènes sont parfaitement inédites. Elles font sens par leur association avec la figure du roi Titus Tatius. Il s'agit en effet de deux épisodes fameux du conflit qui oppose Romains et Sabins dans le récit de fondation de Rome. En ordonnant à ses hommes d'enlever les jeunes filles des peuples voisins venus assister à des jeux en l'honneur de Neptune (2), Romulus cherche à garantir la pérennité de la nouvelle cité par des mariages, mais il déclenche dans l'immédiat des représailles, dont les Romains triomphent d'abord rapidement. Seuls les Sabins, menés par le roi Titus Tatius, parviennent à mettre en péril Rome en prenant la citadelle du Capitole, grâce à la trahison d'une jeune fille, Tarpéia ; celle-ci meurt, écrasée sous le poids des boucliers jetés par les soldats sabins pour prix de sa trahison (3). Les Sabines mettent fin au conflit en suppliant leurs maris et leurs pères, permettant par leur mariage l'union des deux peuples : Titus Tatius devient roi aux côtés de Romulus.

Les Sabines, des héroïnes ?

Le choix de Lucius Titurius Sabinus détonne non seulement par rapport à ceux de ses collègues monétaires romains, qui optent pour des thématiques martiales (Mars ou Rome victorieuse), mais aussi par rapport aux monnaies contemporaines frappées par les insurgés italiens mettant en scène *Italia*, symbolisée par un taureau, écrasant la louve romaine.

Dans un tel contexte, les Sabines, ces figures féminines qui ne sont ni des allégories divines, ni d'intrépides héroïnes, mais des victimes, peuvent surprendre. Leur destin illustre les tensions propres au statut de la jeune fille, la *virgo*. Si elles symbolisent, par l'acceptation de leur mariage, une transition réussie vers le statut de matrones, Tarpéia, par sa trahison, représente les dangers et l'échec du processus d'union. C'est une puissante évocation de l'altérité féminine que cette jeune fille qui reste rejetée à la fois par les siens et par les ennemis.

Un message politique

Ces monnaies peuvent être d'abord lues au prisme des revendications gentilices propres au monnayage romain depuis les années 130 av. J.-C. À travers la geste de Titus Tatius, Lucius Titurius Sabinus met en avant les origines sabines de sa famille, relativement récente au sein de l'aristocratie romaine. L'argument de la sabinité apparaît d'abord comme un critère de distinction dans la compétition aristocratique.

Ces émissions étant essentiellement destinées à payer la solde de l'armée romaine, il est tentant d'y chercher un message politique actualisé. L'épisode des Sabines illustre notamment la *concordia*, vertu essentielle qui préside à toute union, au mariage comme à la réconciliation politique. Cette symbolique semble tout à fait adaptée pour faire valoir auprès des alliés italiens un modèle d'intégration à la romaine. Pour mettre fin à la guerre sociale, Rome choisit en effet d'accorder, par plusieurs lois successives, la citoyenneté romaine, d'abord aux alliés fidèles, puis aux révoltés acceptant de déposer les armes. À l'issue de ce conflit, tous les Italiens deviendront des Romains.

Tarpéia, une figure complexe

Tarpéia est en revanche une figure beaucoup plus ambivalente dans les sources antiques. Tantôt romaine, tantôt sabine, elle est soit une traîtresse motivée par l'amour de l'or (chez Tite-Live ou Plutarque), soit une héroïne incomprise qui aurait échoué à tendre un piège aux ennemis (selon L. Calpurnius Piso Frugi, un autre Romain d'origine sabine) ; chez Properce, elle trahira par amour et sera trahie en retour. Faut-il voir ici dans la figure de Tarpéia un avertissement aux alliés ayant trahi Rome ?

Les interprétations des modernes sur le sens à donner aux images de Tarpéia restent débattues, mais l'indiscutable portée exemplaire de cette figure ambiguë est indissociable de celle des Sabines dont elle constitue un pendant. Ces deux épisodes figurent ainsi en bonne place sur les reliefs qui décorent la basilique Aemilia, sur le forum romain, où ils sont associés à des scènes de mariage. La datation de cette frise qui met en scène le cycle latin de la fondation de Rome reste discutée ; les études les plus récentes proposent une datation augustéenne et y voient un écho aux lois d'Auguste sur le mariage (18 av. J.-C.), étape importante de la restauration de l'ordre social et politique du *princeps*.

L'actualisation de ces figures féminines légendaires révèle leur riche potentiel pour interroger, au-delà de la seule condition féminine, les fondements de l'identité romaine et la conception romaine de l'ethnicité.

Sylvia Estienne
École normale supérieure – Paris Sciences & Lettres
AnHiMA (UMR 8210)

Pour en savoir plus

Robert Brown, « Livy's Sabine Women and the Ideal of Concordia », *Transactions of the American Philological Association*, n° 125, 1995, p. 291-319.

Alexandra Dardenay, *Images des fondateurs. D'Énée à Romulus*, Bordeaux, Ausonius, 2012.

Jean-Paul Morel, « Thèmes sabins et thèmes numaïques dans le monnayage de la République romaine », *Mélanges d'archéologie et d'histoire*, vol. 74, n° 1, 1962, p. 7-59.

Tara S. Welch, *Tarpeia. Workings of a Roman Myth*, Columbus, The Ohio State University Press, 2015.

5. Un destin tragique : vie et postérité d'Hypatie d'Alexandrie

(Monde grec, Ve siècle apr. J.-C.)

Il y avait une femme à Alexandrie, du nom d'Hypatie. C'était la fille du philosophe Théon, et elle avait à ce point développé sa culture qu'elle surpassait les philosophes de son temps ; elle avait reçu la succession de l'école platonicienne issue de Plotin et elle exposait à ceux qui le voulaient tous les enseignements philosophiques. Aussi accouraient auprès d'elle ceux qui, de partout, voulaient s'instruire dans la philosophie. À cause de la noble liberté de parole qu'elle tenait de son éducation, elle allait en toute modestie en présence des gouverneurs et il n'y avait aucune honte à ce qu'elle se trouve au milieu d'hommes, car tous la respectaient et l'admiraient en raison de son extrême chasteté. C'est contre elle que l'envie prit alors les armes. Parce qu'elle rencontrait assez fréquemment Oreste, cela provoqua contre elle, de la part du peuple de l'Église, l'accusation que c'était elle qui ne permettait pas qu'Oreste se réconcilie avec l'évêque. Des hommes à l'esprit échauffé dirigés par un certain Pierre, lecteur, après s'être entendus entre eux, guettent la femme qui rentrait chez elle de quelque part ; l'ayant tirée de son char, ils la traînèrent à l'église qu'on appelle *Kaisarion*, et après l'avoir dépouillée de ses vêtements, ils la tuèrent avec des tessons. Puis après l'avoir mise en pièces, ils détruisirent par le feu ses membres, qu'ils avaient emportés à l'endroit qu'on appelle le *Kinarion*. Cela valut un blâme considérable à Cyrille et à l'Église des Alexandrins, car meurtres, combats et pratiques semblables sont tout à fait étrangers à ceux qui sont du parti du Christ. Cela eut lieu la quatrième année de l'épiscopat de Cyrille, sous le dixième consulat d'Honorius et le sixième de Théodose, en mars, pendant la période des jeûnes.

Socrate DE CONSTANTINOPLE, *Histoire ecclésiastique*, VII, 15
(traduit du grec ancien par Pierre PÉRICHON et Pierre MARAVAL).

En ces temps il y avait à Alexandrie une femme païenne, philosophe, nommée Hypatie, qui, constamment occupée de magie, d'astrologie et de musique, séduisait beaucoup de gens par les artifices de Satan [...].

Jean DE NIKIOU, *La Chronique de Jean de Nikiou*, LXXXIV
(traduit du grec ancien par Hermann ZOTENBERG, Paris,
Imprimerie nationale, 1883).

Charles W. Mitchell, *Hypatia,* 1885, huile sur toile, Laing Art Gallery, Newcastle.

La sortie, en 2009, du film *Agora* d'Alejandro Amenábar a remis en lumière le personnage d'Hypatie, une philosophe grecque d'Alexandrie sauvagement assassinée en 415 par un groupe de chrétiens fanatiques. Par son traitement de la vie d'Hypatie – d'autant plus sujette à la fiction qu'elle comporte de nombreuses zones d'ombre, nos sources étant assez limitées et souvent partiales –, le film s'inscrit dans la longue histoire du mythe de cette femme philosophe et professeure, dont le dossier présenté ici donne un petit aperçu.

Une femme philosophe appartenant aux élites cultivées d'Alexandrie

Le premier extrait provient de l'*Histoire ecclésiastique* de Socrate de Constantinople, dit le Scolastique (380-440), considéré comme l'un des plus grands historiens de langue grecque de l'Antiquité chrétienne. Ce passage est inséré dans le septième et dernier livre qui couvre le règne de l'empereur Théodose jusqu'en 438 et s'intéresse à la vie des principaux évêques de cette période. Plusieurs chapitres, souvent critiques, sont ainsi consacrés à Cyrille, évêque d'Alexandrie entre 412 et 444, sans doute à l'origine de l'assassinat d'Hypatie, bien que sa responsabilité directe ne puisse être prouvée. Le récit de Socrate contient des informations précieuses, en particulier sur la formation et la place de la philosophe, présentée de manière positive, dans les cercles cultivés et politiques d'Alexandrie. Fille du dernier membre connu du musée d'Alexandrie, Théon, Hypatie, née sans doute vers 355, travailla d'abord aux côtés de son père, en particulier dans le domaine des mathématiques, et finit sans doute même par dépasser son savoir. Elle avait aussi des connaissances en astronomie et se tourna vers la philosophie néoplatonicienne. À Alexandrie, elle donna des cours à un groupe de disciples, païens ou chrétiens, dont le dénominateur commun était d'appartenir aux élites cultivées.

Hypatie, victime d'une lutte d'influence entre le préfet et l'évêque ?

C'est certainement davantage cette insertion au sein des élites que son paganisme qui peut expliquer le fait qu'elle ait été prise pour cible par des chrétiens appartenant, sans doute en grande partie, à la garde rapprochée de l'évêque d'Alexandrie. Depuis son ascension comme patriarche d'Alexandrie, Cyrille s'était en effet heurté au nouveau préfet augustal, Oreste, pour la prééminence de l'autorité sur les affaires publiques et municipales. Or, Oreste était soutenu par Hypatie dont il fréquentait les cours. Par l'intermédiaire d'Hypatie, Cyrille visait sans doute Oreste. La philosophe fut donc accusée de sorcellerie, crime grave à un moment où le christianisme devenait de plus en plus intolérant devant les déviations en tout genre. Cette image d'Hypatie, dangereuse par son enseignement pour la foi chrétienne, est développée dans l'extrait de *La Chronique* de Jean de Nikiou, un membre de l'Église copte orthodoxe égyptienne du VIIe siècle, dont l'œuvre ne nous est parvenue que dans une traduction éthiopienne, réalisée au début du XVIIe siècle, à partir d'une traduction arabe.

De la réalité au mythe

La fin tragique de la philosophe a largement contribué au fait qu'elle soit devenue une figure symbolique, surtout à partir du XVIIIe siècle en Occident. C'est l'Anglais John Toland qui, en 1720, a inauguré un courant faisant de sa mort, de Voltaire à nos jours, le symbole de la fin d'une certaine Antiquité, empreinte de sagesse et de philosophie. Protestant, Toland s'est aussi servi d'Hypatie pour attaquer l'Église catholique, tout comme les penseurs des Lumières après lui. Un siècle plus tard, Leconte de Lisle ou Maurice Barrès ont vu en elle une Vierge sensuelle, image particulièrement développée dans la peinture de la seconde moitié du XIXe siècle, comme chez le peintre pré-raphaélite anglais Charles William Mitchell (1854-1903), dont le tableau *Hypatia* (1885) est l'œuvre la plus célèbre.

Il montre une Hypatie belle et jeune – alors que la philosophe devait avoir une soixantaine d'années à sa mort –, nouvelle Vénus sur le point d'être sacrifiée. Les mouvements féministes de la deuxième moitié du XXe siècle ont, pour leur part, érigé la philosophe d'Alexandrie en symbole de la liberté sexuelle !

Typhaine Haziza
Université de Caen Normandie
HisTeMé (UR 7455)

Pour en savoir plus

Maria Dzielska, *Hypatie d'Alexandrie*, Paris, Édition Des femmes-Antoinette Fouque, 2010.

Henriette Harich-Schwarzbauer, « Hypatie d'Alexandrie », *Clio. Femmes, Genre, Histoire*, n° 35, 2012, p. 201-214.

Edward Watts, *Hypatia: The Life and Legend of an Ancient Philosopher*, Oxford, Oxford University Press, 2017.

6. L'écho des Sirènes à l'époque romane

(France, XIIe siècle)

Chapiteau de la nef, abbatiale de Saint-Maixent,
Saint-Maixent-l'École (Poitou).

Deux majestueuses sirènes-poissons, perchées sur la corbeille d'un chapiteau, saluent d'une étrange révérence ceux qui pénètrent dans la nef de l'abbatiale Saint-Maixent, à Saint-Maixent-l'École dans le Poitou.

Ces créatures ont été sculptées aux alentours de l'an 1100, alors que la figure mythique de la sirène a déjà plus de vingt siècles d'histoire. Comment la société médiévale comprend-elle et réinterprète-t-elle ce thème qui hante l'imaginaire occidental depuis l'*Odyssée* d'Homère ?

Les formes symboliques subissent en effet une perpétuelle métamorphose au fil de l'histoire des arts. Chaque sphère culturelle les reçoit en héritage, les transmet et les « polarise » en les réinterprétant. Les variations de sens ou de forme de ces images séculaires sont de précieux indices pour comprendre une époque, sa vision du monde et ses aspirations.

Une figure réinventée de la mémoire

Le cas des sirènes est particulier, car ces monstres mythiques traversent les siècles en conservant leur identité tout en changeant de forme. L'Antiquité les représente comme des oiseaux à tête de femme. Ces créatures séductrices sont à la fois craintes et vénérées. Leur chant envoûtant mène à la perdition, mais elles détiennent aussi un rôle salvateur, dans le cadre des cultes funéraires notamment.

C'est vers le VIIIe siècle, dans un manuscrit anglo-saxon, que le nom latin *sirena*, tiré du grec *seirèn*, est associé pour la première fois à l'image d'une femme-poisson. Par un phénomène de syncrétisme, l'analogie entre les deux monstres – l'ondine issue de la mythologie germanique et la sirène-oiseau antique – est favorisée par la proximité de leurs valeurs symboliques, mais aussi par les choix idéologiques de la culture chrétienne dans laquelle la sirène trouve alors refuge.

Démonisée et érotisée dans le discours chrétien

Quand la figure mythique migre du paganisme au christianisme, elle perd cependant son ambivalence initiale et devient clairement négative. En choisissant de représenter les sirènes avec une queue couverte d'écailles plutôt qu'avec des ailes, le Moyen Âge souligne clairement sa parenté reptilienne avec le diable et le serpent maléfique. Son image condamne d'un seul coup d'œil l'ancien paganisme de l'Antiquité classique qui lui a donné son nom, et celui, contemporain, de la culture orale et populaire qui reconnaît dans la femme-poisson un esprit féérique de la nature.

Dans le discours clérical, la sirène évoque également les « démons intérieurs » que sont les vices et les péchés. Il y a à cette époque un véritable enjeu à inculquer les valeurs chrétiennes. Quand elle commandite le décor de la nef de Saint-Maixent, l'Église est engagée dans la réforme grégorienne et cherche à asseoir son pouvoir dans la société féodale. L'art visuel permet aux fidèles d'apprendre à distinguer les différents pêchés pour mieux les combattre et pour mieux s'en accuser, dans le cadre nouveau de la confession notamment.

Le monstre sert alors des allégories morales qui promettent une conclusion funeste au plaisir. Depuis l'Antiquité, la signification symbolique de la sirène lie Éros à Thanatos. Dans un contexte chrétien, le danger des jouissances sensibles (le chant des sirènes) devient la tentation de la chair dont la femme est considérée comme le principal agent. Voilà une raison supplémentaire de consacrer la sirène-poisson dont la morphologie plus humaine, plus érotisée, figure avec force la tentation de succomber à la luxure.

L'avatar médiéval de la « femme fatale »

Sous les ciseaux des sculpteurs romans, la sirène devient alors l'image emblématique de la « femme fatale » qui transmet l'idée que le féminin est démoniaque, pervers, impur et dangereux. Sur ce chapiteau de colonne de l'abbatiale Saint-Maixent, la puissance évocatrice de l'hybride est évidente. Infiniment plastique, le motif de la femme-poisson à double queue s'adapte parfaitement à la structure du support. La scène naît d'un jeu de miroir entre différents axes de symétrie. À partir de l'arête d'angle, une sirène à une queue vue de profil se dédouble. Elle devient dès lors bifide et saillante telle une figure de proue. Les bustes aux seins lourds marquent les coins de la corbeille et les queues écartées ceignent la partie inférieure tel un feston. Cette composition renouvelle dans un style figuratif l'équilibre des masses qui structure depuis l'Antiquité les chapiteaux corinthiens notamment. Les deux queues évoquent clairement une paire de jambes humaines, d'autant plus qu'à Saint-Maixent l'hybridation débute non pas à la ceinture mais à l'aine. La posture ouverte semble une incitation à la luxure, mais la nature hybride des sirènes crée un paradoxe puisque leur sexe est à la fois offert et refusé. Le mythe de la sirène stigmatise l'aporie des plaisirs sensuels : elle attise le désir mais ne le satisfait pas.

La sirène-poisson reprend ainsi la position de sculptures archaïques qui, en Irlande comme en France, représentent des femmes grimaçantes aux jambes écartées. L'exhibition du sexe féminin (déjà présent dans le mythe grec de Baubô) prend un caractère de défi et d'agression et évoque notamment les peurs ancestrales liées au sexe féminin, auxquelles la dangereuse sirène-poisson fait écho.

Solène DAOUDAL
Lauréate du Prix Mnémosyne 2006

Pour en savoir plus

Erika BORNAY, *Las hijas de Lilith*, Càtedra, Madrid, 2001.

Solène DAOUDAL, *Sirènes romanes en Poitou, XIe-XIIe siècles. Avatars sculptés d'une figure mythique*, Rennes, Presses universitaires de Rennes (Prix Mnémosyne), 2007.

Jacqueline LECLERCQ-MARX, *La sirène dans la pensée et dans l'art de l'Antiquité et du Moyen Âge. Du mythe païen au symbole chrétien*, Bruxelles, Académie royale de Belgique, 1997.

7. Héloïse, philosophe de l'amour

(France, XIIe siècle)

Que ce jour se soit levé pour toi dans le bonheur, qu'il passe pour toi dans le bonheur, qu'il s'achève pour toi dans le bonheur. Que te souhaiter de plus ? Tu sais qu'en notre égale condition, tu es aimé par moi.
Porte-toi bien, tu es plus clair que le verre, plus tranchant que l'acier.
D'amant à amant : la joie et le salut à l'amant qui souhaite cette joie salutaire, je veux dire, celle qui ne s'achèvera pas et qui ne te sera jamais enlevée.
Depuis que nous nous sommes vus et nous sommes parlé l'un à l'autre, toi seul m'a plu par-dessus toutes les créatures de Dieu, et toi seul j'ai aimé, t'aimant, je t'ai cherché, te cherchant, je t'ai trouvé, t'ayant trouvé, je t'ai désiré, te désirant, je t'ai choisi, t'ayant choisi, je t'ai placé avant tout autre dans mon cœur et je t'ai élu, toi seul, parmi des milliers, afin de nouer un engagement avec toi. Cette promesse accomplie, ayant goûté la douceur de ton miel, j'espérais avoir mis un terme aux soucis à venir. [...] Les oiseaux aiment l'ombre des forêts, les poissons se cachent dans l'eau des rivières, les cerfs grimpent dans la montagne, moi, je t'aime d'un esprit ferme et entier. Jusqu'à ce jour, tu es resté avec moi ; avec moi, tu as lutté virilement dans le bon combat, mais tu n'en as pas encore reçu le prix. [...] Si chancelle la foi de celui en qui j'ai placé tout mon espoir et toute ma confiance – en qui je les place encore –, et si le lien de son amour ne se maintient fermement, j'ignore qui je pourrais encore croire ensuite.
Que tu le veuilles ou non, tu es mien et le seras toujours. Jamais ma promesse envers toi ne sera changée, jamais je ne détacherai tout mon esprit de toi. En toi, j'ai ce que j'ai cherché, je tiens ce que j'ai voulu, j'ai embrassé ce que j'ai désiré ; de toi seul les façons me conviennent. Personne, sauf la mort, ne t'enlèvera à moi, car pour toi je n'hésiterai pas à mourir.

Lettres 83 et 84, *Lettres des deux amants, attribuées à Héloïse et Abélard*, Paris, Gallimard, 2005, p. 98-99 (traduit de l'ancien français par Sylvain PIRON).

Une histoire d'amour contrariée

Tout au long des XIXe et XXe siècles, pour des motifs variés, de nombreux historiens ont refusé d'admettre qu'Héloïse avait écrit les lettres signées de son nom, adressées en réponse à l'*Histoire de mes malheurs* de Pierre Abélard rédigée en 1132. Les épisodes les plus retentissants de ce récit concernaient la liaison d'Abélard avec la jeune femme noble dont l'éducation philosophique lui avait été confiée par son oncle Fulbert, chanoine de Notre-Dame, puis le mariage qu'elle refusait mais qu'il accepta sous la condition du secret, enfin la manière dont l'oncle, le soupçonnant de vouloir annuler l'union conclue en faisant entrer Héloïse au monastère, le fit châtrer par des hommes de main. Ceci précipita l'entrée d'Héloïse et Abélard en religion, elle à Argenteuil et lui à Saint-Denis, en 1117. Une dizaine d'années plus tard, Héloïse et ses compagnes durent s'établir en Champagne, dans un ermitage où avait vécu Abélard. Découvrant le récit de son époux, elle lui reprocha de ne pas avoir rappelé les raisons pour lesquelles elle s'était opposée à leur mariage, à savoir son désir de conserver à son amour son caractère de parfaite gratuité.

Plusieurs raisons ont conduit des chercheurs à rejeter l'authenticité de ces lettres. Tout d'abord, il semblait inconvenant pour des oreilles catholiques qu'une abbesse ait pu évoquer si crûment ses sentiments amoureux. Comme la dernière lettre est suivie d'une règle pour le monastère du Paraclet rédigée par Abélard, on a considéré que l'ensemble était un montage destiné à faire l'éloge du mariage et de la soumission féminine. En réalité, cette règle n'a jamais été appliquée et elle est suivie, dans les manuscrits provenant du Paraclet, d'un document plus bref rédigé par Héloïse et intitulé « Nos institutions ». L'abbesse a certes demandé des conseils, mais elle savait ce qu'elle voulait.

L'expression d'une nouvelle subjectivité amoureuse

Le débat a été relancé en 1999 lorsque Constant Mews a reconnu, dans les extraits de la correspondance anonyme d'une femme et d'un homme du XIIe siècle conservée à Clairvaux, les messages échangés par les amants sur des tablettes de cire, puis recopiés par la femme sur parchemin. Cette proposition a suscité de nouvelles polémiques, mais on peut dire qu'après plus de vingt ans de débats, la balance des preuves pèse très nettement en faveur de cette attribution. On entend distinctement dans ces lettres la voix d'Héloïse, nourrie de poésie latine classique et notamment des *Héroïdes* d'Ovide, de Cicéron et de Jérôme. Elle formule déjà des arguments sur la gratuité de l'amour et laisse entendre qu'elle préfère courir le risque d'une fin tragique que d'accepter l'idée du mariage. De plus, quand elle s'engage dans une discussion philosophique, elle emploie quelques néologismes propres au vocabulaire d'Abélard. Si elle le reconnaît comme maître, ses propos témoignent d'une remarquable revendication d'égalité éthique entre les deux amants, tenus à des devoirs mutuels. Récemment, Barbara Newman a apporté de nouveaux éléments convergents, en montrant que, dans les décennies entourant 1100, le regain d'intérêt pour les lettres classiques n'était pas limité aux hommes. Dans les monastères de France et d'Allemagne où étaient formés les jeunes aristocrates, l'apprentissage du latin passait par la rédaction de lettres d'amour fictives. Ces exercices peuvent se comprendre comme une éducation sentimentale, destinée à les initier à l'expression et à la maîtrise de leurs affects. En proposant à Héloïse de reproduire, hors du cloître, cette pratique monastique très encadrée, Abélard a déclenché une dynamique émotionnelle à la faveur de laquelle la répétition de formes convenues a cédé la place à l'expression d'une nouvelle subjectivité amoureuse.

Cette histoire sans équivalent a pour intérêt de témoigner d'une situation historique très particulière. Au moment où la formation d'une Église centralisée tend à exclure les femmes de l'accès à la culture latine, peu avant que la valorisation du discours amoureux se déplace vers les cours princières et l'usage de la langue vernaculaire, une femme lettrée a pu tenter de définir librement les termes de son engagement.

Sylvain Piron
École des Hautes Études en Sciences sociales
CRH (UMR 8558)

Pour en savoir plus

Constant J. Mews, *Abelard and Heloise,* Oxford, Oxford University Press, 1995.

Constant J. Mews, *La voix d'Héloïse. Un dialogue de deux amants,* traduction française d'Émilie Champs, Paris, Le Cerf, 2005 [1999].

Barbara Newman, *Making Love in the Twelfth Century. Letters of Two Lovers in Context,* Philadelphie, University of Pennsylvania Press, 2016.

Sylvain Piron, *Lettres des deux amants, attribuées à Héloïse et Abélard,* Paris, Gallimard, 2005.

8. La fée Mélusine, femme-serpent et mythe politique

(France, XIVe-XVIIIe siècle)

« Adieu, tous et toutes, je vous prie très humblement de prier notre Seigneur pour moi dévotement, afin qu'il allège ma pénitence. Toutefois, je veux que vous sachiez qui je suis, et qui fut mon père, afin que vous ne reprochiez pas à mes enfants d'être des enfants de mauvaise femme, de serpente ou de fée, car je suis la fille du roi Elinas d'Albanie et de la reine Pressine sa femme. Nous sommes trois sœurs, prédestinées à subir de lourdes pénitences. De cela, je ne peux ni ne veux vous dire davantage. »

Puis elle dit : « Raimondin, adieu mon Ami, n'oubliez pas de faire de votre fils horrible ce que je vous ai dit, et pensez bien à vos deux enfants Raimonnet et Thierry. » Elle commença à soupirer gravement, laissa la fenêtre derrière elle et sauta en l'air, traversa les vergers. Alors elle se transforma, prit la forme d'une serpente très grande, grosse et longue de quinze pieds.

Et sachez que la pierre sur laquelle elle marcha en quittant la fenêtre y est encore et son pied y a laissé une empreinte.

Une vive douleur s'empara alors des seigneurs, dames et demoiselles, en particulier celles qui l'avaient servie. La souffrance de Raimondin, amère et extraordinaire, surpassait celles de tous les autres. Ils passèrent tous la tête par les fenêtres pour voir le chemin qu'elle suivrait. La dame, transformée en serpent comme je l'ai dit, fit trois fois le tour de la forteresse, et à chaque fois qu'elle passait devant une fenêtre, elle jetait un cri si merveilleux que chacun en pleurait de pitié, et on voyait bien qu'elle quittait ce lieu avec douleur et sous la contrainte.

Puis elle se dirigea vers Lusignan, dans un tel fracas et avec une telle fureur qu'il semblait que la foudre et la tempête allaient s'abattre partout sur la terre.

Jean d'Arras, *L'Histoire de la belle Mélusine, Nouvelle édition conforme à celle de 1478, revue et corrigée*, Paris, Pierre Jannet, 1854, p. 358-359 (modernisé par Joanna PAVLEVSKI-MALINGRE).

Mélusine est une fée condamnée par sa mère à se transformer en femme-serpent tous les samedis. Elle pourra néanmoins vivre comme une femme ordinaire et donner naissance à un glorieux lignage si son époux accepte de ne jamais chercher à la voir le jour maudit. Ce sera Raimondin, neveu du comte de Poitiers. Mélusine lui donne dix fils, les premiers Lusignan. Mais un jour, poussé par son frère, Raimondin enfreint l'interdit et voit sa femme battre l'eau de son bain de sa queue de serpent. Regrettant sa trahison, il ne dit mot. Par la suite cependant, mu par la colère lorsque leur fils Geoffroy tue l'un de ses frères, il traite publiquement Mélusine de *tresfaulce serpente*, « très mauvaise serpente ». Les conséquences de cette seconde transgression sont irréversibles : Mélusine se métamorphose en serpente et quitte le monde des hommes. Elle n'y reviendra que pour annoncer la mort de l'un des siens, ou le changement de maître de la forteresse qu'elle a fondée, Lusignan.

Des romans aux enjeux politiques

Mélusine est l'une des fées les plus connues du Moyen Âge, avec les fées arthuriennes Morgane et Viviane, bien qu'elle n'apparaisse que tardivement dans la littérature romanesque médiévale. Une mention lapidaire de Pierre Bersuire (dans le *Reductorium morale*) précise dans les années 1340 que les lignées des Lusignan, La Marche et Parthenay, sont nées d'une fée qui, surprise nue par son mari, se transforma en serpent, un serpent qui réapparaissait au château lorsque celui-ci changeait de maître. C'est, en l'état des sources connues, dans le roman de Jean d'Arras achevé en 1393, que Mélusine trouve son nom et entre dans l'histoire littéraire. Ce texte, commandité par le duc Jean de Berry, est suivi de près par le roman en vers de Coudrette, commandé par Guillaume VII Larchevêque. Les deux romans ont des enjeux politiques marqués : mémoriaux pour les Larchevêque-Parthenay, dont la lignée est sur le point de s'éteindre et qui veulent rappeler leur origine merveilleuse ; territoriaux pour le duc de Berry, qui a difficilement conquis la forteresse de Lusignan pendant la guerre de Cent Ans et qui entend la conserver alors qu'il est question qu'elle retourne aux Anglais dans le contexte des négociations d'Amiens (1392).

Ces enjeux politiques ne s'évanouissent pas avec le Moyen Âge, et Mélusine est intégrée aux armoiries de maisons diverses au fil des siècles – les Luxembourg, les La Rochefoucauld, les Sassenage – des branches cadettes des Lusignan. Ces Mélusines héraldiques fleurissent en particulier au XVIIe siècle, alors que Louis XIV exige des preuves de noblesse et que l'ancienneté d'une famille lui accorde du crédit. La fée est par ailleurs réinvestie de sens dans des œuvres nombreuses et variées, du Moyen Âge à nos jours. Au XVIe siècle par exemple, Mélusine, prophétesse, condamne avec vigueur les combats fratricides entre catholiques et huguenots qui divisent la France dans une *Complainte et lamentation* (1575).

Des romans à succès

Les romans de Jean d'Arras et Coudrette, conservés dans trente-cinq manuscrits, connaissent un succès durable, de la fin du Moyen Âge au XVIIIe siècle. En 1456, Thüring von Ringoltingen adapte la Mélusine de Coudrette en allemand et en prose dans un texte imprimé dès 1473-1474. Cette adaptation devient un best-seller et conquiert l'Europe : elle a été éditée quarante-six fois jusqu'à nos jours et a été traduite en tchèque, en polonais, en danois, et, de là, en russe, en suédois et en islandais.

Le roman de Jean d'Arras, quant à lui, est le premier livre profane illustré imprimé en langue française, avec le *Miroir de rédemption*, en 1478, d'où le choix de cet extrait. Les éditions de l'histoire de Mélusine se succèdent jusqu'au XVIIIe siècle, entrant même dans la collection de la Bibliothèque bleue dès 1639. Le roman de Mélusine, écrit à l'origine pour le duc de Berry, l'un des plus grands princes de France, est devenu ainsi un livre populaire.

Une fée hybride, mi-femme, mi-serpent

L'épisode de l'envol et de la métamorphose de Mélusine, moins connu que celui du bain est, avec celui-ci, le plus illustré. La Bibliothèque bleue ne réalise qu'un seul bois pour son édition de Mélusine qui condense ces épisodes et représente dans les deux cas la fée sous une forme hybride.

Les premiers manuscrits montrent une réticence à représenter Mélusine sous les traits d'une femme-serpent. Les êtres hybrides peuvent représenter, au Moyen Âge, un rappel de la Chute de l'homme à la suite du péché originel, et le serpent de la Genèse peut être représenté comme un serpent à tête de femme. Mais c'est tout de même cette forme hybride qui s'impose pour Mélusine, sans connotation péjorative, dès la fin du Moyen Âge. L'image la fixe alors dans cette forme monstrueuse, en prenant des libertés avec le texte mais en rendant peut-être ainsi compte du caractère insaisissable de Mélusine. Celle-ci affirme dans cet extrait n'être ni fée, ni serpente, ni mauvaise femme, mais la suite montre bien qu'elle n'est pas seulement une *dame*. Elle est *serpente*, selon Raimondin, mais ne s'agit-il pas que d'une forme, comme le suggère son cri, une voix de femme dans un corps animal ? Une forme peut-être due à l'invective performative de Raimondin, qui a ajouté à sa première transgression – voir – une deuxième transgression – parler, et mal parler. Ainsi, Mélusine, dont le nom est glosé dans le texte comme *chose de merveilles ou merveilleuse chose*, est bien une « merveille » au sens médiéval du terme : elle étonne, interroge, et échappe.

Joanna PAVLEVSKI-MALINGRE
Docteure en littérature comparée de l'Université de Rennes 2
CELLAM (UR 3206)

Pour en savoir plus

Laurence HARF-LANCNER, *Les fées au Moyen Âge. Morgane et Mélusine, la naissance des fées*, Paris, Honoré Champion, 1984.

Joanna PAVLEVSKI-MALINGRE, *Melusigne, Merlusine, Melusina : fortunes politiques d'une figure mythique du Moyen Âge au XXIe siècle*, Thèse de doctorat préparée sous la direction de Christine FERLAMPIN-ACHER, soutenue à l'Université de Rennes 2 le 6 décembre 2017.

Jean-Jacques VINCENSINI, *Pensée mythique et narrations médiévales*, Paris, Honoré Champion, 1996.

Lydia ZELDENRUST, *The Melusine Romance in Medieval Europe. Translation, Circulation and Material Contexts*, Woodbridge, D. S. Brewer, 2020.

9. Une sainte peu orthodoxe : la vierge barbue Wilgeforte

(Flandres, XVe-XVIe siècle)

Sainte Wilgeforte, *Heures à l'usage de Sarum*, Flandres, XVe-XVIe siècles, Bibliothèque municipale de Riom, BM, ms. 0076, fol. 034.

Sur cette enluminure, un personnage doté de vêtements féminins, les mains liées sur la croix, a pris la place habituellement réservée au Christ. Il s'agit de sainte Wilgeforte, nom issu du latin *virgo fortis*, la « vierge forte », dont le culte apparaît en Flandres au cours du XIVe siècle avant de se répandre dans tout l'Occident à l'Époque moderne.

Une sainte crucifiée

On connaît de nombreuses variantes de la légende qui entoure la sainte. Pour certains, le père de Wilgeforte, roi païen de la péninsule Ibérique, souhaitait la contraindre à se marier alors qu'elle avait fait vœu de chasteté. Elle supplia alors Dieu de lui venir en aide. Celui-ci aurait exaucé son vœu en faisant aussitôt pousser sur son menton une épaisse barbe. Horrifié, le prétendant prit ses jambes à son cou et le père furieux condamna sa fille au même supplice que l'homme à qui elle avait voué sa vie : il la fit crucifier. Une autre version de la légende rapporte que la sainte demanda à Dieu de la défigurer alors que des soldats ivres s'apprêtaient à la violer. Ses agresseurs mis en fuite, elle aurait été condamnée pour sorcellerie puis crucifiée. Dans une dernière version, cherchant à fuir les avances de son père, elle se serait réfugiée dans une grotte où elle aurait rencontré le Christ. Elle lui aurait demandé son aide et celui-ci, pour la sauver, lui aurait fait don de son propre visage.

Quelle que soit la version retenue, tous ces récits ont pour fondement une union contrainte et la menace de violences sexuelles, puis relatent l'apparition d'une barbe salvatrice et s'achèvent sur le supplice de la crucifixion, un châtiment réservé aux hommes. Wilgeforte est ainsi l'unique sainte de la chrétienté à être représentée crucifiée. Toutefois, ce n'est pas tant l'originalité du châtiment qui retiendra ici l'attention, car on pourrait en dire beaucoup sur les autres aspects du récit, mais la barbe dont est affublée la sainte, et qui est ici grattée, effacée.

Une pilosité glorieuse

Personnages hybrides, les femmes à barbe transgressent les normes sociales, remettant en cause les signes distinctifs de l'identité sexuelle de cet attribut corporel. Dans le cas de Wilgeforte, l'excès de pilosité est clairement circonscrit au visage, ce qui la distingue des véritables femmes à barbe affligées d'hirsutisme, dont le corps était presque entièrement recouvert de poils, comme en témoignent par exemple les portraits d'Antonietta Gonsalvus réalisés par divers peintres à la fin du XVIe siècle.

Toutefois, ces femmes au corps singulier ne furent pas toujours mises au ban de la société. En effet, le caractère exceptionnel de leur apparence physique était parfois considéré comme une manifestation de la volonté divine. Dans l'Antiquité, le motif pileux revêtait une dimension apotropaïque intervenant en prévention d'un malheur à venir. Hérodote mentionne ainsi l'existence d'une prêtresse d'Athéna qui voyait une barbe lui pousser au menton à chaque fois qu'une petite peuplade d'Asie Mineure, la Carie, était menacée. Le prodige aurait permis aux Cariens d'organiser une résistance contre une offensive des Mèdes. Le corps velu témoigne également d'une proximité avec le divin dans le cas de Marie l'Égyptienne, une pénitente dont le culte se développa à la fin du

Moyen Âge. Comme dans le cas de Wilgeforte, l'exceptionnalité du corps de la sainte témoigne de celle de son âme et d'une relation privilégiée avec le divin.

Une représentation altérée

En dépit du caractère miraculeux de sa pilosité, la représentation de sainte Wilgeforte apparaît transgressive à bien des égards, comme en témoigne l'altération de l'enluminure. L'image médiévale a tendance à rendre présent ce qu'elle montre, à se confondre avec le médium qui la supporte. Parmi les images médiévales qui nous sont parvenues, nombre d'entre elles ont été grattées, détruites ou encore perforées. Ainsi, le découpage des visages d'hommes mauvais est fréquent dans les manuscrits. Restent à déterminer les motivations exactes qui ont présidé à un tel acte d'effacement, mais plus encore la temporalité de celui-ci. Il est fort probable qu'une partie des grattages est due à un hiatus entre des images légitimement produites à un moment donné et une réception ultérieure plus problématique. Il n'en reste pas moins que la synchronie réalisation-destruction ne peut être totalement écartée. L'Église, longtemps choquée par cette statue désignée sous le nom de « Christ hermaphrodite », finit par prescrire l'abandon de son culte en 1969.

Aujourd'hui, les historiens ont une explication rationnelle à donner à cette représentation d'une femme barbue et crucifiée. Cette image pourrait avoir eu pour origine une mauvaise interprétation d'une représentation byzantine du crucifix de la cathédrale Saint-Martin à Lucques, connu sous le nom de Santo Volto, qui montre un Christ barbu et vêtu d'une longue robe serrée à la taille. Ne voyant plus le Christ que torse nu, les pèlerins occidentaux auraient pris cette figure du Christ pour une femme...

Julie Pilorget
CNED – Sciences Po Paris
Centre Roland Mousnier (UMR 8596)

Pour en savoir plus

Gil Bartholeyns, Pierre-Olivier Dittmar et Vincent Jolivet, « Des raisons de détruire une image », *Images re-vues. Histoire, anthropologie et théorie de l'art*, n° 2, 2006 [en ligne].

Nathalie Ernoult, « Trouble dans le genre. L'ambivalence sexuelle de la femme à barbe dans les représentations », dans Anne Caiozzo et Nathalie Ernoult (dir.), *Femmes médiatrices et ambivalentes. Mythes et imaginaires*, Paris, Armand Colin, 2012, p. 131-145.

Florent Pouvreau, *Du poil et de la bête. Iconographie à la fin du Moyen Âge (XIIIe-XVIe siècle)*, Paris, Éditions du CTHS, 2014.

Frédérique Villemur, « Saintes et travesties du Moyen Âge », *Clio. Femmes, Genre, Histoire*, n° 10, 1999, p. 54-89.

10. Sabbat de sorcières

(Suisse, XVIe siècle)

Sabbat de sorcières dans les bois près de Genève, dessin colorié, v. 1570, Johann J. WICK, *Wickiana*, Bibliothèque centrale de Zurich, Ms. F19, fol 147v.

Au sein des *Wickiana*, l'un des plus importants recueils d'informations illustrés du XVIe siècle (1560-1588), se niche l'une des premières représentations du sabbat diabolique en Europe. Apparu au XIVe siècle dans le contexte de la persécution des Vaudois, le terme de « sabbat » désigne l'assemblée secrète des suppôts du diable qui, selon un stéréotype antijuif médiéval, ferait autant de bruit qu'une école juive. Cette image accompagne le récit d'une affaire de sorcellerie savoyarde jugée à Genève en 1570, qui aboutit à l'exécution d'une trentaine de personnes, dont une majorité de femmes. Le pasteur zurichois Johann Jakob Wick (1522-1588), dont le recueil porte aujourd'hui le nom, rend ainsi compte du rôle grandissant que prend le diable dans l'imaginaire de la sorcellerie européenne.

Le sabbat, un élément constitutif du crime de sorcellerie

Phénomène universel pour faire face à un moment de crise, la sorcellerie est progressivement criminalisée en Europe à partir de la fin du Moyen Âge : sa condamnation est conçue comme un remède collectif contre la menace existentielle incarnée par Satan. Associant le maléfice à l'hérésie, le crime se caractérise désormais par deux éléments : un pacte avec le Malin et la formation d'une secte satanique se réunissant au sabbat. Le discours théologique intègre ainsi des croyances populaires en les rattachant au cortège du diable chrétien : hordes nocturnes, vols de sorciers, rites d'inversion, sexualité débridée, capacités surhumaines, etc.

Ce dessin et le récit qu'il illustre en égrènent un certain nombre. Placé au centre, le diable, mi-humain, mi-animal, offre à un homme une boîte de poudres – poison ou remède ? – fabriquées au premier plan par divers personnages. Pendant ce temps, une femme s'affaire devant un chaudron pour faire venir la pluie tandis qu'une autre pose un baiser sur le postérieur de l'un des diablotins présents aux côtés des convives. Pour la justice, l'aveu, souvent obtenu sous la torture, d'un témoin oculaire du sabbat deviendra l'élément crucial pour que soit prononcée la condamnation.

Le profil des accusés

Du XVe au XVIIIe siècles, entre cinquante mille et cent mille procès sont instruits en Europe par des tribunaux principalement laïcs, phénomène qui atteint son apogée entre 1580 et 1620. Plus de la moitié des prévenus, dont près de 80 % sont des femmes, sont condamnés à mort, les hommes pouvant être proportionnellement plus nombreux à être exécutés. Le profil, largement féminin en Suisse, en Écosse et dans le couloir rhénan, souvent rural, populaire et âgé, peut varier néanmoins. Par endroits, les hommes, moins étudiés, sont la cible principale des procès intentés, ainsi en Scandinavie ou en Normandie, et partout des enfants peuvent être accusés. Si les matrones et guérisseuses sont finalement très minoritaires, il faut relever qu'une fragilité sociale ou économique, un comportement ou une apparence inhabituelle peuvent rendre une personne vulnérable aux dénonciations.

Or, la fureur répressive est toujours accompagnée d'un certain scepticisme, et celui-ci finit par l'emporter : les tribunaux, dès le XVIIe siècle, considèrent que la part du diable ne peut être prouvée en droit et se contentent de juger pour empoisonnement, escroquerie ou infanticide ; pour les esprits les plus critiques, le sabbat n'est qu'illusion – une illusion à laquelle, certes, les femmes seraient particulièrement sujettes. À la fin du XVIIIe siècle, le crime est déclaré imaginaire, ce qui signifie qu'à partir de cette période il ne produit plus d'effets sur les sociétés européennes.

La sorcellerie, un crime féminin ?

Le mouvement de persécution de la sorcellerie durant l'Époque moderne s'inscrit dans une période marquée par un refroidissement du climat, par de grands bouleversements politiques, religieux et économiques, et par une affirmation de l'État moderne. La surreprésentation des femmes parmi les accusés traduit d'abord la misogynie inhérente à une organisation patriarcale fondée sur le christianisme et dont les structures sociales se consolident à la Renaissance. Si la réalité sociale est toujours plus contrastée, la représentation de la sorcière en Occident a contribué à redéfinir la féminité : à la fois influençable et puissante, elle doit être contenue par l'autorité masculine, sous peine de menacer l'ordre établi. Ainsi, dans l'ouvrage qu'il lui consacre en 1862, l'historien Jules Michelet, qui hérite de cette tradition paradoxale, présente la sorcière comme une guérisseuse dont le pouvoir reposerait sur sa connaissance des secrets de la nature, et fait d'elle une révoltée contre l'ordre médiéval.

C'est cette relecture romantique d'une histoire pluriséculaire complexe qui inspirera ensuite les réappropriations féministes des XXe et XXIe siècles.

Ulrike Krampl
Université de Tours
CeTHiS

Pour en savoir plus

Entrées « Johann Jakob Wick », « Sorcellerie », *Dictionnaire d'Histoire de la Suisse* [en ligne].

Wolfgang Behringer, *Witches and Witch-Hunts. A Global History*, Cambridge, Polity Press, 2004.

Carlo Ginzburg, *Le sabbat des sorcières*, traduction française de Monique Aymard, Paris, Gallimard, 1992 [1989].

Diane Purkiss, *The Witch in History. Early Modern and Twentieth Century Representations*, Londres, Routledge, 1996.

Robert Muchembled, *Sorcières, justice et société aux XVIe et XVIIIe* siècle, Paris, Imago, 1987.

Charles Zika, *The Appearance of Witchcraft. Print and Visual Culture in Sixteenth-Century Europe*, Londres, Routledge, 2007.

11. Les souliers de la reine : de Cendrillon à Marie-Antoinette

(France, XVIIIe siècle)

Soulier supposé de Marie-Antoinette, v. 1792, Paris, musée Carnavalet, OM1700.

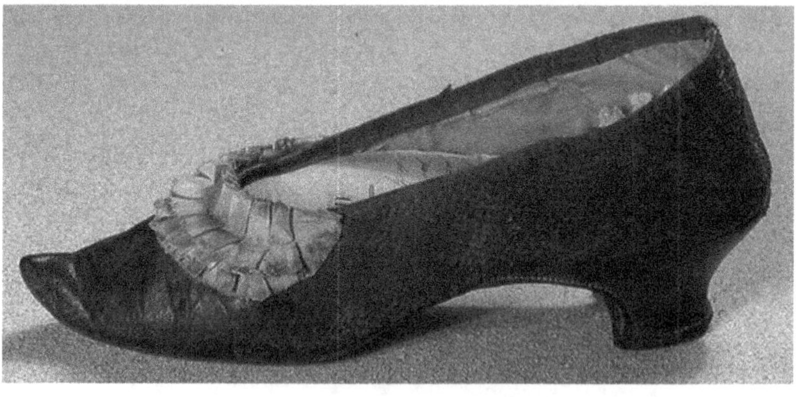

Soulier « à la Saint-Huberty », dit de Marie-Antoinette, v. 1790-1793, Caen, musée des Beaux-Arts, 800.111.

Marie-Antoinette (1755-1793), née archiduchesse d'Autriche, épouse du dauphin puis roi de France, est une femme ayant réellement existé qui a atteint le statut de figure mythique. Son identité visuelle forte a été portée de son vivant aussi bien par les portraits raffinés de la peintre Louise-Élisabeth Vigée Le Brun que par de violentes caricatures révolutionnaires qui reposent souvent sur l'imagerie sexiste traditionnelle utilisée pour discréditer les femmes. Sa mort sur l'échafaud le 16 octobre 1793, après un procès sommaire, est sans doute responsable d'une grande partie de la célébrité posthume dont jouit celle qui n'était, pour l'Ancien Régime, en termes politiques, que l'épouse du roi.

Les souliers perdus de la reine

Dès avant l'exécution, Germaine de Staël avait prévenu les révolutionnaires dans ses *Réflexions sur le procès de la reine* : « En l'immolant vous la consacrez à jamais. » Par la suite, à l'instar de ce qui se passe pour les personnages saints, tout objet qui avait touché la défunte – vue par certains comme une martyre – est devenu précieux pour les fidèles de la monarchie. Sans doute certaines de ces « reliques » sont-elles des faux, produits par des individus peu scrupuleux pour se prévaloir de l'existence d'un marché de souvenirs royaux. Elles sont plus nombreuses pour Marie-Antoinette que pour Louis XVI. De manière frappante, parmi elles se trouvent nombre de chaussures, dont deux souliers « perdus », propriétés de collections publiques françaises. Tous deux se rattachent à des épisodes tragiques pour leur propriétaire : la chute de la monarchie et la mort de la reine. Le musée Carnavalet conserve un escarpin de soie beige à rubans croisés marron, à propos duquel le catalogue livre l'information suivante : « Soulier supposé de Marie-Antoinette, qui aurait été arraché lors de la prise des Tuileries des mains d'un insurgé par M. d'Ennecey de Champuis, garde national du bataillon des Filles-Saint-Thomas ». La prudente description muséographique fait surgir l'idée de la violence du 10 août 1792, mais aussi l'image d'un chevalier servant, sauvant l'escarpin comme s'il protégeait l'honneur de sa souveraine. Au musée des Beaux-Arts de Caen, une chaussure de cuir fauve (dont la couleur d'origine est peut-être passée), gansée de vert et ornée d'un ruban plissé blanc, est présentée comme ayant été portée par Marie-Antoinette « le jour néfaste où elle monta à l'échafaud ». Le soulier aurait été ramassé par un individu qui l'aurait vendu « immédiatement » au comte de Guernon-Ranville, une fois encore, un noble qui aurait implicitement affirmé sa loyauté à la couronne en récupérant l'objet. Il est parfois dit, sans preuve, que la « Veuve Capet », le 16 octobre 1793, aurait trébuché et marché sur le pied du bourreau, Henri Sanson. Ses ultimes paroles auraient été pour lui et sont rapportées avec quelques variantes : « Monsieur, je vous demande pardon. Je ne l'ai pas fait exprès. » Le soulier préservé est associé aux derniers moments de la reine déchue et à des excuses qui paraissent avoir une portée au-delà de l'instant auquel elles ont été prononcées.

La princesse aux petits pieds

Dans les deux cas, nous ne possédons que la moitié d'une paire, comme un témoignage en creux du manque. Il s'agit de chaussures élégantes et peu pratiques, avec de petits talons, qui confirment l'association de la reine, de son vivant et au-delà, avec le luxe, et qui rappellent les descriptions, par ses contemporains, de sa démarche aérienne. L'escarpin perdu ne manque de faire songer à la pantoufle de verre (ou de vair) de Cendrillon dans le conte de Charles Perrault (1697), qui reprend une histoire plus ancienne : le pied féminin délicat qui se glisse dans le chausson permet d'identifier la belle dont s'est épris le prince. En partant du soulier, on imagine la personne dans toute sa beauté, à une époque où le pied est fortement érotisé ; on fait surgir une créature de rêve, mais on essentialise aussi la femme en retenant des moments de faiblesse et en la réduisant à un corps. Avec Marie-Antoinette, le conte de fées dont l'héroïne et le prince vécurent heureux et eurent beaucoup d'enfants prend une teinte sombre : la cruauté de l'Histoire est bien éloignée du *happy end* traditionnel de la fiction.

Les deux chaussures conservées sont « authentifiées » par des inscriptions qui illustrent l'importance d'une interprétation *a posteriori* des objets : les textes tentent de confirmer ce qui ne peut être démontré. Sans eux, les deux escarpins ne seraient que cela, des modèles dépareillés d'une partie de l'habillement d'une femme de condition du XVIIIe siècle. Grâce aux indications écrites, ils revendiquent leur part de merveilleux, gagnant par ce lien revendiqué avec la reine guillotinée une valeur additionnelle, mais contribuant aussi aux légendes entretenues autour d'une figure qui déchaîne les passions, inspire les créateurs et fascine toujours.

Catriona SETH
All Souls College, Université d'Oxford
Université de Lorraine

Pour en savoir plus

Annie DUPRAT, *Marie-Antoinette : une reine brisée*, Paris, Perrin, 2006.

Catriona SETH, *Marie-Antoinette. Anthologie et dictionnaire*, Paris, Robert Laffont, 2006.

Germaine DE STAËL, « Réflexions sur le procès de la reine (août 1793) », dans Catriona SETH, *Marie-Antoinette. Anthologie et dictionnaire*, Paris, Robert Laffont, 2006, p. 150-167.

Alain TAPIÉ (dir.), *Le soulier de Marie-Antoinette : essai muséographique*, Caen, Éditions du musée des Beaux-Arts, 1989.

CHAPITRE 14

Sociétés misogynes et discours philogynes

Sociétés misogynes et discours philogynes

D'où vient l'acharnement à faire des femmes des êtres inférieurs, mais également dangereux, sournois et diaboliques ? On connaît peu de traces de cette hostilité dans les premiers textes que l'Occident a vu naître, à savoir les poèmes d'Homère, l'*Iliade* et l'*Odyssée*. Le poète y peint de beaux personnages féminins (Pénélope, Andromaque, Nausicaa, Hécube), mais il est vrai que la reine Hélène de Sparte est à l'origine de la guerre de Troie et de ses massacres, et que certaines scènes de violence conjugale, de Zeus envers Héra par exemple, émaillent ce récit épique : la représentation des femmes comporte donc déjà, chez Homère, certaines ambivalences. Puis les Grecs de l'âge classique, les Athéniens en particulier, dans leur effort pour rationaliser le monde, normalisent leur méfiance à l'égard des femmes. Les sources sont nombreuses qui affirment, justifient, théorisent l'infériorité des femmes par rapport aux hommes. Elles sont exclues du champ du politique où se prennent pourtant des décisions qui les concernent, du religieux – où quelques fêtes et quelques prêtrises seulement leur sont réservées –, de l'économie, puisqu'elles ne sont pas autorisées à détenir un patrimoine, à diriger un atelier ni même à hériter ou tester. De fait, elles sont systématiquement écartées de la sphère publique en général, à moins d'être tenues pour des femmes peu honorables. La démocratie athénienne s'accommode donc fort bien d'une mise à l'écart des femmes dans tous les domaines. Nous disposons de peu d'informations sur la manière dont elles étaient traitées dans les autres cités grecques mais, à Sparte, leur statut de mère et d'épouse de soldats les prive d'une existence sociale en dehors de leur relation aux hommes de leur parenté. Quant aux femmes libres ou serviles qui travaillent dans les maisons, les marchés et les champs, elles sont presque invisibles.

Les cultures gréco-macédonienne puis romaine marquent quelques évolutions avec un plus haut niveau d'éducation des filles de l'élite, la participation des femmes à davantage de pratiques sociales (évergétisme, banquets, spectacles, prêtrises, etc.), le statut émancipé de la matrone romaine ayant eu plus de trois enfants, mais l'époque impériale apporte aussi son lot de déconvenues. Les discours misogynes font florès à cette époque encore : aux femmes puissantes de l'aristocratie chargées de tous les maux, aux impératrices et aux femmes de la famille impériale accusées des turpitudes et des crimes les plus odieux, vient s'ajouter la haine des femmes savantes et de leur prétention à égaler les hommes.

De toute l'Antiquité, ne subsiste pratiquement aucun texte écrit par une femme, si ce n'est des fragments des poèmes de Sappho de Mytilène. Ni son œuvre, ni celle de Corinne de Tanagra ne sont conservées dans des conditions satisfaisantes, bien que ces deux autrices aient été considérées, dans l'Antiquité même, comme comptant parmi les sept plus grands poètes de la Grèce. Les stéréotypes misogynes dégradant la capacité des femmes à produire des écrits, des objets d'art, et même une pensée, ont eu raison de leurs tentatives pour se faire entendre. Le meilleur plaidoyer pour les femmes qui ait été conservé est la tirade de Médée dans la tragédie du même nom, composée au ve siècle av. J.-C. par Euripide, peut-être pour contredire la réputation de terrible misogyne qui était la sienne aux dires d'Aristophane : « [...] j'aimerais mieux monter trois fois en ligne / que mettre au monde un seul enfant ! » (v. 230-251). Dans une société qui confère tous les droits à ceux qui portent les armes, et à une époque où l'accouchement est une épreuve à hauts risques, ce plaidoyer prend des accents tragiques.

Le Moyen Âge poursuit et développe ces différents stéréotypes misogynes. Les écrits d'Aristote et saint Paul, qui infériorisent les femmes, leur dénie toute qualité et les réduit à un rôle domestique, sont lus, relus et sans cesse cités. Le christianisme ajoute à l'héritage de la misogynie antique un ensemble de croyances reposant notamment sur le péché originel, imputé à la première femme, Ève, sur l'effacement des femmes disciples ou parentes de Jésus de Nazareth et sur le culte marial qui se développe progressivement en Occident à partir du XIe siècle. Les femmes continuent d'être exclues et, lorsqu'elles parviennent à faire preuve d'agentivité, elles sont invisibilisées des sphères politique, économique, artistique et savante. Il arrive pourtant à cette époque qu'elles exercent des activités professionnelles, fassent des affaires, dirigent des abbayes, exercent un pouvoir politique. Quelques femmes s'illustrent en outre par une remarquable production artistique et intellectuelle et font entendre leur voix pour demander une plus grande reconnaissance pour les femmes : Hildegarde de Bingen au XIIe siècle et Christine de Pizan au XVe siècle sont aujourd'hui estimées et reconsidérées pour leur apport à la cause qu'elles ont défendue ardemment dans et par leurs œuvres.

L'Europe moderne hérite de ces différentes préventions contre les femmes. À la Renaissance, les femmes ont pu croire qu'elles bénéficiaient d'une légère embellie. De fait, elles sont plus nombreuses à se faire voir, entendre et reconnaître : la poétesse Louise Labé, la sage-femme Louise Bourgeois et la peintresse Artemisia Gentileschi ont été redécouvertes et mises en avant par les historien-nes de notre temps comme autant de grandes figures de l'époque moderne ; l'action de Catherine de Médicis et Marguerite de Navarre a été réhabilitée indépendamment des stéréotypes liés à leur statut de femmes de pouvoir. Mais les préjugés misogynes n'ont pas disparu pour autant. Étant donné l'importance pour les hommes d'avoir autorité et de légiférer sur le corps féminin, la médecine grecque, très dépréciative envers la morphologie féminine et les particularités des maladies de femmes, est encore dominante et donne lieu à des représentations fortement différenciées, toujours dévalorisantes, du corps féminin. Ainsi la planche anatomique d'André Vésale au

XVIe siècle a une forte incidence sur la médecine des siècles suivants. Puisque, depuis l'Antiquité, tout ce qui est bon est du côté du masculin, tout ce qui est mauvais du côté du féminin, on accuse les « mauvais rois » d'être efféminés et les femmes âgées, jugées dépourvues d'utilité sociale parce qu'elles ont cessé d'être fertiles, sont représentées comme des êtres masculinisés. Cependant, dans ce cas, la masculinisation n'a rien de positif... Ultime paradoxe d'une société européenne qui a érigé en opposition irréductible et en hiérarchie irrévocable la simple différence entre les sexes.

Sophie LALANNE

1. En bikini sur une plage préhistorique

(Europe, Préhistoire)

Affiche française du film *Un million d'années av. J.-C.*, réalisé par Don Chaffey, 1966.

Les deux pieds solidement plantés au sol, les jambes et bras légèrement écartés, le regard au loin, la silhouette sculpturale de Loana, héroïne des temps préhistoriques, se détache d'un décor improbable où des chasseurs combattent des dinosaures… Si le film britannique n'a pas laissé une empreinte indélébile dans l'histoire du cinéma, c'est l'affiche signée par l'illustrateur Tom Chantrell (1916-2001) qui est, elle, entrée dans la culture populaire, ainsi que son actrice principale, Raquel Welch (1940-2023). Pourtant, l'image cumule un nombre incroyable de clichés, et de fantasmes, autour de la représentation de la femme « préhistorique » affublée d'un vêtement d'un nouveau genre, le bikini, et de la Préhistoire elle-même.

Un film à plus d'un million d'entrées

Le film a été réalisé par Don Chaffey, un cinéaste anglais connu pour sa participation à plusieurs séries à succès et pour un péplum, *Jason et les Argonautes* (1963), pour lequel il avait engagé Ray Harryhausen, un spécialiste des effets spéciaux. Dans *Un million d'années av. J.-C.*, celui-ci met en place un spectacle en carton-pâte dans lequel des hommes vêtus de peaux de bêtes et armés d'arcs et de lances sont aux prises avec d'énormes dinosaures. Quant au scénario, il reprend la trame d'un film de 1940, *Tumak, fils de la jungle*, réalisé par les deux Hal Roach, père et fils : le héros, Tumak, interprété par John Richardson – dont le nom a été éclipsé par celui de Raquel Welch –, est banni de sa tribu, la Tribu des Rocs, et, après une longue errance, échoue sur une plage, tel Ulysse, où il est recueilli par Loana de la Tribu de la Mer. Après moult péripéties, toutes aussi violentes qu'une éruption volcanique, les deux héros, entourés de quelques survivants, parviennent à vivre en paix. Malgré la banalité de l'histoire, le film a fait plus d'un million d'entrées ! On peut penser que les spectateurs ont été séduits autant par l'affiche que par le bikini de la belle Raquel Welch.

Raquel Welch ou l'érotisme à la Préhistoire

En 1966, année de la sortie du film, l'ancienne mannequin devenue actrice joue dans un autre film réalisé par Richard Fleischer, *Le Voyage fantastique*, dans lequel elle tient le premier rôle féminin. Avec ces deux films, Raquel Welch sort de l'ombre, même si l'histoire raconte qu'elle aurait été réticente à la lecture du scénario d'*Un million d'années av. J.-C.* Le film allait pourtant l'imposer comme l'icône incontestable du « sex-appeal » américain, et le bikini, comme le vêtement le plus sexy des années 1960. Car la plus-value du film réside bien dans cette « érotisation » de la Préhistoire qui, tout en échappant à la censure, passe par une exhibition sexualisée du corps féminin. Cette révolution s'inscrit aussi dans la période de libération sexuelle qui s'ouvre à cette époque et à laquelle le cinéma a largement contribué. Désormais, la femme est forte, autonome et capable d'affronter tous les dangers.

Quant à la Préhistoire, il s'agit de donner l'illusion de la profondeur du temps en mêlant hommes et dinosaures. La préhistoire comme discipline scientifique existe pourtant depuis plus de cent ans, mais on ne craint pas l'anachronisme ! Précisons tout de même que les femmes n'apparaissent alors guère dans les études sur la Préhistoire et, quand elles sont évoquées, leur rôle reste au mieux circonscrit au foyer domestique... Car jusque dans les années 1960, elles sont souvent représentées soumises, parfois tirées par les cheveux pour rentrer au foyer, à savoir la grotte, et souvent accompagnées d'une armada d'enfants.

En rompant avec l'imagerie traditionnelle, la femme hyper sexualisée du film, répond aussi à une vision fantasmée du passé préhistorique, un passé que la découverte en 1974 de Lucy, premier Australopithèque, va bouleverser...

Sandra PÉRÉ-NOGUÈS
Université Toulouse 2 Jean Jaurès
TRACES (UMR 5608)

Pour en savoir plus

Claudine COHEN, *Femmes de la Préhistoire*, Paris, Éditions Tallandier, 2016.

Pascal PICQ, *Comment la modernité ostracisa les femmes. Histoire d'un combat anthropologique sans fin*, Paris, Odile Jacob, 2022.

Pascal SEMONSUT, *Le passé du fantasme. La représentation de la Préhistoire en France dans la seconde moitié du XX*e *siècle (1940-2012)*, Arles, Éditions Errance, 2013, p. 58-59.

2. Les Athéniennes, des ivrognes bavardes et nymphomanes ?

(Athènes, Ve siècle av. J.-C.)

Mica. – Non, par les deux déesses, ce n'est pas par ambition que je me lève pour prendre la parole, Mesdames, mais c'est que depuis longtemps déjà je suis saisie d'une insupportable tristesse en vous voyant traînées dans la boue par Euripide, le fils de la marchande des quatre-saisons, et condamnées à entendre tous ses divers outrages !

Car y a-t-il un outrage que cet homme nous ait épargné ? Y a-t-il un endroit où il ne nous ait calomniées - pour peu que s'y trouvent des spectateurs, des acteurs tragiques et des chœurs -, nous traitant de cocufieuses, de coureuses, de pochardes, de traîtresses, de commères, de moins que rien, de grande plaie des hommes ! Résultat : dès qu'ils quittent les gradins, ils rentrent nous regarder sous le nez, et s'empressent d'examiner s'il n'y a pas d'amant caché dans la maison ! Nous ne pouvons plus rien faire comme au bon vieux temps avec toutes les turpitudes que cet homme a mises dans la tête de nos maris. Résultat : si une femme tresse une couronne, on la croit amoureuse... si elle laisse tomber un ustensile en traînant dans la maison, son mari l'interroge : « En l'honneur de qui as-tu brisé cette marmite ? Tu ne me feras pas croire que ce n'est pas pour notre hôte de Corinthe. » [...] Soit !... Une femme tente-t-elle une supposition d'enfant parce qu'elle ne peut en avoir ? Même ça, on ne peut plus le faire en cachette : à présent, les maris campent dans les parages ! Auprès des vieillards aussi, eux qui auparavant épousaient des tendrons, il nous a calomniées ! Résultat : plus aucun vieillard ne veut prendre femme à cause de ce vers : « Du vieillard qui convole, la femme est le despote ! » Et puis c'est de sa faute si, sur les appartements des femmes, ils posent maintenant scellés et verrous pour s'assurer de nous... et en plus, ils élèvent des molosses, véritables épouvantails à amants !

Tout cela, on peut encore le lui pardonner. Mais ce qu'auparavant nous avions le droit de faire nous-mêmes : nous occuper de l'intendance et prendre dans le garde-manger farine, huile, vin..., même cela nous est désormais interdit. Maintenant, nos maris portent cachées sur eux de petites clefs des plus vicieuses, des laconiennes à trois dents. [...] En conséquence, il faut, selon moi, que nous lui concoctions un trépas quelconque, par le poison ou par tout autre moyen, afin qu'il périsse !

Aristophane, *Les Thesmophories*, v. 383-431
(traduit du grec ancien par Pascal Thiercy).

Au printemps 411, Athènes est en guerre contre Sparte depuis vingt ans, et le conflit est loin d'être terminé. Dans la cité démocratique, un coup d'État oligarchique se prépare : la tension est palpable, nous dit Thucydide, et le peuple, inquiet, se tient coi. Rien de cette terrible actualité ne transparaît dans *Les Thesmophories*, l'une des onze comédies d'Aristophane intégralement conservées, que le poète présente alors pour le concours dramatique des Grandes Dionysies, la plus importante des fêtes en l'honneur de Dionysos à Athènes, qui se déroule dans le théâtre dédié au dieu, constitué de gradins de bois adossés à la pente de l'Acropole.

La fertilité des femmes au cœur de la cité

Dans cette comédie, Aristophane met en scène le poète tragique Euripide qui, inquiet de sa réputation de misogynie auprès des Athéniennes, pousse son cousin à se travestir pour participer aux Thesmophories, fête exclusivement réservée aux épouses de citoyens au cours de laquelle étaient pratiqués plusieurs rituels secrets de fécondité. Ce passage se situe au premier tiers de la pièce : lors de l'assemblée ouvrant les festivités, les participantes se plaignent d'Euripide qui, à les entendre, ne met en scène que des femmes de petite vertu, aimant le vin et les hommes.

Or, l'avenir de la cité, surtout en temps de guerre, repose sur les épouses de citoyens. Depuis 451 av. J.-C., pour que ses fils puissent jouir de la citoyenneté, le citoyen athénien doit épouser une femme qui soit elle-même issue d'un mariage légitime entre un citoyen et une fille de citoyen. Les jeunes filles sont mariées très tôt, au prix d'une différence d'âge importante, et on attend d'elles qu'elles procréent rapidement. Si l'époux a le droit d'entretenir des relations extra-conjugales, l'épouse adultère est très sévèrement punie : son mari est obligé de la répudier et elle est exclue des cultes de la cité. Elle a en outre interdiction de se parer ; selon Eschine, si elle y contrevient, quiconque peut lui arracher ses parures et ses vêtements et la frapper. Le corps des Athéniennes est sous contrôle car d'elles dépend la naissance de futurs citoyens. Lorsque Aristophane qualifie Euripide de « fils de marchande de légumes », il reprend un lieu commun dont les orateurs sont friands : pour déprécier leur adversaire en tant que citoyen, autrement dit pour le traiter de bâtard, les orateurs insultent sa mère, insinuant qu'elle est d'origine étrangère et/ou prostituée, et/ou qu'elle exerce un petit métier au marché – ce que, en théorie du moins, n'oserait jamais faire une femme respectable.

Les perfides filles de Pandore

Aristophane joue ici avec les lieux communs misogynes qui, depuis des siècles, font de la femme un fléau, une calamité. Euripide lui-même fait dire à Hippolyte, dans sa tragédie éponyme représentée en 428 av. J.-C. : « Ô Zeus, pourquoi donc as-tu infligé aux humains ce frauduleux fléau (*kakon*), les femmes, en l'établissant à la lumière du soleil ? » C'est en effet pour punir Prométhée d'avoir essayé de voler le feu que Zeus crée la première femme, raconte Hésiode au VIIe siècle av. J.-C. dans *Les Travaux et les Jours*, « un mal (*kakon*) qui [ravit] l'âme des hommes qui chériront ainsi leur misère », « un adorable malheur ». Paresseuse et lascive, toujours affamée, y compris sexuellement, elle dévore les provisions, tandis que son mari s'épuise aux champs. Poussant le raisonnement, Aristophane imagine que les femmes n'ont plus accès au garde-manger, alors même qu'elles sont enfermées à double tour dans la maison.

Faire rire pour oublier les fléaux de la guerre

On s'est souvent appuyé sur ce passage pour défendre la thèse de l'existence, dans les habitations grecques, d'un gynécée. Cette idée est aujourd'hui battue en brèche par l'archéologie : les fouilles n'ont pas permis d'identifier de pièce spécifiquement réservée aux femmes. Par ailleurs, on sait qu'une partie des épouses de citoyens travaille à l'extérieur pour compléter, voire assurer, les revenus du foyer – surtout en temps de guerre. En reprenant des *topoi* largement partagés dans le monde grec, qui font de la femme un fléau pour l'homme, le poète comique tourne en dérision non seulement les héroïnes tragiques d'Euripide, qui deviennent d'affreuses mégères, mais aussi le modèle de la femme idéale qui, telle Pénélope, tisse sagement à l'intérieur. Il s'agit de faire rire son public, entre dix mille et quinze mille spectateurs, essentiellement des citoyens, mais aussi de nombreux étrangers, des femmes, des enfants et des esclaves. Oubliant pour un instant la guerre qui divise les Grecs et les tensions qui déchirent le corps civique, on rit tous ensemble : les hommes, des rassurants clichés misogynes que leur offre Aristophane, les femmes, du décalage avec leur quotidien, alors que la vie de la cité est entre leurs (bonnes) mains.

Noémie Villacèque
Université Reims Champagne-Ardenne
CERHiC (EA2616)

Pour en savoir plus

Nicole Loraux, *Les enfants d'Athéna. Idées athéniennes sur la citoyenneté et la division des sexes*, Paris, Le Seuil, 1981.

Pauline Schmitt Pantel, *Aithra et Pandora. Femmes, genre et cité dans la cité antique*, Paris, L'Harmattan, 2009.

Noémie Villacèque, « Ta mère ! Insulte et généalogie à la tribune démocratique », dans Aurélie Damet et Vincent Azoulay (dir.), *Maudire et mal dire : paroles menaçantes en Grèce ancienne Cahiers « Mondes anciens »*, n° 5, 2014 [en ligne].

3. De la matrice des femmes dans la médecine hippocratique

(Monde grec, v^{e}-ive siècle av. J.-C.)

[...] La femme a la chair plus lâche et plus molle que l'homme ; cela étant ainsi, le corps féminin tire du ventre le fluide plus vite et plus que le corps masculin. [...] La femme a le sang plus chaud, et c'est pourquoi elle est plus chaude que l'homme. Mais si la plénitude qui s'est formée s'évacue, ni la souffrance ni la chaleur ne se produisent par le fait du sang. L'homme, étant de chair plus dense, n'éprouve point de plénitude sanguine telle que, s'il n'évacue mensuellement une certaine quantité de sang, il ressent du malaise ; il puise ce que demande la nourriture du corps, et le corps, n'étant pas mou, n'est sujet à un excès ni de ton ni de chaleur par l'effet de la pléthore comme chez la femme. Ce qui contribue grandement à cet effet chez l'homme, c'est qu'il fatigue bien plus que la femme ; la fatigue dissipe une partie du fluide. [...]
Suffocation utérine subite : cette affection survient surtout chez les femmes qui n'ont pas de rapports sexuels, et chez les femmes d'un certain âge plutôt que chez les jeunes ; en effet leur matrice est plus légère. Voici comment cela se fait : la femme ayant les vaisseaux plus vides que d'ordinaire et ayant plus fatigué, la matrice, desséchée par la fatigue, se déplace, attendu qu'elle est vide et légère ; la vacuité du ventre fait qu'il y a de la place pour qu'elle se déplace ; s'étant déplacée, elle se jette sur le foie, y adhère, et se porte aux hypocondres ; en effet elle court et va en haut vers le fluide, vu qu'elle a été desséchée à l'excès par la fatigue ; or, le foie est plein de fluide. Quand elle s'est jetée sur le foie, elle cause une suffocation subite, interceptant la voie respiratoire qui est dans le ventre. [...] Quand la matrice est au foie et aux hypocondres et produit la suffocation, le blanc des yeux se renverse, la femme devient froide, et même quelquefois livide. Elle grince des dents ; la salive afflue dans la bouche, et elle ressemble aux épileptiques. Si la matrice reste longtemps fixée au foie et aux hypocondres, la femme succombe étouffée.

Extraits d'Hippocrate, *Maladies des femmes* I
(traduit du grec ancien par Émile Littré).

Le *Corpus hippocratique* réunit une soixantaine de traités médicaux majoritairement rédigés à la période classique par des médecins grecs liés au prestigieux Hippocrate. Abondamment copiés, traduits et diffusés depuis l'Antiquité, ces traités constituent un référentiel majeur pour la médecine occidentale et arabe jusqu'à la fin du XIXe siècle.

Le traité *Maladies des femmes* est une compilation d'ouvrages consacrés aux problèmes de santé féminins (règles, grossesse, accouchement) et à l'optimisation de leur procréation, compilation sans doute achevée à la fin du Ve siècle ou au début du IVe siècle av. J.-C. À cette époque, les femmes de citoyens sont soumises à une forte pression pour enfanter : la transmission du patrimoine familial et la survie de la cité en dépendent. Les extraits sélectionnés sont des considérations générales qui ouvrent le traité. Les femmes auraient une nature différente de celle des hommes, au-delà de leur différence génitale : leur chair et leur température corporelle ne seraient pas les mêmes. En outre, la présence de la matrice chez les femmes impliquerait pour elles de vivre avec un organe difficilement contrôlable et potentiellement pathologique.

L'indolence dans la peau

Dans notre extrait, l'auteur affirme que les femmes ont une chair lâche et molle, contrairement aux hommes chez qui le tissu de la peau est plus dense et resserré. Par conséquent, les femmes puiseraient davantage et plus vite dans les humeurs qui se trouvent dans leur ventre. Mais la nature et la culture s'emmêlent dans ces observations médicales : l'auteur mentionne la fatigue que les hommes font vivre à leur corps, étant actifs. Cet effort quotidien leur éviterait de puiser excessivement dans leurs humeurs. En revanche, les femmes, elles, ne se fatigueraient pas. Cette prétendue oisiveté pousserait leur corps à rester spongieux et mou et à puiser excessivement dans leurs fluides vitaux. Le risque serait alors pour elles de subir une pléthore, un excès d'humeur.

Or, s'il est vrai que les épouses de citoyens sortent peu souvent de leur maison, les camper en *couch potatoes* antiques, comme le fait l'auteur, confine à la misogynie. Cette description rappelle le mythe de Pandora, la première femme, l'épouse comparée par Hésiode à une abeille gloutonne et improductive. L'auteur semble méconnaître la vie quotidienne d'une épouse de citoyen. Si elle n'a pas accès à la palestre – lieu public destiné à l'entraînement sportif –, elle passe sa journée à filer et à tisser avec les domestiques, à s'occuper de plusieurs jeunes enfants, à cuisiner. Le corps féminin est à la peine, même à l'intérieur de la maison, et même chez les plus aisées. Pour les plus pauvres et pour les veuves au mode de vie précaire, l'activité est aussi extérieure : la femme peut avoir à travailler comme marchande, nourrice ou sage-femme. Et l'on sait que les femmes spartiates de tous âges pratiquent également le sport, conformément à une idéologie eugéniste. Toutes ces activités devaient former des corps plutôt toniques, et les représentations des femmes sur les vases vont d'ailleurs dans ce sens, montrant, à tous âges, des silhouettes minces, à l'inverse d'hommes parfois ventrus.

La menace matricielle

Le second paragraphe présente une autre spécificité féminine : la possession d'une matrice, organe dangereux. En effet, selon Hippocrate, une matrice desséchée a tendance à se déplacer dans le corps à la recherche d'humidité. Elle peut alors faire pression sur d'autres organes comme le foie ou l'abdomen, suffoquant la femme et la mettant en danger de mort. Ce texte constitue la première description de l'hystérie, une pathologie qui survivra longtemps après l'Antiquité et qui persiste de nos jours pour certains soignants. Dans un autre traité, l'auteur explique que les jeunes filles s'exposent à de graves maladies si elles ne se marient pas avant ou au moment de la puberté : transports, folie meurtrière, angoisse, visions, désirs suicidaires... La meilleure prévention contre l'hystérie serait donc le mariage : les relations sexuelles permettraient de « lester » la matrice, grâce à la semence puis au fœtus, contrecarrant ainsi ses plans d'évasion. Or, on peut se demander si ce n'étaient pas justement ces perspectives de mariage juvénile, doublé d'un arrachement précoce à leur famille, qui provoquaient de tels troubles du comportement chez les jeunes filles.

Toujours est-il que les descriptions hippocratiques du corps féminin seront reprises par de nombreux savants et médecins qui consolideront cette description différenciée des corps féminin et masculin, comme Aristote au IVe siècle av. J.-C. ou Galien au IIe siècle apr. J.-C.

Hélène Castelli
Docteure de l'Université Paris 1 Panthéon-Sorbonne
AnHiMA (UMR 8210)

Pour en savoir plus

Lydie Bodiou et Véronique Mehl (dir.), *Dictionnaire du corps dans l'Antiquité*, Rennes, Presses universitaires de Rennes, 2019.

Véronique Dasen et Helen King, *La médecine dans l'Antiquité grecque et romaine*, Lausanne, BHMS, 2008.

Jacques Jouanna, *Hippocrate*, Paris, Les Belles Lettres, éd. mise à jour, 2017 [1974].

4. Fulvia, une femme à l'origine d'une guerre civile

(Rome, Ier siècle av. J.-C.)

Le consul L. Antonius, qui partageait les vices de son frère mais était dépourvu des qualités qui apparaissaient parfois chez celui-ci, avait, soit en décriant César auprès des vétérans, soit en appelant aux armes ceux qui avaient perdu leurs biens par suite de la décision de partage des terres et de l'installation de colons, rassemblé une grande armée. D'autre part, l'épouse d'Antoine, Fulvia, qui n'avait d'une femme que le corps (*nihil muliebre praeter corpus gerens*), semait partout la guerre et le désordre.

Velleius Paterculus, *Histoire Romaine*, II, 74, 2-3
(traduit du latin par Joseph Hellegouarc'h).

Ces six vers osés de l'empereur Auguste, lis-les donc, envieux, toi qui te rembrunis en lisant certains termes de franc latin : « Sous prétexte qu'Antoine baise Glaphyra, Fulvia me condamne à la baiser elle aussi. Que je baise Fulvia ? Eh quoi ! Si Manius m'invitait à l'enculer, faudrait-il le faire ? Je m'imagine bien que non, si j'ai un grain de bon sens. » « Baise-moi ou battons-nous », me dit-elle. « Mais, ma bite ne m'est-elle pas plus précieuse que ma vie ? Sonnez, trompettes ! » Pour sûr, Auguste, tu absous mes pages badines, toi qui sais parler avec une franchise toute romaine.

Martial, *Épigrammes*, XI, 20
(traduit du latin par H. J. Isaac,
révisé par Pascal Montlahuc).

Mauvais par tempérament, Antoine était excité par sa femme Fulvia qui, l'épée au côté, faisait preuve d'une audace toute virile (*Fulvia tum gladio cincta virilis audaciae uxor agitabat*).

Florus, *Abrégé de l'histoire romaine*, II, 16 (4.5)
(traduit du latin par Paul Jal).

Lorsque Manius eut fait habilement changer d'avis Fulvia, en lui expliquant que, si l'Italie était en paix, Antoine resterait auprès de Cléopâtre, mais que, si elle était en guerre, il reviendrait vite, Fulvia, animée d'un sentiment féminin (*tote gar de gunaikos ti pathousa*), poussa Lucius à la contestation.

Appien, *Guerres Civiles*, V, 19, 75
(traduit du grec ancien par Maud Étienne-Duplessis).

Des raisons d'attaquer Fulvia

La guerre de Pérouse a lieu en 41-40 av. J.-C., pour des raisons qui ont trait à la possession de terres par les vétérans de l'armée romaine en Italie. Depuis que le triumvirat a été instauré, environ deux ans auparavant, Octave ne peut attaquer frontalement le frère de son collègue Marc-Antoine, le consul Lucius Antonius, qui défend les propriétaires dépossédés au profit des vétérans. Il concentre alors ses attaques sur Fulvia, l'épouse de Marc-Antoine, suspectée d'encourager Lucius à la guerre.

Les sources dont nous disposons sur ce conflit datent du Haut-Empire, ce qui explique la célébration d'Octave, le futur Auguste. Ainsi l'*Histoire Romaine* de Velleius Paterculus, achevée sous Tibère, est le fait d'un auteur proche de cet empereur et qui doit son ascension au système impérial. Velleius y fait l'éloge d'Auguste, père adoptif de Tibère, et critique par conséquent l'action de Fulvia. De son côté, Martial, poète de la deuxième moitié du Ier siècle apr. J.-C., écrit le livre XI de ses *Épigrammes* sous le principat de Nerva et y vante le franc-parler d'Octave/Auguste afin de célébrer le retour de la libre parole dans la cité après le principat du « tyran » Domitien. Florus, actif dans la première moitié du IIe siècle apr. J.-C., accorde une importance particulière aux affrontements militaires et insiste sur la valeur (*virtus*) de leurs protagonistes : rien d'anormal, dès lors, à ce qu'il s'étonne de la présence de Fulvia dans ce « monde d'hommes ». Les *Guerres Civiles* d'Appien témoignent enfin d'une position répandue chez les auteurs du milieu du IIe siècle apr. J.-C., pour lesquels la monarchie impériale est le seul régime viable. Appien expose ainsi les divisions du triumvirat et se fait l'écho des attaques portées contre Fulvia. Ces sources font donc de Fulvia la responsable d'une guerre fratricide et expliquent celle-ci par une cause évidente à leurs yeux : Fulvia est une femme.

Une femme jalouse et nymphomane : les causes de la guerre

Martial évoque le poème qu'Octave fait circuler à Rome ou en Italie, et qui détermine le mobile du conflit : la jalousie de Fulvia et sa nymphomanie la conduisent à désirer des relations sexuelles avec Octave. Celui-ci refuse et Fulvia pousse alors les Romains à la guerre. Plutarque (*Vie d'Antoine*, 30.1-4) et Appien présentent à leur tour Fulvia comme « animée d'un sentiment féminin » *(tote gar dè gunaikos ti pathousa)* et voulant semer la guerre pour ramener vers elle son mari Marc-Antoine, alors avec Glaphyra ou Cléopâtre en Orient (selon qu'on se place en 41 ou plutôt en 40). Face à l'attitude désespérée d'une femme mettant la *res publica* en péril pour une histoire d'alcôve, Octave entend protéger son membre viril et se résout (à la différence de Marc-Antoine, qui cède à Glaphyra ou Cléopâtre) à entrer en guerre plutôt que de se souiller par une relation avec Fulvia. Cette opposition entre un général qui protège sa vertu et une femme débridée eut tellement de succès chez les soldats d'Octave qu'on pouvait lire inscrit sur l'un des projectiles utilisés lors du siège de Pérouse : « Je vise le clitoris de Fulvia. » (Corpus des Inscriptions Latines XI, 6721.5) Le poème rapporté par Martial exonère donc Octave du déclenchement du conflit, sans pour autant mettre directement en cause Marc-Antoine. En outre, il établit une opposition indépassable entre le viril Octave (un thème que le général exploita encore plus nettement après la guerre) et Fulvia, affublée de deux stéréotypes féminins : la jalousie et l'attrait pour les relations charnelles.

Une femme virile : au-delà des stéréotypes genrés ?

Si Fulvia est renvoyée à sa condition de femme, les sources étudiées soulignent toutefois chez elle des comportements qui répondent aussi à des stéréotypes masculins. En effet, le poème d'Octave insiste sur la condition de femme de Fulvia, ce qui constitue une critique de sa légitimité à faire la guerre. Mais, dans le même temps, Fulvia y est décrite comme exigeant un rapport sexuel et se comportant de manière brutale, masculine. Elle est également présentée comme une générale (*dux femina*) sans armée, à l'inverse d'Octave qui peut, d'un simple mot et pour défendre son membre viril, faire sonner les trompettes. Derrière le langage cru d'Octave se cache donc un jeu d'oppositions visant à discréditer Fulvia, qui n'est plus véritablement une femme, sans pour autant devenir un homme. Cette stratégie semble porter ses fruits, puisque Velleius présente l'épouse de Marc-Antoine comme n'ayant « de femme que le corps » (*nihil muliebre praeter corpus gerens*), alors que Florus décrit Fulvia comme une épouse qui fait preuve « d'une audace virile » (*virilis audaciae*), ce qui permet, du même coup, à l'auteur ancien de blâmer Marc-Antoine pour son incapacité à « tenir » sa femme.

Loin d'échapper à la bipartition stéréotypée des genres, la virile Fulvia ne peut qu'utiliser avec excès des capacités « masculines » mal maîtrisées, puisque ces dernières sont altérées par des défauts (jalousie, nymphomanie) qui, présentés comme inhérents à sa condition de femme, sont autant de stéréotypes misogynes dont l'efficacité s'avère redoutable.

Pascal Montlahuc
Université Paris Cité
AnHiMA (UMR 8210)

Pour en savoir plus

Eva CANTARELLA, *Selon la nature, l'usage et la loi. La bisexualité dans le monde antique*, Paris, La Découverte, 1991.

Diana DELIA, « Fulvia reconsidered » dans Sarah POMEROY (dir.), *Women's History and Ancient History*, Chapel Hill, University of North Carolina Press, 1991, p. 197-217.

Francesca ROHR VIO, « *Dux femina* : Fulvia in armi nella polemica politica di età triumvirale », dans Tomaso M. LUCCHELLI et Francesca ROHR VIO (dir.), *Viri militares*, Trieste, Edizioni Università di Trieste, 2015, p. 61-89.

Celia SCHULTZ, *Fulvia : Playing for Power at the End of the Roman Republic*, New York, Oxford University Press, 2021.

5. « Que la femme est inférieure à l'homme de même que l'homme est inférieur à Dieu »

(France, Angleterre, XIIIe siècle)

Que le Paradis soit établi en un lieu un peu surélevé. [...] Que soient plantées des fleurs odorantes et des feuillages ; qu'il y ait divers arbres et que des fruits y pendent, afin que le lieu soit fort agréable à voir. Qu'alors entre le Sauveur, vêtu d'une dalmatique, et que devant lui se placent Adam et Ève ; qu'Adam soit vêtu d'une tunique rouge, Ève d'un vêtement féminin blanc, et d'un blanc voile de soie. Et qu'ils se tiennent debout tous deux devant la figure de Dieu, Adam pourtant plus près, le visage calme, Ève l'air un peu plus humble. [...]
Commencer la leçon : « Au commencement, Dieu créa le ciel et la terre. »
La leçon finie, le Chœur chante : « Le Seigneur a donc formé l'homme du limon de la terre, et Il lui a insufflé au visage le souffle de la vie, et Il a rendu l'homme vivant en son âme. »
Le chant fini, Dieu dit : « Adam !
A. : Seigneur ?
D. : Je t'ai formé à partir de la terre.
A. : Je sais bien cela.
D. : Je t'ai donné une âme vivante, t'ai formé à ma ressemblance, t'ai fait à mon image : jamais tu ne devras t'opposer à moi.
A. : Je ne le ferai pas mais croirai en toi, j'obéirai à mon créateur.
D. : Je t'ai donné bonne compagne, c'est ta femme, elle s'appelle Ève. Elle est ta femme et ta pareille, tu dois lui être bien fidèle. Aime-la et qu'elle t'aime, et vous serez bien aimés de moi. Mais qu'elle soit sous ton commandement, et vous deux soumis à ma volonté. Je l'ai formée de ta côte : ce n'est pas une étrangère, elle est née de toi ; je l'ai formée de ton corps, elle est sortie de toi et non d'ailleurs. Tu dois la gouverner avec raison : qu'entre vous il n'y ait jamais de tension mais grand amour et entretien : telle soit la loi du mariage.
Ève, prends bien garde à ceci et ne le tiens pas pour vain : si tu fais ma volonté, tu garderas la bonté en toi. Aime-moi, honore ton créateur et reconnais-moi comme seigneur ; mets tout ton zèle, toute ta force et tout ton esprit à me servir. Aime Adam et chéris-le : il est le mari, et tu es sa femme ; sois toujours soumise envers lui, ne sors pas de sa discipline ; sers-le et aime-le de bon cœur car c'est le droit du mariage. Si tu lui prodigues un bon soutien, je te mettrai avec lui en ma gloire.

E. : J'agirai, Seigneur, comme il te plaira et je ne voudrai en rien y déroger. Je te reconnaîtrai comme seigneur et lui pour mon pareil et pour plus fort ; je lui serai toujours fidèle ; de moi, il recevra bon conseil. Je ferai, Seigneur, ton plaisir et ton service en toute manière. »

Wilhelm NOOMEN, *Le Jeu d'Adam*, Paris, Champion, 1971, p. 17-20
(traduit de l'ancien français par Joseph MORSEL).

Le Jeu d'Adam, daté de 1150-1175, a pour titre original *Ordo representationis Ade*, soit « L'ordre selon lequel Adam doit être représenté », avec toute l'ambivalence que recèle alors le verbe « représenter » : mettre en scène, montrer, rendre de nouveau présent. Il s'agit du plus ancien drame liturgique occidental conservé entièrement en langue vulgaire, en anglo-normand, à l'exception des didascalies en latin.

Un texte liturgique

On n'a cependant pas affaire ici à une renaissance du théâtre occidental après la disparition des pratiques antiques, à la suite de leur condamnation par les Pères de l'Église : ces pièces doivent être considérées comme une expansion du caractère dramaturgique de la messe. Elles consistent initialement (pour les drames latins les plus anciens, aux Xᵉ-XIᵉ siècles) en une mise en scène qui se déroule à l'intérieur de l'église, avec des « acteurs » (des clercs costumés, d'où les didascalies en latin), des chants, un jeu de scène et un texte composé de passages de la Bible correspondant à la célébration liturgique du jour, ce qui en fait un instrument cultuel complémentaire des rites courants. *Le Jeu d'Adam* lui-même consiste en un réseau intertextuel complexe, composé notamment de la Vulgate, de livres liturgiques et d'un sermon attribué à saint Augustin. Son auteur est inconnu, mais il s'agit à l'évidence d'un clerc instruit et originaire de l'espace anglo-normand.

L'ordre du monde selon la parole de Dieu

Il s'agit moins d'une forme littéraire que d'une modalité de propagation pastorale de la parole divine et de ses interprétations cléricales, relevant des techniques de l'encadrement doctrinal du peuple chrétien. Or, *Le Jeu d'Adam* présente les rapports entre l'homme et la femme non seulement dans une perspective essentialiste comme il en allait alors dans cette société – puisque le masculin et le féminin étaient censés avoir été créés par Dieu et l'homme et la femme en être des expressions parfaites –, mais aussi et surtout sous la forme d'un discours sortant directement de la bouche de Dieu. Ce discours radicalise en effet dans ses arguments des idées qui, certes, pouvaient provenir de la Bible, notamment des épîtres de Paul, mais qui n'étaient jamais présentées de façon aussi tranchée. Le texte joue ainsi à deux niveaux : d'une part, il rappelle ce qui est explicitement dit, l'attitude prescrite à l'épouse envers son mari, et, d'autre part, il met en œuvre une structure logique qui, si elle échappait sans doute en partie à la conscience des acteurs et des auditeurs, n'en rendait pas moins l'argumentation particulièrement cohérente et donc difficile, sinon impossible à remettre en question.

Égalité ou hiérarchie ?

En effet, le texte est d'abord une reprise simplifiée des énoncés bibliques concernant la création de l'homme puis de la femme inspirée de la *Genèse*, en vertu de laquelle Dieu exige d'Adam et d'Ève soumission et obéissance, mais aussi, de la part d'Ève, amour et service. Ensuite et surtout, le texte fonctionne comme une pédagogie sociale en insistant sur les rapports entre mari et femme, présentés comme hiérarchiques (au sens propre du terme *hiéros*, « sacré » en grec ancien) avant même le péché originel, donc par essence, alors que, dans la théologie, c'est en vertu du péché que serait apparue la nécessité des rapports de pouvoir entre les humains. Pourtant, la subordination de l'épouse au mari est censée être un rapport d'amour mutuel (« aime-le » et « aime-la » sont exigés des deux partenaires) – mais si Adam doit reconnaître Ève pour sa pareille, celle-ci doit considérer son époux comme son « pareil et [...] plus fort ». Ce paradoxe d'une « hiérarchie d'égaux » (Jacques Le Goff), auquel s'ajoute l'exigence d'une fidélité mutuelle, configure ainsi clairement les rapports homme/femme selon le modèle féodo-vassalique.

Le mari est par conséquent conçu comme le seigneur de son épouse, et comme, dans le texte, Dieu est systématiquement appelé « Seigneur », on comprend que le mari, tout comme Adam expressément créé à la ressemblance et à l'image du Seigneur, est pensé comme le représentant de Dieu sur terre par rapport à son épouse. De ce fait, la femme et l'épouse sont fondamentalement et incommensurablement inférieures à l'homme et au mari, et toute tentative de remise en cause de cet écart équivaudrait à une rébellion contre le Seigneur lui-même.

Joseph Morsel
Université Paris 1 Panthéon-Sorbonne
LaMOP (UMR 8589)

Pour en savoir plus

Georges Duby, *Le chevalier, la femme et le prêtre. Le mariage dans la France féodale*, Paris, Hachette, 1981.

Osborne B. Hardison Jr., *Christian Rite and Christian Drama in Middle Ages. Essays in the Origin and Early History of Modern Drama*, Baltimore, Johns Hopkins University Press, 2019 [1965].

Jacques Le Goff, « Le rituel symbolique de la vassalité » [1976], dans Jacques Le Goff, *Pour un autre Moyen Âge*, Paris, Gallimard, 1977, p. 349-420.

Joseph Morsel, « Dieu, l'homme, la femme et le pouvoir. Les fondements de l'ordre social d'après *Le Jeu d'Adam* », dans Monique Goullet *et alii* (dir.), *Retour aux sources. Textes, études et documents d'histoire médiévale offerts à Michel Parisse*, Paris, Picard, 2004, p. 537-549.

6. L'impuissance d'un roi efféminé : Henri III Plantagenêt

(Angleterre, XIIIe siècle)

Vers le même temps, le roi, voyant que le vénérable comte de Kent était vieux et accablé d'infirmités, lui intenta de graves accusations, exigeant formellement de lui une énorme somme d'argent, et en lui reprochant de nombreux et horribles excès. Le roi se comporta en cela de manière astucieuse car, si le comte mourait pendant que de telles calomnies étaient encore en cours, lui-même confisquerait pour toujours toutes ses possessions et tous ses biens.

En l'accusant, le roi lui reprocha d'avoir corrompu perfidement, sous le règne de son père, une noble vierge, la fille du roi d'Écosse, confiée à sa tutelle. Il avait perdu La Rochelle et tout le Poitou en envoyant aux assiégés et aux chevaliers du roi, enfermés dans cette ville et qui n'attendaient de secours que de l'Angleterre, des tonneaux de sable au lieu de l'argent destiné à sauver la ville et la terre, lequel argent il avait méchamment et furtivement dérobé. Idem, le château de Bedford avait été détruit et perdu par sa traîtrise.

Idem, pendant que le roi était sous sa garde, il avait géré de manière malhonnête et dissipé son trésor selon son bon plaisir, en le dépensant pour son propre usage et en acquérant par ce moyen des revenus et des terres vastes et opulentes ; de ce trésor le roi demanda un compte rigoureux.

Idem, dans la guerre soulevée en Bretagne contre le roi de France, par sa traîtrise le comte avait perdu irréparablement beaucoup d'honneur et une forte partie de son armée, d'après le témoignage même du comte de Bretagne.

Idem, il avait machiné une grande trahison contre son seigneur le roi, en concluant ou en cherchant à conclure un mariage clandestin entre Richard de Clare et M[arguerite], sa fille.

Idem, il avait empêché ignominieusement un mariage entre notre seigneur le roi et une noble dame en écrivant secrètement à cette dame et à sa famille que le roi louchait, qu'il était sot et bon-à-rien, qu'il avait une sorte de lèpre, qu'il était trompeur et parjure, qu'il avait moins d'esprit guerrier qu'une femme mais qu'il était cruel envers les siens, et qu'il était tout à fait inapte à serrer dans ses bras une femme de noble naissance.

Matthew PARIS, *Chronica Majora*, H.R. LUARD (éd.), HMSO, 1876, t. 3, p. 618-619 (traduit du latin par Alphonse HUILLARD-BRÉHOLLES, révisé par Christopher FLETCHER et Sophie LALANNE).

Hubert de Burgh traîné en justice

En l'année 1239, Matthieu Paris, chroniqueur de l'abbaye de Saint-Alban, dresse la liste de ce qu'il présente comme une nouvelle série d'accusations contre le comte de Kent, Hubert de Burgh, jadis véritable chef du gouvernement du roi d'Angleterre (*chief justiciar*), sept ans après son éviction du pouvoir en 1232. Hubert de Burgh avait en effet grimpé les échelons pour devenir une figure-clé du gouvernement royal pendant la minorité d'Henri III – né en 1207, ce roi régna de 1216 à 1272. Lorsque le roi devient adulte, le comte connaît un sort des plus courants dans les monarchies de l'Europe occidentale : il est traîné devant la justice par le roi ; car pour redorer son blason face aux plaintes et récriminations du peuple, rien de mieux pour un roi qu'un bon procès contre un ou plusieurs de ses propres officiers, accusés d'avoir mis à mal le bien commun et d'avoir nui à l'intérêt de leur seigneur en s'enrichissant. Les accusations contre Hubert de Burgh cherchent ainsi à démontrer son manque de fiabilité (de « vérité »).

Des accusations à double tranchant

Toutefois, la liste d'accusations que donne cette chronique n'est pas aussi simple qu'il y paraît, car le chroniqueur nous donne lui-même les moyens de comprendre qu'il a introduit dans son texte plusieurs éléments permettant de retourner ces accusations contre le roi. En effet, en annexe de sa chronique, Matthew Paris recopie dans un « livre d'additions » les articles d'inculpation originaux, ainsi que les réponses de l'accusé. Bien qu'y figure, par exemple, la perte de La Rochelle, ces articles omettent la référence à un projet de mariage entre le roi et une « noble dame ». En réalité, Matthieu Paris reprend cette accusation de son prédécesseur, Roger de Wendover, qui rapporte le fait sans expliquer comment le comte a pu dissuader le duc d'Autriche de marier sa fille au jeune Henri III. Matthieu Paris y ajoute de nombreux détails pour mettre en question la masculinité du roi.

La remise en cause de la masculinité du roi

Le lecteur moderne se rend compte en effet que c'est la masculinité du roi qui est en jeu à la lecture des médisances que le comte est censé avoir rapportées au duc d'Autriche. Tout d'abord, il s'agit de saboter un projet de mariage qui engage la puissance sexuelle et la fécondité du roi. Ensuite, Hubert de Burgh met en doute explicitement les capacités sexuelles du roi. Ces remarques nous suggèrent, habitués comme nous le sommes à associer la virilité à l'activité sexuelle, que le statut d'homme d'Henri III est aussi en question. Le roi ne serait pas apte à prendre une femme noble pour épouse parce qu'il serait impuissant : il est décrit comme totalement incapable, littéralement

« inutile » (*inutilem*), de la serrer dans ses bras. Nous voyons, enfin, que le roi possède un esprit « moins belliqueux qu'une femme » (*imbellis plusquam mulier*), une association qui nous semble familière, bien que sexiste, parce que nous associons toujours la masculinité à une certaine agressivité. Pour un lecteur médiéval, le lien était encore plus évident, habitué qu'il était à associer le fait d'être un homme au courage et à la force physique.

Un roi « débile » de corps et d'esprit

Toutefois, ces éléments ne sont pas les seuls à renvoyer un lecteur du XIIIe siècle à la masculinité du roi. L'analyse montre que le chroniqueur s'efforce d'invoquer de plusieurs manières les associations d'idées médiévales relatives au statut d'un homme, notamment la fidélité ou la « vérité ». La première accusation, par exemple, semble d'abord simplement physique – le roi louche (*rex strabo*) – mais nous savons que le fait de loucher est associé au Moyen Âge à un manque de fiabilité. Qu'il soit sot (*fatuus*) et bon-à-rien (*nequam*) apporte une nuance supplémentaire. Ce n'est pas uniquement son corps mais également son esprit qui manque de vigueur, ce qui disqualifie sa *virtus*, une qualité essentielle marquant depuis l'Antiquité la nature même d'un homme (*vir*). Cette faiblesse physique est confirmée par la lèpre dont il souffrirait, une maladie considérée comme morale autant que physique, et par sa tendance à se comporter en tyran domestique : moins belliqueux qu'une femme, il est cruel et inhumain (*saevis*) envers les siens. Enfin, qu'il soit trompeur ou « faux » (*falax*) mais aussi parjure (*perjurus*) pourraient être des arguments utilisés simplement contre son projet de mariage – il ne serait peut-être pas fidèle à sa femme –, mais son impuissance contredit une telle interprétation.

Pris dans son ensemble, ce texte joue donc sur les associations courantes à la fin du Moyen Âge entre fiabilité et masculinité, entre capacités militaires et virilité, évoquant à la fois la tromperie, l'infidélité, la débilité physique et mentale, l'insuffisance militaire et l'impuissance sexuelle. Ainsi, Matthew Paris cherche à suggérer que ce n'est pas à Hubert de Burgh que manquent les qualités d'un homme digne de ce nom, mais bien à Henri III lui-même.

Christopher FLETCHER
CNRS – Université de Lille
IRHiS (UMR 8529)

Pour en savoir plus

David CARPENTER, *Henry III: The Rise to Power and Personal Rule, 1207-1258*, New Haven-Londres, Yale University Press, 2020.

Frédérique LACHAUD, *L'éthique du pouvoir au Moyen Âge : l'office dans la culture politique (Angleterre, vers 1150-vers 1330)*, Paris, Classiques Garnier, 2010.

Katherine LEWIS, *Kingship and Masculinity in Late Medieval England*, Londres, Routledge, 2013.

7. *La Cité des dames* de Christine de Pizan, un lieu de mémoire pour les femmes

(France, XVe siècle)

Moi, Christine, je répondis ainsi : « Ma Dame, je vois bien que beaucoup de bonnes choses ont été apportées par des femmes. Et si quelques mauvaises choses se sont produites par la faute de certaines mauvaises femmes, il me semble cependant qu'ils sont beaucoup plus importants, les grands biens qui sont arrivés et arrivent encore grâce à celles qui sont bonnes, en particulier par les savantes... C'est pourquoi je m'étonne fort de l'opinion avancée par certains hommes qui disent qu'ils ne voudraient pas que leurs filles, leurs femmes ou leurs parentes apprennent les sciences, car leurs mœurs en seraient corrompues. »

Elle me répondit : « Tu peux bien voir par cela que les opinions des hommes ne sont pas toutes fondées sur la raison, et que ceux-ci ont tort, car on ne doit pas croire que la connaissance des sciences morales, qui enseignent la vertu, puisse corrompre les mœurs.
[...] Ainsi tous les hommes, et en particulier les plus instruits, ne partagent pas l'opinion mentionnée plus haut... mais il est bien vrai qu'un bon nombre d'entre eux, qui ne sont pas instruits, le disent parce qu'il leur déplairait que des femmes fussent plus savantes qu'eux. Ton père, qui fut un grand naturaliste et un philosophe, ne pensait pas que les femmes deviendraient plus mauvaises en apprenant les sciences ; bien au contraire, comme tu le sais, il prenait grand plaisir à voir ton inclination pour les lettres. Ce furent les idées féminines de ta mère, qui voulait t'occuper à filer, selon l'habitude commune des femmes, qui t'empêchèrent d'approfondir et d'étendre tes connaissances durant ton enfance. Mais comme le dit le proverbe que nous avons déjà cité, "ce que Nature donne, nul ne peut l'enlever" ; ta mère ne put empêcher complètement ton goût pour les sciences sans que, par ton inclination naturelle, tu n'en recueilles au moins quelques petites gouttelettes ; et je ne pense pas que tu te croies moins bonne pour autant ; au contraire, tu considères que c'est un grand trésor. Et sans aucun doute, tu as bien raison. »

Christine de Pizan, *Le Livre de la Cité des Dames*, IIe partie, chap. 36, p. 559-565 (traduit de l'ancien français par Anne PAUPERT).

La Cité des dames, BnF, manuscrit fr. 1178, fol. 3r.

Le *Livre de la Cité des dames* est un livre exceptionnel, écrit par une femme entre 1404 et 1407 pour d'autres femmes de son temps et de celui à venir, à qui elle s'adresse à la fin de l'œuvre, pour leur transmettre la mémoire des femmes du passé et leur faire ainsi un rempart contre des siècles de misogynie. Longtemps négligé par l'histoire littéraire, ce livre est aujourd'hui justement célèbre, traduit et lu un peu partout dans le monde. Dès 1949, Simone de Beauvoir le cite dans les premières pages du *Deuxième Sexe*.

La vie d'une femme hors du commun

Christine de Pizan est née à Venise en 1365, mais elle a vécu toute sa vie à Paris. Son père était médecin, astrologue et conseiller du roi de France Charles V. Devenue veuve très jeune avec une famille à sa charge, obligée de trouver des ressources pour nourrir sa famille, Christine choisit de devenir écrivaine. Elle commence à écrire vers 1399 des œuvres poétiques, qui lui valent une certaine notoriété, et se tourne ensuite vers des œuvres plus ambitieuses traitant de questions morales, philosophiques et politiques, comme une biographie de Charles V, un traité d'art militaire, ainsi que l'une des toutes premières œuvres consacrées à Jeanne d'Arc. Retirée à la fin de sa vie dans une abbaye, elle meurt sans doute vers 1430. Outre son travail d'écriture considérable, elle a supervisé la réalisation des manuscrits contenant ses œuvres en faisant travailler plusieurs copistes et miniaturistes dans ce que l'on appelle son atelier, mais qui ne prenait sans doute pas la forme d'un lieu matériel.

Le Livre de la Cité des dames

Ce livre est l'aboutissement de tout un pan de l'œuvre de Christine de Pizan consacré à la défense des femmes. Elle y rapporte que, choquée par la lecture d'une œuvre violemment misogyne, les *Lamentations* de Mathéolus, et alors qu'elle est plongée dans ses pensées, elle voit apparaître trois dames couronnées, Raison, Droiture et Justice. Celles-ci lui enjoignent d'aller au *champ des escriptures*, le « champ des Lettres », et d'y construire une cité allégorique dont les pierres et les habitantes seront des femmes qui se sont illustrées par leurs capacités exceptionnelles dans tous les domaines de l'activité humaine.

L'image présentée est la miniature placée en frontispice de la première partie du manuscrit. Divisée en deux parties, elle illustre successivement l'apparition des trois Dames à Christine, puis la construction de la Cité par celle-ci, armée de la truelle de son entendement, avec l'aide de dame Raison. Christine de Pizan est bien reconnaissable à son costume, que l'on retrouve dans plusieurs miniatures illustrant les manuscrits réalisés sous sa direction ; elle se trouve dans sa petite étude, devant une table garnie de livres. Chacune des trois dames porte un objet emblématique dont la signification est expliquée dans le texte : un miroir pour dame Raison, une règle pour dame Droiture et une mesure pour dame Justice.

Arguments et exemples pour contrer la misogynie du temps

Les trois parties du livre sont construites autour d'un dialogue entre Christine et chacune de ces trois figures. Il s'agit pour elle de réfuter les idées misogynes à travers un jeu de questions-réponses. Dans l'extrait cité, Christine pose la question de l'éducation des femmes. Droiture y répond d'abord par un argument de bon sens faisant appel à la raison, puis par des exemples de femmes savantes dont le savoir a été très bénéfique, et dont le choix est caractéristique de la démarche de Christine de Pizan, qui rassemble dans sa Cité des femmes de différentes époques, jusqu'à la sienne propre. Droiture fait appel à l'expérience de Christine elle-même, soutenue par son père dans son désir d'étudier, mais retenue par sa mère, qui incarne ici la force des coutumes. Cette réaction de la mère est bien conforme à la répartition sexuée des rôles dans la société de ce temps, et même bien au-delà. Celle du père est plus inhabituelle, car, en-dehors des communautés religieuses, on n'a que peu d'exemples de femmes qui ont pu faire des études durant la période médiévale. Christine de Pizan a recueilli ce qu'elle a pu du savoir de son père, puis de son mari, avant de parfaire elle-même son éducation en autodidacte. Dans ce passage, elle réfute les préjugés misogynes courants à son époque, qui empêchent les filles d'accéder au savoir, et s'élève contre l'idée selon laquelle l'apprentissage des sciences corromprait les mœurs des femmes.

Anne Paupert
Université Paris Cité
Laboratoire CERILAC (URP 441)

Pour en savoir plus

Françoise Autrand, *Christine de Pizan*, Paris, Fayard, 2009.

Rosalind Brown-Grant, *Christine de Pizan and the Moral Defence of Women. Reading beyond Gender*, Cambridge, Cambridge University Press, 1999.

Anne Paupert et Claire Le Ninan, *Le Livre de la Cité des dames de Christine de Pizan*, Paris, Honoré Champion, 2023.

Maureen Quilligan, *The Allegory of Female Authority. Christine de Pizan's Cité des Dames*, Ithaca (NY)-Londres, Cornell University Press, 1991.

8. Une troublante nourrice : la virilisation du grand âge féminin

(Espagne, XVIe siècle)

Le Titien, *Danaé*, musée du Prado (Madrid), v. 1551-1553.

Le tableau du Titien, réalisé vers 1551-1553 pour Philippe II d'Espagne, appartenant aux collections du musée du Prado, représente la fille du roi d'Argos, Danaé, enfermée par son père dans une tour d'airain, suite à un oracle lui annonçant qu'il serait assassiné par son petit-fils. Malgré cette incarcération, Zeus, épris de la jeune fille, parvient à pénétrer dans la tour sous la forme d'une pluie d'or destinée à la féconder.

Le mythe de Danaé et son interprétation

Le mythe de Danaé était très prisé par les artistes de la Renaissance, sans doute en raison de la publication en 1472 de la *Généalogie des Dieux* par Boccace. On y voyait des parallèles avec l'iconographie chrétienne : Danaé apparaissait comme une version antique de la Vierge fécondée, évoquant allégoriquement l'âme accueillant Dieu. Le sujet permettait aussi de développer un genre pictural évoquant l'activité des courtisanes de l'époque, très apprécié par une clientèle masculine fortunée, mais aussi de mettre en scène des enjeux esthétiques, comme le binôme jeunesse et beauté *versus* vieillesse et laideur.

La nourrice âgée, dont l'iconographie remonte à l'Antiquité, accompagne sa protégée devenue épouse et témoigne ainsi d'un lien intergénérationnel. La vieille femme incarne autant une autorité éducative, aux côtés des parents et des enfants, que son propre rôle dans le processus de la génération. En effet, souvent, ces vieilles servantes découvrent leur poitrine, s'identifiant ainsi comme d'anciennes nourrices. Cette exhibition d'un corps-mémoire rappelle le statut occupé auprès de leurs maîtresses alors que ces dernières étaient encore enfants, mais aussi leur rôle d'assistantes de leurs protégées devenues mères. La *Danaé* du Titien illustre bien l'inquiétude suscitée par une figure apparemment aussi inoffensive qu'une nourrice.

La figure de la vieille nourrice

Titien réalisa plusieurs versions du même sujet. Dès le deuxième tableau, celui que nous étudions, il accorde une place prépondérante à la vieille nourrice chaperonnant sa maîtresse. La tension narrative de l'œuvre provient de la réunion des deux personnages que tout oppose. À la jeune femme au profil harmonieux, au corps horizontal, à la chair nue, rose et abondante, l'artiste confronte le corps brun, musclé et tendu de la nourrice, qui laisse apparaître des épaules dénudées. Ce motif du corps basané, utilisé par les peintres comme attribut de la pauvreté et de la marginalité, évoque le travail physique au soleil.

Le contraste entre les deux femmes se poursuit par leurs attitudes opposées face à la pluie fécondante. Danaé ne cherche pas à intercepter les pièces d'or alors que la vieille femme tend son tablier dans un geste dramatique, exprimant à la fois une volonté d'empêcher la fécondation de la jeune fille et un désir de recevoir sa part de la semence divine. L'œuvre évoque donc l'avarice de la vieille mais aussi, implicitement, l'appétence sexuelle du grand âge féminin. Certains exégètes du tableau vont même jusqu'à transformer la nourrice en entremetteuse permettant l'union de Zeus et Danaé, en raison du jeu de clés qu'elle porte à la ceinture et de l'or par lequel le dieu achète son entremise.

Réunissant les discours misogynes du XVIe siècle au sujet de la sénescence féminine, la vieille nourrice du Titien est un personnage trouble, émouvant et riche de significations. Elle incarne en effet la vulnérabilité sociale et esthétique d'une femme âgée, indigente et laide, que le peintre saisit picturalement dans la représentation de son corps : en lui donnant une apparence musclée et bronzée, il le masculinise ; en représentant la vieille femme grimaçante et gesticulante, il laisse apparaître son désir de sexualité et son désespoir.

La virilisation du grand âge féminin

La virilisation du grand âge féminin est en effet un thème riche et complexe qui mobilise des savoirs divers et se décline dans des cadres touchant les domaines du couple, de la famille, des rôles sociaux ou encore de la médecine. La vieille nourrice incarne ainsi de multiples contradictions : bien que, par la référence à la maternité au sens large, elle soit une figure positive, les artistes et leurs commanditaires (en grande partie masculins) projettent néanmoins sur elle des préjugés sexistes et les inconstances qu'ils attribuent à son sexe.

On peut penser que le discrédit que l'artiste (et son époque) jette(nt) sur la vieille nourrice est proportionnel à l'inquiétude générée par le potentiel subversif de certaines femmes âgées au XVIe siècle : veuves fortes, religieuses indépendantes, accoucheuses, mères et grands-mères aux responsabilités familiales accrues par le décès d'un père, d'un mari ou d'un frère… Également qualifiées de « viriles », non en raison d'une altération physique mais plutôt de leur autonomie considérée encore comme une qualité masculine, ces figures émancipées du grand âge féminin, compagnes iconographiques de notre nourrice, annoncent les changements sociaux et esthétiques à venir.

Caroline SCHUSTER CORDONE
Directrice-adjointe du musée d'Art et d'Histoire de Fribourg

Pour en savoir plus

Lynn A. BOTELHO, « Old Women in Early Modern Europe: Age as an Analytical Category », dans Allyson M. POSKA, Jane COUCHMAN et Katherine A. MCIVER (dir.), *The Ashgate Research Companion to Women and Gender in Early Modern Europe*, Londres-New York, Routledge, 2013, p. 297-316.

Valerie A. FILDES, *Wet Nursing: A History from Antiquity to the Present*, Oxford-New York, Blackwell, 1998.

Cathy SANTORE, « Danaë: The Renaissance Courtesan's *Alter Ego* », *Zeitschrift für Kunstgeschichte*, n° 54, 1991, p. 412-418.

Caroline SCHUSTER CORDONE, *Le crépuscule du corps : images de la vieillesse féminine*, Fribourg, Infolio, 2009.

9. Le sexe féminin selon l'anatomiste André Vésale

(Confédération helvétique, XVIe siècle)

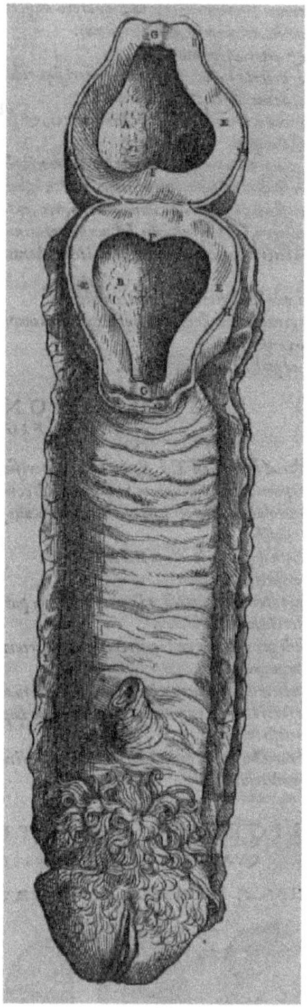

Planche anatomique de la « matrice », André Vésale, *La Fabrique du corps humain*, Bâle, Oporinus, 1543, fol. 481.

La « Fabrique de l'anatomie nouvelle »

André Vésale (1515-1564) est l'auteur d'un livre majeur pour l'histoire des sciences, *La Fabrique du corps humain.* Brillant étudiant de médecine à Louvain, Paris et Padoue, il se pose en jeune héros de la rébellion contre la tradition et publie à vingt-huit ans en latin à Bâle, en 1543, année de la « révolution copernicienne », une somme anatomique qui fit oublier ses précurseurs et ses contemporains. Célèbre et célébrée dès avant sa parution, *La Fabrique du corps humain*, un *in-folio* de près de sept cents pages, compte deux cent soixante-dix-sept bois gravés qui connaissent une extraordinaire réception. Le livre se veut un manifeste de la Nouvelle Anatomie, un mouvement médical qui base le savoir sur l'observation directe du corps, qui refuse la dissection animale et dans lequel l'anatomiste procède lui-même aux coupes. Comme un continent à dominer, le corps est conquis, cartographié, nommé.

La femme, un trophée anatomique ?

Or, en 1543, il n'est pas de question anatomique plus pressante que celle de ce que l'on nomme la « nature » féminine, un mot qui, au XVIe siècle, désigne par euphémisme les parties génitales de la femme. Dès 1515, Jacopo Berengario da Carpi dénonçait les insuffisances du savoir médical sur la matrice et invitait les « nouveaux anatomistes » à pratiquer des dissections sur des corps de femmes. *La Fabrique du corps humain* s'ouvre justement sur un frontispice en pleine page : au centre d'un théâtre d'anatomie bondé, où se pressent étudiants, médecins, peintres et figures des Anciens, en particulier Galien, Vésale incise le ventre d'une femme. Tous regardent. L'image fonctionne comme un programme : pas de corps animaux, pas de hiérarchie entre savants et praticiens, pas de livre savant à suivre, et le trophée de l'anatomie moderne qu'est le corps féminin... On attend donc les autres images de ce lieu aveugle du corps humain ! On sera déçu : l'essentiel du discours anatomique de *La Fabrique* porte sur le corps considéré comme parfait, c'est-à-dire achevé : le corps masculin. La femme n'y figure que pour sa différence : son appareil génital.

Seules trois pages de gravures lui sont consacrées, où l'image partage la pleine page avec les légendes. Et encore ! La troisième page représente un utérus de chienne et un utérus de vache. La première image est un buste de statue, un corps sans queue ni tête, fictionnellement ouvert pour montrer le système uro-génital. Vient ensuite, centrale et magistrale, l'image de la matrice, celle que nous étudions, et où il nous faut reconnaître vulve, vagin, utérus. Plus loin, les systèmes uro-génitaux masculin et féminin sont montrés côte-à-côte. C'est peu ! Mais ces images seront reprises tout au long du siècle suivant, assemblées en un collage d'une seule page, et influencent encore aujourd'hui notre représentation schématique, en Y, de l'appareil génital féminin : un appareil en négatif, en interne, en creux, en imperfection.

L'envers du corps masculin ?

Cette image, malgré la revendication d'observation directe de Vésale, est un discours. Elle démontre la complémentarité du sexe féminin par rapport au sexe masculin : ses différentes parties semblent correspondre à celles du sexe masculin (gland, verge, bourse) et indiquent d'abord la similarité entre les deux sexes. Ce faisant, elles reprennent sans le changer la théorie très ancienne, transmise par Aristote et surtout par Galien, qui, dans son traité *De l'utilité des parties du corps* (XIV, 160-165), veut que la femme soit un « homme manqué », un « mâle inachevé », un « animal mutilé ». En effet, dans le système des humeurs, qui soutient l'édifice du savoir médical depuis Hippocrate, la femme n'a pas « assez de chaleur » pour expulser et porter à l'extérieur du corps son appareil génital. Elle le garde donc à l'intérieur, rentré, inversé. Matière que labourera l'époux et dont se nourrira la progéniture, le corps féminin trouve son utilité téléologique dans la reproduction. Galien le résume en une phrase : « La femme est tout entière dans son utérus. » Comprenons : c'est l'utérus qui définit la spécificité du corps féminin et en explique ce que les médecins décrivent comme des anomalies (humeurs fantasques, faiblesse physique et morale) aussi bien que sa fonction.

Le genre dans l'anatomie

Dernière, mais durable représentation de cette conception anatomique de la femme, l'image de Vésale hantera pour des siècles l'imaginaire d'une hiérarchie des sexes, où complémentarité et similarité serviront à construire l'infériorité de nature des femmes.

D'autres anatomistes se sont intéressés pourtant de plus près au corps féminin : Jacopo Berengario da Carpi, dès 1521, comparant les différentes parties des appareils masculin et féminin, ne trouve pas le compte car il observe un organe de plus du côté féminin (le clitoris) ; en 1545, Charles Estienne décrit « ce qui est en plus au corps de la femme » ; en 1559, Realdo Colombo s'attribue la première description du clitoris ; en 1562, Gabriel Fallope décrit et nomme les trompes ; en 1581, le médecin Jean Liébault affirme « que la femme n'est pas un animal imparfait ni mutilé ». Le modèle humoral chancèle.

D'autres coupes, images et discours, ainsi que la représentation en trois dimensions, rendent aujourd'hui la planche anatomique de Vésale illisible, presque ridicule. Pourtant, le regard frontal sur le corps humain continue encore souvent de déformer l'agencement des organes féminins dans leur figuration. Pourtant, il n'est pas rare non plus que le vagin soit défini comme une cavité, comme un creux du corps que rempliraient la verge puis l'enfant. Pourtant, le clitoris est fréquemment oublié dans les planches éducatives. La liste des « pourtant » serait longue… comme la tradition dont nous héritons.

Hélène Cazes
Université de Victoria

Pour en savoir plus

Évelyne Berriot-Salvadore, *Un corps, un destin. La femme dans la médecine de la Renaissance*, Paris, Honoré Champion, 1993.

Syvlie Chaperon, Odile Fillod, *Idées reçues sur le clitoris*, Paris, Le Cavalier Bleu, 2022.

Helen King, *The One-sex Body on Trial: The Classical and Early Modern Evidence*, Farnham, Ashgate, 2014.

Katharine Park, *The Secrets of Women: Gender, Generation, and the Origins of Human Dissection*, New York, Zone Books, 2006.

Jacqueline Vons (dir.), *La Fabrique de Vésale, la mémoire d'un livre*, Paris, Bibliothèque interuniversitaire de Santé, 2016.

10. L'esprit n'a point de sexe

(France, XVIIe siècle)

Il est aisé de remarquer que la différence des sexes ne regarde que le corps : n'y ayant proprement que cette partie qui serve à la production des hommes et l'esprit ne faisant qu'y prêter son consentement, et le faisant en tous de la même manière, on peut conclure qu'il n'a point de sexe.

Si on le considère en lui-même, l'on trouve qu'il est égal et de même nature en tous les hommes et capable de toutes sortes de pensées : les plus petites l'occupent comme les grandes ; il n'en faut pas moins pour bien connaître un ciron d'un éléphant : quiconque sait en quoi consiste la lumière et le feu d'une étincelle sait aussi ce que c'est que la lumière du soleil. Quand on s'est accoutumé à penser aux choses qui ne regardent que l'esprit, l'on y voit tout au moins aussi clair que dans ce qu'il y a de plus matériel, qui se connaît par les sens. Je ne découvre pas plus de différence entre l'esprit d'un homme grossier et ignorant et celui d'un homme délicat et éclairé qu'entre l'esprit d'un même homme considéré à l'âge de dix ans et à l'âge de quarante : et comme il n'en paraît pas davantage entre celui des deux sexes, on peut dire que leur différence n'est pas de ce côté-là, la constitution du corps, mais particulièrement l'éducation, l'exercice, et les impressions de tout ce qui nous environne étant partout les causes naturelles et sensibles de tant de diversités qui s'y remarquent.

C'est Dieu qui unit l'esprit au corps de la femme, comme à celui de l'homme, et qui l'y unit par les mêmes lois. Ce sont les sentiments, les passions, et les volontés qui font et entretiennent cette union, et l'esprit n'agissant pas autrement dans un sexe que dans l'autre, il y est également capable des mêmes choses.

Cela est encore plus clair à considérer seulement la tête, qui est l'unique organe des sciences et où l'esprit fait toutes ses fonctions ; l'anatomie la plus exacte ne nous fait remarquer aucune différence dans cette partie entre les hommes et les femmes : le cerveau de celles-ci est entièrement semblable au nôtre [...]. Qui les empêchera donc de s'appliquer à la considération d'elles-mêmes ? d'examiner en quoi consiste la nature de l'esprit, combien il a de sortes de pensées et comment elles s'excitent à l'occasion de certains mouvements corporels ; de consulter ensuite les idées naturelles qu'elles ont de Dieu et de commencer par les choses spirituelles, à disposer avec ordre leurs pensées, et à se faire la science qu'on appelle Métaphysique.

François POULAIN DE LA BARRE, *De l'égalité des deux sexes*,
Marie-Frédérique PELLEGRIN (éd.), Paris, Vrin, 2011, p. 99-101.

François Poulain de la Barre est un philosophe cartésien de la seconde moitié du XVIIe siècle qui écrit consécutivement trois œuvres pour défendre les femmes contre différents types de misogynie : *De l'égalité des deux sexes* (1673) ; *De l'éducation des dames* (1674) ; *De l'excellence des hommes* (1675). Du point de vue de l'analyse des stéréotypes misogynes sur les femmes, l'intérêt de ses études est triple. Tout d'abord, il identifie les sources de la misogynie en insistant sur le fait que la source savante (véhiculée par les philosophes et les théologiens) est plus dangereuse que la source vulgaire (les préjugés du commun). La première est en effet à l'origine de la seconde et sa responsabilité est immense dans la transmission de ces stéréotypes. Ensuite, Poulain décide de procéder à une destruction de ces stéréotypes au moyen d'une thèse centrale originale à l'époque, celle de l'égalité des sexes – depuis le Moyen Âge en effet, les défenseurs des femmes s'appuient plutôt sur la thèse d'une supériorité de celles-ci sur les hommes. Enfin, l'auteur s'appuie pour lutter contre les préjugés à l'égard des femmes sur une matrice conceptuelle largement cartésienne.

La distinction des substances

La démonstration de Poulain repose en effet sur la distinction cartésienne entre deux substances constituant l'être humain : l'âme et le corps. Cette thèse dite dualiste fait que, pour décider si les femmes et les hommes sont égaux, il faut en premier lieu étudier leurs différences corporelles et leurs différences intellectuelles séparément. L'étude du corps humain (et notamment du cerveau) montre qu'il n'existe de différence entre eux que dans les organes sexuels, c'est-à-dire dans une petite partie du corps. De plus, cette différence n'est pas source d'inégalité, les deux sexes concourant également à la formation des enfants. À l'état naturel donc, tous les corps sont semblables dans leur constitution et dans leurs potentialités. Ce n'est que par façonnage social et éducatif que les corps des femmes et des hommes en sont venus à être considérés et vécus différemment.

Une pensée sans biais sexués

Puisque l'être humain est composé d'une âme et d'un corps, il convient à présent de se demander si le corps (et donc les organes sexués) influence l'esprit. Il y aurait alors une manière masculine et une manière féminine de penser. Or, l'assise cartésienne de la philosophie de Poulain invalide une telle hypothèse. Il y a bien deux substances, séparées, et qui opèrent chacune en son domaine propre. Ceci aboutit à l'affirmation la plus célèbre du philosophe : l'esprit n'a point de sexe. L'esprit opère sans être guidé ou biaisé par le sexe du corps. Il faut mesurer toute l'importance d'une telle affirmation qui refuse de faire dépendre les productions intellectuelles du sexe de la personne qui les conçoit. Cela explique par exemple que les femmes puissent être misogynes, constate Poulain. Elles pensent bien ici de la même manière que la plupart des hommes pour des raisons d'imprégnations idéologiques par les valeurs patriarcales. Dans son principe donc, la pensée n'est pas influencée par le sexe du corps de la personne qui pense.

Se penser soi-même sans préjugés

Penser est un besoin irrépressible et la considération de soi-même, de son corps, de son esprit sont les meilleurs objets d'étude possibles. Ainsi, les femmes sont tout aussi désireuses et capables que les hommes de réfléchir sur elles-mêmes. Penser ce que c'est que penser, penser les différents types de pensée que l'on peut avoir constituent une aspiration intellectuelle qui se déploie spontanément en toutes et tous. Elle a évidemment une tonalité cartésienne. Ce constat est confirmé par le fait que le texte invite à s'intéresser d'abord à la métaphysique, c'est-à-dire la science de Dieu, de l'âme et des premiers principes de la pensée que Descartes met également au fondement de tout savoir. Il faut cependant insister sur le fait que, chez Poulain, la pensée est action, volonté de réforme sociale et politique, et qu'il n'est pas possible de seulement théoriser l'égalité entre les sexes, il faut aussi la pratiquer.

Marie-Frédérique Pellegrin
Université Jean Moulin - Lyon 3
Faculté de philosophie
IRHIM (UMR 5317)

Pour en savoir plus

Madeleine Alcover, *Poullain de la Barre : une aventure philosophique*, Paris, Seattle, Tübingen, Papers on French Seventeenth Century Literature, 1981.

Elsa Dorlin, *L'évidence de l'égalité des sexes. Une philosophie oubliée au XVIIe siècle*, Paris, L'Harmattan, 2000.

Marie-Frédérique Pellegrin (dir.), *Poulain de la Barre : égalité, radicalité, modernité*, Paris, Vrin, 2017.

Marie-Frédérique Pellegrin, « Equality, Neutrality, Differentialism. To face Descartes, Malebranche and Poulain de la Barre », dans Derval Conroy (éd.), *Towards an Equality of the Sexes in Early Modern France (1600-1700)*, Abingdon, Routledge, 2021, p. 22-38.

11. Ballester, un misogyne dans la Querelle des femmes

(Espagne, XVIIIe siècle)

X. Du tempérament féminin et de son aptitude intellectuelle

Quoique les tempéraments des hommes soient très différents, comme nous l'avons vu, néanmoins, en considérant le sexe mâle en lui-même, et en voulant comparer sa complexion avec celui de la femme, on doit affirmer que le premier est chaud et sec, le second froid et humide : cette doctrine a tant de succès dans les écoles qu'elle est enseignée avec Aristote par tous les philosophes et médecins, comme le rapporte le savant Feijoo ; d'où il résulte que le tempérament des femmes, comparé à celui des hommes, relève du flegme (ou pituite).

Notons maintenant qu'avec l'humeur pituitaire (ou flegmatique), l'humeur sanguine ressort aussi dans le tempérament des femmes à un degré si important par rapport aux autres humeurs, qu'elle est presque égale au flegme ; et ainsi sa complexion flegmatico-sanguine peut être considérée très dominante par rapport aux autres humeurs ; ceci étant, et connaissant la description des quatre humeurs principales, de leurs propriétés et de leurs effets naturels, je dis avec la Sentence la plus commune et la plus solide que l'usage des fonctions intellectuelles par le sexe féminin est, parlant *pro maiori* [*cautela*], très inférieur à celui du masculin, peu propre aux Sciences spéculatives, et presque tout entier aux Sciences pratiques [...]. Cela est confirmé par un témoignage qui se déduit des Saintes Écritures, [...] la plus grande autorité que le Seigneur a accordée à Adam (comparé à Ève) lui donnant comme témoignage de cet avantage la faculté exclusive d'imposer des noms aux créatures [...].

XI. Où on prouve que le très docte n'est pas aussi contraire à la conclusion exprimée comme certains le comprennent

Bien que le célèbre Père M. Feijoo, à l'esprit galant, accorde à juste titre aux femmes des talents égaux à ceux des hommes, il n'est pas entièrement contraire à notre avis car si vous examinez son opinion avec soin, vous trouverez que cette opinion est plus dirigée vers l'établissement d'un concept différent de celui que beaucoup d'hommes distingués ont formé de la compréhension de la femme [...], inclinant par cette prétention vers un extrême pour en écarter un autre des jugements erronés, et ainsi établir son bon concept sur le discours féminin, sans préjugé des avantages intellectuels du discours masculin.

XII. L'avantage intellectuel du sexe féminin expliqué

Pour en revenir au sexe féminin, il faut noter qu'en ce qui concerne la rapidité de compréhension et la promptitude aux réponses à des questions manuelles, les femmes surpassent les hommes. En général, ce don naturel est celui des tempéraments pituiteux et sanguin.

Manuel Mariano BALLESTER, *Combate intelectual con que se impugnan tres discursos del Teatro Critico del Rmo P. M. Feijoo*, « Discours second. Défense des femmes », Saragosse, Joseph Fort, 1734, p. 82-96 (traduit de l'espagnol par Alain HUGON).

Le contexte d'une Querelle des femmes

Manuel Mariano Ballester, chevalier de l'ordre de Malte, polémique avec le père bénédictin espagnol, Benito Feijoo. Les neuf volumes du *Théâtre critique universel* que ce dernier publie entre 1726 et 1740 sont sous-titrés *Divers discours sur toutes sortes de sujets pour détromper des erreurs courantes* et font alors scandale, car l'auteur y réévalue des connaissances scientifiques. Parmi les idées les plus répandues que le père Feijoo réfute dans sa *Défense des femmes* de 1726, il y a celle de l'inégalité des talents entre les hommes et les femmes et celle de la prétendue infériorité intellectuelle de celles-ci, ce qu'il résume par cette formule : « L'âme n'est ni homme, ni femme. »

Cette mise en cause des savoirs acquis connaît un très vif succès éditorial en Espagne et en Europe : le *Théâtre critique* atteint des tirages exceptionnels pour l'époque (plus de trois mille exemplaires), et donne lieu à de nombreuses rééditions, partielles ou intégrales (près de vingt fois entre 1725 et 1787), ainsi qu'à des traductions en français, comme la traduction de l'abbé Prévost en 1755 sous le titre *Apologie des femmes*, mais aussi en italien, portugais, anglais et allemand.

Chronologiquement, Feijoo appartient à la génération qui suit Richard Simon et Jean Mabillon, une génération qui conserve la foi chrétienne tout en acceptant les nouveautés scientifiques du temps. Mais le *Théâtre critique* suscite une levée de boucliers de la part des tenants de la vieille scolastique, en particulier sa *Défense des Femmes*. D. Laurencio Manco de Olivares écrit une *Réponse défensive en faveur des hommes* (Madrid, 1727), Salvador Joseph Maner un *Anti-théâtre critique* (Madrid 1729), d'autres encore s'efforcent de répondre à Feijoo : Ballester est de ceux-là, s'inscrivant dans le contexte polémique de la Querelle des femmes.

Une défense de la misogynie

Les extraits du *Discours second* présentés ici ont donc une visée polémique, d'autant que Ballester en emprunte à Feijoo l'intitulé : *Défense des femmes* ! Les trois principaux arguments de Ballester, et plus généralement des contradicteurs de Feijoo, reposent sur des considérations médicales fondées sur les humeurs et sur le dogme biblique, une parole révélée et assise par l'autorité des Pères de l'Église sur l'inégalité originelle entre homme et femme. Enfin, ils se fondent sur des aptitudes prétendument naturelles à chacun des deux sexes. En cela, Ballester développe une misogynie peu originale liée à l'héritage scolastique, produit des tenants de l'ordre traditionnel. Et comme beaucoup de ceux qui participent à cette polémique, l'histoire en a oublié le nom.

Ballester reprend d'abord les théories hippocratiques selon lesquelles les causes générales des maladies résultent d'une perte d'équilibre entre les quatre humeurs cardinales, le sang, le phlegme appelé aussi «pituite», la bile jaune et la bile noire, qui correspondent à quatre qualités (le chaud, le froid, le sec et l'humide) et à quatre éléments (feu, air, terre et eau). Ballester épouse donc la tradition médicale grecque. Il affirme que la femme se caractérise par le sang et le flegme, et qu'elle relève de l'humide, ce qui explique son infériorité intellectuelle. Or, dans son *Théâtre*, Feijoo avait pris la défense du docteur Garcia qui allait contre la tradition hippocratique et galénique. Ballester avance ensuite l'argument biblique de la Genèse avec la dépendance d'Ève à l'égard d'Adam, preuve de la faiblesse féminine, confirmée par la puissance de Satan sur le corps féminin. Enfin, Ballester souligne les importantes aptitudes féminines dans le cadre du couple, mais à travers une raison pratique qu'il qualifie de « manuelle », c'est-à-dire, dans l'esprit du temps, de non-noble mais d'indispensable, à savoir la gestion de la maison.

† Alain HUGON
Université de Caen Normandie
HisTeMé (UR 7455)

Pour en savoir plus

Olivia BLANCO CORUJO, *La polémica feminista en la España ilustrada : la « Defensa de las Mujeres » de Feijoo y sus detractores*, Ciudad Real, Ediciones de Castilla-La Mancha, 2010.

Mónica BOLUFER, *Mujeres e Ilustración : la construccion de la feminidad en la Espana del siglo XVIIII*, Valence, Institució Alfons el Magnanim, 1998.

Mónica BOLUFER, « La encrucijada de la ilustración », dans Isabel MORANT DEUSA (dir.), *Historia de las mujeres en Espana y america latina. II. El mundo moderno*, Madrid, Catedra, 2005, p. 477-510.

Sally-Ann KITTS, *The Debate on the Nature, Role and Influence of Woman in Eighteenth-century Spain*, Lampeter, Edwin Mellen Press, 1995.

Table des matières

CHAPITRE 2 : EXPÉRIENCES COMBATTANTES ET VIOLENCES DE GUERRE

CHAPITRE 3 : CIRCULATIONS AU FÉMININ : D'INVISIBLES VOYAGEUSES

CHAPITRE 5 : TRAVAIL ET ESCLAVAGE : SORTIR LES FEMMES DE L'OMBRE

CHAPITRE 6 : DE L'UTILITÉ D'ÉDUQUER LES FILLES

CHAPITRE 7 : ET POURTANT ELLES CRÉENT, ET POURTANT ELLES TROUVENT

CHAPITRE 8 : DES DIEUX ET DES FEMMES

CHAPITRE 9 : CORPS SOUMIS ET SEXUALITÉS DOCILES

CHAPITRE 10 : MARIAGE ET FAMILLE : CONTRÔLER LES FEMMES

CHAPITRE 11 : SOCIABILITÉS ET SOLIDARITÉS FÉMININES

CHAPITRE 12 : LES MAUX DE LA VIOLENCE DOMESTIQUE

CHAPITRE 13 : MONSTRES DE LÉGENDES ET FIGURES MYTHIQUES

CHAPITRE 14 :
SOCIÉTÉS MISOGYNES ET DISCOURS PHILOGYNES

263653 - (I) - OSB70° - BPA - MPN

Achevé d'imprimer par
La Nouvelle Imprimerie Laballery
58500 Clamecy (Nièvre)
N° d'impression : 408495
Dépôt légal : Septembre 2024

Imprimé en France